ESTUDIOS SOBRE EL CONTROL DE CONVENCIONALIDAD

ALLAN R. BREWER-CARÍAS
ERNESTO JINESTA LOBO
VÍCTOR HERNÁNDEZ MENDIBLE
JAIME ORLANDO SANTOFIMIO GAMBOA

ESTUDIOS SOBRE EL CONTROL DE CONVENCIONALIDAD

Colección Estudios Jurídicos
N° 109

EDITORIAL JURÍDICA VENEZOLANA
2015

Una primera edición parcial de esta obra, con solo estudios de
Allan R. Brewer-Carías y Jaime Orlando Santofimio Gamboa,
salió publicada con el título:
Control de convencionalidad y responsabilidad del Estado
Universidad Externado de Colombia, Bogotá 2013
ISBN 978-958-710-894-1

Editado por: Editorial Jurídica Venezolana
Avda. Francisco Solano López, Torre Oasis, P.B., Local 4, Sabana Grande,
Apartado 17.598 – Caracas, 1015, Venezuela
Teléfono 762.25.53, 762.38.42. Fax. 763.5239
http://www.editorialjuridicavenezolana.com.ve
Email fejv@cantv.net

Impreso por: Lightning Source, an INGRAM Content company,
para Editorial Jurídica Venezolana International Inc.
Panamá, República de Panamá.
Email: editorialjuridicainternational@gmail.com

Diagramación, composición y montaje
por: Mirna Pinto de Naranjo, en letra Times New Roman, 10,5
Interlineado 11
Mancha 12,5x19, libro: 24.4x17
Primera edición 2015

SOBRE LOS AUTORES:

ALLAN R. BREWER-CARÍAS: Profesor de la Universidad Central de Venezuela (desde 1963). Director del Instituto de Derecho Público (1978-1987). Profesor de Postgrado en la Universidad de Cambridge, Inglaterra (1985-1986); en la Universidad de Paris II (1989-1990); en las Universidades del Rosario y Externado de Colombia en Bogotá (2003-2006); y en la Universidad de Columbia de Nueva York (2006-2008). Miembro de la Junta Directiva del Instituto Interamericano de Derechos Humanos (1984-2012); Vicepresidente de la Academia Internacional de Derecho Comparado de La Haya (1982-2010); Miembro de la Academia de Ciencias Políticas y Sociales de Venezuela, (desde 1978),de la cual fue Presidente (1996-1998). Premio Nacional de Ciencias (1981) de Venezuela. Senador por el Distrito federal (1981-1983), Ministro de Estado para la Descentralización (1993-1994), y Miembro de la Asamblea Nacional Constituyente (1999). Director-Fundador de la *Revista de Derecho Público* (Venezuela) desde 1980. www.allanbrewerca rias.com

ERNESTO JINESTA LOBO: Catedrático Universidad Escuela Libre de Derecho. Director y profesor programa doctorado en Derecho Constitucional y Derecho Administrativo Universidad Escuela Libre de Derecho. Profesor y miembro comité académico del programa de doctorado en Derecho Administrativo Iberoamericano coordinado por la Universidad A Coruña y once universidades de Iberoamérica. Doctor en Derecho Universidad Complutense de Madrid. Especialista en Derecho Constitucional y Ciencia Política Centro de Estudios Constitucionales de Madrid. Presidente Academia Costarricense de Derecho. Presidente Asociación Costarricense de Derecho Administrativo. Miembro Instituto Iberoamericano de Derecho Constitucional, Asociación Mundial de Justicia Constitucional, Instituto Iberoamericano de Derecho Procesal, Foro Iberoamericano de Derecho Administrativo, Asociación Internacional de Derecho Administrativo, Asociación Iberoamericana de Derecho Administrativo. Magistrado Sala Constitucional Corte Suprema de Justicia de Costa Rica. www.ernestojinesta.com

VÍCTOR HERNÁNDEZ MENDIBLE: Doctor en Derecho. Profesor-Director del Centro de Estudios de Regulación Económica en la Universidad Monteávila (Venezuela) y en la Maestría de la Universidad Externado de Colombia, siendo además parte del grupo de investigación en Derecho de la regulación de mercados energéticos del Departamento de Derecho Minero Energético de esta última Universidad; y miembro de la Comisión Académica del Doctorado en Derecho Administrativo Iberoamericano de la Universidad de La Coruña. Miembro del Foro Iberoamericano de Derecho Administrativo, de la Asociación Iberoamericana de Estudios de Regulación y de la Red Internacional de Bienes Públicos. www.hernandezmendible.com

JAIME ORLANDO SANTOFIMIO: Profesor de la Universidad Externado de Colombia. Abogado de la Universidad Externado de Colombia especializado en Derecho Administrativo en esta misma casa de estudios; especialista en Administración Pública del Instituto Brasileiro de Administración Municipal y máster en Gobierno Municipal de la Universidad Externado de Colombia; doctor en Derecho de la Universidad Carlos III de Madrid y profesor de Derecho Administrativo General en la Universidad Externado de Colombia. Ex director del Departamento de Derecho Administrativo de la Universidad Externado de Colombia y actualmente magistrado del Consejo de Estado de la República de Colombia.

SUMARIO

I

SOBRE EL MARCO CONCEPTUAL DEL CONTROL DE CONVENCIONALIDAD ANTECEDENTES, DERECHO DE AMPARO Y DERECHO ADMINISTRATIVO

Allan R Brewer-Carías

II

CONTROL DE CONVENCIONALIDAD DIFUSO EJERCIDO POR LAS JURISDICCIONES CONSTITUCIONAL Y CONTENCIOSO-ADMINISTRATIVA

Ernesto Jinesta Lobo

III

EL CONTROL DE CONVENCIONALIDAD COMO EXPRESIÓN DEL CONTROL DE CONSTITUCIONALIDAD ORIGINALIDAD Y DESACIERTOS
Víctor Rafael Hernández Mendible

IV

LA CLÁUSULA CONSTITUCIONAL DE LA RESPONSABILIDAD DEL ESTADO: ESTRUCTURA, RÉGIMEN Y EL PRINCIPIO DE CONVENCIONALIDAD COMO PILAR DE SU CONSTRUCCIÓN DOGMÁTICA
Jaime Orlando Santofimio Gamboa

PRÓLOGO[*]

Por Luciano Parejo Alfonso

Catedrático de Derecho Administrativo,

Universidad Carlos III de Madrid

I

Del cataclismo que supuso la II Guerra Mundial surgió la reafirmación del valor de la persona y su dignidad, lo que vale decir, su libertad (y, con ella, las concretas libertades en que, para su efectividad, se desagrega), haciéndolo trascender el plano nacional-estatal en búsqueda de su garantía real también en el internacional. De ahí el establecimiento de mecanismos de reconocimiento y protección colectivos de los derechos humanos que, si no dotados inicialmente –por razones obvias– de potencia suficiente para su plena efectividad a escala universal (Declaración Universal de los Derechos Humanos de 1948), pronto se articularon, en la regional –primero en la Europa integrada en el Consejo de Europa: CEDH Europeo para la Protección de los Derechos Humanos y de las Libertades Fundamentales de 1950 (en adelante CEDH); y luego en América: Convención Americana sobre Derechos Humanos de 1969)–, no sólo de forma más enérgica, sino también portadora de las posibilidades de una evolución perfeccionadora. Así lo demuestra magistralmente este libro por lo que hace al americano, que ha sido capaz –gracias a su afirmación y decantación progresivas– de la acuñación de la feliz categoría del "control de la convencionalidad"; fenómeno que, como veremos, ha tenido lugar, paralelamente y con resultados sustancialmente equivalentes, en el europeo.

La razón de este proceso luce en las características de este último sistema, impresas en él desde su mismo origen: la imbricación de los principios de democracia, primacía del Derecho y garantía de los derechos fundamentales sobre la base de la dignidad de la persona en cuanto valor fundante del orden político, social y económico. En modo alguno puede tenerse por casual, por ello, que cuando España se refunda democráticamente en la Constitución de 1978, ésta encabece su orden sustantivo de libertades, derechos, deberes y principios rectores del política social y económica con la afirmación (art. 10.) de la dignidad de la persona, los derechos inviolables que le son inherentes, el libre desarrollo de la personalidad, el respeto a la Ley y a los derechos de los demás *precisamente en calidad de fundamento del*

---

[*] Este estudio del profesor Parejo Alfonso se publicó como Prólogo al libro de Allan R. Brewer-Carías y Jaime Orlando Santofimio Gamboa, *Control de convencionalidad y responsabilidad del Estado*, Universidad Externado de Colombia, Bogotá 2013. Por su importancia, se incluye también como Prólogo a esta obra.

orden político y de la paz social. Se explica, así, el vínculo que el artículo 3 del Estatuto del Consejo de Europa (Tratado de 1949) establece con el reconocimiento por los Estados miembros de dicho Consejo de los principios del imperio del Derecho y el de goce por cualquier persona que se halle bajo su jurisdicción de los derechos humanos y de las libertades fundamentales; reconocimiento que debe ir acompañado del compromiso de colaboración sincera y activa en la consecución de la finalidad de una unión más estrecha en la salvaguardia y promoción de los ideales y los principios constitutivos del patrimonio común. De donde –como dejó dicho la Declaración de Jefes de Estado y de Gobierno de Viena de 1993– la presuposición por la adhesión al Consejo de Europa de la adaptación de la instituciones y los ordenamientos estatales a la tríada constituida por los principios fundamentales del Estado democrático, la preeminencia del Derecho y el respeto de los derechos fundamentales (inclusiva implícitamente de la ratificación previa del CEDH). Y consecuentemente también de la exclusión de la incorporación de los Estados no democráticos (en tal sentido), regla aplicada especialmente con ocasión de la incorporación de los antiguos países socialistas de Europa central y oriental.

Los desarrollos aludidos se inscriben en el fenómeno de internacionalización del Derecho a escala regional y mundial, favorecido recientemente por la generalización de la lógica de la economía de mercado. Pero por ello mismo sus logros y la continuación de su avance, de suyos permanentemente dificultados por la lógica inercial de la soberanía estatal, corren serio riesgo en tal contexto por la dinámica expansiva y colonizadora adquirida en la actualidad por la economía, en detrimento del orden de valores de que ahora tratamos. Porque la aludida dinámica es capaz de suyo de desconocer las barreras de aquella soberanía e imponerle sus condiciones, como está demostrando sobradamente la actual crisis económica mundial, pero con especial incidencia en Europa. Razón ésta por la que la internacionalización puede experimentar arrolladores avances no sólo en los ámbitos del Derecho civil y mercantil o comercial, sino, incluso, administrativo. Pues hasta en este último orden es capaz de sortear más fácilmente aquella soberanía, so capa de producirse su penetración en el espacio teóricamente cubierto por ella de modo intersticial y funcional. Esto es justamente lo que no sucede tan fácilmente, sin embargo, cuando está en juego –cual sucede con las libertades y los derechos de la persona "frente" al Estado– no ya el orden constitucional (aunque también en él, dada su resistencia a abandonar su carácter "introspectivo" y, por tanto, "nacional"), sino el núcleo esencial del mismo, aquél donde lo que se dilucida es la plena disposición estatal (del poder público) sobre la relación con "sus" ciudadanos. Y no sólo en el caso de los Estados con posición preeminente en el orden mundial actual, cual sucede, por ejemplo, con EEUU, refractario a toda incidencia en su orden interior de cualquier instancia internacional (incluida la apoyada en la Convención americana de los derechos humanos, que ni siquiera ha llegado a ratificar). Así lo demuestran, en el caso americano, la no participación de Canadá en esta última Convención y las denuncias de la misma por parte de Trinidad y Tobago en 1998 y de Venezuela en 2012. Y en el caso europeo –dejando aparte las fricciones derivadas de la coexistencia de los Tribunales Constitucionales nacionales, el Tribunal Europeo de Derechos Humanos y el Tribunal de Justicia de la actual Unión Europea– la reticencia de la jurisprudencia constitucional de algunos Estados y especialmente del Tribunal Federal alemán frente al proceso de integración europea. Tal reticencia –conducente a la afirmación de una reserva última del control sobre la garantía efectiva de los derechos llamados fundamentales según el estándar de su proclamación nacional incluso frente a la acción de las instancias comunitarias europeas (con evitación, sin embargo, del conflicto directo con el Derecho supranacional: Sentencias "*Solange I*" de 1974; "*Vielleicht*" de 1979; "Solange II" de 1986; y "*Maastricht*" de 1993[1])– ha tenido ciertamente un efecto de signo inverso (de abajo hacia arriba) paradójico: la contribución significativa a un proceso de incorporación en el plano comunitario de la protección de los referidos derechos no sólo en sede jurisprudencial, sino normativa (Carta de los Derechos Fundamentales de la Unión Europea de 2000) y, con ello, también a la suavización, si no eliminación, de fricciones entre los órdenes de dicha Unión y del Consejo de Europa[2]. Pero ha determinado igualmente –suscitando notable controversia[3]– la erección de la identidad constitucional nacional[4] en "valor" absolutamente indisponible para el Derecho europeo, de modo que –aún reconociéndose que, en el espacio europeo de justicia, las garantías constitucionales internas y comunitario europeas

---

[1] En la Sentencia "*Solange I*" de 1974 tal afirmación se hace sobre la base de la inexistencia, a la sazón, de un Parlamento europeo democráticamente elegido de modo directo y de un catálogo de derechos y la consecuente constatación de que el nivel de protección comunitaria de éstos era inferior, de modo que "en tanto que" no exista un tal catálogo establecido por un Parlamento democráticamente elegido de forma directa se debe mantener la expresada reserva constitucional, es decir, la prevalencia de las normas interiores y, por tanto, el control del propio Tribunal sobre las normas comunitarias. / En la Sentencia "*Vielleicht*" ("Quizás") de 1979 se matizó la anterior doctrina con ocasión de una cuestión de constitucionalidad planteada respecto de una norma comunitaria, afirmándose –para evitar el conflicto competencial con el Tribunal de Luxemburgo- que ha de verse en que casos concretos y con que alcance seguía en vigor la jurisprudencia Solange. / Esta modulación se confirmó en la Sentencia "*Solange II*" de 1986, señalando que la elevación entretanto del nivel de la garantía comunitaria de los derechos fundamentales determinaba la no necesidad de la aplicación de los propios derechos fundamentales mientras ese nivel no disminuyese de forma general (no puntual) y grave. / La Sentencia "*Maastricht*" de 1993 ha vuelto, sin embargo, a plantear exigencias mínimas e irrenunciables de legitimación democrática de las instituciones comunitarias.

[2] El preámbulo de la Carta citada señala, en efecto: "La presente Carta reafirma, respetando las competencias y misiones de la Comunidad y de la Unión, así como el principio de subsidiariedad, los derechos reconocidos especialmente por las tradiciones constitucionales y las obligaciones internacionales comunes de los Estados miembros, el Tratado de la Unión Europea y los Tratados comunitarios, e. *CEDH Europeo para la Protección de los Derechos Humanos y de las Libertades Fundamentales*, las Cartas Sociales adoptadas por la Comunidad y por *el Consejo de Europa*, así como por la jurisprudencia del Tribunal de Justicia de las Comunidades Europeas y del *Tribunal Europeo de Derechos Humanos*".

[3] Sentencia sobre la ratificación del Tratado de Lisboa de 30 de junio de 2009. *V.* el comentario a esta Sentencia, cuyo sentido se asume en el texto, de Antonio Cantaro, "Democracia e identidad constitucional después de la "*Lissabon Urteil*". La integración 'protegida' ", *Revista de Derecho Constitucional Europeo*, año 7, No. 13, enero-junio 2010; accesible electrónicamente en www.ugr.es/~redce/REDCE13/articulos/05Cantaro.htm.

[4] De la que forman parte, en calidad de fundamentos "intangibles" (al punto de que el intento de su eliminación otorga el derecho de resistencia) del orden estatal y conforme al art. 20 de la Ley Fundamental de Bonn, los principios de Estado federal democrático y social, emanación del poder –mediante elecciones- del pueblo; ejercicio del poder por intermedio de órganos especiales de los poderes legislativo, ejecutivo y judicial, y sometimiento del poder legislativo al orden constitucional y de los poderes ejecutivo y judicial a la Ley y al Derecho (lo que incluye el reconocimiento y protección de los derechos fundamentales).

pueden ir perfectamente de la mano– se entiende que la sola existencia de tal doble escalón de garantía de los derechos no autoriza la renuncia por parte del propio Tribunal al ejercicio de su propia jurisdicción, constituyendo motivo, antes al contrario, para afirmar la pertinencia de la activación del "control interno de identidad" en caso de que, por efecto de la acción de los órganos europeos, se violen los principios fundamentales intangibles de la Ley fundamental de Bonn. Y esto es así, incluso si el Derecho comunitario respeta –como lo hace– la identidad de los Estados miembros, pues esta noción europea no coincide con la constitucional propia, expresiva de un núcleo resistente a la integración europea. Con independencia de la difícil precisión del alcance jurídico de la posición así formulada (evidentemente sobre el trasfondo de la verificación de la integración europea como un proceso abierto y continuado), parece claro que alude a un núcleo singular e irreductible en Alemania (y, por tanto, en cada Estado miembro) susceptible de interpretación específica interna (ahora y en el futuro) con independencia de que algunos contenidos de la identidad coincidan con valores propios de las tradiciones comunes de dichos Estados. Lo que lleva de suyo a la tesis de la llamada "integración protegida" y, con ella, la reserva de la facultad de no aplicación en territorio nacional tanto la normativa europea "ultra vires" (por exceso sobre el principio de competencias de atribución), como aquélla que vulnere el núcleo de la identidad constitucional.

Obvia es, pues, la actualidad, oportunidad y, sobre todo, pertinencia, por su objeto (que urge revitalizar), de la obra de los Profs. A. R. Brewer-Carías y J. O. Santofimio Gamboa; obra cuya calidad huelga resaltar dado el abrumador aval que le proporciona la trayectoria –sembrada de relevantes publicaciones– de ambos, más que administrativistas iuspublicistas con una dedicación acusada a las cuestiones constitucionales, teóricas y prácticas: el primero, maestro de maestros con proyección de su *auctoritas* a ambos lados del Atlántico de quien –en largos años de amistad– no he dejado nunca de aprender y cuya curiosidad investigadora, generadora de enormes frutos para el Derecho constitucional patrio, le ha llevado a desbordar pronto tal marco en términos premonitorios del magnífico estudio que ahora nos brinda; y el segundo, administrativista de fulgurante carrera, por méritos sobrados, tanto en el ámbito universitario, como de la judicatura de más alto rango nacional en el orden contencioso-administrativo (orden en el cual ha sido y sigue siendo actor destacado en la jurisprudencia precisamente sobre responsabilidad del Estado), parte de cuya andadura científica he tenido la enorme suerte de compartir en beneficio propio.

El acierto de la perspectiva adoptada por los autores en el tratamiento de las cuestiones que abordan (el control de la convencionalidad y, desde tal perspectiva, la responsabilidad del Estado), sumado a la compleción y el rigor del tratamiento de las mismas –características que lejos de empañar hacen más meritoria la claridad, fluidez y capacidad de atracción de la atención de la exposición–, dejan poco espacio y proporcionan escaso soporte para cualquier análisis crítico a quien en cualquier caso –por no ser precisamente experto en el sistema americano de protección de los derechos humanos, ni, por supuesto, en el colombiano de responsabilidad extracontractual del Estado– carecería de criterio para realizarlo con fundamento. Por ello, solo el aprovechamiento de estas líneas de exordio para una muy sintética exposición de los correspondientes sistemas europeo y español y respectiva evolución puede proporcionarles siquiera sea un pequeño valor añadido de utilidad para el lector, al situarlo en condiciones de contrastar, a la luz de la misma y sus resultados, los alcanzados en la actuación de los estudiados en este libro.

II

El desarrollo del mecanismo europeo de tutela de los derechos humanos se ha desplegado en el doble plano sustantivo y organizativo. Si inicialmente selectivo (restricción a los considerados básicos, tomados a préstamo, para su proclamación, de la Declaración Universal)[5], el catálogo de derechos se ha ido ampliando mediante protocolos adicionales, el último de los cuales es de 2002[6]. En todo caso ese catálogo comprende, junto con los derechos sustantivos, los de carácter instrumental precisos para su tutela y, por tanto, efectividad, es decir, los alusivos a un recurso efectivo ante las jurisdicciones nacionales en caso de violación de los derechos, no discriminación y abuso de derecho. Su complemento –verdadera pieza capital– es el mecanismo de control, articulado en origen –de forma análoga al americano– en tres instituciones: la Comisión Europea (establecida en 1954), receptora de las demandas de los individuos y competente para decidir sobre su admisibilidad, el establecimiento de los hechos y el intento de un arreglo amistoso o, caso de fracaso de tal intento, la emisión de informe con pronunciamiento sobre la existencia o no de la violación de denunciada; el Tribunal Europeo (constituido en 1959), encargado del conocimiento de las demandas admitidas y del dictado de Sentencia definitiva (con carácter declarativo); y el Comité de Ministros, competente para el seguimiento de la ejecución de las Sentencias y la adopción de decisiones definitivas sobre aquellas

---

[5] El carácter selectivo fue confirmado por el Tribunal Europeo de Derechos Humanos en su Sentencia de 21 de febrero de 1975, asunto *Golder c. Reino Unido*, aludiendo a que en el momento fundacional se consideraba que solo podían garantizarse los derechos esenciales y las libertades fundamentales consagradas tras una larga experiencia por todos los regímenes democráticos (constitutivos, así, de un denominador común de sus instituciones políticas a título de condición de su existencia y funcionamiento). Tratándose de derechos mínimos estimados absolutamente indispensables para determinar los principios del funcionamiento de la democracia política y que, por ello, debían protegerse mediante un sistema colectivo. / Los derechos originalmente reconocidos han sido doctrinalmente agrupados en: / - Derechos reconocidos al individuo en tanto que persona (derecho a la vida, prohibiciones de la tortura, la esclavitud y el trabajo forzado, derecho a la libertad y seguridad, derecho a la no discriminación). / - Derechos del individuo en sus relaciones con los grupos sociales de los que forma parte (derecho a un proceso equitativo, prohibición de imposición de penas sin previa Ley, derecho a la vida privada y familiar, derecho a contraer matrimonio, derecho a un recurso efectivo). / - Derechos de contribución a la formación de los órganos del Estado y participación en sus actividades (libertades de pensamiento, conciencia, religión, expresión, reunión y asociación).

[6] Se trata de los siguientes: El protocolo núm. 1 (simultáneo prácticamente –1952– al propio CEDH), relativo a los derechos de propiedad, educación y elecciones libres. / El protocolo núm. 4 (de 1963), relativo al derecho de libre circulación y las prohibiciones de prisión por deudas, expulsión de nacionales y expulsiones colectivas de extranjeros. / El protocolo núm. 6 (de 1983), relativo a la abolición de la pena de muerte, la pena de muerte en caso de guerra, con prohibición de derogación y reserva respecto de sus contenidos. / El protocolo núm. 7 (de 1984), relativo a las garantías en las expulsiones de extranjeros, y los derechos al doble grado jurisdiccional en materia penal, indemnización en caso de error judicial, a no ser juzgado ni condenado dos veces y a la igualdad entre los esposos. / El protocolo núm. 12 (de 2000), relativo a prohibición general de la discriminación. / Y el protocolo núm. 13 (de 2002) sobre abolición de la pena de muerte, con prohibición de la derogación la reserva respecto de su contenido.

demandas examinadas por la Comisión que no hayan sido remitidas al conocimiento del Tribunal.

El mayor salto cualitativo experimentado por el sistema y que más lo diferencia hoy del americano se sitúa, sin duda, en este último mecanismo de control de la observancia por los Estados del CEDH, es decir, el que los Profs. Brewer y Santofimio califican como control de la convencionalidad. Pues, tras sucesivas modificaciones del CEDH[7], dicho control ha quedado concentrado en un único órgano: un nuevo Tribunal de carácter permanente y con jurisdicción obligatoria y exclusiva en todos asuntos relativos a la interpretación y aplicación del CEDH (quedando reducido el Comité de Ministros al seguimiento de la ejecución de las Sentencias)[8]. Esta

---

[7] Verificadas mediante los protocolos núms. 11 (de 1998) –sustitutivo de los núms. 2 (de 1970), 3 (de 1970), 5 (de 1971), 8 (de 1990), 9 (de 1994) y determinante de la pérdida de objeto del protocolo núm. 10– y 14 (de 2010), dirigido a garantizar la eficacia a largo plazo del Tribunal Europeo optimizando la admisión y gestión de las demandas.

[8] El Tribunal Europeo está integrado por tantos Jueces como partes contratantes que, elegidos –para mandatos de 6 años (son reelegibles hasta el cumplimiento de 70 años)– por la Asamblea Parlamentaria (por mayoría absoluta y de entre una lista de tres candidatos presentada por el correspondiente Estado), forman parte del órgano judicial a título individual, estándoles prohibido el ejercicio, durante su mandato, de actividad que sea incompatible con las exigencias de su independencia, imparcialidad o disponibilidad necesaria para una función ejercida a tiempo completo. Pueden ser revocados por acuerdo del propio Tribunal (adoptado por mayoría de 2/3) en caso de haber dejado de reunir las condiciones requeridas. Funciona, además de en pleno (para la elección de Presidente, Vicepresidente(s), Secretario y Secretarios Adjuntos y la aprobación de su Reglamento y la constitución de las Salas), en Comités (3 Jueces), Salas (7 Jueces) y Gran Sala (17 Jueces). Y conoce (jurisdiccionalmente de forma plena) de i) denuncias por un Estado de incumplimiento del CEDH por otro Estado; y ii) demandas individuales (cualquier persona física, organización no gubernamental o grupo de particulares que sea víctima) por violación, por un Estado, de los derechos reconocidos en el CEDH o sus protocolos; así como (para emitir opinión consultiva) iii) cuestiones jurídicas relativas a la interpretación del CEDH o sus protocolos, a solicitud del Comité de Ministros (estas opiniones no pueden referirse ni a las cuestiones que guarden relación con el contenido o la extensión de los derechos y libertades, ni a las demás cuestiones de las que el Tribunal o el Comité de Ministros pudieran conocer de resultas de la presentación de un recurso). / Al Tribunal solo puede recurrirse después de agotar las vías impugnatorias internas y en el plazo de seis meses a partir de la fecha de la resolución interna definitiva. / La inadmisibilidad de asuntos (estimable en cualquier fase del procedimiento): / Procede (respecto de demandas individuales) en los casos de formulación anónima, identidad esencial con demanda ya examinada por el Tribunal o ya sometida a otra instancia internacional de investigación o de arreglo; incompatibilidad con las disposiciones del CEDH o de sus protocolos; manifiesta mala fundamentación y carácter abusivo. / Puede ser decidida por: i) los Comités, por unanimidad, en el caso de demanda individuales por violación de derechos o, en otro caso, por las Salas, las cuales son competentes para decidir la de las demandas de unos Estados contra otros; y, en su caso, ii) la Gran Sala. / Declarada admisible una demanda, procede el examen contradictorio del caso con los representantes de las partes y, en su caso, una indagación; el intento –en términos confidenciales– de un arreglo amistoso (el cual, de alcanzarse, determina la cancelación del caso) y, de persistir la controversia, la celebración de vista pública (salvo circunstancias excepcionales) antes del dictado de Sentencia. / Si el Tribunal declara que ha habido violación del CEDH o de sus protocolos y si el derecho interno de la Alta Parte Contratante sólo permite de manera imperfecta reparar las consecuencias de dicha violación, el Tribunal concederá a la parte perjudicada, si así procede, una satisfacción equitativa. Las

opción en modo alguno ha sido inocua, en la medida en que dicho Tribunal ha ido asumiendo dos funciones decisivas:

1. Por de pronto, la de interpretación dinámica del CEDH a la luz de las condiciones de vida en cada momento (Sentencias, entre otras, de 25 de abril de 1978, asunto *Tyrer c. Reino Unido*; 7 de julio de 1989, asunto *Soering c. Reino Unido*; y 20 de marzo de 1995, asunto *Loizidou c. Turquía*) o, lo que es lo mismo, la desplegada asumiendo el papel de garante de un instrumento vivo. Posición ésta que ha hecho de la interpretación dinámica una segunda vía –paralela a la de los protocolos adicionales– de expansión del catálogo de derechos, como acreditan a) la apreciación de la violación del derecho de libertad de expresión al servicio de la efectividad del derecho de acceso a la función pública (Sentencia de 26 de septiembre de 1995, asunto *Vogt c. Alemania*); y b) la "extensión" del radio de acción de los derechos a la vida privada y familiar, el domicilio, incluso, a la salud y la vida para cubrir la dimensión medioambiental y proteger así, indirectamente, un cierto derecho a un medio ambiente adecuado (Sentencias de 7 de diciembre de 1972, asunto *Handyside c. Reino Unido*; 21 de febrero de 1990 asunto *Powel y Rayner c. Reino Unido*; 9 de diciembre de 1994, *López Ostra c. España*; 19 de febrero de 1998, asunto *Guerra y otros c. Italia*; y 2 de octubre de 2001, asunto *Hatton y otros c. Reino Unido* – seguida de Sentencia de la Gran Sala de 8 de julio de 2003–).

El impacto de esta interpretación dinámica –con idénticos efectos– en los órdenes jurídicos internos es indudable. Así sucede, a título de ejemplo, en el caso español, teniendo en cuenta que, como tiene señalado el Tribunal Constitucional[9], para precisar el contenido de los derechos proclamados en la Constitución revisten relevancia especial la Declaración Universal de Derechos Humanos y los demás tratados y acuerdos internacionales ratificados por España, a los que remite el artículo 10.2 de la norma constitucional como criterio interpretativo; opción constitucional, que expresa el reconocimiento de la coincidencia con el ámbito de valores e intereses que aquellos instrumentos protegen y la voluntad de incorporación a un orden jurídico internacional que propugne la defensa y protección de los derechos humanos como base fundamental de la organización del Estado. De donde "…. la importante función hermenéutica que, para determinar el contenido de los derechos fundamentales, tienen los tratados internacionales sobre derechos humanos ratificados… y muy singularmente, *el Convenio Europeo para la Protección de los Derechos Humanos y las Libertades Públicas, firmado en Roma en 1950, dado que su cumplimiento está sometido al control del Tribunal Europeo de Derechos Humanos, a quien corresponde concretar el contenido de los derechos declarados en el Convenio que, en principio, han de reconocer como contenido mínimo de sus derechos fundamentales, los Estados signatarios del mismo*…" (la cursiva es del autor).

Sentencias de las Salas son definitivas salvo que, en plazo, se deduzca demanda de remisión a la Gran Sala y dicha remisión se acepte por un colegio de 5 Jueces (por considerar que el asunto plantea una cuestión grave de carácter general o de interpretación o aplicación del CEDH. Las Sentencias (en su caso de la Gran Sala) tienen fuerza obligatoria (sobre la base del compromiso asumido por los Estados de acatarlas) y por su ejecución vela el Comité de Ministros.

[9] En una doctrina constante expuesta desde la temprana Sentencia 38/1981, de 23 de Noviembre, que mantiene hoy: *V.,* la Sentencia 1/2000, de 30 de marzo

De hecho, la doctrina sentada en las Sentencias del Tribunal Europeo antes citadas ha determinado un giro en la del Tribunal Constitucional español, plasmado en su Sentencia 119/2001, de 24 de mayo, que, por ello, se señala –a pesar de la inexistencia de un derecho fundamental al medio ambiente- que "una exposición prolongada a unos determinados niveles de ruido, que puedan objetivamente calificarse como evitables e insoportables, *ha de merecer la protección dispensada al derecho fundamental a la intimidad personal y familiar, en el ámbito domiciliario, en la medida en que impidan o dificulten gravemente el libre desarrollo de la personalidad*, siempre y cuando la lesión o menoscabo provenga de actos u omisiones de entes públicos a los que sea imputable la lesión producida" (la cursiva es del autor).

2. Pero, además y de forma congruente con la anterior, una función en todo equivalente –en el campo de los derechos humanos– a la propia de un Tribunal Constitucional interno, estableciendo estándares de protección del ejercicio de los referidos derechos y adaptándolos a la evolución social[10]. Y ello sobre la base de una doble afirmación: la del carácter de instrumento constitucional del orden público europeo en materia de derechos humanos del CEDH[11] y la de similitud de su actuación con la de las jurisdicciones constitucionales internas, trascendiendo así el plano propio del juez del caso concreto[12]. De esta forma, el Tribunal, precisamente por incluir en sus decisiones pronunciamientos generales sobre el desarrollo del CEDH, ha ido en ocasiones –y tempranamente– más allá de la declaración de la violación de éste por un Estado para efectuar un control de las normas jurídicas (incluso las constitucionales) de éste[13], imponiendo su interpretación del CEDH sobre la de la respectiva Constitución verificada por el correspondiente Tribunal Constitucional[14] y, además, estableciendo por propia autoridad las consecuencias de sus Sentencias. Ello en modo alguno significa, sin embargo, que haya llegado a alcanzar propiamen-

---

[10]   Y ello en términos muy parecidos, en efecto, a cómo ve su propio cometido, por ejemplo, el Tribunal Constitucional español, que en su Sentencia 119/2001, de 24 de mayo, ha afirmado (en asunto referido al conjunto de derechos proclamados en el artículo 18 de la Constitución española: honor, intimidad personal y familiar –con limitación, al efecto, del uso de la informática–, propia imagen, domicilio y secreto de las comunicaciones): "….Estos derechos han adquirido también una dimensión positiva en relación con el libre desarrollo de la personalidad, orientada a la plena efectividad de estos derechos fundamentales, En efecto, habida cuenta de que nuestro texto constitucional no consagra derechos meramente teóricos o ilusorios, sino reales y efectivos…., *se hace imprescindible asegurar su protección no sólo frente a las injerencias ya mencionadas, sino también frente a los riesgos que puedan surgir en una sociedad tecnológicamente avanzada*" (la cursiva es del autor).

[11]   Sentencia de 20 de marzo de 1995, asunto *Loizidou c. Turquía*.

[12]   Se suele citar como prueba la referencia –en la Sentencia de 13 de junio de 1979, asunto *Marckx c. Bélgica*, limitadora de sus efectos retroactivos– a la similitud de la solución con la adoptada por los Tribunales Constitucionales de algunos Estados miembros.

[13]   Acercándose así a la función de control abstracto de la constitucionalidad de las normas: Sentencias, por ejemplo, de 28 de noviembre de 1978, asunto *Luedicke, Belckacem y Koç c. Alemania*, y *Klass y otros c. Alemania*.

[14]   Sentencias de 22 de octubre de 1992, asunto *Open Door y Dublin Well Women c. Irlanda*; 1 de julio de 1997, asunto *Gitonas y otros c. Grecia*; 30 de enero de 1998, asunto *Partido Comunista Unificado de Turquía c. Turquía*; y 28 de octubre de 199, asunto *Zielinski y Pradal y otros c. Francia*.

te una función de depuración jurídica directa (mediante declaración de nulidad de normas o pronunciamientos judiciales internos) y de íntegro e igualmente directo restablecimiento de los derechos violados. Pero si la extensión del control que le es propio incluso a los Tribunales Constitucionales de los Estados miembros por lo que hace a la observancia, en los procesos ante ellos seguidos, del derecho a un proceso equitativo[15].

En la medida en que el diseño del CEDH es de doble escalón (con acento en el estatal), queda planteada así la cuestión del funcionamiento real del sistema europeo de protección de los derechos humanos. Ese funcionamiento reposa básicamente en el principio de subsidiariedad (de la intervención del Tribunal Europeo), toda vez que la función protectora principal corresponde a los Estados miembros, sin que –de otro lado y conforme al artículo 53 CEDH– las disposiciones del CEDH puedan interpretarse en el sentido de limitar o perjudicar los derechos humanos y libertades fundamentales susceptibles de ser reconocidos por los ordenamientos nacionales o en cualquier otro CEDH internacional. Sobre la base la responsabilidad principal estatal (art. 1 CEDH[16]), sus manifestaciones principales son dos: i) la obligación de los Estados de articulación de vías de recurso efectivos para la reparación de las violaciones, incluso si éstas tienen su origen en la actuación de personas en ejercicio de funciones oficiales (art. 13 CEDH) y ii) la necesidad del agotamiento previo de dichas vías internas como requisito de acceso al Tribunal Europeo (art. 35 CEDH). La subsidiariedad implica desde luego que este último no debe ocupar el lugar de los Tribunales internos (correspondiéndole más bien verificar si los efectos de la interpretación realizada por éstos es compatible con el CEDH[17]), pero igualmente que la protección interior no sea inferior a la dispensada por tal instrumento internacional, por más que a los Estados se les reconozca un cierto margen de apreciación (por su mejor posición para conocer las circunstancias concretas del caso)[18]. Y en ningún caso significa que el control europeo subsidiario sea meramente ocasional, ya que su

---

[15] Pueden citarse las tempranas Sentencias –en las que se plantea el asunto, aunque no se condena aún al Estado– de 6 de mayo de 1981, asunto *Buchholz c. Alemania*; 22 de octubre de 1984, asunto *Srameck c. Austria*; 29 de mayo de 1986, asunto *Deumeland c. Alemania* (en la que se incluye el proceso ante el Tribunal Constitucional como parte del procedimiento total); y 23 de septiembre de 1989, asunto *Bock c. Alemania* (en la que se califica ya de indebidas las dilaciones producidas en el proceso constitucional como productoras de la violación denunciada). Las primeras Sentencias en que se condena al Estado sea por infracción del principio de igualdad de armas en el proceso, sea por aquellas dilaciones indebidas en sede de la jurisdicción constitucional son 23 de junio de 1993, asunto *Ruiz Mateos c. España*, y 11 de octubre de 2001, asunto *Díaz Aparicio c. España*, respectivamente (en la Sentencia de 27 de abril de 2004, asunto *Gormaiz Lizeraga y otros c. España*, se mantiene la misma doctrina, pero no se aprecia violación).

[16] A tenor de este artículo los Estados reconocen a toda persona dependiente de su jurisdicción los derechos y las libertades definidos en el CEDH.

[17] Así en la formulación de la Sentencia de 23 de enero de 2000, asunto *Miragall Escolano y otros c. España*. Antes también las Sentencias de 23 de julio de 1968, asunto *Minorías lingüisticas en Bélgica*; y 7 de diciembre de 1976, asunto *Handyside c. Reino Unido*.

[18] El Tribunal Europeo emplea la técnica interpretativa del margen de apreciación –en el contexto del principio de subsidiariedad– para valorar, a la luz de la proporcionalidad, si la actuación estatal ha sido necesaria en una sociedad democrática.

ejercicio puede producirse en todos los casos. Esto último conduce, según ha destacado la doctrina[19], a una sustracción a los órganos judiciales nacionales del juicio definitivo sobre el carácter satisfactorio o no de la situación de los derechos en el Estado de que se trate.

Al anterior principio se añade otro de origen más bien jurisprudencial (en su caso, compartido con el escalón nacional, cual sucede en España): el de solidaridad, que se manifiesta en el efecto de cosa juzgada (en términos, por lo que hace al Tribunal Europeo, de cosa interpretada por razón del precedente, de la doctrina sentada como fuente del Derecho). Este es un punto clave, ya que de él depende la eficacia del sistema colectivo. En la práctica está demostrado[20] que el CEDH y la jurisprudencia del Tribunal Europeo se aplican con normalidad por los Tribunales nacionales (ordinarios y constitucionales) con independencia de los términos de la interiorización del CEDH y del rango que éste asuma en los ordenamientos internos en calidad bien sea de fuentes del Derecho *lato sensu*, bien sea de criterio interpretativo de dichos ordenamientos (incluso de las normas de rango constitucional).

Por que hace a España, a los precedentes de suma aún el principio de complementariedad derivado de la Constitución y conforme al cual la protección dispensada por el Tribunal Europeo es una modalidad más –justamente complementaria de las nacionales– de garantía jurisdiccional de los derechos y las libertades reconocidos por la norma fundamental.

Sin perjuicio de la apariencia que pueda resultar de las consideraciones precedentes (teórico funcionamiento armónico de los dos escalones del sistema europeo), la práctica demuestra que el esquema de las relaciones entre dichas piezas no garantiza la ausencia total de fricciones y conflictos, tanto más si se considera la complejidad añadida de su conversión en triangular por efecto de la integración comunitaria (la actual Unión Europea dotada de jurisdicción propia, cuya lógica conduce al desdoblamiento funcional de los órganos judiciales internos: al propio tiempo Jueces nacionales y comunitarios cuando están en juego normas supranacionales). Las causas principales radican, junto con la operatividad en el plano internacional (europeo) de conceptos de contenido poco preciso (orden público europeo, tradiciones constitucionales comunes), la autoconsideración por los Tribunales Europeo de Derechos Humanos y Constitucionales nacionales como instancias jurisdiccionales últimas en sus respectivos ámbitos y la duplicidad de cuerpos normativos (CEDH y protocolos, de un lado, y ordenamientos nacionales –con más, en su caso y el supranacional comunitario formando bloque con ellos, sin perjuicio de no estar exento tal bloque, a su vez, de dificultades de integración interna). Tomando el ejemplo de España, si la relación internormativa no plantea muchas dificultades en virtud de la integración en el Derecho interno (aunque no sea con carácter supralegal) de los Tratados y Convenios suscritos[21] y la cobertura por el principio de asunción de las obligaciones inter-

---

[19]   S. Ripoll Carulla, *El sistema europeo de protección de los derechos humanos y el Derecho español*, Ed. Atelier, Barcelona 2007, p. 45.

[20]   *V.*, el anexo a la Recomendación del Comité de Ministros 6, de 2004, del Consejo de Europa.

[21]   Conforme al artículo 96. 1 de la Constitución española, los Tratados internacionales válidamente celebrados, una vez publicados oficialmente en España, forman parte del ordenamiento interno, no pudiendo sus disposiciones ser derogadas, modificadas o suspendidas sino en

nacionales del acatamiento de las decisiones del Tribunal Europeo, otra cosa sucede con la específica articulación de la jurisdicción de éste, pues la ratificación del CEDH no ha significado cesión de soberanía, es decir, de competencia, alguna –en virtud del artículo 93 de la Constitución y como sucede en el caso de la Unión Europea– no obstante estar claro (en el caso de España desde la ratificación en 2010 del protocolo adicional 14, de 2004, y, por tanto, del actual art. 46 CEDH), que: i) los Estados se comprometen a acatar las Sentencias definitivas del Tribunal, debiendo, así, ejecutarlas (a cuyo efecto el Comité de Ministros posee la facultad de supervisión); y ii) el Tribunal puede apreciar (sobre la base de acuerdo previo de dicho Comité) la violación del deber estatal de ejecución, remitiendo al Comité de Ministros el examen de las medidas que deban ser adoptadas.

Para la superación de la expresada dificultad, doctrinalmente se ha llamado la atención sobre el carácter jurisdiccional del Tribunal Europeo (aunque sus Sentencias sean declarativas) y la aceptación de su jurisdicción TEDH (que no requiere integración orgánica en el poder judicial español), pero especialmente se ha sostenido la posibilidad de sortear la prescripción constitucional (art. 117.1) de la administración de justicia por Jueces y Magistrados integrantes del poder judicial tanto sobre la base de la extensión por la Ley orgánica de este poder (art. 2.1) del ejercicio de la potestad jurisdiccional, más allá de los Juzgados y Tribunales determinados en las Leyes, por los que lo sean por los Tratados internacionales, cuanto con apoyo en la obligación de la interpretación de los derechos y las libertades reconocidos por la Constitución (art. 10.2) de conformidad con los Tratados ratificados sobre las mismas materias como una limitación de los poderes públicos internos. Sea como fuere, es convincente la tesis de que la ratificación del CEDH implica la sujeción a un proceso de "integración por el Derecho", con la consecuente repercusión en la relación entre Tribunal Europeo y Tribunales nacionales; proceso análogo al que, aquí si con clara e institucionalizada interacción entre estos últimos y el Tribunal de Justicia, se cumple en la Unión Europea. Quiere decirse con ello que los Estados han perdido el monopolio sobre el Derecho, que es cada día más fruto del juego combinado de normas y reglas de procedencia diversa, dando lugar –en lo que ahora importa– al fenómeno ya destacado en su día por P. Häberle[22] de cristalización progresiva de un Derecho constitucional común europeo, del que el CEDH constituye núcleo esencial y en el que a la jurisprudencia corresponde un papel capital.

Desde la perspectiva del CEDH, las Sentencias del Tribunal Europeo tienen ciertamente fuerza de obligar a los Estados, pero no por ello son directamente ejecutivas, toda vez que, a tal efecto, se requiere la interposición de la autoridad estatal (aunque bajo la supervisión del Comité de Ministros)[23]. De ahí que el propio Tribu-

---

la forma prevista en los propios Tratados o de acuerdo con las normas generales del Derecho Internacional.

[22]   P. Häberle, "Derecho Constitucional Común Europeo" (trad. cast. de E. Mikunda), *Revista de Estudios Políticos*, 1993, n. 79. Sobre el concepto de Häberle véase la nota de A. E. Pérez Luño, "El Derecho constitucional común europeo: apostillas en torno a la concepción de Peter Häberle," *Revista de Estudios Políticos* (nueva época), No. 88, abril-junio 1995, p. 165 y ss.

[23]   En el caso de España, el Tribunal Constitucional tiene sentada doctrina (por todas, Sentencias 303/1993, de 25 de octubre, y 296/2005, de 21 de diciembre) según la cual las Sentencias del Tribunal Europeo "resultan de aplicación inmediata en nuestro ordenamiento", lo

nal, tomando pie en el carácter declarativo de sus pronunciamientos, reconozca a los Estados cierto margen de apreciación a la hora de la ejecución, sobre todo cuando ésta –por referirse a deficiencias estructurales ordinamentales– determine la necesidad de introducir modificaciones normativas. Así, ya en su Sentencia de 13 de junio de 1979, asunto *Marckx c. Bélgica*, dejó señalado –a propósito de asunto relativo a filiaciones y sucesiones- que, aún cuando no puedan referirse directamente a los textos legales, sus pronunciamientos pueden producir efectos que desbordan los límites del asunto concreto cuando las violaciones tienen su origen inmediato en normas y no en decisiones individuales, si bien el carácter declarativo de sus decisiones deja a los Estados la elección de los medios a emplear para su acatamiento. La jurisprudencia ha ido, no obstante, matizando el alcance de tal carácter declarativo para justificar la posibilidad de la concreción de las medidas a adoptar (por ejemplo: la de restitución en materia de propiedad o las generales precisas para evitar la repetición de la violación o las concretas pertinentes, en particular la de indemnización sustitutoria), generalizar el recurso a la medida consistente en una satisfacción equitativa sustitutoria (relativa a los daños morales y materiales y los gastos y costas ocasionados), de modo que la conexión, en la Sentencia, entre apreciación de la violación y fijación de esta última medida (de carácter pecuniario y en contraste con el carácter declarativo del pronunciamiento) ha llegado a convertirse en práctica habitual (pasando de mecanismo subsidiario a mecanismo ordinario). Tal evolución se ha consolidado con el protocolo núm. 14 de 2004, de suerte que, a partir del mismo, la apreciación de problemas estructurales en el ordenamiento correspondiente (problemas que están en el origen de las violaciones apreciadas) conducen –con reducción del margen de apreciación en la fase ejecutiva– a requerir del Estado de que se trate el reexamen de la efectividad de los recursos internos y el establecimiento de los procedentes para evitar casos repetitivos e, incluso, la eliminación en el orden interno de cualquier obstáculo a la reparación que proceda (trátese de la adopción de medidas generales o de concretas, incluso con identificación de la única procedente)[24].

---

que no significa que no subsistan algunos problemas ejecutivos, en particular respecto de Sentencias judiciales internas firmes (especialmente en materia penal).

[24]   En la Sentencia de 17 de febrero de 2004, asunto *Maestri c. Italia*, se requiere del Estado la eliminación de cualquier obstáculo a la reparación del demandante. En la de 8 de abril de 2004, asunto *Assanidzé c. Georgia*, se demanda como único medio adecuado para reparar una detención arbitraria la puesta en libertad inmediata del demandante. Y la misma exigencia, incluso respecto de dos Estados, se contiene en la Sentencia de 8 de junio de 2004, asunto *Ilascu y otros c. Moldavia y Rusia*. / Fundamental es la Sentencia de 22 de junio de 2004, asunto Broniowski c. Polonia, pues –tras identificar el carácter estructural o sistémico de la violación apreciada– se requiere del Estado la adopción de las medidas generales (legislativas y administrativas) para llevar a efecto la Sentencia, llegando incluso a definir –vía subsidiaria– las medidas postuladas (mecanismos de reparación o, en su caso, de reparación equivalente). Posición ésa que se confirma en ulteriores Sentencias, como las de 10 de noviembre de 2004, asunto *Sedjovic c. Italia*; y 2 de febrero de 2005, asunto *Hutten-Czapska c. Polonia*. Con posterioridad la Sentencia de 12 de mayo de 2005, asunto *Ocalan c. Turquía*, ha venido a precisar que la nueva doctrina, si bien no desmiente el carácter declarativo de sus Sentencias y el margen de apreciación en sede ejecutiva de que gozan los estados, supone que excepcionalmente el Tribunal puede indicar el tipo de medidas a adoptar, sea en situación de violación estructural (posibilidad se señalamiento de varias opciones), sean en supuestos cuyas características permitan un único medio de cesación

III

La determinación interna de la responsabilidad extracontractual del Estado se realiza en algunos Estados americanos a partir y sobre la base del Derecho internacional. Así se justifica detenida y convincentemente en el libro para el ordenamiento jurídico colombiano, en el que está en consolidación, sobre la base del artículo 90 de la Constitución y la jurisprudencia de la Corte Constitucional (Sentencias C-169 y C-918 de 2002), en consideración a la cláusula del Estado Social y Democrático de Derecho y al principio *"pro homine"* inspirador de la Convención protectora de los derechos humanos.

La comparación con la situación en Europa no permite apreciar, en esta materia, paralelismo equivalente al apreciado en la protección de los derechos humanos. Pues del CEDH no parece que pueda predicarse capacidad de influjo, en el terreno de la responsabilidad, parecida a la de la Convención americana, siquiera sea más allá de lo que resulta de la jurisprudencia del Tribunal Europeo de Derechos Humanos sobre reparación o indemnización por las violaciones apreciadas. El fundamento real en Europa de la responsabilidad extracontractual del Estado es, pues, el correspondiente orden constitucional. El único régimen supranacional desarrollado a tal respecto es, en efecto, el de la Unión Europea (en adelante UE).

El artículo 41.3 de la Carta de los Derechos Fundamentales de la UE, a la que remite el artículo 6 del Tratado de la Unión, incluye, en el contenido del derecho ciudadano a la buena administración que proclama, el derecho de toda persona a la reparación por la UE de los daños causados por sus instituciones o sus agentes en el ejercicio de sus funciones; y ello de conformidad con los principios generales comunes a los Derechos de los Estados miembros. Por su parte, el artículo 340 del Tratado de Funcionamiento de la Unión determina que, en materia de responsabilidad extracontractual, la UE debe reparar los daños causados por sus instituciones o sus agentes en el ejercicio de sus funciones, de conformidad con los principios generales comunes a los Derechos de los Estados miembros (añadiendo que el Banco Central Europeo afronta por si mismo, de conformidad con los mismos principios, la responsabilidad en que pueda incurrir. Lo que ha llevado a la jurisprudencia del Tribunal de Justicia de la Unión a desarrollar una doctrina de la responsabilidad fundamentalmente por ilegalidad, inspirada en la noción de falta (pero sin excluir totalmente la posibilidad de la responsabilidad sin falta en caso de un perjuicio anormal y especial)[25].

De esta forma, en Derecho comunitario europeo el surgimiento de responsabilidad extracontractual depende, como regla general, de la concurrencia de i) un acto u omisión ilegal; ii) la producción de un daño o perjuicio real; y iii) la existencia de una relación de causalidad entre el acto (o la omisión) y el daño. Aunque, así debe

---

de la violación o de su reparación (inexistencia de opción). Con esta precisión, la doctrina señalada debe entenderse hoy consolidada.

[25]   Así, por ejemplo, Sentencias de 9 de septiembre de 2008, *Fabbrica italiana accumulatori motocarri Montecchio SpA (FIAMM), Fabbrica italiana accumulatori motocarri Montecchio Technologies Inc (FIAMM Technologies), Giorgio Fedon & Figli SpA, Fedon America, Inc. v Council of the European Union, Commission of the European Communities, Kingdom of Spain*, asuntos acumulados C-120/06 P y C-121/06 P, y, más recientemente, 19 de marzo de 2012, asunto C-221/10 P, Comisión Europea contra la República Federal de Alemania.

precisarse, se admita también la responsabilidad por acto lícito (o conforme a Derecho), siempre que –además de los requisitos de causalidad y realidad del daño o perjuicio– concurra el del carácter anormal y especial de este último. El mero error o la simple irregularidad no bastan por sí solos, pues, para desencadenar la responsabilidad, a menos que aquéllos se caractericen por falta de diligencia o de prudencia. Concurriendo responsabilidad, la indemnización incluye tanto el daño experimentado como el perjuicio o beneficio dejado de obtener, lo que implica que uno y otro han de ser ciertos y no meramente posibles, aunque pueden ser inminentes y posibles con certeza suficiente, esto es, daño o perjuicio futuros pero suficientemente ciertos[26]. Dada la peculiar construcción de la UE (en la que los Estados asumen la función de agentes ejecutores indirectos y ordinarios del Derecho supranacional), este régimen rige también cuando el órgano a cuya acción u omisión (en aplicación del Derecho comunitario) sea imputable el daño o perjuicio sea estatal, al menos en términos de impedimento de previsión por el Derecho interno correspondiente de requisitos menos favorables que los que se refieran a reclamaciones semejantes derivadas de la aplicación del Derecho nacional, ni articularse de manera que hagan prácticamente imposible o excesivamente difícil obtener una indemnización[27].

Importa destacar, por lo que luego se dirá respecto del Derecho nacional, que –gracias en este caso a la jurisprudencia del Tribunal de Justicia de la Unión[28]– incluso los actos legislativos pueden dar lugar a responsabilidad patrimonial. La responsabilidad por acto legislativo así admitida:

---

[26] La valoración del daño o perjuicio y el otorgamiento de intereses legales se efectúan de conformidad con los principios comunes a los Estados miembros en esta materia, debiendo en todo caso ser compensada la depreciación del valor de la moneda. Y el plazo de prescripción de la acción resarcitoria no comienza a correr hasta que se manifiesten los efectos dañosos o perjudiciales.

[27] En este supuesto, en efecto: La obligación de reparación no está subordinada al requisito de una sentencia del Tribunal de Justicia de la Unión, que con carácter prejudicial declare la infracción. i, Los procedimientos de resarcimiento se sujetan a los requisitos y plazos establecidos por el Derecho interno; entrega a éste, que debe entenderse en el contexto del régimen de la remisión general al mismo presidido por los principios de equivalencia (la regulación estatal aplicable no puede ser ni menos favorable que la referible a reclamaciones semejantes de naturaleza interna, siempre que el objeto de la acción sea similar) y efectividad (la regulación estatal no debe hacer imposible o muy difícil en la práctica la reparación).

[28] Sentencias del Tribunal de Justicia de la Unión, entre otras, de 19 de noviembre de 1991, *Francovich y otros*, asuntos acumulados C-6/90 y C-9/90, Rec. p. I-5357; 5 de marzo de 1996, *Brasserie du pêcheur y Factortame*, asuntos acumulados C-46/93 y C-48/93, Rec. p. I-1029; 26 de marzo de 1996, *British Telecommunications*, C-392/93, Rec. p. I-1631; 23 de mayo de 1996, *Hedley Lomas*, C-5/94, Rec. p. I-2553; 8 de octubre de 1996, *Dillenkofer y otros*, asuntos acumulados C-178/94, C-179/94 y C-188/94 a C-190/94, Rec. p. I-4845; 2 de abril de 1998, *Norbrook Laboratories*, C-127/95, Rec. p. I- 1531; 15 de septiembre de 1998, *Edis*, C-231/96; 17 de noviembre de 1998, *Aprile*, C-228/96; 9 de febrero de 1999, *Dilexport*, C-343/96; 11 de julio de 2002, *Marks & Spencer*, C-62/00; 30 de septiembre de 2003, *Köbler*, C-224/01; 17 de junio de 2004, *Recheio-Cash & Carray*, C-30/02; y 26 de junio de 2010, dictada en cuestión prejudicial planteada por el Tribunal Supremo español en relación con precepto de Ley continente de diversas medidas fiscales, administrativas y del orden social.

a) Solo se produce cuando el dictado del acto legislativo (comunitario o estatal en ejecución, en este último caso, de Derecho comunitario) o su omisión (por institución comunitaria u órgano estatal; por ejemplo y en este último caso, la no trasposición de una Directiva comunitaria) merece la calificación de ilegal[29]. A este respecto, tienen la consideración de normas superiores de Derecho protectoras de los particulares, cuya contravención da lugar a responsabilidad extracontractual, los principios generales de legalidad, confianza legítima, respeto a los derechos consolidados, irretroactividad, no discriminación y proporcionalidad.

En ningún caso puede una disposición con rango de Derecho primario (originario –Tratados y sus modificaciones–, es decir, del orden "constitucional" supranacional) dar lugar, sin embargo, a responsabilidad extracontractual porque no constituye acto de las instituciones comunitarias o de sus agentes.

b) Y es aplicada, en todo caso, con criterio restrictivo según las reglas que pueden sintetizarse así: a) debe existir, como regla general, infracción o incumplimiento de una norma superior protectora de situaciones jurídicas individualizadas, si bien b) en materias en las que el poder opera con amplio margen de discrecionalidad (p. ej. política económica), sólo cuando tales infracción o incumplimiento sea manifiestos y graves (incumplimiento "caracterizado") y el daño sufrido por los particulares sea anormal y singular.

Siendo impracticable aquí siquiera sea una sintética exposición del panorama que ofrece la institución de la responsabilidad extracontractual del poder público a escala europea, preciso es circunscribirse a unas pinceladas del régimen de dicha institución en el Derecho español. La responsabilidad del poder público tiene rango constitucional, al incluir el artículo 9.3 de la norma fundamental –en el contexto de la enumeración de los principios propios del Estado de Derecho que ella garantiza- los de responsabilidad e interdicción de los poderes públicos. De estos principios se predica, pues, un radio de acción que alcanza a todos los poderes públicos, trátese del ejecutivo-administrativo o del judicial o, incluso, legislativo. Ocurre que, en el desarrollo constitucional, el régimen de la responsabilidad de cada uno de ellos es distinto.

La responsabilidad extracontractual de la Administración pública está establecida también con rango constitucional: artículo 106.2 de la Constitución reconoce a los particulares el derecho a ser indemnizados por toda lesión que sufran en cualquiera de sus bienes y derechos, salvo en los casos de fuerza mayor, siempre que la lesión sea consecuencia del funcionamiento de los servicios públicos "en los términos establecidos por la Ley"[30]. Es, en ese sentido, específica y no dependiente de la

---

[29] El principio conforme al cual los Estados miembros están obligados a reparar los daños causados a los particulares por las violaciones del Derecho de la UE que les sean imputables es aplicable cuando el incumplimiento reprochado sea atribuido al legislador nacional (p. ej. por falta de transposición de una Directiva). En otro caso la responsabilidad se imputa a la UE.

[30] Aunque del inciso referido a la Ley haya querido deducir la jurisprudencia contencioso-administrativa (por ejemplo: Sentencia del Tribunal Supremo de 12 de junio de 2001) que se está ante un derecho de configuración legal, la doctrina mayoritaria entiende que el texto constitucional consagra la responsabilidad patrimonial de la Administración en los términos en que lo hace directamente.

concurrencia de los requisitos tradicionales derivados de la responsabilidad civil (que descansa sobre la culpa como criterio de la ilicitud del daño o perjuicio y en la excepcionalidad de la imputación de la misma por hecho de tercero –culpa *in vigilando* o *in eligendo*–), actualizándose en cuanto exista un daño o perjuicio que traiga causa del funcionamiento de los servicios públicos y no sea debido a fuerza mayor.

Conforme a su regulación legal[31] es efectivamente directa (atribución a la organización titular del servicio correspondiente[32]) y objetiva (no exigencia del concurso de culpa y exclusión solo de los casos de fuerza mayor), lo que significa: giro en torno a la noción de lesión[33], lo que hace de la institución mecanismo de cierre de la

---

[31]   En la Ley 30/1992, de 26 de noviembre, de régimen jurídico de las Administraciones públicas y del procedimiento administrativo común.

[32]   La responsabilidad patrimonial requiere, en efecto, que la lesión sea imputable a un servicio público cuya titularidad corresponda a una Administración, siendo indiferente que el régimen aplicable para la gestión del servicio sea público o privado. Por consiguiente, hay responsabilidad administrativa cuando: i) se hace presente, por razón de la titularidad de un servicio público, cualquier Administración; ii) se produce una lesión (daño o perjuicio) con ocasión del funcionamiento de dicho servicio público, entendido éste como giro o tráfico propio de la correspondiente Administración, es decir, "toda actuación, gestión, actividad o tarea propias de la función administrativa que se ejerce, incluso por omisión o pasividad" en palabras de las Sentencias del Tribunal Supremo de 1 de febrero de 2008 y 22 de octubre de 2009. / La imputación del daño o perjuicio tiene lugar por cualquiera de las causas siguientes: i) acción u omisión de un funcionario, empleado o agente de la Administración (tiene lugar siempre que se trate de personal integrado en la organización administrativa correspondiente y que actúe desempeñando las funciones o tareas que en la misma tenga asignadas; sólo si el agente opera claramente fuera de sus funciones cabe la exclusión de dicha imputación, aunque también esto se discute); ii) generación por el servicio público de que se trate de un riesgo, cuya actualización haya determinado el daño o perjuicio (es indiferente que el funcionamiento del servicio sea normal –lesiones incidentales por actuaciones lícitas– o anormal –conductas ilícitas, inactividad, actividad tardía y actividad no acorde con los criterios mínimos exigibles–, pues la responsabilidad es objetiva y por ser de resultado, de manera que lo relevante es solo la antijuridicidad de la lesión sin perjuicio de la exigencia del nexo causal [Sentencias del Tribunal Supremo de 27 de septiembre de 2007; 1 de febrero de 2008; 22 de octubre de 2009; y 15 de marzo de 2011; de ahí que solo la fuerza mayor, pero no el caso fortuito, excluya la responsabilidad); iii) enriquecimiento sin causa (de creación jurisprudencial: obtención por la Administración de un beneficio o una ventaja sin contraprestación o título para ello y a costa del ciudadano; y iv) disposición legal específica (establecimiento expreso, más allá del régimen general, cual sucede en el caso de daños causados por la actuación de bandas armadas o terroristas, aún cuando no exista causalidad entre la lesión patrimonial y los servicios públicos). / En el caso de desarrollo de acciones o actividades en común o con intervención de varias Administraciones, la regla general es –cuando la actuación es conjunta– la de la responsabilidad solidaria y –en los restantes casos– la de fijación para cada una de ellas de la responsabilidad que le corresponda, atendiendo a los criterios de competencia, interés público tutelado e intensidad de la intervención y de modo que, sólo cuando no sea posible esa determinación individualizada, cabe aplicar la regla de la solidaridad.

[33]   La lesión es un concepto más estricto que el de daño o perjuicio, pues i) comprende sólo el daño o perjuicio que sea antijurídico, es decir, que no se tenga el deber jurídico de soportar de acuerdo con la Ley; ii) la antijuridicidad no trae causa, a su vez, de la incorrección de la acción u omisión causante del hecho dañoso o perjudicial, sino exclusivamente de la inexistencia de deber jurídico en el dañado o perjudicado de sufrir y soportar las consecuencias que de aquel hecho se derivan para su esfera patrimonial, es decir, de la ausencia de título bastan-

garantía constitucional patrimonial del ciudadano frente a la acción del poder público, cubriendo todos los supuestos de lesión valorable económicamente distintos de la expropiación forzosa y, por tanto, no cubiertos por ésta. Se trata, empero, de un desarrollo legal que no deriva inexcusablemente del orden constitucional, por lo que, habiendo sido objeto de crítica doctrinal, está sufriendo una cierta reconsideración – incluso jurisprudencial– en el sentido de la superación de la equiparación de objetividad e universalidad[34], así como de la vinculación entre causalidad e imputación[35] y

---

te justificativo del daño o perjuicio ocasionado; y iii) el daño, para dar lugar a lesión y ser, por tanto, indemnizable, debe: a) derivar de hechos o circunstancias previsibles o evitables según el estado de los conocimientos de la ciencia o de la técnica existentes en el momento de su producción (las imprevisibles e inevitables excluyen, pues, la responsabilidad, sin perjuicio de las prestaciones asistenciales o económicas que las Leyes puedan establecer; este requisito, introducido por reforma legal de 1999, precisa el carácter objetivo o de mero resultado de la responsabilidad –por introducción de la perspectiva de los riesgos cuya actualización sea susceptible en cada momento de ser prevenida– y ha dado lugar a una doctrina jurisprudencial –sobre todo en materia sanitaria–, conforme a la cual "a la Administración no es exigible nada más que la aplicación de las técnicas sanitarias en función del conocimiento de la practica médica, sin que pueda sostenerse una responsabilidad basada en la simple producción del daño, puesto que en definitiva lo que se sanciona en materia de responsabilidad sanitaria es una indebida aplicación de medios para la obtención de un resultado, que en ningún caso puede exigirse que sea absolutamente beneficioso para el paciente" (Sentencias del Tribunal Supremo de 16 de marzo de 2005, 7 y 20 de marzo de 2007, 1 de febrero de 2008 y 22 de octubre de 2009), y, más concretamente, a la doctrina de la llamada "pérdida de oportunidad" generada por la privación de expectativas [Sentencias del Tribunal Supremo de 7 de septiembre de 2005; y 26 de junio de 2008, entendida como un daño antijurídico, puesto que, aunque la incertidumbre en los resultados es consustancial a toda práctica de la medicina –circunstancia que explica la inexistencia de un derecho a la curación–, los ciudadanos deben contar, frente a sus servicios públicos de la salud, con la garantía de que, al menos, van a ser tratados con diligencia aplicando los medios y los instrumentos que la ciencia médica pone a disposición de las Administraciones sanitarias; tienen derecho a que, como dice la doctrina francesa, no se produzca una falta de servicio [Sentencia del Tribunal Supremo de 7 de julio de 2008]); b) incidir en bienes o derechos (tanto los derechos propiamente dichos, como los intereses patrimoniales legítimos, aunque no las expectativas); c) ser efectivo, es decir, actual y no meramente potencial o posible; d) evaluable económicamente, es decir, susceptible de valoración económica; y e) individualizado con relación a una persona o grupo de personas: ha de suponer la colocación de una persona o, todo lo más, de un círculo concreto de personas en una situación de desigualdad o sacrificio especial respecto de las cargas generales propias de la convivencia o comunes a los ciudadanos que éstos, por ello, no están obligados a soportar sin más.

34   No todo daño es indemnizable y, por ello, el juego de la institución experimenta restricciones en función de los elementos de: lesión, antijuridicidad del daño, causalidad e imputación (en esta línea, Sentencias del Tribunal Supremo de 14 de octubre de 2003; 9 de diciembre de 2008; y 26 de enero y 15 de junio de 2010).

35   De modo que la primera no determina necesariamente la segunda. / El surgimiento de la responsabilidad depende, desde luego de la existencia de una relación causal, esto es, de un nexo de causa a efecto entre actuación administrativa y daño o perjuicio; relación, que, en principio, ha de ser directa, inmediata y exclusiva (sin intervención extraña), de tal manera que la interferencia de culpa de la víctima o del hecho de un tercero exonera a la Administración de responsabilidad cuando sea determinante del resultado lesivo. / No obstante, una línea jurisprudencial actualmente dominante señala que la exclusividad no es nota necesaria de la re-

de lesión e indemnización, con revalorización[36] del significado de la objetividad como imposición –con carácter determinante– de la perspectiva de la posición del ciudadano afectado y, en concreto, del deber o no de éste de soportar las consecuencias de la acción u omisión del poder público[37]. El resultado es, así, que la objetividad no implica hoy surgimiento mecánico del deber de indemnizar, sin perjuicio de la persistencia y alcance general del principio de responsabilidad patrimonial –directa y plena– de la Administración pública, conforme a un régimen jurídico-público único garante a todos de un tratamiento común frente a la acción de ésta, cuando cause a los ciudadanos lesiones que éstos no tengan el deber jurídico de soportar; y ello sin necesidad ni de individualizar –ni de reclamar previamente– a la autoridad, funcionario o agente cuya conducta haya causado efectivamente la lesión, y, además, con independencia de la licitud o ilicitud de tales conducta o funcionamiento, pero con referencia, en su caso, a un estándar del servicio público[38] y siempre que dicho daño sea efectivamente imputable a la Administración y en la medida en que lo sea, determinando en ésta el correlativo deber.

Cuando el Estado opera en calidad de Juez su responsabilidad es específica por relación a la anterior de la Administración pública, estando regulada por ello en la

---

lación de causalidad, de tal manera que la interferencia del hecho del propio afectado o de un tercero no elimina por sí sola la responsabilidad de la Administración pública, aunque sí da lugar a la procedencia de la valoración de tal concurrencia con el fin de, en su caso, moderar equitativamente o distribuir la cuantía de la indemnización. / En lo que se refiere al carácter directo del nexo causal hay también una línea actual de tendencia hacia su interpretación laxa cuando se esté valorando la imputación del daño por conducta de un agente de la Administración (apreciando la concurrencia del nexo incluso en casos de actuaciones privadas de los agentes sin vinculación relevante con el servicio público). / La doctrina jurisprudencial del Tribunal Supremo ha reaccionado frente a esa tendencia, señalando que la responsabilidad de la Administración no puede ser tan amplia que alcance a los daños derivados de actos puramente personales de sus servidores que no guardan relación con el servicio. Por lo tanto y conforme señalan las Sentencias de 1 de febrero de 2008; 22 de octubre de 2009; y de 15 de marzo de 2011, la existencia de nexo causal, los términos en que determina la imputación y, en su caso, la ruptura de dicho nexo (con exoneración de la Administración) son cuestiones a apreciar en sede judicial en función de los hechos concurrentes en el caso concreto. En todo caso, la relación de causalidad opera de modo específico en el supuesto de comportamiento activo y distinto que en el supuesto de comportamiento omisivo. Si en el primer caso basta que la lesión sea lógicamente consecuencia de la correspondiente acción (en términos permisivos de la atribución lógica del resultado lesivo a la misma), en el segundo (conducta omisiva) no es suficiente una conexión lógica (pues esto conduciría a una ampliación irrazonablemente desmesurada de la responsabilidad), siendo necesario que haya algún otro dato en virtud del cual quepa objetivamente imputar la lesión, el cual sólo puede ser la existencia de un deber jurídico de actuar (Sentencias de 31 de marzo de 2009 y 27 de marzo de 2012).

[36]   Y paralela ponderación del tipo de actuación del poder público y, por tanto, funcionamiento del servicio público.

[37]   En esta línea, las Sentencias del Tribunal Supremo de 28 de octubre de 2002; 31 de enero de 2003; 21 de marzo, 18 y 26 de abril y 17 de julio de 2007; 26 de junio de 2008; y 29 de junio de 2010.

[38]   La referencia al estándar de funcionamiento del servicio (introducida en una reforma legal de 1999 y consistente en el estado del conocimiento científico y técnico en el momento de los hechos determinantes del resultado lesivo) implica que su cumplimiento excluye el nacimiento de responsabilidad.

Ley orgánica del poder judicial (arts. 292 a 296). Aquí el ámbito de la responsabilidad es más restringido[39], pues cubre ya sólo los supuestos de error en la función de juzgar y de mal funcionamiento de la Administración de Justicia, pudiendo derivar de dos supuestos: a) lesión causada por la actividad judicial misma; y b) lesión derivada del funcionamiento de la Administración de justicia, es decir, de toda otra actividad del poder judicial que no consista precisamente en el ejercicio de la potestad de juzgar y hacer ejecutar lo juzgado.

A diferencia de cómo opera en el caso de las Administraciones públicas y del Estado-Juez, la Constitución no extrae del principio general de responsabilidad de los poderes públicos, por último, consecuencia alguna, expresa y concreta, para el Estado-legislador. Por ello, la admisión de la responsabilidad por hecho del legislador es cuestión controvertida, a pesar de la existencia, desde 1992, de una regulación legal (art. 139.2 de la Ley de régimen jurídico de las Administraciones públicas y del procedimiento administrativo común, que se refiere a ella al establecer que "las Administraciones públicas indemnizarán a los particulares por la aplicación de actos legislativos de naturaleza no expropiatoria de derechos y que éstos no tengan el deber jurídico de soportar, cuando así e establezca en los propios actos legislativos y en los términos que especifiquen dichos actos".

No siendo éste punto pacífico en la doctrina científica, probablemente el mejor enfoque de la cuestión sea –por clarificador y en ausencia de previsión constitucional suficiente– el que descansa en la diferenciación del doble papel que cumple hoy el legislador al mismo tiempo como poder de un Estado miembro de la Unión Europea e interno derivado de la soberanía constituida y retenida (no cedida a dicha Unión)[40], es decir, como "ejecutor" del ordenamiento comunitario y productor de decisiones de la comunidad naciona sobre si misma. Pues si cuando actúa en el marco del Derecho comunitario y por estar desde luego sujeto a éste, su responsabilidad surge en los casos y la medida previstos por dicho Derecho (en los términos ya antes expuestos) y puede, por ello, ser apreciada por el Juez ordinario contencioso-administrativo (en tanto que Juez indirecto de la Unión Europea)[41], no parece que pueda sostenerse con verdadero fundamento sostener un régimen distinto para dicha responsabilidad cuando opera exclusivamente en el marco de la Constitución. Y, sin embargo, existen en la práctica diferencias en este último caso, cuando menos en punto a la exigencia de: i) la impugnación de los actos de aplicación de la norma legal (viabilidad de la responsabilidad incluso frente a actos firmes, pero no así cuando está implicada una violación del Derecho europeo); ii) la cualificación de la violación (inexistencia del requisito de la suficiente caracterización, que si se aplica en caso de violación del Derecho europeo); y iii) la condición directa del daño (carente del rigor que presenta en caso de violación del Derecho europeo).

---

[39] En todo caso rigen también los requerimientos de efectividad, evaluabilidad económica e individualización (respecto de una persona o grupo de personas) del daño, siendo el régimen igualmente jurídico-público (la acción ha de ejercitarse ante el Ministerio de Justicia, siendo recurrible su decisión ante la jurisdicción contencioso-administrativa.

[40] La jurisprudencia contencioso-administrativa invoca con normalidad la jurisprudencia del TJUE en esta materia; véase la Sentencia de 30 de enero de 2008

[41] Así resulta desde luego de la jurisprudencia del TS (SsTS de 29 de enero de 2004, 24 de mayo de 2005 y más recientemente, 11 de enero de 2011

En todo caso, la cuestión debe analizarse, en el plano del Derecho constitucional interno, en el terreno de la garantía constitucional de la propiedad y, por tanto, de la expropiación forzosa (art. 33.3 de la norma fundamental), pues ésta es una garantía establecida en todo caso frente a la acción de cualquier poder público. Es, pues, en este terreno, en el que debe interpretarse y aplicarse la regulación legal establecida, que se refiere a derechos (de los sujetos privados) y emplea, así, fórmula equivalente a la utilizada tanto en dicho artículo, como en previsor de la responsabilidad administrativa. La clave de tal regulación legal reside en la remisión que hace al plano de la aplicación de la Ley y, por tanto, al administrativo, pero excepcionando el régimen general de la responsabilidad propio de la Administración. Pues desde ella debe entenderse que:

a) Excluye los actos legislativos expropiatorios. Esta exclusión es lógica en tanto que expresiva de respeto estricto de la garantía expropiatoria. En efecto: si la Ley es formalmente expropiatoria (Ley, problemática, de caso único), sólo el Tribunal Constitucional puede decidir sobre su conformidad o no con la garantía constitucional de la propiedad. Caso de declaración de constitucionalidad, las únicas cuestiones ya posibles (en especial: fijación y pago del justiprecio; eventual reversión) deben resolverse en sede judicial ordinaria. Pero si la Ley resulta declarada inconstitucional, ha de tenerse por infractora de la garantía expropiatoria y, por tanto, productora de un daño que, de deber ser indemnizado por haberse actualizado en sede aplicativa, determina la entrada en juego de la cláusula constitucional de cierre de la garantía patrimonial: la responsabilidad.

b) Incluye las Leyes que, no siendo formalmente expropiatorias, puedan tener, por el alcance de su regulación y en su aplicación, efecto materialmente equivalente al expropiatorio (privación o lesión total o parcial de derechos). Es justamente la falta de jurisdicción del Juez contencioso-administrativo para enjuiciar la Ley propia del constitucionalismo continental europeo, la que explica el requisito de la previsión del derecho de indemnización y los términos de ésta por el propio legislador. Legitimando, de esta forma, incluso desde la perspectiva del juicio de constitucionalidad, su propia regulación, se traslada la efectividad del cierre de la garantía patrimonial al momento de la efectividad de la norma legal (si es autoaplicativa) o, en otro caso, de su ejecución administrativa, pero sin confusión de la responsabilidad que con ocasión de ésta se actualice (que trae causa del legislador y queda sujeta a un régimen especial) y la de la Administración por razón de su propia actuación, es decir, de su giro o tráfico propio. Es lógica y en modo alguno errónea, por ello, la exigencia de inexistencia en los destinatarios de la regulación de deber jurídico de soportar la consecuencia dañosa que traiga causa directa de la Ley, pues de consecuencia de efecto equivalente al expropiatorio debe tratarse.

De esta suerte, este régimen especial de la responsabilidad por hecho del legislador puede dar lugar a los siguientes supuestos básicos: i) Ley sin previsión alguna acerca del derecho a indemnización, en su caso por actos de aplicación, cuya regulación sea reconducible enteramente a la (de)limitación de derechos: de ser constitucional, su aplicación no puede dar lugar nunca a responsabilidad; y de ser declarada inconstitucional por ser materialmente expropiatoria, su efectividad o, en su caso, aplicación habrá determinado, en su caso y en los términos que resulten de la Sentencia del Tribunal Constitucional, la correspondiente responsabilidad; y ii) Ley con previsión del derecho a indemnización, en su caso por actos de aplicación, de cuya regulación puedan derivarse efectivamente consecuencias de efecto equivalente al expropiatorio: de ser declarada constitucional, su aplicación puede dar lugar a responsabilidad en los términos de la propia Ley; y de ser declarada inconstitucional, sucederá lo mismo que en la hipótesis de inconstitucionalidad antes aludida.

Para que surja efectivamente la responsabilidad y proceda, por tanto, la indemnización, es preciso que: i) sea directamente eficaz en la realidad la norma legal o tenga lugar una aplicación efectiva de la misma y, por tanto, una incidencia real de su regulación en las situaciones individualizadas de los ciudadanos; ii) el daño o perjuicio, aunque se actualice con ocasión de la actuación de la Administración (permitiendo así la exigencia a ésta de abono de la indemnización), traiga causa de la regulación legal y no sea imputable a dicha Administración por razón de su giro o tráfico propio (en cuyo caso lo que hay es una responsabilidad administrativa); y iii) no exista deber jurídico de soportar el daño o perjuicio por tener éste efecto equivalente al expropiatorio, es decir, implicar un sacrificio especial, singular y desigual y, por ello, insusceptible de ser calificado como una carga general.

Aunque tanto la doctrina del Tribunal Constitucional[42], como –desde mucho antes– la constante jurisprudencia del Tribunal Supremo[43], afirma la inexistencia de verdaderos derechos adquiridos frente a la acción innovativa del legislador, lo cierto es que en el contexto del reconocimiento incidental por el Tribunal Constitucional, primero y a propósito de la anticipación por el legislador de la edad de jubilación de funcionarios, de que las nuevas regulaciones legales pueden producir la frustración de expectativas existentes y, por tanto perjuicios económicos merecedores de compensación, y posteriormente[44] de la posibilidad de aplicación por los Tribunales ordinarios de la normativa general en la materia, se ha producido en la jurisprudencia contencioso-administrativa una evolución en la que, tras algunas vacilaciones, se ha acabado imponiendo y consolidando la línea claramente afirmativa de este tipo de responsabilidad[45] en los siguientes términos:

1. El principio constitucional de responsabilidad de los poderes públicos tiene valor normativo directo y virtualidad inmediata, desplegando la triple función que es propia de todo principio general de Derecho y, en particular, la de operar como fuente supletoria del Derecho en los casos de inexistencia o de insuficiencia de la regulación legal. Por ello, el sistema constitucional no permite ámbitos exentos de responsabilidad, estando el Estado obligado a reparar los daños antijurídicos que tengan su origen en la actividad de los poderes públicos, sin excepción alguna. Las únicas excepciones posibles son, pues, las que la propia CE contempla (p. ej. el Rey: 64.2 CE) y las puedan prever las Leyes que la desarrollan.

Ahora bien, la garantía que el principio comporta permite al legislador un margen de maniobra en cuanto a su concreción, en función del poder público respecto

---

[42]   Sentencias 108/1986, de 29 de julio; 99/1987, de 11 de junio; 70/1988, de 19 de abril; y 65/1990, de 5 de abril.

[43]   Confirmada por la Sentencia del Pleno del Tribunal Supremo de 30 de noviembre de 1992.

[44]   Sentencias 28/1997, de 23 de febrero, y 248/2000, de 19 de octubre.

[45]   Sentencias, entre otras, del Tribunal Supremo de 15, 25 y 30 de septiembre, 7 de octubre y 17 y 19 de noviembre de 1987; 30 de noviembre de 1992; 29 de febrero, 13 de junio y 15 de julio de 2000; 26 y 27 noviembre de 2009; 17 de junio y 17 de noviembre de 2009; 2 y 8 de junio 2010; 11 de octubre de 2011; y 4 de febrero, 29 de marzo, y 13 y 24 de abril de 2012.

del cual aquélla se predique. No puede recibir el mismo tratamiento, en efecto, la responsabilidad de unas organizaciones sometidas plenamente a la Ley y al Derecho (las Administraciones) o la un poder disperso (el judicial) que la del poder legislativo, que representa directamente al pueblo y es, por lo tanto, esencialmente soberano y con una gran libertad de configuración, sin más limites que el bloque de la constitucionalidad. Lo que no quiere decir que el margen de maniobra del legislador sea ilimitado, por lo que no excluye su responsabilidad, aunque le confiere carácter excepcional. Por ello, ni siquiera la omisión de toda regulación de la responsabilidad de cualquiera de los poderes constituidos, ni, por tanto, su silencio respecto de la responsabilidad derivada de su propia actuación con ocasión del establecimiento de una concreta regulación, son capaces de crear un espacio inmune a las reclamaciones por responsabilidad patrimonial. Son en este caso los Tribunales –indagando la *ratio legis*– los llamados a determinar la existencia o no de una lesión antijurídica que deba resarcirse y efectuar la correspondiente declaración de responsabilidad, sin por ello incurrir en suplantación del legislador.

2. La actuación del legislador capaz de producir lesión resarcible es tanto la constitucional, como la inconstitucional. La que sea constitucional puede siempre, cuando no tenga carácter expropiatorio, determinar responsabilidad patrimonial, con la consecuencia de la desaparición, al menos como presupuesto o exigencia ineludible de la referida posibilidad, la de previa previsión y aceptación de la responsabilidad en la propia Ley. Y la declarada inconstitucional da lugar normalmente a responsabilidad, pero el desencadenamiento de ésta puede presentar específicas dificultades.

Por de pronto, el título de imputación de la responsabilidad no es otro que la declaración de inconstitucionalidad, derivando la lesión, por ello, de la aplicación misma de la Ley (constatada, sobrevenidamente, como indebida), de modo que no es exigible la previsión por el propio legislador de la indemnizabilidad de sus decisiones, porque conduciría a una conclusión interpretativa absurda e ilógica, de suyo rechazable: la supeditación de la reparación del perjuicio a la contemplación por el propio legislador de la posibilidad de la inconstitucionalidad y del consecuente planteamiento, para tal hipótesis, de la procedencia o no de la inclusión de un pronunciamiento al respecto.

De otro lado, el juego de la responsabilidad se produce tanto cuando la declaración del Tribunal Constitucional establece la responsabilidad, como cuando nada dice al respecto o, incluso, dispone para aquella declaración solo efectos *ex nunc*. Más aún, tiene lugar incluso cuando la referida declaración no puede afectar a fallos judiciales firmes en virtud del efecto de cosa juzgada. Y ello, porque –no planteando problema el primer supuesto–: a) la regla general es la de la nulidad radical, en origen, de la norma legal, de la que deriva la improcedencia de erigir la Sentencia declarativa de la inconstitucionalidad en único título jurídico de un eventual derecho al resarcimiento; b) la falta de pronunciamiento de la Sentencia sobre el alcance temporal del fallo o la reparabilidad de la lesión únicamente determina que deban ser los Jueces y Tribunales los llamados a decidir definitivamente acerca de la eficacia retroactiva de la declaración de inconstitucionalidad, aplicando las Leyes y los principios generales del Derecho interpretados a la luz de la jurisprudencia; y c) la más delicada cuestión de los efectos de la declaración de inconstitucionalidad en los procesos en los que se haya hecho aplicación de la norma inconstitucional y el obstáculo que para el éxito de la acción indemnizatoria puedan suponer, por tanto, los pronunciamientos firmes en ellos recaídos, debe resolverse en el sentido de i) quedar incólume el valor de cosa juzgada de la Sentencia firme basada en la aplicación de la norma declarada inconstitucional, con la única excepción referida a los procesos penales o contencioso-administrativos de revisión de resoluciones sancionadoras, en los que la inaplicación de la norma inconstitucional determine un efecto beneficioso para aquél o aquéllos afectados por los correspondientes pronunciamientos; pero ii) siendo perfectamente posible la exclusión –cuando se trate de hechos o fundamentos jurídicos nuevos– de los llamados efectos negativo y positivo de la cosa juzgada material (pues dichos hechos o fundamentos nuevos pueden válidamente otorgar soporte a una acción a la que no le alcancen los efectos, ya sean excluyentes, ya vinculantes, de la cosa juzgada); y iii) debiendo interpretarse restrictivamente las reglas sobre aplicación de las normas jurídicas insertas en el ámbito del instituto de la cosa juzgada, con limitación de su aplicación a sus previsiones expresas y regulación de sus efectos o su valor para el específico supuesto al que se refieren; de lo que se sigue iv) que la conservación por la Sentencia firme del valor de cosa juzgada y la consecuente improcedencia de la revisión del proceso al que puso fin en modo alguno implican dar por juzgadas pretensiones distintas, bien porque lo sean los sujetos frente a los que se piden, bien porque lo sea el *petitum*, esto es, el bien jurídico cuya protección se solicita (radica aquí el fundamento de la viabilidad de una acción de responsabilidad patrimonial sustentada en el perjuicio irrogado por la aplicación, en la Sentencia dotada del valor de cosa juzgada, de la Ley luego declarada contraria a la Constitución).

3. El surgimiento de la responsabilidad patrimonial depende estrictamente de la antijuricidad del daño o perjuicio que se ha seguido efectivamente de la aplicación de la Ley; antijuricidad, que debe darse por supuesta en caso de declaración de la inconstitucionalidad, pues si es antijurídica la Ley debe serlo el daño o el perjuicio, pudiendo sólo circunstancias singulares, de clara y relevante entidad llegar a explicar y justificar una afirmación contraria, a saber, la de que el perjudicado tiene el deber jurídico de soportar el daño.

4. La imputación a la Administración de la responsabilidad derivada de actuación del legislativo.

Habiéndose alargado en demasía quizás, las consideraciones precedentes, pero confiando en que cumplan su función antes avanzada, hora es ya de dejar paso a la lectura, que aseguro al lector de todo punto provechosa, de la obra a la que sirven de introducción.

Getafe (Madrid), veintisiete de octubre de dos mil doce.

Luciano Parejo Alfonso
Catedrático de Derecho Administrativo
Universidad Carlos III de Madrid

I
SOBRE EL MARCO CONCEPTUAL DEL
CONTROL DE CONVENCIONALIDAD:
ANTECEDENTES, DERECHO DE AMPARO Y
DERECHO ADMINISTRATIVO

Allan R. Brewer-Carías

INTRODUCCIÓN

El derecho a la defensa puede decirse que encontró su formulación jurispruden-cial histórica en el mundo moderno en el famoso caso *Dr. Bentley* decidido por una Corte inglesa en 1723, la cual resolvió que el Dr. Bentley, entonces *Chancellor* de la Universidad de Cambridge, no podía haber sido desprovisto de sus títulos o grados académicos sin habérsele informado previamente de los cargos formulados en su contra, y sin habérsele dado la oportunidad de responderlos[1]. Para ello, como es bien conocido, el Juez Fortescue consideró tal derecho como un principio de *natural justice* que todas las leyes de Dios y del mundo reconocían, rememorando incluso que Dios mismo cuando dictó su sentencia de expulsión de Adán del Paraíso luego de haberlo llamado antes para que hiciera su defensa[2]. Por ello, Michael Stassiono-poulos en su conocida tesis de grado precisamente sobre el derecho a la defensa, concluyó diciendo que dicho derecho en realidad era "tan viejo como el mundo"[3].

Algo similar podríamos decir del control de convencionalidad[4] que ha adquirido tanta notoriedad en los últimos años, el cual si bien no es tan viejo como el mundo,

---

[1]   *V.*, E.C.S. Wade y G. Godfrey Philip, *Constitutional and Administrative Law*, London, 1981, p. 599.

[2]   *V.*, *Dr. Bentley's case: The King v. The Chancellor, Ec, of Cambridge* (1723), Stra. 557. *Vid.* las referencias en *Cooper v. The Board of Works for Wandsworth District* (1863), 14.C.B. (n.s.) 180, en S. H. Bailey, C. A. Cross y J. F. Garner, *Cases and materials in Administrative Law*, London, 1977, pp. 348-351.

[3]   *V.*, Michael Stassinopoulos, *Le droit de la défense devant les autorités administratives*, París, 1976, p. 50.

[4]   *V.*, Ernesto Rey Cantor, *Control de Convencionalidad de las Leyes y Derechos Humanos*, México, Editorial Porrúa-Instituto Mexicano de Derecho Procesal Constitucional, 2008; Juan Carlos Hitters, "Control de constitucionalidad y control de convencionalidad. Comparación," en *Estudios Constitucionales*, Centro de Estudios Constitucionales de Chile, Universidad de Talca, Año 7, No. 2, 2009, pp. 109-123; Susana Albanese (Coordinadora), El control de con-

sí podemos considerar que es tan viejo como la vigencia misma de la Convención Americana sobre Derechos Humanos[5].

Ese ha sido y es, precisamente, el control que usualmente ha realizado y realiza la Corte Interamericana de Derechos Humanos en sus sentencias, cuando al juzgar las violaciones a la Convención Americana sobre derechos Humanos cometidas por los actos u omisiones de los Estados, ha tenido que confrontar las normas de la misma con las previsiones del derecho interno, de manera que en los casos en los cuales ha encontrado que estas son contrarias o incompatibles con aquella, ha ordenando a los Estados realizar la corrección de la inconvencionalidad, por ejemplo modificando la norma cuestionada[6].

Ese también ha sido el control que han ejercido y ejercen los jueces o tribunales nacionales cuando han juzgado la validez de los actos del Estado, al confrontarlos no sólo con la Constitución respectiva, sino con el elenco de derechos humanos y de obligaciones de los Estados contenidos en la Convención Americana, o al aplicar las decisiones vinculantes de la Corte Interamericana, decidiendo en consecuencia, conforme a sus competencias, la anulación de las normas nacionales o su desaplicación en el caso concreto.

En esta materia, en realidad, tanto a la Corte Interamericana como con los jueces nacionales puede decirse que les ocurrió algo similar a lo que se la atribuye a Jourdain, aquél personaje de la obra "El burgués gentilhombre" de Molière, quien al consultar al Filósofo en qué forma podía escribirle a una dama de quien estaba ena-

---

vencionalidad, Buenos Aires, Ed. Ediar, 2008; Eduardo Ferrer Mac-Gregor, "El control difuso de convencionalidad en el Estado constitucional", en Fix-Zamudio, Héctor, y Valadés, Diego (Coordinadores), *Formación y perspectiva del Estado mexicano,* México, El Colegio Nacional-UNAM, 2010, pp. 151-188; Eduardo Ferrer Mac-Gregor, "Interpretación conforme y control difuso de convencionalidad el nuevo paradigma para el juez mexicano," en *Derechos Humanos: Un nuevo modelo constitucional*, México, UNAM-IIJ, 2011, pp. 339-429; Carlos Ayala Corao, *Del diálogo jurisprudencial al control de convencionalidad*, Editorial Jurídica venezolana, Caracas 2013, pp. 113 y ss. *V.,* además, Jaime Orlando Santofimio y Allan R. Brewer-Carías, *Control de convencionalidad y responsabilidad del Estado*, Universidad Externado de Colombia, Bogotá 2013.

[5]   *V.,* en el mismo sentido, Karlos A. Castilla Juárez, "El control de convencionalidad. Un nuevo debate en México a partir de la sentencia del caso *Radilla Pacheco*", en Eduardo Ferrer Mac Gregor (Coordinador), *El control difuso de convencionalidad. Diálogo entre la Corte Interamericana de Derechos Humanos y los jueces nacionales),* FUNDAp, Querétaro, México 2012, pp. 83-84

[6]   Por ello, el juez Eduardo Ferrer Mac-Gregor ha señalado que el "control concentrado de convencionalidad" lo venía realizando la Corte IDH desde sus primeras sentencias, sometiendo a un examen de convencionalidad los actos y normas de los Estados en un caso particular". *V.,* su Voto razonado a la sentencia de la Corte Interamericana en el caso *Cabrera García y Montiel Flores vs. México* de 26 de noviembre de 2010 (Párr. 22), en http://www.corteidh.or.cr/docs/casos/articulos/seriec_220_esp.pdf. También ha dicho con razón que "el control de convencionalidad constituye la razón de ser de la Corte Interamericana. *V.,* en Eduardo Ferrer Mac Gregor, "Interpretación conforme y control difuso de convencionalidad. El nuevo paradigma para el juez mexicano", en Eduardo Ferrer Mac Gregor (Coordinador), *El control difuso de convencionalidad. Diálogo entre la Corte Interamericana de Derechos Humanos y los jueces nacionales),* FUNDAp, Querétaro, México 2012, p. 132.

morado, que no fuera ni en prosa ni en verso, su interlocutor le explicó que sólo lo podía hacer en prosa o en verso, y nada más, frente a lo cual exclamó extrañado, "Mas de cuarenta años que hablo en prosa sin saberlo." Y así fue en nuestro mundo de los derechos humanos, donde tuvo con que pasar casi cuarenta años desde que la Convención fuera suscrita (1969) para que gracias a la importante conceptualización efectuada en 2003 por el juez Sergio García Ramírez de la Corte Interamericana de Derechos Humanos, se captara en sus propios contornos el control que la propia Corte y los jueces y tribunales nacionales venían ejerciendo con anterioridad.

En esta materia, por tanto, lo que realmente es nuevo, ha sido por una parte, la afortunada acuñación de un término como ha sido el de "control de convencionalidad,"[7] que Sergio García Ramírez propuso en su Voto razonado a la sentencia del caso *Myrna Mack Chang vs. Guatemala*, de 25 de noviembre de 2003;[8] y por la otra, la clarificación de que dicho control de convencionalidad se efectúa en dos vertientes, dimensiones o manifestaciones, por un lado a nivel internacional por la Corte Interamericana, y por el otro, en el orden interno de los países, por los jueces y tribunales nacionales[9]. Estas dos vertientes, ha identificado Sergio García Ramírez distinguiendo entre "el control propio original o externo de convencionalidad" que ejerce la Corte Interamericana, y el "control interno de convencionalidad" que ejer-

---

[7] Como lo ha destacado Juan Carlos Hitters, "Claro está que cuando se utiliza la terminología de control de convencionalidad, no se quiere decir que recién a partir del citado asunto la Corte IDH haya ejercido tal potestad, porque desde siempre el cuerpo hace una comparación entre ambos esquemas, destacando por supuesto la prioridad de la regla supranacional; lo que en verdad ha sucedido es que desde ese momento se utiliza tal fraseología". *V.*, Juan Carlos Hitters, "Control de constitucionalidad y control de convencionalidad. Comparación," en *Estudios Constitucionales*, Centro de Estudios Constitucionales de Chile, Universidad de Talca, Año 7, No. 2, 2009, pp. 109-128.

[8] *V.*, Voto Concurrente Razonado del Juez Sergio García Ramírez a la sentencia en el caso *Myrna Mack Chang vs. Guatemala*, de 25 de noviembre de 2003, Serie C No. 101, http://www.corteidh.or.cr/docs/casos/articulos/seriec_101_esp.pdf, donde se refirió al "'control de convencionalidad' que trae consigo la jurisdicción de la Corte internacional" (Párr. 27). *V.*, el comentario del propio Sergio García Ramírez sobre dicho voto y la evolución de su aporte al desarrollo de la noción en Sergio García Ramírez, "El control judicial interno de convencionalidad," en Eduardo Ferrer Mac Gregor (Coordinador), *El control difuso de convencionalidad. Diálogo entre la Corte Interamericana de Derechos Humanos y los jueces nacionales)*, FUNDAp, Querétaro, México 2012, pp. 230 ss. *V.*, igualmente los comentarios a los criterios de García Ramírez en Karlos A. Castilla Juárez, "El control de convencionalidad. Un nuevo debate en México a partir del caso *Radilla Pacheco*," en Eduardo Ferrer Mac Gregor (Coordinador), *El control difuso de convencionalidad. Diálogo entre la Corte Interamericana de Derechos Humanos y los jueces nacionales)*, FUNDAp, Querétaro, México 2012, pp. 87 y ss.

[9] Algunos autores, sin embargo, niegan que existan estas dos vertientes en el control de convencionalidad, argumentando que el mismo está reservado a la Corte Interamericana, negando la posibilidad de que los jueces y tribunales nacionales lleven a cabo dicho control. Karlos A. Castilla Juárez, "El control de convencionalidad. Un nuevo debate en México a partir de la sentencia del caso *Radilla Pacheco*, en Eduardo Ferrer Mac Gregor (Coordinador), *El control difuso de convencionalidad. Diálogo entre la Corte Interamericana de Derechos Humanos y los jueces nacionales)*, FUNDAp, Querétaro, México 2012, pp. 88 y ss.

cen los tribunales nacionales;[10] y Eduardo Ferrer Mac Gregor, distinguiendo entre el "control concentrado" de convencionalidad" que ejerce la Corte Interamericana, en sede internacional, y el "control difuso" de convencionalidad, a cargo de los jueces nacionales, en sede interna[11].

Estas dos vertientes, en efecto, las detectó el propio Juez García Ramírez al año siguiente, en otro Voto razonado, esta vez a la sentencia del Caso *Tibi vs. Ecuador* de 7 de diciembre de 2004, cuando efectuó una comparación entre el control de constitucionalidad y el control de convencionalidad, considerando en cuanto a la función de la Corte Interamericana, que la misma se asemejaba a la de los tribunales constitucionales cuando juzgan la inconstitucionalidad de las leyes y demás actos normativos conforme a las reglas, principios y valores constitucionales; agregando que dicha Corte analiza los actos de los Estados que llegan a su conocimiento "en relación con normas, principios y valores de los tratados en los que funda su competencia contenciosa;" y que si bien "los tribunales constitucionales controlan la 'constitucionalidad', el tribunal internacional de derechos humanos resuelve acerca de la 'convencionalidad' de esos actos."[12]

Por otra parte, en cuanto al control de constitucionalidad que realizan los órganos jurisdiccionales internos, de acuerdo con lo expresado por el mismo García Ramírez, estos "procuran conformar la actividad del poder público –y, eventualmente, de otros agentes sociales– al orden que entraña el Estado de Derecho en una sociedad democrática," en cambio, "el tribunal interamericano, por su parte, pretende conformar esa actividad al orden internacional acogido en la Convención fundadora de la jurisdicción interamericana y aceptado por los Estados partes en ejercicio de su soberanía."[13]

A raíz de estas reflexiones quedó claro en el mundo internacional de los derechos humanos que bajo la misma denominación de "control de convencionalidad" se han

---

[10] *V.*, Sergio García Ramírez, "El control judicial interno de convencionalidad", en Eduardo Ferrer Mac Gregor (Coordinador), *El control difuso de convencionalidad. Diálogo entre la Corte Interamericana de Derechos Humanos y los jueces nacionales)*, FUNDAp, Querétaro, México 2012, pp. 213.

[11] *V.*, Eduardo Ferrer Mac Gregor, "Interpretación conforme y control difuso de convencionalidad. El nuevo paradigma para el juez mexicano", en Eduardo Ferrer Mac Gregor (Coordinador), *El control difuso de convencionalidad. Diálogo entre la Corte Interamericana de Derechos Humanos y los jueces nacionales)*, *FUNDAp*, Querétaro, México 2012, p. 132.

[12] Voto razonado del Juez Sergio García Ramírez a la sentencia en el caso *Tibi Vs. Ecuador*, Sentencia de 7 de septiembre de 2004, Serie C No. 114 (Párr. 3), en http://www.corteidh. or.cr/docs/casos/articulos/seriec_114_esp.pdf. Véanse los comentarios sobre las dos vertientes del control de convencionalidad en Víctor Bazan y Claudio Nash (Editores), *Justicia Constitucional y derechos Fundamentales. El Control de Convencionalidad 2011*, Centro de Derechos Humanos Universidad de Chile, Konrad Adenauer Stiftung, 2011, pp. 24, 59; y Víctor Bazán, "Estimulando sinergias: de diálogos jurisprudenciales y control de convencionalidad", en Eduardo Ferrer Mac Gregor (Coordinador), *El control difuso de convencionalidad. Diálogo entre la Corte Interamericana de Derechos Humanos y los jueces nacionales)*, *FUNDAp*, Querétaro, México 2012, pp. 14 ss.

[13] Voto razonado del Juez Sergio García Ramírez a la sentencia en el caso *Tibi vs. Ecuador*, Sentencia de 7 de septiembre de 2004, Serie C No. 114 (Párr. 4), en http://www.corteidh. or.cr/docs/casos/articulos/seriec_114_esp.pdf.

venido ejerciendo dos tipos de controles, por dos tipos de órganos jurisdiccionales distintos ubicados en niveles diferentes, uno en el ámbito internacional y otros en el ámbito nacional, y con dos efectos jurídicos completamente distintos, lo que amerita realizar algunas puntualizaciones sobre uno y otro a los efectos de podernos centrar en el objeto específico de esta exposición que es sobre las perspectivas del control de convencionalidad en materia de amparo de los derechos fundamentales[14].

I.   LAS DOS VERTIENTES DEL CONTROL DE CONVENCIONALIDAD

En cuanto al control de convencionalidad ejercido por los jueces y tribunales nacionales, si bien desde hace décadas e había venía realizando en muchas jurisdicciones nacionales, fue luego de la conceptualización efectuada por el juez García Ramírez, y a partir de la sentencia de la Corte Interamericana en el caso *Almonacid Arellano y otros vs. Chile* de 26 de septiembre de 2006,[15] cuando el término se acuñó en la jurisprudencia para identificar el control que ejercen dichos jueces cuando frente a normas nacionales que deban aplicar a casos concretos de los cuales conozcan, le dan prevalencia a las previsiones de la Convención Americana cuando aquellas normas nacionales le sean contrarias. Este control ocurre, igualmente cuando los jueces nacionales aplican en el ámbito interno las sentencias vinculantes de la Corte Interamericana. Dicho control de convencionalidad, además, particularmente en países en los cuales la Convención tiene rango constitucional o forma parte del bloque de la constitucionalidad, los jueces nacionales pueden, según sus respectivas competencias, no sólo desaplicar sino incluso anular las normas internas contrarias a la Convención Americana.

En la citada sentencia *Almonacid Arellano y otros vs. Chile* de 26 de septiembre de 2006, en efecto, la Corte Interamericana, después de aceptar que "los jueces y tribunales internos están sujetos al imperio de la ley y, por ello, están obligados a aplicar las disposiciones vigentes en el ordenamiento jurídico" de cada país, consideró sin embargo, que cuando los Estados respectivos han ratificado la Convención Americana, en virtud de que los jueces están sometidos a ella, eso los "obliga a velar

---

14   En cuanto a las leyes de reguladoras del amparo que se mencionan sólo con el nombre de cada país, son las siguientes: ARGENTINA. Ley N° 16.986. Acción de Amparo, 1966; BOLIVIA. Ley N° 1836. Ley del Tribunal Constitucional, 1998; BRAZIL. Lei N° 12.016 Mandado de Segurança, 2009; COLOMBIA. Decretos Ley No. 2591, 306 y 1382. Acción de Tutela, 2000; COSTA RICA. Ley N° 135. Ley de la Jurisdicción Constitucional, 1989; ECUADOR. Ley N° 000. RO/99. Ley de Control Constitucional, 1997; EL SALVADOR. Ley de Procedimientos Constitucionales, 1960; GUATEMALA. Decreto N° 1-86. Ley de Amparo. Exhibición personal y Constitucionalidad, 1986; HONDURAS. Ley sobre Justicia Constitucional, 2004; MÉXICO. Ley de Amparo, reglamentaria de los artículos 103 y 107 de la Constitución Política, 1936 (última reforma, 2011); NICARAGUA. Ley N° 49. Amparo, 1988; PANAMÁ. Código Judicial, Libro Cuarto: Instituciones de Garantía, 1999; PARAGUAY. Ley N° 1.337/88. Código Procesal Civil, Titulo II. El Juicio de Amparo, 1988; PERÚ. Ley N° 28.237. Código Procesal Constitucional, 2005; REPÚBLICA DOMINICANA. Ley Orgánica del Tribunal Constitucional y de los Procesos Constitucionales, 2011; URUGUAY. Ley N° 16.011. Acción de Amparo, 1988; VENEZUELA. Ley Orgánica de Amparo sobre Derechos y Garantías Constitucionales, 1988.

15   *V.*, sentencia en el caso *Almonacid Arellano y otros v Chile* de 26 de septiembre de 2006, en http://www.corteidh.or.cr/docs/casos/articulos/seriec_154_esp.pdf.

porque los efectos de las disposiciones de la Convención no se vean mermadas por la aplicación de leyes contrarias a su objeto y fin, y que desde un inicio carecen de efectos jurídicos"[16].

Partiendo de esa premisa, la Corte Interamericana concluyó con su conocida afirmación de que "el Poder Judicial debe ejercer una especie de 'control de convencionalidad' entre las normas jurídicas internas que aplican en los casos concretos y la Convención Americana sobre Derechos Humanos", agregando, incluso que en esa tarea "el Poder Judicial debe tener en cuenta no solamente el tratado, sino también la interpretación que del mismo ha hecho la Corte Interamericana, intérprete última de la Convención Americana"[17].

Este control de convencionalidad, sin embargo, como hemos dicho, a pesar de la novedosa denominación introducida en 2006, se había ejercido con anterioridad por los tribunales nacionales en América Latina. Ello ocurrió, por ejemplo, en Venezuela, antes de que se iniciara el régimen autoritario que a partir de 1999 asaltó y se apoderó del Estado, incluyendo el Tribunal Supremo de Justicia y todos los tribunales de la República; cuando en la década de los setenta, los tribunales de instancia comenzaron a aplicar preferentemente la Convención Americana en relación con previsiones del derecho interno pocos años después de que la misma hubiera comenzado a entrar en vigor, con lo cual, por ejemplo pudieron cambiar, la interpretación jurisprudencial restrictiva que había sentado la antigua Corte Suprema de Justicia en 1970, que conducía en la práctica a la inadmisibilidad de la acción de amparo.

El artículo 49 de la Constitución de 1961 entonces vigente, en efecto había establecido el derecho de todas las personas a ser amparadas por los tribunales "en el goce y ejercicio de los derechos y garantías que la Constitución establece, *en conformidad con la Ley*", frase ésta última de la cual dedujo la Corte Suprema que el ejercicio de tal derecho había quedado supeditado a lo que la ley estableciera. Ello, además, era lo que se deducía del texto de la Exposición de Motivos del proyecto de Constitución, donde al justificar la inclusión de la Disposición Transitoria (Quinta) que reglamentaba provisionalmente el derecho de *hábeas corpus*, se indicó que ello había sido "a fin de no dejar en suspenso" la eficacia del artículo en materia de libertad personal hasta la promulgación de la ley respectiva;[18] ley que sólo se sancionó en 1988.[19] Ello implicó que en los primeros lustros de vigencia de la Constitución, con excepción de la libertad personal, los demás derechos y garantías constitucionales carecieron de un efectivo instrumento de protección judicial.

---

[16]   *Ídem.*, Párr. 124

[17]   Para llegar a esta conclusión, la Corte Interamericana precisó que dicho control "tiene sustento en el principio de la buena fe que opera en el Derecho Internacional, en el sentido que los Estados deben cumplir las obligaciones impuestas por ese Derecho de buena fe y sin poder invocar para su incumplimiento el derecho interno, regla que se encuentra recogida en el artículo 27 de la Convención de Viena sobre los Tratados". *Ídem.* Párr. 125.

[18]   *V.,* "Exposición de Motivos del Proyecto de Constitución" en *Revista de la Facultad de Derecho,* UCV, No. 21 Caracas, 1961, p. 381.

[19]   *V.,* Ley Orgánica de Amparo a los Derechos y Garantías Constitucionales en *Gaceta Oficial* No. 34060 de 27 de septiembre de 1988. Sobre esta Ley véanse los comentarios de Allan R Brewer-Carías y Carlos Ayala Corao, *Ley Orgánica de Amparo a los Derechos y Garantías Constitucionales,* Editorial Jurídica Venezolana, 6ª, ed., Caracas 2007.

Lo anterior, sin embargo, no fue obstáculo para que hacia finales de la década de los sesenta, algunos jueces de instancia comenzaran a admitir acciones de amparo para proteger otras libertades o garantías distintas de la libertad individual,[20] aplicando para ello, el procedimiento previsto para el *hábeas corpus*, invocando incluso como antecedente la decisión del caso *Ángel Siri* de la Corte Suprema de Argentina dictada el 27 de diciembre de 1.957, en la cual, conforme al principio de la progresividad[21] se abrió el camino para la generalización de la acción de amparo.[22] Ello sin embargo fue contrariado por la Corte Suprema de Justicia a finales de 1970[23], al considerar en relación con la Disposición Transitoria Quinta constitucional, que "la protección de cualquier otro derecho –establecido o no en la Constitución– queda excluida del campo de aplicación de esa norma, por ser evidente la intención del constituyente de limitar su alcance al caso expresamente previsto por ella", califi-

---

[20] Por sentencia del 13 de septiembre de 1968 del Juez Séptimo de Primera Instancia en lo Penal del Distrito Federal, confirmada por fallo de 4-10-68 de la Corte Superior Segunda en la Penal del Distrito Federal, se otorgó amparo a un ciudadano contra un acto administrativo que ordenó la detención de su automóvil en virtud de que el mismo no había sido importado regularmente al país. (*V.,* R. Escala Zerpa, *Recurso de Amparo contra arbitrariedad de Funcionario Público,* Caracas, 1968). Asimismo, con fecha 14 de abril de 1989 otro Juez de Primera Instancia en lo Civil del Distrito Federal, acordó recurso de amparo, confirmado por decisión de 14 de julio de 1969 de la Corte Superior Segunda en lo Civil y Mercantil del Distrito Federal, contra un acto de la Policía Técnica Judicial que detuvo a un particular y se le obligó a reconocer como padre de un menor y a pagar una pensión alimentaria. Estas decisiones, tomadas de referencias contenidas en la publicación periódica *Síntesis Jurídica* (Escritorio Santana Mujica) fueron comentadas por dicha publicación en los siguientes términos: "Como un paso formativo del lento avance de nuestro país hacia un eficiente estado de derecho, ha de apuntarse las iniciales sentencias, derivadas de jueces penales y civiles, donde se derrota la tesis restrictiva, que se sostuvo inicialmente de que el amparo no era aplicable en el país, pese a su consagración en la Constitución porque carecía de reglamentación. Ahora se sostiene que cualquier juez es competente para conocer y decidir el amparo, que el fallo dictado no tiene consulta, que la ausencia de procedimiento no impide la procedencia del amparo, porque la Constitución dice: "a falta de la ley reglamentaria en estos derechos no menoscaba el ejercicio de los mismos". Art. 50 CN), y se otorga ante cualquier acto público o privado, que desconozca, disminuya a menoscabe las garantías constitucionales". *V.,* además, Jesús R. Quintero "Recursos de Amparo, La cuestión central en dos sentencias y un voto salvado", en *Revista de la Facultad de Derecho,* No. 9, UCAB, Caracas, 1969-1970, pp. 157 a 206.

[21] *V.,* lo expuesto en Allan R. Brewer-Carías. "La reciente evolución jurisprudencial en relación a la admisibilidad del recurso de amparo", en *Revista de Derecho Público,* No. 19, Caracas, 1984, pp. 207 ss.

[22] *V.,* la referencia al caso *Ángel Siri* en José Luis Lazzarini, *El juicio de amparo,* La Ley, Buenos Aires, 1987, pp. 26 ss. y 373 ss. Alí Joaquín Salgado, *Juicio de amparo y acción de inconstitucionalidad,* Ed. Astrea, Buenos Aires, 1987, pp. 5; Néstor Pedro Sagües, *Derecho Procesal Constitucional. Acción de Amparo,* Volumen 3, 2ª Edición, Editorial Astrea, Buenos Aires, 1988, pp. 9 ss.

[23] En la sentencia de la Corte Suprema de Justicia en Sala Político Administrativa de 11 de noviembre de 1970, en *Gaceta Oficial* No. 1.447, Extraordinaria de diciembre de 1970, pp. 27 y 28, ya se vislumbra la interpretación que posteriormente se adoptaría: "A diferencia de otras situaciones en relación a las cuales el Congreso, aún no ha determinado por Ley, cuál es el juez competente y el procedimiento a seguir a fin de obtener amparo judicial...".

cando las decisiones que se habían venido adoptadas por jueces de instancia en lo penal amparando otros derechos distintos a la libertad personal, como una "extralimitación de atribuciones[24]", y considerando al artículo 49 constitucional como de carácter programático, y por tanto, no aplicable directamente"[25].

A esa interpretación que había sido sentada en una sentencia aislada, la Sala Político Administrativa de la Corte Suprema de Justicia, incluso, le dio una aplicación general al dictar un "Acuerdo" de 24 de abril de 1972 conforme a las potestades reglamentarias que le otorgaba el artículo 138 de la Ley Orgánica del Poder Judicial, en el cual precisó que:

> "la competencia de los Tribunales de Primera Instancia y Superiores en lo Penal de la República, a que se refiere la Disposición Transitoria Quinta de la Constitución, se limita exclusivamente al conocimiento del recurso de *hábeas corpus* previsto en dicha norma; y que en consecuencia, toda decisión que no esté apoyada en la competencia específica de dichos Tribunales o que invada la atribuida por la Constitución y las Leyes, a otros órganos judiciales, constituye una usurpación o extralimitación de atribuciones"[26].

---

[24] *V.,* sentencia de la Corte Suprema de Justicia en Sala Político Administrativa de 14 de diciembre de 1970 en *Gaceta Oficial* No. 29.434 de 6 de febrero de 1971 pp. 219.984 y 219.985, y en *Gaceta Forense,* No. 70, 1970, pp. 179 ss. Esta decisión fue ratificada por sentencia de la misma Corte de 26 de abril de 1971 en *Gaceta Oficial* No. 1.478, Extraordinaria de julio de 1971, p. 31; y por Acuerdo de 24 de abril de 1972 en *Gaceta Oficial* No. 29.788 de 25 de abril de 1972, p. 222.865. El criterio de la Corte había sido también el de la Procuraduría General de la República. *V., Doctrina Procuraduría General de la República* 1970. Caracas 1971, pp. 37 ss.

[25] La Corte dijo: "no es una norma directa e inmediatamente aplicable por los jueces, sino un precepto programático, sólo parcialmente reglamentada para la fecha en que la Constitución fue promulgada, y dirigido particularmente al Congreso, que es el órgano al cual compete la reglamentación de las garantías constitucionales, en conformidad con los artículos 136, ordinal 24, y 139 de la Constitución. Tal es la interpretación que da la Corte al artículo 49 al analizar sus previsiones aisladamente con el fin de desentrañar la mente del constituyente del lenguaje usado por éste para expresar su voluntad. Pero esta interpretación gramatical se robustece con la observación adicional de que el constituyente se habría abstenido de regular el procedimiento de *hábeas corpus,* si hubiera considerado que para hacer efectivo el amparo bastaba lo dicho en el artículo 49 respecto al procedimiento, no siendo indispensable su reglamentación legal para determinar el fuero competente y el modo de proceder". De consiguiente, agregó la Corte.: "el constituyente supone la existencia de una ley anterior al hecho o acto que afecte el derecho cuya protección se solicite; que autorice a determinados jueces para obrar en el sentido que pretenda el actor; y que establezca un procedimiento adecuado a la finalidad que se persiga. Dado el número y variedad de las situaciones jurídicas, en que pueda estar comprometido un derecho o una garantía constitucional, era forzoso que el constituyente dejara al legislador ordinario la potestad de establecer las reglas conforme a las cuales los tribunales deben amparar el goce y ejercicio de los derechos y garantías constitucionales, teniendo en cuenta no sólo las previsiones ya existentes que es necesario apreciar para atribuir a un determinado tribunal el conocimiento de un asunto, y establecer el procedimiento a seguir en cada situación". *V.,* la sentencia de la Corte Suprema de Justicia en Sala Político Administrativa de 14 de diciembre de 1970 en *Gaceta Forense,* No. 70, Caracas 1970, pp. 179 ss.

[26] *V.,* el texto en *Gaceta Oficial* No. 29.788 de 25 de abril de 1972. *V.,* así mismo en la revista *Ministerio Público,* No. 19, Caracas 1972, pp. 105-107.

En esta forma quedó en general fuera de la competencia de los tribunales penales el poder conocer de acciones de amparo respecto de derechos cuyo conocimiento no formase parte de su competencia específica. Como el Acuerdo no consideró que fuera indispensable que para que una acción de amparo pudiera ser interpuesta ante otros tribunales fuera necesaria la sanción de una ley previa que regulara expresamente la acción, después de que Venezuela ratificó la Convención Americana sobre Derechos Humanos en 1977 (e igualmente, el Pacto Internacional de Derechos Económicos, Sociales y Culturales, en 1978, y el Pacto Internacional de Derechos Civiles y Políticos el mismo año 1978) los tribunales comenzaran a admitir acciones de amparo en virtud de la consagración en esos instrumentos internacionales (por ejemplo, el artículo 25.1 de la Convención Americana), del derecho de toda persona a un recurso sencillo y rápido o a cualquier otro recurso efectivo ante los Tribunales competentes que lo amparen contra actos que violen los derechos humanos[27].

Fue con base en estos antecedentes, cuando pocos años después comenzó a modificarse la rigidez interpretativa que en materia de la admisibilidad de las acciones de amparo se había enunciado en 1970, lo que se produjo con una sentencia de un juzgado civil de instancia de 24 de noviembre de 1982 (Caso *Rondalera*),[28] en la cual se admitió una acción de amparo para la protección del derecho a la educación. Si bien al final en primera instancia se declaró sin lugar la acción, una vez apelada la sentencia, el Juzgado Superior competente en cambio decretó el amparo solicitado mediante sentencia de 10 de febrero de 1983,[29] para lo cual, al referirse al problema de la competencia, señaló:

> "el mandato del Constituyente de amparar está dirigido a todos los Jueces, y que si bien la jurisprudencia de la Corte Suprema de Justicia ha definido la incompetencia de los Tribunales Penales para conocer de juicios de amparo distintos a las que tengan por objeto la privación o restricción de la libertad humana, pues de ellos corresponde conocer a la Jurisdicción Penal con exclusividad, persiste en cuanto al recurso de amparo la competencia genérica que establece el artículo 49 de la Constitución, lo que hace competente a dicho Tribunal, como tribunal civil para conocer en primer grado de este recurso de amparo que evidentemente pretende obtener la protección de un derecho civil como son el de educar, mediante el ejercicio de la actividad docente y el de recibir educación en plantel escogido por los padres[30]".

El Tribunal Superior, para llegar a esta conclusión, al referirse a la sentencia de la Corte Suprema de Justicia de 1970 puntualizó además, que después de 21 años de vigencia de la Constitución de 1961, y a pesar de que no se había "reglamentado *ese recurso efectivo, rápido y eficaz, para desentrañar las violaciones,*" salvo el amparo de la libertad personal y las restricciones de que ella pueda ser objeto, mediante el *Hábeas Corpus,* ya eran:

---

27   *V.,* en *Gaceta Oficial* No. 31.256 de 4 de junio de 1977 y No. 2.146 Extra, de 28 de enero de 1978.

28   *V.,* René Molina Galicia, *El Amparo a Rondalera,* Ediciones, Síntesis Jurídica, Caracas, 1984, p. 80.

29   *Idem,* pp. 106 a 169.

30   *Idem,* pp. 152 a 163.

"leyes vigentes en Venezuela los Tratados Internacionales cuya normativa transcribimos en materia de derechos humanos, políticos, civiles y penales, la que nos lleva a la conclusión de que la situación jurídica en Venezuela no es la misma de 1970, y la jurisprudencia favorable a la admisión a la acción de amparo a nivel de instancia se ha incrementado con los problemas de competencia, por ser llevados a la jurisdicción penal, aun cuando se trate de materias civiles, por la experiencia que se reconoce a dicha jurisdicción en el manejo de *Hábeas Corpus*[31] ".

Esta puede considerarse, en Venezuela, como el antecedente remoto del control de convencionalidad que permitió, con base en las disposiciones de la Convención Americana, que se generalizara la admisión de las acciones de amparo aún sin que se hubiese dictado la ley que la regulara; interpretación que fue luego acogida por la propia Corte Suprema de Justicia en Sala Político-Administrativa, al decidir sobre una acción de amparo que había sido intentada por un candidato presidencial contra una decisión del Consejo Supremo Electoral que limitaba el derecho a realizar propaganda electoral en condiciones de igualdad. Se trató del caso *Andrés Velázquez* decidido mediante sentencia de 20 de octubre de 1983[32], en el cual se admitió la posibilidad del ejercicio de acciones de amparo para la protección de derechos distintos al de *hábeas corpus,* al considerar que el carácter programático del artículo 49 de la Constitución, había quedado superado "desde el momento en que por Ley se habían aprobado Convenciones Internacionales sobre derechos humanos que exigían la garantía del amparo".

Se admitió así la acción de amparo en Venezuela, con base en el control de convencionalidad que realizó la Corte Suprema, exigiéndole sin embargo a los tribunales de instancia que ejercieran la competencia en la materia con prudencia "tratando de suplir por medio de la analogía y demás instrumentos de interpretación de que los provee el sistema jurídico venezolano, la lamentable ausencia de una ley reglamentaria de la materia", precisando que debían conocer de los "recursos de amparo de acuerdo con la afinidad que con su competencia natural tengan los derechos que se pretendan vulnerados"[33].

Posteriormente, en forma más directa, e igualmente en materia de admisibilidad de la acción de amparo en ausencia de previsiones constitucionales y legales, mediante un control de convencionalidad y en aplicación de la Convención Americana, en 1999 se admitió la acción de amparo en la República Dominicana, donde hasta esa fecha no se había admitido por falta de reglas de procedimiento relativas al amparo, incluyendo normas legales atributivas de competencia judiciales para conocer de la acción. Se trató de la sentencia del caso *Productos Avon S.A* dictada por la Corte Suprema el 24 de febrero de 1999 con motivo de un amparo ejercido contra una decisión judicial por violación de derechos laborales, que admitió la acción en ausencia de disposiciones constitucionales o legales sobre la misma, prescribiendo

---

[31] *Idem*, p. 149.

[32] *V.,* en *Revista de Derecho Público,* No. 11, Editorial Jurídica Venezolana, Caracas 1983, pp. 169 y 170. *V.,* el comentario sobre esta sentencia del Magistrado ponente del fallo, René De Sola, "El Recurso de Amparo en Venezuela" en *Revista SIC,* No. 472, Caracas, febrero 1985, pp. 74 ss.

[33] *Idem*, p. 170.

incluso las normas de procedimiento aplicables,[34] declarando para tal fin que "el recurso de amparo previsto en el artículo 25,1 de la Convención Americana de Derechos Humanos de San José, Costa Rica, del 22 de noviembre de 1969, es una institución de derecho positivo dominicano, por haber sido adoptada y aprobada por el Congreso Nacional, mediante Resolución No. 739 del 25 de diciembre de 1977, de conformidad con el artículo 3, de la Constitución de la República"[35].

Esta sentencia de la Corte Suprema de la República Dominicana fue también un claro ejemplo de control de convencionalidad contra la omisión legislativa, admitiéndose la acción de amparo para la protección de los derechos humanos de acuerdo con lo establecido en la Convención Americana de Derechos Humanos.

---

[34] El caso se desarrolló como sigue: 1. La empresa demandante alegó que la decisión judicial del tribunal laboral había violado su derecho a ser juzgado por el juez natural, a cuyo efecto solicitó a la Corte Suprema que: primero, declarara en su sentencia que el amparo debía considerarse como una institución dominicana de derecho público; y segundo, que la Corte Suprema, de acuerdo con las disposiciones de la Ley Orgánica Judicial que le atribuye a la Corte el poder de resolver sobre el procedimiento aplicable en caso de que no exista uno legalmente prescrito, disponiendo las normas respectivas, que en consecuencia estableciera dichas normas en relación con los recursos de amparo. Adicionalmente, el recurrente solicitó a la Corte que dictara una medida cautelar suspendiendo los efectos de la sentencia laboral impugnada mientras durase el juicio de amparo. 2. La Corte Suprema, a los efectos de decidir, estableció el criterio que los tratados internacionales invocados por el recurrente, particularmente los artículos 8 y 25,1 de la Convención Americana de Derechos Humanos, eran parte del derecho interno de la República Dominicana, y tenían la finalidad de garantizar la protección judicial de los derechos fundamentales reconocidos en la Constitución, en la ley y en la indicada Convención, contra todo acto violatorio de dichos derechos, cometido por cualquier persona actuando o no en el ejercicio de funciones públicas, por lo que incluso se admitía contra actuaciones de particulares. En este aspecto, la Corte Suprema resolvió que: "Contrariamente a como ha sido juzgado en el sentido de que los actos violatorios tendrían que provenir de personas no investidas con funciones judiciales o que no actúen en el ejercicio de esas funciones, el recurso de amparo, como mecanismo protector de la libertad individual en sus diversos aspectos, no debe ser excluido como remedio procesal específico para solucionar situaciones creadas por personas investidas de funciones judiciales ya que, al expresar el artículo 25.1 de la Convención, que el recurso de amparo está abierto a favor de toda persona contra actos que violen sus derechos fundamentales, "aún cuando tal violación sea cometida por personas que actúen en ejercicio de sus funciones oficiales", evidentemente incluye entre éstas a las funciones judiciales ". Igualmente, la Corte resolvió que la vía del amparo: "Queda abierta contra todo acto u omisión de los particulares o de los órganos o agentes de la administración pública, que lleve cualquiera de ellos una lesión, restricción o alteración, a un derecho constitucionalmente protegido. V., en Iudicum et Vita, Jurisprudencia nacional de América Latina en Derechos Humanos, No. 7 T. I, Instituto Interamericano de Derechos Humanos, San José, Costa Rica, Diciembre 2000 p. 329 y ss. Véanse los comentarios a dicha sentencia en Allan R. Brewer-Carías, "La admisión jurisprudencial de la acción de amparo en ausencia de regulación constitucional o legal en la República Dominicana", Idem, pp. 334 ss.; y en Revista IIDH, Instituto Interamericano de Derechos Humanos, San José 2000, pp. 95-102.

[35] V., en en Iudicum et Vita, Jurisprudencia nacional de América Latina en Derechos Humanos, No. 7, T. I, Instituto Interamericano de Derechos Humanos, San José, Costa Rica, Diciembre 2000 p. 333

Antes, sin embargo, la antigua Corte Suprema de Justicia de Venezuela, como Jurisdicción Constitucional, también había ejercido el control de convencionalidad al anular diversas disposiciones legales basando su decisión en la violación de los derechos establecidos en la Convención Americana de Derechos Humanos, considerados, de acuerdo con lo establecido en el artículo 50 de la Constitución de 1961 (equivalente al artículo 22 de la Constitución de 1999), como "derechos inherentes a la persona humana"[36].

Así ocurrió, por ejemplo, en 1996, cuando la antigua Corte Suprema de Justicia, al decidir la acción popular de inconstitucionalidad que se había intentado contra la Ley de División Político Territorial del Estado Amazonas por no haberse respetado los derechos de participación política de las comunidades indígenas que debieron haber sido consultadas, resolvió que siendo dicho Estado de la federación venezolana mayormente poblado por dichas comunidades, la sanción de dicha Ley sin previamente haberse oído la opinión de las mismas, mediante consulta popular, significó la violación del derecho constitucional a la participación política, el cual aún cuando no estaba expresamente enumerado en la Constitución de 1961, fue considerado como inherente a la persona humana, como un "principio general de rango constitucional en una sociedad democrática", aplicando la cláusula abierta del artículo 50 constitucional y además, la Convención Americana de derechos Humanos[37]. Para ello, la Corte decidió que en el caso había ocurrido una violación a los derechos constitucionales de las minorías establecidos en la Constitución y en los tratados y convenciones internacionales, en particular, al derecho a la participación política en el proceso de elaboración de leyes.

El año siguiente, en 1997, la misma antigua Corte Suprema de Venezuela dictó otra importante decisión, en este caso anulando una ley nacional, la llamada Ley de Vagos y Maleantes, por considerarla inconstitucional por violación de las garantías judiciales y al debido proceso, basándose de nuevo en el "proceso de constitucionalización de los derechos humanos de acuerdo con el artículo 50 de la Constitución", y considerando que dicha ley "vulnera *ipso jure*, Convenciones Internacionales y Tratados, sobre los derechos del hombre, en la medida en que dichos instrumentos

---

[36]   *V.,* Allan R. Brewer-Carías, "La interrelación entre los Tribunales Constitucionales de América Latina y la Corte Interamericana de Derechos Humanos, y la cuestión de la inejecutabilidad de sus decisiones en Venezuela", en Armin von Bogdandy, Flavia Piovesan y Mariela Morales Antonorzi (Coordinadores), *Direitos Humanos, Democracia e Integracao Jurídica na América do Sul,* Lumen Juris Editora, Rio de Janeiro 2010, pp. 661-701

[37]   *V.,* sentencia de 5 de diciembre de 1996, caso: *Antonio Guzmán, Lucas Omashi y otros,* en *Revista de Derecho Público,* No. 67-68, Editorial Jurídica venezolana, Caracas 1996, pp. 176 ss. *V.,* sobre ello, Allan R. Brewer-Carías, "La interrelación entre los Tribunales Constitucionales de América Latina y la Corte Interamericana de Derechos Humanos, y la cuestión de la inejecutabilidad de sus decisiones en Venezuela," en Armin von Bogdandy, Flavia Piovesan y Mariela Morales Antonorzi (Coordinadores), *Direitos Humanos, Democracia e Integraçao Jurídica na América do Sul,* Lumen Juris Editora, Rio de Janeiro 2010, pp. 661-701; Carlos Ayala Corao, "El diálogo jurisprudencial entre los Tribunales internacionales de derechos humanos y los Tribunales constitucionales," Boris Barrios González (Coordinador), *Temas de Derecho Procesal Constitucional Latinoamericano,* Memorias I Congreso Panameño de Derecho Procesal Constitucional y III Congreso Internacional Proceso y Constitución, Panamá 2012, pp. 180-181.

adquieren jerarquía constitucional". La Corte en efecto, consideró a la ley impugnada como infamante, al permitir detenciones ejecutivas o administrativas de personas consideradas como vagos o maleantes sin garantía alguna del debido proceso, basando su decisión en el artículo 5 de la Declaración Universal de los Derechos Humanos y en la Convención Americana sobre Derechos Humanos, la cual consideró que "se ha incorporado a nuestro Derecho Interno como norma ejecutiva y ejecutable reforzada por la jurisprudencia, la cual le ha dado el carácter de parámetro de constitucionalidad. Ello entraña la incorporación a nuestro ordenamiento jurídico interno del régimen previsto en convenciones internacionales." La Corte consideró que la ley impugnada era inconstitucional en virtud de que omitía las garantías de un juicio justo establecidas en los artículo 7 y 8 de la Convención Americana y en los artículos 9 y 14 del Pacto Internacional de Derechos Civiles y Políticos, y porque además era discriminatoria, violando el artículo 24 de la misma Convención Americana, cuyo texto íntegro se transcribió en la sentencia.[38] Se trató, sin duda, de un ejemplo claro de control de convencionalidad ejercido por la jurisdicción Constitucional interna.

II.   EL DESARROLLO CONCEPTUAL RECIENTE DEL CONTROL DE CONVENCIONALIDAD EN EL ORDEN INTERNO Y EN LA JURISPRUDENCIA DE LA CORTE INTERAMERICANA DE DERECHOS HUMANOS

En todo caso, esa tendencia de desarrollo del control de convencionalidad del orden normativo interno realizado por los jueces nacionales, como se dijo, fue la que encontró su definición conceptual expresa en la sentencia antes mencionada de la Corte Interamericana, dictada en el caso *Almonacid Arellano y otros vs. Chile* de 26 de septiembre de 2006, cuyo contenido ha sido reiterado en otras decisiones posteriores como por ejemplo, las dictadas en los casos.[39]

---

[38]   V., sentencia de 6 de noviembre de 1997 en *Revista de Derecho Público* No. 71-72, Editorial Jurídica Venezolana, Caracas 1997, pp. 177 y ss. V., Allan R. Brewer-Carías, "La interrelación entre los Tribunales Constitucionales de América Latina y la Corte Interamericana de Derechos Humanos, y la cuestión de la inejecutabilidad de sus decisiones en Venezuela," en Armin von Bogdandy, Flavia Piovesan y Mariela Morales Antonorzi (Coordinadores), *Direitos Humanos, Democracia e Integração Jurídica na América do Sul*, Lumen Juris Editora, Rio de Janeiro 2010, pp. 661-701. Carlos Ayala Corao, "El diálogo jurisprudencial entre los Tribunales internacionales de derechos humanos y los Tribunales constitucionales," en Boris Barrios González (Coordinador), *Temas de Derecho Procesal Constitucional Latinoamericano*, Memorias I Congreso panameño de Derecho Procesal Constitucional y III Congreso Internacional Proceso y Constitución, Panamá 2012, pp. 181-182

[39]   V., por ejemplo, las sentencias en los casos *Trabajadores Cesados del Congreso (Aguado Alfaro y otros) v. Perú* de 24 de noviembre de 2006; *La Cantuta vs. Perú* de 29 de noviembre de 2006 (Párr. 173); *Boyce y otros vs. Barbados* de 20 de noviembre de 2007 (Párr. 78); *Fermín Ramírez y Raxcacó Reyes v. Guatemala"* de 9 de mayo de 2008, (Párr. 63); *Heliodoro Portugal vs. Panamá* de 12 de agosto de 2008 (Párr. 180); *Rosendo Radilla Pacheco vs. Estados Unidos Mexicanos* de 23 de noviembre de 2009 (Párr. 339); *Manuel Cepeda Vargas vs. Colombia* de 26 de mayo de 2010 (Párr. 208, nota 307); *Comunidad Indígena Xákmok Kásek vs. Paraguay* de 24 de agosto de 2010; *Fernández Ortega y Otros vs. México* 30 de agosto de 2010); *Rosendo Cantú y Otra vs. México* de 31 de agosto de 2010 (Párr. 219); *Ib-*

En el citado caso *Trabajadores Cesados del Congreso (Aguado Alfaro y otros) v. Perú* de 2006, en efecto, sobre el control de convencionalidad, la Corte Interamericana reiteró lo que antes había expuesto en el sentido de que:

"Cuando un Estado ha ratificado un tratado internacional como la Convención Americana, sus jueces están sometidos a ella, lo que les obliga a velar porque el efecto útil de la Convención no se vea mermado o anulado por la aplicación de leyes contrarias a sus disposiciones, objeto y fin;"

Agregando que en esos casos,

"los órganos del Poder Judicial deben ejercer no sólo un control de constitucionalidad, sino también de convencionalidad *ex officio*, entre las normas internas y la Convención Americana, evidentemente en el marco de sus respectivas competencias y de las regulaciones procesales pertinentes."[40]

De acuerdo con estas definiciones conceptuales el control de convencionalidad se concibe en el orden interno por la Corte Interamericana, como una tarea asignada básicamente al "Poder Judicial" en general, es decir, a los "jueces y tribunales internos" sin distinción alguna, e independientemente de las regulaciones que puedan existir en materia de control de constitucionalidad en cada país, siendo este quizás el dato de mayor interés a retener de dicha definición por las repercusiones que conlleva. Como lo dijo con toda precisión el juez Eduardo Ferrer Mac Gregor en su Voto razonado al caso *Cabrera García y Montiel Flores vs. México* de 2010, el control de convencionalidad en el ámbito interno "convierte al juez nacional en juez internacional: en un primer y auténtico guardián de la Convención Americana...Los jueces nacionales se convierten en los primeros intérpretes de la normatividad internacional"[41].

Por ello, como también lo expresó Ferrer Mac Gregor en su Voto razonado al mismo caso:

---

sen Cárdenas e Ibsen Peña vs. Bolivia de 1° de septiembre de 2010 (Párr. 202); *Vélez Loor vs. Panamá* de 23 de noviembre de 2010 (Párr. 287); *Gomes Lund y Otros (Guerrilha do Araguaia) vs. Brasil* de 24 de noviembre de 2010 (Párr. 106), y *Cabrera García y Montiel Flores vs. México* de 26 de noviembre de 2010 (Párr. 225).

[40] *V.*, sentencia en el caso *Trabajadores Cesados del Congreso (Aguado Alfaro y otros) v. Perú* de de 24 de noviembre de 2006 (Párr. 128), en http://www.corteidh.or.cr/docs/casos/articulos/seriec_158_esp.pdf

[41] *V.*, Eduardo Ferrer Mac-Gregor, Voto razonado a la sentencia de la Corte Interamericana en el caso *Cabrera García y Montiel Flores vs. México* de 26 de noviembre de 2010 (Párr. 24), en http://www.corteidh.or.cr/docs/casos/articulos/seriec_220_esp.pdf. *V.*, en igual sentido, Eduardo Ferrer Mac Gregor, "Interpretación conforme y control difuso de convencionalidad. El nuevo paradigma para el juez mexicano", en Eduardo Ferrer Mac Gregor (Coordinador), *El control difuso de convencionalidad. Diálogo entre la Corte Interamericana de Derechos Humanos y los jueces nacionales)*, FUNDAp, Querétaro, México 2012, p. 141. *V.*, Néstor Pedro Sagües, "El 'control de convencionalidad' en el sistema interamericano y sus anticipos en el ámbito de los derechos económico-sociales. Concordancias y diferencias con el sistema europeo," en Eduardo Ferrer Mac Gregor (Coordinador), *El control difuso de convencionalidad. Diálogo entre la Corte Interamericana de Derechos Humanos y los jueces nacionales)*, FUNDAp, Querétaro, México 2012, p. 428.

"no existe duda de que el "control de convencionalidad" debe realizarse *por cualquier juez o tribunal que materialmente realice funciones jurisdiccionales*, incluyendo, por supuesto, a las Cortes Salas o Tribunales Constitucionales, así como a las Cortes Supremas de Justicia y demás altas jurisdicciones de los veinticuatro países que han suscrito y ratificado o e han adherido a la Convención Americana sobre Derechos Humanos, 32 y con mayor razón de los veintiún Estados que han reconocido la jurisdicción contenciosa de la Corte IDH, 33 de un total de treinta y cinco países que conforman la OEA"[42].

Esto significa entonces que conforme a la doctrina de la Corte Interamericana, el control de convencionalidad corresponde ser ejercido en el ámbito interno por todos los jueces y tribunales, sin distingo, lo que implica:

En *primer lugar*, que se ejerce en las Jurisdicciones Constitucionales. Es decir, por una parte, por todos los Tribunales Constitucionales donde estos existan, estén estos ubicados dentro del Poder Judicial (Bolivia, Colombia, Ecuador, Guatemala, República Dominicana) o fuera del mismo (Chile, Perú), e independientemente de que ejerzan el control concentrado de constitucionalidad en forma exclusiva (Bolivia, Chile,) o combinado con el método difuso (Colombia, Ecuador, Guatemala, Perú, República Dominicana); y por a otra, a las Cortes Supremas de Justicia cuando estén configuradas como tal Jurisdicción Constitucional, sea que ejerzan el control concentrado a través de una Sala Constitucional (Costa Rica, El Salvador, Honduras, Paraguay, Venezuela) o en Pleno (Brasil, México, Nicaragua, Panamá, Uruguay), e independientemente de que ejerzan dicho control de constitucionalidad concentrado en forma exclusiva (Costa Rica, El Salvador, Honduras, Panamá. Paraguay y Uruguay) o combinado con el método difuso (Venezuela, Nicaragua,).

En *segundo lugar*, que corresponde a todos los jueces y tribunales (incluyendo las Cortes Supremas) que en el orden interno ejerzan un control difuso de la constitucionalidad, sea que se trate de la única forma de control de constitucionalidad existente en el país (Argentina) o que lo ejerzan en forma combinada con el método concentrado (Colombia, Ecuador, Guatemala, Perú, Nicaragua, México, República Dominicana y Venezuela).

Y en *cuarto lugar*, que corresponde a todos los jueces y tribunales aún cuando en el orden interno no tengan asignado el ejercicio del control difuso de constitucionalidad (Bolivia, Chile, Costa Rica, Panamá, Honduras, Paraguay, Uruguay), pues en definitiva, si bien se pueden establecer semejanzas entre el control de constituciona-

---

[42]   *V.,* Eduardo Ferrer Mac-Gregor, Voto razonado a la sentencia de la Corte Interamericana en el caso *Cabrera García y Montiel Flores vs. México* de 26 de noviembre de 2010 (Párr. 20, 23), en http://www.corteidh.or.cr/docs/casos/articulos/seriec_220_esp.pdf . En el mismo Voto razonado, el juez Ferrer Mac-Gregor agregó que "la doctrina del "control difuso de convencionalidad" establecida por la Corte IDH tiene como destinatarios *a todos los jueces nacionales*, que deben ejercer dicho "control" con independencia de su jerarquía, grado, cuantía o materia de competencia que la normatividad interna les otorgue." *Idem*, Párr. 33. *V.,* igualmente en Eduardo Ferrer Mac Gregor Interpretación conforme y control difuso de convencionalidad. El nuevo paradigma para el juez mexicano", en Eduardo Ferrer Mac Gregor (Coordinador), *El control difuso de convencionalidad. Diálogo entre la Corte Interamericana de Derechos Humanos y los jueces nacionales), FUNDAp,* Querétaro, México 2012, p. 139

lidad y el control de convencionalidad,[43] se trata de dos procesos distintos, de manera que en ningún caso se puede considerar al control de convencionalidad como un control de constitucionalidad, particularmente porque cuando se ejerce en el orden interno, su fuente no se encuentra en la Constitución de los respectivos países, sino en la Convención Americana como integrante que es del bloque de la constitucionalidad.

Por otra parte, por lo que respecta al control de convencionalidad ejercido en el ámbito internacional por la Corte Interamericana, las sentencias nunca tienen efectos ni anulatorios ni invalidatorios como resultado del mismo, limitándose la Corte Interamericana a ordenar al Estado cuyas normas han infringido los derechos garantizados en la Convención, a adoptar las medidas necesarias para reformar sus normas internas para adecuar los preceptos legales a lo establecido en la Convención, incluso las de orden constitucionales[44], como sucedió en casos decididos por la Corte Interamericana respecto de Chile y Trinidad[45], y proceder a dejar sin efecto los actos Estatales lesivos.

Esta adecuación, como lo destacó la Corte Interamericana en la sentencia del caso *Heliodoro Portugal vs. Panamá* de 12 de agosto de 2008, implica la adopción de medidas en dos vertientes, a saber:

"i) la supresión de las normas y prácticas de cualquier naturaleza que entrañen violación a las garantías previstas en la Convención o que desconozcan los derechos allí reconocidos u obstaculicen su ejercicio; y ii) la expedición de normas y el desarrollo de prácticas conducentes a la efectiva observancia de dichas garantías"[46].

Esta obligación de los Estados puede implicar incluso la de adaptar y modificar la propia Constitución como se decidió por la Corte Interamericana en la sentencia

---

43   *V.,* Karlos A. Castilla Juárez, "El control de inconvencionalidad. Un nuevo debate en México a partir de la sentencia del caso *Radilla Pacheco*", en Eduardo Ferrer Mac Gregor (Coordinador), *El control difuso de convencionalidad. Diálogo entre la Corte Interamericana de Derechos Humanos y los jueces nacionales), FUNDAp,* Querétaro, México 2012, p. 337.

44   *V.,* Néstor Sagüés, *El control de convencionalidad. En particular sobre las Constituciones Nacionales,* La Ley, 2009-B, p. 761; y Víctor Bazán y Claudio Nash (Editores), *Justicia Constitucional y derechos Fundamentales. El Control de Convencionalidad 2011,* Centro de Derechos Humanos Universidad de Chile, Konrad Adenauer Stiftung, 2011, pp. 33, 78; Humberto Noguera Alcalá, "Los desafíos del control de convencionalidad del *corpus iuris interamericano.* Para los tribunales nacionales, en especial, para los Tribunales Constitucionales", en Eduardo Ferrer Mac Gregor (Coordinador), *El control difuso de convencionalidad. Diálogo entre la Corte Interamericana de Derechos Humanos y los jueces nacionales), FUNDAp,* Querétaro, México 2012, p. 337.

45   *V.,* Ernesto Rey Cantor, "Controles de convencionalidad de las leyes", en Eduardo Ferrer Mac Gregor (Coordinador), *El control difuso de convencionalidad. Diálogo entre la Corte Interamericana de Derechos Humanos y los jueces nacionales), FUNDAp,* Querétaro, México 2012, p. 412.

46   *V.,* la sentencia en el caso *Heliodoro Portugal vs. Panamá.* Excepciones Preliminares, Fondo, Reparaciones y Costas. Sentencia de 12 de agosto de 2008. Serie C No. 186 (Párr. 180-181), en http://www.corteidh.or.cr/docs/casos/articulos/seriec_186_esp.pdf. *V.,* el comentario en Juan Carlos Hitters, "Control de constitucionalidad y control de convencionalidad. Comparación", en *Estudios Constitucionales,* Centro de Estudios Constitucionales de Chile, Universidad de Talca, Año 7, No. 2, 2009, pp. 109-128

del caso *La Ultima Tentación de Cristo* de 2001. En dicha sentencia, la Corte Interamericana entendió que "la responsabilidad internacional del Estado puede generarse por actos u omisiones de cualquier poder u órgano de éste, independientemente de su jerarquía, que violen la Convención Americana, considerando que en dicho caso, dicha responsabilidad internacional del Estado chileno "se generó en virtud de que el artículo 19 número 12 de la Constitución establece la censura previa en la producción cinematográfica y, por lo tanto, determina los actos de los Poderes Ejecutivo, Legislativo y Judicial." Fue en virtud de ello, que además de declarar la violación al derecho a la libertad de pensamiento y de expresión consagrado en el artículo 13 de la Convención Americana, en perjuicio de los señores Juan Pablo Olmedo Bustos y otros, decidió "que el Estado debe modificar su ordenamiento jurídico interno, en un plazo razonable, con el fin de suprimir la censura previa para permitir la exhibición de la película "La Ultima Tentación de Cristo", y debe rendir a la Corte Interamericana de Derechos Humanos, dentro de un plazo de seis meses a partir de la notificación de la presente Sentencia, un informe sobre las medidas tomadas a ese respecto"[47].

Otro ejemplo destacado que debe mencionarse fue la sentencia en el caso *Raxcacó Reyes Vs. Guatemala*, Sentencia de 15 de septiembre de 2005[48] en la cual la Corte Interamericana, consideró que una norma (art. 201) del Código Penal de Guatemala que permitía la pena de muerte en determinadas circunstancias, infringía la prohibición de privación arbitraria de la vida establecida en el artículo 4.1 y 4.2 de la Convención, razón por la cual ordenó al Estado guatemalteco que debía reformar el artículo 201 del Código Penal, que en la reforma el Estado "en ningún caso, ampliará el catálogo de delitos sancionados con la pena capital previsto con anterioridad a la ratificación de la Convención Americana," y que mientras ello ocurría el Estado debía "abstenerse de aplicar a pena de muerte y ejecutar a los condenados por el delito de plagio o secuestro exclusivamente"[49].

En sentido similar, en el caso *Cabrera García y Montiel Flores vs. México* de 26 de noviembre de 2010,[50] la Corte Interamericana al constatar que el Estado mexicano había violado el derecho a la protección judicial previsto en el artículo 25.1, en relación con el artículo 1.1 de la Convención Americana, declaró que el artículo 57

---

[47]   *V.*, sentencia en el caso *"La Última Tentación de Cristo" [Olmedo Bustos y otros] Vs. Chile*, Sentencia de 5 de febrero de 2001, Serie C No. 73 (Párr. 103.4), en http://www.corteidh.or.cr /docs/casos/articulos/Seriec_73_esp.pdf Igualmente se destaca la sentencia de la Corte Interamericana en caso *Caesar vc. Trinidad* de 11 de marzo de 2005. *V.*, en comentario en Ernesto Rey Cantor, "Controles de convencionalidad de las leyes", en Eduardo Ferrer Mac Gregor (Coordinador), *El control difuso de convencionalidad. Diálogo entre la Corte Interamericana de Derechos Humanos y los jueces nacionales)*, FUNDAp, Querétaro, México 2012, pp. 412-413.

[48]   *V.*, sentencia en el caso *Raxcacó Reyes vs. Guatemala*, Sentencia de 15 de septiembre de 2005, Serie C No. 133, en http://www.corteidh.or.cr/docs/casos/articulos/seriec_133_esp.pdf

[49]   *Ídem*, Párr. 132.

[50]   La Corte citó en apoyo las sentencias dictadas en los casos *Radilla Pacheco vs. México* de 23 de noviembre de 2009, (Párr. 341 y 342) en http://www.corteidh.or.cr/docs/casos/articulos/ seriec_209_esp.pdf; *Fernández Ortega y otros. vs. México*, (Párr. 238 y 239), y *Rosendo Cantú y otra vs. México*, de 30 de agosto de 2012 (Párr. 221 y 222) en http://www.corteidh. or.cr/docs/casos/articulos/seriec_215_esp.pdf .

del Código de Justicia Militar era incompatible con la Convención Americana, ordenando al Estado "adoptar, en un plazo razonable, las reformas legislativas pertinentes para compatibilizar la citada disposición con los estándares internacionales en la materia y de la Convención Americana, de conformidad con lo establecido en esta Sentencia."[51]

Por todo ello, en mi criterio, el desarrollo del control de convencionalidad en la doctrina establecida por la Corte Interamericana, no supedita ni puede supeditar dicho control a la existencia de un determinado sistema de justicia constitucional que se pueda haberse desarrollado en cada país. Por ello consideramos, por ejemplo, que en los países en los cuales no existe un control difuso de la constitucionalidad, nada impide que los jueces y tribunales a los cuales se aplica directamente las previsiones de la Convención Americana, no puedan ejercer el control difuso de convencionalidad. Tal es el caso, por ejemplo, en los países en los cuales existen sistemas de justicia constitucional exclusivamente concentrados (Bolivia, Chile, Costa Rica, El Salvador, Honduras, Panamá. Paraguay y Uruguay), donde además de que las previsiones de la Convención Americana formen parte del bloque de constitucionalidad, las mismas obligan a todos los jueces y tribunales nacionales, siendo de aplicación directa por parte de todos ellos. Sin embargo, por ejemplo, en relación con Chile, a pesar de coincidir en que el control de convencionalidad es distinto al control de constitucionalidad, Humberto Noguera Alcalá, en definitiva hace depender uno de otro y considera que en dicho país, el control de convencionalidad sólo lo puede ejercer el órgano que ejerce el control de constitucionalidad que en ese caso es de carácter concentrado, que es el Tribunal Constitucional.[52] Al contrario Néstor Pedro Sagüés, considera que todos los jueces en el ámbito interno deben ejercer el control de convencionalidad "que aunque no se encuentre habilitado para declarar la inconstitucionalidad, v.gr., a una regla del Código Civil, de todos modos tiene, en el máximo esfuerzo posible, que modularla y hacerla operar conforme y no contra, a la Constitución Local"[53].

En nuestro criterio, sin embargo, cuando afirmamos que todos los jueces nacionales tienen competencia para ejercer el control de convencionalidad, es para ejercerlo, de manera que aún en los países que tienen un sistema concentrado de control de constitucionalidad, y a pesar del control concentrado de constitucionalidad existente, todos los jueces y tribunales deben aplicar la Convención Americana y por ello están llamados a ejercer el control difuso de convencionalidad, lo que implica

---

51   V., sentencia de la Corte Interamericana en el caso *Cabrera García y Montiel Flores vs. México* de 26 de noviembre de 2010 (Párr. 234), en http://www.corteidh.or.cr/docs/casos/ar ticulos/seriec_220_esp.pdf

52   V., Humberto Noguera Alcalá, "Los desafíos del control de convencionalidad del *corpus iuris interamericano*. Para los tribunales nacionales, en especial, para los Tribunales Constitucionales," en Eduardo Ferrer Mac Gregor (Coordinador), *El control difuso de convencionalidad. Diálogo entre la Corte Interamericana de Derechos Humanos y los jueces nacionales), FUNDAp*, Querétaro, México 2012, pp. 354, 363.

53   V., Néstor Pedro Sagüés, "El 'control de convencionalidad' en el sistema interamericano y sus anticipos en el ámbito de los derechos económico-sociales. Concordancias y diferencias con el sistema europeo", en Eduardo Ferrer Mac Gregor (Coordinador), *El control difuso de convencionalidad. Diálogo entre la Corte Interamericana de Derechos Humanos y los jueces nacionales), FUNDAp*, Querétaro, México 2012, p. 426.

que en caso de incompatibilidad o conflicto entre una norma interna que deban aplicar para resolver un caso concreto y normas de la Convención Americana, deben dar preferencia a éstas y desaplicar las no mas de derecho interno contrarias a la Convención. Dicho control de convencionalidad que los jueces deben ejercer, por supuesto, lo deben realizar, como lo precisó la Corte Interamericana, "en el marco de sus respectivas competencias y de las egulaciones procesales pertinentes". Ello es, de acuerdo con su competencia por la materia, el grado y el territorio que tengan en el ámbito interno, sin que en ello tenga ningún condicionante la competencia que puedan tener en materia de control de constitucionalidad, que es otra cosa.

Por tanto, no estamos de acuerdo que en materia de control de convencionalidad, se pueda afirmar, como lo hizo por ejemplo la Suprema Corte de México en sentencias de diciembres de 2011, en el sentido de que el ejercicio de este control difuso de convencionalidad "deberá adecuarse al modelo de control de constitucionalidad existente en nuestro país" o que "debe ser acorde con el modelo general de control establecido constitucionalmente."[54] La afirmación, por supuesto, no tiene mayores consecuencias si sólo se atiende a la situación en México, pues el sistema de justicia constitucional ha evolucionado hacia un sistema mixto o integral de control de constitucionalidad que existe en el presente, en el cual coexiste el control concentrado que ejerce la Suprema Corte, con el control difuso que ejercen los tribunales en general.

Sin embargo, una afirmación como la mencionada si tendría consecuencias en países como Panamá, Costa Rica o Chile, donde sólo existe un sistema de control concentrado de constitucionalidad que ejerce en exclusiva la Corte Suprema y no existe control difuso de constitucionalidad[55], lo que podría llevar a la conclusión que los jueces en general no podrían ejercer el control de convencionalidad[56]. Esta ha sido también, por ejemplo, la conclusión a la que ha llegado el magistrado Jerónimo Mejía Edwards de la Corte Suprema de Panamá, al indicar también que el control de convencionalidad en el ámbito interno debe ejercerse "a la luz del sistema de consti-

---

[54]   *V.,* las sentencias en Alfonso Jaime Martínez Lazcano, "Control difuso de convencionalidad en México", en Boris Barrios González (Coordinador), *Temas de Derecho Procesal Constitucional Latinoamericano,* Memorias I Congreso panameño de Derecho Procesal Constitucional y III Congreso Internacional Proceso y Constitución, Panamá 2012, pp. 209- 210. *V.,* igualmente las referencias en Víctor Bazán y Claudio Nash (Editores), *Justicia Constitucional y derechos Fundamentales. El Control de Convencionalidad 2011,* Centro de Derechos Humanos Universidad de Chile, Konrad Adenauer Stiftung, 2011, pp. 41, 80.

[55]   *V.,* Allan R. Brewer-Carías, "El sistema panameño de justicia constitucional a la luz del Derecho Comparado", en *Revista Novum Ius,* Edición N° 15°, Editada por los Miembros de la Asociación Nueva Generación Jurídica publicación estudiantil de la Facultad de Derecho y Ciencias Políticas de la Universidad de Panamá, Panamá, 2010. pp. 130-168

[56]   Como se señaló, así lo considera por ejemplo respecto de Chile, *V.,* Humberto Noguera Alcalá, "Los desafíos del control de convencionalidad del *corpus iuris interamericano.* Para los tribunales nacionales, en especial, para los Tribunales Constitucionales," en Eduardo Ferrer Mac Gregor (Coordinador), *El control difuso de convencionalidad. Diálogo entre la Corte Interamericana de Derechos Humanos y los jueces nacionales),* FUNDAp, Querétaro, México 2012, pp. 354, 363.

tucionalidad previsto en el país"[57] o "a la luz de las disposiciones internas que reglamentan el control de constitucionalidad de las leyes y demás actos del Estado,"[58] concluyendo que tratándose en el caso de Panamá de un sistema completamente concentrado de control de constitucionalidad, el control de convencionalidad solo puede ejercerse "a través de esos mecanismos que se efectúa el control de constitucionalidad" pudiendo los jueces en caso de encontrar una incompatibilidad entre una ley y la Convención Americana, solamente elevar la consulta respectiva ante la Corte Suprema de Justicia para que sea ésta la que ejerza el control de convencionalidad.[59]

En estos casos de países en los cuales no existe control difuso de la constitucionalidad de las leyes, el propio juez Eduardo Ferrer Mac Gregor, quién también ha contribuido al desarrollo conceptual de los contornos del control de convencionalidad en nuestros países, particularmente en su Voto razonado a la sentencia de la Corte Interamericana en el caso *Cabrera García y Montiel Flores v. México* de 26 de noviembre de 2010, ha estimado que en esos casos en los cuales el control de convencionalidad es ejercido por los jueces y tribunales en países en los cuales no existe control difuso de constitucionalidad, se trata de un control de "menor intensidad" quedando limitado el juez, en esos casos, a sólo producir "interpretaciones conformes" a la Convención, sin poder decidir sobre la inaplicabilidad de normas cuando son inconvencionales.[60]

El razonamiento del juez Ferrer Mac Gregor parte de la interpretación de la frase de la jurisprudencia de la Corte Interamericana, según la cual el control de convencionalidad que deben ejercer todos los jueces de oficio, lo deben realizar "evidentemente en el marco de sus respectivas competencias y de las regulaciones procesales correspondientes,"[61] considerando sin embargo que la misma no puede interpretarse

---

[57]   *V.,* Jerónimo Mejía Edwards, "Control de constitucionalidad y convencionalidad en Panamá", en Boris Barrios González (Coordinador), *Temas de Derecho Procesal Constitucional Latinoamericano*, Memorias I Congreso panameño de Derecho Procesal Constitucional y III Congreso Internacional Proceso y Constitución, Panamá 2012, p. 258

[58]   *Ídem,* p. 261

[59]   *Ídem,* p. 261-263

[60]   *V.,* Eduardo Ferrer Mac Gregor, Voto razonado a la sentencia caso *Cabrera García y Montiel Flores vs. México* de 26 de noviembre de 2010 (Párr. 37), en http://www.corteidh.or.cr /docs/casos/articulos/seriec_220_esp.pdf El mismo juez Ferrer Mac Gregor ha agregado: "En caso de incompatibilidad absoluta, donde no exista "interpretación convencional" posible, si el juez carece de facultades para desaplicar la norma, se limitará a señalar la inconvencionalidad de la misma o, en su caso, "plantear la duda de inconvencionalidad" ante otros órganos jurisdiccionales competentes dentro del mismo sistema jurídico nacional que puedan ejercer el "control de convencionalidad" con mayor intensidad. Así, los órganos jurisdiccionales revisores tendrán que ejercer dicho "control" y desaplicar la norma o bien declarar la invalidez de la misma por resultar inconvencional (Párr. 39), *Ídem. V.,* igualmente en Eduardo Ferrer Mac Gregor, "Interpretación conforme y control difuso de convencionalidad. El nuevo paradigma para el juez mexicano," en Eduardo Ferrer Mac Gregor (Coordinador), *El control difuso de convencionalidad. Diálogo entre la Corte Interamericana de Derechos Humanos y los jueces nacionales), FUNDAp,* Querétaro, México 2012, pp. 110, 123, 147, 148

[61]   *V.,* Eduardo Ferrer Mac Gregor, Voto razonado a la sentencia caso *Cabrera García y Montiel Flores vs. México* de 26 de noviembre de 2010 (Párr. 39), en http://www.corteidh.or.cr /docs/casos/articulos/seriec220esp.pdf. *V.,* igualmente en Eduardo Ferrer Mac Gregor, "Interpretación conforme y control difuso de convencionalidad. El nuevo paradigma para el juez

como "limitante para ejercer el "control difuso de convencionalidad," sino como una manera de "graduar" la intensidad del mismo;[62] concluyendo entonces con su apreciación de que "el grado de intensidad del "control difuso de convencionalidad" disminuye en aquellos sistemas donde no se permite el "control difuso de constitucionalidad" y, por consiguiente, no todos los jueces tienen la facultad de dejar de aplicar una ley al caso concreto"[63].

Estimamos, al contrario, que en relación con este control difuso de convencionalidad que ha definido la jurisprudencia de la Corte Interamericana para ser ejercido en el ámbito interno, "implica que todos los jueces, sin distinción, pueden ejercerlo"[64], independientemente de que el sistema de justicia constitucional no admita el ejercicio del control difuso de constitucionalidad por parte de los jueces ordinarios[65].

Es sin duda útil hacer la comparación entre el sistema de control de constitucionalidad y el control de convencionalidad, como lo hizo en su momento el juez García Ramírez, pero en nuestro criterio por ser distintos ambos controles[66], ello no autoriza a hacer depender el funcionamiento del último respecto de lo que se establezca en el primero.

---

mexicano," en Eduardo Ferrer Mac Gregor (Coordinador), *El control difuso de convencionalidad. Diálogo entre la Corte Interamericana de Derechos Humanos y los jueces nacionales), FUNDAp*, Querétaro, México 2012, pp. 147, 151. *V.,* también Claudio Nash Rojas, "Comentarios al trabajo de Víctor Bazán: 'El control de convencionalidad: incógnitas, desafíos y perspectivas'", en Víctor Bazán y Claudio Nash (Editores), *Justicia Constitucional y derechos Fundamentales. El Control de Convencionalidad 2011*, Centro de Derechos Humanos Universidad de Chile, Konrad Adenauer Stiftung, 2011, p. 65.

[62]   *V.,* Eduardo Ferrer Mac Gregor, Voto razonado a la sentencia caso *Cabrera García y Montiel Flores vs. México* de 26 de noviembre de 2010 (Párr. 35), en http://www.corteidh.or.cr/docs/casos/articulos/seriec_220_esp.pdf.

[63]   *Ídem*, Párr. 37. *V.,* también Aylín Ordóñez Reyna, "Apuntes a él control de convencionalidad: incógnitas, desafíos y perspectivas", de Víctor Bazán, en Víctor Bazán y Claudio Nash (Editores), *Justicia Constitucional y derechos Fundamentales. El Control de Convencionalidad 2011*, Centro de Derechos Humanos Universidad de Chile, Konrad Adenauer Stiftung, 2011, p. 80.

[64]   *V.,* Alfonso Jaime Martínez Lazcano "Control difuso de convencionalidad en México," en Boris Barrios González (Coordinador, *Temas de Derecho Procesal Constitucional Latinoamericano*, Memorias I Congreso panameño de Derecho Procesal Constitucional y III Congreso Internacional Proceso y Constitución, Panamá 2012, p 201.

[65]   *V.,* las dudas y discusión sobre esta posibilidad de que todos los jueces ejerzan en el ámbito interno el control de convencionalidad aún cuando el sistema de control de constitucionalidad adoptado no los autorice a ejercer el control difuso de constitucionalidad, en Aylín Ordóñez Reyna, "Apuntes a él control de convencionalidad: incógnitas, desafíos y perspectivas" de Víctor Bazán, en Víctor Bazán y Claudio Nash (Editores), *Justicia Constitucional y derechos Fundamentales. El Control de Convencionalidad 2011*, Centro de Derechos Humanos Universidad de Chile, Konrad Adenauer Stiftung, 2011, pp. 75, 76 81.

[66]   *V.,* Claudio Nash Rojas, "Comentarios al trabajo de Víctor Bazán: 'El control de convencionalidad: incógnitas, desafíos y perspectivas'," en Víctor Bazán y Claudio Nash (Editores), *Justicia Constitucional y derechos Fundamentales. El Control de Convencionalidad 2011*, Centro de Derechos Humanos Universidad de Chile, Konrad Adenauer Stiftung, 2011, p. 65

Por otra parte, de acuerdo con la doctrina de la Corte Interamericana, ese control difuso de convencionalidad lo deben ejercer todos los jueces, sin distinción, *de oficio*, lo que siempre ocurre, por supuesto, en el curso de un proceso que ha sido iniciado a instancia de parte.

Sobre ello, sin embargo, el magistrado Ernesto Jinesta de la Corte Suprema de Costa Rica ha considerado que con la sentencia de la Corte Interamericana en el caso *Trabajadores Cesados del Congreso v. Perú*[67], se produjo:

"una modificación o reforma tácita de todas las legislaciones nacionales en materia de acciones de inconstitucionalidad, por cuanto, ahora el respectivo Tribunal o Sala, de oficio y aunque no haya sido solicitado por la parte que plantea la acción, debe efectuar el test de convencionalidad de la norma, disposición o acto interno o local"[68].

De ello concluyó el magistrado Jinesta que:

"en el Derecho Procesal Constitucional se da un salto parcial, a nivel interamericano, de un sistema dispositivo a uno parcialmente inquisitivo en materia de control de convencionalidad, por lo cual los Tribunales y Salas, so pena de hacer incurrir al Estado respectivo en responsabilidad internacional por omisión, deben efectuar, oficiosamente de convencionalidad, obviamente, todo dentro del marco de sus respectivas competencias y regulaciones procesales domésticas"[69].

Sin embargo, en realidad, la competencia de las Jurisdicciones Constitucionales para poder conocer de oficio, en el curso de un proceso ya incoado por una parte, de vicios de inconstitucionalidad no denunciados, o de los jueces de ejercer de oficio el control difuso de inconstitucionalidad no es nada nuevo en América latina, habiendo sido consagrado en muchos casos legalmente[70]. Por lo demás, la referencia que hizo en este sentido la Corte Interamericana en las sentencias citadas sobre este control de convencionalidad de oficio, en nuestro criterio no elimina el principio dispositivo que rige los procesos judiciales, significando que la actuación de oficio para ejercer el control de convencionalidad se tiene que producir siempre en el curso de un proceso iniciado a instancia de parte, aún cuando las partes no lo hayan planteado la cuestión de convencionalidad.

---

[67]   *V.*, sentencia en el caso *Trabajadores Cesados del Congreso (Aguado Alfaro y otros) v. Perú* de de 24 de noviembre de 2006 (Párr. 128), en http://www.corteidh.or.cr/docs/casos/articulos /seriec_158_esp.pdf

[68]   *V.*, Ernesto Jinesta L., "Control de convencionalidad ejercido por los Tribunales y Salas Constitucionales," en Eduardo Ferrer Mac-Gregor, (Coordinador), *El control difuso de convencionalidad. Diálogo entre la Corte Interamericana de derechos humanos y los jueces nacionales. En memoria del Ministro José de Jesús Gudiño Pelayo*, Funda, Querétaro, México 2012, p. 278

[69]   *Ídem.*

[70]   *V.*, por ejemplo, Allan R. Brewer-Carías, "Régimen y alcance de la actuación judicial de oficio en materia de justicia constitucional en Venezuela", en *Estudios Constitucionales. Revista Semestral del Centro de Estudios Constitucionales*, Año 4, No. 2, Universidad de Talca, Santiago, Chile 2006, pp. 221-250. Publicado en Crónica sobre la "In" Justicia Constitucional. La Sala Constitucional y el autoritarismo en Venezuela, Colección Instituto de Derecho Público. Universidad Central de Venezuela, No. 2, Editorial Jurídica Venezolana, Caracas 2007, pp. 129-159.

El tema, en todo caso, lo que plantea hacia el futuro como tema de discusión en esta materia, es la posibilidad o el deber, no ya sólo de los tribunales nacionales, sino de la propia Corte Interamericana de poder ejercer de oficio el control de convencionalidad, cuando en los procesos por violación de derechos de la Convención Americana de los cuales esté conociendo, evidencie *motu proprio* la existencia de violaciones respecto de otros derechos de la Convención aún cuando no hayan sido denunciadas por la víctima , y que resulten de las actas del expediente.

III. ALGUNOS ANTECEDENTES DE LA APLICACIÓN DEL DERECHO CONVENCIONAL EN EL ÁMBITO INTERNO

1. *La aplicación del derecho convencional para la protección judicial del derecho de amparo o a la protección judicial*

Un primer campo de manifestación de control de convencionalidad en el ámbito interno que queremos destacar, es el relativo a la protección de la garantía de la protección judicial o del derecho de amparo, que se manifestó por ejemplo en Venezuela, una vez que entró en vigencia la Convención americana sobre Derechos Humanos, y por supuesto, antes de que se iniciara el régimen autoritario que a partir de 1999 asaltó y se apoderó del Estado, incluyendo el Tribunal Supremo de Justicia y todos los tribunales de la República.

En efecto, en la década de los setenta, los tribunales de instancia comenzaron a aplicar preferentemente la Convención Americana en relación con previsiones del derecho interno pocos años después de que la misma hubiera comenzado a entrar en vigor, con lo cual, por ejemplo pudieron cambiar, la interpretación jurisprudencial restrictiva que había sentado la antigua Corte Suprema de Justicia en 1970, que conducía en la práctica a la inadmisibilidad de la acción de amparo.

El artículo 49 de la Constitución de 1961 entonces vigente, en efecto había establecido el derecho de todas las personas a ser amparadas por los tribunales "en el goce y ejercicio de los derechos y garantías que la Constitución establece, *en conformidad con la Ley*," frase ésta última de la cual dedujo la Corte Suprema que el ejercicio de tal derecho había quedado supeditado a lo que la ley estableciera. Ello, además, era lo que se deducía del texto de la Exposición de Motivos del proyecto de Constitución, donde al justificar la inclusión de la Disposición Transitoria (Quinta) que reglamentaba provisionalmente el derecho de *hábeas corpus*, se indicó que ello había sido "a fin de no dejar en suspenso" la eficacia del artículo en materia de libertad personal hasta la promulgación de la ley respectiva;[71] ley que sólo se sancionó en 1988[72]. Ello implicó que en los primeros lustros de vigencia de la Constitución, con excepción de la libertad personal, los demás derechos y garantías constitucionales carecieron de un efectivo instrumento de protección judicial.

---

[71] *V.,* Exposición de Motivos del Proyecto de Constitución en *Revista de la Facultad de Derecho,* UCV, No. 21 Caracas, 1961, p. 33 .

[72] *V.,* Ley Orgánica de Amparo a los Derechos y Garantías Constitucionales en Gaceta Oficial No. 34060 de 27 de septiembre de 1988. Sobre esta Ley véanse los comentarios de Allan R Brewer-Carías y Carlos Ayala Corao, *Ley Orgánica de Amparo a los Derechos y Garantías Constitucionales,* Editorial Jurídica Venezolana, 6ª ed., Caracas 2007.

Lo anterior, sin embargo, no fue obstáculo para que hacia finales de la década de los sesenta, algunos jueces de instancia comenzaran a admitir acciones de amparo para proteger otras libertades o garantías distintas de la libertad individual,[73] aplicando para ello, el procedimiento previsto para el *hábeas corpus*, invocando incluso como antecedente la decisión del caso *Ángel Siri* de la Corte Suprema de Argentina dictada el 27 de diciembre de 1.957, en la cual, conforme al principio de la progresividad[74] se abrió el camino para la generalización de la acción de amparo[75]. Ello sin embargo fue contrariado por la Corte Suprema de Justicia a finales de 1970[76], al considerar en relación con la Disposición Transitoria Quinta constitucional, que "la protección de cualquier otro derecho –establecido o no en la Constitución– queda excluida del campo de aplicación de esa norma, por ser evidente la intención del constituyente de limitar su alcance al caso expresamente previsto por ella", califi-

---

[73]   Por sentencia del 13 de septiembre de 1968 del Juez Séptimo de Primera Instancia en lo Penal del Distrito Federal, confirmada por fallo de 4-10-68 de la Corte Superior Segunda en la Penal del Distrito Federal, se otorgó amparo a un ciudadano contra un acto administrativo que ordenó la detención de su automóvil en virtud de que el mismo no había sido importado regularmente al país. (*V.,* R. Escala Zerpa, *Recurso de Amparo contra arbitrariedad de Funcionario Público,* Caracas, 1968). Asimismo, con fecha 14 de abril de 1989 otro Juez de Primera Instancia en lo Civil del Distrito Federal, acordó recurso de amparo, confirmado por decisión de 14 de julio de 1969 de la Corte Superior Segunda en lo Civil y Mercantil del Distrito Federal, contra un acto de la Policía Técnica Judicial que detuvo a un particular y se le obligó a reconocer como padre de un menor y a pagar una pensión alimentaria. Estas decisiones, tomadas de referencias contenidas en la publicación periódica *Síntesis Jurídica* (Escritorio Santana Mujica) fueron comentadas por dicha publicación en los siguientes términos: "Como un paso formativo del lento avance de nuestro país hacia un eficiente estado de derecho, ha de apuntarse las iniciales sentencias, derivadas de jueces penales y civiles, donde se derrota la tesis restrictiva, que se sostuvo inicialmente de que el amparo no era aplicable en el país, pese a su consagración en la Constitución porque carecía de reglamentación". Ahora se sostiene que cualquier juez es competente para conocer y decidir el amparo, que el fallo dictado no tiene consulta, que la ausencia de procedimiento no impide la procedencia del amparo, porque la Constitución dice: "la falta de la ley reglamentaria en estos derechos no menoscaba el ejercicio de los mismos". (Art. 50 CN), y se otorga ante cualquier acto público o privado, que desconozca, disminuya a menoscabe las garantías constitucionales. *V.,* además, Jesús R. Quintero "Recursos de Amparo, La cuestión central en dos sentencias y un voto salvado", en *Revista de la Facultad de Derecho,* No. 9, UCAB, Caracas, 1969-1970, pp. 157 a 206.

[74]   *V.,* lo expuesto en Allan R. Brewer-Carías. "La reciente evolución jurisprudencial en relación a la admisibilidad del recurso de amparo", en *Revista de Derecho Público,* No. 19, Caracas, 1984, pp. 207 ss.

[75]   *V.,* la referencia al caso *Ángel Siri* en José Luis Lazzarini, *El juicio de amparo,* La Ley, Buenos Aires, 1987, pp. 26 ss. y 373 ss.; Alí Joaquín Salgado, *Juicio de amparo y acción de inconstitucionalidad,* Ed. Astrea, Buenos Aires, 1987, pp. 5; Néstor Pedro Sagües, *Derecho Procesal Constitucional. Acción de Amparo,* Volumen 3, 2ª Edición, Editorial Astrea, Buenos Aires, 1988, pp. 9 y ss.

[76]   En la sentencia de la Corte Suprema de Justicia en Sala Político Administrativa de 11 de noviembre de 1970, en *Gaceta Oficial* No. 1.447, Extraordinaria de diciembre de 1970, pp. 27 y 28, ya se vislumbra la interpretación que posteriormente se adoptaría: "A diferencia de otras situaciones en relación a las cuales el Congreso, aún no ha determinado por Ley, cuál es el juez competente y el procedimiento a seguir a fin de obtener amparo judicial...".

cando las decisiones que se habían tenido adoptadas por jueces de instancia en lo penal amparando otros derechos distintos a la libertad personal, como una "extralimitación de atribuciones"[77], y considerando al artículo 49 constitucional como de carácter programático, y por tanto, no aplicable directamente.

La Corte, en efecto, en sentencia de la Sala Político Administrativa de 14 de diciembre de 1970, sobre dicha norma resolvió que:

"No es una norma directa e inmediatamente aplicable por los jueces, sino un precepto programático, sólo parcialmente reglamentada para la fecha en que la Constitución fue promulgada, y dirigido particularmente al Congreso, que es el órgano al cual compete la reglamentación de las garantías constitucionales, en conformidad con los artículos 136, ordinal 24, y 139 de la Constitución. Tal es la interpretación que da la Corte al artículo 49 al analizar sus previsiones aisladamente con el fin de desentrañar la mente del constituyente del lenguaje usado por éste para expresar su voluntad. Pero esta interpretación gramatical se robustece con la observación adicional de que el constituyente se habría abstenido de regular el procedimiento de *hábeas corpus,* si hubiera considerado que para hacer efectivo el amparo bastaba lo dicho en el artículo 49 respecto al procedimiento, no siendo indispensable su reglamentación legal para determinar el fuero competente y el modo de proceder[78]".

De consiguiente, agregó la Corte:

"el constituyente supone la existencia de una ley anterior al hecho o acto que afecte el derecho cuya protección se solicite; que autorice a determinados jueces para obrar en el sentido que pretenda el actor; y que establezca un procedimiento adecuado a la finalidad que se persiga. Dado el número y variedad de las situaciones jurídicas, en que pueda estar comprometido un derecho o una garantía constitucional, era forzoso que el constituyente dejara al legislador ordinario la potestad de establecer las reglas conforme a la cuales los tribunales deben amparar el goce y ejercicio de los derechos y garantías constitucionales, teniendo en cuenta no sólo las previsiones ya existentes que es necesario apreciar para atribuir a un determinado tribunal el conocimiento de un asunto, y establecer el procedimiento a seguir en cada situación"[79].

A esa interpretación que había sido sentada en una sentencia aislada, la Sala Político Administrativa de la Corte Suprema de Justicia, incluso, le dio una aplicación general al dictar un "Acuerdo" de 24 de abril de 1972 conforme a las potestades reglamentarias que le otorgaba el artículo 138 de la Ley Orgánica del Poder Judicial, en el cual precisó que:

---

[77] *V.,* sentencia de la Corte Suprema de Justicia en Sala Político Administrativa de 14 de diciembre de 1970 en *Gaceta Oficial* No. 29.434 de 6 de febrero de 1971 pp. 219.984 y 219.985, y en *Gaceta Forense,* No. 70 970, pp. 179 ss. Esta decisión fue ratificada por sentencia de la misma Corte de 26 de abril de 1971 en *Gaceta Oficial* No. 1.478, Extraordinaria de julio de 1971, p. 31; y por Acuerdo de 24 de abril de 1972 en *Gaceta Oficial* No. 29.788 de 25 de abril de 1972, p. 222.865. El criterio de la Corte había sido también el de la Procuraduría General de la República. *V., Doctrina Procuraduría General de la República* 1970. Caracas 1971, pp. 37 ss.

[78] *V.,* la sentencia de la Corte Suprema de Justicia en Sala Político Administrativa de 14 de diciembre de 1970 en *Gaceta Forense* No. 70, Caracas 1970, pp. 179 y ss.

[79] *Idem.*

"la competencia de los Tribunales de Primera Instancia y Superiores en lo Penal de la República, a que se refiere la Disposición Transitoria Quinta de la Constitución, se limita exclusivamente al conocimiento del recurso de *hábeas corpus* previsto en dicha norma; y que en consecuencia, toda decisión que no esté apoyada en la competencia específica de dichos Tribunales o que invada la atribuida por la Constitución y las Leyes, a otros órganos judiciales, constituye una usurpación o extralimitación de atribuciones."[80]

En esta forma quedó en general fuera de la competencia de los tribunales penales el poder conocer de acciones de amparo respecto de derechos cuyo conocimiento no formase parte de su competencia específica. Como el Acuerdo no consideró que fuera indispensable que para que una acción de amparo pudiera ser interpuesta ante otros tribunales fuera necesaria la sanción de una ley previa que regulara expresamente la acción, después de que Venezuela ratificó la Convención Americana sobre Derechos Humanos en 1977 (e igualmente, el Pacto Internacional de Derechos Económicos, Sociales y Culturales, en 1978, y el Pacto Internacional de Derechos Civiles y Políticos el mismo año 1978), los tribunales comenzaran a admitir acciones de amparo en virtud de la consagración en esos instrumentos internacionales (por ejemplo, el artículo 25.1 de la Convención Americana), del derecho de toda persona a un recurso sencillo y rápido o a cualquier otro recurso efectivo ante los Tribunales competentes que lo amparen contra actos que violen los derechos humanos[81].

Fue con base en estos antecedentes, cuando pocos años después comenzó a modificarse la rigidez interpretativa que en materia de la admisibilidad de las acciones de amparo se había enunciado en 1970, lo que se produjo con una sentencia de un juzgado civil de instancia de 24 de noviembre de 1982 (*Caso Rondalera),*[82] en la cual se admitió una acción de amparo para la protección del derecho a la educación. Si bien al final en primera instancia se declaró sin lugar la acción, una vez apelada la sentencia, el Juzgado Superior competente en cambio decretó el amparo solicitado mediante sentencia de 10 de febrero de 1983[83], para lo cual, al referirse al problema de la competencia, señaló:

"el mandato del Constituyente de amparar está dirigido a todos los Jueces, y que si bien la jurisprudencia de la Corte Suprema de Justicia ha definido la incompetencia de los Tribunales Penales para conocer de juicios de amparo distintos a las que tengan por objeto la privación o restricción de la libertad humana, pues de ellos corresponde conocer a la Jurisdicción Penal con exclusividad, persiste en cuanto al recurso de amparo la competencia genérica que establece el artículo 49 de la Constitución, lo que hace competente a dicho Tribunal, como tribunal civil para conocer en primer grado de este recurso de amparo que evidentemente pretende obtener la

---

[80]   *V.,* el texto en *Gaceta Oficial* No. 29.788 de 25 de abril de 1972. *V.,* así mismo en la revista *Ministerio Público,* No. 19, Caracas 1972, pp. 105-107.

[81]   *V.,* en *Gaceta Oficial* No. 31.256 de 14 de junio de 1977 y No. 2.146 Extra, de 28 de enero de 1978.

[82]   *V.,* René Molina Galicia, *El Amparo a Rondalera,* Ediciones, Síntesis Jurídica, Caracas, 1984, p. 80.

[83]   *Idem,* pp. 106 a 169.

protección de un derecho civil como son el de educar, mediante el ejercicio de la actividad docente y el de recibir educación en plantel escogido por los padres[84]".

El Tribunal Superior, para llegar a esta conclusión, al referirse a la sentencia de la Corte Suprema de Justicia de 1970, puntualizó además, que después de 21 años de vigencia de la Constitución de 1961, y a pesar de que no se había "reglamentado *ese recurso efectivo, rápido y eficaz, para desentrañar las violaciones*", salvo el amparo de la libertad personal y las restricciones de que ella pueda ser objeto, mediante el *Hábeas Corpus,* ya eran:

> "leyes vigentes en Venezuela los Tratados Internacionales cuya normativa transcribimos en materia de derechos humanos, políticos, civiles y penales, la que nos lleva a la conclusión de que la situación jurídica en Venezuela no es la misma de 1970, y la jurisprudencia favorable a la admisión a la acción de amparo a nivel de instancia se ha incrementado con los problemas de competencia, por ser llevados a la jurisdicción penal, aun cuando se trate de materias civiles, por la experiencia que se reconoce a dicha jurisdicción en el manejo de *Hábeas Corpus*[85]".

Esta puede considerarse, en Venezuela, como el antecedente remoto del control de convencionalidad que permitió, con base en las disposiciones de la Convención Americana, que se generalizara la admisión de las acciones de amparo aún sin que se hubiese dictado la ley que la regula; interpretación que fue luego acogida por la propia Corte Suprema de Justicia en Sala Político-Administrativa, al decidir sobre una acción de amparo que había sido intentada por un candidato presidencial contra una decisión del Consejo Supremo Electoral que limitaba el derecho a realizar propaganda electoral en condiciones de igualdad. Se trató del caso *Andrés Velázquez* decidido mediante sentencia de 20 de octubre de 1983[86], en el cual se admitió la posibilidad del ejercicio de acciones de amparo para la protección de derechos distintos al de *hábeas corpus,* al considerar que el carácter programático del artículo 49 de la Constitución, había quedado superado "desde el momento en que por Ley se habían aprobado Convenciones Internacionales sobre derechos humanos que exigían la garantía del amparo."

Se admitió así la acción de amparo en Venezuela, con base en el control de convencionalidad que realizó la Corte Suprema, exigiéndole sin embargo a los tribunales de instancia que ejercieran la competencia en la materia con prudencia "tratando de suplir por medio de la analogía y demás instrumentos de interpretación de que los provee el sistema jurídico venezolano la lamentable ausencia de una ley reglamentaria de la materia," precisando que debían conocer de los "recursos de amparo de acuerdo con la afinidad que con su competencia natural tengan los derechos que se pretendan vulnerados".[87]

---

84   *Idem,* pp. 152 a 163.

85   *Idem,* p. 149.

86   *V.,* en *Revista de Derecho Público,* No. 11, Editorial Jurídica Venezolana, Caracas 1983, pp. 169 y 170. *V.,* el comentario sobre esa sentencia del Magistrado ponente del fallo, René De Sola, "El Recurso de Amparo en Venezuela" en *Revista SIC,* No. 472, Caracas, febrero 1985, pp. 74 ss.

87   *Idem,* p. 170.

Con posterioridad, en 1988, se sancionó la Ley Orgánica de Amparo sobre derechos y garantías constitucionales[88], con la cual se abrió definitivamente el camino para la utilización de este recurso judicial para la protección de los derechos humanos, particularmente debido a la ineficacia de los medios judiciales ordinarios para asegurar tal protección. Sin embargo, antes de que entrara en vigencia la Ley Orgánica, fue mediante la interpretación constitucional de la cláusula abierta y la aplicación de las convenciones internacionales que la acción de amparo se aceptó en Venezuela.

Posteriormente, en forma más directa, e igualmente en materia de admisibilidad de la acción de amparo en ausencia de previsiones constitucionales y legales, mediante un control de convencionalidad y en aplicación de la Convención Americana, en 1999 se admitió la acción de amparo en la República Dominicana, donde hasta esa fecha no se había admitido por falta de reglas de procedimiento relativas al amparo, incluyendo normas legales atributivas de competencia judiciales para conocer de la acción.

En efecto, el sistema constitucional de la República Dominicana también puede ubicarse en este grupo constitucional, donde los tratados tienen el mismo rango que las leyes. Por ello, y precisamente por el hecho de que la República Dominicana es uno de los pocos países de América Latina que no tiene consagrado en el texto constitucional el recurso o acción de amparo como medio judicial de protección de los derechos humanos, la Corte Suprema aplicó la Convención Americana de Derechos Humanos para admitir jurisprudencialmente la acción o recurso de amparo.

En efecto, el artículo 3 de la Constitución de la Republica Dominicana establece que "La República Dominicana reconoce y aplica las normas del Derecho Internacional general y americano en la medida en que sus poderes públicos las hayan adoptado". Conforme a ello, en 1977 el Congreso aprobó la Convención Americana de Derechos Humanos, en cuyos artículo 8,2 y 25,1 se regulan los principios generales del debido proceso y, en particular, la acción o recurso de amparo para la protección de los derechos humanos declarados en la Convención, en las Constituciones y en las leyes de los Estados miembros.

De acuerdo con estas previsiones, si bien era cierto que la Constitución no regulaba expresamente la acción o recurso de amparo, el mismo estaba consagrado en la Convención Americana, por lo que dicho recurso podía ejercerse por toda persona en protección de sus derechos. El problema, sin embargo, radicaba en la ausencia de las reglas de procedimiento relativas al amparo, incluyendo la ausencia de normas legales atributivas de competencia judiciales para conocer de la acción, las cuales sólo se establecieron en la Ley de Amparo de 2006. Ello explica por qué hasta 1999 no se habían intentado acciones de amparo.

Ese año, sin embargo, una empresa privada, la empresa *Productos Avon S.A.*, intentó un recurso de amparo ante la Corte Suprema contra una sentencia dictada por un juzgado con competencia en materia laboral, alegando violación de derechos constitucionales, y fue dicha acción la que originó la admisibilidad jurisprudencial de la acción de amparo en la República Dominicana sin que hubiera disposición constitucional o legal sobre la misma.

---

[88]   *Gaceta Oficial* No. 33891 de 220-01-1988. *V.*, en general sobre dicha Ley, Allan R. Brewer-Carías y Carlos Ayala Corao, *Ley Orgánica de Amparo sobre derechos y garantías constitucionales*, Caracas, 1988.

En efecto, la Corte Suprema en su sentencia del 24 de febrero de 1999, admitió la acción de amparo intentada por la mencionada empresa *Avon*, declarando al amparo como "una institución de derecho positivo" y prescribiendo en la decisión las reglas básicas de procedimiento para el ejercicio de tales acciones de amparo[89]. El caso se desarrolló como sigue:

1. La empresa demandante alegó que la decisión judicial del tribunal laboral había violado su derecho a ser juzgado por e juez natural, a cuyo efecto solicitó a la Corte Suprema que: primero, declarara en su sentencia que el amparo debía considerarse como una institución dominicana de derecho público; y segundo, que la Corte Suprema, de acuerdo con las disposiciones de la Ley Orgánica Judicial que le atribuye a la Corte el poder de resolver sobre el procedimiento aplicable en caso de que no exista uno legalmente prescrito, disponiendo las normas respectivas, que en consecuencia estableciera dichas normas en relación con los recursos de amparo. Adicionalmente, el recurrente solicitó a la Corte que dictara una medida cautelar suspendiendo los efectos de la sentencia laboral impugnada mientras durase el juicio de amparo.

2. La Corte Suprema, a los efectos de decidir, estableció el criterio que los tratados internacionales invocados por el recurrente, particularmente los artículos 8 y 25,1 de la Convención Americana de Derechos Humanos, eran parte del derecho interno de la República Dominicana, y tenían la finalidad de garantizar la protección judicial de los derechos fundamentales reconocidos en la Constitución, en la ley y en la indicada Convención, contra todo acto violatorio de dichos derechos, cometido por cualquier persona actuando o no en el ejercicio de funciones públicas, por lo que incluso se admitía contra actuaciones de particulares. En este aspecto, la Corte Suprema resolvió que:

"Contrariamente a como ha sido juzgado en el sentido de que los actos violatorios tendrían que provenir de personas no investidas con funciones judiciales o que no actúen en el ejercicio de esas funciones, el recurso de amparo, como mecanismo protector de la libertad individual en sus diversos aspectos, no debe ser excluido como remedio procesal específico para solucionar situaciones creadas por personas investidas de funciones judiciales ya que, al expresar el artículo 25.1 de la Convención, que el recurso de amparo está abierto a favor de toda persona contra actos que violes sus derechos fundamentales, 'aún cuando tal violación sea cometida por personas que actúen en ejercicio de sus funciones oficiales', evidentemente incluye entre éstas a las funciones judiciales".

Igualmente, la Corte resolvió que la vía del amparo:

"Queda abierta contra todo acto u omisión de los particulares o de los órganos o agentes de la administración pública, incluido la omisión o el acto administrativo, no jurisdiccional. Del poder judicial, si lleva cualquiera de ellos una lesión, restricción o alteración, a un derecho constitucionalmente protegido"[90]

---

[89] *V.,* en *Iudicum et Vita, Jurisprudencia nacional de América Latina en Derechos Humanos,* No. 7, T. I, Instituto Interamericano de Derechos Humanos, San José, Costa Rica, Diciembre 2000 p. 329 y ss. Véanse los comentarios a dicha sentencia en Allan R. Brewer-Carías, "La admisión jurisprudencial de la acción de amparo en ausencia de regulación constitucional o legal en la República Dominicana", *ídem,* pp. 334 y ss; y en *Revista IIDH,* Instituto Interamericano de Derechos Humanos, San José, 2000.

[90] *Idem.* p. 332

En relación con este tema, la decisión de la Corte Suprema de la República Dominicana puede considerarse como muy importante en virtud de admitir claramente que la acción de amparo también procede contra particulares, siguiendo en tal sentido la concepción amplia del amparo iniciada en Argentina y que se sigue en Uruguay, Chile, Perú, Bolivia y Venezuela. La concepción restringida, en cambio, que excluye el amparo contra particulares, es la que se sigue en México, Brasil, Panamá, El Salvador y Nicaragua.

La decisión de la Corte Suprema de la República Dominicana también siguió la concepción amplia del amparo, al admitirlo contra decisiones judiciales, tal como está aceptada en la Convención Americana, y en contra de la tendencia observada en otros países latinoamericanos que excluyen la acción de amparo contra sentencias o decisiones judiciales, como es el caso de Argentina, Uruguay, Costa Rica, Panamá, El Salvador, Honduras y Nicaragua. En la Ley de Amparo de 2006, sin embargo, se excluyeron los actos judiciales de la acción de amparo. En Colombia, el decreto de 1999, regulador de la acción de tutela también admitió la acción de amparo contra decisiones judiciales, pero la Corte Constitucional rápidamente anuló el artículo 40 que lo consagraba, considerando que violaba el derecho a la cosa juzgada de las decisiones judiciales definitivas[91]. Sin embargo, posteriormente, la tutela fue admitida contra decisiones judiciales fundamentándose en el control de la vía de hecho judicial como instrumento para enfrentar y someter la arbitrariedad judicial[92].

3. En relación con la decisión de la Corte Suprema de la República Dominicana de 1999, adicionalmente decidió que incluso en ausencia de reglas de procedimiento respecto del trámite del recurso de amparo, contrariamente a lo que sucedía con el recurso *habeas corpus* que en cambio si disponía de una regulación legal que establecía el juez competente y el procedimiento respectivo; tratándose el amparo de un medio judicial simple, rápido y efectivo para la protección de todos los otros derechos constitucionales distintos a los protegidos mediante el habeas corpus, ningún juez podría rechazar su admisión aduciendo la ausencia de regulación legal. A tales efectos, la Corte Suprema, conforme se establece en el artículo 29,2 de la Ley Orgánica Judicial, y a los efectos de evitar la confusión que podría ocasionar la ausencia de reglas de procedimiento, invocó su potestad de establecerlas, resolviendo en definitiva:

> "Declarar que el recurso de amparo previsto en el artículo 25,1 de la Convención Americana de Derechos Humanos de San José, Costa Rica, del 22 de noviembre de 1969, es una institución de derecho positivo dominicano, por haber sido adoptada y aprobada por el Congreso Nacional, mediante Resolución No. 739 del 25 de diciembre de 1977, de conformidad con el artículo 3, de la Constitución de la República"[93].

Como consecuencia, la Corte Suprema pasó a resolver los problemas prácticos que podría originar la aceptación del amparo, estableciendo las reglas de procedimiento, así: primero, determinando que la competencia para conocer en materia de amparo corresponde a los tribunales de primera instancia en el lugar donde se haya

---

[91]   Sentencia C.543 de 24 septiembre de 1992. *V.,* en Manuel José Cepeda Espinosa, *Derecho Constitucional Jurisprudencia*, Legis, Bogotá 2001, p. 1009 y ss.

[92]   Sentencia T-213 de 13 de mayo de 1994. *Idem*, p. 1022 y ss

[93]   *Idem*. p. 333

producido la acción u omisión cuestionada; y segundo, estableciendo las reglas de procedimiento, en sentido similar a la dispuestas en los artículos 101 y siguientes de la ley No. 834 de 1978, agregando algunas referencias respecto de los plazos para intentar la acción ante los tribunales, de la audiencia que debe tener lugar para decidir, de los plazos para decidir y del lapo o de apelación.

La Corte Suprema, finalmente, a los efectos de evitar los abusos que podría producir la admisión del amparo, recordó que dicho recurso no debía entenderse como la introducción de una tercera instancia en los procesos judiciales[94].

Esta sentencia de la Corte Suprema de la República Dominicana, adoptada en ausencia de regulaciones constitucionales y legales sobre la acción de amparo, admitiendo este medio judicial de protección de los derechos humanos de acuerdo con lo establecido en la Convención Americana de derechos Humanos, sin duda, fue una de las más importantes sentencias de dicha Corte en la materia, no sólo en relación con la admisibilidad de la acción de amparo[95] sino en cuanto a la aplicabilidad directa en el orden interno de las disposiciones de la Convención Americana de Derechos Humanos. La materia, como se dijo, luego se reguló en la Ley de Amparo de 2006.

2. *La aplicación del derecho convencional para la protección judicial del derecho a la participación política*

Una segunda manifestación del control de convencionalidad en el ámbito interno, se manifestó también en Venezuela, por la antigua Corte Suprema de Justicia de Venezuela, actuando entonces como Jurisdicción Constitucional, al anular diversas disposiciones legales que consideró violaban derechos establecidos en la Convención Americana de Derechos Humanos, que de acuerdo con lo establecido en el artículo 50 de la Constitución de 1961 (equivalente al articulo 22 de la Constitución de 1999), fueron considerados como "derechos inherentes a la persona humana."[96] Dicha norma, en efecto establece el principio de que la enunciación de los derechos y garantías contenidos en la Constitución y en los instrumentos internacionales sobre derechos humanos "no debe entenderse como negación de otros que, siendo *inherentes a la persona*, no figuren expresamente en ellos," agregando que "la falta de ley reglamentaria de estos derechos no menoscaba el ejercicio de los mismos."

En relación con el significado de estos derechos inherentes a la persona humana la antigua Corte Suprema de Justicia de Venezuela, en una sentencia de 31 de enero de 1991, señaló lo siguiente:

---

[94] *V.,* en *Iudicum et Vita, Jurisprudencia nacional de América Latina en Derechos Humanos,* No. 7, T. I, Instituto Interamericano de Derechos Humanos, San José, Costa Rica, Diciembre 2000 p. 329 y ss. Véanse los comentarios a dicha sentencia en Allan R. Brewer-Carías, "La admisión jurisprudencial de la acción de amparo en ausencia de regulación constitucional o legal en la República Dominicana", *idem*, pp. 334 ss.

[95] *Idem,* p. 334 ss.

[96] *V.,* Allan R. Brewer-Carías, "La interacción entre los Tribunales Constitucionales de América Latina y la Corte Interamericana de Derechos Humanos, y la cuestión de la inejecutabilidad de sus decisiones en Venezuela," en Armin von Bogdandy, Flavia Piovesan y Mariela Morales Antonorzi (Coodinadores), *Direitos Humanos, Democracia e Integracao Jurídica na América do Sul,* Lumen Juris Editora, Rio de Janeiro 2010, pp. 661-701.

"Tales derechos inherentes de la persona humana son derechos naturales, universales, que tienen su origen y son consecuencia directa de las relaciones de solidaridad entre los hombres, de la necesidad del desarrollo individual de los seres humanos y de la protección del medio ambiente".

En consecuencia, la misma Corte concluyó disponiendo que:

"Dichos derechos comúnmente están contemplados en Declaraciones Universales y en textos nacionales o supranacionales y su naturaleza y contenido como derechos humanos no debe permitir duda alguna por ser ellos de la esencia misma del ser y, por ende, de obligatorio respeto y protección"[97].

Ahora bien, en aplicación de esta doctrina, en 1996, la antigua Corte Suprema de Justicia, al decidir la acción popular de inconstitucionalidad que se había intentado contra la Ley de División Político Territorial del Estado Amazonas, por no haberse respetado los derechos de participación política de las comunidades indígenas, decidió que siendo dicho Estado de la federación uno mayormente poblado por dichas comunidades indígenas, la sanción de dicha Ley sin previamente haberse oído la opinión de las mismas, mediante consulta popular, significó la violación del derecho constitucional a la participación política.

Aún cuando dicho derecho no estaba expresamente enumerado en la Constitución de 1961, la Corte fundamentó su decisión en la cláusula abierta del artículo 50 constitucional (equivalente al artículo 22 de la Constitución de 1999), considerando que el derecho a la participación política era un derecho inherente a la persona humana, como "principio general de rango constitucional en una sociedad democrática"; agregando, en relación al caso decidido, que "por ser un derecho de las minorías" (los indígenas, en el presente caso), era susceptibles "de la tutela judicial conforme al artículo 50 *ejusdem*, los grandes tratados y convenciones internacionales sobre los derechos humanos y las leyes nacionales y estadales". En dicha sentencia del 5 de diciembre de 1996, la Corte señaló que:

"En el presente caso no se demostró el cumplimiento cabal de la normativa en cuanto a la participación ciudadana, restándole al acto impugnado la legitimación originaria conferida por la consulta popular. Alegan los oponentes al recurso intentado que fueron consultados los órganos oficiales, como el Ministerio del Ambiente y de los Recursos Naturales Renovables y el Servicio Autónomo Ambiental de Amazonas y se recibieron observaciones de diferentes organizaciones indígenas, asimismo, antes de la promulgación de la Ley, el Gobernador explicó a la Organización Regional de Pueblo Indígenas las razones de la Ley. Estima la Corte que este procedimiento constituye una expresión tímida e insignificante del derechos constitucional de participación ciudadana en la formación de la ley. Tal participación debe manifestarse antes y durante la actividad legislativa y no tan solo en el momento de su promulgación por parte del Gobernador del Estado. Por otra parte, el hecho que se consultaron los referidos organismos nacionales (actuación idónea) no exime la obligatoriedad de cumplimiento de la consulta popular sobre todo en una materia en la cual está involucrada: el régimen de excepción de las comunidades indígenas

---

97 Caso: *Anselmo Natale*. Consultada en original. *V.,* el texto en Carlos Ayala Corao, "La jerarquía de los instrumentos internacionales sobre derechos humanos", en *El nuevo derecho constitucional latinoamericano*, IV Congreso venezolano de Derecho constitucional, Vol. II, Caracas 1996, y *La jerarquía constitucional de los tratados sobre derechos humanos y sus consecuencias*, México, 2003.

(de rango constitucional) el carácter multiétnico y pluricultural, la biodiversidad, la cultura, religión y lengua propia de las comunidades indígenas, el derecho a la tierra que respecto a dichas comunidades es de interés social e inalienable, en definitiva, la organización municipal (como lo es el acto impugnado) constitutivo del marco institucional de tales realidades pre existentes, permanentes y objetivas. La participación es un fenómeno de la vida democrática, que al manifestarse antes de dictarse la norma, instruye a la autoridad sobre los intereses legítimos y necesidades de la comunidad y produce, a posteriori, consecuencias positivas, que se revelan en el respaldo democrático de su aplicación"[98].

Y al analizar en concreto la Ley de División Territorial del Estado Amazonas, la Corte estimó que en la formación de la misma:

"Con la cual se modifican las condiciones económicas y sociales de la región, se cambia el entorno vital del individuo, se establecen los municipios y sus límites, se modifica la normativa jurídica (consecuencia de la mencionada división), se cambia el entorno vital del individuo, se establecen los municipios y sus límites, se modifica la normativa jurídica (consecuencia de la mencionada división), se afecta la tenencia de las tierras, se ordena el territorio bajo un nuevo régimen, se cambia la vida cotidiana voluntad de los mismos indígenas. Más aún, su participación debe ser considerada con especial atención, en vista de que los indígenas constituyen uno de los grupos sociales más expuestos a la violación de sus derechos humanos, por sus condiciones socio-económicas, culturales y aislamiento, por cuanto en su habitat intervienen intereses distintos y a veces contrarios a los legítimos derechos de la población autóctona, porque, lamentablemente, la historia de la humanidad, evidencia un largo y triste padecer de las minorías, en algunos casos por el desconocimiento de sus legítimos derechos, en otros por la cultura del odio y el perjuicio. Es entonces, en este contexto, que los derechos humanos de los indígenas, cobran mayor fortaleza y esta Corte así lo reconoce expresamente. Asimismo, precisa el alto tribunal, que la lesión de los derechos humanos de las minorías no les atañe sólo a esas comunidades sino a la nación entera, en virtud de la solidaridad y protección de los intereses superiores del gentilicio venezolano (artículos 57 y 51 de la Carta Magna)"[99].

De acuerdo con esta decisión, la antigua Corte Suprema venezolana decidió que en el caso sometido a su consideración, había ocurrido una violación a los derechos constitucionales de las minorías establecidos en la Constitución y en los tratados y convenciones internacionales, en particular, al derecho a la participación política en el proceso de elaboración de leyes, debido a la ausencia de consulta popular a las comunidades indígenas, como consecuencia de lo cual declaró la nulidad de la ley estadal impugnada.

Sobre la protección del derecho a la participación política, más recientemente, en relación con las dudas que se habían planteado, en 1998, en varios recursos de interpretación, sobre la posibilidad de que el Presidente electo de la República convocara un referéndum consultivo para resolver sobre la convocatoria de una Asamblea Constituyente que no estaba regulada en la Constitución de 1961, como mecanismo para la reforma constitucional, la antigua Corte Suprema de Justicia en Sala Político

---

[98] Caso: *Antonio Guzmán, Lucas Omashe y otros*, en *Revista de Derecho Público*, No. 67-68, Editorial Jurídica Venezolana, Caracas, 1996, pp. 176 ss.

[99] *Idem.*

Administrativa dictó sendas decisiones de 19 de enero de 1999, admitiendo la posibilidad de que se convocara dicho referéndum consultivo, fundamentando su decisión en el derecho a la participación política de los ciudadanos, para lo cual se basó, de nuevo, en el artículo 50 de la Constitución, conforme al cual consideró tal derecho como uno derecho implícito y no enumerado, inherente a la persona humana.

La Corte entonces consideró al referéndum como un derecho inherente a la persona humana, decidiendo lo siguiente:

"Ello es aplicable, no sólo desde el punto de vista metodológico sino también ontológicamente, ya que si se considerara que el derecho al referendo constitucional depende de la reforma de la Constitución vigente, el mismo estaría supeditado a la voluntad del poder constituido, lo que pondría a éste por encima del poder soberano. La falta de tal derecho en la Carta Fundamental tiene que interpretarse como laguna de la Constitución, pues no podría admitirse que el poder soberano haya renunciado *ab initio* al ejercicio de un poder que es obra de su propia decisión política"[100].

La conclusión de la decisión de la Corte Suprema fue que no era necesario que se reformara previamente la Constitución a los efectos de reconocer como un derecho constitucional el referéndum o la consulta popular sobre la convocatoria a una Asamblea Constituyente, con lo que se abrió la posibilidad judicial de convocar la Asamblea nacional Constituyente sin previsión constitucional expresa[101], con todas las consecuencias institucionales que ello produjo y continúa produciendo[102].

3.   *La aplicación del derecho convencional para la protección del debido proceso, en particular el derecho a la revisión de sentencias*

La tercera manifestación del ejercicio del control de convencionalidad que deriva de la aplicación del derecho convencional en el ámbito interno para la protección de derechos se refiere a las garantías judiciales del debido proceso.

Un caso significativo puede mencionarse, decidido igualmente en Venezuela antes de 1999, específicamente en 1997, en el cual la antigua Corte Suprema dictó otra importante decisión anulando una ley nacional, la llamada Ley de Vagos y Maleantes, por considerarla inconstitucional, basándose de nuevo en el "proceso de constitucionalización de los derechos humanos de acuerdo con el artículo 50 de la Constitución", y considerando que dicha ley "vulnera *ipso jure*, Convenciones Internacionales y Tratados, sobre los derechos del hombre, en la medida en que dichos instrumentos adquieren jerarquía constitucional"[103].

---

[100]   *V.,* en *Revista de Derecho Público,* No. 77-80, Editorial Jurídica Venezolana, Caracas 1999, p. 67

[101]   *V.,* los comentarios en Allan R. Brewer-Carias, "La configuración judicial del proceso constituyente o de cómo el guardián de la Constitución abrió el camino para su violación y para su propia extinción", en *Revista de Derecho Público,* No. 77-80, Editorial Jurídica Venezolana, Caracas 1999, pp. 453 y ss.

[102]   *V.,* Allan R. Brewer-Carías, *Golpe de Estado y proceso constituyente en Venezuela,* Instituto de Investigaciones Jurídicas, UNAM, México 2002

[103]   *V.,* en *Revista de Derecho Público* No. 71-72, Editorial Jurídica Venezolana, Caracas, 1997, pp. 177 y ss.

En efecto, en su sentencia del 6 de noviembre de 1997, la antigua Corte Suprema consideró a la ley impugnada como infamante, al permitir detenciones ejecutivas o administrativas de personas consideradas como vagos o maleantes, sin garantía alguna del debido proceso, basando su decisión en el artículo 5 de la Declaración Universal de los Derechos Humanos y en la Convención Americana sobre Derechos Humanos, la cual "se ha incorporado a nuestro Derecho Interno como norma ejecutiva y ejecutable reforzada por la jurisprudencia, la cual le ha dado el carácter de parámetro de constitucionalidad. Ello entraña la incorporación a nuestro ordenamiento jurídico interno del régimen previsto en convenciones internacionales"[104].

La Corte consideró que la ley impugnada era inconstitucional en virtud de que omitía las garantías de un juicio justo establecidas en los artículo 7 y 8 de la Convención Americana y en los artículos 10 y 14 del Pacto Internacional de Derechos Civiles y Políticos, y porque, además, era discriminatoria, violando el artículo 24 de la misma Convención Americana cuyo texto íntegro se transcribió en la sentencia. La Corte se refirió en su decisión anulatoria, además, a la existencia de:

"Informes de instituciones defensoras de los Derechos Humanos. Dichos documentos censuran abiertamente la ley venezolana sobre vagos y maleantes. Son muchas las recomendaciones orientadas a poner fin a su vigencia. Conviene observar que se ha exhortado al Gobierno venezolano a adoptar e implementar una serie de recomendaciones, a los efectos de reducir las violaciones a los derechos humanos, derivadas de la aplicación de la Ley sobre Vagos y Maleantes. Sobre todo se he hablado de la necesidad de impulsar la discusión de Ley de Protección a la Seguridad Ciudadana, que supuestamente se encontraba en ese proceso"[105].

Pero en materia de protección en el ámbito interno del derecho convencional del debido proceso, deben destacarse varios casos en los cuales los tribunales nacionales han protegido el derecho de las personas a la revisión judicial o a la doble instancia, aplicando las previsiones de la Convención Americana sobre Derechos Humanos.

Un importante caso se decidió en Argentina, donde la Constitución de Argentina otorga una jerarquía superior a las leyes, es decir, rango constitucional, a un importante grupo de tratados y declaraciones internacionales que estaban vigentes en 1994; específicamente los enumerados en el artículo 75.22 de la Constitución, que dice:

"La Declaración Americana de los Derechos y Deberes del Hombre; la Declaración Universal de Derechos Humanos; la Convención Americana sobre Derechos Humanos; el Pacto Internacional de Derechos Económicos, Sociales y Culturales; el Pacto Internacional de Derechos Civiles y Políticos y su Protocolo Facultativo; la Convención sobre la Prevención y a Sanción del Delito de Genocidio; la Convención Internacional sobre la Eliminación de todas las Formas de Discriminación Racial; la Convención sobre la Eliminación de todas las Formas de Discriminación contra la Mujer; la Convención contra la Tortura y otros Tratos o Penas Crueles, Inhumanos o Degradantes; la Convención sobre los Derechos del Niño".

Estos instrumentos internacionales conforme se indica en el texto constitucional "en las condiciones de su vigencia, tienen jerarquía constitucional, no derogan ar-

---

[104]   *Idem.*

[105]   *Idem.*

tículo alguno de la primera parte de esta Constitución y deben entenderse complementarios de los derechos y garantías por ella reconocidos". Aparte de ello, el mismo artículo precisa que "solo podrán ser denunciados, en su caso, por el Poder Ejecutivo nacional, previa aprobación de las dos terceras partes de la totalidad de los miembros de cada Cámara".

En relación con los otros tratados en materia de derechos humanos diferentes a los enumerados en el artículo 75,22, la Constitución estableció que "luego de ser aprobados por el Congreso, requerirán del voto de las dos terceras partes de la totalidad de los miembros de cada Cámara para gozar de la jerarquía constitucional".

De acuerdo con todas estas previsiones constitucionales, la Corte Suprema de Justicia de la Nación ha aplicado la Convención Americana de Derechos Humanos, dando prevalencia a sus previsiones en relación con las leyes, como sucedió respecto del Código de Procedimiento Penal. Al contrario de lo que se establece en la Convención Americana, dicho Código excluía el derecho de apelación respecto de algunas decisiones judiciales de acuerdo a la cuantía de la pena. La Corte Suprema de la Nación declaró la invalidez por inconstitucionalidad de dichas normas limitativas de la apelación, aplicando precisamente el artículo 8,1,h de la Convención Americana que garantiza, como se ha dicho, el derecho de apelar las decisiones judiciales por ante un tribunal superior"[106].

Por otra parte, también en Argentina, los tribunales han considerado las decisiones de la Comisión Interamericana y de la Corte Interamericana como obligatorias, incluso antes de que los tratados internacionales de derechos humanos fueran constitucionalizados en la reforma constitucional de 1994. En una sentencia de 7 de julio de 1992, la Corte Suprema aplicó la *Opinión Consultiva OC-7/86*[107] de la Corte Interamericana, señalando que: "la interpretación del Pacto debe, además guiarse por la jurisprudencia de la Corte Interamericana de Derechos Humanos, uno de cuyos objetivos es la interpretación del Pacto de san José (Estatuto, artículo 1)"[108].

En 1995, la misma Corte Suprema de Argentina consideró que debido al reconocimiento por el Estado de la jurisdicción de la Corte Interamericana para resolver casos de interpretación y aplicación de la Convención Americana, sus decisiones

---

[106] Sentencia de 04-04- 1995, Caso *Giroldi, H.D. y otros. V.,* en Aida Kemelmajer de Caqrlucci and María Gabriela Abalos de Mosso, "Grandes líneas directrices de la jurisprudencia argentina sobre material constitucional durante el año 1995", en *Anuario de Derecho Constitucional latinoamericano 1996,* Fundación Konrad Adenauer, Bogotá, 1996, pp. 517 y ss.; y en Carlos Ayala Corao, "Recepción de la jurisprudencia internacional sobre derechos humanos por la jurisprudencia constitucional" en *Revista del Tribunal Constitucional,* No. 6, Sucre, Bolivia, Nov. 2004, pp. 275 y ss.

[107] Opinión Consultiva OC-7/86 de 29 de agosto de 1986. *Exigibilidad del derecho de* rectificación *o respuesta (arts. 14.1, 1.1 y 2 de la Convención Americana sobre Derechos Humanos).*

[108] Sentencia caso *Miguel A. Ekmkdjiam, Gerardo Sofivic y otros,* en Ariel E. Dulitzky, "La aplicación de los tratados sobre derechos humanos por los tribunales locales: un estudio comparado" en *La aplicación de los tratados sobre derechos Humanos por los tribunales locales,* Centro de Estudios Legales y Sociales, Buenos Aires, 1997; y en Carlos Ayala Corao, "Recepción de la jurisprudencia internacional sobre derechos humanos por la jurisprudencia constitucional" en *Revista del Tribunal Constitucional,* No. 6, Sucre, Bolivia, Nov. 2004, pp. 275 y ss.

"deben servir de guía para la interpretación de los preceptos convencionales"[109]. En otras decisiones, la Corte Suprema revocó decisiones de tribunales inferiores por considerar que las interpretaciones que las sustentaban eran incompatibles con la doctrina de la Comisión Interamericana de Derechos Humanos[110].

En Costa Rica también se dio aplicación al derecho convencional, incluso conforme a la Constitución reformada de 1983, la cual dispone que: "Los tratados públicos, los convenios internacionales y los concordatos, debidamente aprobados por la Asamblea Legislativa, tendrán desde su promulgación o desde el día que ellos designen, autoridad superior a las leyes (Artículo 7). La Sala Constitucional sin embargo le otorgó a los tratados internacionales en materia de derechos humanos, rango constitucional e incluso supra constitucional de contener disposiciones más favorables al ejercicio de los mismos

Con base en ello, la Sala Constitucional de la Corte Suprema de Costa Rica aplicó directamente la Convención Americana de Derechos Humanos, con prevalancia sobre las leyes, al considerar que las normas "legales que contradigan [un tratado] deban tenerse simplemente por derogadas, en virtud precisamente del rango superior del tratado"[111]. En esta forma, al considerar que el artículo 8.2 de la Convención americana "reconoce como derecho fundamental de todo ser humano, imputado en una causa penal por delito, el de recurrir del fallo" la Sala consideró que el artículo 472 del Código de Procedimientos Penales que limitaban el ejercicio del recurso de casación debían tenerse "por no puestas" y entender "que el recurso de casación a que ahí se alude está legalmente otorgado a favor del reo condenado a cualquier pena en sentencia dictada en una causa panal por delito". La Sala Constitucional, en una sentencia posterior No. 719-90 declaró con lugar el recurso de inconstitucionalidad intentado contra el artículo 474 del Código de Procedimientos Penales, anulándolo y considerando en consecuencia, como "no puestas las limitaciones al derecho a recurrir en casación a favor del imputado contra la sentencia penal por delito, establecidas en el artículo". Para ello, la Sala partió de la consideración de que:

"Lo único que, obviamente, impone la Convención Americana es la posibilidad de recurso ante un Tribunal Superior contra la sentencia penal por delito, de manera que al declararse inconstitucionales las limitaciones impuestas por el artículo 474 incisos 1) y 2) del Código de Procedimientos Penales, los requerimientos del artículo 8.2 inciso h) de la Convención estarían satisfechos, con la sola salvedad de que el de casación no fuera el recurso ante juez o tribunal superior, en los términos de dicha norma internacional"[112].

---

[109]   Sentencia caso *H Giroldi/ recurso de casación*, 17-04-1995. *V.,* en *Jurisprudencia Argentina*, Vol. 1995-III, p. 571; y en Carlos Ayala Corao, "Recepción de la jurisprudencia internacional sobre derechos humanos por la jurisprudencia constitucional" en *Revista del Tribunal Constitucional*, No. 6, Sucre, Bolivia, Nov. 2004, pp. 275 y ss.

[110]   Caso *Bramajo*, September 12, 1996. *V* en *Jurisprudencia Argentina*, Nov. 20, 1996; y en Carlos Ayala Corao, "Recepción de la jurisprudencia internacional sobre derechos humanos por la jurisprudencia constitucional" en *Revista del Tribunal Constitucional*, No. 6, Sucre, Bolivia, Nov. 2004, pp. 275 y ss.

[111]   Sentencia 282-90, caso *violación del artículo 8.2 de la Convención Americana por el derogado artículo 472 del Código de Procedimientos Penales*. Consultada en original.

[112]   Consultada en original.

Se destaca, sin embargo, que en otra sentencia No. 1054-94, la Sala Constitucional declaró sin lugar la impugnación por inconstitucionalidad del artículo 426 del Código de Procedimientos Penales, por las mismas razones antes señaladas de negativa del recurso en materia de contravenciones y no de delitos, por considerar que en su jurisprudencia, lo que ha establecido la Sala con claridad es "que la citada Convención Americana establece la doble instancia como derecho fundamental de todo ser humano, imputado en una causa penal por delito, de recurrir del fallo ante un superior, y no indistintamente en todas las materias"[113].

Ahora bien, volviendo al caso de Venezuela, también en relación con el derecho a la revisión judicial de sentencias, o derecho a la segunda instancia o derecho de apelación, se aplicó preferentemente la Convención Americana ejerciéndose el control de convencionalidad. En efecto, la Ley Orgánica de la Corte Suprema de Justicia de 1976, al regular transitoriamente los tribunales de la jurisdicción contencioso administrativa[114], dispuso que en los casos de impugnación de algunos actos administrativos como los emanados de institutos autónomos o Administraciones desconcentradas o independientes, la competencia para decidir de la acción correspondía en única instancia a la Corte Primera de lo Contencioso Administrativa, sin apelación ante la Sala Político Administrativa de la Corte Suprema. La Constitución de 1999 solo reguló como derecho constitucional el derecho de apelación en materia de juicios penales a favor de la persona declarada culpable (art. 40,1); por lo que en otros casos, como el mencionado de los juicios contencioso administrativos, no existe una garantía constitucional expresa a la apelación, por lo que en los casos de las decisiones de la Corte Primera de lo Contencioso, conociendo en única instancia, la apelación había sido siempre declarada inadmisible.

Después de la entrada en vigencia de la Constitución de 1999, sin embargo, en algunos casos se ejercieron recursos de apelación contra decisiones de la Corte Primera de lo Contencioso Administrativa para ante la Sala Político Administrativa del Tribunal Supremo, alegándose la inconstitucionalidad de la norma de la Ley Orgánica que limitaba el derecho de apelación en ciertos casos. Como consecuencia de ello, en algunos casos los tribunales contencioso administrativos, en ejercicio del control difuso de constitucionalidad, admitieron la apelación basándose en el derecho de apelar las decisiones judiciales ante el tribunal superior que se establece en el artículo 8,2,h de la Convención Americana de Derechos Humanos, la cual se consideró como formando parte del derecho constitucional interno del país. El tema finalmente también llegó a decisión por la Sala Constitucional del Tribunal Supremo, la cual en una decisión No. 87 del 13 de marzo de 2000, resolvió lo siguiente:

> "Puesta en relación esta norma con la disposición prevista en el artículo 49, numeral 1, de la Constitución de la República, en la cual el derecho a recurrir del fallo se atribuye únicamente a la persona declarada culpable, y se autoriza el establecimiento de excepciones al citado derecho, cabe interpretar que la norma de la convención es más favorable al goce y ejercicio del citado derecho, puesto que consagra el derecho de toda persona a ser oída, no sólo en la sustanciación de cualquier acusación, penal, sino también en la determinación de sus derechos y obligaciones de orden ci-

---

[113] *Idem.*

[114] *V.,* los comentarios en Allan R. Brewer-Carías y Josefina Calcaño de Temeltas, *Ley Orgánica de la Corte Suprema de Justicia,* Editorial Jurídica Venezolana, Caracas 1978.

vil, laboral, fiscal o de cualquier otro carácter, establece el derecho a recurrir del fallo, sin excepción alguna; le atribuye la naturaleza de garantía mínima; otorga su titularidad a toda persona, con independencia de su condición en el proceso; y establece que el titular del citado derecho ha de ser tratado bajo el principio de igualdad plena.

Puesta en relación esta norma en referencia con la disposición prevista en el último aparte del artículo 185 de la Ley Orgánica de la Corte Suprema de Justicia, cabe interpretar que esta última es incompatible con aquélla, puesto que niega, en términos absolutos, el derecho que la convención consagra, siendo que el ordenamiento constitucional no atribuye a la Corte Primera de lo Contencioso Administrativo el rango de tribunal supremo"[115].

Con fundamento en lo antes mencionado, la Sala Constitucional concluyó su decisión, señalando que:

"reconoce y declara, con fundamento en la disposición prevista en el artículo 23 de la Constitución de la República, que el artículo 8, numerales 1 y 2 (literal h), de la Convención Americana sobre Derechos Humanos, forma parte del ordenamiento constitucional de Venezuela; que las disposiciones que contiene, declaratorias del derecho a recurrir del fallo, son más favorables, en lo que concierne al goce y ejercicio del citado derecho, que la prevista en el artículo 49, numeral 1, de dicha Constitución; y que son de aplicación inmediata y directa por los tribunales y demás órganos del Poder Público"[116].

La Sala Constitucional incluso resolvió el caso estableciendo una interpretación obligatoria, que exigía la re-redacción de la Ley Orgánica, disponiendo lo siguiente:

"En consecuencia, visto que el último aparte, primer párrafo, del artículo 185 de la Ley Orgánica de la Corte Suprema de Justicia, dispone lo siguiente: "Contra las decisiones que dicto dicho Tribunal en los asuntos señalados en los ordinales 1 al 4 de este artículo no se oirá recurso alguno"; visto que la citada disposición es incompatible con las contenidas en el artículo 8, numerales 1 y 2 (literal h), de la Convención Americana sobre Derechos Humanos, las cuales están provistas de jerarquía constitucional y son de aplicación preferente; visto que el segundo aparte del artículo 334 de la Constitución de la República establece lo siguiente: "En caso de incompatibilidad entre esta Constitución y una ley u otra norma jurídica, se aplicarán las disposiciones constitucionales, correspondiendo a los tribunales en cualquier causa, aun de oficio, decidir lo conducente", ésta Sala acuerda dejar sin aplicación la disposición transcrita, contenida en el último aparte, primer párrafo, del artículo 185 de la Ley Orgánica en referencia, debiendo aplicarse en su lugar, en el caso de la sentencia que se pronuncie, de ser el caso, sobre el recurso contencioso administrativo de anulación interpuesto por la parte actora ante la Corte Primera de lo Contencioso Administrativo (expediente N° 99-22167), la disposición prevista en el último aparte, segundo párrafo, del artículo 185 eiusdem, y la cual es del tenor siguiente: 'Contra las sentencias definitivas que dicte el mismo Tribunal ... podrá in-

---

[115] Caso: *C.A. Electricidad del Centro (Elecentro) y otra vs. Superintendencia para la Promoción y Protección de la Libre Competencia. (Procompetencia)*, en *Revista de Derecho Público*, No. 81, Editorial Jurídica Venezolana, Caracas 2000, pp. 157 y ss.

[116] *Idem*, p. 157

terponerse apelación dentro del término de cinco días, ante la Corte Suprema de Justicia (*rectius*: Tribunal Supremo de Justicia)'. Así se decide"[117].

4.　*La lamentable regresión en la protección del derecho convencional en Venezuela, consecuencia del régimen autoritario*

La Constitución de Venezuela de 1999 ubicarse dentro de los sistemas que garantizan la aplicación directa de los tratados internacionales en materia de derechos humanos en el orden interno, al otorgarle incluso jerarquía supra constitucional a los derechos humanos declarados en dichos tratados internacionales cuando contengan previsiones más favorables. El artículo 23 de dicho texto constitucional, en efecto, dispone lo siguiente:

Artículo 23. Los tratados, pactos y convenciones relativos a derechos humanos, suscritos y ratificados por Venezuela, tienen jerarquía constitucional y prevalecen en el orden interno, en la medida en que contengan normas sobre su goce y ejercicio más favorables a las establecidas en esta Constitución y en las leyes de la República, y son de aplicación inmediata y directa por los tribunales y demás órganos del Poder Público.

Al establecer esta norma que los derechos humanos declarados en los tratados, pactos y convenciones internacionales prevalecen respecto de las normas del orden jurídico interno si contienen disposiciones más favorables al goce y ejercicio de dichos derechos, se está refiriendo no sólo a lo que está establecido en las leyes, sino a lo dispuesto en la propia Constitución, otorgándole en consecuencia rango supra constitucional a dichos derechos declarados en instrumentos internacionales.

Este artículo de la Constitución venezolana, sin duda, es uno de los más importantes en materia de derechos humanos[118], no sólo por establecer el mencionado rango supra constitucional a los derechos declarados en tratados internacionales, sino por establecer la aplicación inmediata y directa de dichos tratados por los tribunales y demás autoridades del país. Su inclusión en la Constitución, sin duda, fue un avance significativo en la construcción del esquema de protección de los derechos humanos.

Sin embargo, desafortunadamente, esta clara disposición constitucional ha sido interpretada por la Sala Constitucional del Tribunal Supremo de Justicia, en una forma abiertamente contraria tanto a su texto como a lo que fue la intención del constituyente. En efecto, en la sentencia No. 1492 del 7 de julio de 2003, al decidir una acción popular de inconstitucionalidad intentada contra varias normas del Código Penal contentivas de normas llamadas "leyes de desacato" por violación de relativas a la libertad de expresión y, en particular, de lo dispuesto en tratados y convenciones internacionales, la Sala Constitucional de dicho Tribunal Supremo, resolvió en la siguiente forma:

En primer lugar, la Sala comenzó señalando que el artículo 23 de la Constitución contiene dos elementos claves: En primer lugar, indicó respecto de los derechos

---

[117]　*Idem*. p. 158.

[118]　La incorporación de este artículo en el texto de la Constitución, se hizo a propuesta nuestra. *V.*, Allan R. Brewer-Carías, *Debate Constituyente, (Aportes a la Asamblea Nacional Constituyente)*, Fundación de Derecho Público, Caracas 1999, pp. 88 a 111 y ss.

referidos en la normas, que "se trata de derechos humanos aplicables a las personas naturales"; y en segundo lugar, que el artículo constitucional "se refiere a normas que establezcan derechos, no a fallos o dictámenes de instituciones, resoluciones de organismos, etc., prescritos en los Tratados, sino sólo a normas creativas de derechos humanos"; agregando que se "se trata de una prevalencia de las normas que conforman los Tratados, Pactos y Convenios (términos que son sinónimos) relativos a derechos humanos, pero no de los informes u opiniones de organismos internacionales, que pretendan interpretar el alcance de las normas de los instrumentos internacionales"[119].

La Sala Constitucional luego concluyó señalando que del artículo 23 de la Constitución, es claro que:

> "La jerarquía constitucional de los Tratados, Pactos y Convenios se refiere a sus normas, las cuales, al integrarse a la Constitución vigente, el único capaz de interpretarlas, con miras al Derecho Venezolano, es el juez constitucional, conforme al artículo 335 de la vigente Constitución, en especial, al intérprete nato de la Constitución de 1999, y, que es la Sala Constitucional, y así se declara".

Y más adelante insistió en señalar que:

> "Al incorporarse las normas sustantivas sobre derechos humanos, contenidas en los Convenios, Pactos y Tratados Internacionales a la jerarquía constitucional, el máximo y último intérprete de el as, a los efectos del derecho interno es esta Sala Constitucional, que determina el contenido y alcance de las normas y principios constitucionales (artículo 335 constitucional), entre las cuales se encuentran las de los Tratados, Pactos y Convenciones suscritos y ratificados legalmente por Venezuela, relativos a derechos humanos"[120].

Con fundamento en esta proposición, la Sala Constitucional concluyó su decisión señalando que "es la Sala Constitucional quien determina cuáles normas sobre derechos humanos de esos tratados, pactos y convenios, prevalecen en el orden interno; al igual que cuáles derechos humanos no contemplados en los citados instrumentos internacionales tienen vigencia en Venezuela"; concluyendo de la siguiente manera:

> "Esta competencia de la Sala Constitucional en la materia, que emana de la Carta Fundamental, no puede quedar disminuida por normas de carácter adjetivo contenidas en Tratados ni en otros textos Internacionales sobre Derechos Humanos suscritos por el país, que permitan a los Estados partes del Tratado consultar a organismos internacionales acerca de la interpretación de los derechos referidos en la Convención o Pacto, como se establece en el artículo 64 de la Ley Aprobatoria de la Convención Americana sobre Derechos Humanos, Pacto de San José, ya que, de ello ser posible, se estaría ante una forma de enmienda constitucional en esta materia, sin que se cumplan los trámites para ello, al disminuir la competencia de la Sala Constitucional y trasladarla a entes multinacionales o transnacionales (internacionales), quienes harían interpretaciones vinculantes"[121].

---

[119] V., en *Revista de Derecho Público,* Nos 93-96, Editorial Jurídica Venezolana, Caracas 2003, pp. 136 y ss.

[120] *Idem.*

[121] V., en *Revista de Derecho Público,* Nos 93-96, Editorial Jurídica Venezolana, Caracas 2003, pp. 136 y ss.

La Sala Constitucional concluyó su decisión fundamentándose en los principios de soberanía, argumentado que las decisiones de los tribunales internacionales pueden ser aplicados en Venezuela sólo cuando estén conformes con lo que dispone la Constitución. En consecuencia, el rango supra constitucional de los tratados cuando establezcan regulaciones más favorables en relación con el goce y ejercicio de los derechos humanos, puede considerarse que fue eliminado de un solo golpe por la Sala Constitucional, al asumir el monopolio absoluto de la interpretación constitucional, lo que de acuerdo con la Constitución no solo corresponde a dicha Sala.

En todo caso, el principal problema en relación con este criterio restrictivo de la Sala Constitucional en relación con la interpretación del valor de las decisiones de los organismos internacionales, es que la misma fue dictada como una interpretación vinculante de la Constitución, limitando así el poder general de los jueces al ejercer el control difuso de la constitucionalidad, de poder aplicar directamente y dar prevalencia en el orden interno a las normas de la Convención Americana.

La interpretación restrictiva, por otra parte, se adoptó en una decisión de la Sala Constitucional que fue dictada para negarle todo valor o rango constitucional a las "recomendaciones" de la Comisión Interamericana de Derechos Humanos, rechazando en consecuencia a considerar que los artículos impugnados del Código Penal limitativos de la libertad de expresión del pensamiento en relación con funcionarios públicos, eran inconstitucionales por contrariar las recomendaciones de la Comisión Interamericana, que el accionante había argumentado que eran obligatorias para el país.

La Sala Constitucional, al contrario, consideró que de acuerdo con la Convención Americana, la Comisión puede formular "recomendaciones" a los gobiernos a los efectos de que adopten en su derecho interno medidas progresivas a favor de los derechos humanos, al igual que tomen provisiones para promover el respeto de los derechos (art. 41,b) considerando que:

"Si lo recomendado debe adaptarse a la Constitución y a las leyes de los Estados, es porque ello no tiene naturaleza obligatoria, ya que las leyes internas o la Constitución podrían colidir con las recomendaciones. Por ello, el articulado de la Convención nada dice sobre el carácter obligatorio de la recomendación, lo que contrasta con la competencia y funciones del otro órgano: la Corte, la cual -según el artículo 62 de la Convención- puede emitir interpretaciones obligatorias sobre la Convención siempre que los Estados partes se la pidan, lo que significa que se allanan a dicho dictamen.

Si la Corte tiene tal facultad, y no la Comisión, es forzoso concluir que las recomendaciones de ésta, no tienen el carácter de los dictámenes de aquélla y, por ello, la Sala, para el derecho interno, declara que las recomendaciones de la Comisión Interamericana de Derechos Humanos, no son obligatorias.

Ahora bien, a juicio de esta Sala, las recomendaciones de la Comisión como tales, deben ser ponderadas en lo posible por los Estados miembros. Estos deben adaptar su legislación a las recomendaciones, siempre que ellas no colidan con las normas constitucionales, pero para esta adaptación no existe un término señalado y, mientras ella se practica, las leyes vigentes que no colidan con la Constitución o, según los tribunales venezolanos, con los derechos humanos contemplados en las Convenciones Internacionales, siguen siendo aplicables hasta que sean declaradas inconstitucionales o derogadas por otras leyes"[122].

En definitiva, la Sala concluyó resolviendo que las recomendaciones de la Comisión en relación con las leyes de desacato, solo eran puntos de vista de la Comisión sin efectos imperativos u obligatorios, es decir, manifestaciones de alerta dirigida a los Estados para que en el futuro derogasen o reformasen dichas leyes a los efectos de su adaptación al derecho internacional. Lamentablemente, la Sala Constitucional olvidó tomar en cuenta lo que los Estados están obligados a hacer en relación con las recomendaciones, que es adoptar las medidas para adaptar su derecho interno a la Convención; medidas que por supuesto no se agotan con la sola derogación o reforma de leyes, siendo una de dichas medidas, precisamente, la interpretación judicial que podía y debía ser dada por el juez constitucional conforme a las recomendaciones, que fue lo que la Sala Constitucional venezolana eludió hacer.

Al contrario, en la misma materia en la Argentina, por ejemplo, luego de que la Comisión Interamericana de Derechos Humanos considerara que las leyes de amnistía (*Punto Final y Obediencia Debida*) dictadas en ese país, así como las medidas de perdón aprobadas por el gobierno en relación con los crímenes cometidos por la dictadura militar eran contrarias a la Convención Americana, los tribunales comenzaron a considerar tales leyes como inconstitucionales por violar el derecho internacional siguiendo lo recomendado por las instancias internacionales[123].

En todo caso, la Sala Constitucional de Venezuela, en la antes mencionada sentencia, al contrario concluyó su aproximación restrictiva señalando que

"Una interpretación diferente es otorgarle a la Comisión un carácter supranacional que debilita la soberanía de los Estados miembros, y que –como ya lo apuntó la Sala– lo prohíbe la Constitución vigente.

Consecuente con lo señalado, la Sala no considera que tengan carácter vinculante, las recomendaciones del Informe Anual de la Comisión Interamericana de los Derechos Humanos, correspondiente al año 1994 invocado por el recurrente. Dicho Informe hace recomendaciones a los Estados Miembros de la Organización de los Estados Americanos para derogar o reformar las leyes, para armonizar sus legislaciones con los tratados en materia de derechos humanos, como lo es la Convención Americana sobre Derechos Humanos, Pacto San José de Costa Rica; por lo que el Informe con recomendaciones no pasa de ser esto: un grupo de recomendaciones que los Estados acatarán o no, pero que, con respecto a esta Sala, no es vinculante, y así se declara[124].

---

[122] *V.*, en *Revista de Derecho Público,* No. 93-96, Editorial Jurídica Venezolana, Caracas 2003, p. 141.

[123] Sentencia de 4-03-2001, Juzgado Federal No. 4, caso Pobrete Hlaczik, citado en Kathryn Sikkink, "The transnacional dimension of judicialization of politics in Latin America", en Rachel Sieder et al (ed), *The Judicalization of Politics in Latin America,* Palgrave Macmillan, New York, 2005, pp. 274, 290

[124] Sentencia No. 1942 de 15 de Julio de 2003, en *Revista de Derecho Público,* No. 93-96, Editorial Jurídica Venezolana, Caracas 2003, pp. 136 y ss.

La verdad, sin embargo, es que después de la sentencia de la Sala Constitucional de Venezuela, el Código Penal fue efectivamente reformado, pero no en relación con las normas que encajan dentro de las llamadas "leyes de desacato" no se produjo adaptación alguna.

De nuevo, en contraste con esta desatención del Estado a las recomendaciones de la Comisión Interamericana, se encuentra en cambio el caso de Argentina, donde en 1995, el Congreso decidió en relación con las mismas materias pero derogando las normas que establecían los mismos delitos sobre "leyes de desacato", precisamente en cumplimiento de las recomendaciones de la Comisión Interamericana en la materia[125].

La mencionada aproximación restrictiva de la Sala Constitucional del Tribunal Supremo de Justicia de Venezuela en relación con el valor en el derecho interno de las decisiones de la Comisión Interamericana de Derechos Humanos, en todo caso, ya había sido adoptada con anterioridad por la misma Sala Constitucional en una sentencia de 17 de mayo de 2000, en la cual objetó los poderes cuasi-jurisdiccionales de la Comisión Interamericana de Derechos Humanos. El caso, referido a la *Revista Exceso*, fue el siguiente:

El director y una periodista de dicha Revista intentaron una acción de amparo constitucional contra una sentencia de un tribunal penal dictada en un proceso por difamación e injuria contra ellos, pidiendo protección a su derecho a la libre expresión del pensamiento y a la libertad de información. Ante la falta de decisión de la acción de amparo, los accionantes acudieron ante la Comisión Interamericana denunciando el mal funcionamiento del sistema judicial venezolano, solicitando protección internacional contra el Estado venezolano por violación al derecho a la libre expresión del pensamiento y al debido proceso, así como contra las amenazas judiciales penales contra el director y la periodista de la Revista. La Comisión Interamericana, en el caso, adoptó algunas medidas preventivas de protección.

La Sala Constitucional, en su momento, al decidir sobre la acción de amparo intentada, consideró que este caso efectivamente se habían violado los derecho de los accionantes al debido proceso, pero no así su libertad de información; y en relación con las medidas cautelares adoptadas por la Comisión Interamericana, las calificó de inaceptables, señalando que:

"Igualmente considera inaceptable la instancia de la Comisión Interamericana de Derechos Humanos de la Organización de los Estados Americanos en el sentido de solicitar la adopción de medidas que implican una crasa intromisión en las funciones de los órganos jurisdiccionales del país, como la suspensión del procedimiento judicial en contra de los accionantes, medidas que sólo pueden tomar los jueces en ejercicio de su competencia e independencia jurisdiccional, según lo disponen la Carta Fundamental y las leyes de la República Bolivariana de Venezuela, aparte lo

---

125   Caso *Verbistky*, Informe No. 22/94 de la Comisión de 20-09-1994, caso 11.012 (Argentina). *V.,* los comentarios de Antonio Cançado Trindade, "Libertad de expresión y derecho a la información en los planos internacional y nacional", en *Iudicum et Vita, Jurisprudencia nacional de América Latina en Derechos Humanos*, No. 5, Instituto Interamericano de Derechos Humanos, San José, Costa Rica, Diciembre 1997, pp. 194-195. *V.,* el "Informe sobre la compatibilidad entre las leyes de desacato y la Convención Americana sobre Derechos Humanos de 17 de febrero de 1995", en *Estudios Básicos de derechos Humanos*, Vol. X, Instituto Interamericano de Derechos Humanos., San José 2000.

previsto en el artículo 46, aparte b) de la Convención Americana de Derechos Humanos o Pacto de San José (Costa Rica), que dispone que la petición sobre denuncias o quejas de violación de dicha Convención por un Estado parte, requerirá que "se haya interpuesto y agotado los recursos de jurisdicción interna, conforme a los principios del derecho internacional generalmente reconocidos", lo cual fue pretermitido en el caso de autos, por no haber ocurrido retardo judicial imputable a esta Sala según lo indicado en la parte narrativa de este fallo"[126].

Esta desafortunada decisión puede considerarse como contraria al artículo 31 de la Constitución de Venezuela, que consagra expresamente el derecho constitucional de toda persona de poder acudir ante los organismos internacionales de derechos humanos como la Comisión Interamericana, solicitando amparo respecto de sus derechos violados. Por tanto, es difícil imaginar cómo es que este derecho constitucional se podría ejercer, si ha sido la misma Sala Constitucional la que ha rechazado la jurisdicción de la Comisión Interamericana.

La regresión del Tribunal Supremo de Justicia de Venezuela en relación con la protección internacional de los derechos humanos, pasó luego por el desconocimiento de las decisiones adoptadas por la Corte Interamericana sobre Derechos Humanos, a las cuales calificó de inejecutables en Venezuela[127], y respecto de las cuales inventó la posibilidad de que se pudiera ejercer un recurso para el control de constitucionalidad de las mismas, precisamente ejercido por el Procurador General de la República, es decir, por el abogado del Estado, para asegurar no aplicarlas;[128] todo lo cual culminó con la denuncia de la Convención Interamericana de Derechos Humanos por parte del Estado de Venezuela en 2012[129].

---

[126] Caso *Faitha M.Nahmens L. y Ben Ami Fihman Z. (Revista Exceso)*, Exp. No. 00-0216, Sentencia No. 386 de 17-5-2000. Consultada en original. *V.*, en Carlos Ayala Corao, "Recepción de la jurisprudencia internacional sobre derechos humanos por la jurisprudencia constitucional," en *Revista del Tribunal Constitucional*, No. 6, Sucre, Bolivia, Nov. 2004, pp. 275 y ss.

[127] *V.*, Allan R. Brewer-Carías, "La interacción entre los Tribunales Constitucionales de America Latina y la Corte Interamericana de Derechos Humanos, y la cuestión de la inejecutabilidad de sus decisiones en Venezuela", en Armin von Bogdandy, Flavia Piovesan y Mariela Morales Antonorzi (Coordinadores), *Direitos Humanos, Democracia e Integracao Jurídica na América do Sul*, Lumen Juris Editora, Rio de Janeiro 2010, pp. 661-701; *Anuario Iberoamericano de Justicia Constitucional* Centro de Estudios Políticos y Constitucionales, No. 13, Madrid 2009, pp. 99-136; y en *Gaceta Constitucional*. Análisis multidisciplinario de la jurisprudencia del Tribunal Constitucional, *Gaceta Jurídica*, T. 16 Año 2009, Lima 2009, pp. 17-48.

[128] *V.*, Allan R. Brewer-Carías, "El ilegítimo "control de constitucionalidad" de las sentencias de la Corte Interamericana de Derechos Humanos por parte la Sala Constitucional del Tribunal Supremo de Justicia de Venezuela: el caso de la sentencia *Leopoldo López vs. Venezuela, 2011*", en *Constitución y democracia ayer y hoy. Libro homenaje a Antonio Torres del Moral*. Editorial Universitas, Vol. I, Madrid, 2013, pp. 1.095-1124.

[129] *V.*, Carlos Ayala Corao, "Inconstitucionalidad de la denuncia de la Convención Americana sobre Derechos Humanos por Venezuela", en *Revista de Derecho Público*, No. 131, Editorial Jurídica venezolana, Caracas 2012, pp. 9-76.

IV. EL DERECHO DE AMPARO Y EL CONTROL DE CONVENCIONA-
     LIDAD

1. *El derecho de amparo en la convención americana*

Uno de esos derechos más importantes consagrados en la Convención Americana
de derechos Humanos, es el derecho de toda persona a ser ampara en sus derechos
humanos y garantías previstos en la Convención y en las Constituciones nacionales,
el cual a pesar de la más que centenaria tradición de la cual goza en América Latina,
en muchos países aún no ha encontrado su cabal efectividad, al menos en los amplios términos que lo concibe la Convención Americana en el marco del derecho a la
protección judicial.

En efecto, el artículo 25.1 de la Convención dispone:

"Toda persona tiene derecho a un recurso sencillo y rápido o a cualquier otro recurso efectivo ante los jueces o tribunales competentes, que la ampare contra actos que
violen sus derechos fundamentales reconocidos por la Constitución, la ley o la presente Convención, aun cuando tal violación sea cometida por personas que actúen
en ejercicio de sus funciones oficiales".

De esta norma resulta que el derecho de amparo que encuentra su fundamento en la
misma no sólo es un derecho aplicable en todos los Estados miembros, sino que del
mismo resulta la obligación internacional que les ha sido impuesta a los mismos con el
objeto de asegurarle a todas las personas, no sólo la existencia sino la efectividad de
ese recurso efectivo, sencillo y rápido para la protección de sus derechos. Para ello, la
propia Convención dispuso que los Estados Partes se comprometen "a garantizar que
la autoridad competente prevista por el sistema legal del Estado decidirá sobre los
derechos de toda persona que interponga tal recurso" (artículo 25.2.a). Ello lo ha pun-
tualizado la Corte Interamericana en innumerables sentencias al recordar:

"El deber general del Estado de adecuar su derecho interno a las disposiciones de
dicha Convención para garantizar los derechos en ella consagrados, establecido en
el artículo 2, incluye la expedición de normas y el desarrollo de prácticas conducentes a la observancia efectiva de los derechos y libertades consagrados en la misma,
así como la adopción de medidas para suprimir las normas y prácticas de cualquier
naturaleza que entrañen una violación a las garantías previstas en la Convención.
Este deber general del Estado Parte implica que las medidas de derecho interno han
de ser efectivas (principio del *effet utile*), para lo cual el Estado debe adaptar su actuación a la normativa de protección de la Convención"[130].

Ahora bien, es bien sabido que la Corte Interamericana de Derechos Humanos
desde sus primeras Opiniones Consultivas identificó el recurso previsto en el artículo 25.1 de la Convención con la institución latinoamericana del amparo. Así lo expuso en su Opinión Consultiva OC-8/87 del 30 de enero de 1987, *El habeas corpus
bajo suspensión de garantías (arts. 27.2, 25.1 y 7.6 Convención Americana sobre
Derechos Humanos)*, señaló que el artículo 25.1 de la Convención era "una disposición de carácter general que recoge la institución del amparo, entendido como el
procedimiento judicial sencillo y breve que tiene por objeto la tutela de todos los

---

130   *V.*, sentencia en el caso *Yatama* vs. *Nicaragua* de 23 de Junio de 2005, (Párr. 170), en http://
      www.corteidh.or.cr/docs/casos/articulos/seriec_127_esp.pdf

derechos reconocidos por las constituciones y las leyes de los Estados partes y por la Convención"[131]. Y también en la Opinión Consultiva OC-9/87 del 6 de octubre de 1987, *Garantías judiciales en estados de emergencia (arts. 27.2, 25 y 8, Convención Americana sobre Derechos Humanos)*, donde la Corte precisó que "para que tal recurso exista, no basta con que este previsto por la Constitución o la ley o con que sea formalmente admisible, sino que se requiere que sea realmente idóneo para establecer si se ha incurrido en una violación a los derechos humanos y proveer lo necesario para remediarla;" al punto de establecer que su falta de consagración en el derecho interno, es decir, "la inexistencia de un recurso efectivo contra las violaciones a los derechos reconocidos por la Convención constituye una transgresión de la misma por el Estado Parte en el cual semejante situación tenga lugar"[132].

Es bien sabido igualmente que en sus decisiones posteriores y luego de una larga evolución, la Corte Interamericana ha variado su interpretación, indicando que el artículo 25.1, al consagrar el derecho al recurso efectivo como derecho de amparo, lo hace en el sentido más amplio, de derecho humano a la "protección judicial" efectiva, incluyendo el derecho de acceso a la justicia, siguiendo la orientación fijada inicialmente por el juez Antonio Cançado Trindade en su Voto al caso *Genie Lacayo vs. Nicaragua* de 29 de enero de 1997 cuando consideró que la norma era, no sólo uno de los pilares básicos de la Convención, sino "de todo el Estado de derecho en una sociedad democrática según el sentido de la Convención;"[133] concepto que se reiteró con posterioridad en la jurisprudencia de la Corte Interamericana a partir de la sentencia del caso *Castillo Páez vs. Perú* de 3 de noviembre de mismo año[134].

En este contexto, por supuesto más amplio, el derecho de amparo no es más que una de las piezas de ese pilar básico de la democracia que es el derecho humano a la protección judicial, y no lo agota; de manera que la acción de amparo se subsume en dicho sistema de recursos judiciales rápidos, sencillos y eficaces (con el signo en este caso de la inmediatez de la protección por tratarse de derechos humanos) a los cuales las personas tienen derecho de acceder (acceso a la justicia) con las garantías del debido proceso que derivan del artículo 25.1 en conexión con el artículo 8 sobre garantías judiciales, los cuales en conjunto son los que constituyen el pilar de la democracia[135]. Como lo dijo la Corte Interamericana en la sentencia del caso de *La*

---

[131] *V.,* Opinión Consultiva OC-8/87, del 30 de enero de 1987, *El habeas corpus bajo suspensión de garantías (arts. 27.2, 25.1 y 7.6 Convención Americana sobre Derechos Humanos,* en http://www.corteidh.or.cr/docs/opinion s/seriea_08_esp.pdf

[132] *V.,* Opinión Consultiva OC-9/87 del 6 de octubre de 1987, *Garantías judiciales en estados de emergencia (arts. 27.2, 25 y 8, Convención Americana sobre Derechos Humanos* (Párr. 24), en http://www.corteidh.or.cr/docs/opiniones/seriea_09_esp.pdf

[133] Voto Disidente de Antônio Augusto Cançado Trindade en la sentencia del *Caso Genie Lacayo vs. Nicaragua (Solicitud de Revisión de la Sentencia de Fondo, Reparaciones y Costas)* de 13 de septiembre de 1997 (Párr. 13), en http://www.corteidh.or.cr/docs/casos/ articulos/seriec_21_esp.pdf

[134] *V.,* sentencia del caso *Castillo Páez vs. Perú* de 3 de noviembre de 1997 (Párr. 82), en http://www.corteidh.or.cr/docs/casos/articulos/seriec_34_esp.pdf.

[135] Por ello, Anamari Garro Vargas considera que "no es lo mismo afirmar que el sistema de recursos judiciales eficaces es uno de los pilares de la Convención y del Estado de Derecho en un sistema democrático, que sostener que uno de esos pilares es un recurso sencillo y eficaz para proteger los derechos fundamentales". *V.,* Anamari Garro Vargas, *La improceden-*

Masacre de las Dos Erres vs. Guatemala de 24 de noviembre de 2009, luego de expresar que "el recurso de amparo por su naturaleza es el procedimiento judicial sencillo y breve que tiene por objeto la tutela de todos los derechos reconocidos por las constituciones y leyes de los Estados partes y por la Convención;" que "tal recurso *entra* en el ámbito del art. 25 de la Convención Americana, por lo cual tiene que cumplir con varias exigencias, entre las cuales se encuentra la idoneidad y la efectividad"[136].

La consecuencia de ello es que independientemente de que el artículo 25.1 de la Convención no se agote en una única acción de amparo, ni se lo considere ahora por la jurisprudencia de la Corte Interamericana solamente como la consagración de un recurso de amparo, lo cierto es que dicha norma al establecer el "derecho de amparo" como derecho humano, ha fijado los parámetros mínimos conforme a los cuales los Estados miembros deben cumplir la obligación de asegurarle a todas las personas no sólo la existencia sino la efectividad de ese o esos recursos efectivos, sencillos y rápidos para la protección de sus derechos, lo que debe asegurarse en particular cuando regulen y establezcan la "acción de amparo" para la protección de los derechos previstos en la Constitución y en la propia Convención.

Ese artículo 25.1 es, por tanto, en nuestro criterio, el marco que establece la Convención Americana conforme al cual tanto la Corte Interamericana como los jueces y tribunales nacionales, deben ejercer el control de convencionalidad[137] en relación con los actos y decisiones de los Estados para asegurar el derecho de amparo para la protección de los derechos humanos, con el objeto de superar las restricciones nacionales a la institución del amparo que todavía persisten en muchos países. Así se deriva por ejemplo, de lo que la Corte Interamericana consideró como "el sentido de la protección otorgada por el artículo 25 de la Convención" consistente en:

---

cia del recurso de amparo contra las resoluciones y actuaciones jurisdiccionales del Poder Judicial a la luz de la Constitución costarricense y del artículo 25 de la Convención Americana sobre Derechos Humanos, Tesis para optar al grado de Doctor en Derecho, Universidad de los Andes, Santiago de Chile 2012 (Versión mimeografiada), p. 213.

[136] *V.*, la sentencia del caso *La Masacre de las Dos Erres vs. Guatemala* de 24 de noviembre de 2009 C211/2009 (Párr. 107) en http://www.corteidh.or.cr/docs/casos/articulos/seriec211esp. pdf

[137] *V.*, sobre el control de convencionalidad: Ernesto Rey Cantor, *Control de Convencionalidad de las Leyes y Derechos Humanos*, México, Editorial Porrúa-Instituto Mexicano de Derecho Procesal Constitucional, 2008; Juan Carlos Hitters, "Control de constitucionalidad y control de convencionalidad. Comparación," en *Estudios Constitucionales*, Centro de Estudios Constitucionales de Chile, Universidad de Talca, Año 7, No. 2, 2009, pp. 109-128; Susana Albanese (Coordinadora), El control de convencionalidad, Buenos Aireas, Ed. Ediar, 2008; Eduardo Ferrer Mac-Gregor, "El control difuso de convencionalidad en el Estado constitucional", en Fix-Zamudio, Héctor, y Valadés, Diego (Coordinadores), *Formación y perspectiva del Estado mexicano*, México, El Colegio Nacional-UNAM, 2010, pp. 151-188; Eduardo Ferrer Mac-Gregor, "Interpretación conforme y control difuso de convencionalidad el nuevo paradigma para el juez mexicano", en *Derechos Humanos: Un nuevo modelo constitucional*, México, UNAM-IIJ, 2011, pp. 339-429; Carlos Ayala Corao, *Del diálogo jurisprudencial al control de convencionalidad*, Editorial Jurídica Venezolana, Caracas 2013, pp. 123 y ss. *V.*, igualmente, Jaime Orlando Santofimio y Allan R. Brewer-Carías, *Control de Convencionalidad y Responsabilidad del Estado*, Universidad Externado de Colombia, Bogotá, 2013.

"la posibilidad real de acceder a un recurso judicial para que la autoridad competente y capaz de emitir una decisión vinculante determine si ha habido o no una violación a algún derecho que la persona que reclama estima tener y que, en caso de ser encontrada una violación, el recurso sea útil para restituir al interesado en el goce de su derecho y repararlo"[138].

Por ello hemos sostenido que de dicha norma de la Convención, al consagrar el "derecho de amparo," no permite que se puedan establecer restricciones al mismo, lo que es particularmente importante cuando se trata de regular en el ámbito interno una "acción de amparo" para precisamente asegurar la protección de los derechos humanos, de cuyo ámbito, por tanto, no pueden quedar excluidos de protección determinados derechos, ni pueden determinados actos estatales quedar excluidos de control, ni pueden quedar personas que no estén protegidas, ni pueden quedar agraviantes que no puedan ser juzgados por sus violaciones mediante el recurso sencillo rápido y eficaz. Otra cosa, por supuesto, es que la regulación que exista en el derecho interno sobre el proceso de amparo, cuando se establece con una amplitud inusitada, convierta a la institución llamada a proteger los derechos humanos en una técnica procesal que en la práctica impida asegurar la protección efectiva, sencilla y rápida de los derechos.

Debe destacarse que la Corte Interamericana, en este aspecto, ha ejercido un importante control de convencionalidad en la sentencia del caso de *La Masacre de las Dos Erres vs. Guatemala* de 24 de noviembre de 2009, en la cual, a pesar de que estimó que en Guatemala el recurso de amparo era "adecuado para tutelar los derechos humanos de los individuos"[139], observó sin embargo, que su "uso indebido," su "estructura actual" y las "disposiciones que lo regulaban," aunado a "la falta de debida diligencia y la tolerancia por parte de los tribunales al momento de tramitarlo, así como la falta de tutela judicial efectiva, han permitido el uso abusivo del amparo como práctica dilatoria en el proceso"[140], de manera que "su uso indebido ha impedido su verdadera efectividad, al no haber permitido que produzca el resultado para el cual fue concebido"[141]. La Corte, en dicho caso, constató además, que si bien al momento de dictar la sentencia el Estado había informado que estaba en curso de discusión una reforma a la Ley de Amparo, consideró que "aún no han sido removidos los obstáculos para que el amparo cumpla con los objetivos para los cuales ha sido creado"[142]. De lo anterior, la Corte Interamericana concluyó su control de convencionalidad indicando que:

"De acuerdo a lo expuesto la Corte considera que, en el marco de la legislación vigente en Guatemala, en el presente caso el recurso de amparo se ha transformado en un medio para dilatar y entorpecer el proceso judicial y en un factor para la impunidad. En consecuencia, este Tribunal considera que en el presente caso el Estado

---

138   *V.*, la sentencia en el caso *Jorge Castañeda Gutman vs. México* de 6 de agosto de 2008 (Párr. 100) en http://www.corteidh.or.cr/doc/casos/articulos/seriec_184_esp.pdf

139   *V.*, la sentencia del caso *La Masacre de las Dos Erres vs. Guatemala* de 24 de noviembre de 2009 C211/2009 (Párr. 121) en http://www.corteidh.or.cr/docs/casos/articulos/seriec211 _esp. pdf

140   *Ídem*. Párr. 120

141   *Ídem*, Párr. 121

142   *Ídem*. Párr. 123

violó los derechos a las garantías judiciales y a la protección judicial, que configuran el acceso a la justicia de las víctimas, reconocidos en los artículos 8.1 y 25.1 de
la Convención, e incumplió con las disposiciones contenidas en los artículos 1.1 y 2
de la misma"[143]. (Párr. 124)

En consecuencia, no sólo la deficiente regulación del amparo cuando es restrictiva, sino también cuando es excesivamente permisiva pueden hacer inefectiva, com-
plicada y lenta la protección judicial, de lo cual en este caso de *La Masacre de las
Dos Erres vs. Guatemala* la Corte consideró que en Guatemala el Estado también
tenía el deber general de "adecuar su derecho interno a las disposiciones de la Convención Americana para garantizar los derechos en ella consagrados," considerando
que precisamente en materia del recurso de amparo, "la expedición de normas y el
desarrollo de prácticas conducentes a la efectiva observancia de dichas garantías"[144]
de manera que en el caso, incluso, las partes habían "coincidido en considerar abusivo el uso del recurso de amparo como práctica dilatoria"[145].

Pero regular adjetivamente la acción de amparo para hacerla real y efectivamente
un medio rápido y sencillo de protección judicial de los derechos humanos, tarea
que corresponde a los Estados en el marco de la regulación del artículo 25.1 de la
Convención Americana, no puede conducir a restringir o limitar los aspectos sustantivos del instrumento de protección. Por ello no compartimos la expresión utilizada
por la Corte Interamericana en otra sentencia dictada en el caso *Jorge Castañeda
Gutman vs. México* de 6 de agosto de 2008, al aceptar que los Estados pueden establecer límites a la admisibilidad del "recurso de amparo," y estimar "que no es en si
mismo incompatible con la Convención que un Estado limite el recurso de amparo a
algunas materias"[146].

Ante todo, debe observarse que excluir del recurso de amparo en "algunas materias" no puede considerarse como un tema de "admisibilidad," pues no es un tema
adjetivo. Excluir el derecho de amparo, por ejemplo, la protección de un derecho o el
control de determinados actos estadales, son aspectos sustantivos que no admiten exclusión conforme al artículo 25.1 de la Convención Americana. Otra cosa distinta es la
legitimidad que puedan tener los Estados para establecer condiciones adjetivas de
admisibilidad de las acciones judiciales. Como lo ha dicho la Corte Interamericana en
el caso *Trabajadores Cesados del Congreso (Aguado Alfaro y otros) v. Perú* de de 24
de noviembre de 2006, en el orden interno de los Estados, "pueden y deben establecerse presupuestos y criterios de admisibilidad de los recursos internos, de carácter judicial o de cualquier otra índole"[147]. Sin embargo, ello no puede nunca significar la negación del propio derecho a la protección judicial o específicamente al amparo respecto de determinados derechos humanos o actos estatales que los violen.

---

[143] *Ídem.* Párr. 124

[144] *Ídem.* Párr. 122

[145] *Ídem.* Párr. 122

[146] *V.,* sentencia en el caso *Jorge Castañeda Gutman vs. México* de 6 de agosto de 2008 (Párr.
       92) en http://www.corteidh.or.cr/docs/casos/articulos/seriec_184_esp.pdf

[147] *V.,* sentencia en el caso *Trabajadores Cesados del Congreso (Aguado Alfaro y otros) vs.
       Perú* de 24 de noviembre de 2006, Serie C No. 158, (Párr. 126), en http://www.corteidh.or.cr
       /docs/casos/seriec_158_esp.pdf .

En todo caso, la afirmación de la Corte Interamericana, aún cuando se refiera a limites a un "recurso de amparo", por ser formulada en relación con una norma de la Convención que lo que regula es el "derecho de amparo," la consideramos esencialmente contraria a la Convención; lo que por otro lado se confirma con la "aclaratoria" que la misma Corte hizo en la misma sentencia a renglón seguido de esa frase, indicando que la restricción que se pudiera establecer por los Estados no sería incompatible con la Convención "siempre y cuando provea otro recurso de similar naturaleza e igual alcance para aquellos derechos humanos que no sean de conocimiento de la autoridad judicial por medio del amparo."[148] Ello, lo que confirma es que no es posible restringir el derecho de amparo, pues si no está garantizado en las normas procesales que regulan una específica "acción de amparo" debe estar garantizado en otras normas adjetivas relativas a otros recursos, los cuales, si son "de similar naturaleza e igual alcance", son medios judiciales de amparo.

La aclaratoria de la Corte, en todo caso, a lo que obliga, al realizar el control de convencionalidad, al igual que obliga a los jueces y tribunales nacionales, es a que tienen que hacer el escrutinio de todo el orden procesal para determinar si restringida en la ley nacional la admisibilidad de una específica "acción de amparo," en el ordenamiento procesal del Estado se establece "otro recurso de similar naturaleza e igual alcance" para la protección del derecho, es decir, otro medio judicial de amparo. Por ello, precisamente, en el caso *Jorge Castañeda Gutman vs. México* de 6 de agosto de 2008, la Corte interamericana concluyó que para la protección del derecho político a ser electo, "dado que el recurso de amparo no resulta procedente en materia electoral," no habiendo en México otro recurso efectivo para la protección, consideró que el Estado no ofreció a la víctima "un recurso idóneo para reclamar la alegada violación de su derecho político a ser elegido, y por tanto violó el artículo 25 de la CADH, en relación con el art. 1.1 del mismo instrumento"[149].

Le faltó a la Corte Interamericana en esta sentencia, sin embargo, completar el control de convencionalidad y ordenar e al Estado mexicano la reforma de la Ley de Amparo para que en ausencia de ese inexistente "otro recurso idóneo de protección" de los derechos electorales, procediera a eliminar la restricción de admisibilidad de la acción de amparo contra decisiones de autoridades en materia electoral. En esta materia la Corte Interamericana, en realidad, se limitó a recordar que "La obligación contenida en el artículo 2 de la Convención reconoce una norma consuetudinaria que prescribe que, cuando un Estado ha celebrado un convenio internacional, debe introducir en su derecho interno las modificaciones necesarias para asegurar la ejecución de las obligaciones internacionales asumidas".[150] Pero, sin embargo, se abstuvo en realidad de ejercer el control de convencionalidad.

Ahora bien, considerando entonces que el artículo 25 de la Convención Americana sobre Derechos Humanos, cuya redacción y lenguaje sigue los del Pacto Internacional de los Derechos Civiles y Políticos[151], establece un derecho de amparo de

---

148   *V.*, sentencia en el caso *Jorge Castañeda Gutman vs. México* de 6 de agosto de 2008 (Párr. 92) en http://www.corteidh.or.cr/docs/casos/articulos/seriec_184_esp.pdf

149   *Ídem,* Par 131

150   *Ídem,* Párr. 132

151   *V.*, Allan R. Brewer-Carías, "El derecho al debido proceso y el derecho de amparo en el proyecto de Constitución Europea", en Juan Pérez Royo, Joaquín Pablo Urías Martínez, Ma-

los derechos humanos, sea mediante una acción de amparo o mediante otro recurso sencillo, rápido y eficaz para la protección de los mismos, es posible derivar de dicho artículo los contornos fundamentales que debe tener la institución de la acción de amparo, de tutela o de protección de los derechos fundamentales en los derechos internos, cuyo sentido[152] se puede conformar por los siguientes elementos:

En *primer* lugar, la Convención Americana concibe al amparo como un derecho fundamental[153] en si mismo y no sólo como una garantía adjetiva, en una concepción que, sin embargo, no se ha seguido generalmente en América Latina. En realidad sólo en Venezuela el amparo ha sido concebido en la Constitución como un derecho humano, más que como una sola garantía adjetiva[154]. Se indica en la Convención, en efecto, que toda persona "tiene derecho" a un recurso, lo que no significa que solamente tenga derecho a una específica garantía adjetiva que se concretiza en un solo recurso o en una acción de amparo, de tutela o de protección específica. El derecho se ha concebido más amplio, como derecho a la protección constitucional de los derechos o al amparo de los mismos. Por eso, en realidad, estamos en presencia de un derecho fundamental de rango internacional y constitucional de las personas, a tener a su disposición medios judiciales efectivos, rápidos y eficaces de protección. Y uno de ellos, es precisamente la acción de amparo, de tutela o de protección

Por ello, en *segundo* lugar, los mecanismos judiciales de protección de los derechos humanos a los que se refiere la Convención Americana pueden ser variados, y lo que deben ser es efectivo, rápido y sencillo. Pueden ser de cualquier clase, a través de cualquier medio judicial y no necesariamente una sola y única acción de protección o de amparo. Es decir, la Convención no necesariamente se refiere a un

---

nuel Carrasco Durán, Editores), en *Derecho Constitucional para el Siglo XXI. Actas del Congreso Iberoamericano de Derecho Constitucional,* T. I, Thomson-Aranzadi, Madrid 2006, pp. 2151-2162.

[152] *V.,* Allan R. Brewer-Carías, *Mecanismos nacionales de protección de los derechos humanos (Garantías judiciales de los derechos humanos en el derecho constitucional comparado latinoamericano),* Instituto Interamericano de Derechos Humanos (IIDH), Costa Rica, San José 2005; *Constitutional Protection of Human Rights in Latin America. A Comparative Study of the Amparo Proceedings,* Cambridge University Press, New York, 2008; "El amparo en América Latina: La universalización del régimen de la Convención Americana sobre los Derechos Humanos y la necesidad de superar las restricciones nacionales", en *Ética y Jurisprudencia,* 1/2003, Enero-Diciembre, Universidad Valle del Momboy, Facultad de Ciencias Jurídicas y Políticas, Centro de Estudios Jurídicos "Cristóbal Mendoza", Valera, Estado Trujillo, 2004, pp. 9-34

[153] *V.,* en general, Héctor Fix-Zamudio, Ensayos sobre el derecho de amparo, Porrúa, México 2003; y Héctor Fix-Zamudio and Eduardo Ferrer Mac-Gregor (Coordinadores), *El derecho de amparo en el mundo,* Porrúa, México 2006

[154] *V.,* Allan R. Brewer-Carías, "El derecho de amparo y la acción de amparo", en *Revista de Derecho Público,* Nº 22, Editorial Jurídica Venezolana, Caracas, abril-junio 1985, pp. 51-61; e *Instituciones Políticas y Constitucionales,* Vol V, Derecho y Acción de Amparo, Universidad Católica del Táchira - Editorial Jurídica Venezolana, Caracas-San Cristóbal 1998. *V.,* además, Héctor Fix Zamudio, "La teoría de Allan R. Brewer-Carías sobre el derecho de amparo latinoamericano y el juicio de amparo mexicano", en *El derecho público a comienzos del Siglo XXI. Estudios en homenaje al profesor Allan R. Brewer-Carías,* Ed. Civitas, Universidad Central de Venezuela, Madrid 2003, T. I, pp. 1125-1163.

solo medio adjetivo de protección, sino que puede y debe tratarse de un conjunto de medios de protección, lo que puede implicar, incluso, la posibilidad de utilizar los medios judiciales ordinarios cuando sean efectivos como recursos rápidos y sencillos de protección.

En *tercer* lugar, debe destacarse que la Convención regula un derecho que se le debe garantizar a "toda persona" sin distingo de ningún tipo, por lo que en el derecho interno corresponde a las personas naturales y jurídicas o morales; nacionales y extranjeras; hábiles y no hábiles; de derecho público y derecho privado. Es decir, corresponde a toda persona en el sentido más universal.

En *cuarto* lugar, la Convención señala que el medio judicial de protección o amparo puede interponerse ante los tribunales competentes, de manera que no se trata de un solo y único tribunal competente, sino de una función que esencialmente corresponde al Poder Judicial o a los órganos que ejercen la Jurisdicción Constitucional aún ubicados fuera del Poder Judicial.

En *quinto* lugar, conforme a la Convención, este derecho a un medio efectivo de protección ante los tribunales se establece para la protección de todos los derechos humanos que estén en la Constitución, en la ley, en la propia Convención Americana o que sin estar en texto expreso, sean inherentes a la persona humana, por lo que también son protegibles aquellos establecidos en los instrumentos internacionales. Por ello, aquí adquieren todo su valor las cláusulas enunciativas de los derechos, que los protegen aún cuando no estén enumerados en los textos, pero que siendo inherentes a la persona humana y a su dignidad, deban ser objeto de protección constitucional. La garantía del artículo 25.1, en todo caso, en el derecho interno, se refiere a la protección de los derechos constitucionales sin que quepa distinguir en estos, unos que sean "fundamentales" y otros que no lo son. La expresión "derechos fundamentales" en el artículo 25.1 de la Convención, en el ámbito interno, equivale a derechos constitucionales, o que integran el bloque de constitucionalidad.

En *sexto* lugar, la protección que regula la Convención es contra cualquier acto, omisión, hecho o actuación de cualquier autoridad que viole los derechos y, por supuesto, también, que amenace violarlos, porque no hay que esperar que la violación se produzca para poder acudir al medio judicial de protección. Es decir, este medio de protección tiene que poder existir antes de que la violación se produzca, frente a la amenaza efectiva de la violación y, por supuesto, frente a toda violación o amenaza de violación que provenga del Estado y de sus autoridades. Es decir, no puede ni debe haber acto ni actuación pública alguna excluida del amparo, en cualquier forma, sea una ley, un acto administrativo, una sentencia, una vía de hecho, una actuación o una omisión.

Y en *séptimo* lugar, la protección que consagra la Convención es también contra cualquier acto, omisión, hecho o actuación de los entes públicos y sus funcionarios o de los particulares, individuos o empresas de cualquier naturaleza, que violen o amenacen violar los derechos fundamentales.

Este es, en realidad, en nuestro criterio, el parámetro que establece la Convención Americana sobre el derecho de amparo, y es ese el que debería prevalecer en los derechos internos cuando se establece la acción o recurso de amparo, donde hay que realizar un importante esfuerzo de adaptación para superar el cuadro de restricciones constitucionales o legislativas que en algunos aspectos ha sufrido la institución del amparo; que teniendo una concepción tan amplia en el texto de la Convención Americana, en muchos casos ha sido restringida.

Por lo demás, no hay que olvidar que en la mayoría de los países latinoamericanos la Convención tiene rango constitucional o rango supra legal, e incluso, en algunos tiene rango supra constitucional[155], lo que implica la necesidad jurídica de que la legislación interna se adapte a la misma. Además, la amplitud de la regulación de la Convención Americana sobre Derechos humanos, así como el proceso de constitucionalización de sus regulaciones que ha ocurrido en América Latina, plantean tanto a la propia Corte Interamericana como a los jueces y tribunales nacionales, en ejercicio del control de convencionalidad y en ausencia de reformas legales, el reto de procurar adaptar las previsiones de la legislación interna a las exigencias de la Convención, cuyo contenido constituye, en definitiva, un estándar mínimo común para todos los Estados.

Ello implica, si nos adentramos en las regulaciones de derecho interno de muchos de nuestros países, la necesidad, por ejemplo, de que se amplíe la protección constitucional de manera que la pueda acordar cualquier juez o tribunal y no sólo un Tribunal Constitucional o Sala Constitucional del Tribunal Supremo; mediante el ejercicio de todas las vías judiciales y no sólo a través de un sólo recurso o acción de amparo como sucede en la gran mayoría de los países; en relación con todas las personas y para la protección de absolutamente todos los derechos constitucionales, y no sólo algunos; y contra todo acto u omisión provenga de quién provenga, incluyendo de particulares, superando las restricciones que en este aspecto existen en muchos de nuestros países.

El reto del control de convencionalidad en esta materia de amparo, en particular, se plantea, en particular en los siguientes aspectos en los cuales la Convención no establece distinción alguna, y que aquí queremos analizar: en *primer lugar*, respecto del ámbito del derecho de amparo en los países latinoamericanos, en el sentido de asegurar que todos los derechos constitucionales o que integren el bloque de constitucionalidad encuentren protección; en *segundo lugar*, respecto del universo de las personas protegidas, de manera que el derecho de amparo proteja a toda persona agraviada en sus derechos humanos; en *tercer lugar*, respecto del universo de los agraviantes, es decir, de las personas que causen la violación, de manera de asegurar que el derecho de amparo se pueda ejercer en contra de todos los agraviantes, así sean particulares; en *cuarto lugar*, respecto del control de los actos lesivos de los derechos, de manera de amparar o asegurar la protección de los derechos contra todo acto lesivo de los mismos, cualquiera sea su naturaleza, incluyendo todos los actos lesivos estatales.

---

[155]   En relación a la clasificación de los sistemas constitucionales de acuerdo con el rango de los tratados internacionales, *V.,* Rodolfo E. Piza R., *Derecho internacional de los derechos humanos: La Convención Americana*, San José 1989; Carlos Ayala Corao, "La jerarquía de los instrumentos internacionales sobre derechos humanos", en *El nuevo derecho constitucional latinoamericano*, IV Congreso venezolano de Derecho constitucional, Vol. II, Caracas, 1996 y *La jerarquía constitucional de los tratados sobre derechos humanos y sus consecuencias*, México, 2003; Florentín Meléndez, *Instrumentos internacionales sobre derechos humanos aplicables a la administración de justicia. Estudio constitucional comparado*, Cámara de Diputados, México 2004, pp. 26 y ss.; y Humberto Henderson, "Los tratados internacionales de derechos humanos en el orden interno: la importancia del principio *pro homine*", en *Revista IIDH, Instituto Interamericano de Derechos Humanos*, N° 39, San José 2004, pp. 71 y ss. *V.,* también, Allan R. Brewer-Carías, *Mecanismos nacionales de protección de los derechos humanos, Instituto Internacional de Derechos Humanos*, San José, 2004, pp. 62 y ss.

2. El derecho de amparo frente a todos los actos estatales

Ahora bien, limitándonos a considerar ahora la protección judicial vía amparo contra los actos u omisiones de las autoridades públicas, uno de los aspectos que genera uno de los grandes retos para el control de convencionalidad en relación con el artículo 25.1 de la Convención Americana es asegurar que el derecho de amparo se pueda ejercer para la protección de los derechos establecidos en la Convención y en las Constituciones, contra todo acto u omisión lesivo de los mismos, cualquiera sea su naturaleza, materia en la cual la Convención no establece distinción alguna.

En efecto, en virtud de que originalmente la acción de amparo se estableció y desarrolló para la defensa de los derechos constitucionales frente a violaciones infringidas por el Estado y las autoridades, la parte agravante más comúnmente regulada en las leyes relativas a amparo en Latinoamérica han sido, desde luego, las autoridades públicas o los funcionarios públicos cuando sus actos u omisiones (sean legislativos, ejecutivos o judiciales) violen a amenacen violar los derechos. Por ello, la Convención Americana, de Derechos Humanos por ejemplo, al regular el amparo, como protección judicial, le da una configuración universal de manera que no indica acto alguno del Estado que escape del ámbito del amparo. Si el amparo es un medio judicial de protección de los derechos fundamentales constitucionales, ello es y tiene que serlo frente a cualquier acción de cualquier ente público o funcionario público; por lo que no se concibe que frente a esta característica universal del amparo, pueda haber determinadas actividades del Estado que puedan quedar excluidas del ámbito de la protección constitucional. Es decir, conforme a la Convención Americana, todos los actos, vías de hecho y omisiones de las autoridades públicas pueden ser objeto de la acción de amparo, cuando mediante ellos se violen o amenacen derechos constitucionales, sea que emanen de autoridades legislativas, ejecutivas o judiciales.

Es en este sentido que, por ejemplo, la Ley de Amparo de Guatemala dispone el principio general de universalidad indicando que "no hay ámbito que no sea susceptible de amparo" siendo admisible contra cualesquiera "actos, resoluciones, disposiciones o leyes de autoridad [que] lleven implícitos una amenaza, restricción o violación a los derechos que la Constitución y las leyes garantizan". (Art. 8)

Estos son en general los mismos términos utilizados en la Ley Orgánica de Amparo de Venezuela la cual establece que el recurso de amparo puede ser intentado "contra cualquier hecho, acto u omisión provenientes de los órganos del Poder Público Nacional, Estadal o Municipal" (poderes públicos) (art. 2); lo que significa que la tutela constitucional puede ser incoada contra cualquier acción pública, es decir, cualquier acto formal del Estado o cualquier acto sustantivo de hecho (vías de hecho) (art.5); así como contra cualquier omisión de las entidades públicas. Es por esto también que los tribunales en Venezuela han decidido que "no puede existir ningún acto estatal que no sea susceptible de ser revisado por vía de amparo, entendiendo ésta, no como una forma de control jurisdiccional de la inconstitucionalidad de los actos estatales capaz de declarar su nulidad, sino –como se ha dicho– un remedio de protección de las libertades públicas cuyo objeto es restablecer su goce y disfrute, cuando alguna persona natural o jurídica, o grupo u organizaciones privadas, amenace vulnerarlas o las vulneren efectivamente" admitiendo, por lo tanto, que el recurso constitucional de amparo puede ser intentado aun contra actos excluidos del control constitucional cuando un daño o violación de derechos o garantías constitucionales haya sido alegado[156].

No obstante este principio general de universalidad del amparo, pueden encontrarse una serie de excepciones en muchas leyes de amparo latinoamericanas en relación con algunos actos particulares y específicos del Estado o actividades que están expresamente excluidas de los procedimientos de amparo, sean de naturaleza legislativa, ejecutiva, administrativa o judicial, lo cual al ser contrario a la Convención Americana, constituyen un campo propicio para el control de convencionalidad.

3.   *Amparo contra actos legislativos*

En efecto, la primera cuestión en esta materia se refiere a la posibilidad de intentar acciones de amparo contra actos u omisiones legislativas cuando causan daños a los derechos constitucionales de las personas. Las violaciones en estos casos pueden ser causadas por leyes o por otras decisiones tomadas, por ejemplo, por comisiones parlamentarias.

A.   *El amparo contra decisiones de cuerpos parlamentarios y sus comisiones*

En relación con actos de los Congresos o Asambleas y de las comisiones parlamentarias (incluyendo los consejos legislativos regionales o municipales) cuando lesionan derechos y garantías constitucionales, en principio, es posible impugnarlos

---

[156]   *V.,* sentencia de la antigua Corte Suprema de Justicia del 31 de enero de 1.991, caso *Anselmo Natale,* en *Revista de Derecho Público,* N° 45, Editorial Jurídica Venezolana, Caracas 1991, p. 118; sentencia de la Corte Primera de lo Contencioso Administrativo de 18 de junio de 1992, en *Revista de Derecho Público,* No. 46, Editorial Jurídica Venezolana, Caracas 1991, p. 125. De acuerdo con las cortes venezolanas, este carácter universal del amparo respecto de los actos u omisiones de las autoridades públicas implica que La lectura del artículo 2 de la Ley Orgánica de Amparo evidencia que no hay prácticamente ningún tipo de conducta, independientemente de su naturaleza o carácter, así como de los sujetos de los cuales provenga, del cual pueda predicarse que está excluido *per se* de su revisión por los jueces de amparo, a los efectos de determinar si vulnera o no algún derecho o garantía constitucional"; Decisión de la Corte Primera de lo Contencioso-Administrativo del 11 de noviembre de 1.993 en *Revista de Derecho Público,* N° 55-56, Editorial Jurídica Venezolana, Caracas, 1993, p. 284. En otra sentencia del 13 de febrero de 1.992, la Corte Primera decidió: "Observa esta Corte que la característica esencial del régimen de amparo, tanto en la concepción constitucional como en su desarrollo legislativo, es su universalidad... por lo cual hace extensiva la protección que por tal medio otorga, a todos los sujetos (personas físicas o morales que se encuentran en el territorio de la nación) así como a todos los derechos constitucionalmente garantizados, e incluso aquéllos que sin estar expresamente previstos en el texto funda-mental, son inherentes a la persona humana. Este es el punto de partida para entender el ámbito del amparo constitucional. Los únicos supuestos excluidos de su esfera son aquéllos que expresamente señala el artículo 6 de la Ley Orgánica de Amparo sobre Derechos y Garantías Constitucionales y, desde el punto de vista sustantivo, no hay limitaciones respecto a derechos o garantías específicas". *V., Revista de Derecho Público,* No. 49, Editorial Jurídica Venezolana, Caracas 1992, pp. 120-121.

mediante la acción de amparo ante los tribunales competentes.[157] Esto ha sido expresamente admitido, por ejemplo, en Argentina[158], Costa Rica[159] y Venezuela.[160]

En contraste, en México, el artículo 73, VIII de la Ley de amparo expresamente excluye del recurso de amparo, las resoluciones y declaraciones del Congreso federal y sus Cámaras, así como las de los cuerpos legislativos estadales y sus comisiones respecto de la elección, suspensión o remoción de funcionarios públicos en casos donde las constituciones correspondientes les confieran el poder para resolver el asunto de una manera soberana o discrecional.[161] Las decisiones tomadas por la Cámara de Diputados o del Senado, en juicios políticos, que sean declaradas inatacables[162] (Constitución, art. 110) también están excluidas del recurso de amparo. Ello, sin duda, contraría la Convención Americana la cual no excluye acto lesivo alguno para asegurar la protección o amparo de los derechos humanos. Estas exclusiones por tanto, son campo propicio para el ejercicio de convencionalidad tanto por la Corte Interamericana como por los jueces y tribunales nacionales.

---

[157] En los Estados Unidos, los actos del Concejo Municipal pueden ser impugnados mediante injunctions. V., Stuab v. City of Baxley 355 U.S. 313 (1958), en M. Glenn Abernathy and Barbara A. Perry, Civil Liberties under the Constitution, University of South Carolina Press, 1993, pp. 12-13.

[158] En Argentina fue el caso de las interpelaciones parlamentarias desarrolladas en 1.984 en relación con los hechos ocurridos durante el gobierno de facto anterior, en el cual una comisión parlamentaria ordenó allanar la oficina de una firma de abogados y confiscar documentos. En las decisiones de la Corte Suprema de Justicia en el caso Klein en 1.984, sin cuestionar las facultades de las comisiones parlamentarias para hacer pesquisas, se sentenció que ellas no pueden, sin disposiciones legales formales, válidamente restringir los derechos individuales, en particular, allanar el domicilio personal de las personas y decomisar sus documentos personales. En el caso, por tanto, fue decidido que la orden solo podía tomarse basándose en disposiciones legales y no en la sola decisión de las comisiones y, eventualmente, fundados en una orden judicial V., los comentarios en la sentencia de Primera Instancia de 1.984 (1ª. InstCrimCorrFed, Juz. Nº 3, 10-9-84, ED 110-653), en Néstor Pedro Sagües, Derecho procesal Constitucional Vol. 3, Acción de amparo, Editorial Astrea Buenos Aires 1988, pp. 95-97; Joaquín Brague Camazano, La Jurisdicción constitucional de la libertad (Teoría general, Argentina, México Corte Interamericana de Derechos Humanos), Editorial Porrúa, México 2005, p. 98; José Luis Lazzarini, El juicio de amparo, Editorial La Ley, Buenos Aires 1987, pp. 216-216.

[159] V., Rubén Hernández Valle, Derecho Procesal Constitucional, Editorial Juricentro, San José 2001, pp. 211-214.

[160] En Venezuela, similarmente, la Corte Suprema, aun reconociendo la existencia de atribuciones exclusivas de los cuerpos legislativos, los cuales de acuerdo con la constitución de 1.961 (art. 159) no estaban sujetos al control jurisdiccional, admitió la protección del amparo contra ellas para la inmediata restauración de los derechos constitucionales lesionados del accionante; y admitió la acción de amparo contra actos legislativos. Sentencia de 31 de enero de 1.991 (caso Anselmo Natale). V., en Revista de Derecho Público, Nº 45, Editorial Jurídica Venezolana, Caracas 1991, p. 118.

[161] V., Richard D. Baker, Judicial Review in México. A Study of the Amparo Suit, Texas University Press, Austin 1971, p. 98.

[162] V., Eduardo Ferrer Mac-Gregor, La acción constitucional de amparo en México y España. Estudio de derecho comparado, Editorial Porrúa, México 2002, p. 378.

B.　*El amparo contra las leyes*

Ahora bien, aparte de los actos de las comisiones o cuerpos legislativos, uno de los aspectos más importantes del procedimiento de amparo latinoamericano se refiere a la posibilidad de intentar la acción de amparo contra las leyes. Si bien es cierto que en algunos países está expresamente admitido como es el caso de Guatemala, Honduras, México y Venezuela; en la mayoría de los países latinoamericanos aún está expresamente excluido como es el caso en Argentina, Bolivia, Brasil, Colombia, Chile,[163] Costa Rica, Republica Dominicana, Ecuador, El Salvador,[164] Panamá, Perú, Paraguay, Nicaragua y Uruguay.

Con respecto a los países donde la acción de amparo es admitido contra las leyes, la interposición de la acción, por ejemplo en México y en Venezuela, está limitada a solo las leyes de aplicación directa (las que pueden lesionar los derechos constitucionales sin necesidad de ningún otro acto del Estado que la ejecute o aplique), o a los solos actos que aplican la ley en particular. Solamente en Guatemala y Honduras, es que el recurso de amparo es admitido directamente contra las leyes.

En efecto, en México, el artículo 1,I de la Ley de amparo establece que el amparo puede intentarse contra leyes de aplicación directa o leyes auto-aplicables cuando causen un daño directo a las garantías constitucionales del accionante sin requerirse un acto judicial o administrativo adicional para su aplicación[165]. En tales casos, la acción se intenta directamente contra la ley dando lugar al control de constitucionalidad de la misma. Por ello el amparo contra las leyes en México está considerado como un medio judicial para el control constitucional directo de las mismas (aun cuando la acción no se intente en forma abstracta debido a que el accionante debe haber sido lesionado directamente y sin necesidad de otro acto adicional del Estado para la aplicación de la ley). Por el contrario, cuando la ley, por sí misma, no causa un daño directo y personal al accionante (porque no es de aplicación directa), la acción de amparo es inadmisible al menos que sea intentada contra los actos del Estado que aplican dicha ley a una persona especifica[166].

---

[163]　　V., Humberto Nogueira Alcalá, "El derecho de amparo o protección de los derechos humanos, fundamentales o esenciales en Chile: evolución y perspectivas," en Humberto Nogueira Alcalá (Editor), *Acciones constitucionales de amparo y protección: realidad y perspectivas en Chile y América Latina*, Editorial Universidad de Talca, Talca 2000, p. 45.

[164]　　V., Edmundo Orellana, *La Justicia Constitucional en Honduras*, Universidad Nacional Autónoma de Honduras, Editorial Universitaria, Tegucigalpa 1993, p. 102, nota 26.

[165]　　V., *Garza Flores Hnos., Sucs.* case, 28 S.J. 1208 (1930). V., la referencia en Richard D. Baker, *Judicial Review in México. A Study of the Amparo Suit*, Texas University Press, Austin 1971, p. 167. En estos casos la acción debe ser intentada dentro de los treinta días siguientes a su ejecución. En dichos casos, los demandados son las instituciones supremas del estado que intervinieron en la redacción de la ley, es decir, el Congreso de la Unión o las legislaturas de los estados que sancionaron la ley, el presidente de la república o estado, gobernadores que ordenaron su ejecución y las secretarías ejecutivas que la sancionaron y ordenaron su promulgación.

[166]　　Como se dispone expresamente en el artículo 73,VI, el juicio de amparo es inadmisible "contra leyes, tratados y reglamentos que, por su sola vigencia, no causen perjuicio al quejoso, sino que se necesite un acto posterior de aplicación para que se origine tal perjuicio." En estos casos de leyes que no son de aplicación directa, la acción de amparo debe ser interpuesta dentro de los quince días siguientes a la producción del primer acto que las ejecute o apli-

En Venezuela, dado el carácter universal del sistema de control de constitucionalidad, consolidado en la Constitución de 1.999, puede decirse que una de las más destacadas innovaciones de la Ley de amparo de 1.988 fue la de establecer la acción directa de amparo contra las leyes y otros actos normativos, complementando el sistema general mixto de control constitucional[167]. Considerábamos que cuando se intentaba directamente la acción contra leyes, el propósito de la disposición legal era asegurar la inaplicabilidad de la ley al caso particular con efectos *inter partes*[168].

Sin embargo, a pesar de las disposiciones de la ley de amparo, lo cierto es que la jurisprudencia del Tribunal Supremo rechazó tales acciones imponiendo la necesidad de intentarlas solo contra los actos del Estado dictados para aplicar las leyes y no directamente en contra de las mismas[169]. Sin embargo, la antigua Corte Suprema, en sus decisiones a partir de 1993, aun admitiendo la diferencia que existe entre las leyes de aplicación directa de aquellas que no lo son[170], concluyó declarando la imposibilidad de que un acto normativo pueda lesionar directa y efectivamente, por sí mismo, los derechos constitucionales de una persona. El tribunal también consideró que una ley, a los efectos de la acción de amparo no podría ser una amenaza a derechos constitucionales, en razón de que para intentar una acción de amparo, esta tiene que ser "inminente, posible y realizable", condiciones que se considera no se dan respecto de las leyes.

---

que. *V.,* Eduardo Ferrer Mac-Gregor, *La acción constitucional de amparo en México y España. Estudio de derecho comparado,* Editorial Porrúa, México, 2002, p, 387. El principal aspecto a resaltar, desde luego, es la distinción entre leyes que son de aplicación directa de las leyes que no lo son. Siguiendo la doctrina asentada en el caso de Villera de Orellana, María de los Ángeles et al., aquellas son las que obligan inmediatamente y en cuyas disposiciones las personas a quienes aplica son clara e inequívocamente identificadas, siendo *ipso facto* sujetas a una obligación que implica el cumplimiento de actos no requeridos previamente, resultando en una modificación perjudicial de los derechos de la persona. Suprema Corte de Justicia, 123 S.J. 783 (1955). *V.,* comentarios en Richard D. Baker, *Judicial Review in México. A Study of the Amparo Suit,* Texas University Press, Austin 1971, p. 168-173.

[167] De acuerdo con el artículo 3 de la ley de amparo, son dos las formas establecidas mediante las cuales puede conducirse una pretensión de amparo ante la corte competente: de una manera autónoma o ejercida en conjunto con la acción popular de inconstitucionalidad de las leyes. En el último caso, la pretensión de amparo está subordinada a la acción principal de control jurisdiccional, permitiendo a la corte solamente la posibilidad de suspender la aplicación de la ley mientras se resuelve la acción por inconstitucionalidad. *V.,* Allan R. Brewer-Carías, *Instituciones Políticas y Constitucionales,* Vol. V, *Derecho y Acción de Amparo,* Editorial Jurídica Venezolana, Caracas, 1998, pp 227 ss.

[168] *V.,* Allan R. Brewer-Carías, *Instituciones Políticas y Constitucionales,* Vol. V, *Derecho y Acción de Amparo,* Editorial Jurídica Venezolana, Caracas, 1998, pp. 224 ss.; Rafael Chavero, *El nuevo régimen del amparo constitucional en Venezuela,* Editorial Sherwood, Caracas 2001, pp. 553 y ss.

[169] *V.,* decisión del 24 de mayo de 1.993, la Sala Político-Administrativa de la Corte Suprema de Justicia, en *Revista de Derecho Público,* N° 55-56, Editorial Jurídica Venezolana, Caracas 1993, pp. 287-288.

[170] Sentenciando que las leyes de aplicación directa imponen, con su promulgación, una inmediata obligación a las personas para quienes se dicta; y, por el contrario, aquellas leyes que no son de aplicación directa requieren de un acto para su aplicación, en cuyos casos su sola promulgación no puede producir una violación constitucional. *V.,* en *Revista de Derecho Público,* No. 55-56, Editorial Jurídica Venezolana, Caracas 1993, p. 285

Ahora bien, en contraste con las normas mexicanas y venezolanas, respecto de las cuales, por contrariar la Convención Americana la cual no excluye acto alguno de la protección o amparo, podría ejercerse el control de convencionalidad; el amparo contra las leyes en Guatemala está previsto bajo la modalidad directa, estando la Corte de Constitucionalidad facultada "para que se declare en casos concretos que una ley, un reglamento, una resolución o acto de autoridad, no obligan al recurrente por contravenir o restringir cualesquiera de los derechos garantizados por la Constitución o reconocidos por cualquiera otra ley" (Ley de Amparo de Guatemala, art. 10,b). Esta misma facultad judicial, pero solo relativa a los reglamentos del poder ejecutivo, está establecida en Honduras (Ley sobre Justicia Constitucional, art. 41,b). En ambos casos, las sentencias en los procedimientos de amparo tienen el efecto de suspender la aplicación de la ley o reglamento del ejecutivo respecto del recurrente y, si fuese pertinente, el restablecimiento de la situación jurídica lesionada o la cesación de la medida (Ley de amparo, art. 49,a)[171].

Aparte de estos cuatro casos de México, Venezuela, Guatemala y Honduras, como se ha dicho, en los otros países latinoamericanos el amparo contra las leyes está expresamente excluido, siendo este, sin duda, como se dijo, un campo propicio para el control de convencionalidad.

En efecto, en Argentina, aun contando con la larga tradición del control de constitucionalidad de las leyes mediante la aplicación del método difuso de control, el amparo contra las leyes no se admite[172]. Sin embargo, si en el ejercicio de una acción de amparo contra actos del estado, se considera inconstitucional la ley en la cual el acto impugnado esté basado, el juez de amparo, mediante el método difuso de control de constitucionalidad, podría decidir acerca de la inaplicabilidad de la ley en ese caso[173].

En Brasil, el *mandado de segurança* también está excluido contra las leyes o disposiciones legales cuando éstas no han sido aplicadas a través de actos administrativos[174].

En Uruguay, en sentido similar, aun siendo un país con un sistema concentrado de control constitucional, el amparo contra las leyes está excluido en relación con las leyes y actos del Estado de similar rango (Ley N° 16.011, art. 1,c). En Uruguay,

---

[171]   V., Edmundo Orellana, *La justicia constitucional en Honduras*, Universidad Nacional Autónoma de Honduras, Tegucigalpa 1993, p. 102, nota 26.

[172]   V., José Luis Lazzarini, *El juicio de amparo*, Editorial La Ley, Buenos Aires 1987, p. 214; Néstor Pedro Sagüés, *Derecho procesal Constitucional*, Vol. 3, "Acción de amparo," Editorial Astrea, Buenos Aires, 1988, p. 97.

[173]   En este respecto, el artículo 2,d de la Ley de amparo dispuso que la acción de amparo no es admisible "cuando la determinación de la eventual invalidez del acto requiriese [...] la declaración de inconstitucionalidad de leyes [...]". Esto se ha tomado como no vigente porque contradice el artículo 31 de la constitución (ley suprema de la nación). V., Néstor Pedro Sagüés, *Derecho procesal Constitucional*, Vol. 3, *Acción de amparo*, Editorial Astrea Buenos Aires, 1988, p. 243-258. Adicionalmente, el artículo 43 de la Constitución de 1.994, que ahora rige la acción de amparo, ha expresamente resuelto la situación disponiendo que "En el caso, el juez podrá declarar la inconstitucionalidad de la norma en que se funde el acto u omisión lesiva."

[174]   V., José Luis Lazzarini, *El juicio de amparo*, La Ley, Buenos Aires 1987, pp. 213-214.

en efecto, el único medio para lograr la declaratoria de la inconstitucionalidad de una ley, es mediante el ejercicio de un recurso ante la Corte Suprema, la cual sólo puede decidir sobre la inconstitucionalidad con efectos limitados al caso concreto. En el caso de una acción de amparo donde se plantee la cuestión de inconstitucionalidad de una ley, la decisión del juez competente sólo tendría efectos suspensivos respecto de la aplicación de la ley en relación con el recurrente, quedando sujeta a la decisión de la Corte Suprema en cuanto a la inconstitucionalidad de la ley.[175] Por su parte, la ley reguladora del amparo en el Paraguay también dispone que cuando para una decisión en un procedimiento de amparo sea necesario determinar la constitucionalidad o inconstitucionalidad de una ley, el tribunal debe enviar los expedientes a la Sala Constitucional de la Corte Suprema a fin de decidir sobre su inconstitucionalidad. Esta incidencia no suspenderá el procedimiento en el tribunal inferior, el cual debe continuarlo hasta antes de su decisión (art. 582).

En Costa Rica, la Ley de la Jurisdicción Constitucional también dispone la inadmisibilidad de la acción de amparo con tra las leyes o contra otras disposiciones reglamentarias, con la excepción de cuando son impugnadas junto con los actos que las aplican individualmente, o cuando se relacionan con normas de aplicación directa o automática, sin necesidad de otras normas o actuaciones que las desarrollen o hagan aplicables al recurrente (Ley de la Jurisdicción Constitucional, art. 30,a). Sin embargo, en estos casos, el amparo contra la ley de aplicación directa no es directamente resuelto por la Sala Constitucional, sino que debe ser convertido en una acción de inconstitucionalidad de la ley impugnada[176]. En dichos casos, el presidente de la Sala Constitucional debe suspender el procedimiento de amparo y dar al recurrente, quince días para formalizar una acción directa de inconstitucionalidad contra la ley (Ley de la Jurisdicción Constitucional de Costa Rica, art. 48). Así que solo después que la ley es anulada por la Sala Constitucional, la acción de amparo será decidida.

En el Perú, de manera similar a la solución argentina y después de discusiones que surgieron conforme a la legislación anterior[177], el Código Procesal Constitucional dispone que cuando se invoque la amenaza o violación de actos que tienen como sustento la aplicación de una norma incompatible con la Constitución, la sentencia que declare fundada la demanda dispondrá, además, la inaplicabilidad de la citada norma (art. 3). En este caso también, para decidir, el tribunal debe utilizar sus facultades de control jurisdiccional a través del método difuso.

También en Colombia, la acción de tutela está excluida respecto de todos los "actos de carácter general, impersonal y abstracto" (art. 6,5); y en Nicaragua, la acción de amparo no es admisible "en contra del proceso de formación de la ley desde la introducción de la correspondiente iniciativa hasta la publicación del texto definitivo (Ley de Amparo, art. 7).

---

[175]   V., Luis Alberto Viera, *Ley de Amparo*, Ediciones Idea, Montevideo 1993, pp. 23.

[176]   V., Rubén Hernández, *Derecho Procesal Constitucional*, Editorial Juricentro, San José 2001, pp. 45, 208-209, 245, 223.

[177]   Particularmente y respecto de las acciones de amparo contra leyes de aplicación directa, V., Samuel B. Abad Yupanqui, *El proceso constitucional de amparo*, Gaceta Jurídica, Lima 2004, pp. 352-374.

4.   *El amparo contra las actuaciones ejecutivas y actos administrativos*

A.   *El amparo contra actos del Poder Ejecutivo*

Con respecto a las autoridades del Poder Ejecutivo, el principio general es que la acción de aparo es admisible respecto de los actos administrativos, hechos u omisiones de los órganos e entidades públicas que integran la Administración Pública, en todos sus niveles (nacional, estadal y municipal), incluyendo las entidades descentralizadas, autónomas, independientes y desconcentradas. La acción de amparo, por supuesto, también procede contra los actos dictados por la cabeza del poder ejecutivo, es decir, por el Presidente de la Republica.

No obstante, en relación con actos administrativos y en general del Poder Ejecutivo, algunas restricciones específicas se han establecido en América latina, por ejemplo, en México, donde el acto presidencial específico de expulsión de un extranjero del territorio (art. 33)[178] no puede ser impugnado por medio de la acción de amparo y, en Uruguay, contra los reglamentos del ejecutivo[179].

Con relación a los actos administrativos, como se dijo antes, todos los países latinoamericanos admiten la posibilidad de la interposición de acciones de amparo contra dichos actos; y, aun en algunos países, como en Venezuela, la Ley de amparo (art. 5) dispone la posibilidad de ejercer la acción de dos maneras: en forma autónoma o en conjunción con un recurso contencioso-administrativo de nulidad del acto en cuestión[180]. La diferencia principal entre las dos vías[181] está, primero, en la natu-

---

[178]   *V.,* Eduardo Ferrer Mac-Gregor, *La acción constitucional de amparo en México y España. Estudio de derecho comparado,* Editorial Porrúa, México 2002, p. 377.

[179]   *V.,* Luis Alberto Viera, *Ley de Amparo,* Ediciones Idea, Montevideo, 1993, p. 99.

[180]   Respecto de la última, la antigua Corte Suprema de Justicia en sentencia de 10 de julio de 1.991 (caso *Tarjetas Banvenez*), aclaró que en dicho caso, la acción no es una acción principal sino subordinada a la acción principal al que se le ha adjuntado y está sujeta a la decisión final anulatoria de la decisión que tiene que ser dictada en la acción principal. *V.,* texto en la *Revista de Derecho Público,* Nº 47, Editorial Jurídica Venezolana, Caracas, 1991, pp. 169-174 y comentarios en *Revista de Derecho Público,* Nº 50, Editorial Jurídica Venezolana, Caracas 1992, pp. 183-184. Es por esto que en estos casos la pretensión del amparo (que debe estar fundamentada en una presunción grave de la violación del derecho constitucional) tiene un carácter preventivo y temporal que consiste en la suspensión de los efectos del acto administrativo impugnado mientras se produce la decisión final en el recurso de nulidad. Este carácter cautelar de la protección del amparo mientras se resuelve la acción está, por tanto, sujeto a la decisión final a ser dictada en el proceso contencioso-administrativo de nulidad contra el acto impugnado. *V.,* en *Revista de Derecho Público,* Nº 47, Editorial Jurídica Venezolana, Caracas 1991, pp. 170-171.

[181]   La principal diferencia entre ambos procedimientos según la Corte Suprema de Justicia es que, en el primer caso del recurso autónomo de amparo contra actos administrativos, el recurrente debe alegar una violación directa, inmediata y flagrante del derecho constitucional, el cual por sí mismo evidencia la necesidad de la orden de amparo como medio definitivo para restaurar la situación jurídica lesionada. En el segundo caso y dada la naturaleza suspensiva de la orden de amparo, la cual solo tiende a detener temporalmente los efectos del acto lesivo hasta que el recurso contencioso-administrativo que confirme o anule dicho acto sea decidido, las violaciones inconstitucionales alegadas de disposiciones constitucionales pueden ser formuladas junto con las violaciones de disposiciones legales, o correspondientes a una ley, que desarrollan disposiciones constitucionales; y porque es un recurso de control constitu-

raleza del alegato: en el sentido de que en el primer caso, la violación alegada respecto del derecho constitucional debe er una violación directa, inmediata y flagrante; en el segundo caso, lo que tiene que ser probado es la existencia de una grave presunción de la violación del derecho constitucional.

Y, segundo, hay también una diferencia en cuanto al objetivo general del procedimiento: en el primer caso, la sentencia pronunciada es una sentencia definitiva de tutela constitucional, de carácter restauradora; en el segundo caso, la sentencia sólo tiene carácter cautelar de suspensión de los efectos del acto impugnado, que queda sujeta a la decisión de la causa principal de nulidad[182].

De manera similar a la solución venezolana, el artículo 8 de la Ley de tutela colombiana establece la posibilidad de interponer "la tutela como mecanismo transitorio" contra actos administrativos en conjunción con el recurso contencioso-administrativo de nulidad.

B. *La acción de amparo y las cuestiones políticas*

Un tema importante en relación al amparo contra actos del Poder Ejecutivo, es el relacionado con los llamados actos políticos o las llamadas cuestiones políticas, lo cual, sin embargo, en materia de control judicial, en América Latina solo es relevante en Argentina y Perú.

En efecto, de acuerdo con la doctrina que se originó en los Estados Unidos con relación al control jurisdiccional de constitucionalidad, siempre se ha considerado como exentos de control judicial a los actos de naturaleza política, todo ello, en el marco de la "separación de los poderes " y de las relaciones que deben existir "entre la rama judicial y las agencias coordinadas del gobierno federal"[183]. En estos casos se considera que la Corte Suprema ha considerado que la solución de las controversias constitucionales corresponde a las ramas políticas del gobierno, quedando excluidos de control judicial. Esas cuestiones políticas, en general, son las relativas a las relaciones exteriores que impliquen definición de "política general, consideraciones de extrema magnitud y, ciertamente, por entero fuera de la competencia de una corte de justicia"[184]. En todos estos casos, desde luego, aun cuando pueda elabo-

---

cional contra actos administrativos que persiguen la nulidad de éstos, pueden también dichos recursos fundamentarse en textos legales. Lo que la corte no puede hacer en estos casos de acciones conjuntas con el fin de suspender los efectos del acto administrativo impugnado, es fundamentar su decisión solamente en las alegadas violaciones de la ley porque esto significaría anticipar la decisión final en el recurso principal (de control constitucional de nulidad). *Ídem*, pp. 171-172.

[182] *Ídem*, p. 172. *V.,* respecto de la nulidad del artículo 22 de la ley orgánica de amparo, la decisión de la anterior Corte Suprema del 2 de mayo de 1.996 en Allan R. Brewer-Carías, *Instituciones Políticas y Constitucionales,* Vol. V, *Derecho y Acción de Amparo,* Editorial Jurídica Venezolana, Caracas 1996, pp. 392 y ss.

[183] *V., Baker v. Carr,* 369 U.S. 186 (1962) en M. Glenn Abernathy and Barbara A. Perry, *Civil Liberties under the Constitution,* Sixth Edition, University of South Carolina Press, 1993, pp. 6-7.

[184] *V., Ware v. Hylton,* 3 Dallas, 199 (1795). Las decisiones sobre relaciones exteriores por lo tanto y como declaró el magistrado Jackson en *Chicago and Southern Air Lines v. Waterman Steamship Co.* (1948): "Están enteramente confinadas por nuestra constitución a los departamentos políticos del gobierno ... Son decisiones de una naturaleza para la que el poder ju-

rarse una lista de "cuestiones políticas" que no sean justiciables, la responsabilidad última en determinarlas corresponde a la Corte Suprema[185].

Siguiendo esta doctrina, e igualmente sin ninguna base constitucional expresa, la Corte Suprema en Argentina y el Tribunal Constitucional en Perú[186] también han desarrollado la misma eximente para el control judicial y para el ejercicio de las acciones de amparo en materias políticas.

La excepción argentina se refiere principalmente a los denominados "actos de gobierno" o "actos políticos" referidos, por ejemplo, a las declaraciones de guerra y de estados de sitio; a las intervenciones del gobierno central en las provincias, a la "conveniencia pública" con fines de expropiación, a la emergencia para aprobar determinados tributos impositivos directos; y a los actos relativos a las relaciones exteriores como son el reconocimiento de nuevos Estados o gobiernos extranjeros, o la expulsión de extranjeros[187]. Todos estos actos son considerados en Argentina como asuntos de carácter político, que son dictados por los órganos políticos del Estado de acuerdo con las atribuciones que les han sido atribuidas exclusiva y directamente en la Constitución; razón por la cual se los considera fuera del ámbito de la acción de amparo.

En esta materia, también debe mencionarse en argentina, la restricción establecida en la Ley de amparo, al establecer la inadmisibilidad de la acción de amparo contra actos dictados en aplicación expresa de la Ley de Defensa Nacional (Ley No. 16.970, art. 2,b)[188].

---

dicial no tiene aptitudes, facilidades ni responsabilidad y que, desde mucho tiempo, ha sido considerada pertenencia del dominio del poder político, no sujeto a la intromisión o cuestionamiento judicial". *Chicago and Southern Air Lines v. Waterman Steamship Co.*, 333 US 103 (1948), p. 111. Aunque desarrollada principalmente para materias de asuntos exteriores, la Corte Suprema también ha considerado como *cuestiones políticas* determinadas materias relacionadas con el manejo de los asuntos interiores, los cuales son por lo tanto no enjuiciables jurisdiccionalmente; como, por ejemplo, la decisión de si un estado debe tener una forma republicana de gobierno y la cual en *Luther v. Borden* (1849) fue considerada una "decisión vinculante para cada uno de los departamentos del gobierno y que no podía ser cuestionada en un tribunal judicial." *Luther v. Borden* 48 U.S. (7 Howard), 1, (1849). *Ídem*, pp. 6-7.

[185]   Como dijo la corte en *Baker v. Carr* 369 U.S. 186 (1962): "Decidir si una materia ha sido, en cualquier medida, atribuida por la constitución a otra rama del gobierno o si la acción de esa rama excede la autoridad cualquiera que se le haya atribuido dijo la corte, es en sí mismo un ejercicio delicado de interpretación constitucional y es responsabilidad de esta corte decidirlo como intérprete último de la constitución." *Ídem*, p. 6-7.

[186]   V., Samuel B. Abad Yupanqui, *El proceso constitucional de amparo*, Gaceta Jurídica, Lima 2004, pp. 128 y ss.

[187]   Para que esta excepción sea aplicada, se ha considerado que el acto impugnado debe en forma clara y exacta basarse en las disposiciones de dicha ley. *V.*, José Luis Lazzarini, *El juicio de amparo*, La Ley, Buenos Aires 1987, p. 190 y ss.; Néstor Pedro Sagüés, *Derecho procesal Constitucional*, Vol. 3, "Acción de amparo," Editorial Astrea, Buenos Aires 1988, pp. 270 ss.; Alí Joaquín Salgado, *Juicio de amparo y acción de inconstitucionalidad*, Astrea, Buenos Aires 1987, p. 23.

[188]   V., caso *Diario El Mundo c/ Gobierno nacional*, CNFed, Sala 1 ContAdm, 30 de abril de 1.974, JA, 23-1974-195. Véanse los comentarios en Néstor Pedro Sagüés, *Derecho procesal Constitucional*, Vol. 3, *Acción de amparo*, Editorial Astrea, Buenos Aires 1988, pp. 212-214.

En el Perú, el tema de las cuestiones políticas en cierta forma se consideró en la sentencia de la Corte Interamericana donde se realizó el control de convencionalidad de la decisión adoptada por el Congreso en el Perú, mediante la cual se removió de sus cargos a los magistrados del Tribunal Constitucional, sin las debidas garantías de protección judicial. En efecto, en el conocido caso *Tribunal Constitucional vs. Perú*, de 31 de enero de 2001, la Corte Interamericana. luego de reiterar su criterio de que para que el Estado cumpla con lo dispuesto en el artículo 25.1 de la Convención, "no basta con que los recursos existan formalmente, sino que los mismos deben tener efectividad, es decir, debe brindarse a la persona la posibilidad real de interponer un recurso que sea sencillo y rápido"[189]. consideró que "la institución procesal del amparo reúne las características necesarias para la tutela efectiva de los derechos fundamentales, esto es, la de ser sencilla y breve[190]; pasando luego a explicar que "en lo que concierne al debido proceso legal." los actos del proceso de "destitución de los magistrados del Tribunal Constitucional seguido ante el Congreso, que se hallan sometidos a normas legales que deben ser puntualmente observadas," pueden ser recurribles en amparo, considerando sin embargo que el proceso de amparo "no implica valoración alguna sobre actos de carácter estrictamente político atribuidos por la Constitución al Poder Legislativo"[191].

La Corte Interamericana en el caso, analizó la decisión que había adoptado el propio Tribunal Constitucional peruano al decidir los recursos de amparo intentado por los magistrados destituidos considerando que "el ejercicio de la potestad de sanción, específicamente la de destitución de altos funcionarios, no puede ser abiertamente evaluada en sede jurisdiccional, pues constituye un acto privativo del Congreso de la República, equivalente a lo que en doctrina se denomina 'Political Questions' o cuestiones políticas no justiciables;"[192] destacando sin embargo, que el propio Tribunal había establecido que:

> "tal potestad no es ilimitada o absolutamente discrecional sino que se encuentra sometida a ciertos parámetros, uno de ellos y quizás el principal, el de su ejercicio conforme al principio de razonabilidad, pues no sería lógico ni menos justo, que la imposición de una medida de sanción, se adopte tras una situación de total incertidumbre o carencia de motivación. De allí que cuando existan casos en los que un acto de naturaleza política, como el que se cuestiona en la presente vía de amparo, denote una manifiesta transgresión de dicho principio y por extensión de otros como el del Estado Democrático de Derecho o el Debido Proceso Material, es un hecho inobjetable que este Colegiado sí puede evaluar su coherencia a la luz de la Constitución Política del Estado"[193].

En el caso, sin embargo, a pesar de que el Tribunal Constitucional estimó posible la revisión judicial de actos vinculados con un juicio político a efecto de evaluar si en aquéllos se había cumplido con las garantías propias del debido proceso legal, consideró que se habían respetado tales garantías, declarándose el recurso de amparo

---

[189]   *V.,* la sentencia en el caso *Tribunal Constitucional vs. Perú*, de 31 de enero de 2001 (Párr. 90) en http://www.corteidh.or.cr/docs/casos/articulos/Seriec_71_esp.pdf.

[190]   *Idem*, Párr. 91

[191]   *Idem*, Párr. 94

[192]   *Idem*, Párr. 95

[193]   *Idem*, Párr. 95

como infundado[194] la Corte Interamericana estimó "que el fracaso de los recursos interpuestos contra la decisión del Congreso que destituyó a los magistrados del Tribunal Constitucional" se debió a apreciaciones "no estrictamente jurídicas" afirmando que "la decisión de los amparos en el caso en análisis no se reunieron las exigencias de imparcialidad por parte del Tribunal que conoció los citados amparos" violándose el derecho a la protección judicial, en perjuicio de las víctimas. [195]

En todos estos casos de exclusión de la acción de amparo respecto de las actuaciones del Poder Ejecutivo que se consideren como cuestiones políticas, sin duda contrarias a los parámetros fijados en el artículo 25.1 de la Convención Americana para el derecho a la protección o amparo judicial, es también campo propicio para el ejercicio del control de convencionalidad.

C.   La acción de amparo y el funcionamiento de los servicios públicos

Finalmente y en relación con los actos administrativos, también en Argentina la Ley de amparo establece la inadmisibilidad de la acción de amparo en casos en los cuales la intervención judicial comprometa directa o indirectamente "la regularidad, continuidad y eficacia de la prestación de un servicio público, o el desenvolvimiento de actividades esenciales del Estado" (art. 2,c). La misma disposición se establece respecto de la acción de amparo en el Código de Procedimiento Civil de Paraguay (art. 565,c).

Dado la forma de redacción y la utilización de conceptos indeterminados (comprometer, directo, indirecto, regularidad, continuidad, eficacia, prestación, servicio público) y debido al hecho que cualquier actividad administrativa del Estado puede siempre relacionarse con un servicio público[196], esta disposición ha sido altamente criticada en Argentina, considerando que con su aplicación materialmente sería difícil que un amparo se decida contra el Estado[197]. En todo caso la decisión final corresponde a los tribunales y si bien es verdad que en la práctica la excepción no ha sido casi nunca utilizada[198], en algunas materias importantes sí se ha alegado[199].

---

[194]   *Idem,* Párr. 95

[195]   *Idem,* Párrs. 96, 97

[196]   *Idem,* pp. 226 ss.

[197]   *V.,* José Luis Lazzarini, *El juicio de amparo,* La Ley, Buenos Aires 1987, p. 231.

[198]   *Idem,* p. 233; Néstor Pedro Sagüés, *Derecho procesal Constitucional,* Vol. 3, *Acción de amparo,* Editorial Astrea, Buenos Aires 1988, p. 228.

[199]   Pasó, por ejemplo, en las acciones de amparo interpuestas en 1.985 contra la decisión del Banco Central de la República suspendiendo, por algunos meses, el plazo de los pagos de depósitos en moneda extranjera. Aunque algunos tribunales rechazaron las acciones de amparo en el asunto (*v.* CFed *BBlanca* case, 13 de agosto de 1.985, ED, 116-116, en Alí Joaquín Salgado, *Juicio de amparo y acción de inconstitucionalidad,* Editorial Astrea 1987, p. 51, note 59), en el caso *Peso,* la Cámara Nacional de Apelaciones en lo Contencioso-Administrativo Federal de Buenos Aires decidió rechazar los argumentos que pedían el rechazo de la acción de amparo basados en el concepto de que el caso es uno relativo a un "servicio público", considerando que las actividades del Banco Central no posee los elementos para ser considerado un servicio público como tal. *V.,* CNFedConAdm, Sala IV, 13 de junio de 1.985, ED, 114-231 en Alí Joaquín Salgado, *Juicio de amparo y acción de inconstitucionalidad,* Editorial Astrea 1987, p. 50, nota 56. Algunos años mas tarde y respecto de una

En todo caso, la exclusión de la acción de amparo en los mencionados casos de cuestiones políticas y de afectación de servicios públicos, en nuestro criterio, también resultan contrarias a lo dispuesto en el artículo 25.1 de la Convención Americana para el derecho a la protección o amparo judicial, constituyendo igualmente campo propicio para el ejercicio del control de convencionalidad.

5.   *El amparo contra las sentencias y actos judiciales*

En contraste con la admisión general de la acción de amparo contra actos administrativos y en general, contra los actos del Poder Ejecutivo, lo mismo no puede decirse respecto de las decisiones judiciales, las cuales en muchos casos se han excluido del ámbito de la acción de amparo. En otras palabras, si bien la acción de amparo está admitido en muchos países de América Latina contra los actos judiciales, en la mayoría de los países han sido expresamente excluidos y considerados inadmisibles, específicamente cuando las decisiones judiciales son pronunciadas en ejercicio del poder jurisdiccional[200], lo que sin duda también se configura como un campo propicio para el control de convencionalidad por contrariar lo dispuesto en el artículo 25.1 de la Convención Americana, el cual no excluye acto estatal lesivo de derechos humanos alguno de la protección judicial.

Respecto de los países que admiten el recurso de amparo para la tutela de los derechos constitucionales contra decisiones judiciales, puede decirse que ello ha sido la tradición en México (el amparo casación);[201] admitiéndose además, en general, en Guatemala (art. 10,h), Honduras (art. 9,3 y 10,2,a), Panamá (art. 2.615)[202], Perú y Venezuela.

El principio general en estos casos, según lo dispone el Código Procesal Constitucional peruano, es que el amparo es admitido contra resoluciones judiciales firmes dictadas con manifiesto agravio a la tutela procesal efectiva, que comprende el acceso a la justicia y el debido proceso (art. 4).[203] En el caso de Venezuela, de manera similar a como estaba establecido en la legislación de Perú antes de la sanción del

---

decisión similar del Banco Central de Venezuela sobre los impagos de los depósitos en moneda extranjera, en los casos referidos como *Corralito*, no hubo alegato alguno que considerara esas decisiones del Banco Central que fueron tomadas en un estado nacional de emergencia económica) como actividades correspondientes a un servicio público. En tales casos, las acciones de amparo fueron admitidas y declaradas con lugar, pero con múltiples incidentes judiciales. *V.*, por ejemplo, los casos Smith y San Luis, 2.002, en Antonio María Hernández, *Las emergencias y el orden constitucional*, Universidad Nacional Autónoma de México, México, 2003, pp. 71 y ss., 119 y ss. En dichos casos, las leyes y decretos de emergencia económica fueron declarados inconstitucionales.

[200]   Por consiguiente, los actos administrativos dictados por los tribunales pueden ser impugnados mediante el amparo. *V.*, por ejemplo, en relación con Argentina a Néstor Pedro Sagüés, *Derecho procesal Constitucional*, Vol. 3, *Acción de amparo*, Editorial Astrea, Buenos Aires 1988, pp. 197 y ss.

[201]   *V.*, Richard D. Baker, *Judicial Review in México. A Study of the Amparo Suit*, Texas University Press, Austin 1971, p. 98.

[202]   En este caso, sin ningún efecto suspensivo. *V.*, Boris Barrios González, *Derecho Procesal Constitucional*, Editorial Portobelo, Panamá 2.002, p. 159.

[203]   *V.*, Samuel B. Abad Yupanqui, *El proceso constitucional de amparo*, Gaceta Jurídica, Lima 2004, p. 326.

Código, el artículo 4 de la Ley de amparo dispone que en los casos de decisiones judiciales "procede la acción de amparo cuando un Tribunal de la República, actuando fuera de su competencia, dicte una resolución o sentencia u ordene un acto que lesione un derecho constitucional." Debido a que ningún tribunal puede tener facultad para ilegítimamente causar una lesión a los derechos y garantías constitucionales, el amparo contra decisiones judiciales es ampliamente admitido cuando la decisión de un tribunal lesiona directamente los derechos constitucionales del accionante, normalmente vinculados al debido proceso.

El caso de Colombia también debe mencionarse, especialmente debido al hecho que el artículo 40 del decreto N° 2.591 de 1.991 que reguló la acción de tutela apenas sancionada la Constitución, admitió la acción de tutela contra decisiones judiciales, lo que por lo demás, no estaba excluido en la Constitución. Por consiguiente, el Decreto expresamente estableció la posibilidad de intentar la acción de *tutela* contra actos judiciales cuando éstos infligieran daños directos a los derechos fundamentales. En esos casos, la *tutela* debía ser interpuesta *junto con el recurso apropiado*, es decir, el recurso de apelación. No obstante esta admisibilidad establecida por una ley de la tutela contra decisiones judiciales, en 1992 fue declarada inconstitucional por la Corte Constitucional, la cual anuló la norma considerándola contraria al principio de intangibilidad de los efectos de la cosa juzgada[204].

En esa forma fue eliminada en Colombia la acción de *tutela* contra las decisiones judiciales, pero no por mucho tiempo. Un año después de la decisión anulatoria de la Corte Constitucional, y luego de numerosas decisiones judiciales, la misma Corte Constitucional readmitió la acción de *tutela* contra las decisiones judiciales cuando constituyeren vías de hecho[205], es decir, cuando fuesen pronunciadas como consecuencia de un ejercicio arbitrario de la función judicial, violando los derechos constitucionales del demandante.[206] De manera que, de acuerdo con esta doctrina, la cual es aplicable a casi todos los casos en que la acción de amparo es incoada contra decisiones judiciales, éstas, para que sean impugnadas por vía de la acción de tutela deben haber sido pronunciadas en violación grave y flagrante de las garantías al debido proceso legal, constituyéndose en una decisión ilegítima o arbitraria sin soporte legal ninguno.

Aparte de los casos antes mencionados, sin embargo, puede decirse que la tendencia general en los países de América Latina, es el rechazo de la acción de amparo contra las decisiones judiciales, como es el caso en Argentina (art. 2,b),[207] Bolivia (art.

---

[204]   *V.,* Decisión C-543 del 1 de octubre de 1.992 en Manuel José Cepeda Espinosa, *Derecho Constitucional jurisprudencial. Las grandes decisiones de la Corte Constitucional*, Legis, Bogotá 2001, pp. 1009 y ss.

[205]   *V.,* Decisión S-231 del 13 de mayo de 1.994, *Idem,* pp. 1022 y ss.

[206]   *V.,* Decisión US-1218 del 21 de noviembre de 2.001. *V.,* en Juan Carlos Esguerra, *La protección constitucional del ciudadano,* Legis, Bogotá 2004, p. 164. *V.,* Eduardo Cifuentes Muñoz, "Tutela contra sentencias (El caso colombiano)," en Humberto Nogueira Alcalá (Ed.), *Acciones constitucionales de amparo y protección: realidad y perspectivas en Chile y América Latina,* Editorial Universidad de Talca, Talca 2000, pp. 307 y ss.

[207]   *V.,* Joaquín Brague Camazano, *La Jurisdicción constitucional de la libertad (Teoría general, Argentina, México, Corte Interamericana de Derechos Humanos),* Editorial Porrúa, México 2005, p. 98. José Luis Lazzarini, *El juicio de amparo,* Editorial La Ley, Buenos Aires, 1987,

96,3), Brasil (art. 5,II), Costa Rica (ar. 30,b),[208] Chile,[209] República Dominicana (art. 3,a),[210] Ecuador,[211] Nicaragua (art. 51,> Paraguay (art. 2,a) y Uruguay (art. 2,a)[212].

En El Salvador y Honduras la exclusión está limitada a los actos judiciales "puramente civiles, comerciales o laborales, y respecto de sentencias definitivas ejecutoriadas en materia penal". (El Salvador, art. 13; Honduras, art. 46.7). También, en Brasil el *mandado de segurança* está excluido contra decisiones judiciales cuando de acuerdo con las normas procesales, existe contra ellas un recurso judicial o cuando tales decisiones pueden ser modificadas por otros medios (art. 5,II).

El artículo 25.1 de la Convención Americana al garantizar el derecho de amparo o protección judicial lo estableció en forma general contra las violaciones por parte de los órganos del Estado de los derechos humanos, cualquiera que sea la fuente de la violación, amparo contra un específico acto estatal que viole los derechos, como son las sentencias y actos judiciales, sin duda, contraría la Convención, siendo igualmente campo propicio para el ejercicio del control de convencionalidad, por parte de la Corte Interamericana y de los jueces y tribunales nacionales.

Sin embargo, en esta materia, puede decirse que la Corte Interamericana dejó pasar la oportunidad de realizar el control de convencionalidad respecto de la inconvencional negación de la acción de amparo contra decisiones de los órganos judiciales en Ecuador. El tema se planteó específicamente en la sentencia del caso *Acosta Calderón vs. Ecuador* de 24 de junio de 2005, ante el alegato de los representantes

---

pp. 218-223; Alí Joaquín Salgado, *Juicio de amparo y acción de inconstitucionalidad*, Astrea, Buenos Aires 1987, p. 46.

[208] V., Rubén Hernández Valle, *Derecho Procesal Constitucional*, Editorial Juricentro, San José 2001, pp. 45, 206, 223, 226. El único caso en el cual se ha planteado a nivel internacional la cuestión de la inconvencionalidad del artículo 31.b de la Ley de la Jurisdicción Constitucional costarricense fue declarado inadmisible por la Comisión Interamericana de Derechos Humanos porque el derecho que se había alegado como violado por el Estado no era un derecho establecido en la Convención Americana sino de orden interno (derecho a jubilación de un funcionario público). V., el Informe 85/98. caso 11.417, *Gilbert Bernard Little vs. Costa Rica*, punto resolutivo 2. V., la referencia en Anamari Garro, *La improcedencia del recurso de amparo contra las resoluciones y actuaciones jurisdiccionales del Poder Judicial a la luz de la Constitución costarricense y del artículo 25 de la Convención Americana sobre Derechos Humanos*, Tesis para optar al grado de Doctor en Derecho, Universidad de los Andes, Santiago de Chile 2012 (Versión mimeografiada), p. 271, Nota 983.

[209] V., Juan Manuel Errazuriz G. y Jorge Miguel Otero A., *Aspectos procesales del recurso de protección*, Editorial Jurídica de Chile, Santiago, 1989, p. 103. No obstante, algunos autores consideran que el recurso de tutela es admisible contra decisiones judiciales cuando son pronunciadas en forma arbitraria y en violación de los derechos al debido proceso. V., Humberto Nogueira Alcalá, "El derecho de amparo o protección de los derechos humanos, fundamentales o esenciales en Chile: evolución y perspectivas," en Humberto Nogueira Alcalá (Editor), *Acciones constitucionales de amparo y protección: realidad y perspectivas en Chile y América Latina*, Editorial Universidad de Talca. Talca 2000, p. 45.

[210] V., Eduardo Jorge Prats, *Derecho Constitucional*, Vol. II, *Gaceta Judicial*, Santo Domingo 2005, p. 391.

[211] V., Hernán Salgado Pesantes, *Manual de Justicia Constitucional Ecuatoriana*, Corporación Editora Nacional, Quito 2004, p. 84.

[212] V., Luis Alberto Viera, *Ley de Amparo*, Ediciones Idea, Montevideo 1993, pp. 50, 97.

de las víctimas de que en Ecuador, aún "con las reformas constitucionales de 1996 y 1998, el ejercicio de la garantía del amparo no se encuentra asegurado en concordancia con la norma del [artículo] 25 de la Convención, pues prohíbe de manera expresa que se interpongan acciones de amparo en contra de las providencias judiciales"[213]. La Corte Interamericana, sin embargo, en lugar de entrar a realizar el control de convencionalidad en este importante aspecto, se limitó a señalar que no se pronunciaba sobre las alegaciones de los representantes pues "dichas reformas no se enmarcan dentro de los presupuestos del presente caso"[214].

El tema del amparo contra decisiones judiciales, en todo caso, requiere que el amparo esté configurado como un amparo difuso en el sentido de que los tribunales llamados a conocer de las acciones de amparo sean en general los de todo el orden judicial, de manera que el amparo se pueda intentar ante el juez superior a aquél que dicta el acto lesivo. En Venezuela, por ejemplo, el amparo se intenta en principio ante los jueces de primera instancia, por lo que los jueces competentes para conocer de la acción de amparo son los tribunales superiores. En sistemas de amparo concentrado en un solo tribunal, como es el caso de la Sala Constitucional del Tribunal Supremo de Justicia de Costa Rica, que es la que tiene competencia exclusiva para conocer de las acciones de amparo, sería prácticamente imposible implementar el amparo contra decisiones judiciales (en la actualidad excluida en la Ley de la jurisdicción Constitucional), pues de hacerse sin descentralizar el amparo colapsaría completamente la Sala Constitucional.

6.   *El amparo contra actos de otros órganos constitucionales*

Aparte de lo actos de las ramas legislativa, ejecutiva y judicial, el principio de la separación de los poderes ha dado origen en el derecho constitucional latinoamericano contemporáneo a otros órganos del Estado independientes de dichas clásicas tres ramas del Poder Público. Este es el caso de los cuerpos u órganos electorales encargados de dirigir los procesos electorales; de las oficinas de Defensoría del Pueblo o de los Derechos Humanos; de las entidades fiscalizadoras o Contralorías Generales; y de los Consejos de la Judicatura o de la Magistratura establecidos para la dirección y administración de las cortes y tribunales.

Debido a que dichos órganos emanan actos estatales, los mismos, al igual que sus hechos y omisiones, pueden ser objeto de acciones de amparo cuando violen derechos constitucionales. No obstante, algunas excepciones también han sido establecidas para negar la admisibilidad de acciones de amparo, por ejemplo, contra los cuerpos electorales como sucede en Costa Rica (art. 30,d)[215], México (art.

---

[213]   *V.*, sentencia del caso *Acosta Calderón vs. Ecuador de 24 de junio de* 2005, Serie C 129 (Párr. 87.f), en http://www.corteidh.or.cr/docs/casos/articulos/seriec_129_esp1.pdf

[214]   *Ídem.* Párr. 98

[215]   *V.*, Rubén Hernández Valle, *Derecho Procesal Constitucional*, Editorial Juricentro, San José 2001, pp. 228-229. Otras materias decididas por el Tribunal Supremo de Elecciones como nacionalidad, capacidad o estado civil son materias sujetas al control jurisdiccional mediante el amparo. *V.*, José Miguel Villalobos, "El recurso de amparo en Costa Rica," en Humberto Nogueira Alcalá (Editor), *Acciones constitucionales de amparo y protección: realidad y perspectivas en Chile y América Latina*, Editorial Universidad de Talca, Talca 2000, pp. 222-223.

73,VII),[216] Nicaragua (art. 51,5), Panamá (art. 2.615),[217] y Uruguay (art. 1,b). Eta exclusión, igualmente, es campo propio para el ejercicio del control de convencionalidad, para adecuar estas normas a la Convención Americana.

Ello por lo demás, fue lo que ocurrió en el Perú, respecto del artículo 5.8 del Código Procesal Constitucional que excluía la acción de amparo contra las decisiones del Juzgado Nacional de Elecciones. Esta norma fue objeto de control de convencionalidad por parte del Tribunal Constitucional el cual la anuló invocando el carácter vinculante de la jurisprudencia de la Corte Interamericana, incluidas sus opiniones consultivas[218].

Sin embargo, en el Perú subsiste cta exclusión respecto de los recursos de amparo cuando se ejerzan contra actos del Consejo de la Magistratura mediante los cuales se destituya o ratifique a los jueces (art. 5.7) dictados en forma debidamente motivada y con previa audiencia del interesado[219].

En esta materia, en todo caso, debe mencionarse el ejercicio del control de convencionalidad que ejerció la Corte Interamericana respecto de la exclusión del recurso de amparo o protección judicial efectiva contra actos de algunas autoridades electorales en Nicaragua. Se trata del caso *Yatama vs. Nicaragua* de 23 de junio de 2005, en el cual la Corte Interamericana, después de constatar que el Consejo Supremo Electoral de Nicaragua en un proceso electoral de 2000 no había respetado las garantías del debido proceso del partido Yatama al rechazarle la presentación de candidatos a las elecciones, afectando el derecho a la participación política de los candidatos (párr. 160-164), constató que el Estado había violado el derecho a la protección judicial o amparo establecido en el artículo 25.1 por impedirse en el orden interno la recurribilidad de los actos del Consejo Nacional Electoral. La Corte Interamericana consideró, en esencia, que "la inexistencia de recursos internos efectivos coloca a las personas en estado de indefensión" de manera que "la inexistencia de un recurso efectivo contra las violaciones de los derechos reconocidos por la

---

[216] V., Eduardo Ferrer Mac-Gregor, *La acción constitucional de amparo en México y España. Estudio de derecho comparado*, Editorial Porrúa, México 2002, p. 378; V., Richard D. Baker, *Judicial Review in México. A Study of the Amparo Suit*, Texas University Press, Austin 1971, pp. 98, 152.

[217] V., Boris Barrios González, *Derecho Procesal Constitucional*, Editorial Portobelo, Panamá 2002, p. 161.

[218] V., sentencia del Tribunal Constitucional del Perú de 19 de junio de 2007 dictada en el caso *Colegio de Abogados del Callao vs. Congreso de la República*, (00007-2007-PI/TC-19); citada por Carlos Ayala Corao, "El diálogo jurisprudencial entre los Tribunales internacionales de derechos humanos y los Tribunales constitucionales," Boris Barrios González (Coordinador), *Temas de Derecho Procesal Constitucional Latinoamericano*, Memorias I Congreso panameño de Derecho Procesal Constitucional y III Congreso Internacional Proceso y Constitución, Panamá 2012, p. 176. Antes de la anulación, sin embargo, la acción de amparo se admitía si la decisión del *Jurado Nacional de Elecciones* no tenía una naturaleza jurisdiccional o, teniéndola, violaba la efectiva protección judicial (el debido proceso). V., Samuel B. Abad Yupanqui, *El proceso constitucional de amparo*, Gaceta Jurídica, Lima 2004, pp. 128, 421, 447

[219] V., Samuel B. Abad Yupanqui, *El proceso constitucional de amparo*, Gaceta Jurídica, Lima 2004, p. 126.

Convención constituye una transgresión de la misma por el Estado Parte,"[220] para lo cual reiteró su doctrina de que la existencia de la garantía prevista en el artículo 25.1 de la Convención consistente en "la posibilidad real de interponer un recurso," en los términos de dicha norma, "constituye uno de los pilares básicos, no sólo de la Convención Americana, sino del propio Estado de Derecho en una sociedad democrática en el sentido de la Convención"[221].

Pasó luego la Corte Interamericana, al analizar la situación en Nicaragua, a constatar que de acuerdo con la Constitución Política, contra los actos del órgano de mayor jerarquía del Poder Electoral, el Consejo Supremo Electoral (artículo 129), "no habrá recurso alguno, ordinario ni extraordinario" (artículo 173.14), lo que recoge la Ley de Amparo al disponer que el recurso de amparo no procede "contra las resoluciones dictadas en materia electoral" (artículo 51.5), admitiéndose sólo conforme a la ley Electoral el recurso de amparo contra las "resoluciones definitivas que en materia de partidos políticos dicte el Consejo Supremo Electoral" (artículo 76)[222]. Por tanto, intentado como fue el caso sometido a su conocimiento un recurso de amparo contra una decisión del Consejo Supremo Electoral, la Sala de lo Constitucional de Nicaragua resolvió declararlo "improcedente *in limine litis* con fundamento en que no tenía competencia para conocer en materia electoral"[223].

En esta situación la Corte Interamericana comenzó por afirmar que si bien la Constitución de Nicaragua establecía la irrecurribilidad de las resoluciones del Consejo Supremo Electoral en materia electoral, ello no puede significar "que dicho Consejo no deba estar sometido a controles judiciales, como lo están los otros poderes del Estado;" afirmando, con razón, que "las exigencias derivadas del principio de independencia de los poderes del Estado no son incompatibles con la necesidad de consagrar recursos o mecanismos para proteger los derechos humanos."[224] De manera que, puntualizó la Corte, "independientemente de la regulación que cada Estado haga respecto del órgano supremo electoral, éste debe estar sujeto a algún control jurisdiccional que permita determinar si sus actos han sido adoptados al amparo de los derechos y garantías mínimas previstos en la Convención Americana, así como las establecidos en su propia legislación, lo cual no es incompatible con el respeto a las funciones que son propias de dicho órgano en materia electoral." De la carencia en ese caso, del recurso sencillo y rápido, tomando en cuenta las particularidades del procedimiento electoral, concluyó la Corte "que el Estado violó el derecho a la protección judicial consagrado en el artículo 25.1 de la Convención Americana, en perjuicio de los candidatos propuestos por Yatama para participar en las elecciones municipales de 2000, en relación con los artículos 1.1 y 2 de la misma"[225].

El control de convencionalidad efectuado por la Corte Interamericana ante la irrecurribilidad mediante la acción de amparo de los actos del Consejo Supremo

---

[220] *V.,* sentencia en el caso *Yatama Vs. Nicaragua* de 23 de Junio de 2005 (Párr. 167, 168), en http://www.corteidh.or.cr/docs/casos/articulos/seriec_127_esp.pdf

[221] *Idem,* Párr. 169

[222] *Idem,* Párr. 171

[223] *Idem,* Párr. 172

[224] *Idem,* Párr. 174

[225] *Idem,* Párr. 175, 176.

Electoral, lo que consideró como una violación del artículo 25.1 de la Convención, en relación con los artículos 1.1 y 2 de la misma, condujo a la Corte a requerir del Estado:

"que adopte, dentro de un plazo razonable, las medidas legislativas necesarias para establecer un recurso judicial sencillo, rápido y efectivo que permita controlar las decisiones del Consejo Supremo Electoral que afecten derechos humanos, tales como los derechos políticos, con observancia de las garantías legales y convencionales respectivas, y derogue las normas que impidan la interposición de ese recurso"[226].

Debe mencionarse que en este aspecto, el juez Alejandro Montiel Argüello en un Voto Disidente de la misma sentencia, materialmente se limitó a constar que la inconvencional exclusión de los "recursos de amparo en cuestiones electorales" en el ordenamiento jurídico de Nicaragua, ocurría "al igual que lo hacen las legislaciones de muchos otros países y también son muchos los países que al igual que Nicaragua excluyen del recurso de amparo las resoluciones judiciales por considerar que los recursos ordinarios son suficientes para garantizar los derechos humanos"[227].

Ello, en lugar de legitimizar la restricción nicaragüense lo que pone en evidencia es que en esos otros países la normativa también es violatoria de la Convención Americana, debiendo corregirse mediante el control de convencionalidad

***

Sin duda, entre todas las instituciones del derecho constitucional de América Latina, el derecho o la acción de amparo[228] puede considerarse como la más característica de todas, al punto de que bien se la puede calificar como una institución propiamente latinoamericana[229], por lo demás, de origen mexicano[230], la cual ha incluso influido en su adopción en otras latitudes[231].

---

226   *Idem*, Párr. 254

227   *Idem*, Voto Disidente, Párr. 7

228   Entre las denominaciones empleadas para la regulación de la institución de amparo en los países de América latina, se destacan las siguientes: *Amparo* (Guatemala), *Juicio de amparo*, (México), *Proceso de amparo* (El Salvador, Perú), *Acción de amparo* (Argentina, República Dominicana, Ecuador, Honduras, Paraguay, Uruguay y Venezuela), *Recurso de amparo* (Bolivia, Costa Rica, Nicaragua, y Panamá) *Acción de tutela* (Colombia), *Recurso de protección* (Chile), *Mandado de segurança* y *mandado de injunçao* (Brasil),

229   *V.,* en general lo que hemos expuesto en Allan R. Brewer-Carías, *Constitutional Protection of Human Rights in Latin America. A Comparative Law Study on the amparo proceeding,* Cambridge University Press, New York 2008.

230   *V.,* Héctor Fix-Zamudio, *Ensayos sobre el derecho de amparo,* Editorial Porrúa, México 2003; Francisco Fernández Segado, "Los orígenes del control de la constitucionalidad y del juicio de amparo en el constitucionalismo mexicano de la primera mitad del siglo XIX. El impacto del Voto particular de don mariano Otero", en *Revista Iberoamericana de Derecho Procesal Constitucional,* N° 5, Instituto Iberoamericano de Derecho Procesal Constitucional, Ed. Porrúa, México 2006, pp. 67 y ss.

231   La más reciente, por ejemplo en Filipinas, en la resolución de la Corte Suprema de ese país, "The Rule of the Writ of Amparo" dictadas en 2007. *V.,* Allan R. Brewer-Carías, "The Latin American Amparo Proceeding and the Writ of Amparo in The Philippines," en *City University of Hong Kong Law Review,* Volume 1:1 October 2009, pp 73-90.

En la actualidad en los países latinoamericanos el amparo está regulado en expresas normas constitucionales; y en todos, excepto en Chile, el proceso de amparo está regulado en textos legislativos específicos[232]. Estas leyes, en algunos casos han sido específicamente sancionadas para regular la "acción de amparo" como sucede en Argentina, Brasil, Colombia, México, Nicaragua, Uruguay y Venezuela. En otros casos, la legislación dictada también contiene regulaciones en relación con otros medios judiciales de protección de la Constitución, como las acciones de inconstitucionalidad y las acciones de *habeas corpus* y *habeas data*, como es el caso Bolivia, Guatemala, Perú, Costa Rica, Ecuador, El Salvador, Honduras y República Dominicana. Sólo en Panamá y en Paraguay el proceso de amparo está regulado en un Capítulo especial en los respectivos Códigos de Procedimiento Civil o judicial.

Sin embargo, y a pesar de toda esta expansión legislativa y tradición constitucional, en muchos aspectos y en muchos países la institución del amparo, como hemos destacado, no se adapta a los parámetros del derecho humano a la protección judicial para amparar los derechos humanos tal como se recogió en el artículo 25.1 de la Convención Americana sobre derechos Humanos. El amparo, por tanto, siendo tan viejo casi como el mismo constitucionalismo latinoamericano[233], todavía requiere de ajustes, los cuales se han venido realizando a nivel continental gracias precisamente al control de convencionalidad desarrollado por la Corte Interamericana de Derechos Humanos y por los jueces y tribunales nacionales en el orden interno con base a ese marco común que ha sido el citado artículo 25 de la Convención.

Hemos analizado la situación de la acción de amparo contra acciones u omisiones lesivas provenientes de autoridades y funcionarios, y si bien en la mayoría de los países se establece como un medio general de protección sin ningún tipo de distinciones como sucede en Bolivia, Colombia, El Salvador, Guatemala, Perú, Nicaragua, Uruguay y Venezuela; en México, se limita la posibilidad de intentarla sólo contra autoridades que tengan el poder de decidir, de ejecutar o de imponer decisiones. En otros países se excluye la acción de amparo respecto de ciertas autoridades, como son los cuerpos electorales, tal como sucede en Costa Rica, México, Nicaragua, Panamá, Perú y Uruguay; o el Consejo de la Magistratura, como es el caso de Perú. En cuanto a la acción de amparo ejercida contra autoridades y funcionarios, el tratamiento de los actos estatales que pueden ser objeto de la acción de amparo tampoco es uniforme, en el sentido de que en muchos casos se establecen exclusiones puntuales, lo que también contraría el espíritu de universalidad del amparo. Por ejemplo, en cuanto a actos ejecutivos, en México se excluyen de la acción de amparo ciertos actos presidenciales, y en Uruguay se excluyen los reglamentos ejecutivos; en Argentina y Perú se excluyen de la acción de amparo los actos estatales en los cuales se decidan cuestiones políticas, y en Argentina, además, los actos relativos a la defensa nacional. Igualmente, en Argentina y en Paraguay se excluyen de la acción de amparo los actos que afecten el funcionamiento de los servicios públicos.

---

[232] V., Allan R. Brewer-Carías, *Leyes de Amparo de América Latina* (Compilación y Estudio Preliminar), Instituto de Administración Pública de Jalisco y sus Municipios, Instituto de Administración Pública del Estado de México, Poder Judicial del Estado de México, Academia de Derecho Constitucional de la Confederación de Colegios y Asociaciones de Abogados de México, Jalisco, 2009. 2 Vols. 419 pp. y 405 pp.

[233] V., Allan R. Brewer-Carías, "Ensayo de síntesis comparativa sobre el régimen del amparo en la legislación latinoamericana", en *Revista Iberoamericana de Derecho Procesal Constitucional*, No. 9 enero-junio 2008, Editorial Porrúa, Instituto Iberoamericano de Derecho Procesal Constitucional, México 2008, pp. 311-321.

En cuanto a los actos legislativos, en México se excluyen de la acción de amparo ciertos actos del Congreso; y en cuanto al amparo contra leyes, la mayoría de los países lo excluyen, como sucede en Argentina, Bolivia, Brasil, Colombia, Costa Rica, Chile, Ecuador, El Salvador, Nicaragua, Perú, Panamá, Paraguay, Republica Dominicana y Uruguay. En realidad, el amparo contra leyes sólo se admite en Honduras, donde sólo se aplica el método concentrado de control de constitucionalidad de las leyes; y en Guatemala, México y Venezuela, que han adoptado el sistema mixto de control de constitucionalidad de las leyes.

En cuanto a los actos judiciales, también en la mayoría de los países de América Latina se excluye la acción de amparo contra los mismos, como es el caso de Argentina, Bolivia, Brasil, Costa Rica, Chile, Ecuador, El Salvador, Nicaragua, Paraguay, República Dominicana, y Uruguay. En otros países, sin embargo, se admite la acción de amparo contra sentencias, como sucede en Colombia, Guatemala, Honduras, México, Panamá, Perú y Venezuela; aún cuando en algunos de ellos se excluye expresamente respecto de decisiones de las Cortes Supremas (México, Panamá, Perú, Venezuela) o de las decisiones dictadas en los juicios de amparo (Honduras, México).

Todo este panorama lo que nos muestra es un campo muy amplio y propicio para el ejercicio del control de convencionalidad en nuestros países, para darle a la institución del amparo su dimensión universal, como en muchas sentencias lo ha venido realizando progresivamente la Corte Interamericana, y los propios jueces y tribunales nacionales. El camino está iniciado, como lo muestra el análisis que hemos efectuado, lo que no significa que no falte mucho por recorrer.

V. LA TENDENCIA AL DESPLAZAMIENTO DEL CONTROL DE CONVENCIONALIDAD DESDE EL DERECHO CONSTITUCIONAL HACIA EL DERECHO ADMINISTRATIVO

Pero lo importante a destacar de todo este proceso de desarrollo conceptual del control de convencionalidad, es que el mismo, definitivamente ya ha escapado del cerco que el derecho constitucional le había montado, particularmente como consecuencia de la tendencia de hacer el paralelismo entre control de convencionalidad y control de constitucionalidad, y que en mi criterio debe considerarse como superado.

Ese paralelismo pudo tener cierta base por el rango constitucional que en el orden interno tiene la Convención Americana de Derechos Humanos en materia de derechos fundamentales, que pasaron, en casi todos nuestros países, a formar parte del bloque de la constitucionalidad, lo que "acercaba" entonces el control de convencionalidad al control de constitucionalidad.

Sin embargo, aplicado el marco conceptual del control de convencionalidad al universo de las otras convenciones y tratados internacionales sobre materias distintas a los derechos humanos, que se han venido incorporando en el orden interno de acuerdo a los mecanismos establecidos en las Constituciones, formando parte en general del bloque de la legalidad, el control de convencionalidad puede decirse que se está desplazando del ámbito del derecho constitucional hacia el ámbito del derecho administrativo, en el cual se ubican las normas de la mayoría de las normas de los tratados y convenciones internacionales, como los que se refieren a la protección del medio ambiente; a las relaciones comerciales; a la lucha contra la corrupción; al régimen multilateral de servicios públicos, como los de salud, de transporte, de navegación, de correos; al uso de espectro radioeléctrico, y tantos otros.

En todos esos casos, y en relación con las competencias de los jueces nacionales, también tenemos que conceptualizar las modalidades de ejercicio de sus poderes de control de convencionalidad, en estos casos, sin embargo, conforme al bloque de legalidad, en la forma en la cual en el mismo se integren los tratados y convenios internacionales, sea con rango supra-legal o con rango legal[234].

Si los tratados, convenciones o convenios internacionales tienen rango supra-legal pero sub-constitucional, como sucede en Costa Rica, el juez nacional está en la obligación de dar preferencia a las normas internacionales en relación con las normas legales internas.

En este caso, éste sería el ámbito del control de convencionalidad que en general todos los jueces nacionales realizan cuando al resolver un asunto, constatan que el derecho que lo rige no solo está regulado en normas nacionales sino en tratados y convenciones internacionales, en cuyo caso, todos los jueces nacionales ejercen, aun cuando no lo concienticen, un control difuso de convencionalidad. Ello es lo que resulta o debe resultar del principio *iura novit curia*, conforme al cual el juez se presume que conoce el derecho que está llamado a aplicar, siendo él, el único responsable en determinar cuál es la ley o norma que es aplicable al caso concreto que debe resolver, independiente de las argumentaciones de las partes.

Ello, incluso, es lo que resulta con toda precisión en el caso de los jueces contencioso administrativos, en todo lo que se refiera a la aplicación de la Ley General de la Administración Pública y de normas del ordenamiento jurídico administrativo, conforme al principio de las fuentes del mismo que conforme al artículo 6 de dicha Ley General, se deben sujetar a un determinado y obligatorio orden que ubica a la Constitución en la cúspide, seguida de "los tratados internacionales y las normas de la Comunidad Centroamericana," a los cuales siguen "las leyes y demás actos con valor de ley," y a continuación, los reglamentos, los decretos ejecutivos y demás normas subordinadas a los mismos[235]. De esta norma de la Ley General, sin duda, confirma, en el campo del derecho administrativo, los poderes de control difuso de la convencionalidad que el bloque de legalidad que están obligados a aplicar les impone en la resolución de sus asuntos de su competencia.

---

[234]   Sobre el rango de los tratados internacionales en el derecho interno véase: Rodolfo E. Piza Escalante, *Derecho internacional de los derechos humanos: La Convención Americana*, San José 1989; Carlos Ayala Corao, "La jerarquía de los instrumentos internacionales sobre derechos humanos", en *El nuevo derecho constitucional latinoamericano*, IV Congreso venezolano de Derecho constitucional, Vol. II, Caracas 1996 y *La jerarquía constitucional de los tratados sobre derechos humanos y sus consecuencias*, México, 2003; Humberto Henderson, "Los tratados internacionales de derechos humanos en el orden interno: la importancia del principio *pro homine*", en *Revista IIDH*, Instituto Interamericano de Derechos Humanos, No. 39, San José 2004, pp. 71 y ss. *V.*, también, Allan R. Brewer-Carías, *Mecanismos nacionales de protección de los derechos humanos*, Instituto Internacional de Derechos Humanos, San José, 2004, pp. 62 y ss.

[235]   *V.*, sobre la importancia de esta enumeración y del orden de las fuentes del derecho administrativo, los comentarios que en su momento hicimos en Allan R. Brewer-Carías, "Comentarios sobre los principios generales de la Ley General de la Administración Pública de Costa Rica" en *Revista del Seminario Internacional de Derecho Administrativo*, Colegio de Abogados de Costa Rica, San José 1981, pp. 31-57; y en *Revista Internacional de Ciencias Administrativas*, Vol. XLVIII, Institut International des Sciences Administratives, Bruselas 1982, No. 1, pp. 47-58.

Y si los tratados o convenciones internacionales solo tienen rango legal, como sucede en la mayoría de los países, igualmente el juez nacional, en la aplicación del bloque de legalidad, deberá ejercer el control difuso de convencionalidad aplicando en el caso concreto los tratados internacionales y las leyes que rigen el caso concreto, conforme a las técnicas comunes interpretativas y de aplicación de las leyes, por ejemplo los que derivan de la relación entre la ley especial y la ley general y entre la ley posterior y la ley anterior.

De nuevo ese es, en este caso, el ámbito del ejercicio del control de convencionalidad, cuando éste se ha desplazado en la substancia, del marco del derecho constitucional donde fue conceptualizado por la aplicación de tratados internacionales con rango constitucional como son los relativos a los derechos humanos, hacia el marco del derecho administrativo donde los tratados que lo rigen tienen rango supra-legal pero sub-constitucional, en cuyo caso corresponde ser ejercido claramente por todos los jueces nacionales, en particular los contencioso administrativos, incluso de oficio, en todos los casos en los cuales para la resolución de los casos concretos de derecho administrativo que tengan a su cargo, tengan que aplicar tratados o convenios internacionales; todo ello, conforme a los principios que rigen en la aplicación del bloque de legalidad.

Otro plano adicional del asunto, por supuesto, que interesa particularmente al derecho administrativo, es el que se refiere a la aplicación del bloque de la legalidad, conforme a la jerarquía u orden de las fuentes, por parte de los funcionarios públicos en el seno de las actuaciones administrativas. Éstos están obligados, en respeto del principio de legalidad, a aplicar el derecho en los casos que decidan, y en particular, no solo lo dispuesto en las leyes y reglamentos aplicables, sino en los tratados o convenios internacionales conforme a la jerarquía supra-legal que tengan en países como Costa Rica, conforme al artículo 6 de la Ley General de la Administración Pública; o al rango legal de los mismos que tienen en otros países.

Los funcionarios públicos competentes, por supuesto, al dictar los actos administrativos correspondientes en esos casos, estando sujetos al principio de legalidad, están obligados a aplicar el ordenamiento jurídico administrativo conforme al orden o jerarquía que tengan las fuentes del ordenamiento jurídico administrativo, y en ese contexto, les corresponde interpretar cuál ley es la aplicable en el caso concreto, y en caso de existencia de convenios o tratados internacionales que rijan la materia, determinar si los mismos prevalecen o no sobre las normas internas, conforme a las técnicas interpretativas que ofrece el bloque de legalidad.

En este sentido es que podría decirse que los funcionarios administrativos también ejercen un control de convencionalidad, estando su actuación, en todo caso, sujeta al control de los tribunales de la jurisdicción contencioso administrativa, en cuyos casos, igualmente, los jueces competentes de la misma, al decidir sobre la impugnación de los actos administrativos dictados, en la misma forma, también están obligados a ejercer el control de convencionalidad.

VI.   APRECIACIÓN FINAL

De todo lo anteriormente expuesto podemos entonces concluir, que el control de convencionalidad, conceptualizado a partir de los años dos mil en relación con la Convención Americana de Derechos Humanos, en realidad resultó que no era nada nuevo, pues el mismo es el que había venido realizando en sus dos vertientes, primero, en el ámbito internacional, por la Corte Interamericana de Derechos Humanos desde el comienzo de su funcionamiento, y segundo, además, en el ámbito de los derechos internos, por los tribunales nacionales desde que la Convención entró en vigencia en los respectivos países, como lo demuestran todos los casos en los cuales una y otros debieron confrontar las normas de la Convención que en general han tenido rango constitucional en el derecho interno, con las normas internas de los diversos países.

En este contexto del rango constitucional que la Convención Americana y de los derechos humanos en ella consagrados han tenido en el derecho interno, en la conceptualización inicial del control de convencionalidad, particularmente por haber el derecho constitucional acaparado el tema del control de convencionalidad, se comenzó a establecer un incorrecto paralelismo y más aún, una cierta dependencia entre el control de convencionalidad y el sistema de control de constitucionalidad que existía en los diversos países. Ello, en mi criterio, en lugar de clarificar conceptualmente el control de convencionalidad, lo ha desdibujado, pues este es completamente independiente del sistema de control de constitucionalidad que pueda existir en determinado país. Ello implica que en países en los cuales no exista un control difuso de constitucionalidad de las leyes, sí puede y debe ejercerse un control de convencionalidad por todos los tribunales nacionales en relación con los Convenios internacionales incluyendo la Convención Americana sobre Derechos Humanos; potestad que no puede estar conceptualmente reservada a un solo Tribunal o Corte Suprema o Sala de la misma.

Ese control de convencionalidad, por otra parte, como control difuso, puede y debe ejercerse de oficio, sin necesidad de que haya un argumento o excepción de parte, lo que es particularmente claro si se toma en cuenta la ruptura del cerco que el derecho constitucional le había tendido al control de convencionalidad, y del cual se ha escapado por fuerza de la vigencia del derecho administrativo. Éste ahora reclama de los jueces nacionales en general, y en particular, de los jueces contencioso administrativo, que ejerzan igualmente el control de convencionalidad en la aplicación de tratados y convenios internacionales, en el marco de las reglas que rigen el bloque de la legalidad.

Esta competencia y poder de control de convencionalidad también corresponde ser ejercida por los funcionarios administrativos en sede de la Administración, cuando el asunto que deban decidir esté regulado, además de por leyes, por tratados y convenios internacionales; en cuyo caso, por supuesto están sujetos al control de legalidad por parte de los tribunales contencioso administrativo.

II
CONTROL DE CONVENCIONALIDAD DIFUSO EJERCIDO POR LAS JURISDICCIONES CONSTITUCIONAL Y CONTENCIOSO-ADMINISTRATIVA

Ernesto Jinesta Lobo

INTRODUCCIÓN

El control de convencionalidad, desarrollado jurisprudencialmente por la Corte Interamericana de Derechos Humanos, que deben ejercer, incluso, de oficio, los Tribunales y Salas constitucionales de Latinoamérica les plantea a estos órganos nuevos retos y desafíos en el ejercicio de sus funciones de fiscalización constitucional. El control de convencionalidad supone un revulsivo en la teoría de las fuentes del Derecho[1], un replanteamiento de una serie de categorías dogmáticas y el surgimiento de otras absolutamente novedosas. En efecto, ahora podemos hablar de un *"parámetro o bloque de convencionalidad"* que debe ser interpretado y aplicado por los jueces constitucionales nacionales, de una mutación positiva del principio de la supremacía constitucional, de la *"inconvencionalidad"* de las normas locales y de la *"declaratoria de inconvencionalidad"* de una norma o disposición nacional.

El control de convencionalidad implica la necesidad de despojarse de una serie importante de lastres histórico-dogmáticos muy arraigados en la ciencia jurídica, derribar una serie de mitos (*v. gr.* la supremacía exclusiva de la Constitución) y, en definitiva, un nuevo paradigma del Derecho Público de los países del sistema interamericano.

Debe reconocerse que tratándose de los Tribunales y Salas Constitucionales, en cuanto se acepta que dictan sentencias vinculantes y con efectos *erga omnes* que declaran la nulidad de una norma o disposición local por contrariar el parámetro de convencionalidad, expulsándola del ordenamiento jurídico con autoridad de cosa juzgada constitucional, el control de convencionalidad difuso ejercido por estos órganos suele ser más incisivo y de mayor alcance que aquél otro que pueden ejercer

---

[1] *V.,* Ernesto Jinesta Lobo, "La construcción de un Derecho administrativo común interamericano: Reformulación de las fuentes del Derecho Administrativo con la constitucionalización del Derecho Internacional de los Derechos Humanos". *Revista Iberoamericana de Derecho Público y Administrativo*, Asociación e Instituto Iberoamericano de Derecho Administrativo Prof. Jesús González Pérez, Año 11, No 11, 2011, pp. 112-120.

los jueces ordinarios. En efecto, los jueces de legalidad, únicamente, pueden des-aplicar, para el caso concreto y con limitados o relativos efectos jurídicos o *inter partes* la norma o disposición local *"inconvencional"* al carecer de las competencias que ostentan los Tribunales y Salas constitucionales.

De nuestra parte, nos centraremos en identificar los rasgos y condiciones que presenta el control de convencionalidad que pueden y deben ejercer los Tribunales y Salas Constitucionales cuyos Estados pertenecen al Sistema Interamericano de pro-tección de los Derechos Humanos. Procuraremos, también, recrear un escenario ideal para el ejercicio óptimo del control de convencionalidad por los órganos na-cionales encargados del control de constitucionalidad.

En lo relativo al control de convencionalidad difuso ejercido por la jurisdicción contencioso-administrativa, diremos que, ciertamente, el control de convencionali-dad difuso le corresponde ejercerlo a todos los órdenes jurisdiccionales existentes en un Estado Constitucional de Derecho, sea al juez penal, laboral, civil, mercantil, etc., no obstante, el que pueda ejercer la justicia contencioso-administrativa resulta más significativo por el tipo de conductas fiscalizadas y de controversias que dirime.

En lo concerniente al control de convencionalidad difuso ejercido por la jurisdic-ción contencioso-administrativa surgen, también, una serie de interrogantes y de cuestiones que deben ser dilucidadas.

Independientemente del modelo de justicia administrativa que se haya adoptado a nivel nacional, lo cierto es que existen una serie de herramientas que le permiten al juez contencioso-administrativo ejercer un control de convencionalidad difuso inci-sivo, tanto en la función meramente objetiva de garantizar la sujeción de las admi-nistraciones públicas al bloque de legalidad como en la estrictamente subjetiva de protección y defensa de las situaciones jurídicas sustanciales de los administrados.

No obstante, el volumen, densidad e intensidad del control difuso de convencio-nalidad que pueda ejercer la jurisdicción contencioso-administrativa estará condi-cionado, esencialmente, por la amplitud de las reglas de legitimación y de acceso al proceso, del objeto, la tipología de pretensiones y medidas cautelares que puedan ser deducidas y decretadas, así como de la taxonomía de las sentencias que puedan ser vertidas y de los poderes de ejecución con que cuente el juez contencioso-administrativo, según la respectiva legislación nacional.

Nos ocuparemos de analizar el arsenal de instrumentos de los que puede echar mano un juez contencioso-administrativo, desde la perspectiva de un modelo ideal de justicia administrativa plenaria, universal y subjetiva, que no deje ámbitos o re-ductos de la conducta administrativa exentos de fiscalización[2]. De igual manera, abordaremos, desde una perspectiva general, sin referencia a ordenamientos jurídi-cos locales específicos, ciertas vicisitudes, de orden procesal o formal, que pueden plantearse en tal control difuso de convencionalidad ejercido por la jurisdicción contencioso-administrativa.

---

[2]   *V.,* Ernesto Jinesta Lobo, "Principio general de la justiciabilidad plenaria y universal de la conducta administrativa". En *La Protección de los derechos frene al poder de la administra-ción (Libro homenaje al profesor Eduardo García de Enterría),* Bogotá, Editoriales Temis, Tirant lo Blanch, Jurídica Venezolana, 2014, pp. 607-634.

I. CONTROL DE CONVENCIONALIDAD DIFUSO

1. *Creación del control de convencionalidad*

El "control de convencionalidad"[3] ha sido creado pretorianamente por la Corte Interamericana de Derechos Humanos. La institución surge, a nivel del pleno de esa Corte Regional, a partir del caso "*Almonacid Arellano y otros c/. el Gobierno de Chile*" de 26 de septiembre de 2006. Así, en el considerando 124 se estimó lo siguiente:

> "*La Corte es consciente que los jueces y tribunales internos están sujetos al imperio de la ley y, por ello, están obligados a aplicar las disposiciones vigentes en el ordenamiento jurídico. Pero cuando un Estado ha ratificado un tratado internacional como la Convención Americana, sus jueces, como parte del aparato del Estado, también están sometidos a ella, le que obliga a velar porque los efectos de las disposiciones de la Convención no se vean mermadas por la aplicación de leyes contrarias a su objeto y fin, y que desde un inicio carecen de efectos jurídicos. En otras palabra, el Poder Judicial debe ejercer una especie de "control de convencionalidad" entre las normas jurídicas internas que aplican en los casos concretos y la Convención Americana sobre Derechos Humanos. En esa tarea, el Poder Judicial debe tener en cuenta no solamente el tratado, sino también la interpretación que del mismo ha hecho la Corte Interamericana, intérprete última de la Convención Americana*".

La Corte Interamericana en el considerando 125 indicó que el "control de convencionalidad" tiene sustento en el principio de la buena fe que opera en el Derecho Internacional, en el sentido que los Estados deben cumplir las obligaciones impuestas por ese Derecho de buena fe y sin poder invocar para su incumplimiento el derecho interno, regla que se encuentra recogida en el artículo 27 de la Convención de Viena sobre los Tratados.

Tales consideraciones fueron reiteradas por la Corte Interamericana en los casos "*La Cantuta c/. Perú*" de 29 de noviembre de 2006 (considerando 173) y en "*Boyce y otros c/. Barbados*" de 20 de noviembre de 2007 (considerando 78).

Empero, será en la sentencia de caso *Trabajadores Cesados del Congreso (Aguado Alfaro y otros) c/. Perú* de 24 de noviembre de 2006 –reiterada en el caso *Fermín Ramírez y Raxcacó Reyes c/. Guatemala* de 9 de mayo de 2008, considerando 63–, en el que se precisan y afinan, parcialmente, los contornos del "control de convencionalidad", al estimar, en el considerando 128, lo siguiente:

---

3   V., Ernesto Rey Cantor, *Control de Convencionalidad de las Leyes y Derechos Humanos*, México, Editorial Porrúa-Instituto Mexicano de Derecho Procesal Constitucional, 2008, in totum; Néstor Pedro Sagüés, El "control de convencionalidad". En particular sobre las constituciones nacionales. *La Ley*, Año LXXIII, No. 35, 19 de febrero de 2009, pp. 1-3; Juan Carlos Hitters, *Control de constitucionalidad y control de convencionalidad. Comparación. Estudios Constitucionales*, Centro de Estudios Constitucionales de Chile, Universidad de Talca, Año 7, No. 2, 2009, pp. 109-128; AA. VV., *El control de convencionalidad* –coord. Susana Albanese–, Buenos Aires, Ed. Ediar, 2008, in totum. Eduardo Ferrer Mac-Gregor, "Interpretación conforme y control difuso de convencionalidad el nuevo paradigma para el juez mexicano". En *Derechos Humanos: Un nuevo modelo constitucional*, México, UNAM-IIJ, 2011, pp. 339-429.

"Cuando un Estado ha ratificado un tratado internacional como la Convención Americana, sus jueces están sometidos a ella, lo que les obliga a velar porque el efecto útil de la Convención no se vea mermado o anulado por la aplicación de leyes contrarias a sus disposiciones, objeto y fin. En otras palabras, los órganos del Poder Judicial deben ejercer no sólo un control de constitucionalidad, sino también de convencionalidad ex officio, entre las normas internas y la Convención Americana, evidentemente en el marco de sus respectivas competencias y de las regulaciones procesales pertinentes. Esta función no debe quedar limitada exclusivamente por las manifestaciones o actos de los accionantes en cada caso concreto, aunque tampoco implica que ese control deba ejercerse siempre, sin considerar otros supuestos formales y materiales de admisibilidad y procedencia de este tipo de acciones."

Por último en el caso *Cabrera García y Montiel Flores c/. México* de 26 de noviembre de 2010, la CIDH ha efectuado algunas ampliaciones o precisiones en cuanto a los órganos internos encargados de ejercer el control de convencionalidad.

2. Órganos encargados de ejercer el control de convencionalidad

La doctrina sentada por la Corte Interamericana acerca del "control de convencionalidad" plantea una serie de interrogantes por su parco desarrollo, sin embargo, cabe señalar que ya las dos sentencias citadas (Casos *Almonacid Arellanos c/. Chile y Trabajadores Cesados del Congreso c/. Perú*) sugieren grandes líneas de desarrollo del novedoso instituto en el ámbito regional.

En la primera sentencia citada de la Corte Interamericana, se refiere, sin distinguir la naturaleza o el orden jurisdiccional al que pertenecen y su jerarquía, a los *"jueces y tribunales internos"*, luego se agrega que *"el Poder Judicial debe ejercer una especie de "control de convencionalidad"* y finalmente, se indica que *"En esta tarea, el Poder Judicial debe tener en cuenta (...)"*. En la segunda sentencia referida, se indica que cuando un Estado ha ratificado un Tratado internacional como la Convención Americana *"sus jueces están sometidos a ella"*, para añadir después que *"los órganos del Poder Judicial deben ejercer no sólo un control de constitucionalidad, sino también de convencionalidad, ex officio (...)"*. Es evidente que los jueces y tribunales ordinarios son los primeros llamados a ejercer el control de convencionalidad por una razón elemental que es la necesidad de agotar los recursos efectivos del derecho interno (artículo 46.1.a de la Convención Americana sobre Derechos Humanos) antes de acudir a la Corte Interamericana[4], dado que, la intervención de ésta es subsidiaria[5]. Se trata, entonces, a diferencia de lo que puede ser el modelo de control de constitucionalidad interno de cada país, de un esquema de control difuso que ejercen todos los jueces y tribunales ordinarios que pertenecen al Poder Judicial[6].

Cabe advertir que la Corte Interamericana aclara que los jueces y tribunales ordinarios deben ejercer el "control de convencionalidad" *"en el marco de sus respec-*

---

[4]   *V.*, Voto disidente del juez Cançado Trindade en la Sentencia de 30 de noviembre de 2007, que resolvió la Solicitud de interpretación de la Sentencia de 24 de noviembre de 2006 Caso *Trabajadores Cesados del Congreso c/. Perú.*

[5]   *V.*, E. Rey Cantor, *op. cit.*, p. 201 y J.C Hitters, *op. cit.*, p. 119.

[6]   *V.*, *op. ult. cit.*, p. 17.

tivas competencias y de las regulaciones procesales pertinentes", con lo que les otorga un margen de discrecionalidad judicial limitado por el ordenamiento jurídico interno o local.

Obviamente, en los sistemas iberoamericanos que cuentan con una Sala especializada de la Corte Suprema de Justicia esto es, adscrita al Poder Judicial o una Corte Suprema de Justicia, encargadas del control de constitucionalidad, es evidente que el concepto de jueces y tribunales alcanza a tales Salas Constitucionales y Cortes Supremas. La duda podría surgir cuando el sistema jurídico tiene un Tribunal Constitucional independiente de la estructura y organización del Poder Judicial, por cuanto, podría entenderse, pese a la exhortación de la Corte Interamericana de ejercer un control de constitucionalidad –que resulta válido en un modelo difuso o desconcentrado– y de convencionalidad, que no se refiere, explícitamente, a los Tribunales Constitucionales de carácter independiente o autónomo[7]. La duda fue despejada en el caso *Cabrera García y Montiel Flores c/. México* de 26 de noviembre de 2010, al estimar, siguiendo, en términos generales, la redacción del caso *Almonacid Arellano c/. Gobierno de Chile*, que el control de convencionalidad debe ser ejercido por *"225. (...) todos sus órganos –del Estado–, incluidos sus jueces (...) Los jueces y órganos vinculados a la administración de justicia en todos los niveles (...) los jueces y órganos judiciales vinculados a 'la administración de justicia (...)"*. Esta posición fue ratificada por la Corte Interamericana en la sentencia del caso *Gelman c/. Uruguay* de 24 de febrero de 2011.

A partir de los casos *Cabrera García y Montiel Flores c/. México* y *Gelman c/. Uruguay* queda, entonces, dilucidado que *"todos los órganos"* del Estado, ya no solo los de carácter jurisdiccional deben ejercer el control de convencionalidad, lo que implica que todos los poderes públicos deben hacerlo, en tanto operadores del Derecho. De otra parte, se aclara que también deben ejercerlo los *"órganos vinculados a la administración de justicia"*, y que comprende, obviamente, a los Tribunales Constitucionales no incardinados en la organización judicial y que tienen el carácter y rango de un órgano independiente.

3. *Modo de ejercicio del control de convencionalidad*

En la sentencia del caso *Trabajadores Cesados del Congreso c/. Perú* la Corte Interamericana aclaró que el "control de convencionalidad" puede ejercerlo el juez o tribunal ordinario a instancia parte o de oficio teniendo, por esto último, una obligación de fiscalización y de contraste del derecho interno con el internacional regional, todo, dentro del marco del caso concreto que es juzgado. A partir de los casos *Cabrera García y Montiel Flores c/. México* y *Gelman c/. Uruguay*, como se apuntó, tal posibilidad se extiende a *"todos los órganos"* del Estado y a los *"vinculados a la administración de justicia"*.

4. *Fines del control de convencionalidad*

En el caso *Almonacid Arellano y otros c/. Chile*, la Corte aclara que la finalidad del instituto es procurar que las normas de la Convención o cualquier otro tratado *"no se vean mermadas"* por normas o disposiciones internas contrarias a su tenor, objeto y fin. En el caso *Trabajadores Cesados del Congreso c/. Perú*, se especifica

---

[7] *Cfr.* con Néstor P. Sagüés, *El Control de Convencionalidad*, p. 2.

el fin de la institución al indicarse que se debe *"velar porque el efecto útil de la Convención no se vea mermado o anulado"* por normas o disposiciones contrarias a su tenor, objeto y fines. En definitiva, como lo apunta Sagüés, el control de convencionalidad es un potente instrumento para el respeto y garantía efectiva de los derechos humanos incluidos en el parámetro de convencionalidad[8].

5.   *Parámetro del control de convencionalidad*

A partir de las sentencias *"Almonacid Arellanos y otros c/. Chile"* y *"Trabajadores Cesados del Congreso c/. Perú"*, queda claro que el parámetro de control a partir del cual el juez o tribunal ordinario interno juzga el derecho interno o local, lo son la Convención Americana sobre Derechos Humanos, toda otra Convención o Declaración del sistema interamericano (*v. gr.* "Protocolo de San Salvador" sobre Derechos Humanos en materia de Derechos Económicos, Sociales y Culturales, Protocolo Relativo a la Abolición de la Pena de Muerte, la Convención para Prevenir y Sancionar la Tortura, la Convención de Belém do Pará para la Erradicación de la Violencia contra la Mujer, la Convención sobre Desaparición Forzada, etc.), así como las sentencias y opiniones consultivas de la Corte Interamericana. A partir de ese referente, el juez o Tribunal interno debe revisar si la normativa o el ordenamiento jurídico interno es contrario u opuesto a los objetivos, fines y tenor literal de ese *"corpus iuris"* de orden regional o interamericano, entendido como un estándar mínimo de protección. Quedan excluidas del parámetro otras convenciones o declaraciones, por cuanto, como afirma Sagüés, a la Corte Interamericana no le compete aplicar y tutelar instrumentos extra-regionales[9].

6.   *Factores determinantes del grado de intensidad y alcance del control de convencionalidad ejercido por Tribunales y Salas constitucionales*

El control de convencionalidad resulta más incisivo y determinante en los ordenamientos jurídicos nacionales que establecen un órgano de control de constitucionalidad que puede declarar la *"inconvencionalidad"* de una norma local y, por consiguiente, anularla y expulsarla del ordenamiento jurídico con efectos jurídicos generales.

El mayor impacto del control de convencionalidad ejercido por los Tribunales y Salas constitucionales depende, en nuestro criterio, de varios factores determinantes que serían los siguientes:

A.   *"Constitucionalización" del parámetro de convencionalidad y reconocimiento de su carácter eventualmente "supraconstitucional"*

Estas dos circunstancias son indispensables para que los Tribunales y Sala constitucionales puedan ejercer un control de convencionalidad incisivo y extenso, dado que, en los ordenamientos jurídicos nacionales, donde el Derecho Internacional de los Derechos Humanos no se le reconoce la condición de componente del parámetro o bloque de constitucionalidad, teniendo las convenciones y declaraciones en la materia, por influjo de una tesis tradicional y desfasada, el rango, potencia, resisten-

---

8   Néstor Pedro Sagüés, *Obligaciones internacionales y control de convencionalidad.* Estudios Constitucionales, Año 8, No. 1, 2010, p. 118.

9   *V.*, N.P. Sagüés, *El Control de Convencionalidad*, p. 2.

cia y jerarquía de una simple ley ordinaria o, a lo sumo, supra legal pero infra constitucional, el control de convencionalidad enfrentara serias dificultades para su plena realización e implementación.

En los sistemas jurídicos en los que al Derecho Internacional de los Derechos Humanos y, en particular, el *corpus iuris* interamericano, se le ha concedido la condición de parámetro de convencionalidad y, aún más, en determinadas circunstancias, tiene un rango supraconstitucional, las posibilidades del ejercicio del control de convencionalidad aumentan considerablemente.

Como lo ha indicado Ferrer Mac-Gregor, la "constitucionalización" del Derecho Internacional de los Derechos Humanos y, particularmente, del parámetro de convencionalidad, así como reconocerle un rango, eventualmente, supraconstitucional depende de reformas o modificaciones constitucionales expresas (*v. gr.*, en cuanto al parámetro de convencionalidad como parte del bloque de constitucionalidad: Argentina, Chile, Colombia, Costa Rica, Perú, Paraguay y, recientemente, en 2010 y 2011, República Dominicana y México y en lo relativo al rango supraconstitucional del referido parámetro: Bolivia y Ecuador) o de una jurisprudencia constitucional progresista que reconozca el carácter vinculante e, incluso, supra constitucional, de la jurisprudencia y opiniones consultivas vertidas por la Corte Interamericana[10], tal y como lo hizo, de manera pionera la Sala Constitucional de Costa Rica desde los Votos 1147-90, 3435-1992 y 2313-1995.

B. *Efectos vinculantes y erga omnes de la jurisprudencia de los Tribunales o Salas Constitucionales*

En aquellos sistemas de control de constitucionalidad donde la jurisprudencia vertida resulta obligatoria para todos los operadores jurídicos y sujetos del ordenamiento jurídico (públicos y privados), el control de convencionalidad está, necesariamente, destinado a tener un mayor impacto y relevancia. En tal supuesto las sentencias tienen un efecto jurídico vinculante, tanto de las interpretativas conforme al parámetro de convencionalidad o de las estimatorias que declaran la *"inconvencionalidad"* de la norma o disposición local por contrariar el parámetro de convencionalidad y la expulsan del ordenamiento jurídico.

En tales modelos de control de constitucionalidad se suele establecer, concomitantemente, como una forma de aproximación o de convergencia con los sistemas del *common law*, que la jurisprudencia es una fuente no escrita del ordenamiento jurídico y, ocasionalmente, puede tener, incluso, un rango superior a la ley cuando interpreta, integra o delimita el campo de aplicación del ordenamiento constitucional o supraconstitucional escrito.

Es así como en tales sistemas o modelos de control de constitucionalidad, ningún poder público constituido o sujeto de Derecho privado podrá sustraerse, en adelante, al control de convencionalidad ejercido por el respectivo Tribunal o Sala, por cuanto, sus sentencias forman parte del parámetro o bloque de constitucionalidad.

---

[10]   Eduardo Ferrer Mac-Gregor, *op. cit.*, pp. 350-352.

C. *Efecto declarativo de la nulidad de la norma o disposición interna que es incompatible con el parámetro de convencionalidad*

En los sistemas jurídicos nacionales cuyas sentencias estimatorias vertidas por los Tribunales o Salas constitucionales suponen la anulación con efectos declarativos y retroactivos a la fecha de vigencia de la norma, disposición o acto, se fortalece y amplia, notablemente, el control de convencionalidad. Lo anterior aunque el ordenamiento jurídico local disponga que tal declaratoria se hace sin perjuicio de los derechos adquiridos de buena fe, las situaciones o relaciones jurídicas consolidadas por prescripción o caducidad o en virtud de sentencia pasada en autoridad de cosa juzgada material. Tampoco desmejora la intensidad del control del convencionalidad, la posibilidad que tienen algunos órganos de control de constitucionalidad de graduar y dimensionar en el espacio, tiempo y la materia, el efecto retroactivo de la sentencia estimatoria, dictando las medidas necesarias para evitar graves dislocaciones de la seguridad, la justicia y la paz social. Mecanismo a través del cual se les puede dar a las sentencias estimatorias una eficacia meramente prospectiva.

Estas sentencias anulatorias y declarativas con efectos *ex tunc* o retroactivos y no *ex nunc*, adicionalmente, producen cosa juzgada material constitucional –sin posibilidad de rever o reabrir el asunto– y suponen la expulsión o, más precisamente, la eliminación de la norma, disposición o acto del ordenamiento jurídico. Consecuentemente, la norma, disposición o acto que contraría el *"parámetro de convencionalidad"* desaparece, con efectos generales y vinculantes, del ordenamiento jurídico, siendo innecesario un nuevo pronunciamiento sobre el particular por la subsistencia de la norma o acto *"inconvencional"* si hubiera sido, simplemente, desaplicado.

Esta eficacia particular de las sentencias constitucionales tiene la virtud de zanjar, definitivamente y para toda hipótesis futura, la infracción del *"parámetro de convencionalidad"*, generando gran seguridad jurídica sobre el tema y vinculando, en adelante, a toda la jurisdicción ordinaria y a cualquier operador jurídico.

El mayor impacto del control de convencionalidad, ejercido por el órgano encargado del control de constitucionalidad, crece cuando el ordenamiento jurídico procesal constitucional prevé la posibilidad que, por conexidad, la declaratoria de nulidad pueda comprender los demás preceptos de la norma o disposición interna impugnada o revisada o de cualquier otra ley, disposición o acto –incluso los de aplicación específica cuestionado– cuya anulación resulte evidentemente necesaria por conexión o consecuencia. En estos sistemas jurídicos, el control de convencionalidad tiene un alcance y extensión insospechados, por supuesto, que la declaratoria de nulidad por *"inconvencionalidad"* de las normas conexas, debe pasar por los principios de prudencia y auto-contención del respectivo Tribunal o Sala Constitucional.

D. *El control de convencionalidad ejercido ex officio*

Como hemos indicado desde el caso *Trabajadores Cesados del Congreso (Aguado Alfaro y otros) c/. Perú* de 24 de noviembre de 2006, la Corte Interamericana señaló que los órganos jurisdiccionales –dentro de los que figuran, obviamente, los Tribunales y Salas constitucionales de América Latina–, deben ejercer el control de convencionalidad de las normas, disposiciones o actos internos *"ex officio"* todo *"en el marco de sus respectivas competencias y de las regulaciones procesales pertinentes"*.

Esta precisión del control de convencionalidad efectuada por la Corte Interamericana, tiene grandes repercusiones tratándose del ejercido por los Tribunales o Salas constitucionales, dado que, lo intensifica y amplia ostensiblemente. En efecto, en la mayoría de los sistemas de control de constitucionalidad, aún en los más anti formalistas, rige el principio dispositivo; de manera que el promovente de la acción de inconstitucionalidad debe exponer, clara y precisamente, en el respectivo memorial o escrito inicial, los agravios, fundamentos y la cita concreta de los componentes del parámetro de constitucionalidad que se estiman infringidos, con la posibilidad de prevenirle al gestionante las omisiones para que sean subsanadas, so pena, en caso de incumplir, de denegar el trámite. Empero, con el mandato dirigido por la Corte Interamericana en el caso *Trabajadores Cesados del Congreso c/. Perú*, se produce una modificación o reforma tácita de todas las legislaciones nacionales, en materia de acciones de inconstitucionalidad, por cuanto, ahora el respectivo Tribunal o Sala, de oficio y aunque no haya sido solicitado por la parte que plantea la acción, debe efectuar el test de convencionalidad de la norma, disposición o acto interno o local. Consecuentemente, en el Derecho Procesal Constitucional se da un salto parcial, a nivel interamericano, de un sistema dispositivo a uno parcialmente inquisitivo en materia de control de convencionalidad por lo cual los Tribunales y Salas, so pena de hacer incurrir al Estado respectivo en responsabilidad internacional por omisión, deben efectuar, oficiosamente, el control de convencionalidad, obviamente, todo dentro del marco de sus respectivas competencias y regulaciones procesales domésticas.

7. *Objeto del control de convencionalidad por los Tribunales y Salas constitucionales*

Sobre este tema en particular, resulta sumamente difícil establecer reglas unívocas, por cuanto, cada ordenamiento interamericano de control de constitucionalidad establece, con singularidad propia, en qué supuestos cabe una acción de inconstitucionalidad[11], lo que se agrava con la afirmación de la Corte Interamericana en el caso *Trabajadores Cesados del Congreso (Aguado Alfaro y otros) c/. Perú* de 24 de noviembre de 2006, en el sentido que el control de convencionalidad debe ser ejercido por los órganos jurisdiccionales "*en el marco de sus respectivas competencias y de las regulaciones procesales pertinentes*", añadiendo que se debe "*considerar otros supuestos formales y materiales de admisibilidad y procedencia de este tipo de acciones*", conceptos que le reconocen a los órganos internos encargados del control de convencionalidad un margen de apreciación nacional inequívoco.

Empero, estimamos que pueden establecerse algunas reglas de carácter general –si perjuicio de su relatividad por las singularidades de cada ordenamiento jurídico– para el control de convencionalidad ejercido por el órgano nacional encargado del control de constitucionalidad.

A. *Fuentes no escritas*

En algunos ordenamientos jurídicos, las fuentes no escritas tales como los principios generales del Derecho, la jurisprudencia y la costumbre (*v. gr.* una práctica o costumbre constitucional que quebranta el "*parámetro de convencionalidad*"). tie-

---

[11]   *V.,* AA. VV., *Crónica de Tribunales Constitucionales en Iberoamérica* –Eduardo Ferrer Mac-Gregor (coord.)–, Buenos Aires. Marcial Pons-UNAM, 2009, *in totum.*

nen un efecto normativo expresamente otorgado por el ordenamiento jurídico, además de servir para interpretar, integrar y delimitar el campo de aplicación del ordenamiento escrito. Incluso, ocasionalmente, se les otorga el rango de ley cuando suplen la ausencia (laguna normativa) y prevalencia sobre las normas escritas de grado inferior (*v. gr.* un principio general de carácter legal o una costumbre que integra o delimita una ley –*secundum* o *propter legem*– estarán por encima de un reglamento). Obviamente, en tales supuestos, resulta admisible el control de convencionalidad sobre tales fuentes no escritas. Cabe observar, en lo que a la jurisprudencia atañe, que en algunos ordenamientos jurídicos, no se admite la acción de inconstitucionalidad contra resoluciones jurisdiccionales concretas o específicas, pero sí contra pautas o líneas jurisprudenciales, por lo cual el Tribunal o Sala constitucional puede ejercer el control de convencionalidad sobre tal jurisprudencia.

B. *Leyes, reglamentos y actos de eficacia general sujetos al Derecho público*

Como hemos indicado en los casos *Almonacid Arellanos c/. Chile* y *Trabajadores Cesados del Congreso c/. Perú* la Corte Interamericana señaló que el control recae sobre las *"leyes"*, *"normas jurídicas internas"* o *"normas internas"*. Consecuentemente, el control de convencionalidad ejercido por los Tribunales y Salas constitucionales, vía acción de inconstitucionalidad, de las leyes y de los reglamentos está fuera de toda duda o discusión.

La cuestión puede surgir frente a los actos sujetos al Derecho público de efectos generales pero no normativos (*v. gr.* instrucción, circular o directriz), en nuestro criterio, es posible someter tales manifestaciones de los poderes públicos al control de convencionalidad, precisamente, por su eficacia general.

C. *Reformas parciales a la Constitución*

Una cuestión que suscita dudas es sí las reformas parciales a la Constitución emitidas por el "poder reformador" o "poder constituyente derivado" pueden estar o no sujetas al control de convencionalidad ejercido por los Tribunales y Salas Constitucionales. En nuestro criterio, el "poder reformador", en cuanto poder constituido, tiene como límite infranqueable el *"parámetro de convencionalidad"*, por lo que el órgano encargado del control de constitucionalidad bien podría ejercer el control de convencionalidad sobre las reformas que emita al texto constitucional, sobre todo, teniendo en cuenta uno de los principios básicos de los derechos humanos que es el de progresividad.

D. *Constitución*

Tratándose del texto constitucional, al que están sujetos los Tribunales y Salas constitucionales por el principio de la supremacía constitucional, el control de convencionalidad se puede ver mermado por el peso de una serie de mitos y ataduras dogmáticas. Sobre este particular, es preciso que los Tribunales y Salas constitucionales comprendan que la fidelidad constitucional, aunque haya cláusula expresa en el texto fundamental, no opera cuando se contraría el *"parámetro de convencionalidad"* por su jerarquía, eventualmente, supraconstitucional.

Evidentemente, para cualquier Tribunal o Sala Constitucional de Latinoamérica, declarar que un precepto constitucional quebranta el *"bloque de convencionalidad"* le puede acarrear serias críticas, resistencias y hasta represalias de la clase política que no entiende o no admite el rango supraconstitucional de aquél. En nuestro criterio, para paliar los efectos traumáticos de la declaratoria de *"inconvencionalidad"* de una norma constitucional, los Tribunales y Salas constitucionales tienen, a la mano, dos vías que son las siguientes:

a) El Tribunal o Sala Constitucional bien puede, cuando el *"parámetro de convencionalidad"* es más tuitivo que un precepto constitucional (cláusula más favorable y principios *pro homine* o *pro libertate*), aplicarlo directamente, desaplicando el texto constitucional.

b) El Tribunal o la Sala Constitucional respectivo tiene la opción de efectuar una interpretación conforme –sentencia interpretativa– de un precepto constitucional con el *"parámetro de convencionalidad"*.

De *iure condendo*, estimamos que el *corpus iuris* interamericano escrito, debería ser modificado –pese a la dificultad para hacerlo– para incluir una *"cuestión de prejudicialidad convencional"*,[12] de manera similar a la prevista en el sistema jurisdiccional de la Unión Europea[12], que le permita a los Tribunales y Salas constitucionales plantear la cuestión ante la Corte Interamericana para que sea con el respaldo de este órgano que se proceda a declarar *"inconvencional"* un precepto constitucional. En nuestro criterio, esta *"cuestión prejudicial de convencionalidad"*, de *conventum ferenda*, debería ser una facultad de todo órgano jurisdiccional o de control de constitucionalidad interno, cuando tenga duda fundada de la convencionalidad de una norma constitucional. Por su parte, de *iure condendo*, la Corte Interamericana, al conocer y resolver la cuestión debería emitir un criterio de validez con efectos jurídicos vinculantes no sólo para el órgano jurisdiccional o encargado de la custodia constitucional nacional que la plantea sino para todos los órganos equivalentes del sistema interamericano y, en general, para todos los Estados del sistema interamericano que han reconocido la autoridad de la Corte Interamericana. De esta manera, se garantizaría la supremacía de *"parámetro de convencionalidad"*, así como su interpretación y aplicación uniforme. En definitiva, se trataría de un cauce jurídico-formal para casos muy calificados o excepcionales, donde el pronunciamiento sobre la validez convencional de la Corte Interamericana avalaría la eventual declaratoria de ilegitimidad convencional de la norma o precepto constitucional, mitigando la reacción adversa de determinados sectores políticos absolutamente reaccionarios al control de convencionalidad. Desde luego, que no consideramos apta, para tal fin, la opinión consultiva actualmente existente, por cuanto, sólo puede ser planteada por los Estados y ciertos órganos del sistema interamericano en materia que les compete y no directamente por los órganos encargados del control de constitucionalidad y, por cuanto, su contenido no es vinculante. Asimismo, en cuanto a la opinión consultiva actualmente prevista, no puede descartarse que exista un criterio discrepante entre el órgano interno, encargado del control de constitucionalidad, y los poderes legislativo y ejecutivo, acerca de la eventual *"inconvencionalidad"* de un precepto constitucional, lo que dificultaría, enormemente, la consulta del Estado por la interferencia del criterio político.

---

12   *V.*, Araceli Mangas Martín – Diego Liñan Nogueras, *Instituciones y derecho de la Unión Europea*, Tecnos, 3ª. Reimpresión 6ª. Edición, Madrid, 2011, pp. 457-463.

Con la regulación expresa de esta *"cuestión prejudicial de convencionalidad"*, el control de convencionalidad, conminando a un Estado determinado para reformar, modificar o suprimir un precepto constitucional *"inconvencional"*, dejaría de estar centrado en la Corte Interamericana a través del control concentrado de convencionalidad que ésta ejerce, tal y como sucedió en los casos *La Última Tentación de Cristo (Olmedo Bustos y otros) c/. Chile* de 5 de febrero de 2001 o *Boyce y otros c/. Barbados* de 20 de noviembre de 2007[13].

En todo caso, aunque no fuera introducida, de *iure condendo*, esta *"cuestión prejudicial de convencionalidad"*, es preciso derribar un mito del control de constitucionalidad (surgido a partir de los principios de la supremacía y la fidelidad constitucional), en el sentido que los jueces constitucionales no pueden controlar la legitimidad de un precepto constitucional. En nuestro criterio, esa posibilidad debe irse abriendo brecha para transformar a los jueces constitucionales en verdaderos "jueces interamericanos" que son los primeros guardianes y custodios del parámetro de convencionalidad y fortalecer el carácter complementario o subsidiario de la jurisdicción regional de la Corte Interamericana. Esto, con mayor razón, en aquellos ordenamientos jurídicos donde –por influjo del fenómeno de la "constitucionalización" del derecho internacional de los Derechos Humanos– los propios intérpretes últimos y definitivos de la Constitución o –por reformas parciales a la Constitución– se ha admitido que el parámetro de convencionalidad posee un rango supraconstitucional, lo que, *per se*, supone una revolución en el sistema de las fuentes del Derecho. La cuestión fundamental que subyace en esta discusión es que ni siquiera el poder fáctico o constituyente originario debe desmarcarse del parámetro de convencionalidad y, en particular, del Derecho Internacional de los Derechos Humanos por su carácter supraconstitucional[14] y de *ius cogens*.

Como afirma Rey Cantor, a partir del control de convencionalidad, es posible afirmar la existencia, en cabeza de las personas, de un derecho a la supremacía del derecho internacional de los derechos humanos de carácter regional, lo que le permite, a cualquier justiciable, exigirle a un juez constitucional la aplicación directa e inmediata de ese orden jurídico con preferencia a la legislación interna que lo contradiga[15], incluso, si es de rango constitucional.

En punto al resto de los componentes del bloque de constitucionalidad que no sean preceptos o normas constitucionales y que pueden estar expresamente previstos o razonablemente implícitos, siendo forjados o introducidos por los pronunciamientos del Tribunal o la Sala Constitucional respectiva (*v. gr.* valores, principios y jurisprudencia constitucionales), la cuestión del control de convencionalidad pasa por un mecanismo relativamente sencillo que es el cambio de jurisprudencia o de criterio. En efecto, en la mayoría de los ordenamientos jurídicos la jurisprudencia vertida por los Tribunales o Salas constitucionales es vinculante *erga omnes*, salvo para éstos mismos órganos, consecuentemente, cuando, de oficio o a instancia de parte, detectan una vertiente jurisprudencial o, incluso, en sus pronunciamientos dan por

---

[13]   *V.*, Manuel Ventura Robles, "El control de convencionalidad en la jurisprudencia de la Corte Interamericana de Derechos Humanos". En *Estudios sobre el Sistema Interamericano de Protección de los Derechos Humanos*, T. II, San José, CIDH e IIDDHH, 2011, pp. 385-416.

[14]   *V.*, N.P. Sagués, *El Control de Convencionalidad*, p. 2.

[15]   E. Rey Cantor, *op. cit.*, p. 204.

sentado un principio o valor constitucional que contraría el parámetro de convencionalidad, bien pueden replantearse e tema y promover un cambio jurisprudencial bajo una mejor ponderación de la cuestión.

8.   *Mecanismos procesales para ejercer el control de convencionalidad por los Tribunales y Salas constitucionales*

Este tema, esencialmente, por virtud de lo señalado en la sentencia de la CIDH en el Caso *Trabajadores Cesados de Congreso c/. Perú* de 24 de noviembre de 2006, depende de la regulación interna o nacional que se haga en la respectiva legislación procesal constitucional de cada país[16].

En los ordenamientos jurídicos interamericanos cuya legislación procesal constitucional admite diversos y múltiples mecanismos o cauces para hacer prevalecer el principio de la supremacía constitucional, las posibilidades de ejercer el control de convencionalidad por los Tribunales o Salas constitucionales crece notablemente.

A.   *Control de convencionalidad en el control de constitucionalidad a priori*

Algunos sistemas jurídicos admiten el control de constitucionalidad *a priori* de proyectos legislativos que son discutidos en el seno del órgano legislativo y antes de ser aprobados, sea la emisión de leyes ordinarias, de reforma parcial a la Constitución o de aprobación de tratados o convenios internacionales. En la mayoría de los supuestos, el control *a priori*, se proyecta sobre los vicios formales de carácter esencial cometidos por el órgano legislativo durante el procedimiento o *iter* legislativo.

Sin embargo, algunos sistemas no excluyen la posibilidad del órgano encargado del control de constitucionalidad de advertir o señalar vicios sustanciales o cualquier otro relevante en el contenido del proyecto legislativo. Es en este último terreno, donde el control de convencionalidad que deben ejercer las Salas y Tribunales constitucionales, cumple un rol de primer orden y, ante todo, preventivo, para evitar la emisión de disposiciones legislativas contrarias al parámetro de convencionalidad, evitando que se vea comprometida la responsabilidad internacional del Estado.

Nuevamente, respecto de este mecanismo de control de constitucionalidad, se quiebra el principio dispositivo en materia procesal constitucional, por cuanto, ahora los Tribunales o Salas constitucionales, pese a que quienes plantean la consulta de constitucionalidad deben expresar los aspectos cuestionados del proyecto de ley y los motivos por los cuales se tienen dudas u objeciones, deben ejercer un control de convencionalidad de oficio.

B.   *Acción de inconstitucionalidad*

En términos generales, los sistemas jurídicos cuya legislación procesal constitucional admite una legitimación amplia para plantear la acción de inconstitucionalidad, las posibilidades de un control de convencionalidad se ven notablemente aumentadas. En efecto, algunos ordenamientos jurídicos combinan el control concreto, a través de un asunto previo −en sede jurisdiccional ordinaria, administrativa o a través de los recursos de amparo y *habeas corpus*− con el abstracto cuando se lesionan intereses de carácter colectivo en su versión corporativa o difusa, no requiriéndose, en tales supuestos, de asunto previo o de una lesión individual o directa.

---

[16]   Sobre las diferencias entre los sistemas nacionales V.AA.VV., *Crónica de Tribunales Constitucionales en Iberoamérica* −Eduardo Ferrer Mac-Gregor (coord.)−, *in totum.*

El control de convencionalidad ejercido por Tribunales y Salas constitucionales será mucho más intenso, cuando la legislación procesal constitucional admita la legitimación institucional ejercida por ciertos órganos de fiscalización o control tales como el Defensor del Pueblo, la Contraloría (Entidad de Fiscalización Superior en materia hacendaria y presupuestaria), la Procuraduría (representación y defensa del Estado y función consultiva) y la Fiscalía (encarga de las políticas de persecución penal). En estos casos, se compromete a ciertos órganos clave de la organización institucional o política de un país determinado a contribuir con el control de convencionalidad, independientemente de que el órgano encargado del control de constitucionalidad deba hacerlo de oficio.

C. *Consultas judiciales*

Algunas legislaciones nacionales, en materia procesal constitucional, admiten que los jueces ordinarios puedan plantear una consulta de constitucionalidad cuando, en un asunto concreto que debe conocer y resolver, tengan dudas fundadas de constitucionalidad sobre la norma o acto que deben aplicar. Este es un mecanismo propio de algunos modelos de control de constitucionalidad concentrado, dado que, el juez ordinario no puede anular las normas o actos sujetos al Derecho Público o enjuiciar su constitucionalidad, debiendo plantear la duda fundada de constitucionalidad al órgano encargado del control de constitucionalidad.

Este mecanismo, permite obviar los efectos poco intensos del control de convencionalidad ejercido por los jueces ordinarios –que lo que podrían es desaplicar para el caso concreto con efectos jurídicos relativos o *inter partes*– la norma contraria al parámetro de convencionalidad, al plantear el tema ante el órgano encargado del control concentrado de constitucionalidad para que destierre, definitivamente, y con efectos generales, la norma o acto local del ordenamiento jurídico. En estos casos, el juez ordinario o de legalidad debe tener un conocimiento vasto del Derecho Internacional Público de los Derechos Humanos y, en particular, del bloque de convencionalidad para plantear la consulta, independientemente, de que el Tribunal o Sala Constitucional ejerza, de oficio, el control de convencionalidad.

D. *Recursos de amparo y de hábeas corpus*

En los ordenamientos jurídicos cuya legislación procesal constitucional prevé que los procesos de amparo y de hábeas corpus pueden servir como asunto previo a la cuestión de inconstitucionalidad o que regulan la posibilidad de "convertir" un proceso de amparo o de *hábeas corpus* –jurisdicción de la libertad, en términos de Cappelletti[17]– en una acción de inconstitucionalidad, la intensidad y amplitud del control de convencionalidad también crece exponencialmente. Esta última posibilidad –"conversión"–, se da cuando las actuaciones u omisiones de la autoridad pública impugnadas en el amparo o hábeas corpus están, razonablemente, fundadas en normas vigentes, en cuyo caso, se suspende la tramitación del proceso y se le otorga al promovente un plazo para que formalice la acción de inconstitucionalidad.

---

[17] *V.*, Mauro Cappelletti, *La jurisdicción constitucional de la libertad: Con referencia a los ordenamientos alemán, suizo y austríaco*, Publicaciones del Instituto de Derecho Comparado, México, 1961, *in totum*.

Por supuesto, que las posibilidades de ejercer el control de convencionalidad por el órgano encargado del control de constitucionalidad crecen cuando la legitimación para los procesos de habeas corpus y de amparo y los requisitos de admisibilidad, se rigen por principios y reglas flexibles y amplias tales como la legitimación vicaria y para la protección de intereses colectivos (corporativos o difusos), el informalismo, la gratuidad y la posibilidad de ejercer la defensa material, sin necesidad de patrocinio letrado.

9. *Tipología de las sentencias de los Tribunales y Salas constitucionales[18] en el ejercicio del control de convencionalidad*

Los Tribunales y Salas constitucionales en la aplicación del control de convencionalidad pueden dictar varios tipos de sentencias que, en términos generales, son las siguientes:

A. *Sentencias interpretativas conforme con el parámetro de convencionalidad[19].*

Al presumirse la conformidad o adecuación de las normas, disposiciones o actos sujetos al Derecho público de carácter interno con el parámetro de convencionalidad, los jueces constitucionales deben hacer un esfuerzo para salvar su *"validez convencional"*, efectuando interpretaciones conforme con el parámetro de convencionalidad, evitando la anulación y expulsión del ordenamiento jurídico de la norma. Se trata, entonces, de un esfuerzo de armonización de la norma nacional con el parámetro de convencionalidad. Consecuentemente, los jueces constitucionales deben desechar todas las interpretaciones de la norma o disposición contrarias al parámetro de convencionalidad y optar por aquella que sea armónica con el parámetro de convencionalidad o más favorable al goce y ejercicio efectivos de los derechos humanos (principios *pro homine* o *pro libertate*, artículo 29 Pacto de San José)[20].

Como lo apunta Sagüés, el control de convencionalidad puede tener un efecto positivo y no meramente negativo[21] el que se logra a través de la interpretación conforme con el *corpus iuris* interamericano.

---

[18] En general sobre la tipología de las sentencias constituciones *V.*, Héctor Fix Zamudio y Eduardo Ferrer Mac-Gregor, *Las sentencias de los Tribunales Constitucionales*, México, UNAM-Porrúa, 2009, *in totum.*

[19] Sobre el principio de interpretación conforme con el parámetro de convencionalidad *V.*, Alberto Lucchetti, "Los jueces y algunos caminos del control de convencionalidad". En *El Control de Convencionalidad* –coord. Susana Albanese–, p. 144. Humberto Nogueira Alcalá, "Los desafíos de la sentencia de la Corte Interamericana en el caso *Almonacid Arellano*". *Revista Ius et Praxis*, volumen 12, No. 2, Universidad de Talca, 2006, pp. 363-384. Eduardo Ferrer Mac-Gregor, *Interpretación conforme y control difuso de convencionalidad. El nuevo paradigma para el juez mexicano*, pp. 352-359.

[20] Sobre el "principio de armonización" *V.*, Eduardo Ferrer Mac-Gregor, *Interpretación conforme y control difuso de convencionalidad. El nuevo paradigma para el juez mexicano*, pp. 357-359.

[21] N. P. Sagüés, *Obligaciones internacionales y control de convencionalidad*, p. 130.

En tal supuesto de sentencia interpretativa conforme, el juez constitucional debe estar plenamente seguro de la compatibilidad o adecuación de la norma o disposición cuestionada con el parámetro de convencionalidad, dado que, mantener en el ordenamiento jurídico una norma irreconciliablemente contraria con el parámetro de convencionalidad bajo el disfraz o apariencia de una interpretación conforme podría acarrearle responsabilidad internacional al Estado. Lo anterior, por cuanto, la Corte Interamericana podría, a través del planteamiento del asunto respectivo, enjuiciar la interpretación conforme vertida por el Tribunal o Sala nacional.

Cabe advertir, finalmente, que la Corte Interamericana ha recomendado, en la sentencia del caso *Radilla Pacheco c/. México* de 23 de noviembre de 2009, que el derecho nacional sea interpretado de manera conforme con el parámetro de convencionalidad (considerandos 338-340), incluso, cuando se trate de una norma constitucional de un Estado determinado.

B.   Sentencia "declarativa de inconvencionalidad"

Cuando la norma o disposición sea absoluta y directamente incompatible o disconforme con el parámetro de convencionalidad, al juez constitucional no le queda otra opción más que dictar una sentencia estimatoria que declare su *"inconvencionalidad"*, con lo cual deberá anularla y expulsarla del ordenamiento jurídico. Esta es la función negativa del control de convencionalidad. Para arribar a tal estado psicológico, debe haberse agotado la posibilidad de interpretar la norma nacional conforme con el parámetro de convencionalidad con el propósito de salvarla.

El dictado de una sentencia estimatoria de *"inconvencionalidad"* puede resultar tanto de una acción normativa tomada por un poder público como bien de una omisión de un poder público en ajustar una norma o precepto al parámetro de convencionalidad (*"inconvencionalidad por omisión"*).

C.   Sentencia "desestimatoria de inconvencionalidad"

Cuando el Tribunal o Sala constitucional respectivo estime que la norma o disposición local se adecua al parámetro de convencionalidad, así debe declararlo. Por supuesto que este tipo de sentencias exponen, eventualmente, al Estado respectivo a la responsabilidad internacional y enfrentar un caso ante la Corte Interamericana, por cuanto, la parte interesada puede estimar que la sentencia es errónea por lo que procurará que ese órgano jurisdiccional regional ejerza el control concentrado de convencionalidad, sobre todo, si la jurisprudencia constitucional es vinculante *erga omnes* y reviste la condición de norma jurídica.

La sentencia *"desestimatoria de inconvencionalidad"*, puede, eventualmente, derivar de la circunstancia de que el derecho local o internacional extra-regional, debidamente internalizado, otorgan una protección más amplia para el goce y ejercicio efectivo de los derechos humanos, circunstancia en la que el juez constitucional debe motivar y exponer las razones por las cuales se supera el umbral de protección mínima del parámetro de convencionalidad.

10.   *Conclusiones sobre el control de convencionalidad ejercido por la jurisdicción constitucional*

1.- El control de convencionalidad difuso, ejercido por los Tribunales y Salas Constitucionales del orden nacional, puede y debe ser más incisivo y extenso que el desplegado por los Tribunales y jueces ordinarios.

2.- El mayor grado de intensidad y de extensión del control de convencionalidad ejercido por los Tribunales y Salas Constitucionales, depende de factores importantes –no siempre presentes en todos los ordenamientos jurídicos nacionales–, tales como los siguientes:

A.- La previsión de cláusulas constitucionales que incorporen al parámetro de constitucionalidad los instrumentos del Derecho Internacional Público de los Derechos Humanos o que, incluso, vayan más allá otorgándole un rango supraconstitucional cuando brinde una mayor protección para su goce y ejercicio efectivos. En caso de ausencia de previsiones constitucionales expresas, la omisión puede ser suplida por una jurisprudencia constitucional progresista y sanamente activista.

B.- Carácter abierto, democrático y accesible de la jurisdicción constitucional: Será más intenso y extenso en los ordenamientos jurídicos cuya legislación procesal constitucional otorga una legitimación amplia para interponer acciones de inconstitucionalidad, amparos y hábeas corpus y, en términos generales, garantiza el principio del antiformalismo potenciando la regla *in dubio pro actione*.

C.- Amplia posibilidad de mecanismos o cauces procesales para impugnar una norma o acto local inconvencional. Si la legislación procesal constitucional admite el control *a priori* y *a posteriori* y dentro de éste el concreto –vía asunto previo- y abstracto, así como la consulta judicial de constitucionalidad y la posibilidad que el hábeas corpus o el amparo puedan servir como cuestión previa, regulando la técnica de la conversión de esos procesos constitucionales en acción de inconstitucionalidad, la intensidad y alcance del control de convencionalidad crece correlativamente.

D.- Los poderes del Tribunal o Sala Constitucional al estimar inconvencional una norma o acto local: Si ese órgano puede declarar absolutamente nula la norma o acto local por contrariar el parámetro de convencionalidad y expulsarla del ordenamiento jurídico con efectos declarativos (*ex nunc* y *ex tunc*) se fortalece el control de convencionalidad.

E.- Naturaleza de la jurisprudencia constitucional: Si las sentencias que dictan los Tribunales y Salas constitucionales son vinculantes *erga omnes*, para todos los sujetos del ordenamiento jurídico, el control de convencionalidad resulta más intenso.

3.- El control de convencionalidad ejercido por Tribunales y Salas Constitucionales debe ser extendido a los preceptos constitucionales que contrarían el parámetro de convencionalidad por su carácter, eventualmente, supraconstitucional. La doctrina debe asumir, naturalmente, la "mutación positiva" de los principios de la supremacía constitucional y de la fidelidad constitucional, así como el replanteamiento de la teoría clásica de las fuentes del Derecho, como fenómenos generados por la eclosión del control de convencionalidad

4.- El control de convencionalidad, en cuanto debe ser ejercido por los Tribunales y Salas constitucionales de oficio, ha supuesto una matización positiva del principio dispositivo que rige en la mayoría de los procesos y mecanismos diseñados en las legislaciones nacionales para garantizar la supremacía de la Constitución y la defensa de los derechos humanos. Esta matización supone, por su parte, una reforma tácita de las legislaciones nacionales en materia procesal constitucional.

5.- El control de convencionalidad ejercido por los Tribunales y Salas constitucionales contribuye, notablemente, al proceso de "armonización" de los derechos humanos en el entorno interamericano y al surgimiento de un *ius commune* constitucional interamericano.

II.   CONTROL DE CONVENCIONALIDAD EJERCIDO POR LA JURISDICCIÓN CONTENCIOSO-ADMINISTRATIVA

1.   *Factores determinantes del grado de intensidad y alcance del control de convencionalidad ejercido por la jurisdicción contencioso-administrativa*

A.   *Legitimación amplia y flexible*

Es de esperar que una jurisdicción contencioso-administrativa diseñada legislativamente con reglas amplias y flexibles de legitimación que democraticen el acceso a ese orden jurisdiccional, tendrá mayores posibilidades de ejercer el control de convencionalidad difuso, por cuanto, el juez contencioso-administrativo no siempre estará en condiciones de captar, oficiosamente, la posible cuestión de convencionalidad.

Una justicia administrativa que contemple la posibilidad de la defensa y protección de intereses legítimos de carácter colectivo, sea corporativos y difusos y que le brinde cabida a acciones populares en ciertos sectores en los que la propia ley las haya contemplado (*v. gr.* Ambiental, salud, urbanismo, derechos del consumidor y promoción de la competencia, etc.), creará las condiciones propicias para un control de convencionalidad más intenso. Lo anterior, en contraste con aquellos modelos de justicia administrativa anclados, desde la perspectiva de la legitimación *ad causam* activa, en los derechos subjetivos y los intereses legítimos de carácter personal.

B.   *Ámbito y pretensiones*

Un modelo de justicia administrativa que permita el control de todas las formas de manifestación de la función administrativa, sea cualquier conducta administrativa, sea la actividad formal (actos administrativos escritos previo procedimiento), las actuaciones materiales y las omisiones materiales y formales y, en general, el conocimiento y resolución de cualquier conflicto surgido a partir de una relación jurídico-administrativa, también establecerá unas condiciones más propicias para un control de convencionalidad difuso más fuerte.

Debe tomarse en consideración que la posibilidad franca de impugnación de las actuaciones y las omisiones materiales, resulta de gran trascendencia tratándose de los denominados derechos prestacionales o sociales, respecto de los cuales los poderes públicos tienen infinidad de obligaciones y tareas que cumplir. Resulta esencial, de cara a la administración prestacional, propia del Estado Social y Democrático de Derecho, y no meramente de limitación –inherente al Estado liberal de Derecho–, la posibilidad ya apuntada. No menos importante resulta tal posibilidad frente al "Estado regulador" o garante de las prestaciones que puedan brindar ciertos sujetos de Derecho privado sometidos a una fuerte fiscalización por el mismo.

La facultad legislativa de deducir pretensiones de condena a hacer o de dar abren, exponencialmente, las posibilidades de las partes de plantear una cuestión de convencionalidad y del juez contencioso-administrativo de apreciarla de oficio.

C. *Medidas cautelares*

La regulación nacional de la tutela cautelar en el contencioso-administrativo de manera generosa con la inclusión de medidas provisionales adecuadas y necesarias no solo negativas que supongan la conservación del estado de cosas (*v. gr.* suspensión de la ejecución del acto impugnado) sino positivas con efectos jurídicos anticipativos o innovativos, permitirá que, incluso, provisionalmente, el juez de la materia pueda ejercer un control de convencionalidad urgente y sumario, asegurando el objeto del proceso (pretensión) y los efectos de una eventual sentencia de mérito favorable para la parte que la aduce.

El juez contencioso-administrativo debe superar el temor de decretar medidas cautelares, incluso para la defensa y protección de situaciones jurídicas de los administrados que tienen sustento en el parámetro de convencionalidad, dado que, las mismas, si bien son decretadas sumariamente (cognición sumaria) con fundamento en pruebas *leviores*, están sujetas a presupuestos esenciales de constatación como el *periculum in mora* (peligro en la mora del proceso) y el *fumus boni iuris* (apariencia de buen derecho y consistencia de la pretensión deducida). De otra parte, deben tomar en consideración que se mantienen, siempre, sus características estructurales tales como la instrumentalidad y provisionalidad, por lo que tienen una eficacia *rebus sic stantibus*, pudiendo ser levantadas o modificadas en cualquier momento por la variación de circunstancias. Adicionalmente, deben ser dispuestas después de un juicio de razonabilidad y de ponderar sus efectos sobre el interés público o general y de terceros. Por último, el juez contencioso-administrativo puede disponer que se rinda una caución o cualquier contra-cautela para reparar los eventuales daños y perjuicios provocados con su adopción

D. *Tipología de sentencias*

De manera congruente con un ámbito amplio de fiscalización y la posibilidad de deducir todo tipo de pretensiones, incluidas las de condena en contra de las administraciones públicas, idealmente el modelo de justicia administrativa debe permitir, entonces, el dictado de sentencias de toda índole tales como las meramente declarativas, constitutivas y las de condena.

Es en la sentencia donde el juez contencioso-administrativo podrá ejercer el control de convencionalidad difuso, disponiendo que un acto administrativo formal sea anulado por *"inconvencional"*, una actuación material sea declarada como tal, se ordene superar la situación antijurídica creada por la misma y se ordene abstenerse de incurrir en tales conductas o bien que una omisión se estime, también, contraria al parámetro de convencionalidad y se impartan órdenes de hacer o de dar para adecuarse al mismo.

E. Poderes de ejecución

Indudablemente un intenso y fuerte control de convencionalidad por parte de la jurisdicción contencioso-administrativa, dependerá, en definitiva, de los poderes de ejecución con que cuente un juez al momento de cumplirse la sentencia emitida. Desde luego, que si los poderes son pocos y leves, resultará más difícil un control de convencionalidad difuso efectivo.

2. Límites y extensión del control de convencionalidad difuso

Una cuestión importante que es preciso definir son los límites y extensión del control de convencionalidad difuso ejercido por el juez contencioso-administrativo, todo en razón del ámbito y del objeto del proceso.

Es evidente que el parámetro de convencionalidad es de aplicación directa e inmediata por parte del juez contencioso-administrativo, por lo que no debe esperar que ninguna otra instancia proceda a su desarrollo.

A. Control de convencionalidad de los actos administrativos

Tratándose de la impugnación de actos administrativos de eficacia individual, concreta o general, resulta posible que el juez los anule, total o parcialmente, por contrariar el parámetro de convencionalidad, aunque en apariencia sean congruentes con el de legalidad y el de constitucionalidad.

En tal supuesto, el juez debe proceder a declararlos sustancialmente disconforme con el ordenamiento jurídico convencional, debiendo tener efectos declarativos y retroactivos al momento de adopción del acto administrativo anulado por "inconvencional".

B. Control de convencionalidad de los actos administrativos de eficacia normativa

La cuestión también parece simple tratándose de actos administrativos de eficacia general y normativa, por cuanto, evidentemente, tales conductas están sujetas a la fiscalización del juez contencioso-administrativo. De esa manera, bien podría la jurisdicción anular un reglamento que contenga disposiciones "inconvencionales" o, incluso, cuando a un funcionario le afecta en sus derechos derivados de la relación de empleo público podría declararse "inconvencional" una circular interna. Lo mismo, desde luego, cuando la misma lesiona, indebidamente, por cuanto deben tener, por principio, eficacia interna, a un administrado por regular, de manera incorrecta, una cuestión atinente a una potestad de imperio que se proyecta externamente en su perjuicio.

En tales supuestos el juez contencioso-administrativo debe proceder a declarar la nulidad absoluta, integral o parcial, del respectivo reglamento o de la circular, expulsando del ordenamiento jurídico aquellas disposiciones "inconvencionales", todo con eficacia declarativa y retroactiva a la fecha de vigencia de la disposición normativa, todo sin perjuicio de los derechos adquiridos o situaciones jurídicas consolidadas nacidas a la luz de la norma "inconvencional".

C. Control de convencionalidad de las actuaciones materiales

En tal supuesto, el juez contencioso-administrativo debe examinar la conformidad sustancial de la actuación material con el parámetro de convencionalidad. En caso de concluir que lo quebranta, igualmente, deberá declararla absolutamente nula y tomar las medidas necesarias e idóneas para superar cualquier situación jurídica surgida con fundamento en la misma

Cabe advertir que, incluso, tratándose de actuaciones materiales que, en principio, se presumen legítimas (*v. gr.* ejecución de un acto administrativo, prestación efectiva de un servicio público o la coacción administrativa directa), es preciso el examen de convencionalidad para descartar la infracción del respectivo bloque.

D. *Control de convencionalidad de las omisiones*

Respecto de este filón de la función o conducta administrativa, igualmente, será preciso el test de convencionalidad que debe aplicar el juez contencioso-administrativo. Como es sabido, las omisiones administrativas, en términos generales, pueden asumir dos modalidades que son la materiales y las formales.

En cuanto a las materiales —falta de prestación de un servicio público— el juez contencioso-administrativo debe ponderar su convencionalidad, lo que resulta muy relevante tratándose de la administración prestacional —servicios públicos sociales o asistenciales de carácter básico— vinculada directamente a los derechos económicos, sociales y culturales (*v. gr.* educación y salud públicas, vivienda, etc.), respecto de los que el Protocolo adicional a la Convención Americana sobre Derechos Humanos en materia de derechos económicos, sociales y culturales o "Protocolo de San Salvador" de 17 de noviembre de 1988, ofrece todo un parámetro de enjuiciamiento de las omisiones materiales de las administraciones públicas.

En lo relativo a las omisiones formales, como por ejemplo, la ausencia del dictado de un acto administrativo debido o impuesto por el bloque de legalidad, constitucionalidad o de convencionalidad, igualmente, el juez contencioso-administrativo goza de un poder amplio de fiscalización. Incluso, en esta materia, sería admisible que el juez contencioso-administrativo pueda controlar la omisión de la administración pública respectiva en dictar un reglamento, dentro de un plazo razonable, para actuar determinado derecho social o prestacional. El control será más intenso si la propia ley que desarrolla un derecho social o prestacional, impone el dictado de un reglamento dentro de un plazo determinado.

En tales supuestos, el juez contencioso-administrativo debe proceder a declarar absolutamente nula la omisión por contrariar el parámetro de convencionalidad e impartirle a la administración pública órdenes de hacer o de dar para que se cumplan dentro de un plazo razonable.

E. *Control de convencionalidad de la relación jurídico-administrativa*

En aquellos ordenamientos jurídicos que de modo ideal, al regular el alcance y extensión de la jurisdicción contencioso-administrativa, complementan la teoría de las formas de manifestación de la función administrativa, con el conocimiento y resolución de cualquier controversia surgida a partir de una relación jurídico-administrativa, el control difuso de convencionalidad se extiende.

En efecto, en tal hipótesis, la jurisdicción contencioso-administrativa al momento de examinar la discrepancia surgida en torno a la relación jurídica administrativa, debe someterla al test de convencionalidad. Bien podría concluir que la misma resulta lesiva del parámetro de convencionalidad o que debe ser inexistente a la luz del mismo y proceder a dictar una sentencia declarativa en tal sentido.

3.   Discrecionalidad y control de convencionalidad

El parámetro de convencionalidad va a ser particularmente útil cuando se trata de la fiscalización de las potestades discrecionales. Esta afirmación parte de considerar que los derechos humanos constituyen uno de los límites infranqueables de las potestades, competencias y actos discrecionales de los poderes públicos.

Debe tomarse en consideración, entonces, que el bloque de convencionalidad se integra, esencialmente, por los derechos humanos recogidos en las declaraciones y convenciones regionales sobre la materia, así como en las sentencias y opiniones consultivas de la Corte Interamericana sobre Derechos Humanos que han desarrollado y profundizado su contenido esencial.

La Jurisdicción contencioso-administrativa, al enjuiciar las conductas administrativas, debe ejercer un control de los límites de la discrecionalidad como si se tratara de un control de legitimidad en sentido amplio, ya que, los derechos humanos, que destacan como parte integral de tales límites, forman parte del parámetro de legitimidad y de juridicidad de las administraciones públicas, conformado no solo por la ley, la Constitución, sino, también, por los instrumentos del Derecho Internacional Público de los Derechos Humanos y los pronunciamientos jurisdiccionales o consultivos que los desarrollan. El control de tales límites de las potestades y competencias discrecionales, amplia notablemente las posibilidades de defensa y protección de las situaciones jurídicas sustanciales de los administrados.

Sobre el particular, resulta especialmente ilustrativa la sentencia vertida por la Corte Interamericana de Derechos Humanos en el Caso *Baena Ricardo y otros vs. Panamá* de 2 de febrero de 2001 (Fondo, reparaciones y costas), al considerar lo siguiente:

"126. En cualquier materia, inclusive en la laboral y la administrativa, la discrecionalidad de la administración tiene límites infranqueables, siendo uno de ellos el respeto de los derechos humanos. Es importante que la actuación de la administración se encuentre regulada, y ésta no puede invocar el orden público para reducir discrecionalmente las garantías de los administrados. Por ejemplo, no puede la administración dictar actos administrativos sancionatorios sin otorgar a los sancionados la garantía del debido proceso."

4.   Retos procesales del control de convencionalidad difuso de oficio

Como se ha apuntado, el control de convencionalidad difuso ejercido por la jurisdicción contencioso-administrativa, debe ser ejercido, incluso *"ex officio"*, circunstancia que plantea algunos desafíos de tipo adjetivo relevantes que merecen ser abordados.

A.   Vicio de "inconvencionalidad" de la conducta administrativa: Nulidad absoluta gravísima

Una primera cuestión es abordar la naturaleza jurídica y grado de gravedad del vicio de *"inconvencionalidad"* de una conducta administrativa.

La posibilidad de declarar de oficio la *"inconvencionalidad"* de una conducta administrativa, en nuestro criterio, surge, aunque no lo haya indicado la Corte Interamericana de Derechos Humanos, de estimar un vicio de esa índole como gravísimo y agudamente ilegítimo, sea de gran entidad y trascendencia. De tal modo que la *"inconvencionalidad"* equivale a una nulidad absoluta gravísima de cualquier conducta administrativa impugnada.

A partir de tal consideración, estamos en condiciones de entender por qué razón el control de convencionalidad debe ser ejercido, incluso, de oficio por la jurisdicción contencioso-administrativa. Lo apuntado supone el otorgamiento de una potencia, resistencia, jerarquía y valor preminente al parámetro de convencionalidad, habida cuenta que los derechos humanos que dimanan de la dignidad intrínseca a la persona son el fundamento de cualquier ordenamiento jurídico nacional, con lo que conforman un *higher law* o *ius cogens*, cuya infracción por parte de una administración pública determina, irremisiblemente, una nulidad absoluta gravísima declarable, incluso, de oficio.

B.   *Oportunidad procesal para plantear de oficio el vicio de "inconvencionalidad" y debido proceso*

Ahora bien, definido el vicio de *"inconvencionalidad"* como una nulidad absoluta gravísima de una conducta administrativa, surge la cuestión acerca del momento procesal en que debe ser ejercido el test de convencionalidad por el juez contencioso-administrativo.

Al respecto, estimamos que lo óptimo o ideal es que el control de convencionalidad difuso y el vicio de convencionalidad debe ser anunciado y observado a las partes principales del proceso contencioso-administrativo antes de dictar la sentencia de mérito, de esa manera puede garantizarles la bilateralidad de la audiencia. No resulta congruente con las reglas del contradictorio que el juez contencioso-administrativo de manera sorpresiva o intempestiva, en la sentencia de mérito, aduzca un vicio de *"inconvencionalidad"* puesto que, de esa manera podría perpetrar una violación del debido proceso y la defensa, pese a la entidad y trascendencia del vicio gravísimo de nulidad absoluta. En suma, las partes que no han invocado un motivo de nulidad tan grave e intenso como la *"inconvencionalidad"* o que no lo han captado por una u otra razón, tienen derecho a formular alegaciones sobre el particular y, eventualmente, hasta ofrecer y producir prueba para acreditar o desvirtuar al vicio de *"inconvencionalidad"*.

Debe tomarse en consideración, que en los procesos contencioso-administrativos orales, el vicio de *"inconvencionalidad"* debe ser introducido al proceso con la antelación suficiente al dictado de la sentencia de fondo e, idealmente, a la realización de la audiencia de recepción de pruebas y conclusiones. En tal sentido, en los procesos contencioso-administrativos orales que prevén una audiencia inicial, preliminar o el despacho saneador, resulta más fácil introducir de oficio la cuestión de convencionalidad de manera anticipada, por cuanto, el juez encargado de la misma puede advertirlo y hacérselo ver a las partes interesadas del proceso. Nótese, incluso, que si la cuestión de convencionalidad y, en general, la discusión planteada, es de puro derecho, sea que requiera, simplemente, de verificar si una conducta se adecúa sustancialmente al sentido y espíritu del bloque de convencionalidad, no será necesario el juicio oral y público.

Empero, desde nuestra perspectiva, nada impediría que durante el desarrollo de la audiencia complementaria o de pruebas, el órgano jurisdiccional plante la cuestión de convencionalidad, lo que constituiría una causal justificada de suspensión de la audiencia, para que las partes puedan alegar lo pertinente una vez reanudada o, eventualmente, señalarse una segunda audiencia, caso de ser necesario evacuar medios de prueba para acreditar o desvirtuar la *"inconvencionalidad"*.

Tratándose de procesos contencioso-administrativos escritos y fragmentados, pese a todas sus desventajas, la posibilidad de introducir de oficio la cuestión de convencionalidad al debate procesal, antes de dictarse la sentencia de mérito, debe estar precedida de una audiencia a las partes interesadas, con suspensión del plazo para dictar sentencia y en la que puedan plantear los alegatos y aportar las pruebas que estimen oportunas.

C. *Cuestión de convencionalidad de oficio en los procesos contencioso-administrativos de doble instancia*

En muchos sistemas de justicia administrativa impera la doble instancia, de tal suerte que la cuestión de convencionalidad puede surgir ante la instancia superior, sobre todo, si las partes no la han alegado durante el transcurso de la primera o el juez *a-quo* no la ha observado de oficio.

No se trata de una cuestión menor, por el contrario, concurren en la misma una serie de principios en sentido divergente, por lo que es preciso efectuar un juicio de ponderación para determinar la solución a seguir.

El Tribunal *Ad-quem* no puede soslayar la exhortación de la Corte Interamericana de Derechos Humanos de ejercer, incluso de oficio, un control de convencionalidad, de otra parte se trata de una nulidad absoluta gravísima por infracción de los derechos humanos y su desarrollo.

Desde tal perspectiva, en nuestra opinión, aunque, no haya sido invocada la cuestión de convencionalidad como agravio de la apelación oportunamente interpuesta, el Tribunal de segunda instancia debe, necesaria e inevitablemente, introducirla en el debate propio del recurso de alzada. Ciertamente, esta solución aparenta contrariar, frontalmente, los principios conforme a los cuales los agravios ante el superior deben ser planteados por las partes, por congruencia con el denominado principio dispositivo, y aún más con la denominada *non reformatio in pejus*. En efecto, no parece ortodoxo que una parte que recurrió lo resuelto en primera instancia, por una u otra razón, luego enfrente una reforma en perjuicio. No obstante, la trascendencia de la cuestión de convencionalidad por el tipo y grado de infracción que supone, bien amerita que la cuestión se aprecie, incluso de oficio, por el juez *Ad-quem*.

Para equilibrar la quiebra de tales principios que inspiran el recurso de apelación, bien puede el juez de segunda instancia, al apreciar de oficio la cuestión de convencionalidad, otorgar una audiencia a las partes para que aleguen y ofrezcan la prueba que estimen pertinente, de esa manera se satisfacen los derechos al contradictorio y a la defensa. En definitiva la cuestión de convencionalidad entraña un vicio de nulidad absoluta gravísima que puede ser apreciada, incluso de oficio, por el juez de segunda instancia o de apelación, aunque las partes no la hayan alegado y el juez de primera instancia la haya soslayado.

D. *Control de convencionalidad difuso por la casación contencioso-administrativa*

Una cuestión relevante que debe abordarse, la constituye el control difuso de convencionalidad que pueda ejercer el respectivo Tribunal encargado de conocer y resolver el recurso extraordinario de casación.

La casación contencioso-administrativa tiene una función primordial en los derechos nacionales de resguardar la uniforme interpretación y aplicación del bloque de legalidad, ahora enriquecido con el parámetro de convencionalidad, en virtud de lo dispuesto por la Corte Interamericana de Derechos Humanos.

En tesis de principio, no existe controversia acerca del conocimiento y resolución de una cuestión de convencionalidad respecto de alguna conducta administrativa por parte de la casación, cuando la cuestión haya sido discutida –según la configuración del proceso en única o doble instancia– en las fases anteriores. En efecto, sea que desde un principio las partes la hayan observado o los jueces de instancia de oficio la hayan introducido al debate y que una de las partes interesadas formule el recurso extraordinario invocando como motivo la cuestión de *"inconvencionalidad"*, la casación no tendrá ningún problema para pronunciarse.

Distinto será cuando, la cuestión de convencionalidad no fue planteada oportunamente por las partes interesadas en primera, segunda o única instancia o bien cuando los jueces no la captaron y no la plantearon de oficio. En este supuesto, nuevamente, nos enfrentamos ante la concurrencia en sentido divergente de varios principios, por lo que debe efectuarse un juicio de ponderación, para determinar si resulta admisible que la casación la conozca y resuelva.

Ciertamente, la casación como recurso técnico que es supone que el casacionista plante los motivos específicos que pueden determinar la anulación de la sentencia, rigiendo al respecto el principio de aportación o dispositivo y la *non reformatio in pejus*, empero, la *"inconvencionalidad"* de una conducta administrativa supone una nulidad absoluta gravísima que debe ser observada de oficio. Nuevamente, recomendaríamos que el Tribunal de Casación, para evitar la introducción de cuestiones no debatidas en instancias precedentes otorgue una audiencia en la que le brinde a las partes la oportunidad de alegar y de ofrecer prueba sobre la cuestión de convencionalidad, de esa manera se garantiza la bilateralidad, el contradictorio y la defensa.

E. *Agotamiento de la interpretación conforme con el parámetro de convencionalidad*

La jurisdicción contencioso-administrativa, en cualquiera de sus instancias, antes de proceder a anular una conducta de la administración por ser *"inconvencional"*, debe agotar la posibilidad de hacer una interpretación de la misma conforme al parámetro de convencionalidad.

En tales casos, el juez contencioso-administrativo, debe emitir una sentencia interpretativa que salva la conformidad sustancial de la conducta impugnada con el bloque de convencionalidad y su efecto jurídico será la conservación de la misma pero bajo una interpretación diversa, sin que sea expulsada del ordenamiento jurídico.

F.   *Problema de la ley "inconvencional"*

Cuando la jurisdicción contencioso-administrativa ejerce el control difuso de convencionalidad, en cualquiera de sus instancias, el resultado puede ser positivo o negativo, de modo que se puede arribar a la conclusión que la conducta administrativa fiscalizada es *"inconvencional"* o que resulta conforme al parámetro de convencionalidad.

En el primer caso, lo procedente será que se dicte una sentencia de mérito estimatoria de la *"inconvencionalidad"*, la que tendrá, en tesis de principio, efectos declarativos y retroactivos a la fecha de adopción de la conducta administrativa al tratarse de un vicio de nulidad absoluta gravísimo.

Como lo hemos apuntado, no existe dificultad de tal pronunciamiento cuando se trata de conductas administrativas formales o materiales concretas o incluso generales y de efectos normativos como un reglamento, por cuanto, sobre tales manifestaciones de la conducta administrativa el juez contencioso-administrativo tiene plenas competencias para proceder a su anulación y expulsión del ordenamiento jurídico.

La cuestión puede surgir cuando el juez contencioso-administrativo se enfrenta a una ley que le ofrece cobertura normativa a la conducta administrativa impugnada, en su criterio, *"inconvencional"*, en cuyo supuesto tendrá, básicamente, dos opciones, según el modelo de justicia constitucional nacional imperante, que son las siguientes: a) En un sistema concentrado de control de constitucionalidad, deberá desaplicar, para el caso concreto, la ley *"inconvencional"* y aplicar, preferentemente, el parámetro de convencionalidad y b) En un sistema difuso de control de constitucionalidad, el juez contencioso-administrativo podrá declarar *"inconvencional"* la respectiva ley. En cualquiera de tales supuestos, la conducta administrativa debe ser, entonces, declarada absolutamente nula por el vicio gravísimo de *"inconvencionalidad"*.

En definitiva, el juez contencioso-administrativo, al fiscalizar una conducta administrativa, eventualmente, debe resolver la cuestión de la ley *"inconvencional"* que le brinda cobertura presuntamente legítima a la primera, por cuanto, en los ordenamientos jurídicos nacionales no existe una cuestión prejudicial o previa de convencionalidad de una ley, a diferencia de lo previsto para la inconstitucionalidad de una ley en algunos que siguen el modelo concentrado.

III.   CONCLUSIONES SOBRE EL CONTROL DE CONVENCIONALIDAD EJERCIDO POR LA JURISDICCIÓN CONTENCIOSO-ADMINISTRATIVA

1.- El control de convencionalidad difuso ejercido por la jurisdicción contencioso-administrativa, dependerá en su intensidad y volumen de ciertos factores relativos al diseño nacional de la justicia administrativa, tales como los siguientes: a) Una legitimación amplia y flexible que tutele no solo los derechos subjetivos e intereses legítimos individuales, sino también los colectivos (corporativos y difusos) y que, admita, aunque sea de manera tasada la acción popular; b) un ámbito de fiscalización y un objeto –pretensiones– amplios, por cuanto, cuantas más conductas administrativas sean controlables y más amplia la tipología de pretensiones deducibles, se incrementan las posibilidades del control difuso de convencionalidad; c) medidas cautelares positivas de carácter innovativo o anticipativo, que permitan un control de convencionalidad difuso anticipado y provisional; d) una tipología abierta de sentencias que pueda pronunciar la justicia administrativa y e) poderes de ejecución extensos e incisivos.

2.- El control difuso de convencionalidad, se transforma en una herramienta útil para el control de los límites en el ejercicio de las potestades discrecionales, dado que, el parámetro de convencionalidad se integra, esencialmente, por los derechos humanos contenidos en el *corpus iuris* interamericano, siendo éstos un límite infranqueable de la discrecionalidad.

3.- El control de convencionalidad difuso de oficio ejercido por la jurisdicción contencioso-administrativa, supone una serie de desafíos de tipo procesal que deben ser resueltos a través de un juicio de ponderación.

4.- El vicio de *"inconvencionalidad"* de una conducta administrativa determinada es una nulidad absoluta gravísima como tal declarable de oficio en cualquier momento y por cualquier instancia de la jurisdicción contencioso-administrativa, incluso en segunda instancia (apelación) o ante el órgano encargado de conocer y resolver la casación. En tal caso, la cuestión de convencionalidad debe ser introducida previa audiencia a las partes interesadas que la soslayaron, para que tengan, previamente, el derecho al contradictorio y a la defensa (debido proceso).

5.- El control de convencionalidad difuso ejercido por la jurisdicción contencioso-administrativa, amplia, ostensiblemente, el parámetro de legitimidad al que deben adecuarse, sustancialmente, las conductas administrativas, lo que provoca un replanteamiento de las fuentes del Derecho Administrativo, al incorporar el bloque de convencionalidad como factor de contraste, todo lo cual, permite, también, vislumbrar un Derecho Administrativo común.

III
EL CONTROL DE CONVENCIONALIDAD COMO EXPRESIÓN DEL CONTROL DE CONSTITUCIONALIDAD. ORIGINALIDAD Y DESACIERTOS

Víctor Rafael Hernández-Mendible

I. INTRODUCCIÓN

Quizás uno de los temas más apasionantes de los actuales tiempos en Iberoamérica, en tanto implican el perfeccionamiento de los medios de protección de los Derechos Humanos, lo constituye el estudio del control de la constitucionalidad y el control de la convencionalidad.

En la Venezuela contemporánea, todas las manifestaciones de control jurisdiccional del actos jurídicos del gobierno y la Administración Pública experimentan una merma importante, al igual que la efectiva protección jurisdiccional de los Derechos Humanos, como consecuencia de la delicada situación que se atraviesa al haberse roto el hilo constitucional y disolverse la institucionalidad democrática[1], lo que hace que el estudio de estos temas desde sus orígenes históricos resulten de mayor interés para la compresión de la realidad.

Conforme a este contexto se debe comenzar señalando que el desarrollo normativo de la jurisdicción constitucional tiene su origen en la fundación constitucional de la República de Venezuela y su evolución va a ir acompañada de los procesos políticos y constitucionales que durante los últimos 200 años han signado la vida institucional del país.

El estudio científico del Derecho Procesal Constitucional tiene como precursor a José Guillermo Andueza Acuña, que en a comienzos de la segunda mitad del siglo XX, publicaba su tesis doctoral titulada "La jurisdicción constitucional en el derecho venezolano"[2]. Al estudio académico de la jurisdicción constitucional o justicia constitucional, –términos que han llegado a ser empleados como sinónimos por algunos

---

[1]   Allan R. Brewer-Carías, "El golpe de Estado en diciembre de 2014, con la inconstitucional designación de las altas autoridades del Poder Público", consultado el 3 de enero de 2015, en http://www.allanbrewercarias.com/Content/449725d9-f1cb-474b-8ab2-41efb849fea3/Content/I.2.108.pdf

[2]   José Guillermo Andueza, *El control jurisdiccional en el derecho venezolano*, Universidad Central de Venezuela, Caracas, 1954.

autores–, se incorporarán Allan R. Brewer-Carías, Humberto J. La Roche, Gustavo Planchart Manrique, Ambrosio Oropeza, Orlando Tovar Tamayo, Humberto Briceño León, Josefina Calcaño de Temeltas, Román J. Duque Corredor, Alberto Blanco-Uribe, Carlos Ayala Corao, Jesús María Casal y Gonzalo Pérez Salazar, entre otros.

No corresponde hacer un recuento de los aportes al estudio científico efectuado por cada uno de estos autores, pues ello excede el objeto de este trabajo, sino colocar en perspectiva el surgimiento del Derecho Procesal Constitucional, que cuenta con amplios y longevos antecedentes normativos constitucionales, legales, jurispruden-ciales y de la doctrina científica que han contribuido a lograr un importante desarro-llo jurídico, en medio de múltiples vicisitudes.

Cabe destacar que el presente estudio tiene por objeto presentar la originalidad y los aciertos en la creación, el desarrollo y la evolución del control de la constitucio-nalidad y en el control de la convencionalidad en Venezuela, así como la originali-dad y los desaciertos recientes en los mismos.

En aras de una mayor claridad en la exposición de las ideas, el presente trabajo se dividirá en los siguientes aspectos a saber: El origen y evolución del control de la constitucionalidad (II), el control de la constitucionalidad en la Constitución de 1999 (III), el deber de la Administración Pública de garantizar la supremacía de la Consti-tución y el principio de legalidad administrativa (IV), los tipos de control de la cons-titucionalidad (V), los mecanismos procesales de control de la constitucionalidad (VI), el control difuso de convencionalidad como expresión del control de la consti-tucionalidad (VII), el novedoso control de la constitucionalidad de los fallos que interpretan y aplican la convencionalidad (VIII), y, las consideraciones finales (IX).

II.   EL ORIGEN Y EVOLUCIÓN DEL CONTROL DE LA CONSTITUCIO-NALIDAD

El acervo constitucional que permite conocer el actual sistema de control de la constitucionalidad es producto de dos siglos de evolución[3], que ameritan una refe-rencia sucinta pero insoslayable, teniendo en consideración que la Capitanía General de Venezuela, fue la primera de los antiguos territorios españoles que luego de inde-pendizarse y establecer la República, expidió una Constitución política, en la que se sitúan tales orígenes del control de la constitucionalidad.

Los inicios del control de la constitucionalidad en Venezuela se ubican en los comienzos de la República, pues será a partir de la primera Constitución de 21 de diciembre de 1811, que se establecerá el principio de supremacía constitucional y una especie de control "implícito"[4] –no se le reconoce valor a las leyes que se expi-dan en contra de la Constitución– de la constitucionalidad de las leyes[5] e incluso

---

3   Todos los textos constitucionales de 1811 a 1961, han sido consultados en Allan R. Brewer-Carías, *Las Constituciones de Venezuela*, Centro de Estudios Constitucionales, Madrid, 1985.

4   Humberto J. La Roche, *Instituciones Constitucionales del Estado venezolano*, Maracaibo, 1984.

5   Artículo 227 de la Constitución de 1811.

dicho texto dispuso las consecuencias del desconocimiento de los derechos del hombre reconocidos por la propia Constitución[6].

Luego que transcurrieron 28 años de la separación de Venezuela de la Gran Colombia, se dictó la Constitución de 3 de diciembre de 1858, en la que se estableció expresamente el control de la constitucionalidad de las leyes de las provincias[7].

La Guerra federal o Revolución federal, que se inició en 1859 y finalizó en 1864, dará lugar a la Constitución de 22 de abril de 1864, en la que se establece el control de la constitucionalidad de los actos del Congreso Federal y del Ejecutivo Nacional que violen derechos o desconozcan la independencia de los Estados que integran la Federación[8].

Transcurrieron 29 años para que la Constitución de 5 de julio de 1893, viniese a reconocer el control general de la constitucionalidad, tanto de los actos jurídicos del Poder Federal como de los Estados, cuando ellos contraviniesen la Constitución[9].

Sin extender las referencias sobre los avances y retrocesos experimentados en las constituciones posteriores, procede destacar la Constitución de 23 de enero de 1961, la de más larga vigencia y en democracia, -lo que la constituye en un hito en la historia constitucional venezolana-, que recoge el desarrollo constitucional precedente estableciendo el control de constitucionalidad de las leyes nacionales, leyes estadales, de las ordenanzas municipales y demás actos de los cuerpos legislativos nacional, de los estados y los municipios[10], así como de los reglamentos y demás actos del Ejecutivo Nacional que contraviniesen la Constitución[11].

A ello se sumará el establecimiento del amparo constitucional[12] y el restablecimiento del *habeas corpus*[13] –desaparecido durante la precedente dictadura-, como medios procesales para que las personas pudiesen solicitar protección ante la lesión o amenaza de lesión de derechos constitucionales en general, así como de la libertad individual y seguridad personal en particular[14].

Estos constituyen los antecedentes constitucionales más relevantes del control de la constitucionalidad, antes de la aparición de la Constitución de 30 de diciembre de 1999.

---

[6]   Artículo 199 de la Constitución de 1811

[7]   Artículo 113.8 de la Constitución de 1858.

[8]   Artículo 92 de la Constitución de 1864.

[9]   Artículos 17 y 110.8 de la Constitución de 1893.

[10]   Artículos 215.3 y 215.4 de la Constitución de 1961.

[11]   Artículo 251.6 de la Constitución de 1961.

[12]   Artículo 49 de la Constitución de 1961.

[13]   Disposición Transitoria Décima Quinta de la Constitución de 5 de julio de 1947, que luego sería eliminado en la Constitución de 4 de abril de 1953.

[14]   Disposición Transitoria Quinta de la Constitución de 1961.

III.   EL CONTROL DE LA CONSTITUCIONALIDAD EN LA CONSTITUCIÓN DE 1999

El principio de supremacía de la Constitución, se proyecta sobre el bloque de la constitucionalidad[15], conformado éste por la Constitución, los principios constitucionales[16], las leyes constitucionales[17], los tratados, pactos y convenios internacionales relativos a Derechos Humanos suscritos y ratificados por la República[18], que se encuentran revestidos de jerarquía constitucional[19]-[20], prevaleciendo éstos últimos sobre la propia Constitución y demás disposiciones del ordenamiento jurídico, en la medida que contengan normas sobre goce y ejercicio de tales derechos, más favorables a las establecidas en ésta y en las leyes[21].

Todas estas disposiciones que integran el bloque de la constitucionalidad tienen rango, valor y fuerza constitucional, constituyéndose en normas supremas que fundamentan el resto del ordenamiento jurídico[22].

Ahora bien, el bloque de la constitucionalidad puede ser modificado a través de los mecanismos de revisión constitucional, conocidos como la enmienda[23], la reforma[24] o la asamblea nacional constituyente[25], debiendo considerarse cualquier otro mecanismo destinado a modificarlo, desconocerlo o derogarlo nulo y sin va-

---

[15]   Tribunal Supremo de Justicia en Sala Constitucional, sentencia 1077, de 22 de septiembre de 2000 y sentencia 1860, de 5 de octubre de 2001.

[16]   Artículo 335 de la Constitución.

[17]   Sobre las leyes constitucionales como integrantes del bloque de la constitucionalidad, se han pronunciado Víctor R. Hernández-Mendible, "¿Es posible hablar de leyes constitucionales en el ordenamiento jurídico venezolano?", *Revista de la Fundación Procuraduría General de la República* No. 7, Fundación Procuraduría General de la República, Caracas, 1993, pp. 93-125; Juan Carlos Márquez Cabrera, "Controversias en torno al tipo normativo de la ley constitucional en el sistema de fuentes de la Constitución de 1999", *Derecho Administrativo Iberoamericano. 100 Autores en Homenaje al posgrado de Derecho Administrativo de la Universidad Católica Andrés Bello*, T. I, Ediciones Paredes, Caracas, 2007, pp. 341-364.

[18]   Tribunal Supremo de Justicia en Sala Constitucional, sentencia 1077, de 22 de septiembre de 2000.

[19]   Carlos Ayala Corao, *La jerarquía constitucional de los tratados relativos a derechos humanos y sus consecuencias,* Fundación Universitaria de Derecho, Administración y Política (FUNDA), Querétaro, 2004, pp. 91-94.

[20]   Con total convicción sostiene Román José Duque Corredor, que el sistema de derechos humanos es parte fundamental del bloque de la constitucionalidad en Venezuela. Postulados y Principios. El sistema constitucional de los derechos humanos en la Constitución venezolana, *Derecho Administrativo Iberoamericano. 100 Autores en Homenaje al posgrado de Derecho Administrativo de la Universidad Católica Andrés Bello,* T. I, Ediciones Paredes, Caracas, 2007, pp. 155-156.

[21]   Preámbulo de la Constitución y artículos 2, 22 y 23 de la Constitución.

[22]   Artículo 7 de la Constitución.

[23]   Artículos 340 y 341 de la Constitución.

[24]   Artículos 342 al 346 de la Constitución.

[25]   Artículos 347 al 349 de la Constitución.

lor jurídico alguno, en cuyo caso el bloque de la constitucionalidad no perderá su vigencia[26].

Este principio de supremacía del bloque de la constitucionalidad se garantiza de varias maneras: La primera es mediante el ejercicio de la denominada acción popular de constitucionalidad, que habilita a todas las personas a formular pretensiones de inconstitucionalidad contra los actos jurídicos de los órganos que ejercen el Poder Público, que dictados en ejecución directa e inmediata del bloque de la constitucionalidad, lo vulneren o desconozcan. En este caso, el control de conformidad a la Constitución, se denomina control concentrado que ejerce actualmente la Sala Constitucional del Tribunal Supremo de Justicia, en su carácter de máximo y último intérprete de la Constitución, garantizando su supremacía y efectividad, velando por la aplicación e interpretación uniforme del contenido y alcance de los valores, los principios y las normas constitucionales, fijando criterios que serán vinculantes para todos los órganos jurisdiccionales y por supuesto, para el resto de los órganos que ejercen el Poder Público[27].

La segunda es mediante la potestad otorgada a todos los jueces, en la tradición constitucional republicana[28], para asegurar la supremacía de la Constitución y la integridad de la constitucionalidad en todos aquellos casos de su competencia que les corresponda sentenciar. En atención a ello, los jueces actuando de oficio o a instancia de parte interesada, en caso de apreciar incompatibilidad o colisión entre una ley u otra norma jurídica que deba aplicarse para resolver un asunto determinado, con alguna disposición que integre el bloque de la constitucionalidad, deberán aplicar éste con preferencia, salvaguardando así la supremacía de la constitucionalidad, en lo que se conoce como el control difuso[29].

Estando considerada la Constitución como la norma suprema y el fundamento de todo el ordenamiento jurídico, todas las personas y los órganos que ejercen el Poder Público están sujetos a ella, lo que reitera la propia Constitución en el capítulo de los deberes, al señalar que todas las personas tienen el deber de cumplirla y acatarla[30].

Mención aparte merece el polémico tema, respecto a la posibilidad que las autoridades ejecutivas o administrativas, –quienes al igual que los tribunales, tienen el deber de cumplir y hacer cumplir la Constitución y la ley–, al momento de resolver un asunto de su competencia puedan considerar la posibilidad de desobedecer o desacatar deliberadamente la aplicación de aquellos textos jurídicos que consideren contrarios a la Constitución. A esto se dedicará el siguiente subepígrafe.

---

[26]   Artículo 333 de la Constitución.

[27]   Artículos 334 y 335 de la Constitución.

[28]   Aunque el origen del control difuso de la constitucionalidad ha sido ubicado en el artículo 227 de la Constitución de 1811, Allan R. Brewer-Carías, Prólogo a Humberto Briceño León, *La acción de inconstitucionalidad en Venezuela*, Editorial Jurídica Venezolana, Caracas, 1989, p. 11, su reconocimiento expreso positivo se producirá por vez primera en el artículo 20 del Código de Procedimiento Civil de 1897.

[29]   Artículo 334 de la Constitución.

[30]   Artículo 131 de la Constitución.

IV.   EL DEBER DE LA ADMINISTRACIÓN PÚBLICA DE GARANTIZAR LA SUPREMACÍA DE LA CONSTITUCIÓN Y EL PRINCIPIO DE LEGALIDAD ADMINISTRATIVA

En el marco del Estado constitucional se ha considerado que la Constitución es la norma de normas, la norma suprema y el fundamento de todo el ordenamiento jurídico, en virtud de lo cual todos los órganos que ejercen el Poder Público tienen el deber de cumplirla y hacerla cumplir de manera directa y preferente respecto a cualquier otra norma infraconstitucional y en caso que por algún acto de fuerza o por cualquier otro medio distinto de los que ella contempla, se intentase su modificación, fuese reformada, derogada o dejare de aplicarse, todos los ciudadanos quienes también tienen el deber de cumplirla y acatarla, se encuentren investidos o no de autoridad, tienen el deber de colaborar en el restablecimiento de su efectiva vigencia y aplicación[31].

Configurada la cláusula de primacía de la Constitución en los términos señalados, cabe mencionar que todos los órganos que ejercen el Poder Público se encuentran igualmente sujetos al principio de legalidad, –entendida esta expresión en el sentido expuesto por Hauriou, de bloque de la legalidad[32]– o principio de juridicidad[33], en virtud del cual se exige que todas las funciones estatales deban ejercitarse con sujeción a la ley, entendida ésta en sentido amplio, es decir, que deben realizarse conforme a las reglas del Derecho[34].

En tales términos, aparece el principio de legalidad desde la perspectiva de la teoría de la vinculación positiva y a partir de ella se reconoce que únicamente la norma jurídica habilita y condiciona a los órganos que ejercen el Poder Público para que expidan actos jurídicos válidos, tanto para alcanzar eficazmente sus cometidos –la consecución del interés general–, como para regular, limitar o restringir los derechos y las libertades públicas, siempre que actúen con plena sujeción a la norma preexistente atributiva de competencia y al fin que la misma establece[35].

---

[31]   Artículos 7, 131 y 333 de la Constitución.

[32]   Maurice Hauriou, *Précis de Droit Administratif et de Droit Public*, 12ª ed., Sirey, Paris, 1933, pp. 577-578.

[33]   La expresión principio de juridicidad la empleó por vez primera Adolf Merkl, *Teoría General del Derecho Administrativo*, Comares, Granada, 2004.

[34]   Se ha señalado que "… el término legalidad ha recibido una acepción más amplia y ha pasado a ser sinónimo de regularidad jurídica, de juridicidad; el 'bloque de legalidad' (Hauriou) abarca hoy día el conjunto de reglas de derecho que limitan la acción administrativa". Prosper Weil, *Derecho Administrativo*, Civitas, Madrid, 1986, p. 138.

[35]   El Máximo Tribunal de la República, desde la sentencia de 17 de julio de 1953, de la Corte Federal ha sostenido que la autoridad administrativa debe "ceñirse a reglas o normas preestablecidas. De ahí que el principio de legalidad de los actos administrativos, según el cual éstos carecen de vida jurídica no sólo cuando les falta como fuente primaria un texto legal, sino también cuando no son ejecutados en los límites y dentro del marco señalado de antemano por la ley".

Tal principio admite las siguientes manifestaciones: El principio de legalidad sancionatoria[36], el principio de legalidad tributaria[37], el principio de legalidad presupuestaria[38] y el principio de legalidad administrativa[39].

Este último, el principio de legalidad administrativa, –utilizada la expresión en sentido restringido–, se traduce en la subordinación de toda la función administrativa al Derecho y en lo que concierne a los actos jurídicos de las autoridades públicas, que actúan en ejercicio de tal función administrativa, una de cuyas expresiones lo constituyen los actos administrativos, conlleva a que estos deben emitirse conforme a la Ley y al Derecho –según la fórmula empleada en la Constitución[40]–, lo que supone que tanto en su expedición como en su ejecución se actúe con apego a los principios generales y las normas jurídicas preexistentes, lo que lleva a que se presuman válidos y productores de su natural eficacia jurídica[41].

---

[36] Artículos 49.6 de la Constitución, 89 de la Ley Orgánica de la Administración Pública y 10 de la Ley Orgánica de Procedimientos Administrativos.

[37] Artículos 317 de la Constitución, 89 de la Ley Orgánica de la Administración Pública y 10 de la Ley Orgánica de Procedimientos Administrativos.

[38] Artículos 314 de la Constitución.

[39] Artículos 141 de la Constitución, 4 y 6 de la Ley Orgánica de la Administración Pública.

[40] Esta expresión tiene como antecedente los artículos 20.3 de la Ley Fundamental de Bonn y 103.1 de la Constitución Española.

[41] En la doctrina científica nacional existe un intenso debate sobre la presunción de legalidad de los actos administrativos. Han reconocido la existencia de la presunción de legalidad, Allan R. Brewer-Carías, *Las Instituciones Fundamentales del Derecho Administrativo y la Jurisprudencia Venezolana*, Universidad Central de Venezuela, Caracas, 1964, p. 131; y el mismo autor, *Jurisprudencia de la Corte Suprema de Justicia 1930-1974 y Estudios de Derecho Administrativo*, T. III, *La Actividad Administrativa*, Vol. 1, *Reglamentos, Procedimientos y Actos Administrativos*, Editorial Jurídica Venezolana, Caracas, 1976, pp. 100-102; más recientemente, *Tratado de Derecho Administrativo. Derecho Público en Iberoamérica*. T. III. *Los actos administrativos y los contratos administrativos*, Fundación de Derecho Público, Fundación Editorial Jurídica Venezolana y Civitas-Thomson Reuters, Madrid, 2013; desde comienzos de los setenta, Eloy Lares Martínez, *Manual de Derecho Administrativo*, 2ª ed., Universidad Central de Venezuela, Caracas, 1970, p. 157; José Araujo-Juárez, *Derecho Administrativo General, Acto y Contrato Administrativo*, Ediciones Paredes, Caracas, 2011, pp. 78-84; en contra de la existencia de la presunción de legalidad se han pronunciado dentro de los administrativistas Gonzalo Pérez Luciani, "La llamada presunción de legitimidad de los actos administrativos", *Escritos del Doctor Gonzalo Pérez Luciani*, Fundación Bancaribe, Caracas, 2013, pp. 443-489; entre los tributaristas Serviliano Abache Abascal, *La atipicidad de la presunción de legalidad del acto administrativo y la carga de la prueba en el proceso tributario*, Editorial Jurídica Venezolana, Caracas, 2012; y, Gabriel Ruán Santos, "La presunción de legitimidad de los actos administrativos", *La justicia constitucional y la justicia administrativa como garantes de los derechos humanos. Homenaje a Gonzalo Pérez Luciani y en el marco del vigésimo aniversario de FUNEDA*, Centro de Estudios de Derecho Procesal Constitucional, Centro de Estudios de Derecho Público y Centro de Estudios de Regulación Económica de la Universidad Monteávila-FUNEDA, Caracas, 2013, pp. 85-118.

1. *La imposibilidad de la Administración Pública de realizar el control difuso de constitucionalidad*

Así las cosas, partiendo del deber de la Administración Pública de actuar con sometimiento pleno a la Ley y al Derecho, es decir, al bloque de la legalidad, al no existir una disposición en el ordenamiento jurídico que le atribuya competencia expresa a ésta para ejercer el control difuso de la constitucionalidad, en caso de enfrentarse a una ley o norma legal que le lleve a cuestionar su validez constitucional para resolver un asunto concreto, la Administración Pública estaría impedida de ejercer el referido control difuso de constitucionalidad, so pena de incurrir en usurpación de funciones del Poder Judicial[42] y por ende en incompetencia manifiesta, lo que de producirse constituiría una expresión del vicio de nulidad absoluta del acto jurídico, que hubiese materializado tal declaración de control difuso de la constitucionalidad.

Esta ha sido la posición histórica de la jurisprudencia del Máximo Tribunal de la República[43], que al analizar el control de la constitucionalidad de las leyes vigentes y calificarlo como mixto, es decir, concentrado y difuso, ha señalado que éste se encontraba atribuido a todos los jueces de la República y en consecuencia, son únicamente los funcionarios que integran la rama del Poder Judicial, los guardianes de la Constitución y quienes deben aplicarla prevalentemente a las leyes ordinarias.

Más recientemente, la Sala Constitucional del Tribunal Supremo de Justicia, consideró que la Administración Pública no puede ejercer el control difuso de la constitucionalidad de una norma legal y resolver desaplicarla, porque al hacerlo incurría en una flagrante violación del artículo 334 de la Constitución, que le atribuye competencia exclusiva a los jueces de la República, para que al momento de resolver un asunto concreto, verifiquen la compatibilidad o no con la Constitución de la norma legal que debería ser aplicada a tal caso y de apreciar lo segundo, deben proceder a desaplicarla en el caso concreto y darle preeminencia a la norma suprema[44].

Ello así, el tema que se plantea es el siguiente: Ante la ausencia de competencia expresamente establecida a la Administración Pública en el ordenamiento jurídico para ejercer el control difuso de la constitucionalidad, qué podrá hacer ésta para cumplir con su deber de garantizar la preeminencia de la Constitución, cuando se encuentre con una norma legal que según su parecer pudiera ser inconstitucional.

2. *La Administración Pública ante la incompatibilidad constitucional sobrevenida de las leyes preexistentes*

Hipotéticamente los casos de inconstitucionalidad de normas jurídicas, pueden producirse como consecuencia de una modificación constitucional, que provoque que aquellos textos considerados conformes a la Constitución preexistente, una vez entrada en vigor tal modificación, puedan ser considerados incompatibles con el nuevo ordenamiento constitucional.

---

[42] Artículo 138 de la Constitución.

[43] Corte Federal y de Casación, sentencia de 19 de junio de 1953.

[44] Tribunal Supremo de Justicia en Sala Constitucional, sentencia 331, de 13 de marzo de 2001; ratificado en sentencias 833, de 25 de mayo de 2001 y 752, de 5 de mayo de 2005.

Allí se plantearían dos posibles soluciones: La primera sería, que la Administración Pública invocase la cláusula derogatoria única de la Constitución, que declara derogado tanto el precedente texto constitucional como todo el ordenamiento jurídico preexistente que lo contravenga y en consecuencia al entenderse derogada por la propia Constitución las normas infraconstitucionales, únicamente se estaría limitando a ejecutar la Constitución vigente y las leyes posteriores que la desarrollan, que resulten aplicables al momento de resolver el asunto sometido a su consideración, dando por cierto, que las normas legales preexistentes que considera incompatibles con la Constitución, se encuentran expresamente derogadas por la norma de superior jerarquía y temporalmente posterior contenida en la Constitución[45].

La segunda consistiría en la operación jurídica de realizar una valoración y aplicación del ordenamiento jurídico existente, en armonía o conformidad con la Constitución, es decir, que la Administración Pública al analizar el caso, cuando llegue el momento de exponer las razones que la llevan a adoptar la resolución del asunto concreto, explique porqué le otorga la interpretación a la norma legal preconstitucional aplicable, pero analizada y valorada en atención a las previsiones del nuevo texto constitucional, es decir, que deberá exponer de manera razonada, en una suerte de interpretación progresiva de la norma y al amparo de los postulados contemplados en la Constitución, porqué se impone esa interpretación para la resolución adoptada en el caso concreto.

3.   *La Administración Pública ante la incompatibilidad constitucional de leyes expedidas bajo la vigencia de la Constitución*

Otra hipótesis sería aquella en que vigente la Constitución, posteriormente se expiden normas legales que al momento de aplicarlas para resolver un asunto determinado, presenten dudas sobre su validez constitucional.

Aquí también se podrían considerar varios escenarios: En el primero, la Administración Pública se encuentra en la imposibilidad de aplicar el control difuso de inconstitucionalidad por no tener competencia expresamente atribuida para ello, pero tampoco puede desatender el deber de cumplir la Constitución[46]. Por ello, al observar que una norma jurídica infraconstitucional o todo un texto legal en su criterio no luce compatible con la Constitución, podría actuar como si no existiera, es decir, ignorar o abstenerse de aplicar la norma o el texto legal que considera contraviene la norma constitucional y proceder a resolver el asunto de su competencia conforme a la propia interpretación y valoración que hace de la Constitución y del resto del ordenamiento jurídico que considera compatible con la norma suprema.

---

[45]   Sobre esta solución, resulta valioso considerar lo expuesto por el Tribunal Supremo de Justicia en Sala Constitucional, sentencias 1307 de 22 de junio de 2005 y 877 de 11 de julio de 2007.

[46]   Este tema ha sido objeto de un intenso debate en la doctrina científica Agustín Gordillo, *Tratado de Derecho Administrativo*, T. I, Fundación de Derecho Administrativo, Buenos Aires, 2009; Miguel S. Marienhoff, *Tratado de Derecho Administrativo*, T. I, Buenos Aires, 1977, p. 455; Germán Bidart Campos *Tratado Elemental de Derecho Constitucional argentino*, T. I, Buenos Aires, 1986, p. 102; Jorge Sarmiento García, "La jefatura administrativa del Presidente de la Nación", *Atribuciones del Presidente Argentino*, Instituto Argentino de Estudios Constitucionales y Políticos, Buenos Aires, 1986, p. 233; Julio Rodolfo Comadira, "La posición de la Administración Pública ante la ley inconstitucional", *Derecho Administrativo*, 2ª ed., Lexis Nexis Abeledo Perrot, Buenos Aires, 2003, pp. 733-746.

Esta actuación sin duda resultaría altamente compleja, porque cualquier funcionario administrativo con responsabilidad de tomar decisiones, por más calificado que sea, -aunque carezca de la debida formación jurídica-, se sentirá habilitado para hacer un juicio de valor sobre las normas y leyes que considera constitucionales y aquellas que no, en cuyo caso procedería a ignorarlas o abstenerse de aplicarlas en la resolución de los asuntos que tenga legalmente atribuidos.

En esencia, lo que sucedería es que la Administración Pública al proceder de la manera antes mencionada, estaría incurriendo en una suerte de desobediencia a la ley, en el entendido que de aplicarla le conduciría a desconocer la vigencia de la Constitución, pero que al ignorarla o abstenerse de aplicarla en el caso concreto con fundamento en la supuesta o aparente inconstitucionalidad, lo que estaría realizando es la interpretación y aplicación del ordenamiento jurídico en auténtico desacato de la ley, aunque aparentemente amparado en el deber de garantizar la supremacía de la Constitución.

No obstante, esta aparente solución de que la Administración Pública justifique su actuación de ignorar o abstenerse de aplicar una ley o algunas normas para resolver un asunto concreto, en el deber de cumplir y hacer cumplir la Constitución por encima de cualquier texto infraconstitucional, conlleva a un problema adicional, pues ésta al no exponer las razones para ignorar o abstenerse de aplicar los textos legales en la resolución del caso particular, no incurriría en un ejercicio expreso de control de la constitucionalidad –aunque podría alegarse que es un ejercicio tácito, pues el efecto final sería el mismo–, pero en cambio, sin duda incurriría en la violación del principio constitucional de interdicción de la arbitrariedad, pues los destinatarios de tal decisión, desconocerían las razones por las que existiendo una ley o normas aplicables a su asunto, no fueron consideradas o tenidas en cuenta para solucionar el caso planteado.

Como se puede apreciar, este escenario no brinda una solución clara al problema planteado, pues no se puede garantizar la supremacía de la Constitución, amparándose en la aplicación de unas normas constitucionales cuya preservación conduce necesariamente al desconocimiento, violación o menoscabo de otras de idéntica jerarquía.

El segundo escenario, tiene su fundamento en la tesis de la garantía universal e indivisible de los Derechos Humanos establecida en el sistema constitucional, –en esencia del denominado nuevo constitucionalismo democrático–, que ha llevado a sostener que la Administración Pública con fundamento en los artículos 7, 19, 25 y 137 de la Constitución en concordancia con los artículos 1, 2, 5, 8 y 10 de la Ley Orgánica de la Administración Pública pueden desaplicar en un caso concreto, de manera temporal, una norma que viole de manera ostensible los Derechos Humanos, sin que pueda argumentarse jerarquía alguna superior, presunción de legalidad o de legitimidad, frente a los derechos que pueden ser violados o menoscabados por la actuación administrativa, en virtud de ser éstos preeminentes[47].

No obstante se advierte, que a los fines de ser congruentes con el principio de división del Poder Público y del respeto a las competencias constitucionalmente atri-

---

[47]   Román J., Duque Corredor, *Derecho Administrativo Iberoamericano. 100 Autores en Homenaje al posgrado de Derecho Administrativo de la Universidad Católica Andrés Bello*, T. I., Ediciones Paredes, Caracas, 2007, pp. 169-170.

buidas al Poder Judicial, la Administración Pública al momento de desaplicar una disposición que puede violar o desconocer los Derechos Humanos, con fundamento en el principio de supremacía de la Constitución, debe plantear el incidente de inconstitucionalidad ante los tribunales con competencia constitucional y suspender el respectivo procedimiento administrativo, hasta que se produzca la sentencia sobre la validez o invalidez constitucional.

En razón de ello se sostiene, de no admitirse que la Administración Pública se encuentra facultada al igual que los otros órganos que ejercen el Poder Público, para garantizar la supremacía de la Constitución y la preeminencia de los Derechos Humanos, se tendría que concluir que el artificio de la presunción de legalidad y de legitimidad de los actos de los órganos que ejercen el Poder Público ha contribuido a evaporizar la garantía universal e indivisible de los Derechos Humanos establecida en el sistema constitucional, cuya protección y vigencia es una obligación y una facultad de la Administración Pública, que no exclusiva del Poder Judicial.[48]

El tercer escenario, que resulta ser el más ortodoxo y en principio es el que disfruta de mayor tradición constitucional, implica que si la Administración Pública al momento de resolver un asunto aprecia una duda sobre la compatibilidad con la Constitución de un texto o de determinadas normas legales, puede dirigirse a la Procuraduría General de la República[49], solicitarle que analice el asunto y de ser procedente, que ejerza la demanda de inconstitucionalidad que activaría el control concentrado que es competencia exclusiva del Tribunal Supremo de Justicia, pudiendo fundamentar su actuación en el artículo 333 de la Constitución e incluso contando con la posibilidad de formular una pretensión de medidas cautelares[50], para lograr el mandamiento provisional de no aplicación de las normas presuntamente inconstitucionales[51], mientras se resuelve la demanda de inconstitucionalidad.

En tal caso, la Administración Pública actuaría tanto en cumplimiento del deber de garantizar la supremacía de la Constitución, como de sujetar estrictamente su actuación al principio de legalidad administrativa.

V.   LOS TIPOS DE CONTROL DE LA CONSTITUCIONALIDAD

Conforme a la evolución constitucional antes mencionada, se reconoce la existencia de dos grandes sistemas de control de la constitucionalidad: El primero conocido como control difuso y el segundo denominado control concentrado, es decir, en Venezuela coexisten el sistema de control de constitucionalidad difuso nacido en

---

[48]   Román J. Duque Corredor, *Ob. cit.*, pp. 170-171.

[49]   Artículos 247 de la Constitución y 9.3 de la Ley Orgánica de la Procuraduría General de la República.

[50]   Artículo 130 de la Ley Orgánica del Tribunal Supremo de Justicia.

[51]   Gonzalo Pérez Salazar, "Las medidas cautelares en los procesos constitucionales. Balance a un año de vigencia de la Ley Orgánica del Tribunal Supremo de Justicia", *I Congreso Internacional de Derecho Procesal Constitucional. Los Retos del Derecho Procesal Constitucional en Latinoamérica en Homenaje al Dr. Román Duque Corredor*, Universidad Monteávila y FUNEDA, Caracas, 2011, pp. 219-24.

América[52] y de preeminente aplicación en este continente; con el sistema de control de constitucionalidad concentrado, que aunque tiene su origen también en América y en particular en las normas de las constituciones venezolanas del siglo XIX antes citadas, posteriormente aparecerá en algunos países de Europa y será allí donde adquirirá gran reputación y desarrollo a partir de la segunda década del siglo XX[53], al extremo que se ha considerado que su origen es europeo.

Esto ha llevado a entender que en Venezuela se tiene un sistema mixto de control de la constitucionalidad, donde concurren por una parte el control concentrado, que también es calificado como abstracto, directo u objetivo; y por la otra el control difuso, que es considerado como concreto, indirecto y subjetivo[54-55].

El control difuso de la constitucionalidad le otorga poderes constitucionales a todos los jueces para proceder, bien por su propia iniciativa o bien a instancia de cualquier persona involucrada en un proceso concreto, a evaluar la sujeción a la Constitución de una disposición o de un texto normativo en su integridad, que deba ser aplicado en ese asunto determinado y en caso de llegar a la conclusión de que es compatible, deberá aplicar la disposición o texto infraconstitucional para resolver el asunto específico; pero de apreciar que existe una disconformidad entre aquella y éstos, entonces debe proceder a la desaplicación de tal disposición o texto a los fines de resolver el caso concreto, debiendo darle aplicación directa y preeminente a la Constitución.

Es pertinente destacar que el control difuso de la constitucionalidad ha sido atribuido a cualquier juez de la República, sin importar su jerarquía y competencia dentro de la organización del Poder Judicial, se puede aplicar en procesos de toda naturaleza, la sentencia que resuelve el asunto tiene efectos únicamente entre las partes involucradas en el conflicto y en teoría otros tribunales podrían resolver asuntos similares que contuviesen el mismo planteamiento de naturaleza constitucional, de manera diferente.

El control concentrado de la constitucionalidad le atribuye poderes constitucionales expresos al Tribunal Supremo de Justicia, para actuar a instancia de cualquier persona en virtud de una acción popular y en principio, proceder a la constatación de que las leyes y demás actos jurídicos dictados en ejecución directa e inmediata de la Constitución, por los órganos que ejercen el Poder Público, han sido expedidos en apego o conformidad a la Constitución.

En caso de corroborar tal sujeción deberá declarar la constitucionalidad de aquellos; pero de verificar la incompatibilidad con la Constitución, deberá ejercer

---

[52]   Suprema Corte de Estados Unidos de América, caso *Marbury vs. Madison*, de 24 de febrero de 1803.

[53]   Constitución Austriaca de 1° de octubre de 1920, que crea el Tribunal Constitucional.

[54]   Allan R. Brewer-Carías, *Justicia Constitucional, Las Instituciones Políticas y Constitucionales*, 3ª ed., Editorial Jurídica Venezolana, Caracas, 1996, pp. 81-86.

[55]   Armando L. Blanco Guzmán, "El control de constitucionalidad y la Administración Pública", *La justicia constitucional y la justicia administrativa como garantes de los derechos humanos. Homenaje a Gonzalo Pérez Luciani y en el marco del vigésimo aniversario de FUNEDA*, Centro de Estudios de Derecho Procesal Constitucional, Centro de Estudios de Derecho Público y Centro de Estudios de Regulación Económica de la Universidad Monteávila-FUNEDA, Caracas, 2013, pp. 49-69.

el control de la constitucionalidad declarando de manera permanente en el tiempo la nulidad de dichos actos y restableciendo la efectividad y vigencia plena de la Constitución.

Es importante tener en cuenta que el control concentrado no se limita a verificar la constitucionalidad de las leyes y de los actos jurídicos de similar jerarquía, sino también las omisiones legislativas y es competencia exclusiva y excluyente de la Sala Constitucional del Tribunal Supremo de Justicia, que puede ejercerlo tanto en procesos constitucionales contra actos jurídicos de jerarquía legislativa o de equivalente naturaleza, dictados en ejecución directa e inmediata de la Constitución, como en el caso de omisiones legislativas que aparentemente hayan materializado una ausencia o abstención absoluta o parcial del desarrollo de la Constitución. La sentencia que resuelva positivamente el asunto tiene efectos frente a todos, es decir, incluso ante quienes no participaron en el proceso y por mandato constitucional los demás tribunales deben asumir lo resuelto con carácter vinculante.

VI. LOS MECANISMOS PROCESALES DE CONTROL DE LA CONSTITUCIONALIDAD

La doctrina científica atendiendo a las recientes reformas legislativas ha clasificado los mecanismos procesales de control de la constitucionalidad, teniendo en consideración las distintas demandas que el legislador reconoce se pueden formular ordinariamente ante la Sala Constitucional del Tribunal Supremo de Justicia y excepcionalmente ante otros tribunales de la República[56].

No obstante, a los fines del presente estudio, los mecanismos procesales de control de la constitucionalidad pueden ser catalogados en dos grandes categorías: Unos son los procesos constitucionales que no requieren mayor tramitación, si se prefiere no contenciosos, pues se pretende un pronunciamiento de la Sala Constitucional del Tribunal Supremo de Justicia, para que constate el sometimiento pleno al bloque de la constitucionalidad de los actos legislativos, los actos de gobierno o los actos jurisdiccionales. En esta categoría se encuentran los siguientes:

1. Los procesos de solicitudes de constatación de sujeción a la Constitución de textos legislativos.

   1.1. Solicitud de constatación previa de conformidad a la Constitución, del carácter orgánico de las leyes.

   1.2. Solicitud de declaración de constitucionalidad de una ley sancionada, antes de su promulgación.

2. Los procesos de solicitudes de sujeción a la Constitución de los actos de gobierno.

---

[56] Allan R. Brewer-Carías, *Ley Orgánica del Tribunal Supremo de Justicia*, Editorial Jurídica Venezolana, Caracas, 2010, pp. 105-140; Sobre la Justicia Constitucional y la Justicia Contencioso Administrativo. A los 35 años del inicio de la configuración de los procesos y procedimientos constitucionales y contencioso administrativos (1976-2011), *El Contencioso Administrativo y los Procesos Constitucionales*, Editorial Jurídica Venezolana, Caracas, 2011, pp. 35-57.

2.1. Solicitud de constatación de conformidad a la Constitución de los tratados internacionales suscritos por la República.

2.2. Solicitud de constatación de conformidad a la Constitución de los decretos que declaran estados de excepción.

3. Los procesos de revisión constitucional de sentencias.

3.1. Revisión de sentencias definitivamente firmes dictadas por los tribunales que desconozcan o ignoren la Constitución, los principios constitucionales o los precedentes de la Sala Constitucional.

3.2. Revisión de sentencias dictadas por otras Salas del Tribunal Supremo de Justicia que desconozcan la Constitución, los tratados internacionales o los precedentes de la Sala Constitucional.

3.3. Revisión de sentencias definitivamente firmes en las que se haya producido pronunciamiento de control difuso de la constitucionalidad.

En los procesos antes mencionados, en principio, la resolución del asunto se encuentra prevista que se produzca sin mayor tramitación, sin contención, aunque la ley admite una posibilidad excepcional, en caso que la Sala Constitucional del Tribunal Supremo de Justicia lo estime pertinente puede dictar un auto para mejor proveer o convocar una audiencia[57]-[58].

Los otros son los procesos constitucionales que requieren tramitación, realmente contenciosos, que tienen como finalidad el control de la constitucionalidad de los actos u omisiones de los órganos que ejercen el Poder Público[59]. En esta categoría se encuentran los procesos siguientes:

1. Los procesos comunes para distintas demandas sobre asuntos constitucionales.

1.1. El proceso de demandas contra los actos de los órganos que ejercen el Poder Público, dictados en ejecución directa e inmediata de la Constitución.

---

[57] Artículo 145 de la Ley Orgánica del Tribunal Supremo de Justicia.

[58] Es importante tener presente, que en virtud de la remisión expresa que realiza el artículo 98 de la Ley Orgánica del Tribunal Supremo de Justicia al Código de Procedimiento Civil, en los procesos constitucionales no contenciosos se puede aplicar el artículo 11 del citado Código, que dispone en la parte pertinente lo siguiente: "En los asuntos no contenciosos, en los cuales se pida alguna resolución, los jueces obrarán con conocimiento de causa, y, al efecto, podrán exigir que se amplíe la prueba sobre los puntos en que la encontraren deficiente, y aún requerir otras pruebas que juzguen indispensables; todo sin necesidad de las formalidades de juicio".

[59] En la doctrina científica se sostiene que "En efecto, Latinoamérica tiene explicaciones distintas sobre el significado de "proceso constitucional", porque algunos lo reducen a los procedimientos destinados a concretar el control de constitucionalidad, y otros lo afincan en procesos especiales como el amparo, el *hábeas data* o el *hábeas corpus*. // No faltan quienes haciendo una lectura expansiva del concepto lo encolumnan con los procesos colectivos, y particularmente, en los que tutelan los derechos e intereses de usuarios y consumidores; la protección del ambiente; o la justiciabilidad de los derechos sociales, económicos y culturales". Osvaldo Alfredo Gozaíni, "La prueba en los procesos constitucionales", *Derecho Procesal Constitucional Americano y Europeo*, T. II, Abeledo-Perrot, Buenos Aires, 2010.

1.2. El proceso de demandas frente a las omisiones legislativas de ejecutar o cumplir la Constitución.

1.3. El proceso de demandas de interpretación constitucional.

1.4. El proceso de demandas de controversia constitucional.

2. Los procesos para resolver conflictos de derechos constitucionales colectivos.

2.1. El proceso de demandas frente a servicios públicos[60].

2.2. El proceso de demandas cuando se trate de asuntos de trascendencia nacional.

2.3. El proceso de demandas cuando se trate de asuntos que no son de trascendencia nacional.

3. Los procesos para resolver conflictos de derechos constitucionales individuales.

3.1. El proceso de amparo.

3.2. El proceso de hábeas corpus.

3.3. El proceso de hábeas data.

4. Los procesos contencioso administrativo de anulación de actos administrativos contrarios a la Constitución.

Los procesos que se mencionan en esta segunda categoría son competencia de distintos órganos jurisdiccionales como la Sala Constitucional del Tribunal Supremo de Justicia (demandas contra actos dictados en ejecución directa e inmediata de la Constitución, frente a las omisiones legislativas, de interpretación constitucional, de controversia constitucional, de derechos colectivos frente a asuntos que son de trascendencia nacional), los tribunales de primera instancia civil (derechos colectivos frente a asuntos que no son de trascendencia nacional), los juzgados municipales contencioso administrativos (*hábeas data*[61] y derechos colectivos frente a servicios públicos), todos los tribunales de la República (amparo constitucional[62]), los tribunales penales (*hábeas corpus*[63]) y los tribunales contencioso administrativos (anula-

---

[60]   Resulta necesario aclarar que por la actividad material involucrada "los servicios públicos" y conforme al artículo 259 de la Constitución, este debería sería catalogado como un proceso administrativo, pero en el caso de encontrarse afectados "derechos constitucionales colectivos", también podría ser ubicado entre os procesos constitucionales. Dado que el tema presenta un carácter complejo en la realidad venezolana se ha incluido en esta clasificación con fines meramente didácticos, sin con ello pretender dar por zanjado un debate en pleno desarrollo.

[61]   Gonzalo Pérez Salazar, "Naturaleza jurídica del *hábeas data*", *La actividad e inactividad administrativa y la jurisdicción contencioso-administrativa*, Editorial Jurídica Venezolana, Caracas, 2012, pp. 697-721.

[62]   Jorge C. Kiriakidis L., *El amparo constitucional venezolano: mitos y realidades*, Editorial Jurídica Venezolana, Academia de Ciencias Políticas y Sociales, Universidad Metropolitana, Caracas, 2012.

[63]   Gonzalo Pérez Salazar, "Naturaleza jurídica del *hábeas corpus*", *II Congreso Internacional de Derecho Procesal Constitucional. La Justicia Constitucional en el Estado social de Derecho en Homenaje al Dr. Néstor Pedro Sagüés*, Universidad Monteávila y FUNEDA, Caracas, 2012, pp. 263-298.

ción de actos administrativos contrarios a la Constitución) y todos tienen en común que durante la tramitación de la audiencia –salvo el proceso contencioso administrativo de anulación–, las partes además de exponer sus alegatos, pueden producir los medios probatorios que sean legales y pertinentes para llevar a la convicción del órgano jurisdiccional, que el asunto controvertido está ajustado o no al bloque de la constitucionalidad.

No se puede soslayar que luego de entrada en vigencia la Constitución de 1999, la Ley Orgánica de Amparo sobre Derechos y Garantías Constitucionales, fue declarada virtualmente inconstitucional por el Tribunal Supremo de Justicia en Sala Constitucional, en la sentencia de 1 de febrero de 2000, oportunidad en la cual se estableció cómo se debía tramitar el proceso de amparo, mientras se adoptaba un nuevo texto jurídico acorde a los principios constitucionales.

Sin embargo, al expedirse la Ley Orgánica del Tribunal Supremo de Justicia, se regularon de manera transitoria los procesos constitucionales, mientras se dicta la Ley de la Jurisdicción Constitucional[64], pero no se hizo referencia alguna al proceso de amparo y al proceso de hábeas corpus, aun cuando ambos deben estar regulados en un texto legal, por ser materia de expresa reserva legal, en virtud de lo establecido en los artículos 26, 27, 137, 156.32, 253, 257, 261 y 269 de la Constitución.

De allí que ante la presencia de una demanda de amparo o de hábeas corpus, que deben tramitarse cumpliendo con las referidas disposiciones constitucionales, el operador jurídico debía auxiliarse del artículo 98 de la Ley Orgánica del Tribunal Supremo de Justicia, el cual dispone expresamente que "… *cuando en el ordenamiento jurídico no se preceptúe un proceso especial a seguir se podrá aplicar el que las Salas juzguen más conveniente para la realización de la Justicia, siempre que tenga fundamento legal*"[65], es decir, la norma no hace otra cosa que habilitar al órgano jurisdiccional para que en aplicación de la analogía, no cree, sino que elija uno de los procesos legalmente establecidos, por lo que en ausencia de una norma jurídica que regulase expresamente el proceso de amparo y de hábeas corpus, y hasta tanto se dictase la susodicha Ley de la Jurisdicción Constitucional, el órgano jurisdiccional competente podía utilizar alguno de aquellos establecidos en la propia Ley Orgánica del Tribunal Supremo de Justicia, siendo quizás el más idóneo para tramitar y resolver tales asuntos, por su semejanza o similitud, el regulado para el proceso de *hábeas data*[66].

Sin embargo, luego de 15 años de vigencia de la Constitución, se ha expedido la Ley Orgánica de Amparo sobre Derechos y Garantías Constitucionales que debería entrar en vigor en 2015, quedando regulado los procesos de amparo constitucional y hábeas corpus o amparo a la libertad personal en el texto recién entrado en vigencia y en consecuencia resueltas todas las discusiones sobre las leyes que se podían aplicar y los procesos que se debían seguir para tramitar el amparo constitucional[67].

---

[64]   Artículo 127 de la Ley Orgánica del Tribunal Supremo de Justicia.

[65]   El antecedente de esta norma es el artículo 102 de la Ley Orgánica de la Corte Suprema de Justicia.

[66]   Tribunal Supremo de Justicia en Sala Constitucional, sentencia 952, de 20 de agosto de 2010.

[67]   Allan R. Brewer-Carías, y Víctor R. Hernández-Mendible, *Ley Orgánica de Amparo sobre Derechos y Garantías Constitucionales*, Editorial Jurídica Venezolana, Caracas, 2015.

Finalmente cabe mencionar, que el proceso contencioso administrativo de anulación de actos administrativos contrarios a Derecho, se encuentra regulado en la Ley Orgánica de la Jurisdicción Contencioso Administrativa[68]-[69].

VII. EL CONTROL DIFUSO DE CONVENCIONALIDAD COMO EXPRESIÓN DEL CONTROL DE LA CONSTITUCIONALIDAD

El bloque de la constitucionalidad ha experimentado una importante y positiva ampliación luego de las reformas constitucionales que se desarrollaron progresivamente a partir de 1990, en los distintos países del continente americano y sin duda que Venezuela no ha sido la excepción.

En lo que atiende al asunto que ocupa este estudio, cabe destacar que la reforma constitucional de 1999 comienza por proclamar la preeminencia de los Derechos Humanos como uno de los valores superiores del ordenamiento jurídico y de la actuación de los órganos que ejercen el Poder Público[70], ratifica la cláusula innominada de Derechos Humanos de dilatado arraigo en la tradición constitucional venezolana, mediante la que se reconoce que la enunciación de los derechos y garantías reconocidos en la Constitución y en los instrumentos internacionales sobre Derechos Humanos no deben ser interpretados o entendidos como negación de otros, que siendo inherentes a la persona humana, no figuren expresamente reconocidos en ellos[71].

Seguidamente, estableció la Constitución que los tratados, pactos y convenciones relativos a Derechos Humanos, suscritos y ratificados por el Estado, quedan incorporados al derecho interno con "jerarquía constitucional" y prevalecen frente al derecho de origen nacional, en la medida que contemplen normas sobre el goce y ejercicio de tales derechos, más favorables a las establecidas en la propia Constitución o en las leyes, resultando en esos casos de aplicación inmediata y directa por todos los tribunales y los demás órganos que ejercen el Poder Público[72].

Esto lleva a la concluyente afirmación que el *corpus iuris* de la convencionalidad[73] ha sido constitucionalizado y se ha integrado al resto de las normas de jerarquía constitucional, para pasar a constituir formalmente parte del bloque de la constitucionalidad.

---

[68] Allan R. Brewer-Carías, "Introducción General al Régimen de la Jurisdicción Contencioso Administrativa", *Ley Orgánica de la Jurisdicción Contencioso Administrativa*, 2ª ed., Editorial Jurídica Venezolana, Caracas, 2014, pp. 9-151.

[69] Víctor R. Hernández-Mendible, "La Ley Orgánica de la Jurisdicción Contencioso Administrativa de Venezuela, de 2010", *Revista de Administración Pública N° 182,* Centro de Estudios Políticos y Constitucionales, Madrid, 2010, pp. 255-282.

[70] Artículo 2 de la Constitución.

[71] Artículo 22 de la Constitución.

[72] Artículo 23 de la Constitución.

[73] Corte Interamericana de Derechos Humanos, Opinión consultiva OC-16/99, de 1 de octubre de 1999.

Sin embargo, luce pertinente aclarar que aunque se interrelacionan e incluso pueden llegar a yuxtaponerse, resulta perfectamente posible diferenciar el bloque de la convencionalidad del bloque de la constitucionalidad.

En efecto, el bloque de la convencionalidad puede ser identificado, por el origen internacional de todos los tratados, pactos, convenciones, protocolos o resoluciones, así como de los principios generales y la jurisprudencia; por el ámbito de regulación, fundamentalmente de garantía y protección de los Derechos Humanos en ellos reconocidos; y por el contenido de los instrumentos que lo integran, que al constituir un *numerus apertus*, quedan comprendidos tantos los existentes actualmente, como todos aquellos instrumentos que inspirados en el principio de progresividad puedan ser suscritos y ratificados futuramente por el Estado.

En tanto, tradicionalmente se ha identificado el bloque de la constitucionalidad, con aquel cuyo origen es nacional, comprendido por la Constitución, los principios constitucionales y las leyes constitucionales; que su ámbito de regulación abarca los valores y aspectos dogmáticos, los aspectos orgánicos y los medios internos o nacionales de garantía y protección de los Derechos Humanos; en tanto que su contenido siendo estable, goza de cierta flexibilidad, que permite su modificación, bien mediante la incorporación de nuevas disposiciones en leyes de jerarquía constitucional o a través de los mecanismos contemplados en la propia Constitución.

Según esto, se ha producido un doble fenómeno, el que se ha experimentado en clave internacional, ha sido la internacionalización del ordenamiento constitucional y legal; mientras que desde la perspectiva nacional, es de constitucionalización del ordenamiento de origen internacional en materia de Derechos Humanos, pasando a integrar el bloque de la constitucionalidad.

Es así como Venezuela se hizo miembro de la Organización de Estados Americanos a partir de 1951, suscribió la Convención Americana sobre Derechos Humanos en 1969, reconoció la competencia de la Comisión Interamericana sobre Derechos Humanos en 1977 y de la Corte Interamericana de Derechos Humanos en 1981.

Ahora bien, con fundamento en la Convención Americana sobre Derechos Humanos y el resto de las convenciones y protocolos que integran el bloque de la convencionalidad, los órganos del Sistema Interamericano sobre Derechos Humanos, desde que entraron en funcionamiento han venido velando por la protección de los Derechos Humanos y el cumplimiento de tales convenciones y protocolos.

Esto permite afirmar, en lo que respecta a la Corte Interamericana de Derechos Humanos que a partir de su primera decisión en función jurisdiccional, comenzó a realizar el denominado control concentrado de convencionalidad y con ello a construir los criterios jurisprudenciales que desarrollan los estándares de protección de los Derechos Humanos y que deben cumplir las autoridades nacionales en cada país[74].

---

[74]   AA.VV., (Eds. Steiner, Christian / Uribe, Patricia), *Convención Americana sobre Derechos Humanos. Comentario*, Konrad Adenauer Stiftung, La Paz, 2014.

No obstante ello, se ha puesto sobre el tapete el denominado control difuso de convencionalidad[75], que impone a los jueces nacionales en sus respectivos países, la obligación de aplicar y resolver conforme a las convenciones, pactos o protocolos, aquellos asuntos de su competencia en que se puedan haber lesionado o desconocido Derechos Humanos reconocidos, protegidos o garantizados por tales textos internacionales, a través de actos jurídicos u omisiones imputables a los órganos que ejercen el Poder Público en un determinado país. Dicho control tiene una doble finalidad, por una parte, restablecer la efectiva aplicación y vigencia de las disposiciones convencionales que han sido desconocidas por la actividad e inactividad de las autoridades nacionales; y por la otra, de resultar procedente, garantizar la protección y eventual reparación e indemnización de los daños causados a las víctimas.

Esta evolución del Sistema Interamericano sobre Derechos Humanos no reporta mayor novedad en el caso venezolano pues tanto los tribunales de instancia[76] como la Corte Suprema de Justicia[77] venían cumpliendo esa tarea de control difuso de la convencionalidad, –aunque sin emplear ésta afortunada expresión– a partir del progresivo reconocimiento de la incorporación de los pactos, convenciones y tratados sobre Derechos Humanos al derecho interno a través de la leyes de aprobación, y de la aplicación que fue realizando la juri prudencia[78].

---

[75] Los antecedentes referenciales del control difuso de convencionalidad efectuados por la Corte Interamericana de Derechos Humanos, se encuentran en las sentencias de 25 de noviembre de 2003, *Mack Chang vs Guatemala*; de 7 de septiembre de 2004, caso *Tibi vs Ecuador*. El precedente donde se asume plenamente fue la sentencia de la Corte Interamericana de Derechos Humanos, de 26 de septiembre de 2006, caso *Almonacid Arellano vs Chile*.

[76] El Juzgado Superior en lo Civil de la Circunscripción Judicial del Distrito Federal, caso *La Rondalera*, sentencia de 10 de febrero de 1983 fue pionero en mencionar entre las "… eyes vigentes en Venezuela los Tratados Internacionales cuya normativa transcribimos en materia de derechos humanos, políticos, civiles y penales…", a los fines de admitir la protección a través del amparo constitucional, lo que lleva a considerar con absoluta propiedad, que esta sentencia "… puede considerarse, en Venezuela, como el antecedente remoto del control de convencionalidad que permitió, con base en las disposiciones de la Convención Americana, que se generalizara la admisión de la cciones de amparo aún sin que se hubiese dictado la ley que la regulara…". Allan R. Brewer-Carías, *Algunos antecedentes de la protección del derecho convencional en el ámbito interno*, texto de la ponencia elaborada para el IV Congreso Iberoamericano de Derecho Público y Administrativo, organizado por la Asociación e Instituto Iberoamericano de Derecho Público y Administrativo, Prof. Jesús González Pérez, en la Universidad Católica de Santiago de Guayaquil, días 22 al 25 de octubre de 2013.

[77] La Corte Suprema de Justicia en Sala Político Administrativa, caso Andrés Velázquez, sentencia de 20 de octubre de 1983, como máxima instancia del Poder Judicial abandona expresamente la tesis del carácter programático de los derechos constitucionales que no habían sido regulados por vía legal, "… desde el momento en que por Ley se habían aprobado Convenciones Internacionales sobre derechos humanos que exigían la garantía del amparo".

[78] Allan R. Brewer-Carías, *El control de convencionalidad, con particular referencia a la garantía del derecho a la protección judicial mediante un recurso sencillo, rápido y efectivo de amparo de los Derechos Humanos*, texto de la conferencia preparada para la jornada organizada por la Sala Constitucional de la Corte Suprema de Justicia de Costa Rica, sobre El control de convencionalidad y su aplicación, San José, Costa Rica, días 27-28 de septiembre de 2012.

No corresponde analizar cada uno de estos casos por exceder los límites de este trabajo, pero lo que interesa destacar es que a través de ellos la Corte Suprema de Justicia de Venezuela efectuó tanto el control difuso de convencionalidad, como la equiparación de los tratados, convenciones y protocolos sobre Derechos Humanos a las disposiciones constitucionales, para que en ausencia de reconocimiento expreso por éstas, se les pudiesen brindar plena protección a determinados derechos expresamente reconocidos en el *corpus iuris* o bloque de la convencionalidad.

En tales casos, la Corte Suprema de Justicia procedió a contrastar si a través de la actividad o inactividad imputable a los órganos que ejercen el Poder Público, se habían desconocido o lesionado Derechos Humanos no expresamente reconocidos o protegidos por el ordenamiento jurídico nacional y al advertir dicha situación, procedió a ordenar su restablecimiento inmediato, mediante la aplicación del bloque de la constitucionalidad (convencionalidad más constitucionalidad).

Ello permite apreciar que la Corte Suprema de Justicia fue pionero en efectuar lo que en el actual Sistema Interamericano de Derechos Humanos se conoce como control difuso de convencionalidad y que a nivel nacional no es otra cosa que una expresión de control del bloque de la constitucionalidad –concentrado o difuso–, lo que en la actualidad resulta perfectamente posible, en la medida que la propia Constitución le otorga de manera expresa, aplicación directa y preferente a las convenciones, pactos, tratados y protocolos internacionales sobre Derechos Humanos[79], que conforme al principio de progresividad deberán ser aplicados en tanto reconozcan mayor garantía y protección a dichos derechos, que los brindados por la misma Constitución o el resto del ordenamiento jurídico nacional; pero si el ordenamiento jurídico nacional brinda igual o mayor garantía y protección a los Derechos Humanos, el asunto se resolverá aplicando éste, sin necesidad de acudir a las normas convencionales, tal como lo reconoció la Corte Suprema de Justicia[80].

VIII. EL NOVEDOSO CONTROL DE LA CONSTITUCIONALIDAD DE LOS FALLOS QUE INTERPRETAN Y APLICAN LA CONVENCIONALIDAD

En el derecho constitucional venezolano, el control *ex ante* de constitucionalidad de los tratados internacionales es posible dentro del denominado control preventivo, es decir, que éstos pueden y deben ser objeto de control de constitucionalidad antes de su ratificación[81], a los fines de evitar que una vez que se produzca ésta, se pueda ver comprometida en el futuro la responsabilidad internacional de la República.

Por otro lado, conforme a la Convención de Viena sobre Derecho de los Tratados aprobada en 1969 y vigente desde 1980, que recoge la aplicación del principio *pacta sunt servanda*, todos los tratados en vigor obligan a las partes y deben ser cumplidos de buena fe y con efecto útil, sin que sea posible invocar normas de derecho interno como justificación para el incumplimiento de los mismos[82].

---

[79] Artículo 23 de la Constitución.

[80] Corte Suprema de Justicia en Pleno, sentencia de 16 de marzo de 1993.

[81] Artículo 336.5 de la Constitución.

[82] Artículo 27 de la Convención de Viena sobre Derecho de los Tratados.

En este sentido, la Convención Americana sobre Derechos Humanos, estableció dos disposiciones que no requieren de ninguna interpretación, respecto a su aplicación. Es así como el artículo 2 dispone:

> "Si en el ejercicio de los derechos y libertades mencionados en el artículo 1 no estuviere ya garantizado por disposiciones legislativas o de otro carácter, los Estados partes se comprometen a adoptar, con arreglo a sus procedimientos constitucionales y a las disposiciones de esta Convención, las medidas legislativas o de otro carácter que fueren necesarias para hacer efectivos tales derechos y libertades".

La otra norma, es el artículo 68, que obliga a las partes a ejecutar las sentencias adoptadas en aplicación de la Convención. Esta cláusula señala:

> "1. Los Estados partes en la Convención se comprometen a cumplir la decisión de la Corte en todo caso en que sean partes.
>
> 2. La parte del fallo que disponga indemnización compensatoria se podrá ejecutar en el respectivo país por el procedimiento interno vigente para la ejecución de sentencias contra el Estado".

Conforme a esto, la Corte Interamericana de Derechos Humanos, al precisar la manera como debe operar el control difuso de la convencionalidad por los tribunales nacionales, ha sostenido que:

> "…los jueces y tribunales internos están sujetos al imperio de la ley, y por ello, están obligados a aplicar las disposiciones vigentes en el ordenamiento jurídico. Pero cuando un Estado ha ratificado un tratado internacional como la Convención Americana, sus jueces, como parte del aparato del Estado, también están sometidos a ella, lo que obliga a velar porque los efectos de las disposiciones de la Convención no se vean mermadas por la aplicación de leyes contrarias a su objeto y fin, y que desde un inicio carecen de efectos jurídicos. En otras palabras, el Poder Judicial debe ejercer una especie de 'control de convencionalidad' entre las normas jurídicas internas que aplican en los casos concretos y la Convención Americana sobre Derechos Humanos. En esta área, el Poder Judicial debe tener en cuenta no solamente el tratado, sino también la interpretación que del mismo ha hecho la Corte Interamericana, intérprete última de la Convención Americana".[83]

En esta línea argumentativa, la Corte Interamericana de Derechos Humanos luego estima que:

> "… los órganos del Poder Judicial deben ejercer no sólo un control de constitucionalidad, sino también de convencionalidad ex officio, entre las normas internas y la Convención Americana, evidentemente en el marco de sus respectivas competencias y de las regulaciones procesales pertinentes. Esta función no debe quedar limitada exclusivamente por las manifestaciones o actos de los accionantes en cada caso concreto, aunque tampoco implica que ese control deba ejercerse siempre, sin considerar otros supuestos formales y materiales de admisibilidad y procedencia de este tipo de acciones"[84].

---

[83]   Corte Interamericana de Derechos Humanos, sentencia de 26 de junio de 2006, caso *Almonacid Arellano vs Chile*.

[84]   Corte Interamericana de Derechos Humanos, sentencia de 24 de noviembre de 2006, caso *Aguado Alfaro y otros vs Perú*.

Posteriormente, la misma Corte ha ratificado aunque refiriéndose a todas las autoridades internas u órganos del Estado signatario de la Convención, que:

"...*es consciente de que las autoridades internas están sujetas al imperio de la ley y, por ello, están obligadas a aplicar las disposiciones vigentes en el ordenamiento jurídico. Pero cuando un Estado es Parte de un tratado internacional como la Convención Americana, todos sus órganos, incluidos sus jueces, también están sometidos a aquél, lo cual les obliga a velar por que los efectos de las disposiciones de la Convención no se vean mermados por la aplicación de normas contrarias a su objeto y fin".* [85]

No obstante, el Tribunal Supremo de Justicia en manifiesto desconocimiento de las disposiciones de la Convención Americana que tienen jerarquía constitucional y de la interpretación realizada por la Corte Interamericana, así como de la parte final del artículo 31 de la Constitución, que obliga al Estado conforme a los procedimientos constitucionales y legales, a adoptar "*las medidas que sean necesarias para dar cumplimiento a las decisiones emanadas de los órganos internacionales*" sobre protección de Derechos Humanos, ha venido construyendo una teoría que termina invocando normas de derecho interno –mal interpretadas y peor aplicadas–, para concluir desconociendo las obligaciones del Estado, contraídas conforme al Derecho Internacional y en especial de las normas de *ius cogens,* que le imponen cumplir de buena fe y con efecto útil, tanto con la Convención Americana sobre Derechos Humanos como con la interpretación que de la misma ha hecho la Corte Interamericana, en su condición de último y auténtico intérprete de dicho instrumento internacional[86].

Es así como paulatinamente el Tribunal Supremo de Justicia ha ido construyendo jurisprudencialmente la tesis del control *ex post* de constitucionalidad de la Convención y de los fallos de la Corte Interamericana que interpretan y aplican la convencionalidad[87], basada en su particular explicación de la supremacía de la Constitución[88] y en una interpretación y aplicación decimonónica de los principios de sobe-

---

[85]   Corte Interamericana de Derechos Humanos, sentencia de 26 de noviembre de 2010, caso *Cabrera García y Montiel Flores vs México*; y sentencia de 24 de febrero de 2011, caso *Gelman vs Uruguay.*

[86]   Carlos Ayala Corao, *Del diálogo jurisprudencial al control de la convencionalidad*, Editorial Jurídica Venezolana, Caracas, 2012, p. 19.

[87]   Tribunal Supremo de Justicia en Sala Constitucional, sentencias 1013, de 12 de junio de 2001; 1942 de 15 de julio de 2003; 1265, de 5 de agosto de 2008; 1939, de 18 de diciembre de 2008; 1542, de 17 de octubre de 2011 y de la Sala Político Administrativa, sentencia 165, de 6 de marzo de 2012.

[88]   La doctrina científica se ha pronunciado en España sobre el carácter relativo de la soberanía nacional, tal como lo sostiene Juan Antonio Carrillo, *Soberanía de los Estados y Derechos Humanos en Derecho Internacional Contemporáneo*, Tecnos, Madrid, 2001, pp. 107-111; en América se ha señalado que el "control de la convencionalidad implica la necesidad de despojarse de una serie importante de lastres histórico-dogmáticos muy arraigados en la ciencia jurídica, derribar una serie de mitos (*v. gr.* la supremacía exclusiva de la Constitución) y, en definitiva, un nuevo paradigma del Derecho Público de los países del sistema interamericano". Ernesto Jinesta Lobo, "Control de convencionalidad ejercido por los Tribunales y Salas constitucionales", *La justicia constitucional y la justicia administrativa como garantes de los derechos humanos. Homenaje a Gonzalo Pérez Luciani y en el marco del vigésimo aniversario de FUNEDA*, Centro de Estudios de Derecho Procesal Constitucional, Cen-

ranía nacional y de no intervención, llegando al extremo de declararlos inejecutables por el Estado venezolano y de exhortar la denuncia de la Convención Americana sobre Derechos Humanos[89].

El Tribunal Supremo de Justicia de manera desafortunada ha creado un control posterior de constitucionalidad de la Convención y ha promovido el desacato de las sentencias de la Corte Interamericana, en evidente desconocimiento de las obligaciones adquiridas por el Estado en la propia Convención[90].

Ello ha comprometido tanto la responsabilidad internacional de la República[91]-[92], como la responsabilidad personal de cada uno de los jueces que conforman las salas del Tribunal Supremo de Justicia que han emitido estos fallos y de los jueces de instancia que asuman como válida esa teoría contraria al Derecho Internacional general, al Derecho Internacional de os Derechos Humanos y a la propia Constitución, o si se prefiere, contraria al Derecho de los Derechos Humanos.

Sin duda, el Tribunal Supremo de Justicia en un ejercicio de regresividad en materia de Derechos Humanos nunca visto en el país y contrario a la tendencia continental que ha supuesto incluso las reformas constitucionales necesarias para eliminar los obstáculos jurídicos que impedían tanto cumplir la Convención como aceptar y ejecutar las sentencias de la Corte Interamericana de Derechos Humanos, ha involucionado la protección de los mencionados derechos en al menos tres décadas.

IX.   CONSIDERACIONES FINALES

Aunque pareciera que la lamentable situación en que el Tribunal Supremo de Justicia había colocado al Estado venezolano ante el Sistema interamericano de protección sobre Derechos Humanos, podía ser reflexionada y corregida mediante una revisión y enmienda de los inconvencionales criterios establecidos en los fallos nacionales, se ha producido una situación sobrevenida y adicional que contribuye a abonar la precariedad en que se encuentran los venezolanos para solicitar protección ante el Sistema Interamericano de Derechos Humanos, cuando éstos una vez violados por el Estado, no son protegidos y reparados a través de los mecanismos internos.

---

tro de Estudios de Derecho Público y Centro de Estudios de Regulación Económica de la Universidad Monteávila-FUNEDA, Caracas, 2013, p. 262, así como pp. 272-273.

[89] Tribunal Supremo de Justicia en Sala Constitucional, sentencia 1939, de 18 de diciembre de 2008, declaró la inejecución de la sentencia de la Corte Interamericana y se exhortó la denuncia de la Convención; y, sentencia 1 42, de 17 de octubre de 2011, se volvió a declarar la inejecución de otra sentencia.

[90] Allan R. Brewer-Carías, *El carácter vinculante de las sentencias de la Corte Interamericana de Derechos Humanos y su desprecio por los tribunales nacionales: los casos del Perú, Venezuela y de República Dominicana*, Texto de la conferencia dictada en el Quinto Coloquio Iberoamericano: Estado Constitucional y Sociedad, organizado por la Universidad Veracruzana y Poder Judicial del Estado de Veracruz, Xalapa, el 6 de noviembre de 2014.

[91] Carlos Ayala Corao, *Del diálogo jurisprudencial al control de la convencionalidad*, Editorial Jurídica Venezolana, Caracas, 2012, p 164.

[92] Allan R. Brewer-Carías, y Jaime Orlando Santofimio Gamboa, *Control de convencionalidad y Responsabilidad del Estado*, Universidad Externado de Colombia, Bogotá, 2013.

El gobierno nacional asumió la exhortación del Tribunal Supremo de Justicia y el Ministerio de Relaciones Exteriores, cumpliendo las instrucciones de la Presidencia de la República, mediante comunicación de 6 de septiembre de 2012, dirigida al Secretario General de la Organización de Estados Americanos, procedió a denunciar la Convención Americana sobre Derechos Humanos[93], con la pretendida aspiración de que cesaren sus efectos y sustraerse de la jurisdicción de la Comisión Interamericana y de la Corte Interamericana.

Esta declaración desconoce varias disposiciones de la Constitución cuya supremacía el gobierno nacional sostiene defender, pues mediante un mecanismo distinto de los que ella misma contempla[94], tanto el Presidente de la República[95] como el Ministro de Relaciones Exteriores cumpliendo órdenes de aquél –sin que ello le sirva de excusa[96]– han pretendido derogar parcialmente los artículos 2 (preeminencia de los Derechos Humanos como valor superior del ordenamiento jurídico), 19 (principio de progresividad), 23 (jerarquía constitucional de la Convención Americana sobre Derechos Humanos) y 339 (obligación de cumplimiento de las exigencias, principios y garantías establecidos en la Convención, en caso de que se decretase un estado de excepción), así como también derogar totalmente el artículo 31 (derecho de acceso y solicitud de protección y amparo de los Derechos Humanos ante los órganos internacionales), todos de la Constitución.

Según esto, desde la perspectiva del Derecho constitucional venezolano, sin una reforma constitucional no podía darse una modificación y separación del Sistema Interamericano de Derechos Humanos y ello en todo caso no podía constituir una regresión de los mecanismos de protección de Derechos Humanos, por lo que debían reforzarse en el orden interno. Es más, una reforma constitucional que suprimiese Derechos Humanos o pretendiese desconocerlos sería tanto inconstitucional como inconvencional por violación del principio de progresividad reconocido en el bloque la constitucionalidad (Constitución y *corpus iuris* de la convencionalidad).

Sin embargo, desde la perspectiva del Derecho internacional, la Organización de Estados Americanos entiende que luego de transcurrido el año de formulada la denuncia por el gobierno, Venezuela ha quedado formalmente separada del Sistema Interamericano de Derechos Humanos, quedando únicamente bajo su jurisdicción los asuntos ocurridos con anterioridad a esa fecha y por tanto siendo igualmente responsable el Estado, se encuentra obligado a cumplir las decisiones o recomendaciones de la Corte Interamericana sobre Derechos Humanos y de la Comisión Interamericana, que versen sobre violaciones ocurridas con anterioridad al retiro, aunque unas y otras se produzcan con posterioridad al mismo.

Por supuesto, también desde la perspectiva internacional el Estado sigue obligado a respetar y garantizar los derechos humanos y los mecanismos de protección y

---

[93]   Artículo 78 de la Convención Americana sobre Derechos Humanos.

[94]   Artículo 333 de la Constitución.

[95]   Artículo 236.4 de la Constitución.

[96]   El artículo 25 de la Constitución señala que "Todo acto dictado en ejercicio del Poder Público que viole o menoscabe los derechos garantizados en esta Constitución y la ley es nulo, y los funcionarios públicos y funcionarias públicas que lo ordenen o ejecuten incurren en responsabilidad penal, civil y administrativa, según los casos, sin que les sirvan de excusa órdenes superiores".

reparación contenidos en los Pactos, Protocolos y Convenciones sobre Derechos Humanos que tiene válidamente suscritos y ratificados como miembro de la Organización de Naciones Unidas.

La precedente exposición ha puesto de manifiesto como la República de Venezuela luego de haber sido un país pionero en control de la constitucionalidad concentrado y difuso, así como de control de convencionalidad, se ha colocado a la zaga de todos los países democráticos de América[97] y al nivel de los países más atrasados del mundo, gracias al gobierno nacional y a los jueces de las salas del Tribunal Supremo de Justicia cuyas sentencias han sido referidas, en lo que respecta tanto al control de la constitucionalidad como el control de la convencionalidad.

Aunque la sociedad civil representada por organizaciones no gubernamentales y abogados que defienden los derechos humanos, profesores universitarios, universidades y colegios de abogados a través de sus centros de derechos humanos, así como representantes de la Iglesia Católica han demandado la nulidad por inconstitucionalidad del acto jurídico que materializa la denuncia de la Convención Americana sobre Derechos Humanos, ante la Sala Constitucional del Tribunal Supremo de Justicia, el día 27 de septiembre de 2012, –igual que ha sucedido con todas las demandas intentadas contra las violaciones de la Constitución en que han incurrido los órganos que actualmente ejercen el Poder Público en Venezuela–, este caso no ha sido tramitado, ni menos aun resuelto y lo tienen "engavetado"[98] a la espera de que transcurra el tiempo para declarar su inadmisibilidad por pérdida de interés o la perención, inactividad jurisdiccional que dista notablemente de la agilidad con la que se resuelven las demandas que se formulan a favor del gobierno nacional, las cuales sin tramitación del respectivo proceso constitucional son decididas incluso en escasas horas, concediendo todo lo solicitado *in limine litis*[99].

---

97   Es preciso señalar que aunque la Organización de Estados Americanos cuenta en la actualidad con 34 Estados miembros, únicamente 24 Estados son signatarios de la Convención Americana de Derechos Humanos, pero asombrosamente solo la Cancillería de los Estados Unidos Mexicanos, elaboró un comunicado el día 13 de septiembre de 2012, en que manifestó su preocupación por la denuncia efectuada por Venezuela, lo que además ha puesto en evidencia el auténtico compromiso de la gran mayoría de los Estados con la Carta Democrática Interamericana.

98   Esta expresión es utilizada por el personal de la Sala Constitucional del Tribunal Supremo de Justicia de Venezuela, para referirse a los casos que colocan en los estantes de los archivos de la secretaría o de los despachos de los jueces, a la espera de que transcurra el tiempo y luego proceder a declarar la pérdida de interés de los demandantes o la perención por inactividad de los interesados, según el momento que haya alcanzado la tramitación. Aunque hay que reconocer que la tendencia decisoria actual ni siquiera se molesta en darle trámite a estos expedientes, sino que declara inadmisible *in limine litis* las demandas.

99   Tribunal Supremo de Justicia en Sala Constitucional, sentencia 937 de 25 de julio de 2014, concedió en apenas 6 horas un insólito amparo a la libertad personal, a favor de un supuesto funcionario diplomático venezolano detenido por la policía de un gobierno extranjero fuera de Venezuela; la misma Sala Constitucional, sentencia 1759 de 15 de diciembre de 2014, resuelve sin que haya mediado demanda alguna, de oficio, –en virtud del reclamo efectuado por el Presidente de la República el día 12 de diciembre de 2014, en un programa de televisión–, menos de 36 horas después, la "suspensión cautelar" de la sentencia 1609 de 3 de noviembre de 2014, de la Sala de Casación Social, que anuló un acto administrativo del Instituto Nacional de Tierras; y más reciente la Sala Constitucional, sentencia 1865 de 26 de di-

Solo resta esperar que muy pronto se restituya la democracia en Venezuela y un nuevo y legítimo gobierno asuma una posición más responsable de cara al Derecho Internacional, retire la denuncia de la Convención Americana sobre Derechos Humanos y proceda a cumplir tanto la propia Convención, como las sentencias de la Corte Interamericana, en demostración de auténtico compromiso con los Derechos Humanos, aunque claro está, el real compromiso será que el Estado no viole o desconozca tales derechos de los venezolanos y en que aquellos casos en que excepcionalmente ello ocurra, funcionen los mecanismos internos de protección, identificación y sanción de los responsables, así como la indemnización integral de las víctimas, para evitar verse sometido tanto a demandas en el orden internacional, como a las respectivas condenas y reparaciones.

---

ciembre de 2014, sin proceso judicial previo y en contravención de los artículos 25.7 y 128 de la Ley Orgánica del Tribunal Supremo de Justicia, luego de declarar el asunto de mero derecho, se pronunció declarando una supuesta omisión en que habría incurrido del Poder Legislativo Nacional, de designar a los integrantes del Consejo Nacional Electoral, gracias a una demanda contra el mencionado órgano legislativo intentada por el presidente del mismo, el día 22 de diciembre de 2014.

IV
LA CLÁUSULA CONSTITUCIONAL DE LA RESPONSABILIDAD DEL ESTADO: ESTRUCTURA, RÉGIMEN Y EL PRINCIPIO DE CONVENCIONALIDAD COMO PILAR DE SU CONSTRUCCIÓN DOGMÁTICA*

Jaime Orlando Santofimio Gamboa

> *"La integración en la sistemática del derecho administrativo de los cambios habidos en las tareas administrativas ha de hacerse mediante una serie de pasos intermedios, condicionados más por la imaginación y la plausibilidad que por rígidas deducciones dogmáticas".*
> Eberhard Schmidt-Assmann[1]

INTRODUCCIÓN

1.- La cláusula de la responsabilidad del Estado consagrada en el artículo 90[2] de la Constitución Política, sustancialmente vinculada a las finalidades[3] propias del

---

* Documento elaborado con la colaboración del Dr. Andrés Mauricio Briceño Chaves, abogado de la Universidad Externado de Colombia, DEA en Derecho Administrativo y doctor en Derecho de la Universidad Carlos III de Madrid, magistrado auxiliar del despacho del magistrado Santofimio Gamboa. El contenido del documento corresponde al resultado de los debates efectuados en el seno del grupo de trabajo del despacho del consejero Santofimio Gamboa con los magistrados auxiliares y profesores Fernando Alarcón Rojas (doctor en Derecho de la Universidad Externado de Colombia), Juan Carlos Guayacán (doctor en Derecho de la Universidad de Roma II) y Paula Robledo (doctora en Derecho por la Universidad de Valladolid), y con los abogados especializados Esperanza Contreras, María José Martínez, Luis Enrique López Carrizosa, Katherine Salarriaga Osio y Bernardo Reina Parra.

[1] Eberhard Schmidt-Assmann, *La teoría general del derecho administrativo como sistema. Objeto y fundamentos de la construcción sistemática*, Marcial Pons, Madrid, 2003, p. 179.

[2] Constitución Política de Colombia: "Artículo 90. El Estado responderá patrimonialmente por los daños antijurídicos que le sean imputables, causados por la acción o la omisión de las autoridades públicas. En el evento de ser condenado el Estado a la reparación patrimonial de uno de tales daños, que haya sido consecuencia de la conducta dolosa o gravemente culposa de un agente suyo, aquel deberá repetir contra este".

[3] Eberhard Schmidt-Assmann, *La teoría general del derecho administrativo como sistema. Objeto y fundamentos de la construcción sistemática*, cit., p. 171. "Los fines del Estado contemplan su realización y las condiciones para ella a modo de proceso, en pasado, presente y

Estado social y democrático de derecho[4], constituye una de las más grandes conquistas del Estado por el derecho[5], al incorporar al ordenamiento jurídico, no solo el precepto imperativo de responsabilidad de los poderes públicos, sino también la preciada garantía patrimonial del Estado[6], frente a los daños antijurídicos que le sean imputables por su acción u omisión (incluso por inactividad[7]), que ocasionen perjuicios y, en consecuencia, en relación con los cuales surja el deber constitucional de reparar[8].

---

futuro. Entre los modelos concretos de respuesta de la legislación administrativa sectorial y las exigencias normativas abstractas de las decisiones sobre la estructura del Estado, los fines del Estado constituyen para la sistemática jurídico-administrativa un nivel intermedio, en el que pueden plantearse las condiciones generales de dirección y control de las conductas. Ellos completan, de esta manera, la perspectiva jurídica individualista del enfoque basado en los derechos fundamentales".

[4]   Luciano Parejo Alfonso, "El Estado social administrativo: Algunas reflexiones sobre la 'crisis' de las prestaciones y los servicios públicos", en *Revista de Administración Pública*, No. 153, septiembre-diciembre de 2000, p. 217: "La intervención del Estado en el orden social se refiere hoy con normalidad exclusivamente al principio de Estado social. En realidad, sin embargo, reposa sobre el conjunto de los que caracterizan constitucionalmente el Estado. La evolución de éste desde las revoluciones alumbradoras, a finales del siglo XVIII, del constitucionalismo ha afectado, al compás de la del sistema económico y social, a los tres frentes de la democratización, la reducción al Derecho y la responsabilización efectiva por las condiciones de vida en sociedad de las estructuras del poder público constituido". Otto Mayer, *Derecho administrativo alemán*, T. I, De Palma, Buenos Aires, 1949, p. 79: "La expresión elegida indica lo que se exige del Estado; es necesario que en todo lugar y momento donde su actividad puede producir efectos en otras personas (sus súbditos), exista un orden regulado por el derecho; o como expresa la fórmula, que se ha considerado unánimemente como la mejor para exteriorizar este pensamiento, el Estado debe 'fijar y delimitar exactamente los derroteros y confines de su actividad, así como la esfera de libertad de sus ciudadanos, conforme a derecho'".

[5]   Luciano Parejo Alfonso, *Derecho Administrativo*, Ariel Derecho, Barcelona, 2003, p. 864. Hartmut Maurer, *Derecho administrativo. Parte general*, Marcial Pons, Madrid, 2011, p. 59: debe tenerse en cuenta que la "Administración y el Derecho administrativo se encuentran condicionados de un modo esencial por la Constitución de su tiempo. Así se reconoce de forma generalizada en la actualidad, desde que Fritz Werner, a la sazón presidente del BverwG, acuñara la tan citada máxima del 'Derecho administrativo como Derecho constitucional concretizado' [...] Las decisiones recogidas en la Constitución (escrita o no escrita) acerca del Estado, sus funciones y competencias y su relación con los ciudadanos deben tener su reflejo en la Administración y el Derecho administrativo si quieren hacerse realidad".

[6]   Juan Alfonso Santamaría Pastor, *Fundamentos de derecho administrativo*, Centro de Estudios Ramón Areces, Madrid, 1991, p. 221.

[7]   Rainer Wahl, *Los últimos cincuenta años de Derecho administrativo alemán*, Marcial Pons, Madrid, 2013, p. 73: ha de recordarse que la "praxis de la Administración en determinados sectores concretos y el correspondiente Derecho administrativo especial son el lugar en el que se reacciona a lo nuevo. 'Lo nuevo' son nuevas funciones del Estado, o bien –lo que es prácticamente los mismo– antiguas funciones del Estado que han recibido una nueva interpretación".

[8]   Schmidt-Assmann, *La teoría general del derecho administrativo como sistema. Objeto y fundamentos de la construcción sistemática*, cit., p. 80: "La expansión de los derechos fundamentales ha permitido dirigir la atención hacia supuestos donde, aun no dándose todas las

1.1.- Representa, a no dudarlo, bajo la comprensión amplia del orden constitucional y convencional, el mecanismo de cierre del sistema de protección y garantía patrimoniales de los ciudadanos frente a la acción del poder público[9], en cualquiera de sus manifestaciones[10]. Protección y garantía no solo fundadas en la preceptiva normativa interna del Estado, dispuesta por vía constitucional, legal o administrativa, sino también en consideraciones materiales, que derivan de todas aquellas disposiciones que se desprenden del ordenamiento jurídico internacional (derecho internacional de los derechos humanos, derecho internacional humanitario, derecho internacional público), vinculantes para el Estado (como normas de *ius cogens*[11]), principalmente en materia de derechos humanos y de derecho internacional humanitario, por así consagrarlo de forma expresa el artículo 93 de la Constitución Política[12].

---

notas características de una 'intervención' administrativa, sí se da de hecho un perjuicio o lesión en los intereses protegidos por los derechos fundamentales. Tenemos, por un lado, actuaciones del Estado claramente orientadas a dirigir la conducta de los ciudadanos, tal es el caso de la información administrativa al público. Y tenemos, de otro lado, ciertas lesiones ocasionadas por particulares pero en las que, tras una larga cadena causal, también se ve la participación del Estado. Como tales lesiones se pueden contar ciertos efectos singulares, incontrolados y no queridos, de actuaciones estatales encaminadas a otros fines. Por último, hay que hacer referencia a lesiones –en sentido material– derivadas de actuaciones públicas informales y carentes de imperatividad, así como a resultados lesivos de intereses amparados por derechos fundamentales no claramente reconducibles a ámbitos de competencia pública".

[9]   Parejo Alfonso, *Derecho Administrativo* cit., p. 863.

[10]   Miguel Sánchez Morón, *Derecho Administrativo, Parte General*, Tecnos, Madrid, 2010, p. 916.

[11]   Víctor Bazán, "El control de convencionalidad: incógnitas, desafíos y perspectivas", en Víctor Bazán y Claudio Nash, (eds.), *Justicia constitucional y derechos fundamentales. El control de convencionalidad*, Fundación Konrad Adenauer, Bogotá, 2012, p. 20: "Se torna, así, irrecusable asumir la imprescindibilidad del resguardo de los derechos humanos en el Estado constitucional y el sistema internacional. Asimilar tal premisa es un punto de partida básico en todo proceso hermenéutico que los aborde, desde que no puede pasarse por alto que algunos importantes ribetes del derecho internacional de los derechos humanos hacen parte del *ius cogens*, delineado en la Convención de Viena sobre el Derecho de los Tratados (CVDT), de 1969, en los artículos 53 y 64".

[12]   COLOMBIA. Constitución Política de Colombia: "Artículo 93. Los tratados y convenios internacionales ratificados por el Congreso, que reconocen los derechos humanos y que prohíben su limitación en los estados de excepción, prevalecen en el orden interno. Los derechos y deberes consagrados en esta Carta, se interpretarán de conformidad con los tratados internacionales sobre derechos humanos ratificados por Colombia". Ley 1408 de 20 de agosto de 2010, "por la cual se rinde homenaje a las víctimas del delito de desaparición forzada y se dictan medidas para su localización e identificación". Ley 1418 de 1º de diciembre de 2010, "por medio de la cual se aprueba la 'Convención Internacional para la Protección de todas las Personas contra las Desapariciones Forzadas', adoptada en Nueva York el 20 de diciembre de 2006". Corte Constitucional sentencia C-774 de 25 de julio de 2001: "De acuerdo con el artículo 93 de la Constitución Política, no todos los tratados internacionales forman parte del bloque de constitucionalidad. La Corte ha precisado que: '... sólo constituyen parámetros de control constitucional aquellos tratados y convenios internacionales que reconocen derechos humanos (i) y, que prohíben su limitación en estados de excepción (ii). Es por ello, que integran el bloque de constitucionalidad, entre otros, los tratados del derecho internacional humanitario, tales como los Convenios de Ginebra, los Protocolos I y II y ciertas normas

1.2.- La cláusula en cuestión, así vista, afirma de manera indiscutible los presupuestos en los que se sustenta el Estado moderno[13], donde la primacía no se agota en el respeto de los derechos, bienes e intereses consagrados en las cartas constitucionales, sino que se desdobla de tal manera que implica, también, su reconocimiento, medidas y objeto de protección por parte de las normas de derecho internacional[14] de los derechos humanos y del derecho internacional humanitario; con lo que el ámbito de indagación de la responsabilidad se ha venido ampliando de tal modo que permite sostener la existencia dentro del Estado social y democrático de derecho de un verdadero "garantismo constitucional", de un derecho constitucional de la responsabilidad de los poderes públicos[15], basado en el respeto pleno del ordenamiento jurídico interno e internacional; sustentado en los lazos articuladores de la comunidad internacional y en la buena fe que materializan las relaciones internacionales. Son los Estados en comunidad los vigilantes y garantes mutuos, en últimas, de todo este inmenso sistema de protección[16].

---

del Pacto de San José de Costa Rica [...] Las normas que forman parte del bloque de constitucionalidad *lato sensu* (algunos tratados sobre derechos humanos, leyes orgánicas y ciertas leyes estatutarias), forman parámetros de validez constitucional, por virtud de los cuales, si una ley u otra norma de rango inferior es incompatible con lo dispuesto en cualquiera de dichas disposiciones, la Corte Constitucional deberá retirarla del ordenamiento jurídico, para cumplir con el mandato constitucional de velar por la guarda de la integridad y supremacía de la Constitución". Corte Constitucional, sentencia C-067 de 4 de febrero de 2003: "Dado el rango constitucional que les confiere la Carta, las disposiciones que integran el bloque superior cumplen la cuádruple finalidad que les asigna Bobbio, a saber, servir de i) regla de interpretación respecto de las dudas que puedan suscitarse al momento de su aplicación; ii) la de integrar la normatividad cuando no exista norma directamente aplicable al caso; iii) la de orientar las funciones del operador jurídico, y iv) la de limitar la validez de las regulaciones subordinadas".

[13]   Parejo Alfonso, "El Estado social administrativo", *cit.*, p. 218: "El paso a la sociedad industrial, la fragmentación en una pluralidad de clases sociales propia de ésta y la incapacidad de la misma para, mediante autorregulación, resolver en su seno los graves problemas emergentes a lo largo fundamentalmente de la segunda mitad del siglo XIX están en el origen de la ampliación e intensificación de las responsabilidades del Estado, conducentes al actual Estado social".

[14]   Bazán, "El control de convencionalidad", *cit.*, p. 22: "En definitiva, los principios de *ius cogens* son postulados aceptados por las naciones en el ámbito interno. Consiguientemente, todos los Estados que integran la comunidad internacional deben cumplir tales pautas y las normas de derecho convencional y consuetudinario que se establezcan sobre la base de aquellas, ya que los principios reconocidos por las 'naciones civilizadas' son obligatorios para todos los Estados incluso fuera de todo vínculo convencional".

[15]   Fernando Garrido Falla, "La constitucionalización de la responsabilidad patrimonial del Estado", en *Revista de Administración Pública*, No. 119, mayo-agosto de 1989, p. 8: "En la base de la teoría estaba la consideración de que muchas actuaciones del poder no se diferenciaban en absoluto de las que hubiese podido realizar un particular".

[16]   Pablo Pérez Tremps, "Las garantías constitucionales y la jurisdicción internacional en la protección de los derechos fundamentales", en *Anuario de la Facultad de Derecho*, No. 10, Universidad de Extremadura, p. 81: "no es bueno que la protección internacional actúe como sustitutivo de la interna; su función es completar esta y fomentar su mayor eficacia". Bazán, "El control de convencionalidad", *cit.*, p. 19: "Convergentemente, García Ramírez resalta que la gran batalla por los derechos humanos se ganará en el ámbito interno, del que es coad-

1.3.- De aquí, entonces, que debamos admitir el surgimiento de un principio sustancial inherente a la cláusula en cuestión, que le da contorno, forma y contenido a la misma, fundado en conceptos como los de convivencia civilizada, orden y seguridad jurídica de los asociados, igualdad y proscripción de la arbitrariedad, libertad, respeto a la dignidad humana y colectiva, entre otros, como lo es el principio de convencionalidad[17], o de obediencia y acatamiento de la preceptiva que se deriva de la protección de los derechos humanos[18] y del derecho internacional humanitario, en todas sus manifestaciones[19].

---

yuvante o complemento, no sustituto el internacional" (Corte Interamericana de Derechos Humanos, caso *Trabajadores cesados del Congreso (Aguado Alfaro y otros) c. Perú*, sentencia de excepciones preliminares, fondo, reparaciones y costas, 24 de noviembre de 2006, serie C, No. 158, voto razonado del juez Sergio García Ramírez).

[17]   Puede verse: COLOMBIA, Corte Constitucional, sentencias C-228 de 3 de abril de 2002, C-370 de 18 de mayo de 2006, C-442 de 25 de mayo de 2011.

[18]   Claudio Nash Rojas, "Comentarios al trabajo de Víctor Bazán: 'El control de convencionalidad: incógnitas, desafíos y perspectiva', en Bazán y Nash (eds.), *Justicia constitucional y derechos fundamentales*, *cit.*, p. 57: "Así, vemos que el control de convencionalidad encuentra su fundamento en las fuentes normativas de las cuales emanan las obligaciones de los Estados, a través de la lectura conjunta de los artículos 1.1, 2 y 29 de la CADH. De dichos artículos se desprende que la protección de los derechos humanos debe ser guía en la actuación de los Estados y que estos deben tomar todas las medidas para asegurar el respeto, protección y promoción de dichos derechos. Asimismo, la necesidad de realizar un control de convencionalidad de las normas internas emana de los principios del derecho internacional público. En particular, el principio de *pacta sunt servanda* obliga a los Estados a dar cumplimiento a sus compromisos internacionales, lo que debe realizarse de buena fe por los Estados sin invocar disposiciones de derecho interno como fundamento para dejar de cumplir dichos compromisos."

[19]   Bazán, "El control de convencionalidad", *cit.*, p. 53: "5. De la conjugación de los artículos 1.1 y 2 de la CADH surge que los Estados partes de la Convención se comprometen a respetar los derechos y libertades reconocidos en ella y a garantizar su libre y pleno ejercicio a toda persona que esté sujeta a su jurisdicción, sin discriminación alguna; y si tal ejercicio no estuviere ya garantizado por disposiciones legislativas o de otro carácter, aquellos se obligan a adoptar las medidas legislativas o de otro carácter que fueren necesarias para hacer efectivos tales derechos y libertades. En tal contexto, la palabra garantizar supone el deber del Estado de tomar todas las medidas necesarias, incluso a través de decisiones jurisdiccionales, en orden a remover los obstáculos que pudieran existir para que sus habitantes estén en condiciones de disfrutar de los derechos que la Convención consagra. 6. El citado principio de adecuación normativa supone la obligación general de cada Estado parte de adaptar su derecho interno a las disposiciones de la CADH, en aras de garantizar los derechos en ella reconocidos, lo que significa que las medidas de derecho doméstico han de ser efectivas con arreglo a la premisa de *effet utile*, siendo obligación de los magistrados locales (y restantes autoridades públicas) asegurar el cumplimiento de aquel deber por medio del control de convencionalidad, mecanismo que, por lo demás, ha sido pensado como instrumento para lograr una aplicación armoniosa de las reglas, principios y valores atinentes a los derechos esenciales."

I.   BREVE ESTUDIO DEL RÉGIMEN DE RESPONSABILIDAD EXTRA-
     CONTRACTUAL DEL ESTADO EN EL DERECHO ADMINISTRATIVO
     COLOMBIANO

2.- El régimen de responsabilidad del Estado en el derecho administrativo colombiano se construyó desde finales del siglo XIX, proceso que siguió durante todo
el siglo XX y se consolida actualmente. Si bien en vigencia de la Constitución de
1886 no existía una cláusula expresa con base en la cual se afirmara la responsabilidad del Estado, esto no fue obstáculo para que por vía pretoriana su construcción se
haya producido, lo que pone de presente el debate acerca de la necesidad o no de su
consagración en la Carta Política[20]. En ese sentido, la doctrina señala que "ni la
Corte Suprema de Justicia, mientras conservó la competencia general en estos asuntos, ni el Consejo de Estado tuvieron necesidad de un texto constitucional o legal
para estructurar y desarrollar, de la misma forma como lo ha venido haciendo la
jurisdicción administrativa en Francia, a partir del arrêt Blanco, un completo sistema
de responsabilidad patrimonial del Estado"[21].

2.1.- En la estructuración, pues, del régimen de responsabilidad del Estado durante la vigencia de la Constitución de 1886 se tuvo como sustento normativo inicial
a las normas que en el Código Civil colombiano regulaban la responsabilidad civil
extracontractual (consagradas en los arts. 2341-2360). En esta primera etapa la jurisprudencia de la Corte Suprema de Justicia procuró encuadrar los casos en los que
se producían daños como consecuencia de hechos ilícitos de la administración
pública. En una segunda etapa, donde emerge la jurisprudencia del Consejo de Estado (estamos hablando de comienzos de los años sesenta del siglo XX), se procuró
construir un régimen de responsabilidad autónomo, que estuviera fundamentado en
principios, criterios y reglas de derecho público, lo que llevó a tener como sustento
normativo la interpretación sistemática de los artículos 16, 20 y 33 de la Carta Política de 1886, bajo el presupuesto de que toda autoridad, toda administración pública,
se encontraba instituida para la protección de todas las personas residentes en Colombia, cuyo despliegue se reflejaba en la tutela de la vida, honra, bienes y eficacia
en el cumplimiento de los deberes sociales del Estado[22].

---

[20]   Carlos Lleras De La Fuente, y Marcel Tangarife Torres, "Constitución Política de Colombia.
       Origen, evolución y vigencia", en Felipe Navia Arroyo, "La responsabilidad extracontractual
       del Estado a la luz del artículo 90 de la Constitución Política", en *Revista de Derecho Priva-
       do*, N° 6, julio/diciembre de 2000, p. 212: "Precisamente, fue en el capítulo 4 del título II en
       donde se incluyó el artículo 90, con el argumento de que era absolutamente indispensable
       llenar el vacío de la Constitución de 1886 consistente en no haber señalado, por medio de
       una cláusula general, la responsabilidad del Estado. 'Nuestro actual sistema –decía el delega-
       tario Juan Carlos Esguerra en la ponencia para debate en Comisión– consagra de manera ex-
       presa la responsabilidad penal y disciplinaria de los funcionarios, pero omite toda referencia
       a la responsabilidad de tipo patrimonial y sobre todo, a la responsabilidad directa y objetiva
       del Estado'. Y agregó: 'La experiencia ha demostrado la inaplazable necesidad de definir to-
       dos estos tipos de responsabilidad y de señalar de manera clara que la de carácter patrimonial
       les corresponde solidariamente al órgano y al funcionario'".

[21]   Carlos Lleras De La Fuente, y Marcel Tangarife Torres, "Constitución Política de Colombia.
       Origen, evolución y vigencia", *cit.*, pp. 212-213.

[22]   *Ibíd.*, p. 213.

2.2.- La estructuración pretoriana que tuvo la responsabilidad del Estado antes de la Carta Política de 1991, especialmente por la jurisprudencia del Consejo de Estado, viene a tener su consagración constitucional en el artículo 90, lo que representa, dentro de la evolución del Estado constitucional, la consolidación de un instrumento fundamental para el cumplimiento de los propósitos y finalidades del Estado Social de Derecho[23], y de manera inicial e histórica, la concreción de su modulación a partir de un régimen que aboga por la garantía y defensa de los derechos subjetivos y colectivos, teniendo como protagonista a la víctima, despojándose de la construcción clásica de la responsabilidad sujeta a verificar el comportamiento, conducta, acto o acción del causante del daño[24].

1. *Concepto de Estado Social de Derecho y la ruptura del individualismo tradicional frente al hombre. Afirmación del principio pro homine*

3.- El Estado Social y Democrático de Derecho entendido en su concepción material[25] se sustenta en la idea indiscutible de la consolidación de una sociedad justa y equitativa con sujeción al ordenamiento jurídico[26], en donde el derecho y los principios generales, al igual que los valores inspiradores del ordenamiento, se articulan en precisos conceptos ideológicos al servicio de las finalidades estatales y las necesidades o intereses generales, para lo cual el mismo Estado de Derecho desarrolla, de manera consecuente, un complejo pero fortificado sistema de controles que permiten que los reales propósitos de la institucionalización del poder se hagan efectivos sustancialmente.

3.1.- Es decir, es de la esencia de la Constitución como instrumento jurídico de este modelo de Estado ser depositaria de límites y de controles orientados a garantizar su fuerza normativa, en consecuencia determinante del ejercicio del poder[27].

---

23 Schmidt-Assmann, *La teoría general del derecho administrativo como sistema. Objeto y fundamentos de la construcción sistemática, cit.*, p. 186: "El concepto de responsabilidad tiene en cuenta el catálogo completo de funciones públicas, y pretende determinar el modo y la medida en que su cumplimiento corresponde a la Administración. La responsabilidad desempeña, en este caso, el papel de un concepto heurístico: permite poner en relación, en cada sector concreto, las prácticas habituales las nuevas demandas de protección y las disposiciones existentes sobre funciones y organización; pero del mismo sólo cabe extraer consecuencias de carácter dogmático-jurídico cuando exista la correspondiente base normativa, que podrá ser esclarecida y enriquecida pero no suplida mediante reflexiones propias de la teoría del Estado".

24 Navia Arroyo, "La responsabilidad extracontractual del Estado a la luz del artículo 90 de la Constitución Política", *cit.*, p. 214: "lo cierto es que el artículo 90 de la Carta sólo habla de daño antijurídico imputable; desplazó se dice, el problema de la responsabilidad estatal del análisis de la actividad del causante del daño a la consideración exclusiva de la posición de la víctima, convirtiendo la responsabilidad del Estado en objetiva [...] ¿Es esta la interpretación correcta de la norma constitucional? ¿Será que, tras el enunciado de esta cláusula general, no hay nada nuevo en el panorama de la responsabilidad pública?".

25 Manuel García Pelayo, *Derecho Constitucional Comparado*, Madrid, Alianza Editorial, 1984, p. 159.

26 Otfried Höffe, *Justiça política. Fundamentação de uma filosofia crítica do Direito e do Estado*, Martins Fontes, São Paulo, p. 2 .

27 Schmidt-Assmann, *La teoría general del derecho administrativo como sistema. Objeto y fundamentos de la construcción sistemática, cit.*, p. 51: "Las decisiones constitucionales fun-

Constitución y control resultan ser entonces conceptos incondicionalmente necesarios recíprocamente[28].

3.2.- Desde su formulación, el Estado de Derecho, en cuanto fenómeno contradictorio del absolutismo, la tiranía y la arbitrariedad[29], predica como regla impulsora de su funcionamiento la de los "pesos y contrapesos" para el ejercicio del poder. En este sentido, y en la evolución posterior del concepto, se puede afirmar que en todo Estado Social y Democrático, si realmente pretende ser calificado como de Derecho, el control de la actividad pública jamás podrá circunscribirse a las simples formas o superficialidades de las normas jurídicas, pues debe ir mucho más allá, profundizando en las razones de existencia de la organización política y social, caracterizándose como un verdadero sistema que se expande como malla protectora y garantizadora de la estabilidad, seguridad y justicia, en relación con los derechos e intereses no solo subjetivos, sino también, y de manera primordial, colectivos, en cuanto que evita los desvíos y desmanes respecto de los propósitos y finalidades estatales, por quienes han asumido las responsabilidades públicas, fijando el posicionamiento objetivo del ordenamiento jurídico, al igual que propiciando las reparaciones y restablecimientos pertinentes a quienes hubieren podido resultar lesionados con los abusos del poder, pero sobre todo reorientando las instituciones por los senderos materiales de las finalidades propias del interés general y del bien común.

3.3.- Desde esta perspectiva, los controles dentro del moderno Estado de Derecho no pueden limitarse a los tradicionales juicios de legalidad o de formal comparación normativa. El carácter sustancial de esta base edificadora del Estado conduce a que los controles que puedan surgir en las complejas intimidades de su estructura normativa no se agoten en simples esfuerzos sin sentido, superficiales, formales, alejados de los principios y valores en que se fundan las instituciones. Implica, por lo tanto, un claro posicionamiento ideológico en torno a los propósitos estatales, el interés general, el respeto a los derechos fundamentales[30], la participación ciudadana, las garantías generales a los asociados, la aceptación de la diversidad, la tolerancia, la justicia, etc., en fin, todo un esquema de principios, valores, reglas de convivencia que en su conjunto diseñan lo que se conoce como la filosofía del Derecho por encima del formalismo, rescatando para los individuos y la colectividad el valor que realmente les corresponde en sus relaciones sociales y políticas,

---

damentales son, al tiempo, los valores básicos del Derecho administrativo [...] en cuanto normas de carácter estructural, las decisiones constitucionales fundamentales determinan los procesos de toma de decisiones de los poderes públicos y ofrecen patrones o modelos para la actuación administrativa. Por último, las normas constitucionales que contienen o regulan los objetivos y fines del Estado condicionan también la teoría de las funciones administrativas".

[28]   Manuel Aragón Reyes, *Constitución y control del poder. Introducción a una teoría constitucional del poder*, Universidad Externado de Colombia, Bogotá 1999, p. 17.

[29]   Eduardo García De Enterría, *La lucha contra las inmunidades del poder en el Derecho Administrativo*, Civitas, Madrid, 1983, pp. 11 y ss.

[30]   Schmidt-Assmann, *La teoría general del derecho administrativo como sistema. Objeto y fundamentos de la construcción sistemática*, cit., p. 80: "La expansión de los derechos fundamentales ha permitido dirigir la atención hacia supuestos donde, aun no dándose todas las notas características de una 'intervención' administrativa, sí se da de hecho un perjuicio o lesión en los intereses protegidos por los derechos fundamentales".

apartando por lo tanto los conceptos sin sentido para lo social[31] y procurando alcanzar la justicia material[32].

3.4.- Siendo así las cosas, los "pesos y contrapesos" para el ejercicio del poder deben relacionarse inequívocamente con las bases integrales de las instituciones, perceptibles de la simple lectura del Texto Constitucional o deducibles como principios o valores inevitables dentro de un verdadero Estado Democrático y Social de Derecho. De aquí la complejidad del sistema de controles, complejidad perfectamente justificada en la medida de la necesidad de romper con la inseguridad que el formalismo o el fundamentalismo positivista nos ofrece en la interpretación constitucional, debiendo en consecuencia asumir la realidad del carácter finalista de la Carta Fundamental y el papel del control como su característica básica para garantizar este sentido dinámico del Texto Fundamental del Estado Democrático, Social y de Derecho[33]. En este marco doctrinal de principios y valores, se ha desarrollado entre nosotros el régimen de responsabilidad del Estado que se pasa a exponer.

2. *La responsabilidad del Estado y su vínculo directo con el control de la actividad administrativa (la afirmación del principio de eficacia[34])*

4.- La premisa inicial para abordar el tratamiento del régimen de responsabilidad del Estado parte de la lectura razonada del artículo 90 de la Carta Política, según la cual a la administración pública le es imputable el daño antijurídico que ocasiona. En la visión humanista del constitucionalismo contemporáneo, no hay duda que en la construcción del régimen de responsabilidad la posición de la víctima[35] adquirió

---

31 Eduardo García De Enterría, *Reflexiones sobre la ley y los principios generales del Derecho*, Civitas, Madrid 1986, pp. 85 y ss.

32 Hartmut Maurer, *Derecho Administrativo. Parte general*, cit., pp. 62 y 63: "En el Estado social de Derecho se aúnan el carácter social del Estado y su sumisión a Derecho. También la actividad prestacional y la conformación social del Estado deben observar las formas y las vinculaciones que impone el Derecho. Ello diferencia al actual Estado social de Derecho del Estado benefactor del absolutismo y lo sitúa en la tradición del Estado de Derecho liberal. El Estado social de Derecho, por supuesto, ha ido más allá del Estado liberal también en lo concerniente a su sumisión a Derecho, puesto que no sólo exige la vinculación formal a la ley, sino también la realización de la justicia material".

33 Aragón Reyes, *Constitución y control del poder*, cit., p. 50.

34 Schmidt-Assmann, *La teoría general del derecho administrativo como sistema. Objeto y fundamentos de la construcción sistemática*, cit., p. 63: "La vinculación de la Administración no es un enunciado o postulado teórico y abstracto, sino un mandato constitucional llamado a ser eficaz. Para que se pueda hablar de 'eficacia' jurídica es preciso, en primer lugar, una cierta capacidad para la conformación ex ante de las relaciones sociales; y junto a ello, la existencia de instrumentos que hagan posible la imposición ex post de ese Derecho".

35 COLOMBIA, Corte Constitucional, sentencia C-510 de 30 de julio de 2009: la jurisprudencia fijó como principios constitucionales a tener en cuenta en la protección de las víctimas del conflicto los de favorabilidad, buena fe, confianza legítima y prevalencia del derecho sustancial. Corte Constitucional, sentencia C-620 de 18 de agosto de 2011, jurisprudencia en la que se concibe que el concepto de víctima es más amplio en la legislación interna que en la Convención Internacional para la protección de todas las personas contra las desapariciones forzadas (art. 24 Ley 1418 de 2010). Cf. Corte Constitucional, sentencia T-1001 de 4 de octubre de 2008: teniendo en cuenta la Resolución de la Asamblea General de las Naciones Unidas 40/34, de 29 de noviembre de 85, la categoría de víctima no solo incluye a quienes

una renovada relevancia, sin que pueda afirmarse que desde la nueva carta constitucional el régimen se orienta hacia una responsabilidad objetiva, sino a la afirmación del principio de la eficacia de la Administración Pública [materialización del "principio de optimización"].

4.1.- Dicha cláusula, al desarrollarse por medio de la acción de reparación directa [arts. 86 Decreto. 01 de 1984 y 140 Ley 1437 de 2011, nuevo Código de Procedimiento Administrativo y de lo Contencioso Administrativo, CPACA], permite que la persona que se crea lesionada o afectada por un hecho, una omisión, una operación administrativa o la ocupación temporal o permanente de un inmueble por hechos derivados de trabajos u obras públicas, o por cualquier otro hecho, que le hubiere ocasionado un daño antijurídico, promueva su imputación ante la jurisdicción de lo contencioso administrativo, bien sea a una entidad pública estatal o a un particular que ejerza funciones públicas en los términos de la Constitución Política[36] (o que hubiere obrado siguiendo expresa instrucción de la misma); de tal manera

---

sufren el daño específico, "sino que se extiende hasta incluir a la familia inmediata, esto es, a las personas que tengan relación inmediata o estén a cargo de la víctima directa". Corte Constitucional, sentencia C-052 de 8 de febrero de 2012: el daño representa un concepto significativo para definir a la víctima; la "noción de daño comprende entonces incluso eventos en los que un determinado sujeto resulta personalmente afectado como resultado de hechos o acciones que directamente hubieren recaído sobre otras personas, lo que claramente permite que a su abrigo se admita como víctimas a los familiares de los directamente lesionados, siempre que por causa de esa agresión hubieren sufrido una situación desfavorable, jurídicamente relevante". Corte Constitucional, sentencia C-1199 de 4 de diciembre de 2008: dimensión individual y colectiva del concepto de víctima. Corte Constitucional, sentencia C-516 de 11 de julio de 2007: distinción del concepto de víctima directa en materia penal y civil. Corte Constitucional, sentencia C-575 de 25 de julio de 2006: víctima en la ley de justicia y paz y en el derecho internacional humanitario. Corte Constitucional, sentencia C-235ª de 29 de marzo de 2012: definición de víctima en el conflicto armado. Corte Constitucional, sentencia C-250 de 28 de marzo de 2012: para definir a la víctima debe tenerse en cuenta el alcance del artículo 63.1 de la Convención Americana de Derechos Humanos (*cfr*. Corte Interamericana de Derechos Humanos, caso *Aleoboetoe vs. Surinam*, sentencia de 10 de septiembre de 1993), el concepto vertido en el derecho internacional público por la Corte Internacional de Justicia en el asunto Sur-Oeste africano (1966) y las siguientes resoluciones: a. Resolución del Consejo de Seguridad de las Naciones Unidas 687, de 3 de abril de 1991 (reconocimiento de la legitimación activa de la víctima en caso de conflicto armado); b. Resolución de la Asamblea General de Naciones Unidas 60/147, de 16 de diciembre de 2005 ("Principios y directrices básicos sobre el derecho de las víctimas de violaciones manifiestas de las normas internacionales de derechos humanos y de violaciones graves del derecho internacional humanitario a interponer recursos y obtener reparaciones"). Corte Constitucional, sentencia C-914 de 16 de noviembre de 2010: fórmulas para fundamentar la definición de víctima.

36   André de Laubadere, "Responsabilité administrative", en André de Laubadere, Jean Claude Venezia, y Yves Gaudemet, *Traité de droit administratif*, T. I, Livre II, 15ª. ed., Paris, LGDJ, p. 948: La cláusula clásica en la doctrina francesa reza: "la persona pública siempre es responsable de la acción de sus agentes y del funcionamiento de sus servicios públicos [...] [U]na consideración de justicia elemental indica que el funcionario debe soportar las consecuencias de las fallas que habría podido normalmente evitar, pero no las consecuencias de apreciaciones frecuentemente delicadas sobre las cuales podía estar llamado a tomar parte en su servicio y que el juez administrativo podrá declarar generadoras de un derecho a la reparación".

que, demostrados los dos elementos anteriores[37] (daño antijurídico e imputación), se ordene reparar integralmente [resarcimiento[38]], reparación que no se reduce a la compensación económica [indemnización], sino que puede ser cumplida también con la reparación in natura, o con medidas de satisfacción[39].

4.2.- Se trata de un régimen cuyo objeto es el de alcanzar la reparación integral de los daños antijurídicos ocasionado a los administrados y cuya responsabilidad cabe atribuirla e imputarla al Estado, en razón de las actividades anteriormente indicadas, que excluyen de entrada el acto administrativo[40] como objeto de debate jurídico, sin perjuicio de que a partir de un acto administrativo revestido del principio de legalidad se pueda producir, como consecuencia de su aplicación o ejecución, un daño antijurídico.

4.3.- Por tanto, en su concepción el régimen de responsabilidad exige tener en cuenta tres elementos básicos: 1) el daño antijurídico[41]; 2) el juicio de imputación, y

---

[37] *Ibíd.*, p. 949: "El punto de vista del hecho dañoso hace aparecer la cuestión de saber si el hecho debe presentar el carácter de una irregularidad o incorrección alguna para que la responsabilidad de la administración esté comprometida o sea suficiente a la víctima establecer que el daño sufrido por ella es la consecuencia directa de una actividad de la administración culposa o no".

[38] Ricardo de Ángel Yagüez, *Tratado de responsabilidad civil*, Civitas y Universidad de Deusto, 1993, p. 900: "el resarcimiento significa reconstituir la integridad del patrimonio lesionado".

[39] Arturo Alesandri Rodríguez, *De la responsabilidad extracontractual en el Derecho Civil*, Jurídica de Chile, Santiago de Chile, 2010, pp. 533-534: "Reparar un daño es hacerlo cesar, restablecer el estado de cosas existente al tiempo del delito o cuasidelito y que éste destruyó. De ahí que, en principio, la reparación debe ser en especie; pero ello no obsta a que pueda hacerse en equivalente. Es en especie cuando consiste en la ejecución de actos o en la adopción de medidas que hagan desaparecer el daño en sí mismo, siempre que esos actos o medidas no sean la mera cesación del estado de cosas ilícito creado por el delito o cuasidelito. Si estas medidas consisten en la mera cesación de este estado, no hay propiamente reparación; ésta sólo es tal cuando se refiere a un daño distinto de la simple alteración del orden jurídico producido por el hecho ilícito [...] La reparación es en equivalente cuando ante la imposibilidad de hacer desaparecer el daño, solo procura a la víctima una compensación del mismo, como el pago de una cantidad de dinero por la pérdida de un brazo o de un ojo. La reparación en especie hace cesar el daño, a lo menos para el futuro; por equivalente no, sólo lo compensa: el daño subsiste no obstante ella".

[40] Ley 1437 de 2011 (CPACA): "Artículo 140. Reparación directa. En los términos del artículo 90 de la Constitución Política, la persona interesada podrá demandar directamente la reparación del daño antijurídico producido por la acción u omisión de los agentes del Estado. De conformidad con el inciso anterior, el Estado responderá, entre otras, cuando la causa del daño sea un hecho, una omisión, una operación administrativa o la ocupación temporal o permanente de inmueble por causa de trabajos públicos o por cualquiera otra causa imputable a una entidad pública o a un particular que haya obrado siguiendo una expresa instrucción de la misma. Las entidades públicas deberán promover la misma pretensión cuando resulten perjudicadas por la actuación de un particular o de otra entidad pública. En todos los casos en los que en la causación del daño estén involucrados particulares y entidades públicas, en la sentencia se determinará la proporción por la cual debe responder cada una de ellas, teniendo en cuenta la influencia causal del hecho o la omisión en la ocurrencia del daño".

[41] Adriano De Cupis, *El daño. Teoría general de la responsabilidad civil*, Bosch, Barcelona, 1975, p. 84: "La consideración de la antijuridicidad (oposición al derecho) presupone un

3) la reparación. Tales elementos son el minimum, el sustrato básico y esencial para encaminarse en la consideración de la responsabilidad[42]. Y es a esos tres elementos a los que cabe llevar la valoración de la actividad administrativa. En su momento Forsthoff afirmó que "la reparación de los daños causados por actividades del poder público del Estado es diferente, tanto en su fundamento jurídico, como en su naturaleza, según que el acto sea lícito o ilícito"[43]. A lo que agrega que, como no todos los casos están incluidos en esta dicotomía, cabe adoptar la siguiente división tripartita: 1) reparación por acto delictivo o ilícito[44] (responsabilidad del Estado, Staatshalf-

---

exacto conocimiento del concepto de derecho. La expresión 'derecho' tiene diferentes significados, indicando tanto un conjunto de normas o reglas jurídicas (derecho objetivo), como una facultad de querer conformarla al derecho objetivo (derecho subjetivo) o, finalmente, como objeto del derecho correspondiente a un sujeto, dejando de lado a los significados secundarios de ciencia o arte del derecho. Cuando se habla de antijuridicidad, con ello se pretende referir al derecho entendido en los dos primeros significados, o sea, al derecho objetivo y al derecho subjetivo".

42   Fernando Garrido Falla, "La constitucionalización de la responsabilidad patrimonial del Estado", en *Revista de Administración Pública*, N° 119, mayo-agosto de 1989, pp. 10-11: La "teoría de la responsabilidad patrimonial de la Administración surge como consecuencia de la actividad administrativa ilícita […] [y de la] ausencia de una obligación legal, por parte del dañado, de soportar el daño. Dicho de otra forma: actividad lícita de la Administración se corresponde con obligación del administrado de soportar dicha actividad justificada por el interés público que se satisface, pero que determina el nacimiento de un derecho a reclamar indemnización por parte del perjudicado".

43   Ernst Forsthoff, *Teoría de derecho administrativo*, Madrid, 1954, p. 435. "ha sido la doctrina italiana la que ha puesto particular énfasis en distinguir los supuestos de indemnización que tienen su origen en actividad lícita o en actividad ilícita del Estado […] [E]l sacrificio del derecho del particular se realiza [en ocasiones] por la Administración legítimamente […] Su fundamento [de la indemnización] se encuentra en la idea jurídica de la igualdad de los ciudadanos ante las cargas públicas que hace odioso el 'sacrificio especial sin indemnización'". Garrido Falla, "La constitucionalización de la responsabilidad patrimonial del Estado", *cit.*, p. 10.

44   Fernando Sainz Moreno, "El Tribunal Constitucional Alemán declara la nulidad de la Ley de Responsabilidad Patrimonial del Estado", en *Revista de Administración Pública*, N° 98, 1982, pp. 381 y ss.: "En el Derecho alemán moderno la responsabilidad patrimonial de la Administración comienza formulándose como una responsabilidad indirecta, consecuencia de los actos ilícitos de los funcionarios, y de acuerdo con lo dispuesto en el artículo 839 del Código Civil: 'Si un funcionario infringe dolosa o culposamente el deber profesional que le incumbe frente a un tercero, ha de indemnizar a dicho tercero por el daño causado. Si al funcionario sólo le es imputable culpa –y no dolo–, sólo cabe dirigirse contra él si el lesionado no puede obtener indemnización de otra forma'". Antonio Embid Irujo, "La codificación de la responsabilidad patrimonial del Estado: el ejemplo de la ley alemana de 26 de junio de 1981", en *Revista Española de Derecho Administrativo*, N° 34, 1982, pp. 354 y ss.: "La traslación del deber de reparación desde el funcionario a la Administración se produce con el artículo 131 de la Constitución de Weimar, de 1919: 'Si en el ejercicio de la potestad pública que le está confiada, el funcionario infringe los deberes que el cargo le impone frente a un tercero, la responsabilidad alcanza en principio al Estado o a la Corporación a cuyo servicio se hallare el funcionario'. Este mismo principio, con ciertos matices, se reitera 30 años después en la Ley Fundamental de Bonn, en cuyo artículo 34 se prescribe: 'Cuando alguien, en ejercicio de una función pública que le fuere confiada, violare los derechos que la función le

tung); 2) indemnización (Entschädigung) por acto no delictivo y lícito (expropiaciones y cargas particulares) y, en fin, 3) indemnización por riesgo[45].

4.4.- Esta modulación inicial de la responsabilidad del Estado supera, en su momento, la dicotomía entre actividad lícita e ilícita, planteándose la consideración del despliegue, desenvolvimiento, funcionamiento o realización del servicio público, de la actividad administrativa como premisa sustancial[46], entrando en el razonamiento dos principios sustanciales: optimización y eficacia. Se trata de reconducir la fuente de la responsabilidad hacia la actividad administrativa, sin que sea necesario distinguir entre aquella que se corresponde con la legalidad y la que no, sino moviéndose en la perspectiva de la búsqueda de la realización del interés general[47], la satisfacción de las demandas de los administrados y, especialmente, el respeto de los derechos y garantías constitucionales.

---

imponga con respecto a un tercero, la responsabilidad recae, en principio, sobre el Estado o el Organismo a cuyo servicio se encuentre'".

[45]   Hauriou, *Précis de droit administratif*, citado en Garrido Falla, "La constitucionalización de la responsabilidad patrimonial del Estado", *cit.*, p. 9: Hauriou distingue los siguientes supuestos de responsabilidad: "1) responsabilidad por falta (*faute de service*); 2) responsabilidad por riesgo objetivo; y 3) responsabilidad por enriquecimiento indebido, que abarca los supuestos de indemnización por los 'daño causados por el ejercicio normal de los derechos del poder público'".

[46]   *Ibíd.*, p. 12: la teoría de la responsabilidad patrimonial del Estado en el derecho español, desde los escritos de García De Enterría en 1954, vino a construirse sobre la base de que "los servicios públicos hayan funcionado normal o anormalmente", de manera que "coexisten dos sistemas de responsabilidad: 1) la responsabilidad por 'mal funcionamiento del servicio' (que es una forma evolucionada de la responsabilidad 'por culpa') y 2) la responsabilidad por 'riesgo creado' que genera el funcionamiento 'normal' de los servicios públicos cuando se dan determinadas circunstancias que justifican esta responsabilidad objetiva". Sainz Moreno, "El Tribunal Constitucional Alemán declara la nulidad de la Ley de Responsabilidad Patrimonial del Estado", *cit.*, pp. 382 y ss. En su momento la declarada nula Ley alemana de 26 de junio de 1981 (Staatshaftungsgesetz) consagraba: "Art. 1. Responsabilidad del poder público. 1. Cuando el poder público infrinja un deber de derecho público que le obliga frente a otro, responderá su titular (el Organismo) por los daños causados, de acuerdo con lo dispuesto en esta Ley. 2. Se considera que se ha cometido una infracción de un deber de esta clase, cuando un mal funcionamiento procede de una organización técnica cuyo titular ejerce un poder público mediante esta organización técnica, y no mediante personas interpuestas, y el mal funcionamiento tenga el carácter de una infracción del deber de estas personas. 3. Las personas que cometan la infracción de un deber de esta clase no responderán frente al perjudicado".

[47]   Marcel Waline, "Préface", en René Chapus, *Responsabilité publique et responsabilite privée*, LGDJ, París, 1957, p. 12: para Waline, la diferencia entre la responsabilidad civil y la patrimonial del Estado radica en un presupuesto: "el restablecimiento necesario de la igualdad ante las cargas públicas". A lo que agrega: "en Derecho administrativo el perjuicio habrá sido causado a menudo de forma deliberada a la víctima, por la autoridad pública, que no podría ignorar que su acción lesionaría los intereses legítimos de la víctima eventual, pero que ha aceptado crear ese riesgo, e imponer tal daño inevitable, porque esto es la consecuencia de la actividad necesaria al interés público. Es una exigencia del interés público la que ha legitimado esta acción, no obstante los daños que pudiese, incluso inevitablemente debiese, producir. Es esto lo que impide cualificar como falta este daño deliberadamente infligido a los intereses de un ciudadano".

4.5.- Se trata, además, de una responsabilidad que no solo compromete la responsabilidad individualmente considerada, sino que implica que pueda afirmarse de un particular respecto de la administración pública, o de una entidad pública respecto a otra, sin que haya lugar a comprender compartida la responsabilidad, operando por el contrario, como regla básica, la solidaridad.

4.6.- Así mismo, la formulación de la responsabilidad del Estado comprende la determinación de la existencia, certeza e individualización [carácter personal, determinado o determinable] de un daño antijurídico, verificado el cual cabe realizar el juicio de imputación, compuesto este por dos ámbitos: 1) fáctico [propio del debate de la relación de causalidad, sus teorías, criterios y supuestos], y 2) jurídico [esto es, aquel en el que se indaga qué deberes normativos, deberes positivos son incumplidos, omitidos, cumplidos defectuosamente, o existe inactividad respecto de su eficacia[48]].

4.7.- Como se señaló en el apartado anterior, el régimen de responsabilidad extracontractual del Estado que viene aplicándose tuvo una construcción pretoriana o jurisprudencial durante el siglo XX[49] en el ordenamiento jurídico colombiano[50], si bien se fundó en lo consagrado en los artículos 2341 y 2347[51] del Código Civil y 16, 30, 31, 33 y 36 de la Constitución Política de 1886.

4.8.- Ahora bien, cabe afirmar que la consagración de la acción de reparación tanto en el Código Contencioso Administrativo de 1984, artículo 86, como en la Ley 1437 de 2011, como herramienta para encauzar la determinación de la responsabilidad del Estado no representó, ni representará, la petrificación del régimen de res-

---

48   Marcos Gómez Puente, *La inactividad de la administración*, Navarra, Aranzadi, 1997, p. 37: "el nuevo Estado es también un Estado social de Derecho cuyos objetivos dependen del alcance y eficacia de la acción administrativa y de la sujeción de ésta a la legalidad. De ahí que la doctrina no deba descuidar las implicaciones de la inactividad administrativa cuyos riesgos para el modelo estatal mismo se advertirán en otro lugar".

49   Carlos Mario Molina Betancur, "Antecedentes y fundamentos constitucional y legislativo de la responsabilidad patrimonial del Estado", en [www.juridicas.unam.mx]: "En un principio es la jurisprudencia de la Corte de Suprema de Justicia la que nutre con sus decisiones la construcción inicial respecto a la responsabilidad extracontractual del Estado, de acuerdo con el artículo 151, numeral 3, de la Constitución de 1886, que le atribuía a la Corte Suprema de Justicia la competencia del control jurisdiccional de la actividad del Estado y el artículo 41 del acto legislativo núm. 3 de 1910, que le atribuía también dicha competencia al Consejo de Estado".

50   Se debe advertir la influencia francesa en dicha construcción con el ârret Blanco de 1873 y el ârret Cadot de 1889.

51   Carlos Mario Molina Betancur, "Antecedentes y fundamentos constitucional y legislativo de la responsabilidad patrimonial del Estado", *ob. cit.* "En efecto, para la Corte Suprema de Justicia era claro que "si bien es cierto que el Estado no es susceptible de responsabilidad penal, sí está obligado a las reparaciones civiles por los daños que resulten de un delito imputable a sus funcionarios públicos, cuando no es posible que éstos los resarzan con sus bienes" (CSJ, sentencia de 22 de octubre de 1896, *Gaceta Judicial*, T. II, p. 357). Más concretamente, refiriéndose al derecho público expresa que "la responsabilidad del Estado en todo tiempo, pero especialmente en épocas de guerra civil, por los actos ejecutados por sus agentes, es un principio de derecho público, reconocido universalmente, y los citados artículos 2341 y 2347 del Código Civil lo establecen de una manera indudable" (CSJ, sentencia de 20 de octubre de 1898, *Gaceta Judicial*, año XIV, N° 685-686, 28 de marzo de 1890, pp. 54-57).

ponsabilidad extracontractual, sino que seguirá caracterizándose por su conjugación con la evolución, continuidad y adaptación[52] de la estructura estatal, social, económica, e incluso cultural, y con la necesidad de comprender el modelo de sociedad moderna inmerso en múltiples riesgos de los que cabe el desencadenamiento de diferentes hechos dañosos (la denominada por Ulrich Beck "sociedad del riesgo"[53]). Como se sostiene por la clásica doctrina ius-administrativista, "el proceso de formación del régimen de responsabilidad se ha encaminado hacia la "socialización de los riesgos que tiende a hacer de la administración pública una suerte de asegurador de todos los riesgos de daños que puedan sufrir sus administrados"[54.]

---

[52] Francis-Paul Benoit, "Le régime et le fondement de la responsabilité de la puissance publique", en *JurisClasseur Administratif* fasc. 700, 715, 716, 720, No. 1178, 1954, p. 1: "el sistema de responsabilidad creado por el Consejo de Estado [francés] se caracteriza esencialmente por un aspecto evolutivo y una posibilidad de continua adaptación".

[53] Ulrick Beck, Paidós, 2002, pp. 25 y 26 "En la modernidad avanzada, la producción social de riqueza va acompañada *La sociedad del riesgo. Hacia una nueva modernidad*, Barcelona sistemáticamente por la producción social de riesgos. Por tanto, los problemas y conflictos de reparto de la sociedad de la carencia son sustituidos por los problemas y conflictos que surgen de la producción, definición y reparto de los riesgos producidos de manera científico-técnica. Este cambio de la lógica del reparto de la riqueza en la sociedad de la carencia a la lógica del reparto de los riesgos en la modernidad desarrollada está vinculado históricamente a (al menos) dos condiciones. En primer lugar, este cambio se consuma (como sabemos hoy) allí donde y en la medida en que mediante el nivel alcanzado por las fuerzas productivas humanas y tecnológicas y por las seguridades y regulaciones del Estado social se puede reducir objetivamente y excluir socialmente la miseria material auténtica. En segundo lugar, este cambio categorial depende al mismo tiempo de que al hilo del crecimiento exponencial de las fuerzas productivas en el proceso de modernización se liberen los riesgos y los potenciales de autoamenaza en una medida desconocida hasta el momento. En la medida en que se presentan estas condiciones, un tipo histórico del pensamiento y de la actuación es relativizado o sustituido por otro. El concepto de 'sociedad industrial o de clases' (en el sentido más amplio de Marx y Weber) giraba en torno a la cuestión de cómo se puede repartir la riqueza producida socialmente de una manera desigual y al mismo tiempo 'legítima'. Esto coincide con el nuevo paradigma de la sociedad del riesgo, que en su núcleo reposa en la solución de un problema similar y sin embargo completamente diferente: ¿cómo se pueden evitar, minimizar, dramatizar, canalizar los riesgos y peligros que se han producido sistemáticamente en el proceso avanzado de modernización y limitarlos y repartirlos allí donde hayan visto la luz del mundo en la figura de 'efectos secundarios latentes' de tal modo que ni obstaculicen el proceso de modernización ni sobrepasen los límites de lo 'soportable' (ecológica, médica, psicológicamente, socialmente)?".

[54] Rivero, y Waline, *Droit administrative, cit.*, p. 261. Se resalta que después de las sentencias de los asuntos de los "époux Lemonnier et demoiselle Mimeur" (1949) "se asiste a una extensión de las hipótesis en las cuales e juez acepta en presencia de una falta personal del agente, la acción de indemnización dirigida contra el servicio [...] El resultado de este sistema se apoyaba sobre la noción de falta desprovista de toda relación con el servicio permitiendo a la víctima de un daño causado por un agente público fuera del mismo servicio demandar, con la condición de que exista un 'mínimo nexo'": Julien Bouteiller, *La détermination du patrimoine public responsable (Essai théorique)*, tesis doctoral, Université Paris Nord, (Paris XIII), 20 de octubre de 2000, p. 13. En cuanto a la socialización de los riesgos, se ha dicho que "la natural conciencia social se torna hacia el Estado como garante de los riesgos sociales engendrados no solamente por la actividad de las personas públicas, sino también por aquellas de los particulares incluso por caprichos de la naturaleza. A la función

4.9.- Con la Carta Política de 1991 viene a producirse la "constitucionaliza-ción"[55] de la responsabilidad del Estado[56], erigiéndose como garantía de los dere-chos e intereses[57] de los administrados[58] y de su patrimonio[59], sin distinguir su con-

---

sancionadora del derecho de la responsabilidad se superpone una función de garantía, cuya carga actualmente oscila en la legislación entre el aseguramiento y la solidaridad social": Maryse Deguerge, "Le contentieux de la responsabilité: politique jurisprudentielle ou juris-prudence politique", en *Annuaire Juridique de Droit Administratif*, No. especial, 1995, p. 220. Para Viney, "el poco avance de la noción de imputabilidad subjetiva y la evolución de la noción de imputación objetiva aparecen en realidad como movimientos complementarios que concurren por medios diferentes a emancipar a la responsabilidad jurídica de la responsabili-dad moral atenuando todos los factores que durante buen tiempo de su historia han contribui-do a convertir a la sanción en un sentimiento de culpabilidad para orientarla en una dirección totalmente nueva: la aplicación de la respuesta adecuada a una situación crea un problema de orden social": Geneviève Viney, *Traité de droit civil: Introduction à la responsabilité*, 2ª. ed., Paris, LGDJ, 1995. De acuerdo con Martin, "las premisas de un sistema de indemniza-ción renovado están planteadas. Estas se decantan tendiendo hacia una distinción simple: de un lado el riesgo, asunto de la sociedad, se regula con la ayuda del financiamiento colectivo; de otra la responsabilidad, asunto de los individuos, encuentra su fundamento natural en la falta": Gilles Martin, "Principe de précaution et responsabilité", en *Les transformations de la régulation juridique*, LGDJ, París, cita n. 16, p. 418. Para Gazzaniga, se puede resumir la historia de la responsabilidad "como el paso de una concepción objetiva, donde sólo contaba el delito, a una concepción subjetiva donde se considerara al autor de la falta": Jean-Louis Gazzaniga, "Les métamorphoses historiques de la responsabilité", en *6ème Journées René Savatier, Les métamorphoses de la responsabilité*, Poitiers, PUF, 1997, p. 3, citado en Andrés Mauricio Briceño Chaves, *La protección del ambiente como principio de responsabi-lidad de la administración pública por daños ecológicos. Tesis de la obligación positiva del Estado*, tesis doctoral, 2007, Universidad Carlos III de Madrid, p. 290.

[55]   COLOMBIA, Corte Constitucional, sentencia C-832 de 2001: "El Estado de Derecho se funda en dos grandes axiomas: el principio de legalidad y la responsabilidad patrimonial del Estado. La garantía de los derechos y libertades de los ciudadanos no se preserva solamente con la exigencia a las autoridades públicas que en sus actuaciones se sujeten a la ley sino que también es esencial que si el Estado en ejercicio de sus poderes de intervención causa un da-ño antijurídico o lesión lo repare íntegramente".

[56]   COLOMBIA, Corte Constitucional, sentencia C-892 de 2001: "La responsabilidad patrimo-nial del Estado se presenta entonces como un mecanismo de protección de los administrados frente al aumento de la actividad del poder público, el cual puede ocasionar daños, que son resultado normal y legítimo de la propia actividad pública, al margen de cualquier conducta culposa o ilícita de las autoridades, por lo cual se requiere una mayor garantía jurídica a la órbita patrimonial de los particulares. Por ello el actual régimen constitucional establece en-tonces la obligación jurídica a cargo del Estado de responder por los perjuicios antijurídicos que hayan sido cometidos por la acción u omisión de las autoridades públicas, lo cual implica que una vez causado el perjuicio antijurídico y éste sea imputable al Estado, se origina un traslado patrimonial del Estado al patrimonio de la víctima por medio del deber de indemni-zación". *Cfr.* Corte Constitucional, sentencia C-333 de 1996. Postura que fue seguida en la sentencia C-892 de 2001, considerándose que el artículo 90 C.P. "consagra también un régi-men único de responsabilidad, a la manera de una cláusula general, que comprende todos los daños antijurídicos causados por las actuaciones y abstenciones de los entes públicos".

[57]   Robert Alexy, "Teoría del discurso y derechos constitucionales", en Rodolfo Vásquez, y Ruth Zimmerling, (coords.), *Cátedra Ernesto Garzón Valdés*, 1ª reimp., Fontamara, México, 2007, p. 49: derechos e intereses que, constitucional o sustancialmente reconocidos, "son de-rechos de defensa del ciudadano frente al Estado".

dición, situación e interés[60], cuya de i ación, en todo caso, se encuentra en la cláusula del Estado Social de Derecho[61].

4.10.- De esta forma se reivindica el sustento doctrinal según el cual la "acción administrativa se ejerce en interés de codos: si los daños que resultan de ella, para algunos, no fuesen reparados, éstos serían sacrificados por la colectividad, sin que nada pueda justificar tal discriminación; la indemnización restablece el equilibrio roto en detrimento de ellos"[62]. Como bien se sostiene en la doctrina, la "responsabilidad de la Administración, en cambio se articula como una garantía de los ciudadanos, pero no como una potestad[63]; los daños cubiertos por la responsabilidad administrativa no son deliberadamente causados por la Administración por exigencia del interés general, no aparecen como un medio necesario para la consecución del fin público"[64].

---

[58]   En la perspectiva clásica planteada por l arrêt Blanco (8 de febrero de 1873): "Considerando que la responsabilidad que puede incurrir al Estado por los daños causados a los particulares por el hecho de las personas que emplea en el servicio público no puede regirse por los principios que están establecidos por el Código Civil para las relaciones de particular a particular...".

[59]   COLOMBIA, Corte Constitucional, sentencia C-832 de 2001: "La responsabilidad patrimonial del Estado en nuestro ordenamiento jurídico tiene como fundamento un principio de garantía integral del patrimonio de los ciudadanos".

[60]   COLOMBIA, Consejo de Estado, Sección Tercera, sentencia de 26 de enero de 2006, exp. AG-2001-213: La "razón de ser de la autoridades públicas es defender a todos los ciudadanos y asegurar el cumplimiento de los deberes sociales del Estado. Omitir tales funciones entraña la responsabilidad institucional y a pérdida de legitimidad. El Estado debe utilizar todos los medios disponibles para que e espeto de la vida y derechos sea real y no solo meramente formal". En la doctrina cfr. STARCK, Boris, Essai d'une théorie general de la responsabilité civile considerée en sa doublé fonction de garantie et de peine privée, Paris, 1947.

[61]   Luis Martín Rebollo, La responsabilidad patrimonial de las entidades locales, IUSTEL, Madrid, 2005, p. 43: la "responsabilidad patrimonial está en el mismo centro de esa concepción como derivación esencial de la cláusula del Estado social de Derecho [...] Derivación de la cláusula del Estado social que, en hipótesis, puede conllevar que los límites del sistema resarcitorio público estén condicionado por los propios límites del llamado Estado social de Derecho".

[62]   Jean Rivero, Derecho administrativo 9ª ed., Universidad Central de Venezuela, Caracas, 1984, p. 293. Esta construcción doctrinal también en BERLIA, "Essai sur les fondements de la responsabilité en droit public français", en Revue de Droit Public, 1951, p. 685; Benoit, "Le régime et le fondement de la responsabilité de la puissance publique", cit., p. 1.

[63]   Oriol Mir Puigpelat, La responsabilidad patrimonial de la administración. Hacia un nuevo sistema, Civitas, Madrid, 2001, p. 120: "La responsabilidad, a diferencia de la expropiación, no representa un instrumento en manos de la Administración para satisfacer el interés general, una potestad más de las que ésta dispone al llevar a cabo su actividad, sino un mecanismo de garantía destinado a paliar, precisamente, las consecuencias negativas que pueda generar dicha actividad. La responsabilidad, por así decirlo, no constituye una herramienta de actuación de la Administración, sino de reacción, de reparación de los daños por ésta producidos".

[64]   Oriol Mir Puigpelat, La responsabilidad patrimonial de la administración. Hacia un nuevo sistema, ob., cit., pp. 120-121.

4.11.- Según lo prescrito en el artículo 90 de la Carta Política, la cláusula constitucional de la responsabilidad extracontractual del Estado[65] tiene como fundamento la determinación de un daño antijurídico producido u ocasionado a un administrado, y la imputación del mismo a la administración pública[66], y ello tanto por la acción como por la omisión [omisión propiamente dicha o inactividad] de un deber normativo[67].

3. *Inevitable y sustancial relación del artículo 90 de la Constitución Política de Colombia con la Convención Americana de Derechos Humanos y el derecho internacional humanitario. La convencionalidad como concepto integrado en la definición de la responsabilidad del Estado*

5.- En el moderno derecho administrativo, y en la construcción de la responsabilidad extracontractual del Estado lo relevante es la "víctima" y no la actividad del Estado, ya que prima la tutela de la dignidad humana, el respeto de los derechos constitucionalmente reconocidos, y de los derechos humanos. Su fundamento se encuentra en la interpretación sistemática del preámbulo, de los artículos 1, 2, 4, 13 a 29, 90, 93 y 94 de la Carta Política, y en el ejercicio de un control de convencionalidad de las normas, que por virtud del bloque ampliado de constitucionalidad exige del juez contencioso observar y sustentar el juicio de responsabilidad en los instrumentos jurídicos internacionales [tratados, convenios, acuerdos, etc.] de protección

---

[65] COLOMBIA, Corte Constitucional, sentencia C-864 de 2004. *Cfr.* también Corte Constitucional, sentencia C-037 de 2003: "3. Hasta la Constitución de 1991, no existía en la Constitución ni en la ley una cláusula general expresa sobre la responsabilidad patrimonial del Estado. Sin embargo, la jurisprudencia de la Corte Suprema de Justicia y, en especial, del Consejo de Estado encontraron en diversas normas de la Constitución derogada –en especial en el artículo 16– los fundamentos constitucionales de esa responsabilidad estatal y plantea-ron, en particular en el campo extracontractual, la existencia de diversos regímenes de responsabilidad, como la falla en el servicio, el régimen de riesgo o el de daño especial. Por el contrario, la actual Constitución reconoce expresamente la responsabilidad patrimonial del Estado".

[66] COLOMBIA, Corte Constitucional, sentencia C-619 de 2002, y sentencia C-918 de 2002: conforme a lo establecido en el artículo 90 C.P., "los elementos indispensables para imputar la responsabilidad al Estado son: a) el daño antijurídico y b) la imputabilidad del Estado". Sentencia de 21 de octubre de 1999, exps. 10948-11643: es, pues, "menester, que además de constatar la antijuridicidad del [daño], el juzgador elabore un juicio de imputabilidad que le permita encontrar un título jurídico distinto de la simple causalidad material que legitime la decisión; vale decir, la '*imputatio juris*' además de la '*imputatio facti*'". Sentencia de 13 de julio de 1993: "En efecto, el artículo de la Carta señala que para que el Estado deba responder, basta que exista un daño antijurídico que sea imputable a una autoridad pública. Por ello, como lo ha reiterado esta Corte, esta responsabilidad se configura 'siempre y cuando: i) ocurra un daño antijurídico o lesión, ii) éste sea imputable a la acción u omisión de un ente público'".

[67] Adolfo Merkl, *Teoría general del derecho administrativo*, Edinal, México, 1975, pp. 212 y 213: "Toda acción administrativa concreta, si quiere tenerse la certeza de que realmente se trata de una acción administrativa, deberá ser examinada desde el punto de vista de su relación con el orden jurídico. Sólo en la medida en que pueda ser referida a un precepto jurídico o, partiendo del precepto jurídico, se pueda derivar de él, se manifiesta esa acción como función jurídica, como aplicación del derecho y, debido a la circunstancia de que ese precepto jurídico tiene que ser aplicado por un órgano administrativo, se muestra como acción administrativa. Si una acción que pretende presentarse como acción administrativa no puede ser legitimada por un precepto jurídico que prevé semejante acción, no podrá ser comprendida como acción del Estado".

de los derechos humanos[68] y del derecho internacional humanitario, bien sea que se encuentren incorporados por ley al ordenamiento jurídico nacional o que su aplicación proceda con efecto directo atendiendo a su carácter de *ius cogens* y su efecto *erga omnes*.

---

[68] Eduardo Ferrer Mac-Gregor, "Reflexiones sobre el control difuso de convencionalidad a la luz del caso *Cabrera García y Montiel Flores vs. México*", en *Boletín Mexicano de Derecho Comparado*, N° 131, 2011, p. 920: al analizar el caso *Cabrera García y Montiel contra México de la Corte Interamericana de Derechos Humanos*, Ferrer Mac-Gregor consideró: "La actuación de los órganos nacionales (incluidos los jueces), además de aplicar la normatividad que los rige en sede doméstica, tienen la obligación de seguir los lineamientos y pautas de aquellos pactos internacionales que el Estado, en uso de su soberanía, reconoció expresamente y cuyo compromiso internacional asumió. A su vez, la jurisdicción internacional debe valorar la legalidad de la detención a la luz de la normatividad interna, debido a que la propia Convención Americana remite a la legislación nacional para poder examinar la convencionalidad de los actos de las autoridades nacionales, ya que el artículo 7.2 del Pacto de San José remite a las 'Constituciones Políticas de los Estados partes o por las leyes dictadas conforme a ellas' para poder resolver sobre la legalidad de la detención como parámetro de convencionalidad. Los jueces nacionales, por otra parte, deben cumplir con los demás supuestos previstos en el propio artículo 7 para no violentar el derecho convencional a la libertad personal, debiendo atender de igual forma a la interpretación que la Corte IDH ha realizado de los supuestos previstos en dicho numeral". La Corte Interamericana de Derechos Humanos en el caso *Almonacid Arellano contra Chile* argumentó: "124. La Corte es consciente [de] que los jueces y tribunales internos están sujetos al imperio de la ley y, por ello, están obligados a aplicar las disposiciones vigentes en el ordenamiento jurídico. Pero cuando un Estado ha ratificado un tratado internacional como la Convención Americana, sus jueces, como parte del aparato del Estado, también están sometidos a ella, lo que les obliga a velar por que los efectos de las disposiciones de la Convención no se vean mermados por la aplicación de leyes contrarias a su objeto y fin, y que desde un inicio carecen de efectos jurídicos. En otras palabras, el Poder Judicial debe ejercer una especie de 'control de convencionalidad' entre las normas jurídicas internas que aplican en los casos concretos y la Convención Americana sobre Derechos Humanos. En esta tarea, el Poder Judicial debe tener en cuenta no solamente el tratado, sino también la interpretación que del mismo ha hecho la Corte Interamericana, intérprete última de la Convención Americana": caso *Almonacid Arellano vs. Chile*. Excepciones Preliminares, Fondo, Reparaciones y Costas. Sentencia de 26 de septiembre de 2006, serie C, N° 154, párrs. 123 a 125. En tanto que en el caso Cabrera García y Montiel contra México la Corte Interamericana de Derechos Humanos consideró: "Este Tribunal ha establecido en su jurisprudencia que es consciente [de] que las autoridades internas están sujetas al imperio de la ley y, por ello, están obligadas a aplicar las disposiciones vigentes en el ordenamiento jurídico. Pero cuando un Estado es parte de un tratado internacional como la Convención Americana, todos sus órganos, incluidos sus jueces, también están sometidos a aquél, lo cual les obliga a velar por que los efectos de las disposiciones de la Convención no se vean mermados por la aplicación de normas contrarias a su objeto y fin. Los jueces y órganos vinculados a la administración de justicia en todos los niveles están en la obligación de ejercer ex officio un 'control de convencionalidad' entre las normas internas y la Convención Americana, evidentemente en el marco de sus respectivas competencias y de las regulaciones procesales correspondientes. En esta tarea, los jueces y órganos judiciales vinculados a la administración de justicia deben tener en cuenta no solamente el tratado, sino también la interpretación que del mismo ha hecho la Corte Interamericana, intérprete última de la Convención Americana": Corte Interamericana de Derechos Humanos, caso *Cabrera García y Montiel Flores vs. México*. Excepciones Preliminares, Fondo, Reparaciones y Costas. Sentencia de 26 de noviembre de 2010, párrs. 12 a 22.

5.1.- Aparece aquí la convencionalidad como concepto amplio, omnicomprensivo y complejo en el ámbito del derecho, que involucra, dada su configuración, un claro e inobjetable elemento amplificador del ordenamiento jurídico vigente en cada Estado, no solo por el hecho de la pertenencia de estos a la comunidad internacional[69], y adicionalmente, por estar ligados a ella, a través de instrumentos jurídicos vinculantes como pueden ser, entre otros, los tratados y convenciones internacionales de todo orden[70].

5.2.- En esta línea de pensamiento la convencionalidad es esencialmente una estructura sustancial y material de derecho, nutrida de principios, valores, reglas y normatividad imperativa y preponderante, surgida del hecho natural de la existencia misma de un conjunto de naciones (y del sistema universal de derecho), así como del ejercicio pleno de la buena fe[71] objetiva [<<*pacta sunt servanda*>>] entre ellas,

---

[69]   Jürgen Habermas, "La idea kantiana de la paz perpetua. Desde la distancia histórica de 200 años", en Jürgen Habermas, *La inclusión del otro. Estudios de teoría política*, 7ª impresión, Paidós, Barcelona 2013, p. 147. "[...] La <<paz perpetua>>, por la que el abate de Saint-Pierre había hecho votos, representa para Kant un ideal gracias al cual puede presentarse atractivo y fuerza visible a la idea del orden cosmopolita. Con ella Kant introduce en la teoría del derecho una tercera dimensión, una innovación de gran trascendencia: junto al derecho estatal y al derecho internacional coloca el derecho cosmopolita. El orden republicano de un Estado constitucional democrático basado en los derechos humanos no sólo requiere un débil control —en términos del derecho internacional— de las relaciones entre los pueblos dominadas por las guerras. El orden jurídico en el interior de los Estados debe, más bien, culminar en un orden jurídico global que congregue a los pueblos y elimine las guerras". Immanuel Kant, *Ideas para una historia universal en clave cosmopolita y otros escritos sobre filosofía de la historia*, Tecnos, Madrid, 1987, p. 95. "[...] La idea de una constitución en consonancia con los derechos naturales del hombre, a saber, que quienes obedecen la ley deben ser al mismo tiempo legisladores, está en la base de todas las formas políticas, y la comunidad conforme a ella [...] se la denomina ideal platónico, no es una vana quimera, sino la norma eterna para cualquier constitución civil en general, y aleja toda guerra".

[70]   Ernesto Jinesta L., "Control de convencionalidad ejercido por los Tribunales y las Salas Constitucionales", en Eduardo Ferrer Mac-Gregor, (Coord), *El control difuso de convencionalidad. Diálogo entre la Corte Interamericana de Derechos Humanos y los jueces nacionales*, Fundación Universitaria de Derecho Administración y Política S.C., p. 3. "[...] El control de convencionalidad implica la necesidad de despojarse de una serie importante de lastres histórico-dogmáticos muy arraigados en la ciencia jurídica, derribar una serie de mitos (*v.gr.* la supremacía exclusiva de la Constitución) y, en definitiva, un nuevo paradigma del Derecho Público de los países del sistema interamericano".

[71]   Max Sorensen, *Manual de derecho internacional público*, 1ª ed., 12 reimp., Fondo de Cultura Económica, México, 2011, pp. 158 y 159. "Los Estados y las demás personas internacionales quedan obligadas por los tratados celebrados en forma regular y que hayan entrado en vigor; ellos deben cumplirse de buena fe. Este principio, afirmado por la Cata de las Naciones Unidas, se expresa comúnmente por la máxima *pacta sunt servanda*, lo que quiere decir, literalmente, "los tratados deben ser cumplidos" (...) ¿Cuál es la naturaleza de este principio? Si bien todos los escritores reconocen su existencia, así como su importancia, no siempre convienen en cuanto a su naturaleza. Para algunos es una regla del derecho natural; para otros, un principio general de derecho; y todavía para otros, una regla consuetudinaria". Alfred Verdross, *Derecho internacional público*, 5ª ed., 3ª reimp., Aguilar, Madrid, 1973, p. 35.

[71]   Max Sorensen, *Manual de derecho internacional público*, ob. cit., pp. 200, 201, 229 y 230. Alfred Verdross, *Derecho internacional público*, ob., cit., p. 82. "No siendo la comunidad

que se hace acompañar de instrumentos adjetivos y procesales para su debida aplicación, el cabal cumplimiento de sus propósitos y el logro de las finalidades que de ella se desprenden, en cada caso, para cada uno de los sectores de la actividad pública o privada en donde deban surtir plenamente sus efectos, configurando esencialmente un todo normativo y de principios que excluye cualquier lectura dualista de ordenamientos[72]. (Integración, complementariedad y armonía para la procura de un sistema universal de derecho)

---

jurídico-internacional una entidad fundada en un señorío, puesto que descansa en la cooperación y el común acuerdo de los Estados, sus normas solo serán eficaces si los Estados cumplen, de buena fe, las obligaciones contraídas. Ya Bynkershoek hizo referencia a ello, cuando escribió: "*Pacta privatorum tuetur ius Gentium, pacta principum bona fides. Hanc si tollis, tollis inter príncipes commercia... quaret tollis ipsum illus Gentium*". En otros términos: si hacemos abstracción del principio de la buena fe, todo el D.I cae por su base (...) Esta idea se manifiesta, asimismo, en la Carta de la O.N.U por cuanto el art. 2º, obliga a todos los miembros a cumplir "de buena fe" los compromisos por ellos contraídos de conformidad con la Carta. Y por ello entiende la comisión competente de la Conferencia de San Francisco, que los tratados no han de interpretarse y aplicarse a la letra, sino según su espíritu". Thomas Buergenthal, E. Norris, Dinah Shelton *La protección de los derechos humanos en las américas, Instituto Interamericano de Derechos Humanos*, Madrid, 1994, p. 94. "El concepto de *ius cogens* se deriva de una 'orden superior' de normas legales establecidas en tiempos antiguos y que no pueden ser contravenidas por las leyes del hombre o de las naciones. Las normas de *ius cogens* han sido descritas por los publicistas como las que abarcan el 'orden público internacional'".

[72] La concepción *dualista*, durante mucho tiempo prevalente, considera que el orden jurídico internacional y los ordenamientos nacionales constituyen sistemas independientes y separados que coexisten de forma paralela, de suerte que un tratado perfeccionado, es decir regularmente ratificado, sólo producirá efectos en el ordenamiento internacional, pues para que resulte imperativamente aplicable en el sistema jurídico de un Estado parte resultará necesario que éste recoja las disposiciones del tratado en una norma nacional –usualmente la ley– o las incorpore por medio de alguna fórmula jurídica que opere la correspondiente recepción. Así opera una auténtica *nacionalización* del tratado que lo hace aplicable por las autoridades nacionales en su calidad de norma de derecho interno y no como precepto de derecho internacional. La concepción *monista*, en cambio, se sustenta en la unidad del ordenamiento jurídico, circunstancia que excluye la posibilidad de que exista solución alguna de continuidad entre los órdenes jurídicos internacional y nacionales de los Estados, de forma que dentro de esta concepción la norma internacional se aplica en dichos Estados de manera inmediata, en su condición de tal, esto es sin necesidad de recepción o de transformación en el sistema de cada uno de los Estados parte en el Tratado; entonces, el instrumento internacionalmente perfecto se integra de pleno derecho en el sistema normativo que deben aplicar los operadores jurídicos nacionales y sus disposiciones resultan de imperativa observancia en su condición originaria de preceptos internacionales. En el caso de la Unión Europea –referente indiscutible del modelo de Andino de integración–, como lo ha subrayado el Tribunal de Justicia de las Comunidades Europeas –TJCE–, al indicar que el sistema comunitario, especialmente en la medida en que implica conferir atribuciones de naturaleza normativa a las instituciones que lo integran, sólo puede concordar con el monismo, única concepción compatible con un sistema de integración como el europeo habida cuenta de que "*... al constituir una Comunidad de duración ilimitada, dotada de atribuciones propias, de personalidad, de capacidad jurídica ... y, con más precisión, de poderes reales surgidos de una limitación de competencia o de una transferencia de atribuciones de los Estados a la Comunidad, éstos han limitado, aunque en ámbitos restringidos, sus derechos soberanos y creado de esta manera un*

5.3.- Si bien la reciente evolución doctrinal y jurisprudencial identifica la figura en cuestión como *"convencionalidad"* denotando la idea de ordenamiento jurídico derivado de lo acordado entre naciones, la realidad de la conformación material de la misma nos permite sostener, que más que una consecuencia de lo pactado, por (i) convencionalidad se entiende de manera principal un claro derecho internacional de carácter consuetudinario surgido de las relaciones propias de la existencia de las naciones mismas y de su convivencia, así como del reconocimiento al valor supremo que representamos los seres humanos independientemente del contexto nacional al que por accidente nos corresponda pertenecer. La persona en sí misma no es solo una responsabilidad y compromiso directo de los estados, es un interés general y supremo de la humanidad. Precisamente, la convencionalidad permite establecer criterios mínimos e igualitarios de tratamiento y respeto a nivel universal.

5.4.- Lo anterior no obsta para aceptar que (ii) convencionalidad también es la derivada del acuerdo y del pacto internacional que vincula y obliga bajo criterios de preponderancia, sujeción, acatamiento, respeto a los Estados, y que compromete a sus autoridades a que todas las decisiones acordadas deban estar mediadas en cuanto a la interpretación y aplicación del derecho interno por los valores, principios, valores, normas y estándares del convencionales sin que el ordenamiento o normas de derecho interno se opongan, contradigan o reduzcan su eficacia, tal como se desprende de la Convención de Viena de 1969 [Art. 26. Pacta *sunt servanda*[73]; Art. 27.

---

cuerpo de derecho aplicable a sus nacionales y a ellos mismos" (TJCE, 15-7-1964, caso Costa, as. 6/64, Rec. 1141). La afirmación es particularmente clara: "a diferencia de los tratados internacionales ordinarios, el tratado de la Comunidad Económica Europea ha creado un ordenamiento jurídico propio integrado en el sistema jurídico de los Estados miembros desde la entrada en vigor del tratado y que se impone a sus órganos jurisdiccionales"... De esto hay que deducir que si los Estados miembros son libres de conservar su concepción dualista respecto del derecho internacional, el dualismo, por el contrario, es rechazado de las relaciones Comunidades/Estados miembros y que el derecho comunitario, original o derivado, es inmediatamente aplicable en el ordenamiento jurídico interno de los Estados miembros o, según una fórmula mejor del Tribunal, forma "parte integrante ... del ordenamiento jurídico aplicable en el territorio de cada uno de los Estados miembros" (TJCE, 9-3-1978, caso Simmenthal, as. 106/77, Rec. 609), lo que implica tres consecuencias: el derecho comunitario está integrado de pleno derecho en el ordenamiento interno de los Estados, sin necesitar ninguna fórmula especial de introducción; las normas comunitarias ocupan su lugar en el ordenamiento jurídico interno en calidad de derecho comunitario; los jueces nacionales tienen la obligación de aplicar el derecho comunitario" (subrayas fuera del texto original). Puede verse: Henry J. Steiner; Philip Alston; Ryan Goodman, "Vertical interprenetration: International Human Rights Law within States Legal and Political Orders", en Henry J. Steiner; Philip Alston; Ryan Goodman, *International Human Rights in Context. Law, Politics, Morals*, 3th ed, Oxford University Press, New York, 2007, pp. 1096 a 1099.

[73] Convención de Viena Derecho de los Tratados. "Artículo 26.- *"Pacta sunt servanda"*. Todo tratado en vigor obliga a las partes y debe ser cumplido por ellas de buena fe". Max Sorensen, *Manual de derecho internacional público*, 1ª ed, 12 reimp, Fondo de Cultura Económica, México, 2011, pp. 158 y 159. "Los Estados y las demás personas internacionales quedan obligadas por los tratados celebrados en forma regular y que hayan entrado en vigor: ellos deben cumplirse de buena fe. Este principio, afirmado por la Cata de las Naciones Unidas, se expresa comúnmente por la máxima *pacta sunt servanda*, lo que quiere decir, literalmente, "los tratados deben ser cumplidos" (...) ¿Cuál es la naturaleza de este principio? Si bien todos los escritores reconocen su existencia, así como su importancia, no siempre convienen en

No invocación del derecho interno como incumplimiento del tratado[74]], salvo que aquella cumpla de mejor manera o esté por encima de los estándares materiales que deban imponerse convencionalmente lo cual no rompe de todas maneras el carácter del derecho convencional[75].

5.5.- La convencionalidad domina en consecuencia el funcionamiento pleno de los poderes públicos de todos los estados y del accionar de todas sus autoridades, penetrando espacios o esferas de acción de la misma bajo criterios de preponderancia y vincularidad, en escenarios de la más variada naturaleza, como los referentes a las decisiones que estas deban tomar en aspectos relativos a los derechos humanos, sociales, políticos, militares, económicos, etc. Precisamente, en la medida en que se trata de garantizar unos mínimos de convivencia, paz y respeto internacional y en relación con todos los asociados, dentro del marco de naciones civilizadas y estados constitucionales que hacen parte de la comunidad internacional.

5.6.- Esta experiencia constructiva de un marco jurídico y de principios se ha consolidado a partir de la reconstrucción jurídica, política y social de la humanidad después de las rupturas violentas de la convivencia internacional y del menosprecio a la condición humana que caracterizó la última centuria. A través de la idea sustan-

---

cuanto a su naturaleza. Para algunos es una regla del derecho natural; para otros, un principio general de derecho; y todavía para otros, una regla consuetudinaria". Alfred Verdross, *Derecho internacional público*, 5ª ed., 3ª reimp., Aguilar, Madrid, 1973, p. 35.

[74] Convención de Viena Derecho de los Tratados. "Artículo 27.- .El derecho interno y la observancia de los tratados. Una parte no podrá invocar las disposiciones de su derecho interno como justificación del incumplimiento de un tratado. Esta norma se entenderá sin perjuicio de lo dispuesto en el artículo 46".

[75] "En atención a las disposiciones contenidas en los ordenamientos jurídicos internos sobre la recepción de las normas convencionales internacionales, cabe dividirlos en ordenamientos jurídicos dualistas y monistas. En los sistemas dualistas no cabe la posibilidad de que los órganos internos apliquen los tratados internacionales mientras que no hayan sido transformados mediante un acto normativo interno, ya que las normas internacionales son irrelevantes en los ordenamientos jurídicos internos. Esta postura tiene su razón de ser en el hecho de que el Derecho internacional y los Derechos internos son concebidos como ordenamientos jurídicos separados e independientes. Desde esta perspectiva, "una norma internacional incorporada a un ordenamiento interno lo será en virtud de algún mandato legal establecido en el ordenamiento interno, pero al incorporarse pierde su naturaleza internacional para convertirse en norma interna. En realidad la norma será internacional por su origen, pero plenamente interna en cuanto a su naturaleza y aplicabilidad" (A. Rodríguez Carrión, *Lecciones de Derecho internacional público*, Ed. Tecnos, Madrid, 2002, p. 26). El sistema monista, al contrario que el dualista, proclama la unidad de todos los ordenamientos jurídicos, en tanto que expresiones diferenciadas del fenómeno jurídico, y, por tanto, los tratados internacionales son parte del ordenamiento jurídico interno una vez obligatorios en el ámbito internacional pues, como señala Mangas Martín, no puede existir "una disociación entre la validez internacional de la norma y la validez interna" (A. Mangas Martín, *La recepción del Derecho internacional por los ordenamientos internos, en "Instituciones de Derecho internacional público"*, Ed. Tecnos, Madrid, 2003, p. 221). José Acosta Estevez. "El derecho internacional, el derecho comunitario europeo y el proyecto de constitución europea", en [The Jean Monnet/Robert Schuman Paper Series is produced by the Jean Monnet Chair of the University of Miami, in cooperation with the Miami European Union Center. Vol. 4, No. 3, 2004; http://aei.pitt.edu/8117/1/acostafinal.pdf].

cial de convencionalidad se han dado pasos conscientes y firmes en torno a la consolidación de barreras jurídicas forjadas en principios prevalentes y valores superiores derivados de la misma condición humana y la idea de convivencia pacífica sin distinción de fronteras y por encima de consideraciones jurídicas locales[76].

5.7.- El derecho europeo de los derechos humanos, ha sido baluarte significativo en esta construcción. La Corte Europea de Derechos Humanos, por ejemplo, ha venido edificando todo un espectro sustancial de convencionalidad a partir del reconocimiento de un derecho común prevalente y ejerciendo de manera permanente control de convencionalidad, operándolo tanto frente Constituciones, como respecto de leyes de los Estados miembros de la Convención Europea de Derechos Humanos. En ese sentido se puede citar los siguientes casos: a) Partie communiste unifié de Turquie, sentencia de 20 de noviembre de 1998; b) caso *Zielinski et Pradal et Gonzalez et autres*, sentencia de 28 de octubre de 1999[77]; c) caso *Open Door y Dublin Well Woman*[78]. Estas experiencias han servido sin duda como parámetros de reconocimiento entendimiento y aplicación del concepto dentro del contexto del sistema americano de derechos humanos y los trabajos de la Corte Interamericana de Derechos Humanos.

5.8.- Esta visión, en la que el ordenamiento jurídico colombiano [y su jurisprudencia contencioso administrativa] está en el camino de consolidarse, responde al respeto de la cláusula del Estado Social y Democrático de Derecho y al principio pro homine[79], que tanto se promueve en los sistemas internacionales de protección de los derechos humanos[80]. Cabe, por lo tanto, examinar cada uno de los elementos con

---

[76]   Eduardo R. Soedero, "Concepto del derecho y estructura del orden jurídico. Una reflexión crítica sobre la actualidad del paradigma kelseniano", en Laura Clérico; Jan Sieckmann, (eds), *La teoría del derecho de Hans Kelsen*, 1ª ed., Universidad Externado de Colombia, 2011, p. 171. "[…] muchos tribunales nacionales han tomado nota de la supremacía del derecho internacional, al juzgar actos realizados dentro de sus respectivos estados con sustento ora en los tratados internacionales en materia de derechos humanos, ora en principios de derecho consuetudinario, y haciendo prevalecer sus soluciones por sobre argumentos fundados en normas de derecho interno".

[77]   Puede verse en: Frédéric Sudre, *Droit européen et international des droits de l'homme*, 8eme ed, Paris, PUF, 2006, p.191-2.

[78]   Puede verse: Carlos Ruiz Miguel, *La ejecución de las sentencias del Tribunal Europeo de Derechos Humanos*, Madrid, Tecnos, 1997, p. 42.

[79]   COLOMBIA, Corte Constitucional, sentencia T-191 de 2009. *Cfr.* también Corte Constitucional, sentencias C-177 de 2001, C-148 de 2005 y C-376 de 2010: en la jurisprudencia constitucional colombiana dicho principio se entiende como aquel que "impone aquella interpretación de las normas jurídicas que sea más favorable al hombre y sus derechos, esto es, la prevalencia de aquella interpretación que propenda por el respeto de la dignidad humana y consecuentemente por la protección, garantía y promoción de los derechos humanos y de los derechos fundamentales consagrados a nivel constitucional. Este principio se deriva de los artículos 1° y 2° Superiores, en cuanto en ellos se consagra el respeto por la dignidad humana como fundamento del Estado social de Derecho, y como fin esencial del Estado la garantía de los principios, derechos y deberes consagrados en la Constitución, así como la finalidad de las autoridades de la República en la protección de todas las personas en su vida, honra, bienes y demás derechos y libertades".

[80]   Corte Interamericana de Derechos Humanos, Opinión Consultiva OC-5/85, "La colegiación obligatoria de periodistas (artículos 13 y 29, Convención Americana de Derechos Humanos",

base en los cuales se construye el régimen de responsabilidad extracontractual del Estado, fundado en el artículo 90 de la Carta Política: el daño antijurídico, y la imputación[81].

II. MODELO PARA EL ANÁLISIS DE LA RESPONSABILIDAD DEL ESTADO

1. *La responsabilidad del Estado a la luz del artículo 90 de la Constitución Política de Colombia*

6.- La constitucionalización de la responsabilidad del Estado no puede comprenderse equivocadamente como la consagración de un régimen objetivo, ni permite al juez contencioso administrativo deformar el alcance de la misma. En cuanto al primer aspecto, cabe afirmar que el régimen de responsabilidad del Estado preconstitucional no ha sido derogado por la Carta de 1991, de tal manera que sigue teniendo como fundamentos legales lo establecido en los artículos 2341 a 2360 del Código Civil[82] [como inicialmente lo hizo la jurisprudencia de la Corte Suprema de Justicia

---

del 13 de noviembre de 1985, Serie A N° 5, párr. 46: principio que "impone que siempre habrá de preferirse la hermenéutica que resulte menos restrictiva de los derechos establecidos en ellos".

[81] COLOMBIA, Corte Constitucional, sentencias C-619 de 2002 y C-918 de 2002.

[82] "Artículo 2341. Responsabilidad extracontractual. El que ha cometido un delito o culpa, que ha inferido daño a otro, es obligado a la indemnización, sin perjuicio de la pena principal que la ley imponga por la culpa o el delito cometido".

"Artículo 2342. Legitimación para solicitar la indemnización. Puede pedir esta indemnización no sólo el que es dueño o poseedor de la cosa sobre la cual ha recaído el daño o su heredero, sino el usufructuario, el habitador o el usuario, si el daño irroga perjuicio a su derecho de usufructo, habitación o uso. Puede también pedirla, en otros casos, el que tiene la cosa, con obligación de responder de ella; pero sólo en ausencia del dueño".

"Artículo 2343. Personas obligadas a indemnizar. Es obligado a la indemnización el que hizo el daño y sus herederos.

"El que recibe provecho del dolo ajeno sin haber tenido parte en él, solo es obligado hasta concurrencia de lo que valga el provecho que hubiere reportado".

"Artículo 2344. Responsabilidad solidaria. Si un delito o culpa ha sido cometido por dos o más personas, cada una de ellas será solidariamente responsable de todo perjuicio procedente del mismo delito o culpa, salvas las excepciones de los artículos 2350 y 2355.

"Todo fraude o dolo cometido por dos o más personas produce la acción solidaria del precedente inciso".

"Artículo 2345. Responsabilidad por ebriedad. El ebrio es responsable del daño causado por su delito o culpa.

"Artículo 2346. Responsabilidad por daños causados por dementes e impúberes. Los menores de diez años y los [dementes] no son capaces de cometer delito o culpa; pero de los daños por ellos causados serán responsables las personas a cuyo cargo estén dichos menores o dementes, si a tales personas pudiere imputárseles negligencia".

"Artículo 2347. Responsabilidad por el hecho ajeno. Toda persona es responsable, no sólo de sus propias acciones para el efecto de indemnizar el daño sino del hecho de aquellos que estuvieren a su cuidado.

"Así, los padres son responsables solidariamente del hecho de los hijos menores que habiten en la misma casa.

"Así, el tutor o curador es responsable de la conducta del pupilo que vive bajo su dependencia y cuidado.

"Así, los directores de colegios y escuelas responden del hecho de los discípulos mientras están bajo su cuidado, y los artesanos y empresarios del hecho de sus aprendices, o dependientes, en el mismo caso.

"Pero cesará la responsabilidad de tales personas, si con la autoridad y el cuidado que su respectiva calidad les confiere y prescribe, no hubieren podido impedir el hecho".

"Artículo 2348. Responsabilidad de los padres por los daños ocasionados por sus hijos. Los padres serán siempre responsables del daño causado por las culpas o los delitos cometidos por sus hijos menores, y que conocidamente provengan de mala educación o de hábitos viciosos que les han dejado adquirir".

"Artículo 2349. Daños causados por los trabajadores. Los empleadores amos responderán del daño causado por sus trabajadores criados o sirvientes, con ocasión de servicio prestado por éstos a aquéllos; pero no responderán si se probare o apareciere que en tal ocasión los trabajadores criados o sirvientes se han comportado de un modo impropio, que los empleadores amos no tenían medio de prever o impedir empleando el cuidado ordinario y la autoridad competente; en este caso recaerá toda responsabilidad del daño sobre dichos trabajadores criados o sirvientes".

"Artículo 2350. Responsabilidad por edificio en ruina. El dueño de un edificio es responsable de los daños que ocasione su ruina, acaecida por haber omitido las reparaciones necesarias, o por haber faltado de otra manera al cuidado de un buen padre de familia.

"No habrá responsabilidad si la ruina acaeciere por caso fortuito, como avenida, rayo o terremoto.

"Si el edificio perteneciere a dos o más personas pro indiviso, se dividirá entre ellas la indemnización, a prorrata de sus cuotas de dominio".

"Artículo 2351. Daños causados por ruina de un edificio con vicio de construcción. Si el daño causado por la ruina de un edificio proviniere de un vicio de construcción, tendrá lugar la responsabilidad prescrita en la regla 3ª. del artículo 2060".

"Artículo 2352. Indemnización por reparación de los daños causados por el dependiente. Las personas obligadas a la reparación de los daños causados por las que de ellas dependen, tendrán derecho para ser indemnizadas sobre los bienes de éstas, si los hubiere, y si el que causó el daño lo hizo sin orden de la persona a quien debía obediencia, y era capaz de cometer delito o culpa, según el artículo 2346".

"Artículo 2353. Daño causado por animal doméstico. El dueño de un animal es responsable de los daños causados por el mismo animal, aún después que se haya soltado o extraviado, salvo que la soltura, extravío o daño no pueda imputarse a culpa del dueño o del dependiente, encargado de la guarda o servicio del animal.

"Lo que se dice del dueño se aplica a toda persona que se sirva de un animal ajeno; salva su acción contra el dueño si el daño ha sobrevenido por una calidad o vicio del animal, que el dueño, con mediano cuidado o prudencia, debió conocer o prever, y de que no le dio conocimiento".

"Artículo 2354. Daño causado por animal fiero. El daño causado por un animal fiero, de que no se reporta utilidad para la guarda o servicio de un predio, será siempre imputable al que lo tenga; y si alegare que no le fue posible evitar el daño, no será oído".

"Artículo 2355. Responsabilidad por cosa que cae o se arroja del edificio. El daño causado por una cosa que cae o se arroja de la parte superior de un edificio, es imputable a todas las

y del Consejo de Estado]. Esto ha llevado a que cierto sector de la doctrina sostenga que la configuración de un régimen subjetivo de la responsabilidad se puso en peligro con la consagración de una cláusula constitucional de responsabilidad como la del artículo 90, sin reparar en que el constituyente procura delimitar los elementos esenciales para que pueda establecerse la responsabilidad del Estado que son dos: daño antijurídico e imputación.

6.1.- Derivado de lo anterior, y como segundo aspecto, se debe advertir que tanto en la jurisprudencia como en la doctrina ha venido haciendo camino la tesis según la cual la cláusula constitucional del artículo 90 superior exige que se encuadre la responsabilidad en un "título de imputación", lo que representa, sin lugar a dudas, una profunda deformación del Texto Fundamental, del cual no cabe desprender dicha premisa, ya que solo afirma que el daño antijurídico será imputable, sin que pueda sujetarse la imputación a fórmulas o "títulos". La Sección Tercera del Consejo de Estado de Colombia, en su momento, argumentó que conforme a lo establecido en el

---

personas que habitan la misma parte del edificio, y la indemnización se dividirá entre todas ellas, a menos que se pruebe que el hecho se debe a la culpa o mala intención de alguna persona exclusivamente, en cuyo caso será responsable ésta sola.

"Si hubiere alguna cosa que de la parte de un edificio, o de otro paraje elevado, amenace caída o daño, podrá ser obligado a removerla el dueño del edificio o del sitio, o su inquilino, o la persona a quien perteneciere la cosa, o que se sirviere de ella, y cualquiera del pueblo tendrá derecho para pedir la remoción".

"Artículo 2356. Responsabilidad por malicia o negligencia. Por regla general todo daño que pueda imputarse a malicia o negligencia de otra persona, debe ser reparado por ésta.

"Son especialmente obligados a esta reparación:

"1. El que dispara imprudentemente un arma de fuego.

"2. El que remueve las losas de una acequia o cañería, o las descubre en calle o camino, sin las precauciones necesarias para que no caigan los que por allí transiten de día o de noche.

"3. El que obligado a la construcción o reparación de un acueducto o fuente, que atraviesa un camino, lo tiene en estado de causar daño a los que transitan por el camino".

"Artículo 2357. Reducción de la indemnización. La apreciación del daño está sujeta a reducción, si el que lo ha sufrido se expuso a él imprudentemente".

"Artículo 2358. Prescripción de la acción de reparación. Las acciones para la reparación del daño proveniente de delito o culpa que puedan ejercitarse contra los que sean punibles por el delito o la culpa, se prescriben dentro de los términos señalados en el Código Penal para la prescripción de la pena principal.

"Las acciones para la reparación del daño que puedan ejercitarse contra terceros responsables, conforme a las disposiciones de este capítulo, prescriben en tres años contados desde la perpetración del acto".

"Artículo 2359. Titular de la acción por daño contingente. Por regla general se concede acción en todos los casos de daño contingente, que por imprudencia o negligencia de alguno amenace a personas indeterminadas; pero si el daño amenazare solamente a personas determinadas, sólo alguna de éstas podrá intentar la acción".

"Artículo 2360. Costas por acciones populares. Si las acciones populares a que dan derecho los artículos precedentes, se declararen fundadas, será el actor indemnizado de todas las costas de la acción, y se le pagará lo que valgan el tiempo y la diligencia empleados en ella, sin perjuicio de la remuneración específica que conceda la ley en casos determinados".

artículo 90 "los elementos indispensables para imputar la responsabilidad al Estado son: a) el daño antijurídico y b) la imputabilidad del Estado"[83]. Es, pues [siguiendo la jurisprudencia contencioso administrativa] "menester, que además de constatar la antijuridicidad del [daño], el juzgador elabore un juicio de imputabilidad que le permita encontrar un título jurídico distinto de la simple causalidad material que legitime la decisión; vale decir, la *'imputatio juris'* además de la *'imputatio facti'*"[84]. A su vez, en la jurisprudencia constitucional se sostiene que "el artículo de la Carta señala que para que el Estado deba responder, basta que exista un daño antijurídico que sea imputable a una autoridad pública. Por ello, como lo ha reiterado esta Corte, esta responsabilidad se configura siempre y cuando: i) ocurra un daño antijurídico o lesión, ii) éste sea imputable a la acción u omisión de un ente público"[85].

2. Delimitación del régimen de responsabilidad patrimonial del Estado

7.- La responsabilidad del Estado ha sido objeto de debate desde su consagración como instrumento de equilibrio entre el ejercicio del poder público y el ejercicio de los derechos de los ciudadanos[86] (pese a su vocación sancionadora con la que se trasladó desde el derecho civil), y teniendo en cuenta la autonomía con la que se le ha querido dotar rompiendo con los presupuestos básicos de la responsabilidad civil extracontractual[87].

7.1.- Dicha responsabilidad se asumía conforme a las reglas clásicas de la responsabilidad civil, esto es, teniendo en cuenta la acción u omisión del funcionario público, aunque radicada la responsabilidad en el ente administrativo y no en aquel. No obstante, a medida que el ejercicio de las facultades otorgadas al Estado cedía ante los derechos consagrados a favor de los ciudadanos, no solo se hizo necesario considerar el comportamiento de los funcionarios de la administración, sino que se exigió el respeto en todo caso, sin importar que su vulneración procediera de la acción deliberada o de la omisión en la realización de los deberes de protección de tales derechos, en donde su mayor proyección se encuentra en la responsabilidad del Estado fundada en la realización eficaz, efectiva e integral de los deberes positivos, de tal manera que encaje en la cláusula del Estado Social de Derecho, y quizás en la idea de la doctrina administrativista alemana de la optimización como principio fundamental de la administración pública moderna.

7.2.- En términos generales, puede decirse que son dos las tendencias en relación con la responsabilidad de la administración pública: de una parte, se encuentra que

---

[83] COLOMBIA, Consejo de Estado, Sección Tercera, sentencia de 21 de octubre de 1999, exp. 10948-11643, C.P.: Alier Eduardo Hernández Enríquez.

[84] COLOMBIA, Consejo de Estado, Sección Tercera, sentencia de 13 de julio de 1993.

[85] COLOMBIA, Corte Constitucional, sentencias C-619 de 2002 y C-918 de 2002.

[86] Jules L. Coleman, *Riesgos y daños*, Marcial Pons, Madrid, 2010, p. 205: "Hay al menos dos maneras de comprender la responsabilidad extracontractual: una enfatiza su función de reemplazar el intercambio contractual eficiente, mientras que la otra destaca su función de rectificar el daño ocasionado".

[87] *Ibíd.*, p. 209: "Para WEINRIB en particular, esto significa que las relaciones entre los conceptos en el derecho de daños –agente dañador, víctima, causalidad y acción incorrecta– reflejan el modo en el cual estos conceptos están conectados en el mundo, en la experiencia de dañar y sufrir un daño".

en Bélgica, Grecia, España, Francia e Italia la ilegitimidad de una medida administrativa constituye una violación del deber oficial, independientemente de que haya culpabilidad o no; mientras que, de otra, se tiene que en Alemania, Irlanda, Luxemburgo, Países Bajos, Portugal y Reino Unido ha de demostrarse la culpa de un funcionario[88].

7.3.- En la reciente doctrina se recoge que en "España, la responsabilidad extracontractual de la Administración pública es objetiva. Fue a partir de la Ley de Expropiación Forzosa de 1954[89] y de la Ley de Régimen Jurídico de la Administración del Estado de 1957[90] que se estableció el régimen de responsabilidad de la Administración Pública[91], con la idea de proteger el patrimonio y los derechos de los ciuda-

---

[88]   Briceño Chaves, *La protección del ambiente como principio de responsabilidad del Estado por daños ecológicos, cit.*, pp. 234 y s.

[89]   En España, a partir de la Ley de Expropiación Forzosa, de 16 de diciembre de 1954, se estableció un sistema de responsabilidad objetiva global de la administración pública cuya fundamentación teórica ha sido realizada entre otros por Eduardo García De Enterría, "Potestad expropiatoria y garantía patrimonial en la nueva ley de expropiación forzosa", en *Anuario de Derecho Civil*, T. III, fasc. IV, octubre-diciembre de 1955, pp. 1023-1166; García De Enterría, y Fernández-Rodríguez, *Curso de derecho administrativo, cit.*; Jesús Leguina Villa, *La responsabilidad civil de la administración pública*, 2ª. ed., Tecnos, Madrid, 1983; Garrido Falla, "La constitucionalización de la responsabilidad patrimonial del Estado", *cit.*, pp. 7-48; Fernando Garrido Falla, "El derecho a indemnización por limitaciones o vinculaciones impuestas a la propiedad privada", en *Revista de Administración Pública*, Nº 81, septiembre-diciembre de 1976, pp. 7-33; David Blanquer, "La responsabilidad patrimonial de las Administraciones Públicas", ponencia especial de Estudios del Consejo de Estado, Instituto Nacional de Administración Pública, Madrid, 1997, pp. 13-30; Juan Alfonso Santamaría Pastor, *Principios de Derecho Administrativo*, 2ª. ed., vol. II, Centro de Estudios Ramón Areces, Madrid, 2000, pp. 475-476; Luis María Rebollo, *La responsabilidad patrimonial de las entidades locales*, Iustel, Madrid, 2005, pp. 27 ss.; Jesús González Pérez, *Responsabilidad patrimonial de las Administraciones Públicas*, Civitas, Madrid, 1996, pp. 42-44.

[90]   España, Ley de Régimen Jurídico de la Administración del Estado, de 1957. Para cierto sector de la doctrina, el "artículo 40.2 de la LRJAE de 1957 que exige la efectividad y la individualización del daño (actual [art. 39.2 de la Ley 30/1992), afirma la inidoneidad del instituto de la responsabilidad para reclamar los daños ambientales *strictu sensu*". Jesús Jordano Fraga, "Responsabilidad civil por daños al medio ambiente en derecho público: última jurisprudencia y algunas reflexiones de *lege data* y contra *lege ferenda*", en *Revista Española de Derecho Administrativo*, Nº 107, julio-septiembre de 2000, p. 358. Están de acuerdo con esta postura F. López Menudo, "El derecho a la protección del medio ambiente", en *Revista del Centro de Estudios Constitucionales*, Nº 10, septiembre-diciembre de 1991, p. 198, y O. González Pérez, *Responsabilidad patrimonial de las administraciones pública*, Civitas, Madrid, 1996, pp. 157-161.

[91]   Martín Rebollo, "Medio ambiente y responsabilidad de la administración", *cit.*, pp. 644-645. Para García De Enterría, la "responsabilidad de la Administración se formula, en efecto, en los artículos 121 LEF y 139 LPC como una responsabilidad directa, no como un simple sistema de cobertura de los daños causados por los actos ilícitos de los funcionarios y agentes de los entes públicos", lo que implica que "pueden coincidir perfectamente una actuación lícita (funcionamiento normal de la Administración), a la que, sin embargo, no se corresponda un deber de soportar el perjuicio resultante de dicha actuación por parte del particular". Para estos autores, el sistema de responsabilidad de la administración pública en España se fundamenta "en la protección y garantía del patrimonio de la víctima, es lo que la cláusula general pretende, ante todo, preservar frente a todo daño no buscado, no querido, ni merecido

danos, para lo cual se imputa de manera directa la responsabilidad a la Administración pública"[92]. En ese sentido, la jurisprudencia del TS español desde sus primeras

por la persona lesionada que, sin embargo, resulte de la acción administrativa": García De Enterría y Fernández, *Curso de derecho administrativo*, cit., vol. II, pp. 375-376. Advierte Blanquer que "los estudios acerca de esa institución se han desarrollado de forma casi exclusiva desde la perspectiva de las garantías patrimoniales del lesionado [...] con olvido de las garantías de los intereses generales (como [...] el interés general que resulta satisfecho mediante la fijación normativa de los estándares de eficacia exigibles a las Administraciones Públicas)": Blanquer, "La responsabilidad patrimonial de las Administraciones Públicas", *cit*, p. 17.

[92]   Uno de los objetivos del instituto de la responsabilidad es el de constituirse en "garantía patrimonial" que supone el "derecho de los particulares a mantener la integridad del valor económico de su patrimonio frente a las inmisiones singulares de que éste pueda ser objeto por parte de los poderes públicos": José Antonio Santamaría Pastor, *Fundamentos de derecho administrativo*, T. I, Centro de Estudios Ramón Areces, Madrid, 1988, p. 221. Para Nieto, "en el Derecho español la responsabilidad patrimonial de la Administración no se circunscribe a los daños por ella directamente producidos, sino que se extiende también a aquellos otros de los que no es autora material, pero que han sido provocados por la misma": Nieto, Alejandro, "La relación de causalidad en la responsabilidad del Estado (Sala 3ª del T.S s. 5-11-1974, Ponente: Arozamena)", en *Revista Española de Derecho Administrativo*, Nº 4, 1975, p. 91; García De Enterría y Fernández Rodríguez, *Curso de derecho administrativo*, cit.; Jesús Leguina Villa, *La responsabilidad civil de la administración pública*, 2ª ed., Tecnos, Madrid, 1983; Jesús Leguina Villa, "El fundamento de la responsabilidad de la administración", en *Revista Española de Derecho Administrativo*, Nº 23, octubre-diciembre de 1979, pp. 523-536; Alejandro Nieto García, "La relación de causalidad en la responsabilidad del Estado", en *Revista Española de Derecho Administrativo*, Nº 4, enero-marzo de 1975, pp. 95 ss.; Luis Martín Rebollo, "Nuevos planteamientos en materia de responsabilidad de las administraciones públicas", en Martín-Retortillo Baquer, Sebastián (coord.), *Estudios sobre la Constitución española. Homenaje al profesor Eduardo García de Enterría*, vol. III, Civitas, Madrid, 1991, pp. 2793 y ss. En los años noventa ha surgido una corriente promovida por Pantaleón Prieto, que critica el alcance dado al sistema de responsabilidad objetiva global de las administraciones públicas: *cfr.* Pantaleón Prieto, Fernando, "Los anteojos del civilista: Hacia una revisión del régimen de responsabilidad patrimonial de las administraciones públicas", en *Documentación Administrativa*, Nº 237-238, enero-junio de 1994, pp. 239 y ss.; Fernando Pantaleón Prieto, "Cómo repensar la responsabilidad civil extracontractual (También de las administraciones públicas)", en Juan Antonio Moreno Martínez, (coord.), *Perfiles de la responsabilidad civil en el nuevo milenio*, Dykinson, Madrid, 2000, pp. 453-465; Ramón Parada Vásquez, *Derecho administrativo. Parte general*, T. I, 12ª. ed., Marcial Pons, Madrid, 2000, pp. 652-654, 659-660; Parejo Alfonso, Jiménez-Blanco Carrillo De Albornoz y Ortega Álvarez, *Manual de derecho administrativo. Parte general*, cit., pp. 683-694; Miguel Casino Rubio, "El derecho sancionador y la responsabilidad patrimonial de la administración", en *Documentación Administrativa*, Nº 254-255, mayo-diciembre de 1999, pp. 348-355. Para otro sector de la doctrina española debe limitarse el régimen objetivo de responsabilidad de las administraciones públicas, de la que se pueden citar: Díez Picazo y Luis Ponce De León, *Derecho de daños*, Madrid, Civitas, 1999, p. 59; Eduardo Gamero Casado, "El nuevo escenario de la responsabilidad administrativa extracontractual", en *Anuario de Jurisprudencia Administrativa*, Nº 426, 17 de febrero de 2000, p. 4; Luis Martín Rebollo, "La responsabilidad patrimonial de las Administraciones Públicas en España: estado de la cuestión, balance general y reflexión crítica", en *Documentación Administrativa*, Nº 237-238, enero-junio de 1994, pp. 11-104; Fernando Garrido Falla, "La constitucionalización de la responsabilidad patrimonial del Estado", en *Revista de Administración Pública*, Nº 119, mayo-agosto

sentencias "se negó pura y simplemente a aceptar que la Administración pudiera causar daños indemnizables sin culpa (S. de 30 de septiembre de 1959) y siguió insistiendo en la aplicación de las reglas del Código Civil ignorando sin más la aparición de la LEF (Ss. de 30 de mayo 3 y 15 de diciembre de 1961)". A partir de la Constitución española de 1978, se reconoció a la responsabilidad como principio básico del ordenamiento jurídico (art. 9.3). Así pues, la responsabilidad como principio constitucional se concreta en dos preceptos, a saber, los artículos 149.1.18 y 106.2. De acuerdo con la jurisprudencia del Tribunal Constitucional español (STC 325/1994, de 12 de diciembre):

> "[...] el derecho a indemnización por los daños derivados del funcionamiento de los servicios públicos que se deduce del artículo 106.2 CE es un derecho de configuración legal "por deferir a la ley su regulación". Lo anterior fue ratificado en las sentencias del TS de 5 de febrero de 1996 (RJ.987) y de 11 de marzo de 1999 (RJ.3035) donde se afirmó que "el principio de Responsabilidad Patrimonial proclamado en el artículo 106.2 de la Constitución [...] conlleva un derecho de los llamados de configuración legal. Es decir, que no se trata de un derecho que derive directamente de la Constitución, sino que exige la interposición de una Ley, y es exigible, no en los términos abstractos establecidos en la Constitución, sino en los términos concretos en que figure en la Ley ordinaria que lo regule".

7.4.- En ese sentido, puede decirse que el reconocimiento de la responsabilidad supone tanto un derecho de configuración legal a la indemnización por los daños derivados del funcionamiento de los servicios públicos como la búsqueda de la eficacia en el ejercicio de la actividad administrativa, sin limitarse a un simple control, sino promoviendo la eficaz y oportuna prestación de los servicios y el cumplimiento de las funciones que la Constitución le asigna a la Administración pública[93].

7.5.- La responsabilidad extracontractual de la Administración pública en el derecho francés en su recorrido histórico ha tendido hacia la protección de la víctima, hacia el establecimiento de la indemnización que a ésta cabe reconocer por los daños ocasionados[94], no solamente por la Administración pública objetivamente considerada, sino por alguno de sus agentes o funcionarios. Cabe decir, que desde el "arrêt Blanco" la responsabilidad extracontractual de la Administración pública se formó sobre la idea de la definición del "servicio público", y específicamente sobre la idea de la "gestión pública". La Administración pública tanto en su organización como en el funcionamiento de los servicios públicos estaba sometida al principio de responsabilidad, si existían defectos en aquella, o si era defectuoso el funcionamiento del servicio. Adicionalmente, cabía considerar la responsabilidad de la Administración pública cuando se producían daños o perjuicios como consecuencia del dolo o culpa cometido por uno de sus agentes. En opinión de la doctrina, el proceso de formación del régimen de responsabilidad se ha encaminado hacia la "socialización"

---

de 1989, pp. 7-48; Fernando Garrido Falla. "El derecho a indemnización por limitaciones o vinculaciones impuestas a la propiedad privada", en *Revista de Administración Pública*, N° 81, septiembre-diciembre de 1976, pp. 7-33.

[93] Briceño Chaves, *La protección del ambiente como principio de responsabilidad del Estado por daños ecológicos, cit.*, pp. 234 y ss.

[94] Waline, "Préface", en Chapus, *Responsabilité publique et responsabilité privée, cit.*, p. 9.

de los riesgos que tiende a hacer de la Administración pública una suerte de asegurador de todos los riesgos de daños que pueda[n] sufrir sus administrados[95].

7.6.- Para imputar la responsabilidad a la Administración pública, el sistema francés exige como condiciones: a) la existencia de un daño, b) el establecimiento de la relación de causalidad entre el daño y la persona o actividad causante del mismo, y c) la obligación de reparar el daño causado, teniendo en cuenta las características del hecho generador del daño. Ahora bien, las tesis objetivas de la responsabilidad extracontractual de la Administración pública no terminan por encontrar sitio ni en la doctrina, ni mucho menos en la jurisprudencia, manteniéndose la responsabilidad por culpa, en especial la tesis de la *faute de service*. De acuerdo con la doctrina y la jurisprudencia francesas, la *faute de service* es entendida "como una culpa objetiva, como un defectuoso funcionamiento de los servicios públicos, representa la desviación de la Administración del modelo de conducta para ella fijado. Lo más habitual es que toda falta de servicio, grave o no, desencadene la responsabilidad administrativa, y que deba ser la víctima quien pruebe la existencia de la misma"[96].

7.7.- La revisión de los ordenamientos jurídicos español y francés permite evidenciar de qué manera se ha producido la recepción en nuestro sistema jurídico, y cómo modular la responsabilidad del Estado, sin que haya lugar a afirmar una sola estructura jurídica.

3.   *Estructura jurídica en la que se apoya la responsabilidad del Estado como instituto jurídico*

8.- La responsabilidad del Estado como instituto jurídico exige determinar la estructura jurídica en la que se apoya: lo primero a apreciar, teóricamente, tiene que ver con la consideración de una sola cláusula constitucional, consagrada en el artículo 90 de la Carta Política de Colombia, como manifestación del Estado Social del Derecho, y como concreción de un modelo donde prima el principio *pro homine*, o con otras palabras, el administrado-víctima como sujeto de protección no solo de su esfera patrimonial y extrapatrimonial, sino frente al ejercicio de sus derechos.

8.1.- Dicha estructura cabe examinarla para encuadrarla en alguno de los siguientes principios: (i) como régimen que deriva de la responsabilidad civil extracontractual representa la afirmación del principio de justicia correctiva que "fundamenta la atribución de responsabilidad por daños únicamente a quien los haya causado"[97]. Sin embargo la jurisprudencia de la Sub-sección C de la Sección Tercera del Consejo de Estado de Colombia ha evolucionado al determinar que la concurrencia de acciones para la producción de daños, especialmente cuando se trata de casos surgidos en el conflicto armado interno, no puede limitar la responsabilidad sólo a quien los causó, sino a todos aquellos que vulneran el derecho internacional de los derechos humanos

---

[95]   Briceño Chaves, *La protección del ambiente como principio de responsabilidad del Estado por daños ecológicos, cit.,* pp. 234 y ss.

[96]   Briceño Chaves, *La protección del ambiente como principio de responsabilidad del Estado por daños ecológicos, cit.,* pp. 287 y ss.

[97]   Carlos Bernal Pulido, "Presentación", en Carlos Bernal Pulido; Jorge Fabra Zamora, (eds), *La filosofía de la responsabilidad civil. Estudios sobre los fundamentos filosóficos-jurídicos de la responsabilidad civil extracontractual,* 1ª ed., Bogotá, Universidad Externado de Colombia, 2013, p. 16.

y el derecho internacional humanitario. En otras ocasiones, este principio ha exigido revisar la carga del perjudicado de asumir el daño en su producción, lo que indica que el principio de justicia correctiva ha ido adaptándose y correspondiéndose con la progresividad de las concepciones más garantistas de los derechos que influyen en las sociedades actuales; (ii) con la incorporación de los principios de precaución y de prevención se procura compensar "la deficiencia concerniente a la falta de diligencia para evitar el daño y la imposibilidad de preverlo, y fundamentan la posibilidad de usar la acción de tutela para prevenir la causación de daños y la producción de riesgos inaceptables"[98]. Estos principios han empezado a considerarse en la actual jurisprudencia de la Sección Tercera del Consejo de Estado de Colombia, especialmente cuando existen condiciones razonables para anticiparse a la producción de situaciones que generando amenazas irreversibles e irremediables ameritan juzgar como elemento suficiente para proceder al juicio de imputación, sin tener que esperar a que se consuma un daño que puede ser la concreción de un empeoramiento o agravación, o la modulación de otras situaciones dañosas[99]; (iii) también opera el principio de justicia distributiva con el que se procura la aplicación de sistemas colectivos de responsabilidad "para compensar la falta de recursos para reparar daños resarcibles cuando el agente del daño es insolvente o desconocido"[100]. Un supuesto progresista de este principio queda planteado en el salvamento de voto que presenté con ocasión de la sentencia del caso del "relleno sanitario de Doña Juana", considerando que la reparación colectiva del perjuicio con la que se debía procurar "medidas y políticas de inversión pública que consolidaran una verdadera reparación integral del colectivo"[101]; y, (iv) se debe tener en cuenta el principio de justicia retribu-

---

[98] Carlos Bernal Pulido, "Presentación", en Carlos Bernal Pulido, Jorge Fabra Zamora, (eds), *La filosofía de la responsabilidad civil. Estudios sobre los fundamentos filosóficos-jurídicos de la responsabilidad civil extracontractual, cit.*, p. 16.

[99] COLOMBIA, Consejo de Estado, Sección Tercera, Sub-sección C, sentencia de 13 de junio de 2013, exp. 20771. "[...] 45 Además, cabe considerar la influencia que para la imputación de la responsabilidad pueda tener el principio de precaución al exigir el [sic] estudiarla desde tres escenarios: peligro, amenaza y daño. Sin duda, el principio de precaución introduce elementos que pueden afectar en el ámbito fáctico el análisis de la causalidad (finalidad prospectiva de la causalidad), atendiendo a los criterios de la sociedad moderna donde los riesgos a los que se enfrenta el ser humano, la sociedad y que debe valorar el juez no pueden reducirse a una concepción tradicional superada". Mathilde Boutonnet, *Le principe de précaution en droit de la responsabilité civil*, Paris, LGDJ, 2005, p. 3. "[...] La finalidad prospectiva del nexo de causalidad resulta de naturaleza preventiva de la acción de responsabilidad fundada sobre el principio de precaución. El daño no existe todavía, el nexo de causalidad no se ha podido realizar, el mismo [...] se trata a la vez de prevenir el daño y al mismo tiempo evitar que tal actividad no cause tal daño. La finalidad del nexo causal es por tanto prospectiva ya que se busca que el nexo de causalidad sin permitir reparar el perjuicio si se anticipa a él [...] Opuesto a una responsabilidad reparadora que exigiría un nexo causal a posteriori, la responsabilidad preventiva exige en la actualidad un nexo causal a priori, es decir un riesgo de causalidad".

[100] Carlos Bernal Pulido, "Presentación", en Carlos Bernal Pulido; Jorge Fabra Zamora, (eds), *La filosofía de la responsabilidad civil. Estudios sobre los fundamentos filosóficos-jurídicos de la responsabilidad civil extracontractual, cit.*, p. 16.

[101] COLOMBIA, Consejo de Estado, Sección Tercera, Salvamento de voto a la sentencia de 1 de noviembre de 2012, exp. 1999-0002-2000-00003, Jaime Orlando Santofimio Gamboa. "[...] El juez que conoce de una acción de grupo, cuando observa que el daño que se reclama

tiva con el que se "fundamenta la aceptación de los daños punitivos, destinados a crear un efecto de prevención general y especial en relación con la causación de daños de gran impacto para la sociedad (como los daños al medio ambiente y a la salud)"[102], el que no se concreta en el estudio de la jurisprudencia contencioso administrativa de Colombia.

8.2.- En segundo lugar, es preciso examinar los elementos de la responsabilidad, donde especial interés reviste la consideración del daño antijurídico, y no de cualquier daño, debiendo tenerse en cuenta tanto la esfera material [o fenoménica] como la jurídica, y especialmente la valoración de tres momentos para establecer la concreción de la antijuridicidad del daño: peligro, amenaza y daño. Se constituye en un avance el entendimiento de la amenaza como un momento que en las dos esfera pueda permitir la consideración de la antijuridicidad de un hecho que potencial y probablemente va a producir un daño o vulneración, o que de materializarse sería más gravoso. Una vez determinado el daño antijurídico, ha de considerarse el segundo elemento, esto es, el juicio de imputación, que en sus dos ámbitos permite dilucidar diferentes problemáticas, y afirmar la aplicación de los criterios de motivación (que no son rígidos), según cada caso en concreto. Y, finalmente, se debe tener en cuenta como tercer elemento la reparación del daño antijurídico imputable a la administración pública, partiendo de la idea no solo de una compensación económica[103], sino de la reparación en función de los derechos vulnerados, y del carácter colectivo o socializador que puede alcanzar.

8.3.- Previo a entrar a considerar los elementos sustanciales de la responsabilidad patrimonial del Estado, es conveniente determinar que cuestiones procesales previas pueden condicionar o limitar el juicio de responsabilidad, y cómo la jurisprudencia del Consejo de Estado ha venido planteando soluciones con el objetivo de garantizar

---

individualmente, tuvo origen a su vez en un daño causado a un interés colectivo, no tiene ninguna atadura que le impida declarar ese daño, y en caso que éste sea irreparable *in natura*, deberá ordenar la indemnización a favor de la colectividad. Más aún, el juzgador está autorizado para hacerlo, en virtud de los principios que inspiran estas acciones, y a los mecanismos que siempre han existido al tratar la reparación como elemento del instituto de la responsabilidad, esto es, la reparación en natura (restaurar las cosas al estado anterior), la indemnización o compensación económica (pecuniaria), y la satisfacción. Debe quedar claro, que el régimen de responsabilidad del Estado en Colombia se encuentra inclinado más hacia el reconocimiento SÓLO de la indemnización pecuniaria (compensación económica) como único mecanismo para cumplir con el derecho a la reparación integral, lo que no es cierto dogmatica y pragmáticamente, ya que sería como negar cualquier entidad jurídica a los dos mecanismos, con los que sí se lograría cumplir con la integralidad que demanda la reparación como derecho".

[102] Carlos Bernal Pulido, "Presentación", en Carlos Bernal Pulido; Jorge Fabra Zamora, (eds), *La filosofía de la responsabilidad civil. Estudios sobre los fundamentos filosóficos-jurídicos de la responsabilidad civil extracontractual*, cit., p. 16.

[103] Karl Larenz, *Derecho de obligaciones*, T.I., Madrid, *Revista de Derecho Privado*, 1958, pp. 190 y 191. "[...] La obligación de indemnización de daños tiende a proporcionar una compensación a aquel que en virtud de ciertos hechos ha sufrido un daño o un menoscabo económico en sus bienes. Tal compensación representa en este supuesto una exigencia de la justicia conmutativa (*justitia conmutativa*, a diferencia de la justicia distributiva, *justitia distributiva*) cuando una persona distinta al perjudicado puede ser declarada responsable del acontecimiento dañoso".

en toda su extensión convencional la tutela judicial efectiva [en los términos de los artículos 1.1, 2 y 25 de la Convención Americana de Derechos Humanos], especialmente cuando se trata de la vulneración del derecho internacional de los derechos humanos y del derecho internacional humanitario. Ese será el objeto del siguiente apartado.

4. *Examen a las propuestas de solución desde la convencionalidad de las cuestiones procesales que pueden condicionar o limitar el juicio de responsabilidad patrimonial del Estado en la jurisprudencia del Consejo de Estado de Colombia*

9.- En muchas ocasiones la estructuración de la responsabilidad patrimonial del Estado se sujeta a exigencias procesales cuyo entendimiento puede limitar la posibilidad para llevar a cabo el juzgamiento de la misma. Se trata de eventos en los que el juez contencioso administrativo está llamado a aplicar, por remisión, reglas normativas que en esencia no se corresponden, o entran en tensión con la cláusula constitucional de responsabilidad, respecto de lo cual la Corte Interamericana de Derechos Humanos llamó la atención en la sentencia del caso Manuel Cepeda contra Colombia, ya que de interpretarlas con excesivo rigorismo procesal se puede producir, de contera, la vulneración del derecho de acceso a la administración de justicia, o a la tutela judicial efectiva. Dentro de estas exigencias se encuentra lo relativo al valor probatorio i) de los documentos, testimonios y dictámenes, inspecciones e informes técnicos trasladados desde procesos penales y disciplinarios, ii) de los documentos en copia simple; iii) de los recortes o informaciones de prensa; y, (iv) de las declaraciones extrajuicio. La primera cuestión abordar es la relacionada con los medios probatorios que son objeto de traslado al proceso contencioso administrativo.

9.1.- <u>Valor probatorio de la prueba trasladada.</u> La jurisprudencia de los últimos años del Consejo de Estado de Colombia, con relación a la eficacia probatoria de la prueba trasladada, sostiene que cabe valorarla a instancias del proceso contencioso administrativo, siempre que se cumpla con los presupuestos generales siguientes[104]: (i) los normativos del artículo 185[105] del C.P.C., esto es, que se les puede dotar de valor probatorio y apreciar sin formalidad adicional en la medida en que el [los] proceso [s] del que se trasladan se hubieren practicado a petición de la parte contra quien se aduce o, con su audiencia de ella[106], respetando su derecho de defensa y cumpliendo con el principio de contradicción. Así como con lo consagrado por el artículo 168 del C.C.A[107] [vigente para la época de entrada para fallo del proceso];

---

[104] COLOMBIA, Consejo de Estado, Sección Tercera, Sub-sección C, sentencia de 3 de diciembre de 2014, exp. 26737. En su modulación puede verse las siguientes sentencias: COLOMBIA, Consejo de Estado, Sección Tercera, Sub-sección C, sentencias de 9 de mayo de 2012, exp. 20334.

[105] "Las pruebas practicadas válidamente en un proceso podrán trasladarse a otro en copia auténtica, y serán apreciables sin más formalidades, siempre que en el proceso primitivo se hubieren practicado a petición de la parte contra quien se aduce o con audiencia de ella".

[106] COLOMBIA, Consejo de Estado, Sección Tercera, sentencia de 19 de octubre de 2011, exp. 19969, C.P.: Jaime Orlando Santofimio Gamboa.

[107] Artículo 168 del Código Contencioso Administrativo: "En los procesos ante la jurisdicción de lo contencioso administrativo se aplicarán en cuanto resulten compatibles con las normas de este Código, las del Procedimiento Civil en lo relacionado con la admisibilidad de los me-

(ii) las "pruebas trasladadas y practicadas dentro de las investigaciones disciplinarias seguidas por la misma administración no requieren ratificación o reconocimiento, según sea del caso, dentro del proceso de responsabilidad"[108]; (iii) la ratificación de la prueba trasladada se suple con la admisión de su valoración[109]; y, (iv) la prueba traslada de la investigación disciplinaria puede valorarse ya que se cuenta con la audiencia de la parte contra la que se aduce, por ejemplo la Nación-Ministerio de Defensa-Policía Nacional[110].

9.1.1.- A su vez, como presupuestos para la valoración de la prueba testimonial que se traslada desde un proceso administrativo disciplinario, penal ordinario o penal militar se tiene en cuenta las siguientes reglas especiales [debiéndose tener en cuenta tanto las generales como estas]: (i) no necesitan de ratificación cuando se trata de personas "que intervinieron en dicho proceso disciplinario, o sea el funcionario investigado y la administración investigadora (para el caso la Nación)"[111]; (ii) las "pruebas trasladadas de los procesos penales y, por consiguiente, practicadas en éstos, con audiencia del funcionario y del agente del Ministerio Público, pero no ratificadas, cuando la ley lo exige, dentro del proceso de responsabilidad, en principio, no pueden valorarse. Se dice que en principio, porque sí pueden tener el valor de indicios que unidos a los que resulten de otras pruebas, ellas sí practicadas dentro del proceso contencioso administrativo lleven al juzgador a la convicción plena de

---

dios de prueba, forma de practicarlas y criterios de valoración". El artículo 211 de la ley 1437 de 2011 reza lo siguiente: "En los procesos que se adelanten ante la Jurisdicción de lo Contencioso Administrativo, en lo que esté expresamente regulado en este Código, se aplicarán en materia probatoria las normas del Código de Procedimiento Civil". En tanto que el artículo 214 de la ley 1437 de 2011 establece: "Toda prueba obtenida con violación al debido proceso será nula de pleno derecho, por lo que deberá excluirse de la actuación procesal. Igual tratamiento recibirán las pruebas que sean consecuencia necesaria de las pruebas excluidas o las que solo puedan explicarse en razón de la existencia de aquellas. La prueba practicada dentro de una actuación declarada nula, conservará su validez y tendrá eficacia respecto de quienes tuvieron oportunidad de contradecirla". COLOMBIA, Consejo de Estado, Sección Tercera, sentencia de 21 de abril de 2004, exp. 13607.

108 COLOMBIA, Consejo de Estado, Sección Tercera, sentencia de 24 de noviembre de 1989, exp. 5573.

109 COLOMBIA, Consejo de Estado, Sección Tercera, sentencia de 22 de abril de 2004, exp. 15088.

110 COLOMBIA, Consejo de Estado, Sección Tercera, sentencia 20 de mayo de 2004, exp. 15650. Las "pruebas que acreditan la responsabilidad de la demandada que provienen de procesos disciplinarios internos tramitados por la misma, pueden ser valoradas en la presente causa contencioso administrativa, dado que se practicaron por la parte contra la que se aducen". Las piezas procesales adelantadas ante la justicia disciplinaria y penal militar se allegaron por el demandante durante el período probatorio, y pueden valorarse. Puede verse también: COLOMBIA, Consejo de Estado, Sección Tercera, sentencia de 13 de noviembre de 2008, exp. 16741.

111 COLOMBIA, Consejo de Estado, Sección Tercera, Sub-sección C, sentencia de 3 de diciembre de 2014, exp. 26737, C.P. Jaime Orlando Santofimio Gamboa. Puede verse también: COLOMBIA, Consejo de Estado, Sección Tercera, sentencia de 16 de noviembre de 1993, exp. 8059.

aquello que se pretenda establecer"[112]; (iii) puede valorarse los testimonios siempre que solicitados o allegados por una de las partes del proceso, la contraparte fundamenta su defensa en los mismos[113], siempre que se cuente con ella en copia auténtica; (iv) cuando las partes en el proceso conjuntamente solicitan o aportan los testimonios practicados en la instancia disciplinaria[114]; y, (v) cuando la parte demandada "se allana expresamente e incondicionalmente a la solicitud de pruebas presentada por los actores o demandantes dentro del proceso contencioso administrativo.

9.1.2.- En cuanto a las declaraciones rendidas ante las autoridades judiciales penales ordinarias [Fiscalía o Jueces Penales], la Sala Plena de la Sección Tercera en la sentencia de 11 de septiembre de 2013 [expediente 20601] considera que "es viable apreciar una declaración rendida por fuera del proceso contencioso administrativo, sin audiencia de la parte demandada so sin su citación, cuando se cumpla con el trámite de ratificación, o cuando por acuerdo común entre las partes −avalado por el juez− se quiso prescindir del aludido trámite. Este último puede manifestarse como lo dispone el artículo 229 del Código de Procedimiento Civil −verbalmente en audiencia o presentando un escrito autenticado en el que ambas partes manifiesten expresamente que quieren prescindir de la ratificación−, o extraerse del comportamiento positivo de las partes, cuando los mismos indiquen de manera inequívoca que el querer de éstas era prescindir de la repetición del interrogatorio respecto de los testimonios trasladados, lo que ocurre cuando ambos extremos del litigio solicitan que el testimonio sea valorado, cuando la demandada está de acuerdo con la petición así hecha por la demandante, o cuando una parte lo solicita y la otra utiliza los medios de prueba en cuestión para sustentar sus alegaciones dentro del proceso […] Ahora bien, en los casos en donde las partes guardan silencio frente a la validez y admisibilidad de dichos medios de convicción trasladados, y además se trata de un proceso que se sigue en contra de una entidad del orden nacional, en el que se pretenden hacer valer los testimonios que, con el pleno cumplimiento de las formalidades del debido proceso, han sido recaudados en otro trámite por otra entidad del mismo orden, la Sala unifica su jurisprudencia en el sentido de afirmar que la persona jurídica demandada −La Nación− es la misma que recaudó las pruebas en una sede procesal diferente, lo que implica que, por tratarse de testimonios recopilados con la audiencia de la parte contra la que se pretenden hacer valer en el proceso posterior, son plenamente admisibles y susceptibles de valoración […] La anterior regla cobra aún mayor fuerza si se tiene en cuenta que, en razón del deber de colaboración que les asiste a las diferentes entidades del Estado, a éstas les es exigible que las actuaciones que adelanten sean conocidas por aquellas otras que puedan tener un

---

[112] COLOMBIA, Consejo de Estado, Sección Tercera, Sub-sección C, sentencia de 9 de mayo de 2012, exp. 20334, C.P. Jaime Orlando Santofimio Gamboa. Puede verse también: COLOMBIA, Consejo de Estado, Sección Tercera, sentencia de 24 de noviembre de 1989, exp. 5573.

[113] COLOMBIA, Consejo de Estado, Sección Tercera, Sub-sección C, sentencia de 3 de diciembre de 2014, exp. 26737. C.P. Jaime Orlando Santofimio Gamboa. Puede verse también: COLOMBIA, Consejo de Estado, Sección Tercera, sentencia de 1 de marzo de 2006, exp. 15284.

[114] COLOMBIA, Consejo de Estado, Sección Tercera, Sub-sección C, sentencia de 3 de diciembre de 2014, exp. 26737. C.P. Jaime Orlando Santofimio Gamboa. Puede verse también: COLOMBIA, Consejo de Estado, Sección Tercera, sentencia de 21 de abril de 2004, exp. 13607.

interés directo o indirecto en su resultado, máxime si se trata de organismos estatales que pertenecen al mismo orden, de tal manera que las consecuencias de una eventual descoordinación en las actividades que los estamentos del Estado, no puede hacerse recaer sobre los administrados, quienes en muchas ocasiones encuentran serias dificultades para lograr repetir nuevamente dentro del proceso judicial contencioso administrativo, aquellas declaraciones juramentadas que ya reposan en los trámites administrativos que han sido adelantados por las entidades correspondientes"[115].

9.1.3.- Sin perjuicio de lo anterior, la jurisprudencia de la Sub-sección C de la Sección Tercera del Consejo de Estado de Colombia avanza y considera que cuando no se cumple con alguna de las anteriores reglas o criterios, se podrán valorar las declaraciones rendidas en procesos diferentes al contencioso administrativo, especialmente del proceso penal ordinario, como indicios cuando "establecen las circunstancias de tiempo, modo y lugar [...] ya que pueden ser útiles, pertinentes y conducentes para determinar la violación o vulneración de derechos humanos y del derecho internacional humanitario"[116]. Con similares argumentos la jurisprudencia de la misma Sub-sección considera que las indagatorias deben contrastadas con los demás medios probatorios "para determinar si se consolidan como necesarios los indicios que en ella se comprendan"[117] con fundamento en los artículos 1.1, 2, 8.1 y 25 de la Convención Americana de Derechos Humanos.

9.1.4.- De otra parte, para el caso de la prueba documental, la regla general que aplica la jurisprudencia del Consejo de Estado de Colombia es aquella según la cual en "relación con el traslado de documentos, públicos o privados autenticados, estos pueden ser valorados en el proceso contencioso al cual son trasladados, siempre que se haya cumplido el trámite previsto en el artículo 289[118] del Código de Procedimiento Civil. Conforme a lo anterior, es claro que sin el cumplimiento de los requisitos precitados las pruebas documentales y testimoniales practicadas en otro proceso no pueden ser valoradas para adoptar la decisión de mérito"[119]. No obstante, a

---

[115]   COLOMBIA, Consejo de Estado, Sección Tercera, sentencia de 11 de septiembre de 2013, exp. 20601, C.P.: Danilo Rojas Betancourth; de la Sub-sección C, sentencia de 3 de diciembre de 2014, exp. 45433, C.P.: Jaime Orlando Santofimio Gamboa.

[116]   COLOMBIA, Consejo de Estado, Sección Tercera, Sub-sección C, sentencia de 3 de diciembre de 2014, exp. 45433. C.P.: Jaime Orlando Santofimio Gamboa.

[117]   COLOMBIA, Consejo de Estado, Sección Tercera, Sub-sección C, sentencia de 3 de diciembre de 2014, exp. 45433. C.P.: Jaime Orlando Santofimio Gamboa.

[118]   "Artículo 289. Procedencia de la tacha de falsedad. La parte contra quien se presente un documento público o privado, podrá tacharlo de falso en la contestación de la demanda, si se acompañó a ésta, y en los demás casos, dentro de los cinco días siguientes a la notificación del auto que ordene tenerlo como prueba, o al día siguiente al en que haya sido aportado en audiencia o diligencia. Los herederos a quienes no les conste que la firma o manuscrito no firmado proviene de su causante, podrán expresarlo así en las mismas oportunidades. No se admitirá tacha de falsedad cuando el documento impugnado carezca de influencia en la decisión o se trate de un documento privado no firmado ni manuscrito por la parte a quien perjudica".

[119]   COLOMBIA, Consejo de Estado, sentencia de 9 de mayo de 2012, exp. 20334, C.P.: Jaime Orlando Santofimio Gamboa. Puede verse: COLOMBIA, Consejo de Estado, Sección Tercera, sentencia de 21 de abril de 2004, exp. 13607, C.P.: Germán Rodríguez Villamizar. Además, en otra jurisprudencia se sostiene que "se trata de una prueba documental que fue decretada en la primera instancia, lo cierto es que pudo ser controvertida en los términos del artículo 289 [...] por el cual se reitera, su apreciación es viable". Sección Tercera, sentencia

dicha regla se le reconocieron las siguientes excepciones: (i) puede valorarse los documentos que son trasladados desde otro proceso [judicial o administrativo disciplinario] siempre que haya estado en el expediente a disposición de la parte demandada, la que pudo realizar y agotar el ejercicio de su oportunidad de contradicción de la misma[120]; (ii) cuando con base en los documentos trasladados desde otro proceso la contraparte la utiliza para estructura su defensa jurídica[121]; (iii) cuando los documentos se trasladan en copia simple operan las reglas examinadas para este tipo de eventos para su valoración directa o indirecta; (iv) puede valorarse la prueba documental cuando la parte contra la que se aduce se allana expresa e incondicionalmente a la misma; y, (v) puede valorarse como prueba trasladada el documento producido por una autoridad pública aportando e invocado por el extremo activo de la litis[122].

9.1.5.- Finalmente, si se trata de inspecciones judiciales, dictámenes periciales e informes técnicos trasladados desde procesos penales ordinarios o militares, o administrativos disciplinarios pueden valorarse siempre que hayan contado con la audiencia de la parte contra la que se aducen[123], o servirán como elementos indiciarios que deben ser contrastados con otros medios probatorios dentro del proceso contencioso administrativo.

9.1.6.- Se trata, pues, de una serie de reglas generales y especiales que se aplican con fundamentos en principios constitucionales y legales sobre los que opera la valoración de las pruebas en el ordenamiento jurídico colombiano. No obstante, cuando se trata de eventos, casos o hechos en los que se encuentra comprometida la violación de derechos humanos o del derecho internacional humanitario, por afectación de miembros de la población civil (muertos y lesionados) inmersa en el conflicto armado, por violación de los derechos fundamentales de los niños, por violación de los derechos de los combatientes, por violación de los derechos de un miembro de una comunidad de especial protección, la aplicación de las reglas normativas procesales [antes Código de Procedimiento Civil, hoy Código General del Proceso] "debe hacerse conforme con los estándares convencionales de protección"[124] de los

---

de 26 de febrero de 2009, exp. 16727, C.P.: Enrique Gil Botero. Cfr. también Sección Tercera, sentencia de 30 de mayo de 2002, exp. 13476. "Se exceptúa respecto de los documentos públicos debidamente autenticados en los términos del art. 254 CPC y los informes y peritaciones de entidades oficiales (art. 243 CPC)". Sección Tercera, Subsección B, sentencia de 14 de abril de 2011, exp. 20587, C.P.: Danilo Rojas Betancourth.

[120] COLOMBIA, Consejo de Estado, sentencia de 9 de mayo de 2012, exp. 20334, C.P.: Jaime Orlando Santofimio Gamboa. Puede verse: COLOMBIA, Sección Tercera, Sub-sección B, sentencia de 27 de abril de 2011, exp. 20374, C.P., Ruth Stella Correa Palacio.

[121] COLOMBIA, Consejo de Estado, sentencia de 9 de mayo de 2012, exp. 20334, C.P.: Jaime Orlando Santofimio Gamboa. Puede verse: COLOMBIA, Sección Tercera, sentencia de 9 de diciembre de 2004, exp. 14174, C.P.: Germán Rodríguez Villamizar.

[122] COLOMBIA, Consejo de Estado, sentencia de 9 de mayo de 2012, exp. 20334, C.P.: Jaime Orlando Santofimio Gamboa. Puede verse: COLOMBIA, Sección Tercera, Sub-sección C, sentencia de 18 de enero de 2012, exp. 19920, C.P.: Jaime Orlando Santofimio Gamboa.

[123] COLOMBIA, Consejo de Estado, sentencia de 9 de mayo de 2012, exp. 20334, C.P.: Jaime Orlando Santofimio Gamboa. Puede verse: COLOMBIA, Sección Tercera, sentencia de 5 de junio de 2008, exp. 16398.

[124] COLOMBIA, Consejo de Estado, sentencia de 3 de diciembre de 2014, exp. 26737, C.P.: Jaime Orlando Santofimio Gamboa.

mencionados ámbitos, "debiendo garantizarse el acceso a la justicia[125] en todo su contenido como garantía convencional y constitucional [para lo que el juez contencioso administrativo obra como juez de convencionalidad, sin que sea ajeno al respeto de la protección de los derechos humanos, dado que se estaría vulnerando la Convención Americana de Derechos Humanos[126], debiendo garantizarse el acceso a la justicia[127] en todo su contenido como derecho humano reconocido constitucional

---

[125] Alirio Abreu Burelli, "La prueba en los procesos ante la Corte Interamericana de Derechos Humanos", en [http://www.bibliojuridica.org/libros/5/2454/8.pdf; www.juridicas.unam.mx; p. 115; Consultado el 20 de abril de 2012]. "Si bien el derecho procesal disciplina las formas, ello no impide que contenga normas de carácter sustancial, al desarrollar principios constitucionales sobre la administración de justicia, la tutela del orden jurídico, la tutela de la libertad y dignidad del hombre y de sus derechos fundamentales. El acceso a la justicia, el derecho a la defensa, el derecho de petición, la igualdad de las partes, derivan de mandatos constitucionales".

[126] "La Corte Interamericana de Derechos Humanos, en su Reglamento aprobado en su XXXIV período ordinario de sesiones, celebrado del 9 al 20 de septiembre de 1996, y en vigor desde el 1º de enero de 1997, concentró en el Capítulo IV, todo lo relativo a la prueba (admisión; iniciativa probatoria de la Corte; gastos de la prueba; citación de testigos y peritos; juramento o declaración solemne de testigos y peritos; objeciones contra testigos; recusación de peritos; protección de testigos y peritos; incomparecencia o falsa deposición), en un intento de sistematizar la materia que en Reglamentos anteriores se resolvía en disposiciones dispersas. Por su parte, el Reglamento de la Comisión Interamericana de Derechos Humanos en su sesión 660ª., de 8 de abril de 1980, con modificaciones en 1985, 1987, 1995 y 1996, actualmente en vigor, contiene disposiciones sobre presunción (artículo 42); solicitud de cualquier información pertinente al representante del Estado (artículo 43.2); investigación in loco (artículo 44); fijación de la oportunidad para la recepción y obtención de las pruebas (artículo 45.5); examen de las pruebas que suministren el Gobierno y el peticionario, las que recoja de testigos de los hechos o que obtenga mediante documentos, registros, publicaciones, etc. (artículo 46.1). Además de las disposiciones de su Reglamento, la Corte Interamericana ha establecido, a través de su jurisprudencia, desde los primeros casos contenciosos –Viviana Gallardo, Velásquez Rodríguez, Godínez Cruz, Fairén Garbi y Solís Corrales, entre otros–, los criterios rectores del proceso y, especialmente, de la prueba, en fecunda y reconocida creación del Derecho, no solo para suplir vacíos normativos, sino también para afirmar la naturaleza especial de su competencia y desarrollar los principios sustantivos del derecho internacional de los derechos humanos. La jurisprudencia de la Corte Interamericana –al igual que su Estatuto y su Reglamento– ha utilizado como fuente inmediata en materia probatoria, la experiencia de la Corte Internacional de Justicia. Esta, a su vez, tuvo como antecedentes el Proyecto de Disposiciones sobre Procedimiento para el Arbitraje Internacional, preparado en 1875 por el Instituto de Derecho Internacional; las Convenciones de La Haya de 1899 y 1907 sobre el Arreglo Pacífico de las Controversias Internacionales y la práctica reiterada durante muchos años de las Cortes Internacionales de Arbitraje": Alirio Abreu Burelli, "La prueba en los procesos ante la Corte Interamericana de Derechos Humanos", en [http://www.bibliojuridica.org /libros/5/2454/8.pdf. Disponible en www.juridicas.unam.mxp.113. Consultado el 20 de abril de 2012].

[127] Alirio Abreu Burelli, "La prueba en los procesos ante la Corte Interamericana de Derechos Humanos", cit, p. 115. Si bien el derecho procesal disciplina las formas, ello no impide que contenga normas de carácter sustancial, al desarrollar principios constitucionales sobre la administración de justicia, la tutela del orden jurídico, la tutela de la libertad y dignidad del hombre y de sus derechos fundamentales. El acceso a la justicia, el derecho a la defensa, el derecho de petición, la igualdad de las partes, derivan de mandatos constitucionales".

y supraconstitucionalmente (para lo que el juez contencioso administrativo puede ejercer el debido control de convencionalidad), tal como en la sentencia del caso Manuel Cepeda contra Colombia se sostiene:

"[…] 140. En lo que concierne al acceso a la justicia, valga destacar que en este caso los tribunales contencioso administrativos no establecieron responsabilidad institucional por acción de funcionarios estatales en la ejecución del Senador Cepeda Vargas, que considerara la transgresión de sus derechos a la vida y la integridad personal, entre otros, a pesar de que al momento de sus decisiones se contaba ya con los resultados parciales del proceso penal e incluso del disciplinario. En este sentido, no contribuyeron de manera sustancial al cumplimiento del deber de investigar y esclarecer los hechos […]. Llama la atención que en uno de los procesos el Consejo de Estado no valoró los resultados parciales de las investigaciones penales y disciplinarias en las que constaba la responsabilidad de los dos sargentos del Ejército Nacional, por considerar que la documentación fue remitida en copia simple[128]. Si bien no correspondía a esta vía establecer responsabilidades individuales, al determinar la responsabilidad objetiva del Estado las autoridades jurisdiccionales deben tomar en cuenta todas las fuentes de información a su disposición. Por ende, las autoridades encargadas de estos procedimientos estaban llamadas no sólo a verificar las omisiones estatales, sino a determinar los alcances reales de la responsabilidad institucional del Estado".

9.1.7.- Lo que implica, interpretada la Convención Americana de Derechos Humanos, en especial los artículos 1.1, 2 y 25 y la jurisprudencia de la Corte Interamericana de Derechos Humanos que es esencial que en la valoración de las pruebas trasladadas se infunde como presupuesto sustancial la convencionalidad, de manera que en eventos, casos o hechos en los que se discuta la violación de los derechos humanos y del derecho internacional humanitario se emplee "como principio básico la llamada prueba racional o de la "sana crítica", que tiene su fundamento en las reglas de la *lógica y de la experiencia*, ya que la libertad del juzgador no se apoya exclusivamente en la íntima convicción, como ocurre con el veredicto del jurado popular, ya que por el contrario, el tribunal está obligado a fundamentar cuidadosamente los criterios en que se apoya para pronunciarse sobre la veracidad de los hechos señalados por una de las partes y que no fueron desvirtuados por la parte contraria"[129].

9.1.8.- A lo anterior cabe agregar que en el ordenamiento jurídico internacional la Corte Internacional de Justicia ha procurado argumentar que el juez debe orientarse por el principio de la sana crítica y de la libertad de apreciación de los medios probatorios que obren en los procesos, y que debe desplegar un papel activo. En ese sentido se sostiene:

---

[128]   *Cfr.* sentencia de apelación emitida por la Sección Tercera de la Sala de lo Contencioso Administrativo del Consejo de Estado, rad. 250002326000199612680-01 (20.511), 20 de noviembre de 2008, fls. 4524 a 4525.

[129]   COLOMBIA, Consejo de Estado, sentencia de 3 de diciembre de 2014, exp. 26737, C.P.: Jaime Orlando Santofimio Gamboa. Héctor Fix-Zamudio, "Orden y valoración de las pruebas en la función contenciosa de la Corte Interamericana de Derechos Humanos", en [http://www.corteidh.org.cr/tablas/a11690.pdf; Consultado 20 de abril de 2012].

"[...] Uno de los principios establecidos por la Corte Internacional de Justicia –destacado por la doctrina jurídica e incorporado en las legislaciones procesales de derecho interno– se refiere a la afirmación de que, en cuanto al fondo del derecho, la justicia internacional en su desarrollo flexible y empírico rechaza el exclusivo sistema de pruebas legales que impone al juez una conducta restrictiva, particularmente, en la prohibición de determinadas pruebas. El juez debe gozar de una gran libertad en la apreciación de la prueba a fin de que pueda elaborar su convicción sin estar limitado por reglas rígidas.

Asimismo la Corte Internacional de Justicia ha señalado que en materia probatoria ella no tiene un papel pasivo y debe tomar la iniciativa de traer al proceso las pruebas que considere pertinentes si estima que las existentes no son suficientes para cumplir sus finalidades. Así lo dispone el artículo 48 de Estatuto, al ordenar que "la Corte dictará las providencias necesarias para el curso del proceso, decidirá la forma y los términos a que cada parte debe ajustar sus alegatos y adoptará las medidas necesarias para la práctica de la pruebas". En el mismo sentido el artículo 49 *eiusdem* dispone que, "aun antes de empezar una vista, puede pedir a los agentes que produzcan cualquier documento o den cualesquiera explicaciones. Si se negaren a hacerlo, se dejará constancia formal del hecho". Igualmente puede la Corte (artículo 34, parágrafo 2) "solicitar de organizaciones internacionales públicas información relativa a casos que se litiguen en la Corte y recibirá la información que dichas organizaciones envíen por iniciativa propia"[130].

9.1.9.- Examinados los criterios convencionales con base en los cuales cabe apreciar y apreciar los medios probatorios que son objeto de traslado, debe analizarse cuáles son los que operan para tener en cuenta los documentos que se aportan, allegan o incorporan al proceso contencioso administrativo en copia simple.

9.2. <u>Valor probatorio de los documentos aportados, allegados o incorporados en copia simple al proceso contencioso administrativo.</u> Antes del año 2013 la Sección Tercera del Consejo de Estado de Colombia encontraba serias restricciones para dar valor probatorio, o para analizar siquiera aquellos documentos aportados en copia simple, esto es, no auténtica o autenticada, por los actores dentro del proceso contencioso administrativo. La regla normativa que operaba se derivaba de la interpretación que se deba a los artículos 253 y 254 del Código de Procedimiento Civil de Colombia. Sin embargo, dicha interpretación encuentra como ruptura la sentencia de la Sección Tercera de 28 de agosto de 2013[131] [expediente 25022[132]]

---

[130] Abreu Burelli, "La prueba en los procesos ante la Corte Interamericana de Derechos Humanos", *cit.*, pp. 114 y 115.

[131] Con anterioridad la Sub-sección C de la Sección Tercera del Consejo de Estado de Colombia había considerado la procedencia de la valoración probatoria de los documentos aportados en copia simple, puede verse: COLOMBIA, Consejo de Estado, Sección Tercera, Sub-sección C, sentencia de 12 de agosto de 2013, exp. 27346. "[...] No obstante, es igualmente importante prever que la jurisprudencia ha establecido excepciones a las reglas probatorias anteriormente anotadas, las cuales se han circunscrito, principalmente, a las pruebas documentales trasladadas de procesos diferentes al contencioso, a aquellas que provienen de la entidad demandada y las que han obrado a lo largo del plenario o han sido coadyuvadas por la parte contra quien se adecuen, por cuanto se presume el pleno conocimiento de la prueba en la parte contraria y la posibilidad de controvertirla o, incluso, de alegarla a su favor. Lo anterior atendiendo el principio de lealtad procesal [...] Así, en reciente pronunciamiento la Sala de

Subsección C, en aras de respetar el principio constitucional de buena fe y el deber de lealtad procesal, reconoció valor probatorio a una prueba documental allegada con el escrito introductorio en copia simple, que obró a lo largo del proceso, en un caso donde la Nación al contestar la demanda admitió tenerla como prueba y aceptó el hecho a que se refería dicho documento, donde, además, una vez surtidas las etapas de contradicción, dicha prueba no fue cuestionada en su veracidad por la entidad demandada" [COLOMBIA, Consejo de Estado, Sección Tercera, Sub-sección C, sentencia de 18 de julio de 2012, exp. 22417. C.P.: Enrique Gil Botero]". COLOMBIA, Consejo de Estado, Sección Tercera, Sub-sección C, sentencia de 18 de enero de 2012, exp. 1999-01250.

[132] La cual, para estos efectos, y por la importancia las consideraciones y razonamientos efectuados en ella, se cita *in extenso*: "Como se aprecia, las disposiciones contenidas en los artículos 252 y 254 del C.P.C., resultan aplicables a los procesos de naturaleza contencioso administrativa en curso, de conformidad con la regla de integración normativa contenida en el artículo 267 del C.C.A. De otro lado, es necesario destacar la modificación introducida por el artículo 11 de la ley 1395 de 2010, que cambió el inciso cuarto del artículo 252 del C.P.C., para señalar que los documentos privados elaborados o suscritos por las partes, incorporados al proceso en original o copia se presumen auténticos, sin necesidad de presentación personal ni autenticación, salvo los que provienen de terceros que revisten la condición de dispositivos. No obstante, con la promulgación de la ley 1437 de 2011 –nuevo código de procedimiento administrativo y de lo contencioso administrativo– se profirió una disposición especial aplicable a los asuntos de conocimiento de esta jurisdicción, precepto cuyo contenido y alcance era el siguiente: "ARTÍCULO 215. VALOR PROBATORIO DE LAS COPIAS. Se presumirá, salvo prueba en contrario, que las copias tendrán el mismo valor del original cuando no hayan sido tachadas de falsas, para cuyo efecto se seguirá el trámite dispuesto en el Código de Procedimiento Civil. "La regla prevista en el inciso anterior no se aplicará cuando se trate de títulos ejecutivos, caso en el cual los documentos que los contengan deberán cumplir los requisitos exigidos en la ley." De allí que la citada disposición resultaba aplicable a los procesos contencioso administrativos que estuvieran amparados por la regla de transición contenida en el artículo 308 de la misma ley 1437 de 2011. Lo relevante del artículo 215 de la ley 1437 de 2011 –C.P.A.C.A.– era que incorporaba o concentraba la regulación legal del valor probatorio de las copias en una sola disposición, que no se prestaba para interpretaciones o hermenéuticas en relación bien con la clase o naturaleza del documento –público o privado– así como tampoco con su autor, signatario o suscriptor –las partes o terceros–. En esa lógica, la normativa mencionada constituía un régimen de avanzada en el que el principio de buena fe contenido en el texto constitucional (artículo 83) y desarrollado ampliamente en el Código Civil –en sus vertientes objetiva y subjetiva– se garantizaba plenamente, toda vez que correspondía a las partes o sujetos procesales tachar de falsas las copias que, en su criterio, no correspondían con el original y, por lo tanto, dar paso al incidente de tacha de falsedad del respectivo documento. Es así como, con el artículo 215 de la ley 1437 de 2011, se permitía que las partes aportaran los documentos que tenían en su poder en copia, sin importar que los mismos fueran elaborados por aquéllas, por terceros o inclusive que provinieran de una autoridad administrativa o judicial. Era el reconocimiento pleno del principio de confianza que debe imperar en toda sociedad moderna, siempre y cuando se otorguen las herramientas para surtir de manera efectiva el derecho de contradicción. En esa línea de pensamiento, las regulaciones contenidas en las leyes 1395 de 2010 y 1437 de 2011 eran el reflejo de una concepción del proceso más moderna, alejada de los ritualismos y formalismos que tanto daño le han hecho a la administración de justicia, puesto que atentan contra los principios de celeridad y eficacia [...] No obstante, con la expedición de la ley 1564 de 2012 –nuevo código general del proceso– corregido mediante el Decreto 1736 de 2012, se derogó expresamente el inciso primero del artículo 215 de la ley 1437 de 2011, C.P.A.C.A [...] Así las cosas, al haber derogado el Código General del Proceso C.G.P., la disposición

que abre la posibilidad para que el juez contencioso administrativo valore probatoriamente los mencionados documentos en copia simple.

9.2.1.- Si bien, "la Sección Tercera[133] ha sostenido que las copias simples carecen de valor probatorio por cuanto no cumplen con las exigencias establecidas en los artículos 253 y 254 del C.P.C., según las cuales los documentos públicos y privados aportados en fotocopia simple por personas que no los suscriben no pueden ser teni-

---

contenida en la ley 1437 de 2011, resulta incuestionable que las normas para la valoración de las copias son las contenidas en los artículos 252 y 254 del C.P.C., preceptos que mantienen vigencia, ya que sólo la perderán a partir del 1º de enero de 2014, según lo dispuesto en el artículo 627 de la codificación general citada [...] Así las cosas, cuando entre en vigencia el acápite correspondiente a la prueba documental, contenida en el C.G.P., se avanzará de manera significativa en la presunción de autenticidad de los documentos, lo que es reflejo del principio de buena fe constitucional; lo anterior, toda vez que de los artículos 243 a 245 del C.G.P., se pueden extraer algunas conclusiones: i) los documentos públicos o privados, emanados de las partes o de terceros, en original o en copia, se presumen auténticos, ii) es posible que las partes los tachen de falsos o los desconozcan, lo que originará que se surta el respectivo trámite de la tacha, iii) los documentos se pueden aportar al proceso en original o en copia, iv) las copias, por regla general, tendrán el mismo valor probatorio que el documento original, salvo disposición especial en contrario, v) cuando se aporta un documento en copia, corresponde a la parte que lo allega indicar –si lo conoce– el lugar donde reposa el original para efectos de realizar el respectivo cotejo, de ser necesario, y vi) las partes pueden solicitar el cotejo de los documentos aportados en copias. Por consiguiente, el legislador ha efectuado un constructo que busca superar la rigidez y la inflexibilidad de un sistema procesal basado en los formalismos, que distancia a las partes en el proceso, crea costos para los sujetos procesales y, en términos de la teoría económica del derecho, desencadena unas externalidades que inciden de manera negativa en la eficiencia, eficacia y la celeridad de los trámites judiciales. Ahora bien, una vez efectuado el recorrido normativo sobre la validez de las copias en el proceso, la Sala insiste en que –a la fecha– las disposiciones que regulan la materia son las contenidas en los artículos 252 y 254 del C.P.C., con la modificación introducida por el artículo 11 de la ley 1395 de 2010, razón por la cual deviene inexorable que se analice el contenido y alcance de esos preceptos a la luz del artículo 83 de la Constitución Política y los principios contenidos en la ley 270 de 1996 –estatutaria de la administración de justicia– [...] Por lo tanto, la Sala en aras de respetar el principio constitucional de buena fe, así como el deber de lealtad procesal reconocerá valor a la prueba documental que ha obrado a lo largo del proceso y que, surtidas las etapas de contradicción, no fue cuestionada en su veracidad por las entidades demandadas [...] En otros términos, a la luz de la Constitución Política negar las pretensiones en un proceso en el cual los documentos en copia simple aportados por las partes han obrado a lo largo de la actuación, implicaría afectar –de modo significativo e injustificado– el principio de la prevalencia del derecho sustancial sobre el formal, así como el acceso efectivo a la administración de justicia (arts. 228 y 229 C.P.) [...] Lo anterior, no quiere significar en modo alguno, que la Sala desconozca la existencia de procesos en los cuales, para su admisión y trámite, es totalmente pertinente el original o la copia auténtica del documento respectivo público o privado. En efecto, existirán escenarios –como los procesos ejecutivos– en los cuales será indispensable que el demandante aporte el título ejecutivo con los requisitos establecidos en la ley (*v.gr.* el original de la factura comercial, el original o la copia auténtica del acta de liquidación bilateral, el título valor, etc.) [...]".

133   COLOMBIA, Consejo de Estado, Sección Tercera, sentencias de 4 de mayo de 2000, expediente 17566; 27 de noviembre de 2002, expediente 13541; de 31 de agosto de 2006, expediente 28448; de 21 de mayo de 2008, expediente 2675; de 13 de agosto de 2008, expediente: 35062, entre otras.

dos en cuenta, en consideración a que únicamente tienen valor probatorio aquellos aportados en original o en copia autorizada por notario, director de oficina administrativa o de policía, secretario de oficina judicial o autenticada por notario, previa comparación con el original o con la copia autenticada que se le presente", de la misma jurisprudencia se puede establecer que en aquellos eventos en los que el Estado como demandado en su contestación de la demanda no se opone a tener como prueba a los documentos aportados en copia simple, ni los tacha de falsos, sino que conscientemente manifiesta su intención que los mismos fueren valorados dentro del proceso contencioso administrativo, por ejemplo al emplearlos en la argumentación de su defensa en alguna de las instancias, debe prevalecer el derecho material, la tutela judicial efectiva convencional [artículos 1.1, 2 y 25 de la Convención Americana de Derechos Humanos] y constitucionalmente garantiza [artículos 29 y 229 de la Carta Política colombiana].

9.2.2.- No obstante, cuando se trata de hechos sobre los que los documentos aportados en copia simple pueden permitir determinar, dilucidar o verificar con verosimilitud y certeza un serio compromiso en la vulneración de ciertos derechos humanos y del derecho internacional humanitario, se afirma que "la valoración de los elementos probatorios no puede agotarse sólo en la comprensión de las normas del ordenamiento jurídico interno, sino que debe propender por garantizar aquellas que convencionalmente son exigibles, especialmente las relaciones con la plenitud del acceso a la administración de justicia y las garantías judiciales para todos los extremos de la litis. En ese sentido, cuando se trata de debatir la vulneración o no de derechos humanos consagrados en la Convención Americana de Derechos Humanos, o en cualquier otra norma convencional internacional, son admisibles, debe tenerse en cuenta que la jurisprudencia de la Corte Interamericana de Derechos Humanos admite "aquellos documentos que se encuentren completos o que, por lo menos, permitan constatar su fuente y fecha de publicación, y los valorará tomando en cuenta el conjunto del acervo probatorio, los alegatos del Estado y las reglas de la sana crítica"[134], llegando a establecer que cuando se trata de documentos comprendidos en enlaces electrónicos el juez interamericano establece "que si una parte proporciona al menos el enlace electrónico directo del documento que cita como prueba y es posible acceder a éste, no se ve afectada la seguridad jurídica no el equilibrio procesal, porque es inmediatamente localizable por el Tribunal y por las otras partes"[135],[136].

9.2.3.- Como se señaló anteriormente, la discusión respecto de la posibilidad de valorar las pruebas aportadas en copia simple, "fue finalmente zanjada en la sentencia de unificación jurisprudencial proferida el 28 de agosto de 2013 por la Sala Ple-

---

[134] Corte Interamericana de Derechos Humanos, caso *Furlán y familiares vs. Argentina*, sentencia de 31 de agosto de 2012, párrafo 65. Puede verse también: caso *Velásquez Rodríguez vs Honduras*, párrafo 146; caso *Pueblo Indígena Kichwa de Sarayacu vs Ecuador*, párrafo 36.

[135] Corte Interamericana de Derechos Humanos, caso *Furlán y familiares vs. Argentina*, sentencia de 31 de agosto de 2012, párrafo 66. Puede verse también: caso *Escué Zapata vs. Colombia*, sentencia de 4 de julio de 2007, párrafo 26; caso *Pueblo Indígena Kichwa de Sarayacu vs. Ecuador*, párrafo 37.

[136] COLOMBIA, Consejo de Estado, Sección Tercera, Sub-sección C, sentencia de 3 de diciembre de 2014, exp. 45433. C.P.: Jaime Orlando Santofimio Gamboa.

na de la Sección Tercera [expediente 25022], según la cual "[…] el criterio jurisprudencial que se prohíja en esta providencia, está relacionado específicamente con los procesos ordinarios contencioso administrativos (objetivos o subjetivos) en los cuales las partes a lo largo de la actuación han aportado documentos en copia simple, sin que en ningún momento se haya llegado a su objeción en virtud de la tacha de falsedad (*v.gr.* contractuales, reparación directa, nulidad simple, nulidad y restablecimiento del derecho), salvo, se itera, que exista una disposición en contrario que haga exigible el requisito de las copias auténticas como por ejemplo el artículo 141 del C.C.A., norma reproducida en el artículo 167 de la ley 1437 de 2011 –nuevo Código de Procedimiento Administrativo y de lo Contencioso Administrativo"[137].

9.2.4.- Por lo tanto, "en consideración a lo anterior y atendiendo a que la normatividad aplicable sigue siendo la consignada en el Código de Procedimiento Civil – por expresa remisión del artículo 267 del Código Contencioso Administrativo– y, aun cuando no se cumplió con el requisito de autenticación de la copia previsto en el artículo 254 de la ley procesal civil, la Sala considera en esta oportunidad, en aras de la prevalencia del derecho sustancial sobre el formal, y de la garantía del derecho de acceso a la justicia consagrado en los artículos 228 y 229 de la Constitución Política, que no pueden aplicarse las formas procesales con excesivo rigorismo y en forma restrictiva, con el fin de desconocer lo que las mismas partes no han hecho y ni siquiera han discutido durante el proceso, como lo es la autenticidad de los documentos allegados por las partes en copia simple"[138].

9.2.5.- Dicha flexibilización no comprende la "exoneración de la carga de cumplir con las reglas contenidas en la ley procesal civil frente a la aportación de copias de documentos que siguen vigentes y en pleno rigor. Lo que sucede en esta ocasión, es que ambas partes aceptaron que los documentos fuesen apreciables y coincidieron en la valoración de los mismos en forma recíproca [la parte demandada coadyuvó las pruebas solicitadas por la parte actora], no sólo al momento de su aportación, sino durante el transcurso del debate procesal[139], por lo tanto serán valorados por la Subsección para decidir el fondo del asunto[140],[141].

9.2.6.- Revisados los criterios para apreciar y valorar los documentos aportados, allegados o incorporados en copia simple, debe estudiarse las condiciones para tener en cuenta los recortes o informaciones de prensa.

---

137 COLOMBIA, Consejo de Estado, Sección Tercera, Sub-sección C, sentencia de 3 de diciembre de 2014, exp. 45433. C.P.: Jaime Orlando Santofimio Gamboa.

138 COLOMBIA, Consejo de Estado, Sección Tercera, Sub-sección C, sentencia de 3 de diciembre de 2014, exp. 45433. C.P.: Jaime Orlando Santofimio Gamboa.

139 Posición que puede verse en: COLOMBIA, Consejo de Estado, Sección Tercera, sentencia de la Sub-sección C, de 18 de enero de 2012, expediente: 19920, C.P.: Jaime Orlando Santofimio Gamboa. Sobre la valoración de copia simple también puede verse las sentencias de 18 de septiembre de 1997, expediente: 9666; 21 de febrero 21 de 2002, expediente: 12789; 26 de mayo de 2010, expediente: 18078; 27 de octubre de 2011, expediente: 20450.

140 Posición reiterada en: COLOMBIA, Consejo de Estado, Sección Tercera, Sub-sección C, sentencia de 18 de enero de 2012, expediente 19920, C.P.: Jaime Orlando Santofimio Gamboa.

141 COLOMBIA, Consejo de Estado, Sección Tercera, Sub-sección C, sentencia de 3 de diciembre de 2014, exp. 45433. C.P.: Jaime Orlando Santofimio Gamboa.

9.3.- <u>Valor probatorio de los recortes o informaciones de prensa dentro de un proceso contencioso administrativo.</u> La experiencia indica desde hace años que con mayor frecuencia se utilizan recortes o informaciones de prensa para evidenciar, demostrar o plantear la notoriedad de hechos que por sus condiciones repercuten en la sociedad por sus profundas violaciones a los derechos humanos y al derecho internacional humanitario. Esto ha obligado a que la jurisprudencia de la Sección Tercera, en especial de sus Sub-secciones, del Consejo de Estado Colombia pase de negar su valor probatorio[142], a considerar que "las informaciones públicas en diarios no pueden ser consideradas dentro de un proceso como una prueba testimonial porque carecen de los requisitos esenciales que identifican este medio probatorio, en particular porque no son suministradas ante un funcionario judicial, no son rendidos bajo la solemnidad del juramento, no [*sic*] el comunicador da cuenta de la razón de la ciencia de su dicho (art. 228 C.P.C), pues por el contrario, éste tiene el derecho a reservarse sus fuentes. Los artículos de prensa pueden ser apreciados como prueba documental y por lo tanto, dan certeza de la existencia de las informaciones, pero no de la veracidad de su contenido. Debe recordarse que el documento declarativo difiere de la prueba testimonial documentada. Por lo tanto, si bien el documento puede contener una declaración de tercero, el contenido del mismo no puede ser apreciado como un testimonio, es decir, la prueba documental en este caso da cuenta de la existencia de la afirmación del tercero, pero las afirmaciones allí expresadas deben ser ratificadas ante el juez, con el cumplimiento de los demás requisitos para que puedan ser apreciadas como prueba testimonial"[143].

---

[142] COLOMBIA, Consejo de Estado, Sección Tercera, sentencias de 27 de junio de 1996, exp. 9255; de 18 de septiembre de 1997, exp. 10230; de 25 de enero de 2001, exp. 3122; de 16 de enero de 2001, exp. ACU-1753; de 1 de marzo de 2006, exp. 16587; Subsección C, sentencia de 20 de junio de 2013, exp. 23603, C.P.: Jaime Orlando Santofimio Gamboa. "[…] Sin embargo, los reportes periodísticos allegados al expediente carecen por completo de valor probatorio, toda vez que se desconoce su autor y su contenido no ha sido ratificado y, adicionalmente, por tratarse de las informaciones publicadas en diarios no pueden ser consideradas dentro de un proceso como prueba testimonial, como que [*sic*] adolecen de las ritualidades propias de este medio de prueba; no fueron rendidas ante funcionario judicial, ni bajo la solemnidad del juramento, no se dio la razón a su dicho (art. 227 C.P.C). Estos recortes de prensa tan sólo constituyen evidencia de la existencia de la información, pero no de la veracidad de su contenido, por lo que no ostenta valor probatorio eficaz merced a que se limitan a dar cuenta de la existencia de la afirmación del tercero, pero las afirmaciones allí expresadas deben ser ratificadas ante el juez, con el cumplimiento de los demás requisitos para que puedan ser apreciadas como prueba testimonial. De modo que el relato de los hechos no resulta probado a través de las publicaciones periodísticas a que se alude en la demanda, habida consideración que no configura medio probatorio alguno de lo debatido en el proceso, pues tan sólo constituyen la versión de quien escribe, que a su vez la recibió de otro desconocido para el proceso".

[143] COLOMBIA, Consejo de Estado, Sección Tercera, sentencia de 10 de noviembre de 2000, exp. 18298; Sub-sección C, sentencias de 20 de junio de 2013, exp. 23603, C.P.: Jaime Orlando Santofimio Gamboa; de 3 de diciembre de 2014, exp. 26737, C.P.: Jaime Orlando Santofimio Gamboa. "Y si bien no puede considerarse a la información de prensa con la entidad de la prueba testimonial, sino con el valor que puede tener la prueba documental, no puede reputarse su no conducencia, o su inutilidad, ya que en su precedente la Sección Tercera y la Sub-sección C considera […] que por regla general la ley admite la prueba documental y no la prohíbe respecto de los hechos que se alegan en este caso".

9.3.1.- En cuanto a los recortes de prensa la jurisprudencia del Consejo de Estado de Colombia considera que "las informaciones publicadas en diarios no pueden ser consideradas pruebas testimoniales porque carecen de los requisitos esenciales que identifican este medio probatorio –artículo 228 del C.P.C–, por lo que sólo pueden ser apreciadas como prueba documental de la existencia de la información y no de la veracidad de su contenido"[144].

9.3.2.- En la mencionada jurisprudencia se sostiene que "la información de prensa puede constituirse en un indicio contingente"[145]. Aunado este argumento a los anteriores, se concluye que "es necesario considerar racionalmente su valor probatorio como prueba de una realidad de la que el juez no puede ausentarse, ni puede obviar en atención a reglas procesales excesivamente rígidas"[146].

9.4.- La exposición anterior de los aspectos procesales a los que se sujeta el juez de lo contencioso administrativo permite advertir la aplicación del control de convencionalidad no solo en su dimensión formal (control respecto de las normas procesales internas), sino también en la material, ya que en muchas ocasiones la víctima es el extremo débil frente a la demostración de los supuestos de hecho en los que se produce un daño antijurídico imputable a la responsabilidad del Estado, sin que se convierta en una regla general, sino enfocado a aquellos eventos en los que se produce la violación de derechos humanos, o del derecho internacional humanitario.

9.5.- Luego de abordar los aspectos procesales, acto seguido se examinan los elementos en los que sustenta la responsabilidad del Estado, partiendo de la premisa según la cual el instituto de la responsabilidad es una herramienta que permite la concreción del control de convencionalidad [en sus dos dimensiones: formal y material], y debe promover un efecto preventivo y la eficacia en la actividad de la Administración pública [globalmente considerada].

---

[144]   COLOMBIA, Consejo de Estado, Sección Tercera, sentencias de 15 de junio de 2000, exp. 13338; de 10 de noviembre de 2000, exp. 18298; de 25 de enero de 2001, exp. 11413; de 19 de agosto de 2009, exp. 16363; de la Sub-sección C, sentencias de 20 de junio de 2013, exp. 23603, C.P.: Jaime Orlando Santofimio Gamboa; de 3 de diciembre de 2014, exp. 26737, C.P.: Jaime Orlando Santofimio Gamboa; de 26 de junio de 2015, exp. 30385, C.P.: Jaime Orlando Santofimio Gamboa.

[145]   COLOMBIA, Consejo de Estado, Sección Tercera, sentencia de 30 de mayo de 2002, exp. 1251-00; de la Sub-sección C, sentencias de 20 de junio de 2013, exp. 23603, C.P.: Jaime Orlando Santofimio Gamboa; de 20 de octubre de 2014, exp. 31250, C.P.: Jaime Orlando Santofimio Gamboa; de 3 de diciembre de 2014, exp. 26737, C.P.: Jaime Orlando Santofimio Gamboa.

[146]   COLOMBIA, Consejo de Estado, Sección Tercera, Sub-sección C, aclaración de voto a la sentencia de 31 de enero de 2011, exp. 17842, Aclaración Consejero Jaime Orlando Santofimio Gamboa; Sub-sección C, sentencias de 20 de junio de 2013, exp. 23603, C.P.: Jaime Orlando Santofimio Gamboa; de 20 de octubre de 2014, exp. 31250, C.P.: Jaime Orlando Santofimio Gamboa; de 3 de diciembre de 2014, exp. 26737, C.P.: Jaime Orlando Santofimio Gamboa.

5. *Elementos para el establecimiento y encuadramiento de la responsabilidad patrimonial del Estado bajo el modelo convencional y constitucional.*

    A. *Aproximación al daño antijurídico: concepto esencialmente casuístico o normativo.*

        a. *La noción de daño en su sentido general.*

10.- Daño ha de entenderse como la lesión definitiva a un derecho o a un interés jurídicamente tutelado de una persona. Sin embargo, el daño objeto de la reparación sólo es aquel que reviste la característica de ser *antijurídico*. En este sentido, el daño sólo adquirirá el carácter de *antijurídico* y en consecuencia será indemnizable, si cumple una serie de requisitos como lo son, el de ser personal, cierto y directo, tal y como lo explica Mazeaud:

> "Es un principio fundamental del derecho francés, aun cuando no esté formulado en ningún texto legal, que, para proceder judicialmente, hay que tener un interés: «Donde no hay interés, no hay acción». Una vez establecido el principio, ha surgido el esfuerzo para calificar ese interés que es necesario para dirigirse a los tribunales: debe ser cierto, debe ser personal. Pero se agrega: debe ser «legítimo y jurídicamente protegido» […]"[147].

11.- Ahora bien, los elementos constitutivos del daño son: (1) la certeza del daño; (2) el carácter personal, y (3) directo. El carácter cierto, como elemento constitutivo del daño se ha planteado por la doctrina tanto colombiana como francesa, como aquel perjuicio actual o futuro, a diferencia del eventual[148]. En efecto, el Consejo de Estado, ha manifestado que para que el daño pueda ser reparado debe ser cierto[149-150], esto es, no un daño genérico o hipotético sino específico, cierto: el que sufre una persona determinada en su patrimonio:

> "[…] tanto doctrinal como hipotéticamente ha sido suficientemente precisado que dentro de los requisitos necesarios para que proceda la reparación económica de los perjuicios materiales, es indispensable que el daño sea cierto; es decir, que no puede ser eventual, hipotético, fundado en suposiciones o conjeturas; aunque no se opone a dicha certeza la circunstancia de que el daño sea futuro. Lo que se exige es que no exista duda alguna sobre su ocurrencia[151]".

12.- La existencia es entonces la característica que distingue al daño cierto, pero, si la existencia del daño es la singularidad de su certeza no se debe sin embargo confundir las diferencias entre la existencia del perjuicio y la determinación en su

---

[147]   Mazeaud. *Lecciones de derecho civil*. Parte primera. Volumen I. *Introducción al estudio del derecho privado, derecho objetivo y derechos subjetivos*. Traducción de Luis Alcalá-Zamora y Castillo. Buenos Aires, Ediciones Jurídicas Europa-América, 1959, p. 510.

[148]   René Chapus, *Responsabilité Publique et responsabilité privée, ob. cit.*, p.507.

[149]   COLOMBIA, Consejo de Estado, Sección Tercera, sentencia de 2 de junio de 1994, expediente 8998.

[150]   COLOMBIA, Consejo de Estado, Sección Tercera, sentencia de 19 de octubre de 1990, expediente 4333.

[151]   Salvamento de voto del Consejero de Estado Joaquín Barreto al fallo del 27 de marzo de 1990 de la Plenaria del Consejo de Estado, expediente S-021.

indemnización[152]. De igual forma, para que el daño se considere existente es indiferente que sea pasado o futuro, pues el problema será siempre el mismo: probar la certeza del perjuicio, bien sea demostrando que efectivamente se produjo, bien sea probando que, el perjuicio aparezca como la prolongación cierta y directa de un estado de cosas actual[153].

b.   *La noción de daño antijurídico.*

13.- Se considera como tal, la afectación, menoscabo, lesión o perturbación a la esfera personal [carga anormal para el ejercicio de un derecho o de alguna de las libertades cuando se trata de persona natural], a la esfera de actividad de una persona jurídica [carga anormal para el ejercicio de ciertas libertades], o a la esfera patrimonial [bienes e intereses], que no es soportable por quien lo padece bien porque es irrazonable, o porque no se compadece con la afirmación de interés general alguno.

13.1 Así pues, daño antijurídico es aquél que la persona no está llamada a soportar puesto que no tiene fundamento en una norma jurídica[154], o puede que se irrogue a pesar de no existir una ley que justifique o imponga la obligación de soportarlo.

13.2.- El daño antijurídico comprendido desde la dogmática jurídica de la responsabilidad civil extracontractual[155] y del Estado impone considerar dos compo-

---

[152]   Chapus. *Responsabilité Publique et responsabilité privée, ob. cit.*, p.403. En el mismo sentido el profesor Chapus ha manifestado "lo que el juez no puede hacer, en ausencia de la determinación del perjuicio, es otorgar una indemnización que repare, y ello por la fuerza misma de las cosas, porque la realidad y dimensión del perjuicio son la medida de la indemnización. Pero bien puede reconocer que la responsabilidad se compromete cuando la existencia del perjuicio se establece, sin importar las dudas que se tengan acerca de su extensión exacta".

[153]   Juan Carlos Henao, *El Daño-Análisis comparativo de la responsabilidad extracontractual del Estado en derecho colombiano y francés*, Universidad Externado de Colombia, Bogotá, 2007, p. 131

[154]   Karl Larenz, *Derecho de obligaciones*, T.I., *cit.*, p. 191. Desde la perspectiva del derecho civil de las obligaciones se concibe: "[…] Es consustancial al ser humano el que éste responda de sus acciones y de las consecuencias de éstas necesaria u objetivamente previsibles; ello significa que no puede desligarse de su acción ni de las consecuencias a él imputables considerándolas como algo externo a él, sino que en su propia conciencia las ha de admitir como suyas y ha de "tomarlas a su cargo", ha de responder de ellas. Y ello porque todos sus actos están sometidos a una ley, o más exactamente a varias, como la de su propia estimación, el respeto a la persona de otro y a la comunidad, cuya observancia o inobservancia de él depende. El que infringe las leyes de la moral o del ordenamiento jurídico y mediante esta violación daña a otro, está obligado conforme a la moral y al Derecho natural a reparar el daño causado. Por lo tanto, el fundamento de la obligación de indemnizar los daños está en este caso en el acto propio, culpable y antijurídico".

[155]   Fernando Pantaleón. "Cómo repensar la responsabilidad civil extracontractual (también de las Administraciones públicas)", en *AFDUAM*, Nº 4, 2000, p. 185: "el perjudicado a consecuencia del funcionamiento de un servicio público debe soportar el daño siempre que resulte (contrario a la letra o al espíritu de una norma legal o) simplemente irrazonable, conforme a la propia lógica de la responsabilidad patrimonial, que sea la Administración la que tenga que soportarlo". Luis Martín Rebollo. "La responsabilidad patrimonial de la administración pública en España: situación actual y nuevas perspectivas", en Rafael Badell Madrid, (coord.), *Congreso Internacional de Derecho Administrativo (En homenaje al Prof. Luis H. Farias Mata)*, Universidad Católica Andrés Bello, Caracas, 2006, pp. 278 y 279: "¿Cuándo un

nentes: a) el alcance del daño como entidad jurídica, esto es, "el menoscabo que a consecuencia de un acaecimiento o evento determinado sufre una persona ya en sus bienes vitales o naturales, ya en su propiedad o en su patrimonio"[156], o la "lesión de un interés o con la alteración 'in pejus' del bien idóneo para satisfacer aquel o con la pérdida o disponibilidad o del goce de un bien que lo demás permanece inalterado, como ocurre en supuestos de sustracción de la posesión de una cosa"[157]; y b) aquello que derivado de la actividad, de la omisión o de la inactividad de la administración pública no sea soportable, bien i) porque es contrario a la Carta Política o a una norma legal, o ii) porque sea "irrazonable"[158,] en clave de los derechos e intereses constitucionalmente reconocidos[159,] y iii) porque no encuentra sustento en la prevalencia, respeto o consideración del interés general[160], o de la cooperación social[161].

---

daño es antijurídico? Se suele responder a esta pregunta diciendo que se trata de un daño que el particular no está obligado a soportar por no existir causas legales de justificación en el productor del mismo, esto es, en las Administraciones Públicas, que impongan la obligación de tolerarlo. Si existe tal obligación el daño, aunque económicamente real, no podrá ser tachado de daño antijurídico. Esto es, no cabrá hablar, pues, de lesión".

[156] Karl Larenz, *Derecho de obligaciones*, citado en Luis Díez Picazo, *Fundamentos de derecho civil patrimonial. La responsabilidad civil extracont*ractual, T. V., Thomson-Civitas, Navarra, 2011, p. 329.

[157] R. Scognamiglio, en *Novissimo Digesto italiano*, citado *ibíd.*, p. 329.

[158] Pantaleón, "Cómo repensar la responsabilidad civil extracontractual", *cit.*, p. 186: "que lo razonable, en buena lógica de responsabilidad extracontractual, para las Administraciones públicas nunca puede ser hacerlas más responsables de lo que sea razonable para los entes jurídico-privados que desarrollan en su propio interés actividades análogas".

[159] John Stuart Mill, *Sobre la libertad*, 1ª reimpr., Alianza, Madrid, 2001, pp. 152 y 153: "¿Cuál es entonces el justo límite de la soberanía del individuo sobre sí mismo? ¿Dónde empieza la soberanía de la sociedad? ¿Qué tanto de la vida humana debe asignarse a la individualidad y qué tanto a la sociedad? [...] [E]l hecho de vivir en sociedad hace indispensable que cada uno se obligue a observar una cierta línea de conducta para con los demás. Esta conducta consiste, primero, en no perjudicar los intereses de otro; o más bien ciertos intereses, los cuales, por expresa declaración legal o por tácito entendimiento, deben ser considerados como derechos; y, segundo, en tomar cada uno su parte (fijada según un principio de equidad) en los trabajos y sacrificios necesarios para defender a la sociedad o sus miembros de todo daño o vejación".

[160] Jaime Orlando Santofimio Gamboa. "La cláusula constitucional de la responsabilidad del Estado: estructura, régimen y principio de convencionalidad como pilares en su construcción", en Allan Brewer-Carías; Jaime Orlando Santofimio Gamboa, *Convencionalidad y responsabilidad del Estado*, 1ª ed., Bogotá, Universidad Externado de Colombia, 2013.

[161] John Rawls, *Liberalismo político*, 1ª ed., 1ª reimpr., Fondo de Cultura Económica, Bogotá, 1996, p. 279; este presupuesto es idóneo para orientar en lo que puede consistir una carga no soportable, siguiendo a Rawls: "la noción de cooperación social no significa simplemente la de una actividad social coordinada, organizada eficientemente y guiada por las reglas reconocidas públicamente para lograr determinado fin general. La cooperación social es siempre para beneficio mutuo, y esto implica que consta de dos elementos: el primero es una noción compartida de los términos justos de la cooperación que se puede esperar razonablemente que acepte cada participante, siempre y cuando todos y cada uno también acepten esos términos. Los términos justos de la cooperación articulan la idea de reciprocidad y mutualidad; todos los que cooperan deben salir beneficiados y compartir las cargas comunes, de la manera como se juzga según un punto de comparación apropiado [...] El otro elemento co-

13.3.- En cuanto al daño antijurídico, la jurisprudencia constitucional señala que la "antijuridicidad del perjuicio no depende de la licitud o ilicitud de la conducta desplegada por la Administración sino de la no soportabilidad del daño por parte de la víctima"[162.] Así pues, y siguiendo la jurisprudencia constitucional, se ha señalado "que esta acepción del daño antijurídico como fundamento del deber de reparación estatal armoniza plenamente con los principios y valores propios del Estado Social de Derecho debido a que al Estado corresponde la salvaguarda de los derechos y libertades de los administrados frente a la propia Administración"[163]. De igual modo, se considera que el "artículo 90 de la Carta, atendiendo las [sic] construcciones jurisprudenciales, le dio un nuevo enfoque normativo a la responsabilidad patrimonial del Estado desplazando su fundamento desde la falla del servicio hasta el daño antijurídico. Ello implica la ampliación del espacio en el que puede declararse la responsabilidad patrimonial del Estado pues el punto de partida para la determinación de esa responsabilidad ya no está determinado por la irregular actuación estatal –bien sea por la no prestación del servicio, por la prestación irregular o por la prestación tardía– sino por la producción de un daño antijurídico que la víctima no está

---

rresponde a 'lo racional': se refiere a la ventaja racional que obtendrá cada individuo; lo que, como individuos, los participantes intentan proponer. Mientras que la noción de los términos justos de la cooperación es algo que comparten todos, las concepciones de los participantes de su propia ventaja racional difieren en general. La unidad de la cooperación social se fundamenta en personas que aceptan su noción de términos justos. Ahora bien, la noción apropiada de los términos justos de la cooperación depende de la índole de la actividad cooperativa misma: de su contexto social de trasfondo, de los objetivos y aspiraciones de los participantes, de cómo se consideran a sí mismos y unos respecto de los demás como personas".

[162]   COLOMBIA, Corte Constitucional, sentencia C-254 de 2003. Corte Constitucional, sentencia C-285 de 2002: "El artículo 90 de la Carta, atendiendo las [sic] construcciones jurisprudenciales, le dio un nuevo enfoque normativo a la responsabilidad patrimonial del Estado desplazando su fundamento desde la falla del servicio hasta el daño antijurídico. Ello implica la ampliación del espacio en el que puede declararse la responsabilidad patrimonial del Estado pues el punto de partida para la determinación de esa responsabilidad ya no está determinado por la irregular actuación estatal –bien sea por la no prestación del servicio, por la prestación irregular o por la prestación tardía– sino por la producción de un daño antijurídico que la víctima no está en el deber de soportar, independientemente de la regularidad o irregularidad de esa actuación". Fernando Pantaleón. "Cómo repensar la responsabilidad civil extracontractual (También de las Administraciones públicas)", en AFDUAM, N° 4, 2000, p. 168: es preciso advertir que una revisión de la doctrina de la responsabilidad civil extracontractual permite encontrar posturas según las cuales "debe rechazarse que el supuesto de hecho de las normas sobre responsabilidad civil extracontractual requiera un elemento de antijuri[di]cidad".

[163]   COLOMBIA, Corte Constitucional, sentencia C-333 de 1996. Luis Díez-Picazo. *Fundamentos del derecho civil patrimonial. La responsabilidad civil extracontractual*, Navarra, Aranzadi, 2011, p. 297: sin embargo, cabe advertir, con apoyo en la doctrina iuscivilista, que "no puede confundirse la antijuridicidad en materia de daños con lesiones de derechos subjetivos y, menos todavía, una concepción que los constriña, al modo alemán, a los derechos subjetivos absolutos, entendiendo por tales los derechos de la personalidad y la integridad física, el honor, la intimidad y la propia imagen y los derechos sobre las cosas, es decir, propiedad y derechos reales".

en el deber de soportar, independientemente de la regularidad o irregularidad de esa actuación"[164].

13.4.- La jurisprudencia constitucional considera que el daño antijurídico se encuadra en los "principios consagrados en la Constitución, tales como la solidaridad (art. 1°) y la igualdad (art. 13), y en la garantía integral del patrimonio de los ciudadanos, prevista por los artículos 2° y 58 de la Constitución"[165].

13.5.- Ha de quedar claro que se trata de un concepto que es constante en la jurisprudencia del Consejo Estado, que debe ser objeto de adecuación y actualización a la luz de los principios del Estado Social de Derecho, ya que, como lo señala el precedente de la Sala, un "Estado Social de Derecho y solidario y respetuoso de la dignidad de la persona humana, no puede causar daños antijurídicos y no indemnizarlos"[166]. Dicho daño ha de ser cierto, presente o futuro, determinado o determinable[167], anormal[168], y debe estarse ante una situación jurídicamente protegida[169].

13.6.- Cabe advertir que la Carta Política de 1991 introduce el concepto de daño antijurídico, cuya delimitación pretoriana no ha sido completa, y ha suscitado confu-

---

[164] COLOMBIA, Corte Constitucional, sentencia C-285 de 2002. Pantaleón, "Cómo repensar la responsabilidad civil extracontractual", *cit.*, p. 168: "Debe advertirse que revisada la doctrina de la responsabilidad civil extracontractual puede encontrarse posturas según las cuales 'debe rechazarse que el supuesto de hecho de las normas sobre responsabilidad civil extracontractual requiera un elemento de antijuri[di]cidad'".

[165] COLOMBIA, Corte Constitucional, sentencias C-333 de 1996 y C-832 de 2001. A lo que se agrega: "El artículo 90 de la Constitución Política le suministró un nuevo panorama normativo a la responsabilidad patrimonial del Estado. En primer lugar porque reguló expresamente una temática que entre nosotros por mucho tiempo estuvo supeditada a la labor hermenéutica de los jueces y que sólo tardíamente había sido regulada por la ley. Y en segundo lugar porque, al ligar la responsabilidad estatal a los fundamentos de la organización política por la que optó el constituyente de 1991, amplió expresamente el ámbito de la responsabilidad estatal haciendo que ella desbordara el límite de la falla del servicio y se enmarcara en el más amplio espacio del daño antijurídico". *Cfr.* Corte Constitucional, sentencias C-285 de 2002 y C-918 de 2002. Sin embargo, cabe advertir, apoyados en la doctrina iuscivilista, que "no puede confundirse la antijuridicidad en materia de daños con lesiones de derechos subjetivos y, menos todavía, una concepción que los constriña, al modo alemán, a los derechos subjetivos absolutos, entendiendo por tales los derechos de la personalidad y la integridad física, el honor, la intimidad y la propia imagen y los derechos sobre las cosas, es decir, propiedad y derechos reales": Díez-Picazo, *Fundamentos del derecho civil patrimonial, cit.*, p. 297.

[166] COLOMBIA, Consejo de Estado, Sección Tercera, sentencia de 9 de febrero de 1995, exp. 9550, C.P.: Julio César Uribe Acosta, en donde se agrega: "Para eludir el cumplimiento de sus deberes jurídicos no puede exigirle al juez que, como no le alcanzan sus recursos fiscales, no le condene por ejemplo, por los atentados de la fuerza pública, contra la dignidad de la persona humana".

[167] COLOMBIA, Consejo de Estado, Sección Tercera, sentencia de 19 de mayo de 2005, exp. 2001-01541 AG.

[168] COLOMBIA, Consejo de Estado, Sección Tercera, sentencia de 14 de septiembre de 2000, exp. 12166, C.P.: María Elena Giraldo Gómez: "por haber excedido los inconvenientes inherentes al funcionamiento del servicio".

[169] COLOMBIA, Consejo de Estado, Sección Tercera, sentencia de 2 de junio de 2005, exp. 1999-02382 AG.

siones, en particular con el concepto de daño especial, al entender que la carga no soportable es asimilable a la ruptura del equilibrio de las cargas públicas, lo que no puede admitirse y debe llevar a reflexionar a la jurisprudencia y a la academia sobre la necesidad de precisar el contenido y alcance del daño antijurídico, que sin duda alguna se enriquece desde una visión casuística. En reciente jurisprudencia de la Subsección C de la Sección Tercera (sentencia de 29 de agosto de 2012, exp. 24779), el Consejo de Estado consideró que el daño antijurídico

> "[...] consiste y se expresa en las lesiones o secuelas padecidas como [sic] por Mauricio Andrés López Giraldo como consecuencia de las quemaduras ocurridas en el incendio producido el 29 de octubre de 1997, el cual reviste un carácter anormal, ya que excedió los inconvenientes propios o intrínsecos a la prestación del servicio de educación, y a los que cabe exigir como cargas ordinarias de soportabilidad a todo educando, y representó la vulneración de los derechos del menor (entendido por tal a tenor del artículo 1 de la Convención sobre los derechos del niño a "todo ser humano menor de 18 años de edad") a la vida e integridad personal, y por conexidad a la salud, como garantías que en el marco del artículo 93 de la Carta Política son las mínimas que deben ser tuteladas y protegidas en toda su extensión, sin que se afecte su núcleo, ejercicio y eficacia, tal como se consagra en la Convención sobre los Derechos del Niño[170] (norma internacional ratificada por el Estado Colombiano), especialmente el artículo 3.1 (todas las medidas concernientes a los niños tomadas por instituciones públicas atenderán al "interés superior del niño").

13.7.- Sin embargo, no siendo suficiente constatar la existencia del daño antijurídico, es necesario realizar el correspondiente juicio de imputación, que permita determinar si cabe atribuirlo fáctica y jurídicamente a la demandada Fiscalía General de la Nación, o si opera alguna de las causales exonerativas de responsabilidad, o se produce un evento de concurrencia de acciones u omisiones en la producción del daño, para lo que se precisa determinar primero los presupuestos para la configuración de la responsabilidad extracontractual del Estado

> B. *La imputación: el juicio de imputación no se agota en el análisis de la causalidad, pero lo incluye*

>> a. *El juicio de imputación: análisis del ámbito fáctico y de la atribución jurídica (imputación objetiva, deber normativo y deber positivo*

14.- En cuanto a la imputación exige analizar dos esferas: a) el ámbito fáctico, y b) la imputación jurídica[171,] en la que se debe determinar la atribución[172] conforme a

---

[170] Aprobada por la Resolución de la Asamblea General de las Naciones Unidas 44/25, de 20 de noviembre de 1989, la que entró en vigor el 2 de septiembre de 1990.

[171] Sánchez Morón, *Derecho administrativo*, *cit.*, p. 927: "La imputación depende, pues, tanto de elementos subjetivos como objetivos".

[172] Diego M. Papayannis, "Causalidad, probabilidad y eficiencia en los juicios de responsabilidad", en Diego M. Papayannis, (Coord), *Causalidad y atribución de responsabilidad*, Marcial Pons, Madrid, 2014, p. 140. "[...] Respecto de los factores de atribución [...] Lo único que debe tenerse presente es que no cualquier conducta está sujeta a responsabilidad. De todas las acciones u omisiones capaces de perjudicar los intereses de terceros, sólo algunas están señaladas como jurídicamente relevantes a los fines de la obligación de compensar. Usualmente, los sistemas de responsabilidad extracontractual incluyen dos tipos de factores:

un deber jurídico (que opera conforme a los distintos títulos de imputación consolidados en el precedente de la Sala: falla o falta en la prestación del servicio –simple, presunta y probada–; daño especial –desequilibrio de las cargas públicas, daño anormal–; riesgo excepcional). Adicionalmente, resulta relevante tener en cuenta los aspectos de la teoría de la imputación objetiva de la responsabilidad patrimonial del Estado. Precisamente, en la jurisprudencia constitucional se sostiene:

> "[…] [la] superioridad jerárquica de las normas constitucionales impide al legislador diseñar un sistema de responsabilidad subjetiva para el resarcimiento de los daños antijurídicos que son producto de tales relaciones sustanciales o materiales que se dan entre los entes públicos y los administrados. La responsabilidad objetiva en el terreno de esas relaciones sustanciales es un imperativo constitucional, no sólo por la norma expresa que así lo define, sino también porque los principios y valores que fundamentan la construcción del Estado según la cláusula social así lo exigen[173]".

a'. *Ámbito fáctico*

15.- Cuando se habla del ámbito fáctico, se hace referencia al análisis que desde la perspectiva de la causalidad cabe hacer dentro del juicio de imputación, procurando determinar el alcance de la relación de causalidad y las eximentes que pueden afectar en este momento de estudio de la imputación.

a". *La necesidad de distinguir entre causalidad e imputación*

16.- En su definición básica, la causalidad es entendida como el vínculo, nexo o ligamen que une la causa a un efecto, "siguiendo el principio que todo tiene una causa y que, en las mismas condiciones, las mismas causas producen los mismos efectos"[174].

16.1.- La doctrina del derecho de la responsabilidad señala que el "carácter parcial y selectivo de la causalidad jurídica, que es en cierta medida ficticia, impone

---

subjetivos y objetivos. Los factores subjetivos son la culpa y el dolo. Los factores objetivos pueden ser diversos, pero el riesgo creado o el beneficio obtenido son los más comunes. La gran diferencia entre los factores subjetivos y los objetivos no se ubica en la reprochabilidad de la conducta sino en su incorrección. Una conducta culposa o dolosa siempre será incorrecta, mientras que una conducta riesgosa, aunque genere responsabilidad, no tiene por qué constituir la violación de ningún estándar de comportamiento".

[173] COLOMBIA, Corte Constitucional, sentencia C-043 de 2004.

[174] Maryse Deguergue, "Causalité et imputabilité", en *Juris-Classeur*, 31 janvier 2000, N° 5, fasc. 830, pp. 2 y 3. "El causalismo es el método filosófico-científico que procura el conocimiento de las cosas (o el de las verdades) a través del estudio y análisis de sus causas. Sostiene la existencia de cadenas de relaciones causales (causa-efecto) que permiten, mediante la observación de ellas, una explicación de todo lo que puede explicarse. Determinar la o las causas de uno o varios sucesos constituye la tarea de aprehensión cognoscitiva del fenómeno causal. La formulación de la teoría de la determinación causal: 'nada puede existir ni dejar de existir sin causa', o, en otros términos, 'todo efecto es generado por una causa', debe ser entendida como método de conocimiento humano, ya que como doctrina explicativa del mundo de la naturaleza y de sus mutaciones conlleva necesariamente el reconocimiento de un primer fenómeno incausado, un comienzo no causado pero que es la causa del todo, o bien a una infinita regresión de causas y efectos": Isidoro H. Goldenberg, *La relación de causalidad en la responsabilidad civil*, 1ª reimpr., De Palma, Buenos Aires, 2011, pp. 2 y 3.

una relación directa e inmediata[175] de causa a efecto entre el hecho generador de un daño y aquel, que los jueces traducen simplemente por la exigencia de un 'nexo directo de causalidad' entre ellos[176], necesario para determinar la obligación de reparar a cargo del autor".

16.2.- Luego, la causalidad entraña necesariamente la "apreciación humana", que la infunde de su carácter subjetivo, exigiéndose a la víctima la carga de probar que el perjuicio causado es consecuencia directa o indirecta de un hecho dañoso. La causalidad no puede satanizarse como propia de la concepción primitiva, o como elemento ajeno al derecho y propio a las ciencias naturales[177]. El propio Kelsen, al momento de revisar los postulados de Hume, señaló que este "separó el problema de la causalidad en componentes ontológicos y epistemológicos afirmando que en la naturaleza no hay causalidad en el sentido de una conexión necesaria, sino sólo una sucesión regular de los hechos"[178]. Lo anterior, no quiere decir que este es el único criterio en el que se erige la causalidad, sino que en la búsqueda de una ley general de causalidad, como lo recoge Kelsen, se llega a comprender que cuando "causas similares producen necesariamente efectos similares, es meramente un hábito del pensamiento que, originado en la observación de sucesiones regulares de los hechos, se torna una firme convicción"[179].

16.3.- De ahí, pues, que el propio Kant no excluye la causalidad, sino que la entiende integrada en un proceso complejo, ya que "la mera observación de la realidad no podía establecer la necesidad de una conexión entre dos hechos, como causa y

---

[175]   Francois P. Benoît, "Essai sur les conditions de la responsabilité en droit public et privé (problèmes de causalité et d'imputabilité)", en *Juris-Classeur Public*, I, 1351, N° 19, 1957, p. 20.

[176]   Jacques Moreau, *La responsabilité administrative*, PUF, Paris, 1995, p. 78.

[177]   Diego M. Papayannis, "Causalidad, probabilidad y eficiencia en los juicios de responsabilidad", en Diego M. Papayannis, (Coord), *Causalidad y atribución de responsabilidad*, ob., *cit.*, p. 140. "[...] el requisito de causalidad tiene un aspecto puramente fáctico y otro normativo. Ambos aspectos son claramente distinguibles. Cuando nos preguntamos si la acción del agente causó el daño sufrido por la víctima, nuestra pregunta apunta a una investigación empírica respecto de cómo ocurrieron los hechos y si existe una conexión fáctica entre ellos. En el caso más sencillo nos estamos preguntando si la acción del agente fue, en las circunstancias en que tuvo lugar, condición necesaria para la producción del daño. De haberse omitido esta acción, ¿se habría producido el daño igualmente? Por supuesto, responder esta pregunta no requiere únicamente un conocimiento sobre las circunstancias del caso; es necesario también poder explicar la conexión entre los eventos (la acción u omisión y el resultado) como una instanciación [*sic*] particular de una ley causal general. Sólo entonces podrá afirmarse la existencia de una relación causal entre la conducta del demandado y el perjuicio de la víctima".

[178]   Hans Kelsen. *Sociedad y naturaleza*, Madrid, 1948, p. 384: "El método de la dogmática jurídica no es el de la explicación causal, sino el de la comprensión del sentido, ya que sólo así puede ser entendida una estructura de sentido como lo es un sistema jurídico. Quien se acerca, en cambio, a un sistema jurídico con el método positivista de la observación de los hechos y de su conexión causal, verá cómo el objeto de su estudio se le escapa de entre las manos, y cómo en lugar del Derecho le aparecerá el 'mecanismo jurídico', es decir, el acontecer externo y visible que tiene lugar en la realización del Derecho". *Cfr.* Hans Welzel, *Introducción a la filosofía del derecho. Derecho natural y justicia material*, Aguilar, Madrid, 1977, p. 193.

[179]   Kelsen. Sociedad y naturaleza, *cit.*, p. 384.

efecto"[180], constituyéndose la causalidad "en una noción innata, una categoría a priori, una forma inevitable y necesaria de la cognición mediante la cual coordinamos mentalmente el material empírico de la percepción sensorial"[181].

16.4.- Dicho lo anterior, se entiende que la causalidad sigue siendo el elemento presente en el juicio de imputación que exige al juez la necesaria percepción y aprehensión de la realidad, permitiendo que la imputación se realice fundada en ella misma, y no en simples conjeturas, o suposiciones mentales desconectadas de las propias circunstancias de tiempo, modo y lugar que desencadenaron la producción del daño antijurídico[182].

Precisamente, la jurisprudencia de la Sección Tercera del Consejo de Estado define la imputación como "la atribución jurídica del daño, fundada en la prueba del vínculo existente entre el daño antijurídico y la acción u omisión del ente demandado"[183].

16.5.- Sin duda, la Sección Tercera comprende que esa atribución no puede resultar de presupuestos mentales, o de creación ajena a la realidad, sino que son esta y sus especiales circunstancias las que ofrecen el material suficiente para establecer la relación entre el daño antijurídico probado y la acción u omisión del Estado. Concepto en el que se sostiene la Sección Tercera cuando advierte:

> "[…] para imputar conducta irregular a la Administración es presupuesto necesario que se predique de la demandada, una conducta que jurídicamente se derive de la existencia de un deber jurídico que permita evidenciar el comportamiento irregular, por acción o por omisión. El elemento de la imputabilidad en este punto es un presupuesto de la conducta irregular, de la actividad que desarrolló a quien se demanda, por acción o por omisión; nótese que el artículo 90 de la Carta Política condiciona en forma estricta la responsabilidad patrimonial del Estado al daño antijurídico que le "sea imputable, causados por la acción o la omisión de las autoridades públicas". Y sobre estos dos puntos, responsabilidad e imputabilidad[184]".

16.6.- Sin oponerse a la imputación, la irregularidad de la conducta conforme a un deber jurídico, exige evidenciar un elemento causal que permita determinar si se desarrolló dentro de los cauces exigidos, en la relación trabada entre el fundamento objetivo del deber y la acción u omisión concreta que se exige.

---

[180]   *Ibíd.*

[181]   *Ibíd.*

[182]   Díez-Picazo, *Fundamentos del derecho civil patrimonial*, *cit.*, p. 357: "El concepto de causa y el de causalidad se utilizan en materia de responsabilidad civil, para tratar, básicamente, de dar respuesta a dos tipos de problemas: el primero es encontrar alguna razón por la cual se pongan a cargo de ésta, haciéndola responsable, las consecuencias indemnizatorias […] [E]n segundo lugar, se trata de relacionar, a la inversa de lo que hacíamos anteriormente, al daño con la persona, pues el precepto, remarcando el uso de la palabra causa, dice que se indemniza 'el daño causado'".

[183]   COLOMBIA, Consejo de Estado, Sección Tercera, sentencia de 7 de diciembre de 2005, exp. 14065, C.P.: Ramiro Saavedra Becerra.

[184]   COLOMBIA, Consejo de Estado, Sección Tercera, sentencia de 22 de abril de 2004, exp. 15088, C.P.: María Elena Giraldo Gómez.

16.7.- Recientemente, en la jurisprudencia de la Sección Tercera se ratifica que "en tanto la Administración Pública imponga el deber de prestar el servicio militar, debe garantizar la integridad psicofísica del soldado en la medida en la cual se trata de una persona que se encuentra sometida a su custodia y cuidado, pues en determinadas situaciones lo pone en una posición de riesgo, lo cual, en términos de imputabilidad, significa que debe responder por los daños que le sean irrogados en relación con la ejecución de la carga pública"[185].

16.8.- Luego, la sucesión causal seguirá presente cuando el daño se irroga con la ejecución de la carga pública, que debe ser observada en función de la realidad, de manera que el nexo causal permita concretar dicha imputación fáctica, o, por el contrario, se llegue a determinar la existencia de una eximente de responsabilidad de manera plena, o concurrente[186].

16.9.- De acuerdo con lo anterior, no se puede plantear que la distinción entre causalidad e imputación se agota en el objeto propio de las ciencias naturales, sino que debe considerar a la ciencia del derecho[187], porque la racionalidad exige que se parta de una sucesión de hechos[188], respecto de los cuales opera el pensamiento para

---

[185] COLOMBIA, Consejo de Estado, Sección Tercera, sentencia de 28 de abril de 2010, exp. 17992, C.P.: Mauricio Fajardo Gómez.

[186] Luis Díez-Picazo, *Fundamentos del derecho civil patrimonial, cit.*, p. 357: "Es notorio que el problema causal se plantea de manera especialmente aguda cuando se reconoce o se puede establecer que, como es normal en la vida social, todo hecho, y, por consiguiente, también los hechos dañosos, son consecuencia de la concurrencia de una extraordinaria pluralidad de circunstancias a las que a veces se denomina 'concausas' o 'causas adicionales'".

[187] Josep Prades, "La fragilidad de los sucesos y la normatividad de la causalidad", en PA Diego M. Payannis, (Coord), *Causalidad y atribución de responsabilidad*, Marcial Pons, Madrid, 2014, p. 19. "[…] En un célebre ensayo, P.F. Strawson distinguió entre la relación de causalidad y la relación de explicación causal. La primera, según Strawson, es una relación natural, una relación que se da entre cosas en el mundo natural, cosas a las que podemos asignar un tiempo y un lugar en la naturaleza. La segunda, por el contrario, debe ser concebida como una relación entre hechos o verdades y el que se dé depende de la tendencia psicológica de nuestra mente a entender mejor ciertos hechos cuando los vemos a la luz de otros. La relación de explicación es intencional [sic], depende esencialmente del tipo de descripción del mundo que escojamos. La causalidad como relación natural sería una relación extensional entre particulares, entre sucesos. Un suceso admite descripciones muy diferentes".

[188] Marina Gascón Abellán, *Los hechos en el derecho. Bases argumentales de la prueba*, 3ª ed., Marcial Pons, Madrid, 2010, pp. 16 y 20. "[…] El ideal de conocimiento racional ha consistido siempre en alcanzar certezas absolutas e incuestionables y el razonamiento deductivo se ha mostrado como el único capaz de suministrarlas. Por ello el gran reto de las epistemologías empiristas ha sido el de fundar un conocimiento racional (seguro) basado en la observación, pero ha sido también –y muy principalmente– superar el problema de la inducción, pues el banco de pruebas del conocimiento empírico es la cuestión de cómo conocer los hechos que no se pueden observar, sea porque se trate de hechos pasados, sea porque se trate de hechos futuros […] Una mención singular en el esfuerzo por legitimar el conocimiento empírico merece el intento de Kant de superar el <<callejón sin salida>> al que habían llevado al empirismo inglés, a raíz de la crítica de Hume, y el racionalismo cartesiano, que no admitía la posibilidad de un conocimiento de base observacional. La crítica de la Razón Pura constituye un intento de fundar racionalmente los juicios de experiencia: junto a los juicios analíticos existen también juicios sintéticos a priori; es decir sobre la experiencia (sintéticos) no derivados de la experiencia (*a priori*). Pero, aparte de que los desarrollos científicos pos-

permitir que, aplicando las reglas de cognición y de coordinación, se pueda alcanzar una percepción o convicción sensorial, de la que se infiere el juicio o valoración jurídica del daño (atribución), o del hecho objeto del juicio de responsabilidad.

16.10.- Así mismo, más que un dualismo entre orden causal y sociedad [como se plantearía en términos de Weber], lo que se ha producido en el tiempo es un proceso de decantación de la relación entre causalidad e imputación, el cual tiene una serie de hitos a destacar: a) la "idea de la necesidad objetiva de la conexión causal", fruto del espíritu del derecho consuetudinario, y que se corrige planteando que su funda-mento está en el "principio de retribución"; b) la tendencia hacia el principio de equivalencia, partiendo de la base de que el efecto no debe ser igual a la causa, de tal manera que haría falta establecer un método en el que la proporcionalidad se ofrezca como determinante; c) la delimitación de la arbitrariedad que opera frente al conti-nuum que supone la sucesión de hechos, porque no puede abiertamente descartarse como cadena hipotética sucesos que afectan la determinación del efecto, puesto que "un análisis realista muestra que cada efecto es no sólo el fin de una cadena de cau-sas, sino también el comienzo de una nueva cadena y, a la vez, el punto de intersec-ción de un infinito número de cadenas"[189]. En últimas, lo que se quiere es separarse del principio de retribución; d) la sucesión temporal causa y efecto, que ha llevado a superar la primitiva concepción de la concatenación de hechos en un orden irrever-sible, a plantear como alternativa la elección entre posibilidades, donde el progreso del conocimiento, de la ciencia y de la técnica permiten una evolución dinámica de las mismas; e) la probabilidad estadística, que fue la tendencia que vino a propiciar un golpe fundamental en la ley de causalidad, abriéndose paso el criterio de la pre-decibilidad, de manera que se establece como regla la "conexión probable".

16.11.- Fruto de ese proceso en la relación causalidad-imputación es la formula-ción de las fases de la imputación que Larenz señaló:

> "La imputación se produce en tres fases. En la primera se toma en cuenta un com-portamiento corporal de la persona como acto [...] pues responsabilidad presupone [...] el poder de actuar sobre otro y, por ello, la posibilidad de una conducción de acontecer mediante la voluntad y de un control mediante la conciencia [...]. En la segunda fase se trata de la imputación de la responsabilidad por las consecuencias ulteriores del acto [...] hasta qué punto se le puede imputar como "autor" la cadena causal puesta en marcha por la acción que con base en numerosos factores que inci-den en ella puede producirnos unos efectos completamente distintos de los que el agente había previsto y de los que en otro lugar hubiera podido prever. Los criterios que por lo general se utilizan para llevar a cabo esta imputación "objetiva" son: la general idoneidad de la acción para la producción de un resultado semejante (teoría

---

teriores demostrarían lo infundado de las leyes analíticas *a priori*, con ello sigue sin abando-narse la idea de que sólo cabe una clase de conocimiento racional: el que proporciona certe-zas irrefutables; la misma idea que había impedido a Hume superar su aguda crítica al empi-rismo. La única posibilidad de encontrar un fundamento racional para el conocimiento empí-rico habría de pasar por revisar esta idea, revisión [*sic*] que sólo sería posible a la vista de los espectaculares avances científicos de los siglos XIX y XX, llevados a cabo mediante un co-nocimiento de base observacional. No obstante, el siglo XIX y parte del XX arrastraron to-davía el lastre <<racionalista>>, y algunas epistemologías empiristas desarrolladas en este tiempo intentaron fundar un conocimiento empírico que arrojara certezas incuestionables".

[189] Kelsen, *Sociedad y naturaleza, cit.*, p. 390.

de la adecuación); el aumento del riesgo de producción de resultados reprobados por el ordenamiento jurídico precisamente por este acto [...] [D]esde hace mucho tiempo se admite la simple conexión causal, que puede llegar hasta el infinito, no basta para cargarlo todo [...]. La tercera fase de la imputación [...] es la imputación de la culpabilidad"[190].

16.12.- Luego, la relación causalidad-imputación no lleva a excluir sus elementos sino a armonizarlos, incluso en la propia tesis de la imputación objetiva[191], o en la de la imputación del riesgo, donde el factor causal presta utilidad al momento de determinar si la lesión o daño se causó, o si cabe extraer una eximente que rompe la conexión o relación de causalidad.

16.13.- De ahí que proceder solo a un estudio de imputación jurídica puede en ocasiones convertir en inmodificable la estructura de la responsabilidad extracontractual, ya que se resta la posibilidad de evaluar la cadena causal, de escrutar las variantes, no de otra manera el artículo 90 de la Carta Política estaría orientado a establecer el daño antijurídico y la imputación, entendida esta última como una atribución normativa del hecho, pero no solo desde la perspectiva del resultado, sino que se orientaría más, como ocurre en el derecho español, hacia la determinación de la lesión del patrimonio, sin importar la conducta, comportamiento, actividad o función desplegada, ni su licitud o ilicitud.

16.14.- De lo anterior se desprende la necesidad de advertir que no se puede imponer al juez una postura reduccionista, de manera que en virtud de la imputación como elemento determinante estaría llamado a constatar el daño antijurídico y la posibilidad de imputarlo, porque sería posible que la labor probatoria se reconduzca más a un debate mecánico, y sin posibilidades de argumentación jurídica, y donde entraría a ponerse en cuestión el principio de proporcionalidad, rayando en la idea asistencialista o de aseguramiento universal en la que no puede caer una institución como la responsabilidad extracontractual del Estado.

---

[190]   Karl Larenz. *Derecho justo. Fundamentos de ética jurídica*, 1ª reimpr., Civitas, Madrid, 1990, pp. 107-108.

[191]   Díez-Picazo, *Fundamentos del derecho civil patrimonial, cit.*, p. 371: "En el Derecho español, la distinción entre causalidad e imputación objetiva fue aceptada por un buen número de sentencias de la Sala Segunda del Tribunal Supremo. La sentencia de 5 de abril de 1983, con referencia a la de 20 de mayo de 1981, dice que: 'La sentencia de la Sala Segunda del Tribunal Supremo de 20 de mayo de 1981 ya ha distinguido, con la precisión posible dentro de la difícil doctrina de la causalidad, entre relación causal e imputación objetiva, como categorías independientes y sucesivas, y que para la responsabilidad penal no basta con la constancia de la relación causal –a determinar según el criterio de la equivalencia de condiciones– sino que además se precisa la imputación objetiva del resultado, para lo que se requiere la adecuación de la causa para producir aquél, como consecuencia lógica y natural de aquélla. Es decir [...] que la imputación objetiva se sitúa en un momento anterior a la llamada imputación subjetiva. La concurrencia o no de la causalidad es algo empíricamente constatable, a determinar según los métodos de las ciencias naturales, y ésta es la base de la teoría de la equivalencia de condiciones. Pero otra cosa distinta es que para el injusto típico se requiera además la concurrencia de una categoría puramente normativa [...] Como criterios de imputación objetiva del resultado pueden señalarse (como más frecuente) el de la adecuación, pero también pueden existir otros, como el de la relevancia, el de la realización del peligro inherente a la acción base, o los de incremento o disminución del riesgo, o el del fin de protección de la norma'".

16.15.- Teniendo en cuenta la praxis contenciosa del juicio de responsabilidad y las dificultades que la causalidad como presupuesto de la responsabilidad ha ofrecido [y superada la tendencia a aplicar la teoría de la equivalencia de condiciones], se viene abriendo camino la tesis de la imputación objetiva[192], que debe ser moderada para que la posición del Estado no termine convirtiéndolo en asegurador universal, teniendo en cuenta al daño antijurídico y a la imputación como sustento, para aceptar que la atribución jurídica nos lleva al debate inicial subjetivo, porque solo determinando la posición y el deber jurídico podría deducirse la responsabilidad[193], lo que puede plantear que no estemos lejos de un escenario como el mencionado.

   b". *Análisis de las eximentes de responsabilidad: fuerza mayor, hecho del tercero, culpa de la víctima, conocimientos de la ciencia y de la técnica*

17.- El juicio de imputación exige que, examinada la materialidad del hecho dañoso ocasionado, se examine en el ámbito fáctico si opera alguna de las eximentes de responsabilidad que en la teoría clásica de la responsabilidad extracontractual se afirman: fuerza mayor, hecho del tercero y culpa de la víctima.

17.1.- En cuanto a la fuerza mayor[194], su fundamentación radica en tres elementos: la imprevisibilidad[195], la irresistibilidad[196] y el carácter externo del acto[197], acti-

---

[192] Díez-Picazo, *Fundamentos del derecho civil patrimonial, cit.*, pp. 367 y 368: "Para Roxin, un resultado causado por un agente sólo se le puede imputar a éste si su conducta ha creado un peligro para el bien jurídico no cubierto por un riesgo permitido y ese peligro se ha realizado o materializado en el caso concreto. Si el resultado se presenta como realización de un peligro creado por el autor, tal resultado es por lo general imputable. Aunque excepcionalmente puede excluirse la imputación, si el alcance es de tipo penal, sobre lo que Roxin especula, no abarcaba la evitación de tales peligros y sus repercusiones [...] Para Jakobs las garantías normativas que el Derecho establece, no tienen como contenido el que todos intenten evitar todos los daños posibles, porque si así fuese, se produciría una paralización inmediata de la vida social. Las mentadas garantías normativas adscriben a determinadas personas, que en un contexto de interacción social ocupan determinadas posiciones, unos ciertos cometidos, que pueden ser calificados como estándares o roles. Sólo de este modo, se posibilita la orientación social sin conocer las características individuales de las personas que actúan y se hacen posibles contactos anónimos en que no es necesario averiguar el perfil individual de la persona que tenemos enfrente, porque podemos considerarla sólo como portadora de un rol. Así, los seres humanos se encuentran en un mundo social en función de portadores de un rol o, dicho de otro modo, como personas que han de administrar un determinado segmento del acontecer social conforme a un determinado estándar. De este modo, el objetivo es imputar las desviaciones respecto de las expectativas que suscita el portador del rol. Como toda defraudación de expectativas, en toda lesión o en todo daño, pueden participar además de la víctima y el pretendido autor, terceras personas. La labor consiste en determinar a quién competía el acontecer relevante, es decir, quién quebrantó su rol administrándolo de modo deficiente".

[193] C. Suárez González, y L. Cancio Meliá, "Estudio preliminar", en Günther Jakobs, *La imputación objetiva en el derecho penal*, citado en Díez-Picazo, Fundamentos del derecho civil patrimonial, *cit.*, p. 367: "se ha dicho que la teoría de la imputación objetiva tiene el cometido de fijar criterios normativos por los cuales un resultado –en el que reside la lesión de un bien jurídico– es atribuible a un comportamiento".

[194] COLOMBIA, Corte Suprema de Justicia, Sala de Casación Civil, sentencia de 24 de junio de 2009, exp. 11001-3103-020-1999-01098-01, M.P.: William Namén Vargas: "En general, por

fuerza mayor o caso fortuito debe entenderse 'el imprevisto que no es posible resistir, como el naufragio, el terremoto, el apresamiento de enemigos, los actos de autoridad ejercidos por un funcionario público, etc.' (Art. 1º Ley 95 de 1890); es claro que estos hechos o actos, u otros semejantes, que enuncia el legislador, requieren que sean imprevisibles o irresistibles, significando lo primero, un acontecer intempestivo, excepcional o sorpresivo; y lo segundo, imposible, fatal, inevitable de superar en sus consecuencias (Sentencia de revisión de 2 de diciembre de 1987, G.J. T. CLXXXVIII, p. 332). En la reciente jurisprudencia de la Corte Suprema de Justicia se argumenta: 'A dicho propósito, concebida la 'fuerza mayor o caso fortuito' (*casus, casus fortuitus, casus fortuitum, casus maior, vis maior, vis divina, vis magna, vis cui resisti non potest, vis naturalis, fatum, fatalitas, sors, fors, subitus eventus, inopinatus eventus, damnum fatale, detrimentum fatale, damnum providential*, fuerza de Dios, D. 19, 2, 25, 6; nociones aunque 'distintas' [cas. civ. de 7 de marzo de 1939, XLVII, 707], simétricas en sus efectos [cas. civ. de 26 de mayo de 1936, XLIII, 581 y 3 de agosto de 1949, G.J., Nº 2075, 585]), cuanto 'imprevisto a que no es posible resistir, como un naufragio, un terremoto, el apresamiento de enemigos, los actos de autoridad ejercidos por un funcionario público, etc.' (art. 1º Ley 95 de 1890), es menester para su estructuración ex lege la imprevisibilidad e irresistibilidad del acontecer (cas. civ. sentencias de 31 de agosto de 1942, LIV, 377, 26 de julio de 1995, exp. 4785, 19 de julio de 1996 exp. 4469, 9 de octubre de 1998, exp. 4895)". Marcel Planiol, *Traité élémentaire de Droit civil*, LGDJ, Paris, pp. 249 a 251: la fuerza mayor es superior por sus elementos, o por la fuerza de la autoridad.

[195]   COLOMBIA, Corte Suprema de Justicia, Sala de Casación Civil, sentencia de 24 de junio de 2009, exp. 11001-3103-020-1999-01098-01, M.P.: William Namén Vargas: "La imprevisibilidad del acontecimiento concierne a la imposibilidad de prever, contemplar o anticipar ex ante las circunstancias singulares, concretas o específicas de su ocurrencia o verificación de acuerdo con las reglas de experiencia, el cotidiano, normal o corriente diario vivir, su frecuencia, probabilidad e insularidad *in casu* dentro del marco fáctico de circunstancias del suceso, analizando in concreto y en cada situación los referentes de su 'normalidad y frecuencia', 'probabilidad de realización' y talante 'intempestivo, excepcional o sorpresivo' (cas. civ., sentencias de 5 de julio de 1935, 13 de noviembre de 1962, 31 de mayo 1965, CXI-CXII, 126, 26 de enero de 1982, 2 de diciembre de 1987, 20 de noviembre de 1989, 7 de octubre de 1993, 23 de junio de 2000, [SC-078-2000], exp. 5475 y 29 de abril de 2005, [SC-071-2005], exp. 0829-92)".

[196]   COLOMBIA, Corte Suprema de Justicia, Sala de Casación Civil, sentencia de 24 de junio de 2009, exp. 11001-3103-020-1999-01098-01, M.P.: William Namén Vargas: "La irresistibilidad atañe a la imposibilidad objetiva absoluta de evitar el suceso y sus consecuencias (cas. civ., sentencia de 26 de noviembre de 1999, exp. 5220), 'de sobreponerse al hecho para eludir sus efectos' (cas. civ., sentencia de 31 de mayo de 1965, CXI y CXII, 126) por 'inevitable, fatal, imposible de superar en sus consecuencias' (cas. civ., sentencia de 26 de enero de 1982, CLXV, 21), contenerlas, conjurarlas, controlarlas o superarlas en virtud de su magnitud, 'que situada cualquier persona en las circunstancias que enfrenta el deudor, invariablemente se vería sometida a esos efectos perturbadores, pues la incidencia de estos no está determinada, propiamente, por las condiciones especiales –o personales– del individuo llamado a afrontarlos, más concretamente por la actitud que éste pueda asumir respecto de ellos, sino por la naturaleza misma del hecho, al que le son consustanciales o inherentes unas específicas secuelas' (cas. civ., sentencia de 26 de julio de 2005 [SC-190-2005], exp. 050013103 011-1998 6569-02) o lo que es igual, entiéndase como 'aquel estado predicable del sujeto respectivo que entraña la imposibilidad objetiva de evitar ciertos efectos o consecuencias derivados de la materialización de hechos exógenos –y por ello a él ajenos, así como extraños en el plano jurídico– que le impiden efectuar determinada actuación, lato sensu. En tal virtud, este presupuesto legal se encontrará configurado cuando, de cara al suceso pertinente, la per-

vidad o fuente productora del hecho dañoso, a tenor de lo consagrado en el artículo 64 del Código Civil.

17.2.- Sin embargo, y fruto del constitucionalismo contemporáneo y del control de convencionalidad [material], la jurisprudencia de la Corte Constitucional com-

---

sona no pueda –o pudo– evitar, ni eludir sus efectos (criterio de la evitación)' (cas. civ., sentencia de 23 de junio de 2000 [SC-078-2000], exp. 5475)".

[197] COLOMBIA, Corte Suprema de Justicia, Sala de Casación Civil, sentencia de 24 de junio de 2009, exp. 11001-3103-020-1999-01098-01, M.P.: William Namén Vargas. Más recientemente, la Sala, después de historiar la jurisprudencia, ha concluido "que, para que un hecho pueda considerarse como fuerza mayor o caso fortuito, a más de ser imprevisible e irresistible, 'debe obedecer a una causa extraordinaria, ajena al agente, a su persona o a su industria' (cas. civ., sentencia de 3 de marzo de 2004, exp. C-7623). Como lo dejó definido la Corte en las sentencias al inicio de estas consideraciones memoradas, la referida causa de exoneración de la responsabilidad 'no puede concurrir con la culpa del demandado que haya tenido un rol preponderante en la causación del daño (cfme.: sent. 009 de 27 de febrero de 1998)' y debe consistir en 'un acontecimiento extraordinario que se desata desde el exterior sobre la industria, acontecimiento imprevisible y que no hubiera sido posible evitar aun aplicando la mayor diligencia sin poner en peligro toda la industria y la marcha económica de la empresa y que el industrial no tenía por qué tener en cuenta ni tomar en consideración' (se subraya). De suyo que, como también allí mismo se destacó, 'un hecho sólo puede ser calificado como fuerza mayor o caso fortuito, es lo ordinario, si tiene su origen en una actividad exógena a la que despliega el agente a quien se imputa un daño, por lo que no puede considerarse como tal, en forma apodíctica, el acontecimiento que tiene su manantial en la conducta que aquel ejecuta o de la que es responsable' (cas. civ., sentencia del 29 de abril de 2005, exp. 0829-92; se subraya). Y es que, ciertamente, en la comprensión técnica del concepto de caso fortuito o fuerza mayor, no puede desconocerse el requisito anteriormente mencionado –exterioridad o ajenidad–, aun cuando en ocasiones no se lo mencione expresamente, tal vez por considerarlo obvio, pues dicho elemento estructural de la figura se desprende de la misma consideración del concepto de factor extraño, que por definición implica que una causa enteramente ajena a la originada por el presunto responsable interrumpe el proceso ya iniciado, e 'impide que desarrolle su propia eficacia causal, sustituyéndola por la suya propia'. Referencias específicas a este requisito del caso fortuito o fuerza mayor por parte de la jurisprudencia de la Corte pueden encontrarse, entre otras, en sentencias como las dictadas el 7 de junio de 1951 (LXIX, 684); el 27 de marzo de 1980 (no publicada oficialmente); el 26 de noviembre de 1999; el 23 de junio de 2000, exp. 5475; el 16 de junio de 2003; el 3 de marzo de 2004, exp. C-7623; y el 29 de abril de 2005, exp. 0829-92' (cas. civ., sentencia de 27 de febrero de 2009, exp. 73319-3103-002-2001-00013-01) [...] Justamente por la naturaleza extraordinaria del hecho imprevisible e irresistible, su calificación por el juzgador como hipótesis de *vis maior*, presupone una actividad exógena, extraña o ajena a la de la persona a quien se imputa el daño o a su conducta, o sea, 'no puede concurrir con la culpa del demandado que haya tenido un rol preponderante en la causación del daño (cfme: sent. 009 de 27 de febrero de 1998)' (cas. civ., sentencia de 29 de abril de 2005 [SC-071-2005], exp. 0829-92), pues su estructura nocional refiere a las cosas que sin dolo ni culpa inciden en el suceso (*quæ sine dolo et culpa eius accidunt*) y a las que aun previstas no pueden resistirse (*quæ fortuitis casibus accidunt, quum prævideri non potuerant*), lo cual exige la ausencia de culpa (*quæ sine culpa accidunt*) y, también, como precisó la Corte, es menester la exterioridad o ajenidad del acontecimiento, en cuanto extraño o por fuera de control del círculo del riesgo inherente a la esfera, actividad o conducta concreta del sujeto, apreciándose en cada caso particular por el juzgador de manera relacional, y no apriorística ni mecánica, según el específico marco de circunstancias y las probanzas (cas. civ., sentencia de 27 de febrero de 2009, exp. 73319-3103-002-2001-00013-01)".

prende el alcance que puede darse, por ejemplo, a la consagración normativa de la fuerza mayor en la codificación civil, de tal manera que

"[…] [d]ebe […] recordarse, que no es con los criterios del Código Civil como ha de interpretarse la Constitución, norma de normas. En este caso en concreto, escapa a los criterios de razonabilidad el sostener que el secuestro, al ser un hecho de "posible ocurrencia" deba ser totalmente previsible. Por el contrario, partiendo del presupuesto de que es el Estado quien debe "proteger a todas las personas residentes en Colombia en su vida, honra, bienes, creencias y demás derechos y libertades" (art. 2 C.N) el secuestro es un fenómeno tan irresistible como imprevisible. En el caso concreto de los senadores, el mismo Estado brinda medidas especiales de seguridad previendo precisamente su mayor vulnerabilidad. Cuando esas protecciones no son suficientes, el individuo se encuentra ya en el campo de la imprevisibilidad. Una afirmación en contrario supondría que el Estado demanda a los ciudadanos una excesiva exigencia de autoprotección, que desborda las fronteras de la proporcionalidad"[198].

17.3.- La segunda causal eximente de responsabilidad consiste en el hecho del tercero, el cual, según la jurisprudencia del Consejo de Estado, debe estar revestido de las condiciones de ser i) imprevisible, ii) irresistible y iii) ajeno a la entidad demandada. Es acertado que algunas decisiones sostengan que no se requiere que el hecho del tercero sea culposo para que proceda como eximente, y por otra parte, se tiene como exigencia que la causa [la actuación del tercero] sea adecuada. También se indica que corresponde a la entidad demandada probar los elementos constitutivos de esta eximente de responsabilidad.

17.4.- La problemática que plantea el hecho del tercero radica en su análisis desde la óptica de la causalidad, o bien en el marco de la tendencia moderna de imputación objetiva, o en la construcción de los deberes positivos del Estado. Sin embargo, se busca que la discusión se centre en la determinación de las condiciones para que el hecho del tercero opere, y a si cabe exigir que se reúnan las mismas condiciones que para la fuerza mayor [Planiol en su momento consideró que el hecho del tercero no debe considerarse como un caso de fuerza mayor que el responsable no puede prever o impedir[199]]. Esto resulta equivocado, si nos atenemos a los presupuestos inicialmente señalados, ya que sería valorar el hecho del tercero desde la perspectiva propia del debate de la causalidad, de la determinación de si causalmente como eximente tiene la entidad suficiente para producir la ruptura de la "superada" relación de causalidad, cuyo lugar en el juicio de imputación que se elabora en la actualidad está en el ámbito fáctico de la imputabilidad del Estado.

17.5.- Pero, ¿cómo superar el tratamiento causalista del hecho del tercero? En primer lugar, debe decirse que, fruto de la constitucionalización de la responsabilidad extracontractual del Estado, la concepción del hecho del tercero como eximente no debe convertirse en elemento que no permita hacer viable el contenido del artículo 90 superior, debiendo por el contrario advertirse que en la situación en que se encuentra Colombia, de conflicto armado interno, no puede entronizarse como supuesto eximente el hecho del tercero, ya sea ligado a los presupuestos [equivocados] de la fuerza mayor [imprevisibilidad e irresistibilidad], o a la naturaleza de la actividad, o a la relación del sujeto que realiza el hecho dañoso, sino que debe admitirse o

---

[198]   COLOMBIA, Corte Constitucional, sentencia T-1337 de 2001.

[199]   Planiol, *Traité élémentaire de Droit civil, cit.*, p. 249.

por lo menos plantearse la discusión de si cabe imputar, fáctica y jurídicamente, al Estado aquellos hechos en los que, contribuyendo el hecho del tercero a la producción del daño antijurídico, se logra establecer que aquel no respondió a los deberes normativos, a los deberes positivos de protección, promoción y procura de los derechos de los administrados, y de precaución y prevención de las acciones de aquellos que, encontrándose al margen de la ley, buscan desestabilizar el orden democrático y poner en cuestión la legitimidad de las instituciones.

17.6.- Las anteriores premisas derivan en las siguientes cuestiones:

(1) El Estado no es un asegurador universal, simplemente obedece a unas obligaciones que se desprenden del modelo de Estado Social y Democrático de Derecho que exige ya no solo la garantía de los derechos y libertades, sino su protección eficaz y efectiva y la procura de una tutela encaminada a cerrar la brecha de las debilidades del Estado, más cuando se encuentra en una situación singular como la de Colombia, esto es, de conflicto armado interno, que se traduce en muchas ocasiones en violaciones sistemáticas de los derechos humanos o del derecho internacional humanitario [examinada la posición de la víctima] que pueden tener origen no solo en el Estado, sino también en sujetos o grupos que están enfrentando a aquel.

(2) De acuerdo con la idea del "tercero" en el marco de un conflicto armado interno, no hay duda que no se requiere que haya un acuerdo o una "connivencia" entre el Estado y los terceros que producen violaciones sistemáticas a los derechos humanos. En este sentido, la concepción del hecho del tercero debe superar como hipótesis la necesidad de determinar un vínculo material u orgánico para que pueda atribuirse la responsabilidad, ya que lo sustancial es el rol que juega la administración pública, su "posición de garante de vigilancia". Con otras palabras, la situación de conflicto armado interno implica constitucional y convencionalmente que el Estado es un "garante jurídico de la intangibilidad del valor protegido"[200]. ¿De qué valor? De la cláusula del Estado Social de Derecho y de la protección eficaz de los derechos humanos de los administrados. Con base en lo anterior, cabe afirmar que es el Estado el llamado a ejercer una intervención mucho más profunda ante fenómenos de violencia o de insurgencia que tiene plenamente definidos, y no solo sostener como contraargumento la ocurrencia del hecho de un tercero.

(3) Debe tomarse en cuenta, también, que el "Estado será responsable de los actos de particulares si los órganos del Estado hubieran podido actuar para prevenir o reprimir el comportamiento de éstos, o si existiese una relación de hecho específica entre la persona o entidad que observó el comportamiento y el Estado"[201]. Se trata, sin duda, de concretar los elementos en los que dogmáticamente se sostiene la posición de garante en la que se encuentra el Estado (especialmente cuando el daño antijurídico imputado tiene su origen en el conflicto armado): a) porque existe un deber constitucional positivo (arts. 2°, 90 y 93 C.P.) de proteger a los administrados en su vida, integridad y seguridad, que implica que debe emplear todos los medios razo-

---

[200]   *Cfr.* Johannes Nagler, en Armin Kaufman, *Dogmática de los delitos de omisión*, Marcial Pons, Madrid, 2006, p. 259.

[201]   Gabriela Rodríguez H. "Normas de responsabilidad internacional de los Estados", en Claudia Martín, Diego Rodríguez-Pinzón, y José A. Guevara B., (comp.), *Derecho Internacional de los Derechos Humanos*, Fontamara y Universidad Iberoamericana, México, 2004, p. 56.

nables para alcanzar dicha protección eficazmente; b) deber que en la posición del Estado permite concretar la cláusula del Estado Social de Derecho[202].

17.7.- Las obligaciones de prevención se conciben por lo general como obligaciones de realizar los máximos esfuerzos, es decir que obligan a los Estados a adoptar todas las medidas razonables o necesarias para evitar que se produzca un acontecimiento determinado, aunque sin garantizar que el acontecimiento no vaya a producirse, advirtiendo que cuando se trata de la violación sistemática el Estado tiene que cumplir con una "procura" que se refleje en la optimización y empleo de todos los medios razonables y disponibles para precaver y prevenir la ocurrencia de potenciales daños antijurídicos (p. ej., utilizando medios tecnológicos, servicios de inteligencia, estudio y planeación de las estrategias para enfrentar el conflicto armado). Generalmente se trata de casos en los que el Estado "complementa su propia acción contratando o alentando a actuar en ese sentido a personas privadas o a grupos que actúen como auxiliares, pero sin pertenecer a la estructura oficial del Estado"[203].

17.8.- El hecho del tercero no es una causal que permita al juez crear una regla general como máxima, sino que, por el contrario, lo invita a analizar, teniendo en cuenta las especiales condiciones del Estado colombiano, cuándo, en qué medida, y bajo qué proporcionalidad el Estado estaría llamado a responder, o con otras palabras, le sería atribuible [fáctica y jurídicamente] un daño antijurídico producido por un tercero, sin acudir a verificar los vínculos o relaciones de este con la administración pública, sino a partir de la exigencia máxima de la tutela de la víctima como premisa de la responsabilidad extracontractual del Estado en la visión moderna y humanista.

17.9.- Sin duda, el tratamiento que es posible dar al hecho del tercero en la visión propia de los tiempos que corren no permite seguir anclado en el modelo clásico causalista, y obliga a centrarse en la vocación que el instituto de la responsabilidad debe atender, como herramienta para la protección de los derechos constitucional y convencionalmente reconocidos a los administrados, e instrumento dirigido a promover un efecto preventivo, o de optimización, en las acciones que está llamado a desplegar el Estado en el marco del conflicto armado interno que vive el país.

17.10.- El hecho del tercero ha de convertirse en una excepción a la regla general de la primacía de la víctima en la determinación de la responsabilidad extracontractual del Estado, como criterio garantístico, finalístico y principal para dotar al Estado de

---

[202]   Jason Alexander Andrade Cuadrado, *La posición de garante en virtud de una comunidad de peligro*, Universidad Externado de Colombia, Bogotá, 2012, pp. 75 y 76: "A quien ostenta una posición de garante, entonces, le incumben especiales deberes de cuidado o vigilancia del bien jurídico del cual es garante, de modo tal que sobre él ya no pesa solamente el deber genérico de no dañar a otro (*neminem laedere*), sino que cumple además una función de protección y conservación, de mejoramiento o fomento de ese bien jurídico del cual es garante, en la medida que está obligado a revocar cualquier tipo de amenazas que se ciernan sobre el mismo, obviamente, siempre y cuando esté en capacidad de hacerlo".

[203]   La Sala de Apelaciones del Tribunal Penal Internacional para la ex Yugoslavia tuvo oportunidad de señalar: "En derecho internacional, la condición para que se atribuyan al Estado actos realizados por particulares es que el Estado ejerza un control sobre esos particulares": Asunto IT-94-1, Prosecutor c. Tadic, (1999), I.L.M., vol. 38, párr. 117. Otro ejemplo lo constituye la captura de Adolf Eichmann por un comando israelí en Buenos Aires el 1º de mayo de 1960 y su posterior traslado en avión a Israel donde fue sometido a juicio.

una herramienta con vocación preventiva, no simplemente como verificación de hechos que sistemáticamente se producen y no tienen eco en la actividad del Estado para procurar tratarlos, superarlos y, con ello, alcanzar la reconciliación nacional.

17.11.- La tercera causal eximente es la culpa de la víctima, cuya construcción inicial radica en el artículo 2357[204] del Código Civil, y que ha tenido sustento en similares fundamentos que los afirmados para la fuerza mayor y el hecho del tercero. Se trata de una eximente en la que la valoración subjetiva de la ocurrencia del hecho dañoso debe revestir tal carácter probable y determinante, pero especialmente debe permitir constatar la imprevisibilidad[205] frente a la actividad que debía desplegarse por parte de la administración pública. Además, la jurisprudencia del Consejo de Estado ha matizado el carácter culposo de la acción de la víctima, ya que es posible que esta concurra con la actividad (inactividad) de la administración pública[206], y en otras ocasiones se condiciona a la capacidad de la víctima para discernir sus actos.

17.12.- Finalmente, cabe considerar como causal eximente el denominado "conocimiento de la ciencia y de la técnica", que deriva de los riesgos del desarrollo o tecnológicos. De acuerdo con la doctrina, el "progreso tecnológico se va situando a un ritmo trepidante en nuevos escenarios en los que no se conoce con certeza los posibles efectos de las nuevas tecnologías, precisamente porque son nuevas y no se dispone con frecuencia ni del conocimiento científico previo, ni de una experiencia dilatada y significativa de su aplicación, ni se saben con certeza la incidencia y efectos recíprocos que pueda tener con otras tecnologías, productos, organismos o el medio ambiente en general"[207].

---

[204] "Artículo 2357. Concurrencia de culpas Reducción de la indemnización. La apreciación del daño está sujeta a reducción, si el que lo ha sufrido se expuso a él imprudentemente".

[205] COLOMBIA, Consejo de Estado, Sección Tercera, sentencia de 20 de octubre de 2005, exp. 15854, C.P.: Ruth Stella Correa Palacio: "por tratarse del ejercicio de una actividad altamente riesgosa, que habría de desarrollarse en una zona urbana y residencial –como lo es el desplazamiento de motocicletas a velocidades comprendidas entre los 100 y 150 kilómetros por hora– resultaba normal y previsible la presencia de menores y jóvenes, en su condición de principales espectadores, toda vez que son ellos los más atraídos por este tipo de eventos. Es natural que las personas, mayores y menores, no se comporten en consideración a los altos riesgos derivados de tales competencias, pues las calles de la ciudad no son los escenarios apropiados para válidas deportivas de alta velocidad. Dicho en otras palabras, lo natural es que los niños, jóvenes y adultos circulen por las vías públicas, que quieran ver de cerca una competencia deportiva, rara e importante para ellos y que confíen en que cuentan con la protección debida de las autoridades y organizadores del evento. Dicha situación, permite inferir que la presencia del menor en la vía no era imprevisible para el Municipio y por ende, debió adoptar todas las medidas tendientes a su protección y a la de todos los ciudadanos".

[206] COLOMBIA, Consejo de Estado, Sección Tercera, sentencias de 25 de julio de 2002, exp. 13811, C.P.: María Elena Giraldo Gómez, y 24 de febrero de 2005, exp. 14681, C.P.: María Elena Giraldo Gómez.

[207] José Esteve Pardo, "Responsabilidad de la administración y riesgos del desarrollo", en Tomás Quintana López, *La responsabilidad patrimonial de la administración pública. Estudio general y ámbitos sectoriales*, T. II, Tirant lo Blanch, Valencia, 2009, p. 1245: "La incertidumbre que se cierne en torno a los efectos de procesos industriales, productos, instalaciones y demás intervenciones de la técnica en un mundo saturado de ella es un problema complejo y de gran relevancia para el Derecho que se plantea con especial agudeza en dos momentos: uno es el de la adopción de decisiones y otro el de la responsabilidad por daños cau-

17.13.- Sin duda, el ámbito fáctico es esencial, y no cabe cuestionarlo, pero tampoco entenderlo como el escenario que agota el juicio de imputación, sino que debe integrarse el análisis de la atribución jurídica, en donde por virtud del principio de imputabilidad adquiere mayor relevancia la cláusula constitucional de la responsabilidad del Estado.

c". *Ámbito jurídico*

a'". *La necesidad de distinguir entre causalidad e imputación*

18.- Sin duda, en la actualidad todo régimen de responsabilidad patrimonial del Estado exige la afirmación del principio de imputabilidad[208], según el cual la indemnización del daño antijurídico cabe imputarlo al Estado cuando ante la concurrencia del sustento fáctico y la atribución jurídica[209]. Debe quedar claro que el derecho no puede apartarse de las "estructuras reales si quiere tener alguna eficacia sobre las mismas"[210].

18.1.- En cuanto a esto, cabe precisar que la tendencia de la responsabilidad del Estado en la actualidad está marcada por la imputación objetiva que "parte de los límites de lo previsible por una persona prudente a la hora de adoptar las decisio-

---

sados en entornos de incertidumbre, considerando en cualquier caso que esos daños, si se deben a una tecnología, no pueden ya imputarse a un destino ineluctable como el que mueve las fuerzas de la naturaleza, sino que siempre podrá advertirse en su origen una o varias decisiones humanas". *Cfr.* también José Esteve Pardo, *Técnica, riesgo y derecho*, Ariel, Barcelona, 2000, y Hans Jonas, *El principio de responsabilidad. Ensayo de una ética para la civilización tecnológica*, Herder, Barcelona, 1995.

[208]   I. KANT, *La metafísica de las costumbres*, Alianza, Madrid, 1989, p. 35: "imputación (*imputatio*) en sentido moral es el juicio por medio del cual alguien es considerado como autor (*causa libera*) de una acción, que entonces se llama acto (*factum*) y está sometida a leyes; si el juicio lleva consigo a la vez las consecuencias jurídicas del acto, es una imputación judicial (*imputatio iudiciaria*), en caso contrario, sólo una imputación dictaminadora (*imputatio diiudicatoria*)". *Cfr.* Corte Constitucional, sentencia C-254 de 2003. En el precedente jurisprudencial constitucional se sostiene: "La jurisprudencia nacional ha recabado en ello al sentar la tesis de que la base de la responsabilidad patrimonial del Estado la constituye la imputabilidad del daño. En efecto, con fundamento en la jurisprudencia del Consejo de Estado, la Corte Constitucional ha sostenido que la responsabilidad patrimonial del Estado y de las demás personas jurídicas públicas se deriva de la imputabilidad del perjuicio a una de ellas, lo cual impide extenderla a la conducta de los particulares o a las acciones u omisiones que tengan lugar por fuera del ámbito de la administración pública".

[209]   COLOMBIA, Corte Constitucional, sentencia C-254 de 2003: "[el] otro principio de responsabilidad patrimonial del Estado es el de imputabilidad. De conformidad con éste, la indemnización del daño antijurídico le corresponde al Estado cuando exista título jurídico de atribución, es decir, cuando de la voluntad del constituyente o del legislador pueda deducirse que la acción u omisión de una autoridad pública compromete al Estado con sus resultados".

[210]   Santiago Mir Puig, "Significado y alcance de la imputación objetiva en el derecho penal", en *Revista Electrónica de Ciencia Penal y Criminología*, 05-05-2003 [http://criminet.urg.es/recpc], pp. 6 y 7: "Tenía razón Welzel al considerar que el Derecho debe respetar estructuras antropológicas como la capacidad de anticipación mental de objetivos cuando se dirige al hombre mediante normas. Desde luego, si el ser humano no tuviera capacidad de adoptar o dejar de adoptar decisiones teniendo en cuenta motivos normativos, sería inútil tratar de influir en el comportamiento humano mediante normas prohibitivas o preceptivas".

nes"[211]. Siendo esto así, la imputación objetiva implica la "atribución", lo que denota en lenguaje filosófico-jurídico una prescripción, más que una descripción. Luego, la contribución que nos ofrece la imputación objetiva, cuando hay lugar a su aplicación, es la de rechazar la simple averiguación descriptiva, instrumental y empírica de "cuando un resultado lesivo es verdaderamente obra del autor de una determinada conducta"[212].

18.2.- Esto, sin duda, es un aporte que se representa en lo considerado por Larenz al afirmar la necesidad de "excluir del concepto de acción sus efectos imprevisibles, por entender que éstos no pueden considerarse obra del autor de la acción, sino obra del azar"[213]. Con lo anterior se logra superar definitivamente, en el juicio de responsabilidad, la aplicación tanto de la teoría de la equivalencia de condiciones como de la causalidad adecuada, ofreciéndose como un correctivo de la causalidad, donde será determinante la magnitud del riesgo y su carácter permisible o no[214]. Es más, se sostiene doctrinalmente "que la responsabilidad objetiva puede llegar a tener, en algunos casos, mayor eficacia preventiva que la responsabilidad por culpa. ¿Por qué? Porque la responsabilidad objetiva, aunque no altere la diligencia adoptada en el ejercicio de la actividad (no afecte a la calidad de la actividad), sí incide en el nivel de la actividad (incide en la cantidad de actividad) del sujeto productor de daños, estimulando un menor volumen de actividad (el nivel óptimo) y, con ello, la causación de un número menor de daños"[215].

18.3.- Dicha tendencia es la que marcó la jurisprudencia constitucional, pero ampliando la consideración de la imputación (desde la perspectiva de la imputación

---

[211]   E. Gimbernat Ordeig, *Delitos cualificados por el resultado y relación de causalidad*, Madrid, 1990, pp. 77 ss.: "El Derecho se dirige al hombre y no a adivinos. Declarar típica toda acción que produzca un resultado dañoso, aun cuando éste fuese imprevisible, significaría que la ley no tiene en cuenta para nada la naturaleza de sus destinatarios; pues una característica del hombre es precisamente la de que no puede prever más que muy limitadamente las consecuencias condicionadas por sus actos. Vincular un juicio de valor negativo (el de antijuridicidad) a la producción de un resultado que el hombre prudente no puede prever sería desconocer la naturaleza de las cosas (más concretamente): la naturaleza del hombre".

[212]   Mir Puig, "Significado y alcance de la imputación objetiva en el derecho penal", *cit.*, p. 7.

[213]   K. Larenz, K., "Hegelszurechnungslehre", citado *ibíd.*, p. 7.

[214]   G. Jakobs, *La imputación objetiva en el derecho penal*, Universidad Externado de Colombia, Bogotá, 1994. Consejo de Estado, Sección Tercera, sentencia de 24 de febrero de 2005, exp. 14170, C.P.: Ramiro Saavedra Becerra: "Sin embargo, como lo sostiene el precedente de la Sala: 'De conformidad con lo dispuesto por el artículo 90 de la Constitución Política, el Estado tiene el deber de responder patrimonialmente por los daños antijurídicos que le sean imputables, causados por la acción u omisión de las autoridades públicas, norma que le sirve de fundamento al artículo 86 del Código Contencioso Administrativo' [...] No obstante que la norma constitucional hace énfasis en la existencia del daño antijurídico como fuente del derecho a obtener la reparación de perjuicios siempre que el mismo le sea imputable a una entidad estatal, dejando de lado el análisis de la conducta productora del hecho dañoso y su calificación como culposa o no, ello no significa que la responsabilidad patrimonial del Estado se haya tornado objetiva en términos absolutos, puesto que subsisten los diferentes regímenes de imputación de responsabilidad al Estado que de tiempo atrás han elaborado tanto la doctrina como la jurisprudencia".

[215]   Mir Puigpelat, *La responsabilidad patrimonial de la administración*, *cit.*, p. 171.

objetiva) a la posición de garante, donde la exigencia del principio de proporcionalidad[216] es necesaria para considerar si cabe la adopción de medidas razonables para precaver y prevenir la producción del daño antijurídico, como motivación del juicio de imputación.

18.4.- Dicho juicio, en este marco, obedece sin lugar a dudas a un ejercicio de la ponderación[217] que el juez está llamado a aplicar, de tal manera que se aplique como máxima la de que "cuanto mayor sea el grado de la no satisfacción o del detrimento de un principio, mayor debe ser la importancia de la satisfacción del otro"[218]. En ese sentido, la jurisprudencia constitucional ha indicado:

"[...] el núcleo de la imputación no gira en torno a la pregunta acerca de si el hecho era evitable o cognoscible. Primero hay que determinar si el sujeto era competente para desplegar los deberes de seguridad en el tráfico o de protección[219] frente a de-

---

[216]   Robert Alexy, "Teoría del discurso y derechos constitucionales", en Vásquez, y Zimmerling (coords.), *Cátedra Ernesto Garzón Valdés, cit.*, p. 62. "El principio de proporcionalidad se compone de tres subprincipios: el principio de idoneidad; el de necesidad y el de proporcionalidad en sentido estricto. Estos principios expresan la idea de optimización [...] En tanto que exigencias de optimización, los principios son normas que requieren que algo sea realizado en la mayor medida de lo posible, dadas sus posibilidades normativas y fácticas. Los principios de idoneidad y de necesidad se refieren a la optimización relativa a lo que es fácticamente posible por lo que expresan la idea de optimalidad de Pareto. El tercer subprincipio, el de proporcionalidad en sentido estricto, se refiere a la optimización respecto de las posibilidades normativas. Las posibilidades normativas vienen definidas, fundamentalmente, por la concurrencia de otros principios; de modo que el tercer subprincipio podría formularse mediante la siguiente regla: Cuanto mayor sea el grado de la no satisfacción o del detrimento de un principio, mayor debe ser la importancia de satisfacción del otro. Esta regla puede denominarse: 'ley de la ponderación'".

[217]   Robert Alexy, "Teoría del discurso y derechos constitucionales", en Vásquez, y Zimmerling (coords.), *Cátedra Ernesto Garzón Valdés, cit.* p. 64: "La ley de la ponderación pone de manifiesto que la ponderación puede fraccionarse en tres pasos. El primero consiste en establecer el grado de insatisfacción o de detrimento del primer principio; el segundo, consiste en establecer la importancia de la satisfacción del segundo principio, que compite con el primero y, finalmente, el tercer paso consiste en determinar si, por su importancia, la satisfacción del segundo principio justifica la no satisfacción del primero".

[218]   *Ibíd.*, p. 62. Sin embargo, se advierte que Habermas ha planteado objeciones a la ponderación: "la aproximación de la ponderación priva de su poder normativo a los derechos constitucionales. Mediante la ponderación los derechos son degradados a nivel de los objetivos, de las políticas y de los valores; y de este modo pierden la 'estricta prioridad' característica de los 'puntos de vista normativos'": Jürgen Habermas, Between *Facts and Norms*, trad. William Rehg, Cambridge, 1999, p. 259. A lo que agrega: "no hay criterios racionales para la ponderación: y porque para ello faltan criterios racionales, la ponderación se efectúa de forma arbitraria o irreflexiva, según estándares y jerarquías a los que está acostumbrado", para concluir: "La decisión de un tribunal es en sí misma un juicio de valor que refleja, de manera más o menos adecuada, una forma de vida que se articula en el marco de un orden de valores concreto. Pero este juicio ya no se relaciona con las alternativas de una decisión correcta o incorrecta": Jürgen Habermas, "Reply to Symposium Participants", en Michel Rosenfeld, y Andrew Arato, *Habermas on Law and Democracy*, Los Angeles, Berkeley, 1998, p. 430.

[219]   Jesús María Casal H., *Los derechos humanos y su protección. Estudios sobre derechos humanos y derechos fundamentales*, 2ª ed., Universidad Católica Andrés Bello, Caracas, 2008, p. 31. Deberes de protección que son "una consecuencia de la obligación general de

terminados bienes jurídicos con respecto a ciertos riesgos, para luego contestar si el suceso era evitable y cognoscible[220]. Ejemplo: un desprevenido transeúnte encuentra súbitamente en la calle un herido en grave peligro (situación de peligro generante del deber) y no le presta ayuda (no realización de la acción esperada); posteriormente fallece por falta de una oportuna intervención médica que el peatón tenía posibilidad de facilitarle trasladándolo a un hospital cercano (capacidad individual de acción). La muerte no le es imputable a pesar de la evitabilidad y el conocimiento. En efecto, si no tiene una posición de garante porque él no ha creado el riesgo para los bienes jurídicos, ni tampoco tiene una obligación institucional de donde surja un deber concreto de evitar el resultado mediante una acción de salvamento, el resultado no le es atribuible. Responde sólo por la omisión de socorro y el fundamento de esa responsabilidad es quebrantar el deber de solidaridad que tiene todo ciudadano"[221].

---

garantía que deben cumplir las autoridades públicas y se colige claramente de los artículos 2.3 del Pacto Internacional de Derechos Civiles y Políticos y 25 de la Convención Americana sobre Derechos Humanos, que regulan el derecho a disponer de un recurso efectivo en caso de violaciones a los derechos humanos".

[220] *Cfr.* Günther Jakobs, "Regressverbot beim Erfolgsdelikt.Zugleich eine Untersuchung zum Grund der strafrechtlichen Haftung bei Begehung", en ZStW 89 (1977), pp. 1 y ss.

[221] COLOMBIA, Corte Constitucional, sentencia SU-1184 de 2001. A lo que agrega el mismo precedente: "En la actualidad, un sector importante de la moderna teoría de la imputación objetiva (la nueva escuela de Bonn: Jakobs, Lesch, Pawlik, Müssig, Vehling) estudia el problema desde una perspectiva distinta a la tradicional de Armin Kaufmann: el origen de las posiciones de garante se encuentra en la estructura de la sociedad, en la cual existen dos fundamentos de la responsabilidad, a saber: 1) En la interacción social se reconoce una libertad de configuración del mundo (competencia por organización) que le permite al sujeto poner en peligro los bienes jurídicos ajenos; el ciudadano está facultado para crear riesgos, como la construcción de viviendas a gran escala, la aviación, la exploración nuclear, la explotación minera, el tráfico automotor, etc. Sin embargo, la contrapartida a esa libertad es el surgimiento de deberes de seguridad en el tráfico, consistentes en la adopción de medidas especiales para evitar que el peligro creado produzca daños excediendo los límites de lo permitido. *V.gr.*, si alguien abre una zanja frente a su casa, tiene el deber de colocar artefactos que impidan que un transeúnte caiga en ella. Ahora bien, si las medidas de seguridad fracasan y el riesgo se exterioriza amenazando con daños a terceros o el daño se produce –un peatón cae en la zanja– surgen los llamados deberes de salvamento, en los cuales el sujeto que ha creado con su comportamiento peligroso anterior (generalmente antijurídico) un riesgo para los bienes jurídicos, debe revocar el riesgo –prestarle ayuda al peatón y trasladarlo a un hospital si es necesario– (pensamiento de la injerencia). Esos deberes de seguridad en el tráfico, también pueden surgir por asunción de una función de seguridad o de salvamento, como en el caso del salvavidas que se compromete a prestar ayuda a los bañistas en caso de peligro. Los anteriores deberes nacen porque el sujeto ha configurado un peligro para los bienes jurídicos y su fundamento no es la solidaridad sino la creación del riesgo. Son deberes negativos porque su contenido esencial es no perturbar o inmiscuirse en los ámbitos ajenos. Corresponde a la máxima del derecho antiguo de no ocasionar daño a los demás. 2) Pero frente a la libertad de configuración, hay deberes que proceden de instituciones básicas para la estructura social (competencia institucional) y que le son impuestas al ciudadano por su vinculación a ellas. Por ejemplo, las relaciones entre padres e hijos y ciertas relaciones del Estado frente a los ciudadanos. Estos deberes se caracterizan porque el garante institucional tiene la obligación de configurar un mundo en común con alguien, de prestarle ayuda y protegerlo contra los peligros que lo amenacen, sin importar que el riesgo surja de un tercero o de hechos de la naturaleza. *V.gr.*, el padre debe evitar que un tercero abuse sexualmente de su hijo menor y si no

18.5.- En una teoría de la imputación objetiva construida sobre las posiciones de garante, predicable tanto de los delitos de acción como de omisión, la forma de realización externa de la conducta, es decir, determinar si un comportamiento fue realizado mediante un curso causal dañoso o mediante la abstención de una acción salvadora, pierde toda relevancia porque lo importante no es la configuración fáctica del hecho, sino la demostración de si una persona ha cumplido con los deberes que surgen de su posición de garante[222].

18.6.- Dicha formulación no debe suponer, lo que debe remarcarse por la Sala, una aplicación absoluta o ilimitada de la teoría de la imputación objetiva que lleve a un desbordamiento de los supuestos que pueden ser objeto de la acción de reparación directa, ni a convertir a la responsabilidad extracontractual del Estado en herramienta de aseguramiento universal[223], teniendo en cuenta que el riesgo, o su creación, no debe llevar a "una responsabilidad objetiva global de la Administración, puesto que no puede considerarse [...] que su actuación [de la administración

---

lo hace, se le imputa el abuso. Los deberes institucionales se estructuran aunque el garante no haya creado el peligro para los bienes jurídicos y se fundamentan en la solidaridad que surge por pertenecer a ciertas instituciones básicas para la sociedad. Se trata de deberes positivos, porque, contrario a los negativos en los cuales el garante no debe invadir ámbitos ajenos, en éstos debe protegerlos especialmente contra ciertos riesgos (*cfr*. Günther Jakobs. Strafrecht Allgemeiner Teil. Die Grundlagen und die Zurechnungslehre (Studienausgabe), 2. Auf., Walter de Gruyter, Berlin-New York, 1993, p. 796 y ss.)": Günther Jakobs, *Injerencia y dominio del hecho. Dos estudios sobre la parte general del derecho penal*, 1ª reimpr., Universidad Externado de Colombia, Bogotá, 2004, p. 16. En la doctrina se afirma que la "posición de garantía" debe modularse: "todos deben procurar que su puño no aterrice violentamente en la cara de su congénere, o que su dedo índice no apriete el gatillo de un arma de fuego cargada apuntada sobre otra persona, etc. Sin embargo, también aparecen sin dificultad algunos fundamentos de posiciones de garantía referidas a supuestos de omisión: quien asume para sí una propiedad, debe procurar que de ésta no emanen riesgos para otras personas. Se trata de los deberes de aseguramiento en el tráfico, deberes que de modo indiscutido forman parte de los elementos de las posiciones de garantía y cuyo panorama abarca desde el deber de aseguramiento de un animal agresivo, pasando por el deber de asegurar las tejas de una casa frente al riesgo de que caigan al suelo hasta llegar al deber de asegurar un carro de combate frente a la posible utilización por personas no capacitadas o al deber de asegurar una central nuclear frente a situaciones críticas".

222 COLOMBIA, Corte Constitucional, sentencia SU-1184 de 2001.

223 Jesús Leguina Villa, "Prólogo", en Margarita Beladiez Rojo, *Responsabilidad e imputación de daños por el funcionamiento de los servicios públicos. Con particular referencia a los daños que ocasiona la ejecución de un contrato administrativo*, Tecnos, Madrid, 1997, p. 23: "La profesora Beladiez comparte sin reservas la preocupación por los excesos que desfiguran la institución, admite que con alguna frecuencia se producen 'resultados desproporcionados e injustos' para la Administración e insiste en advertir que la responsabilidad objetiva no es un seguro universal que cubra todos los daños que se produzcan con ocasión de las múltiples y heterogéneas actividades que la Administración lleva cotidianamente a cabo para satisfacer los interese generales".

pública] sea siempre fuente de riesgos especiales"[224], y que además debe obedecer a la cláusula del Estado Social de Derecho[225].

18.7.- Es preciso, sin duda, plantear un juicio de imputación en el que, demostrado el daño antijurídico, deba analizarse la atribución fáctica y jurídica en tres escenarios: peligro, amenaza y daño. En concreto, la atribución jurídica debe exigir la motivación razonada, sin fijar un solo título de imputación en el que deba encuadrarse la responsabilidad extracontractual del Estado[226], sino adelantando el proceso de examinar si procede el encuadramiento en la falla en el servicio con sustento en la vulneración de deberes normativos[227], que en muchas ocasiones no se reducen al ámbito negativo, sino que se expresan como deberes positivos en los que la procura o tutela eficaz de los derechos, bienes e intereses jurídicos es lo esencial para que se cumpla con la cláusula del Estado Social y Democrático de Derecho; en caso de no poder hacer su encuadramiento en la falla en el servicio, cabe examinar si procede en el daño especial, con sustento en la argumentación razonada de cómo (probatoriamente) se produjo la ruptura en el equilibrio de las cargas públicas; o, finalmente, si se encuadra en el riesgo excepcional. De acuerdo con la jurisprudencia de la Sala Plena de la Sección Tercera:

---

[224] Mir Puigpelat, *La responsabilidad patrimonial de la administración, cit.*, p. 204.

[225] Martín Rebollo, "Ayer y hoy de la responsabilidad patrimonial de la administración", *cit.*, p. 308. "el tema de la responsabilidad patrimonial de las Administraciones Públicas ha sido abordado tradicionalmente desde la óptica de las garantías individuales. Se trata de una institución que protege al individuo frente a los daños causados por las Administraciones Públicas como consecuencia de la amplia actividad que éstas desarrollan. Pero, desde la perspectiva de la posición de la Administración, la responsabilidad está en el mismo centro de su concepción constitucional como derivación de la cláusula del Estado social de Derecho; derivación que, en hipótesis extrema, puede conllevar que los límites del sistema resarcitorio público estén condicionados por los propios límites del llamado Estado social de Derecho".

[226] COLOMBIA, Consejo de Estado, Sección Tercera, sentencias de 19 de abril de 2012, exp. 21515, C.P.: Hernán Andrade Rincón, y 23 de agosto de 2012, exp. 23492, C.P.: Hernán Andrade Rincón.

[227] Adolfo Merkl, *Teoría general del derecho administrativo*, Edinal, México, 1975, p. 211: "El hombre jurídicamente puede hacer todo lo que no le sea prohibido expresamente por el derecho; el órgano, en fin de cuentas, el Estado, puede hacer solamente aquello que expresamente el derecho le permite, esto es, lo que cae dentro de su competencia. En este aspecto el derecho administrativo se presenta como una suma de preceptos jurídicos que hacen posible que determinadas actividades humanas se atribuyan a los órganos administrativos y, en último extremo, al Estado administrador u otros complejos orgánicos, como puntos finales de la atribución. El derecho administrativo no es sólo la *conditio sine qua non*, sino *conditio per quam* de la administración". Martín Rebollo, "Ayer y hoy de la responsabilidad patrimonial de la administración", *cit.*, p. 311: "Un sistema de responsabilidad muy amplio presupone un estándar medio alto de calidad de los servicios. Y si eso no es así en la realidad puede ocurrir que el propio sistema de responsabilidad acabe siendo irreal porque no se aplique con todas sus consecuencias o se diluya en condenas a ojo, sin reglas fijas o casi con el único criterio de que las solicitudes indemnizatorias no 'parezcan' excesivamente arbitrarias o desproporcionadas. Aunque, claro está, lo que sea proporcionado o no, en ausencia de referentes externos sobre cómo debe ser y actuar la Administración, acaba siendo también una decisión subjetiva. De ahí la conveniencia de la existencia de parámetros normativos que señalen cuál es el nivel, la pauta o la cota de calidad de los servicios, es decir, el elemento comparativo y de cotejo sobre cómo debe ser la Administración".

"[...] en lo que se refiere al derecho de daños, el modelo de responsabilidad estatal que adoptó la Constitución de 1991 no privilegió ningún régimen en particular, sino que dejó en manos del juez definir, frente a cada caso en concreto, la construcción de una motivación que consulte las razones tanto fácticas como jurídicas que den sustento a la decisión que habrá que adoptar. Por ello, la jurisdicción de lo contencioso administrativo ha dado cabida a la utilización de diversos "títulos de imputación" para la solución de los casos propuestos a su consideración, sin que esa circunstancia pueda entenderse como la existencia de un mandato que imponga la obligación al juez de utilizar frente a determinadas situaciones fácticas –a manera de recetario– un específico título de imputación"[228].

18.8.- Así mismo, debe considerarse que la responsabilidad extracontractual no puede reducirse a su consideración como herramienta destinada solamente a la reparación, sino que debe contribuir con un efecto preventivo[229] que permita la mejora o la optimización en la prestación, realización o ejecución de la actividad administrativa globalmente considerada[230]. Con otras palabras, y siguiendo a la doctrina, el "contencioso-administrativo y la responsabilidad patrimonial juegan así ese papel de control y garantía, pero, al mismo tiempo, coadyuvan a la eficacia porque enseñan, en primer lugar, a cómo no se debe actuar si se quiere conseguir tales o cuales objetivos e influyen o deberían influir en el modo de actuación futuro que evite el daño y, en consecuencia, el tener que pagar una indemnización"[231].

b'''. *La afirmación del principio de imputabilidad y la imputación objetiva*

19.- En cuanto a esto, cabe precisar que la concepción de la responsabilidad del Estado en la actualidad está marcada por la imputación objetiva, que "parte de los límites de lo previsible por una persona prudente a la hora de adoptar las decisiones". Siendo ello así, la imputación objetiva implica la "atribución", lo que denota en lenguaje filosófico-jurídico una prescripción, más que una descripción. Luego, la contribución que nos ofrece la imputación objetiva, cuando hay lugar a su aplicación, es la de rechazar la simple averiguación descriptiva, instrumental y empírica de "cuando un resultado lesivo es verdaderamente obra del autor de una determinada conducta".

---

[228] COLOMBIA, Consejo de Estado, Sección Tercera, sentencia de 19 de abril de 2012, exp. 21515. C.P.: Hernán Andrade Rincón, y *cfr.* sentencia de 23 de agosto de 2012, exp. 24392. C.P.: Hernán Andrade Rincón: "En consecuencia, el uso de tales títulos por parte del juez debe hallarse en consonancia con la realidad probatoria que se le ponga de presente en cada evento, de manera que la solución obtenida consulte realmente los principios constitucionales que rigen la materia de la responsabilidad extracontractual del Estado".

[229] Pantaleón, "Cómo repensar la responsabilidad civil extracontractual", *cit.*, p. 174: "En consecuencia, la función de la responsabilidad extracontractual no puede ser ni única ni primariamente indemnizatoria. Tiene que ser, ante todo, preventiva o disuasoria, o se trataría de una institución socialmente absurda: ineficiente".

[230] Martín Rebollo, *La responsabilidad patrimonial de las entidades locales, cit.*, pp. 48 y 49: "La responsabilidad, pues [...] apunta al corazón mismo de las dimensiones del Estado, a las pautas de calidad en la prestación de los servicios, a las exigencias del buen funcionamiento".

[231] *Ibíd.*, p. 46.

19.1.- Sin oponerse a la imputación, la irregularidad de la conducta conforme a un deber jurídico, exige evidenciar un elemento causal que permita determinar si se desarrolló dentro de los cauces exigidos, en la relación trabada entre el fundamento objetivo del deber y la acción u omisión concreta que se exige.

19.2.- En una teoría de la imputación objetiva construida sobre las posiciones de garante, predicable tanto de los delitos de acción como de omisión, la forma de realización externa de la conducta, es decir, la determinación de si un comportamiento fue realizado mediante un curso causal dañoso o mediante la abstención de una acción salvadora, pierde toda relevancia porque lo importante no es la configuración fáctica del hecho, sino la demostración de si una persona ha cumplido con los deberes que surgen de su posición de garante.

c'''. *La afirmación del principio de imputabilidad y la imputación objetiva*

20.- Según lo prescrito en el artículo 90 superior, la cláusula general de la responsabilidad extracontractual del Estado[232] tiene como fundamento la determinación de un daño antijurídico causado a un administrado, y la imputación del mismo a la administración pública ya sea por su acción o por su omisión (omisión propiamente dicha o inactividad) de un deber normativo.

20.1.- Además de los anteriores elementos esenciales para la afirmación de la responsabilidad extracontractual, se precisa distinguir entre los criterios de motivación –de razonabilidad– de la imputación: falla –simple, probada y presunta–, daño especial, riesgo excepcional, y el fundamento de la responsabilidad, lo que se tiende a confundir con frecuencia por la jurisprudencia contencioso administrativa. En cuanto a las primeras, esto es, las condiciones, "su estudio intrínseco constituye por tanto un problema de técnica jurídica. El fundamento de la responsabilidad se sitúa, por el contrario, más allá de la técnica propiamente dicha: dicho fundamento estará constituido por la explicación que podrá ser dada apelando de hecho a esas diversas condiciones. Nos encontramos por tanto en presencia de dos problemas que, si bien estrechamente ligados, son no obstante distintos: el problema técnico de las condiciones para establecer la responsabilidad, de una parte, y, de otra, el problema del fundamento de la responsabilidad, es decir la explicación de la técnica"[233].

20.2.- Se exige, pues, que la jurisprudencia contencioso administrativa revise si se ha dejado de lado la exigencia de motivar razonada y razonablemente el juicio de imputación que se realiza sobre las administraciones públicas, habiendo primado la afirmación de criterios de motivación –razonabilidad– de la misma.

---

[232] COLOMBIA, Corte Constitucional, sentencia C-864 de 2004. *Cfr.* también Corte Constitucional, sentencia C-037 de 2003: "3. Hasta la Constitución de 1991, no existía en la Constitución ni en la ley una cláusula general expresa sobre la responsabilidad patrimonial del Estado. Sin embargo, la jurisprudencia de la Corte Suprema de Justicia y, en especial, del Consejo de Estado encontraron en diversas normas de la Constitución derogada –en especial en el artículo 16– los fundamentos constitucionales de esa responsabilidad estatal y plantearon, en particular en el campo extracontractual, la existencia de diversos regímenes de responsabilidad, como la falla en el servicio, el régimen de riesgo o el de daño especial. Por el contrario, la actual Constitución reconoce expresamente la responsabilidad patrimonial del Estado".

[233] Benoit, "Le régime et le fondement de la responsabilité de la puissance publique", *cit.*, p. 1.

No se trata, pues, de promover el encuadramiento rígido de los diferentes supuestos de responsabilidad en uno de los criterios, sino en contar con ellos como herramienta de argumentación o fundamentación que no puede ser excluyente, de tal manera que siempre se comience por analizar la falla en el servicio[234], y en caso de no proceder se analicen los otros criterios, como el daño especial, el riesgo excepcional y la imputación objetiva, propiamente dicha.

20.3.- En la casuística y jurisprudencia reciente de la Sección Tercera y de la Subsección C del Consejo de Estado se plantean una serie de argumentaciones o motivaciones orientadas a superar la discusión mecánica (e impositiva) del encuadramiento de la responsabilidad patrimonial del Estado en los denominados "títulos de imputación".

20.4.- Cabe, por tanto, exponer la argumentación que se propone para avanzar en el debate de la debida motivación de la imputación y crisis de los títulos de imputación, especialmente cuando se trata de la responsabilidad del Estado por los daños antijurídicos que le son imputables con ocasión de ataques realizados por grupos armados insurgentes que afectan a miembros de la fuerza pública (cuerpos y fuerzas de seguridad del Estado), o a la población civil, en casos de afectación del derecho a la seguridad personal (actores sociales y políticos), etc.

---

[234] Briceño Chaves, *La protección del ambiente como principio de responsabilidad de la administración pública por daños ecológicos, cit.*: "Debe recordarse que el sistema francés de responsabilidad civil extracontractual, del cual extrae sus elementos la responsabilidad de la Administración pública, se apoya en la noción de 'falta', definida como la violación de una obligación preexistente a cargo del sujeto que realiza la acción o actividad, apartándose de la idea de la prudencia o diligencia. Dicha 'falta', trasladada a la responsabilidad de la Administración pública llevó a formular la noción de 'faute de service', definida como el defectuoso funcionamiento de la actividad administrativa, teniendo en cuenta el deber que existe para que se produzca un funcionamiento ordinario (normal) de dicha actividad". *Cfr.* Gabriella Venturini, *La responsabilità extracontrattuale delle Comunità europee*, Giuffrè, Milano, 1980, pp. 29 y 40 a 41. "En cuanto a lo anterior, cabe recordar el arrêt Pelletier (Tribunal des conflits, 30 juillet 1873), en el que se planteó la distinción entre actos constitutivos de faltas personales y actos no separables del servicio y constitutivos de una "faute de service". Como rasgos característicos de la faute de service se encuentran: a) que es "independiente del carácter material o jurídico del acto dañoso; la operación material, la decisión individual o reglamentaria, pueden ser igualmente constitutivas de falta del servicio"; b) que es "relativamente independiente de la legalidad del acto". Resulta interesante destacar que entre los supuestos en los que se puede establecer esta falta se encuentra la derivada de "un hecho positivo (la toma de una decisión)", o aquella de la tardanza en la adopción de una decisión, en los que puede enfocarse la responsabilidad de la administración pública por daños ecológicos o ambientales. *Cfr.* Rivero y Waline, *Droit administratif, cit.*, pp. 263 y 277 a 279. El "criterio operacional será [el único] en función del cual se establece el nexo con el servicio": Douc Rasy, *Les frontières de la faute personnelle et de la faute de service en droit administratif français*, LGDJ, Paris, 1962, pp. 86 y ss. La "idea del nexo con el servicio es un estándar [...] [L]a idea del nexo con el servicio ha conocido evoluciones importantes en el curso de este siglo, hasta la fórmula negativa, por tanto extensiva, de la decisión Mimeur en la que se integró a las faltas del servicio los actos 'no desprovistos de todo vínculo con el servicio'": Chrystelle Schaegis, *Progrès scientifique et responsabilité administrative*, CNRS, Paris, 1998, p. 47. *Cfr.* también Stéphane Rials, *Le juge administratif français et la technique du standard*, LGDJ, Paris, 1980".

A continuación se hará un extracto de los principales pronunciamientos jurisprudenciales [de la Sub-sección C de la Sección Tercera del Consejo de Estado de Colombia] que permiten evidenciar la evolución casuística relacionada con las motivaciones para la imputación de la responsabilidad patrimonial del Estado.

20.5.- La primera sentencia es la de 26 de mayo de 2010, exp. 17194, relacionada con el caso del ataque armado insurgente al municipio y estación de la Policía Nacional de Gachalá (Cundinamarca). De la sentencia cabe extraer los siguientes argumentos:

"[…] En relación con la responsabilidad estatal que se predica frente a los daños sufridos con ocasión de la muerte violenta o las lesiones padecidas en ejercicio de sus funciones por los servidores pertenecientes a la Fuerza Pública –Policía Nacional, Ejército Nacional, Armada, Fuerza Aérea– y organismos de seguridad –como el DAS– es necesario tener en cuenta la especial naturaleza de las competencias que éstos tienen a su cargo y que deben desempeñar como tarea cotidiana en el normal discurrir de sus labores profesionales, toda vez que el ámbito de sus actuaciones se halla en el enfrentamiento permanente de la delincuencia común u organizada mediante la utilización de armas de dotación oficial, como medio para lograr el mantenimiento del orden público interno y la defensa de la soberanía nacional; en tales condiciones, el ejercicio de sus funciones implica un alto grado de peligrosidad y riesgo en el que constantemente están exponiendo tanto su integridad física como la vida misma […]

[…]

Está probado que de manera previa a la incursión guerrillera en el Municipio de Gachalá, existían alertas en relación con la posibilidad de ataques guerrilleros a las poblaciones de Cundinamarca y que los altos mandos de la Policía Nacional, habían enviado varias advertencias e instrucciones a las estaciones de Policía sobre las acciones preventivas a adoptar frente a tales amenazas, lo cual evidencia que se habían realizado labores de inteligencia que determinaban el grado de riesgo de tomas guerrilleras en las poblaciones del Departamento; ello se deduce así mismo, del hecho de que en la Estación de Policía de Gachalá, para el día de los hechos, eran dos los agentes que cumplían labores de vigilancia durante la noche, pues se encontraban de guardia uno en la parte delantera y otro en la parte de atrás de la edificación. No obstante lo anterior, advierte la Sala que los agentes de la Policía Nacional que se encontraban destacadas en la Estación de Policía del municipio de Gachalá, fueron abandonados a su suerte cuando se produjo el ataque de la guerrilla y no se les brindó apoyo alguno, a pesar de que se tuvo pronta información sobre el mismo, lo cual, sin duda alguna, constituye una clara falla del servicio.

[…]

Observa la Sala que el caso que se analiza en el sub-lite, no es el único de su especie, pues han sido varios los eventos similares en los que se ha concluido la existencia de falla del servicio de la entidad demandada por la misma razón, es decir por abandono de los agentes de la Policía Nacional, destacados en distintos municipios que fueron objeto de fuertes ataques guerrilleros, sin recibir apoyo alguno por parte de la institución a la que pertenecían, a pesar de que el hecho era previsible y, sin embargo, no se tomaron medidas para brindar una pronta respuesta frente a tales incursiones subversivas, permitiendo con ello la causación de daños antijurídicos que los agentes no estaban en la obligación de soportar, al obligarlos a resistir durante horas, con escaso armamento y municiones, los embates de los grupos guerrilleros que se tomaban los municipios, los cuales quedaban a su entera disposición. En otra ocasión, la Sala estudió las reclamaciones patrimoniales que se presentaron como consecuencia de los daños sufridos por los demandantes con ocasión de la toma del municipio de La Calera (Cundinamarca) por parte de la guerrilla, en circunstancias similares a las que se presentaron en el sub-lite, en donde la entidad demandada estaba plenamente informada de la posibilidad del ataque subversivo a las poblaciones del Departamento de Cundinamarca y cercanas a la capital, a pesar de lo cual, la toma se produjo sin obtener apoyo oportuno por parte de la misma".

20.6.- La segunda sentencia es la de 25 de mayo de 2011, exps. 15838-18075-25212, relacionada con el caso de la toma de la Base Militar de "Las Delicias"[235]. De la sentencia cabe extraer los siguientes argumentos:

"[…] En el presente caso la Sala encuentra que pudo haber un encuadramiento en los diferentes títulos de imputación, pero conviene afirmar que debería consolidarse la imputación por medio de la imputación del resultado perjudicial causado a las víctimas. En realidad, por lo acreditado en el expediente la Sala encuentra que al Estado le es imputable, atribuible directamente el resultado perjudicial, sin perjuicio [de] que la causa directa haya sido producida por el hecho de un tercero.

[…]

Y es atribuible el resultado dañoso, porque lo determinante en su producción está constituido en i) la omisión del Estado de haber adoptado todas las medidas razonables para prevenir la violación de los Derechos Humanos de la que fueron objeto los ciudadanos-soldados, y ii) porque fue el Estado el que creó la situación objetiva de riesgo (comprendida por la existencia de la Base Militar de Las Delicias en un ámbito espacial, de orden público y de posibilidades de defensa y protección limitada, como se aceptó), sin que hubiera desplegado los deberes de salvamento, apoyo y protección suficiente a que estaba obligado por expresos mandatos constitucionales, como se señala en el deber de proteger el territorio y los ciudadanos frente a todo tipo de agresión interna o externa. Concretamente, el Estado creó la situación objetiva de riesgo en atención a los siguientes factores: i) la falta de preparación y de entrenamiento en los días anteriores al ataque guerrillero, lo que no fue supervisado, ni tuvo la vigilancia debida por parte de los mandos oficiales de la fuerzas armadas; ii) la existencia misma de la Base Militar de Las Delicias en una posición que no fue estudiada estratégicamente, ni se valoró adecuadamente las vías de escape y de penetración, lo que llevó a que en la mañana del 31 de agosto de 1996 se produjera la incursión completa de las fuerzas irregulares al interior de la Base; iii) el retardo injustificado e insuficiente del apoyo militar, pese a que en las proximidades se contaba con la Base de Tresesquinas, los apoyos fluviales desde Puerto Leguízamo, el apoyo aéreo desde Apiay; iv) los fallos en el armamento y en la planeación de la infraestructura de la base necesaria para poder repeler y afrontar con garantías un ataque de los grupos subversivos; v) teniendo en cuenta que en la zona operaban los grupos subversivos, constituía un hecho notorio la posibilidad de una ataque de los mismos, lo que representa una amenaza inminente, cierta e inevitable".

---

[235] En la noche del 30 de agosto de 1996 al menos 2.000 miembros del grupo armado insurgente FARC atacaron la base militar de "Las Delicias" ubicada en el municipio de Tagua (Putumayo). Como consecuencia del ataque, que duró más de 24 horas, murieron 30 soldados entre los que se contaba un familiar de los demandantes, otros 61 fueron secuestrados, y los restantes quedaron lesionados, entre los que se cuenta otro de los demandantes en el presente asunto.

20.7.- La tercera sentencia es la de 31 de agosto de 2011, exp. 19195, relacionada con el caso del ataque del grupo armado insurgente FARC a la estación de la Policía Nacional de Barbacoas [Nariño][236]. De la sentencia cabe extraer los siguientes argumentos:

"[…] La Estación de la Policía Nacional del municipio de Barbacoas, Nariño, fue objeto de hostigamiento por un grupo armado insurgente en el mes de abril de 1997, lo que aunado a las advertencias realizadas por el Comandante de la misma Estación, lleva a inferir que existía una amenaza inminente, irreversible e indudable de un ataque por uno de los grupos armados insurgentes que operaban en la jurisdicción.

[…] La desatención de la información suministrada por el personal de la Estación de la Policía Nacional de Barbacoas, Nariño, es constitutivo de una falla del servicio, la que se agrava por las lamentables condiciones en las que se encontraban las instalaciones de la Estación para el 6 de junio de 1997, ya que no ofrecía, siquiera, condiciones aptas para alojar a los uniformados, menos ofrecía las garantías de seguridad, como se desprende de la apreciación conjunta de la prueba testimonial y de los demás medios probatorios, para afrontar y llevar a cabo defensa idónea alguna ante un ataque por un grupo armado insurgente, como el ocurrido en la fecha de los hechos […] [E]s de remarcar, en el agotamiento de la munición por parte de los policiales de la Estación, cuyo Comandante había solicitado suministro de la misma y de elementos logísticos con antelación, ya que sólo portaban su arma de dotación oficial y 300 cartuchos, aproximadamente, lo que por reglas de la experiencia y de sentido común no son suficientes cuando se produce un ataque por un grupo armado insurgente que en un número considerable, aproximadamente 150 insurgentes, y con mayor capacidad de armamento superó la reacción o la defensa que haya podido ser desplegada por los 19 policiales que se encontraban en la Estación de la Policía Nacional de Barbacoas, Nariño" [motivación que tuvo continuidad en la sentencia de 24 de octubre de 2013, exp. 25981].

20.8.- La cuarta sentencia es la de 19 de agosto de 2011, exp. 20227, relacionada con el caso de las lesiones a civil que se encontraba al interior de la estación de la Policía Nacional del municipio de Belén [Nariño], como consecuencia del ataque perpetrado por el grupo armado insurgente FARC[237]. De la sentencia se extraen los siguientes argumentos:

"[…] por el incumplimiento a los mandatos de defensa y seguridad de toda Estación de Policía sujeta a Manuales y Reglamentos internos, que no fueron observados debidamente por el Comandante de la misma y del propio esposo, agente de la fuerza pública, ya que no se acreditó por las entidades demandadas que se haya adoptado algún control respecto a la presencia de la mencionada señora durante el ataque del grupo armado insurgente, ni se investigó disciplinariamente estos hechos, pese a haber incumplido reglas de seguridad, control y vigilancia […]. Para determinar si la conducta del Estado fue anómala o irregular, por acción o por omisión, frente al

---

[236] El 6 de junio de 1997 al menos 150 miembros del grupo armado insurgente FARC atacaron la estación de policía del municipio de Barbacoas (Nariño) durante 24 horas, muriendo 8 uniformados (entre los que se encuentra un familiar de los demandantes); a los restantes los secuestraron hasta el día siguiente, cometiendo contra ellos actos de humillación y crueldad.

[237] Atentado terrorista llevado a cabo por el frente 19 de las FARC al cuartel de la Policía Nacional ubicado en el municipio de Belén (Nariño) el día 14 de octubre de 1998, en el que resultó lesionada una civil que se encontraba al interior del mismo.

hecho dañoso perpetrado por el tercero debe analizarse si para la Administración y para las autoridades era previsible que se desencadenara el acto terrorista. Este aspecto constituye uno de los puntos más importantes a analizar dentro de este régimen, pues no es la previsión de la generalidad de los hechos (estado de anormalidad del orden público) sino de aquellas situaciones que no dejan casi margen para la duda, es decir, las que sobrepasan la situación de violencia ordinaria vivida".

20.9.- La quinta sentencia es la de 19 de octubre de 2011, exp. 20861, relacionada con el caso de la muerte de periodista y activista de programa de resocialización cometido por sujeto que irregularmente fue dejado en libertad por el INPEC, cuando existía condena pendiente[238]. De la sentencia se extraen los siguientes argumentos:

"[…] El juicio de imputación debe orientarse hacia la atribución de la responsabilidad por falla del servicio consistente en el incumplimiento de los deberes normativos (siendo el sustento la imputación normativa) a los que estaba llamado el INPEC, y los funcionarios que intervinieron en permitir la libertad del sujeto que la asesinó.

La materialización del riesgo en el daño antijurídico causado, conforme a las obligaciones de seguridad y protección en cabeza del Estado, implica que éste, para el caso en concreto, debía asumir una posición de garante".

20.10.- La sexta sentencia es la de 18 de enero de 2012, exp. 19959, relacionada con el caso de la muerte del abogado y activista de defensa de presos políticos Javier Alberto Barriga Vergel[239]. De la sentencia se extraen los siguientes argumentos:

"[…] Para el examen del caso concreto "(en sus dos extremos: ámbito fáctico y atribución jurídica) precisa determinar las circunstancias de tiempo, modo y lugar, y su encaje en los criterios con base en los cuales se puede establecer [bien sea que se acredite una, varias, o todas ellas] la existencia de amenazas a la seguridad personal del abogado Javier Alberto Barriga Vergel": a) La posición *intuitu personae* (condiciones personales y sociales); b) antecedentes de persecución o de atentados criminales; c) las amenazas y la situación de peligro o riesgo a la que se encontraba expuesto el abogado Javier Alberto Barriga Vergel; d) Las circunstancias de tiempo, modo y lugar en las que ocurrió la muerte violenta del abogado Javier Alberto Barriga Vergel y de las investigaciones adelantadas por el mismo.

[…]

[…] en cabeza del abogado Javier Alberto Barriga Vergel cabía la probabilidad de concretarse o materializarse de manera irreversible e irremediable la amenaza y el riesgo como consecuencia de su actividad profesional de defensa de presos políticos, y de su activismo por la defensa de los derechos humanos de individuos presuntamente señalados como integrantes de grupos armados insurgentes, lo que lleva a plantear que el Estado debía cumplir con su deber positivo, derivado de su posi-

---

238   El 11 de agosto de 1998 a las 6:20 a.m., fue asesinada con arma de fuego la periodista y delegada departamental para el Programa Presidencial para la Reinserción y coordinadora de REDEPAZ en el Cesar, por un sujeto que había salido en libertad irregularmente de una cárcel.

239   El día 16 de junio de 1995, a las 8:30 de la mañana, el doctor Javier Alberto Barriga Vergel, salió de su residencia […] en dirección a su oficina, en su vehículo […] [M]ientras esperaba el cambio del semáforo, dos individuos que se desplazaban en una motocicleta se acercaron hasta la ventana del vehículo […] y uno de ellos disparó varias veces […] hiriéndolo en la cabeza y produciéndole la muerte en forma inmediata".

ción de garante, de proteger, o por lo menos de ejercer alguna medida de protección encaminada a desarticular, o por lo menos a advertir al abogado Barriga Vergel de la amenaza y riesgo constante que existía para su vida, por la existencia de organizaciones y actividades por fuera de la ley que se orquestaban para cercenar el libre ejercicio de la actividad profesional, independientemente de la posición ideológica, o del destinatario de la prestación de los servicios profesionales".

20.11.- La séptima sentencia es la de 18 de enero de 2012, exp. 21196, relacionada con el caso de la muerte del político conservador Feisal Mustafá[240]. De la providencia se extraen los siguientes argumentos:

"[...] a) La posición *intuitu personae* (condiciones personales y sociales); b) antecedentes de persecución o de atentados criminales; c) las amenazas y la situación de peligro o riesgo a la que se encontraba expuesto el Dr. Feisal Mustafá; d) La circunstancias de tiempo, modo y lugar en las que ocurrió la muerte violenta del Dr. Feisal Mustafá y de las investigaciones adelantadas por el mismo; e) medio anómalo por ausencia de fuerza pública.

[...]

[...] [E]n cabeza del político Feisal Mustafá Barbosa cabía la probabilidad de concretarse o materializarse de manera irreversible e irremediable la amenaza y el riesgo como consecuencia de su actividad profesional de defensa de presos políticos, y de su activismo por la defensa de los derechos humanos de individuos presuntamente señalados como integrantes de grupos armados insurgente, lo que lleva a plantear que el Estado debía cumplir con su deber positivo, derivado de su posición de garante, de proteger, o por lo menos de ejercer alguna medida de protección encaminada a desarticular, o por lo menos a advertir al político Mustafá Barbosa de la amenaza y riesgo constante que existía para su vida, por la existencia de organizaciones y actividades por fuera de la ley que se orquestaban para cercenar el libre ejercicio de la actividad profesional, independientemente de la posición ideológica, o del destinatario de la prestación de los servicios profesionales. No debe olvidarse que, en este tipo eventos, se resalta como sustento del deber positivo de protección el respeto del Estado de Derecho como garantía, y de la vida, honra y bienes de los ciudadanos, como se desprende de lo consagrado en los artículos 1 y 2 de la Carta Política".

20.12.- La octava sentencia es la de mayo de 2012, exp. 20334, relacionada con el caso de la masacre ocurrida en el corregimiento "El Siete", del municipio de El Carmen de Atrato [Chocó][241]. De la sentencia se extraen los siguientes argumentos:

"[...] valorar la imputación en una doble perspectiva: en primer lugar, desde la producción del daño antijurídico como consecuencia de la omisión o inactividad de las entidades demandadas que representan, también, la vulneración de los derechos reconocidos a la vida e integridad, dentro del marco de la dignidad humana, y los derechos humanos que por el mismo bloque merecen ser objeto de protección en ca-

---

[240]   El 11 de septiembre de 1993 durante una correría política Feisal Mustafá fue retenido, secuestrado y posteriormente asesinado por miembros del grupo armado insurgente ELN, en inmediaciones del municipio de Sucre (Santander).

[241]   El 13 de junio de 1996 un grupo de hombres armados irrumpió en el corregimiento "El Siete" y con lista en mano retuvo a varias personas, entres ellas las tres víctimas mortales, las cuales fueron asesinadas posteriormente. A 19 km se encontraba patrullando el Ejército Nacional el día de los hechos, y a 4 km existía una guarnición militar.

beza de Guillermo de Jesús Barrera Henao, Francisco Javier Taborda Taborda y Álvaro Vásquez Giraldo como miembros de la población civil. De tal manera, cabe observar la atribución jurídica del daño antijurídico a las entidades demandadas por el incumplimiento e inobservancia de los deberes positivos derivados del derecho internacional humanitario y del derecho internacional de los derechos humanos (Convenio IV de Ginebra y Protocolo II, protección de la población civil ante un conflicto armado interno)".

20.13.- La octava sentencia es la de 29 de agosto de 2012, exp. 24799, relacionada con el caso de las quemaduras padecidas por un menor de 17 años en el laboratorio químico de un colegio[242]. De la sentencia se extraen los siguientes argumentos:

"[...] Como no se desvirtuó lo anterior, las entidades demandadas tampoco acreditaron, que ante la ausencia de reglas concretas en materia de utilización de los laboratorios, hayan, con efecto integrador, dado cabal cumplimiento a las normas sanitarias (ley 9 de 1979, Resolución 4709 de 1995), las normas técnicas aplicables (NTC 4199 de 23 de julio de 1997), y las reglas de seguridad industrial y salud ocupacional aplicables para la época de los hechos, con base en las cuales se haya podido anticipar, evitar o contener los efectos nocivos que se podían derivar de la utilización de los laboratorios por parte de los menores de edad que hacen parte de la comunidad académica, lo que implica que se incurrió en una falla en el servicio por inactividad del Colegio, esto es, por no haber dado cumplimiento eficaz y efectivo a expresos mandatos normativos. Con otras palabras, se trató de la inactividad material de la institución académica, que en el marco de su autogobierno (autonomía) y de sujeción por integración al ordenamiento jurídico no cumplió eficazmente con sus competencias. Es la "omisión por la Administración de toda actividad, jurídica o material, legalmente debida y materialmente posible".

20.14.- La novena sentencia es la de 22 de octubre de 2012, exp. 24070, relacionada con el caso de la muerte y lesiones a pobladores del municipio de San José de Albán [Nariño], con ocasión del ataque del grupo armado insurgente FARC realizado el 14 de octubre de 1998, de la que cabe extraer los siguientes argumentos:

"[...] De ahí, pues, que en el marco del instituto de la responsabilidad, eventos como el ocurrido el 27 de agosto de 1999 en el municipio de San José de Albán (Nariño), el "Estado –hoy se reconoce– es responsable por todos sus actos –tanto *jure gestionis* como *jure imperii*– así como por todas sus omisiones. Creado por los propios seres humanos por ellos compuesto, para ellos existe, para la realización de su bien común"[243].

---

[242]   El rector de un colegio autorizó la fabricación y manipulación de sustancias pirotécnicas en el laboratorio de química, y siendo las 7 de la noche del 29 de octubre de 1997 se produjo una explosión que afectó al menor Mauricio Andrés López Giraldo que le causó quemaduras con consecuencias de deformidad facial.

[243]   "(...) el Estado existe para el ser humano, y no viceversa. Ningún Estado puede considerarse por encima del Derecho, cuyas normas tienen por destinatarios últimos los seres humanos". Antonio Augusto Cançado Trindade, (relator). Informe: Bases para un proyecto de Protocolo a la Convención Americana sobre derechos humanos, para fortalecer su mecanismo de protección., *ob. cit.*, pp. 33 y 34. Puede verse Sección Tercera, Sub-sección C, sentencia de 9 de mayo de 2012, expediente 20334. Pon. Jaime Orlando Santofimio Gamboa.

Como se deprende de las acciones perpetradas el 27 de agosto de 1999 en el municipio de San José de Albán (Nariño), y que sin duda lleva a la Sala a concluir que si bien pudo concurrir el hecho de un tercero, sin que puede reducirse su consideración a un ámbito fenomenológico, sino que debe procederse a declarar por no probado el mismo, sino que por el contrario los elementos probatorios están encaminados a revelarnos como hecho indicado la inactividad y la ostensible omisión que hubo por parte de la fuerza pública que hacía presencia en la zona para la época de los hechos, que resulta esta la determinante y esencial para establecer como criterio de responsabilidad la falla en el servicio, siguiendo los anteriores argumentos en los que se fundamenta[244].

En ese mismo sentido, cabe afirmar que el papel del Estado en un conflicto armado como el colombiano no puede reducirse a realizar consejo de gobierno, o a desplegar acciones con posterioridad a la ocurrencia de delitos, de acciones profundamente lesivas de la vida, integridad de los ciudadanos, como ocurrió con las víctimas en el presente caso, y generadoras de daños permanentes en el tejido social, lo que hace es escalar y profundizar las raíces del propio conflicto, sino que debe procurar el respeto de los derechos reconocidos constitucionalmente, los derechos humanos[245], el principio a la legalidad, al orden democrático, a la soberanía nacional y la seguridad pública.

Se evidencia del acervo probatorio que el Estado en relación con la situación de orden público en el municipio de San José de Albán (Nariño), no se correspondió con los deberes de prevención y protección de las amenazas y de las violaciones a los derechos fundamentales y humanos, con ocasión de los hechos ocurridos el 27 de agosto de 1999, y de otras acciones de similar naturaleza perpetradas con anterioridad y posteriormente a aquella, de tal manera que estaba obligado a alcanzar objetivos de prevención y protección eficaz, así como capacidad para responder a las amenazas y situaciones que sistemáticamente vienen produciendo la violación sistemática de los derechos humanos en dicha zona del país, por parte del grupo armado insurgente FARC.

Lo anterior, no obsta para advertir que el Estado no puede limitar su accionar ante los problemas de orden público; no puede, tampoco, reducirse a la elaboración de informes, a la discusión del tratamiento de la información que se debe difundir en los medios de comunicación, o a la determinación de agendas o propósitos, ya que es exigible medidas concretas, acciones específicas que permitan cumplir con la obligación positiva de prevención y protección de los derechos humanos, y no convertir el accionar del Estado en simples declaraciones de contenido político pero sin alcance concreto en medidas jurídicas, administrativas, militares, policiales, o de cualquier otro tipo que razonablemente cabe adoptar para anticiparse, enfrentar,

---

[244] COLOMBIA, Consejo de Estado, Sección Tercera, Sub-sección C, sentencia de 9 de mayo de 2012, expediente 20334. Pon. Jaime Orlando Santofimio Gamboa.

[245] Antonio Augusto Cançado Trindade, (relator). "Informe: Bases para un proyecto de Protocolo a la Convención Americana sobre derechos humanos, para fortalecer su mecanismo de protección". T. II. 1ª ed. San José, Corte Interamericana de Derechos Humanos, 2001, p. 63. "La búsqueda de la plena salvaguardia y prevalencia de los derechos inherentes al ser humano, en todas y cualesquiera circunstancias, corresponde al nuevo ethos de la actualidad, en una clara manifestación, en nuestra parte del mundo, de la conciencia universal".

prevenir y contener el accionar delictivo[246] de grupos armados insurgentes como las FARC, que vienen lastrando el logro de la paz, el respeto de todos los derechos de personas".

20.15.- La décima sentencia es la de 12 de agosto de 2013, exp. 27346, relacionada con la muerte del juez de Cumbal [Nariño], de la que cabe extraer los siguientes argumentos:

"[…] En vista de lo anterior, dentro del caso *sub examine* la Sala reitera que el Consejo Superior de la Judicatura incumplió con sus deberes normativos de protección y seguridad frente a sus funcionarios, actuación que evidentemente contribuyó en la concreción del daño, de manera que la falta de eficiencia en la seguridad prestada por la Policía Nacional al Juez Álvaro Víctor Salas Rodríguez, no fue un hecho exclusivo en la producción del daño y, es evidente, que tampoco fue imprevisible para la entidad demandada quien estaba perfectamente enterada de las amenazas y riesgos a que se encontraba sometida la vida y la integridad física del mencionado Juez desde el año 1994, fecha en que el funcionario informó de las primeras amenazas, ameritando por este solo hecho la adopción de medidas inmediatas y de mayor de mayor envergadura para preservar su vida".

20.16.- La décima primera sentencia es la de 12 de febrero de 2014, exp. 25813, relacionada con los daños al inmueble de miembro de la población civil con ocasión del ataque del grupo armado insurgente FARC al municipio de Piendamó [Cauca], de la que cabe extraer los siguientes argumentos:

"[…] Así las cosas, lo procedente es atribuir la responsabilidad al Ministerio de Defensa con fundamento en el daño especial, dada la desproporcional ruptura de las cargas públicas, que se manifiesta en tener que soportar, de manera singular, un ataque de tal naturaleza, que no puede catalogarse como *una carga* "normal" u "ordinaria" de la vida en sociedad, y si bien desde una perspectiva causal se encuentra que la destrucción y avería del inmueble de propiedad de Jhonso Agustín Abella Peña fue ocasionada por el obrar de un grupo armado insurgente, lo que a la postre llevaría a argumentar *prima facie* la existencia del hecho de un tercero, la Sala rechaza este planteamiento dada la aplicación de la solidaridad como criterio normativo generador de la imputación de la responsabilidad, como se puso de presente anteriormente, máxime si se tiene en cuenta que se trató de una acción armada que se dirigió contra las instalaciones de la Policía Nacional" [argumentación que tuvo continuidad en la sentencia de 14 de mayo de 2014, exp. 28618].

20.17.- La décima segunda sentencia es la de 12 de febrero de 2014, exp. 26013, relacionada con el caso de la muerte de una mujer con ocasión del ataque del grupo armado insurgente FARC al municipio de Mesetas [Meta] acaecido el 15 de diciembre de 1997, de la que cabe extraer los siguientes argumentos:

"[…] se configuró la falla en el servicio por la omisión de las entidades demandadas en el cumplimiento de los deberes positivos de protección de la dignidad humana, vida e integridad personal de la víctima Yaneth Pérez García, cuya primera manifestación se concreta en la garantía de protección y seguridad de las mismas como

---

[246]   COLOMBIA, Consejo de Estado, Sección Tercera, Sub-sección C, sentencia de 9 de mayo de 2012, expediente 20334. Pon. Jaime Orlando Santofimio Gamboa.

miembros de la población civil, especialmente por parte de la Policía Nacional, al no haber atendido la amenaza inminente que se cernía sobre la población de Mesetas [Meta] de un ataque armado por parte del grupo armado insurgente FARC.

[…]

[…] a la inactividad frente a la atención de la amenaza inminente de un probable ataque o incursión del grupo armado insurgente FARC al municipio de Mesetas [Meta], por parte de las autoridades políticas, policiales y militares, tampoco se consideró la amenaza inminente representada en las sistemáticas situaciones de hostigamiento, ataques e incursiones que en el mismo municipio, y en aquellos circunvecinos se venía produciendo para la época de los hechos, lo que permitió que se desencadenara el daño antijurídico atribuible [fáctica y jurídicamente] a las entidades demandadas

[…]

Todo lo anterior lleva a concluir, que en cabeza de la víctima cabía la probabilidad de concretarse o materializarse de manera irreversible e irremediable la amenaza y el riesgo como consecuencia, no sólo del ataque o incursión del grupo armado insurgente FARC al municipio de Mesetas [Meta] acaecido el 15 de diciembre de 1997, sino también por la cognoscibilidad denunciada por la propia fuerza pública de ataques o incursiones que se iban a producir por la época de lo hechos en la mencionada localidad y en el año 1997, lo que lleva a plantear que el Estado debía cumplir con su deber positivo, concretado en la protección de la vida e integridad de la persona que se vio afectada [muerte de Yaneth Pérez García] durante el ataque mencionado, o por lo menos haber adoptado el reforzamiento de las medidas de seguridad para anticiparse a que se concretara el ataque o incursión producido el 15 de diciembre de 1997, y así impedir que se involucrara indebidamente a la población civil en la confrontación o enfrentamiento que se deriva de aquella acción, en donde la posición de cualquier miembro de la comunidad es de plena indefensión y de limitación de sus derechos, como se constató incluso con la retención indebida de la que fue objeto la mejor hija de la fallecida Yaneth Pérez García

[…]

[…] La obligación primigenia en este caso esta orientada, sin duda alguna, a que la Policía Nacional no sólo informe, sino que establezca las condiciones a las que debe someterse todo miembro de la institución, de manera que se cumpla con las mínimas medidas de seguridad de las personas que conforman la familia de ellos, no sólo respecto a su ubicación, sino a la posibilidad de ubicarla en zonas en las que no puedan enfrentar los rigores de las acciones armadas que se puedan presentar, en caso de no cumplirse con el mandato positivo por la Policía Nacional de anticiparse a que el conflicto armado se traslade a los cascos urbanos, con las consecuencias, que como en el caso en concreto implicaron la muerte violenta de Yaneth Pérez García y la desaparición transitoria de su hija, familiares del cabo Javier Silva Sandoval asignado a la estación de la Policía Nacional del municipio de Mesetas [Meta] el 15 de diciembre de 1997.

[…]

[…]Para el caso en concreto, era necesario que el Estado propiciara el ejercicio de los derechos a la vida, a la integridad personal, a la vivienda y a la familia de la víctima, en dos dimensiones: como miembro de la población civil que no podía ser involucrada en el conflicto al permitirse la consumación del ataque o incursión del grupo armado FARC al municipio de Mesetas [Meta] el 15 de diciembre de 1997, cuando se tiene una mínima cognoscibilidad de las amenazas relacionadas con una toma o ataque al mismo; pero también desde la perspectiva de familiar de un miembro de la Policía Nacional, ya que su garantía se debe ver reforzada ante las especiales condiciones y las situaciones que puede afrontar, ya que de no atenderse la situación de amenaza que se cernía sobre la víctima, probablemente se estaba incurriendo en una falla en el servicio, no sólo por la materialización del daño, sino por la inactividad del Estado al no emplear todos los medios y medidas razonables y disponibles para anticiparse a la concreción de dicha amenaza y su materialización en la muerte violenta de Yaneth Pérez García".

20.18.- La décima tercera sentencia es la de 20 de octubre de 2014, exp. 31250, relacionada con la muerte violenta de miembros de la fuerza pública [Ejército Nacional], como consecuencia del ataque realizado por el grupo armado insurgente FARC el 21 de diciembre de 1997 a las instalaciones militares ubicadas en el cerro de Patascoy [Nariño], de la que se extraen los siguientes argumentos:

"[...] La Sala llega a la conclusión que las entidades aquí demandadas son responsables patrimonialmente de la muerte de Mauricio Geovanny Hidalgo Benavides, Edwin Andrés Caicedo Córdoba y Carlos Eduardo Bermúdez, con fundamento en la indiscutible posición de garante institucional que residía en dichas entidades, y como consecuencia directa de la creación de la situación objetiva de riesgo[247], ya que como se dijo atrás, el Estado estaba llamado a evitar los riesgos, debilidades y fallas que se cometieron en la Base Militar del Cerro de Patascoy, que permitió el ataque guerrillero, con el resultado funesto y desafortunado de todos los que resultaron víctimas del mismo, quienes debieron ser amparados como ciudadanos-soldados en sus derechos fundamentales y humanos. Fue, por lo tanto, la omisión protuberante, ostensible, grave e inconcebible del Estado de la que se desprende la responsabilidad por el resultado dañoso de los demandantes, quien estaba en la obligación de ofrecer, por lo menos, una intervención proporcionada y adecuada a las circunstancias riesgosas creadas por el mismo, como se constató al afirmarse la inconveniencia de la existencia en ese lugar de la Base Militar[248].".

20.19.- La décima cuarta sentencia es la de 3 de diciembre de 2014, exp. 45433, relacionada con el caso de la desaparición y muerte de dos personas de la población civil en el municipio de Murillo [Tolima], de la que cabe extraer los siguientes argumentos:

"[...] 53.2 De esta manera, la Sala de Subsección del examen conjunto, armónico y coherente, y en aplicación del principio de la sana crítica, de los medios probatorios allegados al proceso logra establecer que el daño antijurídico causado a los señores Oscar y Dairo Salinas Castellanos es atribuible [fáctica y jurídicamente] a la enti-

---

[247] Eduardo Montealegre Lynett; Jorge Fernando Perdomo Torres, *Funcionalismo y normativismo penal. Una introducción a la obra de Günther Jakobs*, Bogotá, Universidad Externado de Colombia, Centro de Investigación en filosofía y derecho, 2006, pp. 65 y ss.

[248] Conforme a lo extraído en el Caso Táctico, donde se resalta que de tiempo atrás se había advertido de la necesidad de valorar la viabilidad o no de continuar con dicha Base. Es importante destacar que una de las recomendaciones a las que se llegó fue "Suspender la Base Militar de Patascoy como relevo de comunicaciones por las difíciles condiciones atmosféricas que prevalecen en el área, dificultando cualquier tipo de apoyo aéreo y la imposibilidad de mejorar las condiciones de bienestar de las tropas allí destacadas" (fl 179, c1).

dad demandada –Nación– Ministerio de Defensa-Ejército Nacional a título de falla en el servicio, al concretarse indiciariamente los elementos necesarios para establecer que fueron miembros del Ejército Nacional quienes detuvieron y posteriormente asesinaron a los señores Oscar y Dairo Alonso Salinas Castellanos el día 3 de octubre de 2002, ya que de acuerdo con las declaraciones que obran en el proceso, todas coinciden en afirmar que la última vez que tuvieron conocimiento de Oscar y Dairo Salinas Castellanos estos se encontraban con miembros del Ejército Nacional que se encontraban en la zona adelantando operaciones de registro y control militar y tenían su campamento en el lugar donde se encontraron los cadáveres de los hermanos Salinas Castellanos, tal como se encontraba demostrado dentro del proceso. Aunado a lo anterior, es de tener en cuenta que miembros del Ejército Nacional desde hace tiempo atrás venían amenazando al señor Oscar Salinas Castellanos, situación que puso de conocimiento el día 3 de octubre de 2002, día en el que desaparecieron y posteriormente fallecieron.

53.3 En segundo lugar, se concretó la responsabilidad del Estado en cabeza del Ejército Nacional en virtud de la omisión e inactividad de la entidad demandada en el cumplimiento de los deberes positivos de protección de la dignidad humana, vida e integridad personal de las víctimas [Oscar y Dairo Alonso Salinas Castellanos], cuya primera manifestación se concreta en la garantía de protección y seguridad de las mismas como miembros de la población civil, especialmente por parte del Ejército Nacional, al haberse practicado sobre ellos una detención y muerte de carácter ilegal.

53.4 En tercer lugar, se concretó la falla en el servicio porque los miembros del Ejército Nacional que desarrollaron el operativo militar[249] sobre Oscar y Dairo Alonso Salinas Castellanos representó una acción deliberada, arbitraria, desproporcionada y violatoria de todos los estándares de protección mínima aplicable tanto a miembros de los grupos armados insurgentes que presuntamente como a miembros del Ejército Nacional.

[…]

[…] la Policía Nacional en el *sub judice* se encontraba en obligación de adelantar las averiguaciones pertinentes y poner en conocimiento de las autoridades pertinentes de la persecución de la que era objeto el señor Oscar Salinas Castellanos por parte de miembros del Ejército Nacional ya que las víctimas del conflicto armado, tienen derecho a conocer la verdad y a que se haga justicia en el caso concreto[250]".

20.20.- La décima quinta sentencia es la de 3 de diciembre de 2014, exp. 26737, relacionada con el caso de la muerte violenta de miembro del Ejército Nacional con ocasión de la emboscada y ataque a un comboy militar en jurisdicción del municipio

---

[249] "En pocas, pero suculentas páginas, Beccaria criticaba la tortura no sólo por su inhumanidad, sino también por su absoluta inutilidad como medio para arrancar la verdad a los acusados (…) la tortura es ampliamente utilizada, de hecho, tanto en el marco de los procesos penales, *como y sobre todo fuera de cualquier actividad judicial*: a ella recurren los servicios de seguridad, las fuerzas de policía y ciertos aparatos militares de muchos Estados". Antonio Cassese, Los derechos humanos en el mundo contemporáneo, *ob. cit.*, p. 150.

[250] Corte Interamericana de Derechos Humanos. Caso *Chumbipuma Aguirre y otros c. Perú*, sentencia de 14 de marzo de 2001. Caso *Velásquez Rodríguez*, sentencia de 29 de julio de 1988. Caso *Barrios Altos*, sentencia de 14 de marzo de 2001.

de Puerres [Tolima] el 15 de abril de 1996, de la que cabe extraer los siguientes argumentos:

"[…] 102 La Sala llega a la conclusión que las entidades aquí demandadas son responsables patrimonialmente de los daños antijurídicos ocasionados causados a Lindbergh Marinez Estupiñán y a su familia, y a Francisco Benjamín Estacio Ruiz y a su familia, con fundamento en la indiscutible posición de garante institucional que residía en dichas entidades, y como consecuencia directa de la creación de la situación objetiva de riesgo[251], ya que como se dijo atrás, estaba llamado el Estado a precaver, o en lo posible evitar o dosificar ponderadamente los riesgos, debilidades y fallas que se cometieron en el desplazamiento motorizado realizado por miembros del Grupo de Caballería Mecanizado N° 3 "Cabal" por la vía que conduce de Puerres a Ipiales, que permitió la emboscada preparada y ejecutada por el grupo armado insurgente FARC, con el resultado funesto y desafortunado para las familias de los demandantes y de todos los que resultaron víctimas del mismo, quienes debieron ser amparados como ciudadanos-soldados en sus derechos fundamentales y humanos.

103. Fue, por lo tanto, la omisión y la inactividad protuberante, ostensible, grave e inconcebible del Estado de la que se desprende la responsabilidad por el resultado dañoso de los demandantes, quien estaba en la obligación de ofrecer, por lo menos, una intervención proporcionada y adecuada a las circunstancias riesgosas creadas por el mismo, como se constató con los graves fallos que se produjeron en el movimiento motorizado programado para el fatídico 15 de abril de 1996.

104. Adicionalmente, cabe afirmar que la falla en el servicio se concretó al no haber sido realizada la investigación y juzgamiento debidamente los hechos ocurridos el 15 de abril de 1996, ya que las decisiones disciplinarias fueron declaradas nulas por el Tribunal Administrativo del Valle del Cauca, y en la instancia penal militar se cesó el procedimiento, pese a que las pruebas practicadas y allegadas por las entidades públicas demandadas permiten sustentar la necesidad de establecer las responsabilidades de los miembros del Ejército Nacional que por acción, omisión o inactividad contribuyeron en la producción del daño antijurídico en el presente caso" [argumentación que tuvo continuidad en la sentencia de 26 de junio de 2015, exp. 30385].

21.- La estructuración de los anteriores elementos puede visualizarse con la modulación de ciertos regímenes de responsabilidad, como pasa a estudiarse.

a. El régimen de responsabilidad aplicable cuando se produce la muerte y lesiones de miembros de la población civil durante un ataque armado y enfrentamiento entre el Estado y un grupo armado insurgente, bien sea como consecuencia de la acción, omisión o inactividad en los deberes de protección, seguridad y ejercicio de la soberanía, o bien de la ruptura del equilibrio de las cargas públicas de los miembros de la población civil afectados, y derivados del conflicto armado.

22.- Ahora bien, se hace necesario valorar la imputación en una doble perspectiva: en primer lugar, desde la producción del daño antijurídico ocurrido durante un

---

251   Eduardo Montealegre Lynett; Jorge Fernando Perdomo Torres. *Funcionalismo y normativismo penal. Una introducción a la obra de Günther Jakobs*, Bogotá, Universidad Externado de Colombia, Centro de Investigación en filosofía y derecho, 2006, pp. 65 y ss.

ataque armado, y del enfrentamiento entre el Estado y un grupo armado insurgente, bien sea como consecuencia de la acción, omisión o inactividad en los deberes de protección, seguridad y ejercicio de la soberanía en que hayan podido incurrir las entidades demandadas, y que representen, también, la vulneración de los derechos reconocidos a la vida e integridad, dentro del marco de la dignidad humana, y los derechos humanos que por el mismo bloque merecen ser objeto de protección en cabeza de las fallecidas y los lesionados en los hechos acaecidos el 27 de agosto de 1999, como miembros de la población civil. De tal manera, cabe observar la atribución jurídica del daño antijurídico, en principio, a las entidades demandadas por falla en el servicio consistente en el incumplimiento e inobservancia de los deberes positivos derivados de exigencias constitucionales, legales, y del bloque ampliado de constitucionalidad (art. 93), esto es, del derecho internacional humanitario y del derecho internacional de los derechos humanos, que pueden ser constitutivos de una falla en el servicio.

22.1.- En clave constitucional, de acuerdo con lo consagrado en la Constitución Política, es claro que la obligación positiva que asume el Estado de asegurar a todas las personas residentes en Colombia la preservación de sus derechos a la vida y a la integridad física, como manifestación expresa de los derechos fundamentales a la vida, integridad personal y a la seguridad personal, no se encuentra dentro de la clasificación moderna de las obligaciones como una obligación de resultado sino de medios, por virtud de la cual son llamadas las distintas autoridades públicas a establecer las medidas de salvaguarda que dentro de los conceptos de razonabilidad y proporcionalidad resulten pertinentes, a fin de evitar la lesión o amenaza de los citados derechos fundamentales.

22.2.- Desde la perspectiva del derecho internacional humanitario, debe observarse lo consagrado en el Convenio IV de Ginebra del 12 de agosto de 1949, "relativo a la protección debida a las personas civiles en tiempo de guerra" (ratificado por Colombia el 8 de noviembre de 1961), y en el Protocolo adicional II a los Convenios de Ginebra del 12 de agosto de 1949, "relativo a la protección de las víctimas de los conflictos armados sin carácter internacional".

22.3.- De acuerdo con el Convenio IV de Ginebra es aplicable el artículo 3 común, ya que tratándose de conflictos no internacionales el Estado parte está llamado a aplicar "como mínimo" los siguientes criterios:

"[...] 1) Las personas que no participen directamente en las hostilidades [...] y las personas puestas fuera de combate por [...] detención o por cualquier otra causa, serán en todas las circunstancias, tratadas con humanidad, sin distinción alguna de índole desfavorable, basada en la raza, el color, la religión o la creencia, el sexo, el nacimiento o la fortuna, o cualquier otro criterio análogo.

A este respecto, se prohíben, en cualquier tiempo y lugar, por lo que atañe a las personas arriba mencionadas:

a) los atentados contra la vida y la integridad corporal, especialmente el homicidio en todas sus formas, las mutilaciones, los tratos crueles, la tortura y los suplicios".

22.4.- Luego, tratándose de situaciones ocurridas dentro del conflicto armado interno, el Estado debe orientar su accionar no solo a cumplir los mandatos constitucionales (en particular, artículo 2 C.P.) y legales, sino también a dar cabal aplicación y respetar lo consagrado en el Protocolo II adicional a los Convenios de Ginebra, en especial los siguientes mandatos positivos: i) es aplicable a los conflictos armados "que se desarrollen en el territorio de una Alta Parte contratante entre sus fuerzas armadas y fuerzas disidentes o grupos armados organizados que, bajo la dirección de un mando responsable, ejerzan sobre una parte de dicho territorio un control tal que les permita realizar operaciones militares sostenidas y concertadas y aplicar el presente Protocolo" (art. 1); ii) será aplicable "a todas las personas afectadas por un conflicto armado" (art. 2); iii) la invocación de este Protocolo, en los términos del artículo 3.1, no puede hacerse con el objeto de "menoscabar la soberanía de un Estado o la responsabilidad que incumbe al gobierno de mantener o restablecer la ley y el orden en el Estado o de defender la unidad nacional y la integridad territorial del Estado por todos los medios legítimos" (respeto del principio de soberanía en sus dimensiones positiva y negativa); iv) como garantía fundamental se establece que todas "las personas que no participen directamente en las hostilidades, o que hayan de participar en ellas, estén o no privadas de libertad, tienen derecho a que se respeten su persona, su honor […] Serán tratadas con humanidad en toda circunstancia, sin ninguna distinción de carácter desfavorable. Queda prohibido ordenar que no haya supervivientes" (art. 4.1); y v) se prohíben los "atentados contra la vida, la salud y la integridad física o mental de las personas, en particular el homicidio […] o toda forma de pena corporal" (art. 4.2).

22.5.- En este marco, cabe afirmar que "ante la inevitabilidad de los conflictos, se hace perentorio garantizar, por las vías que sean –internacionales o internas–, el respeto de las reglas básicas de humanidad aplicables en cualesquiera situaciones de violencia bélica; situaciones que al día de hoy se presentan en su mayor parte como conflictos armados sin carácter internacional"[252].

22.6.- Dentro del catálogo de principios reconocidos por los instrumentos de derecho internacional humanitario está previsto el principio de distinción[253], según el cual "las partes dentro de un conflicto armado deberán distinguir entre población civil y combatientes y entre bienes civiles y objetivos militares"[254]. Dicho principio se justifica en la necesidad de que "las hostilidades se libren entre combatientes y contra objetivos militares para que en ninguna circunstancia afecten a los no combatientes y a los bienes civiles"[255].

---

[252]   Manuel Pérez González, "Introducción. El derecho internacional humanitario frente a la violencia bélica: una apuesta por la humanidad en situaciones de conflicto", en Rodríguez-Villasante (coord.), *Derecho internacional humanitario*, *cit.*, p. 41: "Y es de resaltar el hecho de que en la mayoría de los conflictos actuales las principales víctimas son las personas civiles, que corren el riesgo de perder la vida o de ser mutiladas en el curso de los combates, y a menudo se ven obligadas a abandonar sus lugares de origen, convirtiéndose en desarraigadas".

[253]   Alejandro Ramelli Arteaga, "Jurisprudencia penal internacional aplicable en Colombia", Giz, 2011, p. 145. *Cfr.* Corte Constitucional, sentencia C-291 de 2007.

[254]   Marco Assoli, *Legitimate Targets of Attacks under International Humanitarian Law, Harvard Program on Humanitarian Policy and Conflict Research*, 2003, disponible en [http://www.hpcrresearch.org/sites/default/files/publications/Session1.pdf].

[255]   Hernando Valencia Villa, *Derecho Internacional Humanitario. Conceptos básicos, infracciones en el conflicto armado colombiano*, USAID y Oficina en Colombia del Alto Comisionado de las Naciones Unidas para los Derechos Humanos, 2007, p. 121. *Cfr.* Corte Constitucional, sentencia C-225 de 1995: "Una de las reglas esenciales del derecho internacional humanitario es el principio de distinción, según el cual las partes en conflicto deben diferen-

22.7.- El Protocolo I adicional a los Convenios de Ginebra256 establece el principio de distinción en relación con los bienes militares y civiles en los siguientes términos:

"[…] Artículo 52. Protección general de los bienes de carácter civil

1. Los bienes de carácter civil no serán objeto de ataque ni de represalias. Son bienes de carácter civil todos los bienes que no son objetivos militares en el sentido del párrafo 2.

2. Los ataques se limitarán estrictamente a los objetivos militares. En lo que respecta a los bienes, los objetivos militares se limitan a aquellos objetos que por su naturaleza, ubicación, finalidad o utilización contribuyan eficazmente a la acción militar o cuya destrucción total o parcial, captura o neutralización ofrezca en las circunstancias del caso una ventaja militar definida.

3. En caso de duda acerca de si un bien que normalmente se dedica a fines civiles, tal como un lugar de culto, una casa u otra vivienda o una escuela, se utiliza para contribuir eficazmente a la acción militar, se presumirá que no se utiliza con tal fin.

22.8.- Si bien el Protocolo II Adicional a los Convenios de Ginebra no contiene expresamente la prohibición de atacar bienes civiles[257], esta ha sido incorporada en varios instrumentos de derecho internacional humanitario aplicables a conflictos armados internos.

En efecto, los artículos 3.7 del Protocolo sobre Prohibiciones o Restricciones del Empleo de Minas, Armas Trampa y Otros Artefactos, enmendado el 3 de mayo de

---

ciar entre combatientes y no combatientes, puesto que estos últimos no pueden ser nunca un objetivo de la acción bélica. Y esto tiene una razón elemental de ser: si la guerra busca debilitar militarmente al enemigo, no tiene por qué afectar a quienes no combaten, ya sea porque nunca han empuñado las armas (población civil), ya sea porque han dejado de combatir (enemigos desarmados), puesto que ellos no constituyen potencial militar. Por ello, el derecho de los conflictos armados considera que los ataques militares contra esas poblaciones son ilegítimos, tal y como lo señala el artículo 48 del protocolo I, aplicable en este aspecto a los conflictos internos, cuando establece que las partes 'en conflicto harán distinción en todo momento entre población civil y combatientes, y entre bienes de carácter civil y objetivos militares y, en consecuencia, dirigirán sus operaciones únicamente contra objetivos militares'".

[256] *Cfr.* Ley 11 de 21 de julio de 1992, "por medio de la cual se aprueba el Protocolo Adicional a los Convenios de Ginebra del 12 de agosto de 1949, relativo a la protección de las víctimas de los conflictos armados internacionales, adoptado en Ginebra el 8 de junio de 1977". *Cfr.* Corte Constitucional, sentencia C-088 de 1993.

[257] Algún sector de la doctrina ha señalado que dicha prohibición podría entenderse incorporada en el artículo 13 del Protocolo II Adicional según el cual "1. La población civil y las personas civiles gozarán de protección general contra los peligros procedentes de operaciones militares".

1996[258], y 2.1 del Protocolo III sobre prohibiciones o restricciones del empleo de armas incendiarias[259] establecen la prohibición de atacar bienes civiles.

22.9.- Así mismo, la Resolución 1265 de 1999 del Consejo de Seguridad de las Naciones Unidas condenó todos los ataques dirigidos en contra de bienes protegidos por el Derecho Internacional Humanitario[260].

22.10.- Por su parte, el Customary International Humanitarian Law también establece el principio de distinción entre los bienes civiles y militares en los siguientes términos:

"Regla 7. Las partes en conflicto deberán hacer en todo momento la distinción entre bienes de carácter civil y objetivos militares. Los ataques sólo podrán dirigirse contra objetivos militares. Los bienes de carácter civil no deben ser atacados.

Regla 8. Por lo que respecta a los bienes, los objetivos militares se limitan a aquellos bienes que por su naturaleza, ubicación, finalidad o utilización contribuyan eficazmente a la acción militar y cuya destrucción total o parcial, captura o neutralización ofrezca, en las circunstancias del caso, una ventaja militar definida.

Regla 9. Son bienes de carácter civil todos los bienes que no son objetivos militares.

Regla 10. Los bienes de carácter civil gozan de protección contra los ataques, salvo si son objetivos militares y mientras lo sean"[261].

22.11.- De esta manera, y tal como lo ha señalado la Corte Internacional de Justicia, el principio de distinción pretende "la protección de la población civil y de objetos civiles, y establece la distinción entre combatientes y no combatientes; los Estados nunca pueden hacer a los civiles objeto de ataques, y en consecuencia nunca pueden utilizar armas que sean incapaces de diferenciar entre objetivos civiles y militares"[262].

---

258 "Artículo 3. Restricciones generales del empleo de minas, armas trampa y otros artefactos. […] 7. Queda prohibido, en todas las circunstancias, emplear las armas a las que se aplica el presente artículo, sea como medio de ataque, como medio de defensa o a título de represalia, contra la población civil propiamente dicha o contra personas civiles o bienes de carácter civil".

259 "Artículo 2. Protección de las personas civiles y los bienes de carácter civil. 1. Queda prohibido en todas las circunstancias atacar con armas incendiarias a la población civil como tal, a personas civiles o a bienes de carácter civil".

260 Cfr. [http://www.acnur.org/biblioteca/pdf/1946.pdf?view=1].

261 ICRC, Customary International Humanitarian Law: "Rule 7. The parties to the conflict must at all times distinguish between civilian objects and military objectives. Attacks may only be directed against military objectives. Attacks must not be directed against civilian objects. Rule 8. In so far as objects are concerned, military objectives are limited to those objects which by their nature, location, purpose or use make an effective contribution to military action and whose partial or total destruction, capture or neutralization, in the circumstances ruling at the time, offers a definite military advantage. Rule 9. Civilian objects are all objects that are not military objectives. Rule 10. Civilian objects are protected against attack, unless and for such time as they are military objectives".

262 Corte Internacional de Justicia, Opinión Consultiva sobre la Legalidad de la Amenaza o el Uso de Armas Nucleares, 1996: "[it] is aimed at the protection of the civilian population and civilian objects and establishes the distinction between combatants and non-combatants;

22.12.- Es preciso resaltar que según la jurisprudencia constitucional tales normas convencionales y consuetudinarias de derecho internacional humanitario integran el denominado bloque de constitucionalidad[263]. Al respecto, la propia Corte Constitucional ha señalado:

"[...] [e]l hecho de que las normas que integran el bloque de constitucionalidad tengan jerarquía constitucional hace de ellas verdaderas fuentes de derecho, lo que significa que los jueces en sus providencias y los sujetos de derecho en sus comportamientos oficiales o privados deben atenerse a sus prescripciones. Así como el preámbulo, los principios, valores y reglas constitucionales son obligatorios y de forzoso cumplimiento en el orden interno, las normas del bloque de constitucionalidad son fuente de derecho obligatoria para todos los asociados. [...] El hecho de compartir la jerarquía del texto formal de la Carta convierte a los dispositivos del bloque en "eje y factor de unidad y cohesión de la sociedad", y la condición de ocupar con ellos el máximo peldaño en la escala normativa obliga a que toda la legislación interna acondicione su contenido y ajuste sus preceptos a los estatutos por aquellas adoptados, pues éstos irradian su potestad sobre todo el ordenamiento normativo"[264].

22.13.- Además de estar previsto en la normativa de derecho internacional humanitario, el principio de distinción constituye una norma consuetudinaria e integra el *ius cogens*. En este sentido, la Corte Constitucional en su jurisprudencia considera que "el principio de distinción —el cual es obligatorio para el Estado colombiano por su doble naturaleza de norma convencional y consuetudinaria de derecho internacional, además de ser una norma de *ius cogens*–, incluye la prohibición de dirigir ataques contra la población civil o contra personas civiles, y la prohibición de llevar a cabo actos dirigidos a aterrorizar a la población civil"[265].

22.14.- En relación con el principio de distinción, la Corte Constitucional ha señalado que "es obligación de las partes en un conflicto el esforzarse por distinguir entre objetivos militares y personas o bienes civiles"[266]. En este sentido, los bienes civiles son "aquellos bienes que no pueden ser considerados legítimamente como objetivos militares"[267]; los objetivos militares, por su parte, son "aquellos bienes que

---

States must never make civilians the object of attack and must consequently never use weapons that are incapable of distinguishing between civilian and military targets".

[263] COLOMBIA, Corte Constitucional, sentencias C-225 de 1995 y C-291 de 2007.

[264] COLOMBIA, Corte Constitucional, sentencia C-067 de 2003.

[265] COLOMBIA, Corte Constitucional, auto 092 de 2008. *Cfr.* sentencia SU 747 de 1998: "Como se señala en la Sentencia C-225/95 de esta Corporación, los no combatientes no pueden ser en ningún momento objeto de acciones militares y, además, no pueden ser involucrados dentro del conflicto armado, pues eso los convertiría en actores del mismo y, en consecuencia, en objetivos militares. Es claro entonces que el Estado colombiano no está autorizado para atacar o aterrorizar a la población civil ni para involucrarla en el conflicto armado, en calidad de actor militar".

[266] COLOMBIA, Corte Constitucional, sentencia C-291 de 2007. *Cfr.* Tpiy, caso *Fiscal vs. Tihomir Blaskic*: "The parties to the conflict are obliged to attempt to distinguish between military targets and civilian persons or property" ("Las partes en un conflicto están obligadas a esforzarse por distinguir entre objetivos militares y personas o bienes civiles": trad. informal).

[267] COLOMBIA, Corte Constitucional, sentencia C-291 de 2007.

por su naturaleza, ubicación, finalidad o utilización contribuyan eficazmente a la acción militar y cuya destrucción total o parcial, captura o neutralización ofrezca, en las circunstancias del caso, una ventaja militar definida"[268].

22.15.- Por último, resulta pertinente resaltar que en pretéritas ocasiones la Sección Tercera ha establecido que las vulneraciones a principios del derecho internacional humanitario constituyen supuesto suficiente para declarar la responsabilidad del Estado con fundamento en el título de imputación "falla del servicio"[269].

22.16.- De otra parte, desde la perspectiva del derecho internacional de los derechos humanos, y considerados singularmente dichos derechos, se tiene que cuando "un conflicto asume las dimensiones de una confrontación armada, la vida de la nación se considera inmediatamente en peligro, lo que lleva a invocar las cláusulas derogatorias. En tales casos, todas las normas de derechos humanos cuya derogación está prohibida siguen en pleno vigor. Estas normas están confirmadas o complementadas por la normativa específica de los conflictos armados no internacionales, que forman parte de la normativa humanitaria"[270]. Dicha protección tiene su base en los derechos constitucionalmente reconocidos a la vida e integridad de las personas, y en los derechos humanos consagrados en la Convención Americana de Derechos Humanos –arts. 1[271] y 4.1– (que fue incorporada al ordenamiento jurídico colombiano mediante la Ley 16 de 1972).

La Sala tiene en cuenta, que el "artículo 1 de la Declaración universal, al resumir los tres grandes principios de la Revolución francesa, establece, entre otras cosas,

---

[268]   *Ibíd.*

[269]   COLOMBIA, Consejo de Estado, Sección Tercera, sentencia de 6 de julio de 2005, exp. 13969, C.P.: Alier Eduardo Hernández Enríquez.

[270]   Frank C. Newman y Karel Vasak, "Derechos civiles y políticos", en Karel Vasak, (ed.), *Las dimensiones internacionales de los derechos humanos*, vol. I, Barcelona, Del Serbal y UNESCO, 1984, pp. 285 y 286: "Aunque la Declaración Universal tuvo influencia en los redactores de las convenciones de Ginebra, la normativa internacional sobre derechos humanos y las normas humanitarias afrontan el problema de los conflictos armados internos de diferentes modos. La primera se encuadra en el marco del *ius ad bellum* según lo previsto en la Carta de las Naciones Unidas, de acuerdo con la cual queda prohibido el recurso a la fuerza y, en consecuencia, está dirigido a la conservación de la paz. La segunda, por su parte, forma parte [*sic*] del *ius in bello*: establece las normas que rigen el uso de la fuerza sin examinar las causas del conflicto de acuerdo a los principios de la Cruz Roja y, en especial, los principios humanitarios".

[271]   COLOMBIA, Consejo de Estado, Sección Tercera, sentencia de 19 de octubre de 2007, exp. 29273, C.P.: Enrique Gil Botero: "Como se puede observar, de la lectura de este artículo (artículo 1° de la Convención Americana) se desprenden dos obligaciones para los Estados parte, en relación con los derechos consagrados en el texto de la Convención, a saber: i) la obligación de respeto, que exige del Estado una conducta de abstención, denominada también obligación negativa y, por otro lado, ii) se impone una obligación de garantía, que exige a los Estados parte emprender las acciones necesarias tendientes a asegurar que todas las personas sujetas a su jurisdicción estén en condiciones de ejercerlos y garantizarlos. Sobre el alcance de esta disposición (artículo 2° de la Convención Americana) la Corte Interamericana ha precisado que este deber tiene dos implicaciones: 'Por una parte, la supresión de las normas y prácticas de cualquier naturaleza que entrañen violación a las garantías previstas en la Convención. Por la otra, la expedición de normas y el desarrollo de prácticas conducentes a la efectiva observancia de dichas garantías'".

que 'todos los seres humanos [...] deben tratarse unos a otros con un espíritu de hermandad'. El orden social y la comunidad a la que el individuo pertenece son colocados asimismo en la adecuada perspectiva de los derechos humanos en los artículos 28 y 29 de la Declaración universal y en el párrafo quinto del preámbulo de los Convenios internacionales sobre derechos humanos"[272].

b. La responsabilidad por daños a miembros de la fuerza pública[273].

23.- En materia de responsabilidad por daños a miembros de la fuerza pública la premisa de la evolución jurisprudencial es la siguiente: se trata de encuadrar los daños sufridos por quienes prestan el servicio militar obligatorio en las modalidades de soldados regulares o conscriptos, o de quienes voluntariamente ingresan en cualquiera de las carreras militar o policial[274]. Por lo tanto, es determinante la condición que ostenta el soldado al momento de producirse el daño, lo que exige aproximarse a su delimitación en el precedente jurisprudencial constitucional. Y, de acuerdo con el mismo, la obligación de prestar el servicio militar:

> "[...] es desarrollo del postulado según el cual los intereses colectivos prevalecen sobre los individuales y si, además, el Estado al exigirlo no puede desconocer la igualdad de las personas ante la ley, cuyos dictados deben ser objetivos e imparciales, es evidente que la objeción de conciencia para que pueda invocarse, requiere de su expresa institucionalización dentro del respectivo ordenamiento jurídico. El servicio militar en sí mismo, es decir como actividad genéricamente considerada, carece de connotaciones que puedan afectar el ámbito de la conciencia individual, por cuanto aquel puede prestarse en diversas funciones de las requeridas para la permanencia y continuidad de las Fuerzas Militares"[275].

23.1.- En ese sentido, el precedente jurisprudencial constitucional define cuanto sigue:

> "[...] [la] propia Carta Política impone a los colombianos obligaciones genéricas y específicas, en relación con la fuerza pública. En efecto, de manera general, dentro de las obligaciones de la persona y del ciudadano se encuentran las de "respetar y apoyar a las autoridades democráticas legítimamente constituidas para mantener la independencia y la integridad nacionales" o para "defender y difundir los derechos humanos como fundamento de la convivencia pacífica"; [...] y de "propender al logro y mantenimiento de la paz". Deberes estos genéricos cuya finalidad resulta coincidente con los fines que son propios de las instituciones conformantes de la fuer-

---

272 Theodoor C. van Boven, "Criterios distintivos de los derechos humanos", en Vasak (ed.), *Las dimensiones internacionales de los derechos humanos, cit.*, p. 95: La "vida humana en sus múltiples relaciones sociales halla reconocimiento y expresión bajo la tutela de la promoción y protección de los derechos humanos".

273 Argumentación que se empleó en la sentencia de 25 de mayo de 2011, exps. 15838, 18075 y 25212, caso de la toma de "Las Delicias".

274 De acuerdo con el artículo 13 de la Ley 48 de 1993, el servicio militar obligatorio se puede prestar como soldado regular, soldado bachiller, auxiliar de policía bachiller, soldado campesino o auxiliar del INPEC.

275 COLOMBIA, Corte Constitucional, sentencia T-409 de 1992.

za pública; de suerte que no están desprovistos los asociados del cumplimiento de obligaciones expresas que les son impuestas por el orden superior"[276].

23.2.- Desde la perspectiva normativa y jurisprudencial el precedente concreta el sistema legal con base en el cual se rige la relación con el servicio militar obligatorio en la siguiente forma:

"[...] 22. Conforme lo establece la Constitución Política la fuerza pública está integrada en forma exclusiva por las Fuerzas Militares y la Policía Nacional (Art. 216). En relación con las primeras, debe indicarse que la finalidad primordial es la defensa de la soberanía, la independencia, la integridad del territorio nacional y del orden constitucional y están integradas por el ejército, la armada y la fuerza aérea (Art. 217). Por su parte, la segunda es un cuerpo armado permanente de naturaleza civil a cargo de la Nación, cuyo fin esencial es el mantenimiento de las condiciones necesarias para el ejercicio de los derechos y libertades públicas y para asegurar que los habitantes de Colombia convivan en paz (Art. 218).

Así mismo, el Ordenamiento Superior (Art. 216) dispone que todos los colombianos tienen la obligación de tomar las armas cuando las necesidades públicas lo exijan para defender la independencia nacional y las instituciones públicas, previsión normativa que debe ser armonizada con valores y principios constitucionales tales como la prevalencia del interés general como postulado estructurante de nuestro Estado Social de Derecho (Art. 1°), deberes de los ciudadanos (Art. 95) de respetar y apoyar a las autoridades democráticas legítimamente constituidas para mantener la independencia y la integridad nacionales, participar en la vida política, cívica y comunitaria del país y propender al logro y mantenimiento de la paz, lo cual indudablemente tiene por finalidad el fortalecimiento de la unidad de la Nación (preámbulo) y el mantenimiento de la integridad territorial para asegurar la convivencia pacífica (Art. 2°).

23. En el plano legislativo, debe resaltarse que el marco normativo regulatorio del servicio militar obligatorio está determinado actualmente por las leyes 48 de 1993, 418 de 1997, 548 de 1999 y 642 de 2001. La primera normativa establece como imperativo que todo varón colombiano está obligado a definir su situación militar desde el momento en el que cumpla la mayoría de edad, con excepción de los estudiantes de bachillerato quienes deberán definirla cuando obtengan el título de bachiller, obligación que únicamente cesará a los cincuenta (50) años de edad (Art. 10). Igualmente, prevé que la duración del servicio bajo banderas tendrá una duración de doce (12) a veinticuatro (24) meses, tiempos que dependen de la modalidad de servicio prestado, es decir, ya sea como soldado regular, soldado bachiller, auxiliar de policía bachiller o soldado campesino (Arts. 11, 13)[277].

23.3.- Así mismo, en el precedente jurisprudencial constitucional se establece que el servicio militar se representa constitucionalmente como un deber cuyo alcance se define como sigue:

---

[276]   COLOMBIA, Corte Constitucional, sentencia C-511 de 1994. *Cfr.* también sentencia T-363 de 1995.

[277]   COLOMBIA, Corte Constitucional, sentencia T-699 de 2009. *Cfr.* también, sentencia T-218 de 2010.

"[…] Un deber constitucional no puede entenderse como la negación de un derecho, pues sería tanto como suponer en el constituyente trampas a la libertad. Los correspondientes deberes constitucionales se orientan en el sentido de proteger los principios de legalidad, el apoyo de las autoridades, el reconocimiento del derecho ajeno y no abuso del propio, la solidaridad social, la convivencia pacífica, la protección de los recursos ecológicos y del ambiente o la financiación del gasto público, que no pueden entenderse como discriminatorios o limitantes de la libertad, sino que resultan materialmente propiciatorios de la misma, al promover las condiciones necesarias para obtener su eficacia real. Son frecuentes en el ordenamiento jurídico, las normas que buscan sancionar a quienes evadan un deber constitucional, y constituyen un instrumento que asegura el cumplimiento del deber; de donde se desprende que, de manera general, no se puede excusar el cumplimiento de un deber para asegurar un derecho"[278].

23.4.- De todo lo anterior, queda claro que la prestación del servicio militar en cualquiera de sus modalidades es una de aquellas obligaciones genéricas a las que debe responder todo ciudadano con el objetivo de preservar la democracia como ingrediente esencial del Estado, y a la que no puede negarse por tratarse de la forma en que se ratifica el postulado básico del contrato social rousseauniano.

23.5.- Lo anterior no quiere decir que por estar radicado en todo ciudadano ese "llamado patriótico", constitutivo de un deber constitucional, este sea ilimitado, o pueda suponer la negación, restricción o deformación de los derechos que también ese o cualquier individuo tiene la posibilidad de ejercer. Se trata simplemente, de establecer una exigencia que se corresponde con el principio de solidaridad y de preservación de la convivencia, ya que con la existencia del servicio militar se permite garantizar el ejercicio y despliegue de los derechos reconocidos constitucionalmente.

23.6.- Pero como todo ciudadano, aquel que presta el servicio militar en cualquiera de sus modalidades no queda excluido de las mínimas garantías reconocidas constitucionalmente y del respeto de los derechos humanos que no mutan por tratarse de personal militar, ya que no cabe establecer distinción, discriminación o aplicación diferente, como sucede al sostenerse el concepto de "acto de servicio", que resulta en la circunstancias específicas de la toma de la Base Militar de Las Delicias orientando la decisión del juez contencioso administrativo hacia una suerte de aplicación, que no se correspondería con los mandatos constitucionales y garantistas de los derechos humanos, del concepto de servicio militar obligatorio que no respeta las garantías y derechos constitucionalmente reconocidos a toda persona, incluso al ciudadano-soldado.

23.7.- Como se señaló en reciente precedente de la Sala, la protección de la vida "se predica también en relación con los miembros de los cuerpos armados"[279]. En ese sentido, el precedente jurisprudencial constitucional sostiene: "En este orden de ideas, las autoridades militares deben poner todo el empeño y diligencia posible para proteger la vida de los soldados colombianos, y hacer todo lo que esté a su alcance

---

[278] COLOMBIA, Corte Constitucional, sentencia C-511 de 1994.

[279] COLOMBIA, Consejo de Estado, Sección Tercera, sentencia de 26 de mayo de 2010, exp. 19158, C.P.: Ruth Stella Correa Palacio.

para que [la] estadía de éstos en el Ejército Nacional sea lo más humana, dignificante y enriquecedora"[280].

23.8.- Precisamente, la idea de procurar una estancia humana, dignificante y enriquecedora es la manifestación concreta según la cual los soldados que prestan el servicio militar obligatorio no renuncian a sus derechos fundamentales, ya que, como se sostiene en el precedente jurisprudencial constitucional, si "bien los derechos, y particularmente los considerados como fundamentales, no se pueden desconocer en su esencia bajo ninguna situación, no se vulneran cuando se regulan para su adecuado ejercicio, ni tampoco cuando se limitan por la ley o la misma Carta para viabilizar el cumplimiento de los deberes que la Constitución le impone a las personas en beneficio de la colectividad o al servicio del Estado"[281].

23.9.- Lo que lleva a considerar por el mismo precedente que la "prestación del servicio militar, si bien es exigible a todos los nacionales, con las excepciones que la ley consagra, debe someterse a los postulados constitucionales y respetar los derechos fundamentales y las libertades básicas de los llamados a filas"[282].

23.10.- Sin lugar a dudas, no puede significar el sacrificio absoluto de los derechos fundamentales y humanos de aquellos que prestan el servicio militar obligatorio[283], en especial de su derecho a la vida y a la integridad personal. En ese sentido, el precedente jurisprudencial constitucional sostiene:

> "[…] [el] militar, por el mismo hecho de su responsabilidad, debe asumir las eventuales consecuencias, claramente riesgosas e impredecibles en muchos casos, que para su integridad, su libertad personal y aun su vida comporta la vinculación a filas. Pero, los deberes exigibles a las personas no pueden hacerse tan rigurosos que comprometan el núcleo esencial de sus derechos fundamentales, pudiendo ser éstos preservados. Si el riesgo para la vida o la integridad no resulta imperioso o necesario, considerada la situación concreta, no ha de propiciarse su exigencia. El deber de arriesgar la vida no es absoluto. En relación con los deberes, únicamente pueden ser exigibles en su integridad cuando el obligado a ellos está en capacidad efectiva de cumplirlos, pues, al igual que los derechos, también tienen sus límites. Deben existir diferentes niveles en los cuales se puede cumplir con la obligación constitucional de tomar las

---

[280]   COLOMBIA, Corte Constitucional, sentencia T-534 de 1992.

[281]   COLOMBIA, Corte Constitucional, sentencia SU-277 de 1993.

[282]   COLOMBIA, Corte Constitucional, sentencia SU-200 de 1997.

[283]   Gustavo Zagreblesky, *El derecho dúctil. Ley, derechos, justicia*, 9ª ed., Trotta, Madrid, 2009, p. 87: los derechos intrínsecamente concebidos son "ilimitados", sin embargo "salvo que se acepte la concepción extrema de los derechos orientados a la voluntad, característica, por ejemplo, del darwinismo social radical a lo Spencer, los límites son posibles e incluso necesarios, aunque sólo como límites extrínsecos y al único objeto de prevenir la colisión destructiva de los propios derechos y de posibilitar su ejercicio a todos, tal como se expresa el artículo 4 de la Declaración de 1789. Desde esta perspectiva, los únicos límites a los derechos son también, y exclusivamente, los derechos (de los demás). La Ley –como ocurre en la filosofía política kantiana– no tiene atribuida otra competencia que la de establecer los confines entre los distintos grupos de derechos de cada sujeto jurídico".

armas teniendo en cuenta el entrenamiento, disposición y aptitudes de quien va a defender la independencia, soberanía e integridad institucional"[284].

23.11.- De ahí, pues, que se sostiene que el Ejército puede estar incurso en la violación de los derechos fundamentales de los soldados cuando no cuentan con la preparación suficiente, lo que se expresó en el precedente jurisprudencial constitucional en la siguiente forma:

"[…] El Ejército Nacional sí atenta contra el derecho fundamental a la vida de los soldados bachilleres, o al menos lo amenaza de manera ostensible, cuando envía soldados menores de edad a zonas donde se pueden estar presentando combates o cuando envía a los soldados mayores de edad, sin la preparación militar, técnica y psicológica suficiente, a zonas especialmente conocidas por la presencia de grupos guerrilleros. La transferencia de un soldado a las zonas de combate es algo más que un simple traslado, habida cuenta del mayor riesgo que representa, particularmente en áreas de permanente y nutrida confrontación entre las fuerzas regulares y los escuadrones subversivos. En condiciones de mayor edad y plena preparación y entrenamiento en el campo militar, tal transferencia no es extraña ni ilegítima y, por el contrario, resulta indispensable para que el Ejército cumpla su función, pero no debe darse cuando el soldado afectado por ella es menor o carece del más mínimo entrenamiento"[285].

23.12.- Doctrinalmente se ha dicho que aquel que cumple, ejerce o realiza una misión o deber público se beneficia de los derechos fundamentales pese a que subsistan limitaciones. No debe olvidarse, siguiendo el precedente jurisprudencial constitucional, cuanto sigue:

"[…] [el] derecho es la única alternativa de vida civilizada. Es el instrumento normativo con que cuenta el Estado para promover la integración social, satisfacer las necesidades colectivas, establecer pautas de comportamiento y decidir los conflictos suscitados; todo ello con miras a realizar los fines que le incumben como organización política y, por esa vía, hacer efectivos los principios constitucionales y los derechos fundamentales. De allí la interferencia que el derecho ejerce sobre el comportamiento humano y las relaciones sociales pues, sin desconocer la intangibilidad de aquellos espacios que sólo a la interioridad de cada quien incumben, se trata de orientar la institucionalidad y el entramado social precisamente a la realización de esos valores, principios y derechos. Desde luego, es una interferencia que está mediada por las profundas convicciones filosóficas, políticas y sociales imperantes en cada época y que hacen que el Estado asuma, en cada caso, una u otra estructura

---

[284]   COLOMBIA, Corte Constitucional, sentencia SU-200 de 1997. *Cfr.* el siguiente precedente: "Los nacionales que presten el servicio militar continúan siendo titulares de los derechos reconocidos en la Carta Política, además de ser beneficiarios de ciertas prerrogativas y exenciones legalmente establecidas en virtud de su especial situación, así como sujetos de limitaciones razonables para el ejercicio de sus derechos y libertades con ocasión de las condiciones propias que impone el servicio militar, bajo lineamientos de obediencia según la línea de mando y de la disciplina propia de las entidades castrenses que enmarcan dicha actividad, siempre y cuando aquellas resulten proporcionales a los fines que las sustentan": Corte Constitucional, sentencia T-376 de 1997.

[285]   COLOMBIA, Corte Constitucional, sentencia SU-200 de 1997.

axiológica y tome un lugar en ese amplio espectro que conduce desde el autoritarismo hasta el liberalismo"[286].

23.13.- En ese sentido, se ha sostenido:

"[...] [en] la segunda mitad de los años sesenta, la Comisión europea de derechos humanos[287] ha adoptado una doctrina inspirada del derecho alemán, denominada "limitaciones inherentes"[288]. Según esta teoría, la relación especial de sujeción en la que se encuentran ciertas personas –los detenidos, los militares, los funcionarios, los estudiantes...– justifica de plano la limitación, incluso la privación de ciertos derechos fundamentales garantizados por la Convención. La doctrina de las limitaciones inherentes actúa así como una excepción tácita a la Convención, que sustraería la situación que concierne a su campo de aplicación. Como lo han mostrado algunas decisiones posteriores de la Comisión[289] [...] la Corte europea de derechos del hombre ha rechazado explícitamente esta doctrina de las limitaciones inherentes, en relación con los detenidos[290] así como en relación con el trato a los militares[291] [...]. La Corte ha proclamado el principio según el cual toda persona que se encuentre bajo la jurisdicción de un Estado contratante debe beneficiarse, según los términos del artículo 1° de la Convención, de los derechos garantizados, poco importa la situación particular de sujeción en la que aquella se encuentre. Por tanto, las injerencias en el ejercicio de estos derechos deberán ser objeto de un control en consideración de los criterios de derecho común establecidos por las disposiciones de la Convención[292].

23.14.- Dicho deber positivo (u objetivo) de protección que está en cabeza del Estado se hace exigible imperativamente si se quiere la correspondencia con el respeto de las reglas de derecho internacional humanitario, en especial con lo establecido en el artículo 3 común de los Convenios de Ginebra, el cual reza:

---

[286]   COLOMBIA, Corte Constitucional, sentencia C-802 de 2002.

[287]   Comisión Europea de Derechos Humanos, asunto 1860/63 X c. República Federal de Alemania, de 15 de diciembre de 1965; asunto 1760/63, X c. Austria, de 23 de mayo de 1966; asunto 2375/64, X c. República Federal de Alemania, de 7 de febrero de 1967; asunto 2676/65, X c. Austria, de 3 de abril de 1967; asunto 2795/66, X c. República Federal de Alemania, de 22 de mayo de 1969, y asunto 4517/70, Huber c. Austria, de 19 de diciembre de 1970.

[288]   S. Van Drooghenbroeck, *La proportionalité dans le droit de la Convention européenne des droits de l'homme - Prendre l'idée simple au sérieux*, Bruylant, Bruxelles, 2001, pp. 53-56.

[289]   Comisión Europea de Derechos Humanos, asunto 16728/90, Karaduman c. Turquía, de 3 de mayo de 1993.

[290]   Corte Europea de Derechos Humanos, asuntos De Wilde, Ooms y Versyp, de 18 de junio 1971; Golder c. Reino Unido, de 21 de febrero de 1975; Campbell y Fell c. Reino Unido, de 28 de junio de 1984.

[291]   Corte Europea de Derechos Humanos, asunto Grigoriades c. Grecia, de 25 de noviembre de 1997.

[292]   Bruno Lombaert, "Les fonctionnaries renoncentils aux droits fondamentaux?", en Hugues Dumont, Francois Ost y Sebastien Van Drooghenbroeck, (dirs.), *La responsabilité face cachée des droits de l'homme*, Bruylant, Bruxelles, 2005, pp. 483-500.

"[...] En caso de conflicto armado que no sea de índole internacional y que surja en el territorio de una de las Altas Partes Contratantes cada una de las Partes en conflicto tendrá la obligación de aplicar, como mínimo, las siguientes disposiciones:

Las personas que no participen directamente en las hostilidades, incluidos los miembros de las fuerzas armadas que hayan depuesto las armas y las personas puestas fuera de combate por enfermedad, herida, detención o por cualquier otra causa, serán, en todas las circunstancias, tratadas con humanidad, sin distinción alguna de índole desfavorable basada en la raza, el color, la religión o la creencia, el sexo, el nacimiento o cualquier otro criterio análogo. A este respecto, se prohíben, en cualquier tiempo y lugar, por lo que atañe a las personas arriba mencionadas: los atentados contra la vida y la integridad corporal, especialmente el homicidio en todas sus formas, las mutilaciones, los tratos crueles, la tortura y los suplicios".

23.15.- En ese sentido, la invocación del artículo 3 común de los Convenios de Ginebra de 1949 no tiene otro objeto que la afirmación del principio de humanidad, que es inherente al respeto de la dignidad. En el precedente jurisprudencial constitucional se indica:

"[...] Según la Corte Internacional de Justicia, el artículo 3 común es uno de los principios generales fundamentales del derecho humanitario[293,] y las reglas que lo componen reflejan lo que se denominó en la sentencia de 1949 sobre el Estrecho de Corfú como "consideraciones elementales de humanidad"[294.] En la Opinión Consultiva de 1996 sobre las armas nucleares, la Corte Internacional de Justicia enfatizó que la naturaleza humanitaria de las reglas plasmadas en el artículo 3 común subyace a la totalidad del derecho internacional humanitario y se aplica a todo tipo de conflictos y de armas: "El carácter intrínsecamente humanitario de los principios legales en cuestión [...] permea la totalidad del derecho del conflicto armado, y se aplica a todas las formas de guerra y a todo tipo de armas, las del pasado, las del presente y las del futuro"[295.] El carácter imperativo del principio humanitario subyacente al artículo 3 común y a los instrumentos universales y regionales de derechos humanos ha sido resaltado también por el Tribunal Penal para la Antigua Yugoslavia, al indicar que "las disposiciones del artículo 3 común y de los instrumentos universales y regionales de derechos humanos comparten un núcleo común de estándares fundamentales que son aplicables en todo tiempo, en todas las circunstancias y a todas las partes, y de los cuales no se permite ninguna derogación"[296.]

---

[293]   Corte Internacional de Justicia, caso de las Actividades Militares y Paramilitares en y contra Nicaragua, 1986.

[294]   Traducción informal: "and they are rules which, in the Court's opinion, reflect what the Court in 1949 called 'elementary considerations of humanity'". Corte Internacional de Justicia, caso de las Actividades Militares y Paramilitares en y contra Nicaragua, 1986.

[295]   Traducción informal del texto: "[T]he intrinsically humanitarian character of the legal principles in question [...] permeates the entire law of armed conflict and applies to all forms of warfare and to all kinds of weapons, those of the past, those of the present and those of the future": Corte Internacional de Justicia, Opinión Consultiva sobre la Legalidad o el Uso de Armas Nucleares, 1996.

[296]   Traducción informal del texto: "the provisions of Common Article 3 and the universal and regional human rights instruments share a common 'core' of fundamental standards which are applicable at all times, in all circumstances and to all parties, and from which no deroga-

La Comisión Interamericana de Derechos Humanos ha señalado que la obligación de cumplir con el artículo 3 común de los Convenios de Ginebra es una obligación de carácter absoluto, que no está sujeta a reciprocidad[297.] El Tribunal Penal para la Antigua Yugoslavia también ha señalado que la obligación esencial impuesta a las partes de un conflicto armado internacional o interno por el artículo 3 común –cuyo carácter consuetudinario es indudable– es la de cumplir ciertos estándares humanitarios fundamentales, mediante "la aplicación de las reglas de humanidad reconocidas como esenciales por las naciones civilizadas"[298] y el establecimiento de un nivel mínimo de protección para las personas que no toman parte activa en las hostilidades[299]; todo lo cual contribuye a que el artículo 3 común sea en sí mismo una fuente autónoma y consuetudinaria de responsabilidad penal individual[300].

23.16.- Según ha explicado el Tribunal Penal para la Antigua Yugoslavia, el propósito mismo del artículo 3 común es el de reivindicar y proteger la dignidad humana inherente al individuo; por ello, el listado de posibles contravenciones de ese principio de dignidad es una mera enunciación, no taxativa, de formas particularmente graves de maltrato que son fundamentalmente incompatibles con el principio subyacente de trato humano[301]. Según han precisado tanto la Comisión Interamericana de Derechos Humanos como el Tribunal Penal para la Antigua Yugoslavia, las garantías mínimas establecidas en el artículo 3 común se aplican, en el contexto de los conflictos armados internos, a quienes no toman parte directa o activa en

---

tion is permitted": Tribunal Penal para la Antigua Yugoslavia, caso del *Fiscal vs. Sefer Halilovic*, sentencia de 16 de noviembre de 2005.

[297]   "La obligación de dar cumplimiento al artículo 3 común es absoluta para ambas partes e independiente de la obligación de la otra parte": Comisión Interamericana de Derechos Humanos, caso "*La Tablada*" – Informe N° 55/97, caso N° 11.137 - *Juan Carlos Abella vs. Argentina*, 18 de noviembre de 1997.

[298]   Traducción informal del texto: "Common Article 3 requires the warring parties to abide by certain fundamental humanitarian standards by ensuring 'the application of the rules of humanity which are recognized as essential by civilized nations'": Tribunal Penal para la Antigua Yugoslavia, caso del *Fiscal vs. Sefer Halilovic*, sentencia de 16 de noviembre de 2005.

[299]   Traducción informal del texto: "Common Article 3 of the Geneva Conventions [...] sets out a minimum level of protection for 'persons taking no active part in the hostilities'": Tribunal Penal para la Antigua Yugoslavia, caso del *Fiscal vs. Momcilo Krajisnik*, sentencia de 27 de septiembre de 2006.

[300]   Tribunal Penal para la Antigua Yugoslavia, caso del *Fiscal vs. Fatmir Limaj y otros*, sentencia de 30 de noviembre de 2005.

[301]   El Tribunal Penal para la Antigua Yugoslavia explicó en este sentido en el caso *Aleksovski*: "Una lectura del párr. (1) del artículo 3 común revela que su propósito es el de reivindicar y proteger la dignidad humana inherente al individuo. Prescribe trato humano sin discriminación basada en raza, color, religión o credo, sexo, nacimiento, o riqueza, u otros criterios similares. En lugar de definir el tratamiento humano allí garantizado, los Estados partes eligieron proscribir formas particularmente odiosas de maltrato que son, sin duda, incompatibles con el trato humano": traducción informal del texto: "A reading of paragraph (1) of common Article 3 reveals that its purpose is to uphold and protect the inherent human dignity of the individual. It prescribes humane treatment without discrimination based on 'race, colour, religion or faith, sex, birth, or wealth, or any other similar criteria'. Instead of defining the humane treatment which is guaranteed, the States parties chose to proscribe particularly odious forms of mistreatment that are without question incompatible with humane treatment".

las hostilidades, incluida la población civil y las personas puestas fuera de combate por rendición, captura u otras causas[302].

23.17.- Como se mencionó en apartados anteriores, el carácter consuetudinario de las normas básicas de las Convenciones de Ginebra de 1949, concretamente los artículos comunes 1 y 3, ha sido confirmado por distintos tribunales internacionales; entre otras, por la Corte Internacional de Justicia en el caso de las Actividades Militares y Paramilitares en y contra Nicaragua, en el cual las clasificó como "los principios generales fundamentales del derecho humanitario[303].

23.18.- Sin duda, el deber positivo que el Estado tiene para con los soldados que prestan el servicio militar obligatorio se extrema en condiciones específicas de conflicto armado interno y, específicamente, cuando ocurren hechos en los que se producen flagrantes violaciones al derecho a la vida y a la integridad personal. Se trata, sin duda alguna, de exigir no solo el respeto de los derechos consagrados constitucionalmente (reconocido como quedó que el ciudadano-soldado no renuncia a estos), sino también el acatamiento de las reglas del derecho internacional humanitario (como la señalada) como forma de hacer efectivos tales derechos, y como corolario del respeto a las reglas del derecho internacional humanitario, como la señalada, es

"[…] [un] imperativo para la efectiva protección de los derechos y garantías consagrados en la Carta, a la vez que constituye un presupuesto para la realización de la dignidad de los individuos que son afectados por el conflicto armado. Estos elementos cobran especial relevancia en la situación actual del país, que exige un reforzamiento de los procedimientos que estén dirigidos a la salvaguarda de la población civil. El carácter prevalente del derecho internacional humanitario impide que pueda ser desconocido a través de las medidas de estado de excepción. Es evidente que al pertenecer el derecho de los conflictos armados al ámbito del derecho internacional general, su preceptiva adquiere la misma función que los derechos intangibles a los que se hizo referencia al analizar los artículos 4 del Pacto Internacional y 27 de la Convención Americana, lo que a su vez es reforzado por la obligación de cumplir

---

[302] En términos de la Comisión: "El objetivo básico del artículo 3 común es disponer de ciertas normas legales mínimas que se puedan aplicar en el curso de hostilidades para proteger a las personas que no tomaron, o que ya no toman parte directa o activa en las hostilidades. Las personas que tienen derecho a la protección que legalmente les confiere el artículo 3 común, incluyen a los miembros del gobierno y de las fuerzas disidentes que se rinden, son capturados o están fuera de combate (hors de combat). De igual modo, los civiles están protegidos por las garantías del artículo 3 común, cuando son capturados o de alguna otra manera quedan sujetos a la autoridad de un adversario, incluso aunque hayan militado en las filas de la parte opositora": Comisión Interamericana de Derechos Humanos, caso *"La Tablada"* – Informe N° 55/97, caso N° 11.137– *Juan Carlos Abella vs. Argentina*, 18 de noviembre de 1997. En igual sentido, *cfr.* el caso *Limaj del Tribunal Penal para la Antigua Yugoslavia*: "dado que el Artículo 3 Común protege a las personas que no toman parte activa en las hostilidades, las víctimas de la violación alegada no deben haber estado tomando parte activa en las hostilidades al momento de la comisión del crimen": traducción informal del texto: "as Common Article 3 protects persons taking no active part in the hostilities, the victims of the alleged violation must have taken no active part in the hostilities at the time the crime was committed": caso del *Fiscal vs. Fatmir Limaj y otros*, sentencia de 30 de noviembre de 2005.

[303] COLOMBIA, Corte Constitucional, sentencia C-291 de 2007.

con los compromisos que el Estado colombiano ha suscrito en virtud de la ratificación y aprobación de los Convenios de Ginebra y sus Protocolos Adicionales"[304.]

23.19.- Es la salvaguardia del derecho a la vida y a la integridad personal un mandato positivo (objetivo) del Estado, que no solo tiene su sustento en nuestra Carta Política, sino que encuentra fundamento (invocando la cláusula del bloque de constitucionalidad del art. 93 C.P.) en el derecho internacional humanitario, donde la premisa indica que "el derecho a no ser arbitrariamente privado de la vida se aplica también durante las hostilidades"[305], lo que comprende las situaciones de conflicto armado interno como en el que se encuentra el país.

23.20.- Precisamente, la situación de conflicto armado interno en que se encuentra el país desde hace décadas exige del Estado corresponderse con mayor rigor con su deber positivo de protección de los derechos de todos los ciudadanos, en especial de aquellos que participan en el mismo, ya que no solo se debe responder a las garantías constitucionales y supraconstitucionales, sino corresponderse con el necesario reconocimiento del valor intrínseco del ser humano, sin importar su condición o posición, puesto que en el fondo se procura la tutela efectiva de su dignidad, y no se puede simplemente asumir la pérdida de vidas humanas o las lesiones de los miembros de las fuerzas armadas, en especial de aquellos que prestan el servicio militar obligatorio, como un riesgo asumible por parte de nuestra sociedad para tratar de solucionar la problemática violenta de los grupos armados insurgentes.

En cuanto a esto, el fiscal británico en los juicios de Núremberg señaló: "La muerte de los combatientes es justificable […] únicamente cuando la propia guerra es legal. Pero cuando la guerra es ilegal […] no hay nada que justifique las muertes y esos asesinatos no pueden distinguirse de aquellos que cometen el resto de las bandas de salteadores al margen de la ley"[306]. A lo que cabe agregar:

"[…] Por lo que respecta a la dirección de las hostilidades, no debe considerarse permitido causar "ningún perjuicio que no tienda materialmente al fin [de la victoria], ni ningún perjuicio cuyo carácter de medio conducente al fin sea leve en comparación con la entidad del perjuicio"[307]. Lo que aquí se prohíbe es el daño excesivo. Hay dos criterios propuestos para determinar el exceso. El primero es el de la victoria misma o el de lo que habitualmente recibe el nombre de necesidad militar. El segundo depende de cierta noción de proporcionalidad: hemos de valorar "el perjuicio causado", lo que, presumiblemente, no sólo se refiere al daño inmediatamente producido a los individuos, sino también a cualquier ofensa infligida a los intereses permanentes de la humanidad, y valorarlo por contraposición que aporta (*sic*) el perjuicio respecto al fin de la victoria.

Así expuesto, no obstante, el argumento estipula que los intereses de los individuos y los de la humanidad tienen menor valor que la victoria que se está buscando. Es pro-

---

304   COLOMBIA, Consejo de Estado, Sección Tercera, Subsección C, sentencia de 25 de mayo de 2011, exp. 15838, C.P.: Jaime Orlando Santofimio Gamboa.

305   Corte Internacional de Justicia, Opinión Consultiva sobre la legalidad de la amenaza o uso de armas nucleares, 1996.

306   Citado en Robert W. Tucker, *The Law of War and Neutrality at Sea*, Washington, 1957, p. 6.

307   Elements of Politics, *cit.*, p. 254; para un informe de la época desde un punto de vista aproximadamente parecido, *cfr*. R. B. BRANDT, "Utilitarinism and the Rules of War", en *Philosophy and Public Affairs*, vol. 1, 1972, pp. 145-165.

bable que cualquier acto de fuerza que contribuya de modo significativo al objetivo de ganar la guerra sea considerado permisible; también es probable que cualquier mando militar que exponga aquello a lo que "conduce" el ataque que está planeando encuentre apoyo para realizarlo. Una vez más, la proporcionalidad se revela como un criterio difícil de aplicar, ya que no existe ninguna forma rápida de establecer un punto de vista independiente o estable respecto a los valores que deban actuar como contraste para medir la destrucción de la guerra. Nuestros juicios morales (si SIDGWICK tiene razón) descansan sobre consideraciones puramente militares y rara vez podrán sostenerse frente a un análisis de las condiciones imperantes en la batalla o de las estrategias de campaña que pueda realizar un profesional cualificado.

[…]

Aparentemente, SIDGWICK creía que, tan pronto como aceptamos no emitir ningún juicio sobre la utilidad relativa de los diferentes resultados, esta conclusión resulta inevitable porque en ese caso debemos conceder que los soldados están autorizados a intentar ganar las guerras en las que tienen derecho a combatir.

[…]

Si se pusiera efectivamente en práctica, eliminaría buena parte de la crueldad de la guerra, ya que, respecto a la muerte de muchas de las personas que sucumben en el transcurso de una guerra, ya sean civiles o militares, debe decirse que no es una muerte que se haya producido porque "tienda materialmente al fin [de la victoria]" y que la contribución que dichas muertes representan respecto a ese fin es en realidad "leve". Esas muertes no son más que la consecuencia inevitable de poner armas mortales en manos de soldados carentes de disciplina, el resultado de confiar hombres armados al criterio de generales fanáticos o estúpidos. Toda historia militar es un relato de violencia y destrucción desprovisto de cualquier relación con las exigencias del combate: por un lado, masacres y, por otro, batallas ruinosas y mal planeadas que sólo son un poco mejores que las masacres"[308].

23.21.- Desde nuestra propia realidad, la jurisprudencia constitucional señala:

"[…] Esta reflexión es aquí de especial importancia en cuanto la realidad colombiana ha estado ligada a una reiterada y grave alteración del orden público. A nadie escapan las incidencias del conflicto armado que aqueja al país desde hace décadas. Ese conflicto ha implicado un alto costo humano, social, económico y político; ha condicionado la convivencia de los colombianos en ya varias generaciones; ha implicado retos institucionales; para atenderlo se han formulado y reformulado las agendas públicas; se ha diseñado y rediseñado buena parte de la normatividad legal; etc.

[…]

De este modo, en manera alguna se trata de hechos sobrevinientes pues todas ellas son situaciones que de tiempo atrás afectan a la sociedad colombiana. No obstante, no puede perderse de vista que a pesar de tratarse de hechos arraigados en la historia del conflicto armado que afronta el país, las dimensiones que esos comportamientos adquirieron últimamente, fundamentalmente tras la ruptura del proceso de paz, les dan unas implicaciones completamente diferentes. Es cierto, todas esas modalidades delictivas tienen un profundo contenido de lesividad y plantean un

---

[308] Michael Walzer, *Guerras justas e injustas. Un razonamiento moral con ejemplos históricos*, Paidós, Barcelona, 2001, pp. 181 y 182.

palmario desconocimiento de los valores mínimos que posibilitan la pacífica convivencia. Pero, no obstante ese contenido de antijuridicidad, esas conductas pueden redefinirse por sus autores a partir de una nueva dimensión que los lleva a alentarse de unos nuevos propósitos, a modificar sustancialmente las circunstancias de su comisión y, en consecuencia, a generar unas implicaciones que en el anterior marco eran inconcebibles"[309].

23.22.- Siendo esto así, no cabe duda que al ciudadano-soldado le es aplicable la exigencia de la Convención Americana de Derechos Humanos según la cual también puede generarse responsabilidad internacional del Estado por atribución a este de actos violatorios de derechos humanos cometidos por terceros o particulares, en el marco de las obligaciones del Estado de garantizar el respeto de esos derechos entre individuos[310]. En este sentido, la Corte Interamericana ha considerado:

"[...] Dicha responsabilidad internacional puede generarse también por actos de particulares en principio no atribuibles al Estado. [Las obligaciones *erga omnes* de respetar y hacer respetar las normas de protección, a cargo de los Estados Partes en la Convención,] proyectan sus efectos más allá de la relación entre sus agentes y las personas sometidas a su jurisdicción, pues se manifiestan también en la obligación positiva del Estado de adoptar las medidas necesarias para asegurar la efectiva protección de los derechos humanos en las relaciones inter-individuales. La atribución de responsabilidad al Estado por actos de particulares puede darse en casos en que el Estado incumple, por acción u omisión de sus agentes cuando se encuentren en posición de garantes, esas obligaciones *erga omnes* contenidas en los artículos 1.1 y 2 de la Convención"[311].

23.23.- Igualmente, en su opinión consultiva sobre Condición Jurídica y Derechos de los Migrantes Indocumentados, la Corte señaló:

"[...] se debe tener en cuenta que existe una obligación de respeto de los derechos humanos entre particulares. Esto es, de la obligación positiva de asegurar la efectividad de los derechos humanos protegidos, que existe en cabeza de los Estados, se derivan efectos en relación con terceros (*erga omnes*). Dicha obligación ha sido desarrollada por la doctrina jurídica y, particularmente, por la teoría del Drittwirkung, según la cual los derechos fundamentales deben ser respetados tanto por los poderes públicos como por los particulares en relación con otros particulares"[312].

---

[309] COLOMBIA, Corte Constitucional, sentencia C-802 de 2002.

[310] Luigi Ferrajoli, *Principia iuris. Teoría del derecho y de la democracia*, 2ª ed., Trotta, Madrid, 2011, p. 486: "Pues el derecho es en todo caso un instrumento de paz, es decir, una técnica para la solución pacífica de las controversias y para la regulación y la limitación del uso de la fuerza. En la cultura jurídica moderna, éste se justifica como remedio al *bellum omnium*, gracias al cual se produce la superación del estado de naturaleza en el estado civil".

[311] Corte Interamericana de Derechos Humanos Caso *Comunidad Moiwana vs. Surinam*, sentencia de 15 de junio de 2005, Serie C, N° 124, párr. 211; caso *Hermanos Gómez Paquiyauri vs. Perú*, sentencia de 8 de julio de 2004, Serie C, N° 109, párr. 183; caso *Maritza Urrutia vs. Guatemala*, sentencia de 27 de noviembre de 2003, Serie C, N° 103, párr. 71; caso *Bulacio vs. Argentina*, sentencia de 18 de septiembre de 2003, Serie C, N° 100, párr. 111.

[312] Corte Interamericana de Derechos Humanos, Opinión Consultiva OC-18/03, "Condición Jurídica y Derechos de los Migrantes Indocumentados", de 17 de septiembre de 2003, párr. 140. También hizo lo propio al ordenar medidas provisionales para proteger a miembros de

23.24.- Ahora bien, merece especial mención que el deber de prevención por parte del Estado abarca todas aquellas medidas de carácter jurídico, político, administrativo y cultural que promuevan la salvaguarda de los derechos humanos y que aseguren que su eventual vulneración sea efectivamente considerada y tratada como un hecho ilícito susceptible de acarrear sanciones para quien las cometa, así como la obligación de indemnizar a las víctimas por sus consecuencias perjudiciales313, que actuando puedan producir violaciones sistemáticas a los derechos humanos, sin que el Estado haya correspondido a su ineludible obligación positiva. Dicha obligación comprende el deber de atender el conflicto armado interno aplicando medidas de precaución (anticipación del riesgo) y de prevención, especialmente respecto al despliegue de su propia fuerza militar y de los miembros que la componen, con particular énfasis para el caso de aquellos que prestan el servicio militar obligatorio, de tal manera que los derechos humanos que les son inherentes sean efectiva, eficaz y adecuadamente protegidos.

23.25.- No se trata, no obstante, de hacer radicar en el Estado una responsabilidad ilimitada frente a cualquier acto o hecho de los particulares (hecho de un tercero), pues sus deberes de adoptar medidas de prevención y protección de los particulares en sus relaciones entre sí se encuentran condicionados al conocimiento de una situación de riesgo real e inmediato para un individuo o grupo de individuos determinado y a las posibilidades razonables de prevenir o evitar ese riesgo que es achacable directamente al Estado como garante principal. Es decir, aunque un acto u omisión de un particular tenga como consecuencia jurídica la violación de determinados derechos de otro particular, aquel no es automáticamente atribuible al Estado, pues debe atenderse a las circunstancias particulares del caso y a la concreción de dichas obligaciones de garantía[314].

23.26.- Los derechos a la vida y a la integridad personal revisten un carácter esencial en la Convención Americana de Derechos Humanos y conforme al artículo 27.2 forman parte del núcleo inderogable de derechos que no pueden ser suspendidos en casos de guerra, peligro público u otras amenazas. No basta que los Estados se abstengan de violar estos derechos, sino que deben adoptar medidas positivas, determinables en función de las particulares necesidades de protección del sujeto de derecho, ya sea por su condición personal o por la situación específica en que se

---

grupos o comunidades de actos y amenazas causados por agentes estatales y por terceros particulares.

[313] Corte Interamericana de Derechos Humanos, caso *Velásquez Rodríguez vs. Honduras*, sentencia de 29 de julio de 1988, Serie C, N° 4, párr. 166; caso *Perozo y otros vs. Venezuela*, Excepciones Preliminares, Fondo, Reparaciones y Costas, sentencia de 28 de enero de 2009, Serie C, N° 195, párr. 149; caso *Anzualdo Castro vs. Perú*, Excepción Preliminar, Fondo, Reparaciones y Costas, sentencia de 22 de septiembre de 2009, Serie C, N° 202, párr. 63; caso *González y otras ("Campo Algodonero") vs. México*, sentencia de 16 de noviembre de 2009, Serie C, N° 205, párr. 252.

[314] Corte Interamericana de Derechos Humano, caso *González y otras ("Campo Algodonero") vs. México*, sentencia de 16 de noviembre de 2009, Serie C, N° 205, párr. 280; caso *Masacre de Pueblo Bello vs. Colombia*, sentencia de 31 de enero de 2006, Serie C, N° 140, párr. 123; caso *Comunidad Indígena Sawhoyamaxa vs. Paraguay*, sentencia de 29 de marzo de 2006, Serie C, N° 146, párr. 155; y caso *Valle Jaramillo y otros vs. Colombia*, Fondo, Reparaciones y Costas, sentencia de 27 de noviembre de 2008, Serie C, N° 192, párr. 78.

encuentre[315]. Los Estados tienen la obligación de garantizar la creación de las condiciones necesarias para evitar la vulneración del derecho a la vida.

23.27.- La observancia del artículo 4, en conjunción con el artículo 1.1 de la Convención Americana, no solo presupone que ninguna persona sea privada de su vida arbitrariamente, sino que además requiere que los Estados adopten todas las medidas apropiadas para proteger y preservar el derecho a la vida, conforme al deber de garantizar el pleno y libre ejercicio de los derechos de todas las personas bajo su jurisdicción[316] (incluidos los ciudadanos-soldados).

23.28.- Las obligaciones asumidas por los Estados Miembros en relación con la protección del derecho a la vida en la implementación de la política pública sobre seguridad ciudadana pueden incumplirse especialmente en dos tipos de situaciones: (1) cuando el Estado no adopta las medidas de protección eficaces frente a las acciones de particulares que pueden amenazar o vulnerar el derecho a la vida de las personas que habitan en su territorio, y (2) cuando sus fuerzas de seguridad utilizan la fuerza letal fuera de los parámetros internacionalmente reconocidos.

23.29.- Para que tenga lugar el incumplimiento de la primera situación es necesario que las autoridades hayan tenido conocimiento, o debieran haber sabido, de la existencia de un riesgo real e inmediato para la vida de un individuo identificado o de algunos individuos respecto de actos criminales de terceros, y que tales autoridades no hayan tomado las medidas dentro del alcance de sus poderes que, juzgadas razonablemente, podían esperarse para evitarlo.

23.30.- Dentro de este marco, cabe examinar cómo la jurisprudencia de la Sección Tercera del Consejo de Estado viene dando tratamiento a la responsabilidad patrimonial por los daños sufridos por quienes prestan el servicio militar obligatorio, o por aquellos que lo prestan voluntaria o profesionalmente.

23.31.- En cuanto al régimen aplicable por los daños sufridos por quienes prestan el servicio militar obligatorio, se ha venido encuadrando en un criterio de imputación objetiva, bien sea el daño especial, o el riesgo excepcional. La premisa de la que se parte es que se produce la ruptura del principio de igualdad en la asunción de las cargas públicas, teniendo en cuenta que el ingreso a la fuerza pública ocurre en razón del acatamiento del mandato constitucional previsto en el artículo 216.

23.32.- Cuando se trata de personal que voluntaria o profesionalmente ingresa a los cuerpos o fuerzas de seguridad del Estado, el régimen aplicable varía y se encuadra en la falla del servicio cuando la conducta haya sido negligente o indiferente, de tal manera que se deja al personal expuesto a una situación de indefensión. En este segundo supuesto, el precedente de la Sala emplea como premisa el concepto de

---

[315] Corte Interamericana de Derechos Humano, caso *Baldeón García vs. Perú*, sentencia de 6 de abril de 2006, Serie C, N° 147, párr. 81; caso *Comunidad Indígena Sawhoyamaxa vs. Paraguay*, sentencia de 29 de marzo de 2006, Serie C, N° 146, párr. 154; y caso *Masacre de Pueblo Bello vs. Colombia*, sentencia de 31 de enero de 2006, Serie C, N° 140, párr. 111.

[316] Corte Interamericana de Derechos Humano, caso *"Niños de la Calle" (Villagrán Morales y otros) vs. Guatemala*, sentencia de 19 de noviembre de 1999, Serie C, N° 63, párr. 144; caso *Penal Miguel Castro Castro vs. Perú*, sentencia de 25 de noviembre de 2006, Serie C, N° 160, párr. 237; y caso *Vargas Areco vs. Paraguay*, sentencia de 26 de septiembre de 2006, Serie C, N° 155, párr. 75.

"acto propio" o de "riesgo propio del servicio"[317], que ha llevado a plantear que los "derechos a la vida y a la integridad personal del militar profesional constituye un riesgo propio de la actividad que dichos servidores públicos ordinariamente despliegan, riesgo que se concreta, por vía de ejemplo, en eventos en los cuales infortunadamente tiene lugar el deceso o la ocurrencia de lesiones como consecuencia de combates, emboscadas, ataques de grupos subversivos, desarrollo de operaciones de inteligencia"[318].

23.33.- De acuerdo con el mismo precedente, el común denominador del daño antijurídico reclamado como consecuencia de la muerte o de las lesiones de un miembro de las fuerzas armadas es el de la "exposición a un elevado nivel de riesgo para la integridad personal". Esto indica, pues, que quien ingresa voluntaria o profesionalmente a las fuerzas armadas está advertido de que debe afrontar situaciones de alta peligrosidad, entre las que cabe encuadrar el eventual enfrentamiento con la delincuencia[319]. En ese sentido, el precedente de la Sala indica que las fuerzas militares y los cuerpos de seguridad del Estado se "encuentran expuestos en sus actividades operativas, de inteligencia o, en general, de restauración y mantenimiento del orden público [...] [Tales actividades] conllevan la necesidad de afrontar situaciones de alta peligrosidad, entre ellas el eventual enfrentamiento con la delincuencia de la más diversa índole o la utilización de armas"[320].

23.34.- Como consecuencia de lo anterior, se establece un régimen prestacional especial, que reconoce la circunstancia del particular riesgo a que se somete a todo aquel que ingresó voluntaria y profesionalmente a las fuerzas y cuerpos en mención[321], a lo que se agrega que dicho régimen se encuentra ligado a la presencia de una vinculación o relación laboral para con la institución armada[322]. Esto conduce,

---

[317] COLOMBIA, Consejo de Estado, Sección Tercera, sentencia de 4 de febrero de 2010, exp. 18371, C.P.: Mauricio Fajardo Gómez.

[318] COLOMBIA, Consejo de Estado, Sección Tercera, sentencia de 18 de febrero de 2010, exp. 17127, C.P.: Mauricio Fajardo Gómez.

[319] COLOMBIA, Consejo de Estado, Sección Tercera, sentencia de 18 de febrero de 2010, exp. 17127, C.P.: Mauricio Fajardo Gómez.

[320] Cuando una persona ingresa libremente a las fuerzas militares y cuerpos de seguridad del Estado "está aceptando la posibilidad de que sobrevengan tales eventualidades y las asume como una característica propia de las funciones que se apresta cumplir": Sección Tercera, sentencia de 18 de febrero de 2010, exp. 17127, C.P.: Mauricio Fajardo Gómez.

[321] COLOMBIA, Consejo de Estado, Sección Tercera, sentencia de 18 de febrero de 2010, exp. 17127, C.P.: Mauricio Fajardo Gómez: cuando se concreta un riesgo usual "surge el derecho al reconocimiento de las prestaciones y de los beneficios previstos en el régimen laboral especial [...] sin que en principio resulte posible deducir responsabilidad adicional la Estado por razón de la producción de los consecuentes daños, a menos que se demuestre que los mismos hubieren sido causados [...] por una falla del servicio o por la exposición de la víctima a un riesgo excepcional en comparación con aquel que debía enfrentar".

[322] En recientes precedentes se dijo que los daños sufridos "por quienes ejercen funciones de alto riesgo" no compromete la responsabilidad del Estado, ya que se producen con ocasión de la relación laboral y se indemnizan a *for fait: cfr.* Sección Tercera, sentencias de 21 de febrero de 2002, exp. 12799; 12 de febrero de 2004, exp. 14636; 14 de julio de 2005, exp. 15544; 26 de mayo de 2010, exp. 19158, C.P.: Ruth Stella Correa Palacio.

llegado el caso, a la activación de la denominada "indemnización a for-fait"[323], lo que no excluye la posibilidad de deducir la responsabilidad y por tanto la obligación de reparar el daño causado[324], si se demuestra que el daño fue causado por falla del servicio o por exposición de la víctima a un riesgo excepcional[325]. En reciente precedente de la Sala se reiteró que debe haberse sometido a los miembros de la fuerza pública "a asumir riesgos superiores a los que normalmente deben afrontar como consecuencia de las acciones u omisiones imputables al Estado"[326]. Precisamente, y siguiendo el mismo precedente, la "asunción voluntaria de los riesgos propios de esas actividades modifica las condiciones en las cuales el Estado responde por los daños que éstos puedan llegar a sufrir"[327].

23.35.- Por el contrario, cuando se trata de personas que se encuentran prestando el servicio militar obligatorio se afirma que no quedan sometidos a los riesgos inherentes a la actividad militar voluntariamente, "sino que [dicho sometimiento] corresponde al cumplimiento de los deberes que la Constitución impone a las personas, "derivados de los principios fundamentales de solidaridad y reciprocidad social", para "defender la independencia nacional y las instituciones públicas"[328].

23.36.- Precisamente, la necesaria distinción que se ofrece entre quien presta el servicio militar obligatorio y quien no lo hace ha llevado, frente al primero, a elaborar una premisa construida como argumento en el precedente de la Sala y según la cual "cuando una persona ingresa al servicio militar obligatorio en buenas condiciones de salud debe dejar el servicio en condiciones similares"[329]. A lo que se agrega

---

[323]   COLOMBIA, Consejo de Estado, Sección Tercera, sentencias de 15 de febrero de 1996, exp. 10033, y 20 de febrero de 1997, exp. 11756.

[324]   COLOMBIA, Consejo de Estado, Sección Tercera, sentencias de 1° de marzo de 2006, exp. 14002; 30 de agosto de 2007, exp. 15724, C.P.: Ramiro Saavedra Becerra; 25 de febrero de 2009, exp. 15793, C.P.: Miriam Guerrero de Escobar.

[325]   COLOMBIA, Consejo de Estado, Sección tercera, sentencias de 15 de noviembre de 1995, exp. 10286; 12 de diciembre de 1996, exp. 10437; 3 de abril de 1997, exp. 11187; 3 de mayo de 2001, exp. 12338, C.P.: Alier Eduardo Hernández Enríquez; 8 de marzo de 2007, exp. 15459, C.P.: Mauricio Fajardo Gómez; 17 de marzo de 2010, exp. 17656, C.P.: Mauricio Fajardo Gómez.

[326]   COLOMBIA, Consejo de Estado, Sección Tercera, sentencia de 26 de mayo de 2010, exp. 19158, C.P.: Ruth Stella Correa Palacio.

[327]   COLOMBIA, Consejo de Estado, Sección Tercera, sentencia de 26 de mayo de 2010, exp. 19158, C.P.: Ruth Stella Correa Palacio.

[328]   COLOMBIA, Consejo de Estado, Sección Tercera, sentencia de 26 de mayo de 2010, exp. 19158, C.P.: Ruth Stella Correa Palacio. El deber del Estado de proteger la vida de todas las personas tiene alcance limitado respecto a los miembros de las fuerzas militares y los cuerpos de seguridad, puesto que estos asumen voluntariamente "los riesgos propios de esas actividades". Los "riesgos inherentes a la actividad militar no se realizan de manera voluntaria, sino que se corresponde al cumplimiento de los deberes que la Constitución impone": Sección Tercera, sentencia de 3 de abril de 1997, exp. 11187.

[329]   COLOMBIA, Consejo de Estado, Sección Tercera, sentencias de 3 de marzo de 1989, exp. 5290, y 25 de octubre de 1991, exp. 6465, C.P.: Carlos Betancur Jaramillo.

que se trata de daños "cuya causa esté vinculada con la prestación del servicio y libertades inherentes a la condición de militar"[330]. Por lo tanto,

"[…] [no] puede ser igual el tratamiento que se dispense a quienes ejercen sus funciones profesionalmente, con alto grado de entrenamiento y compromiso, y a quienes, simplemente por estar obligados legalmente a ello, ingresan a las filas en las instituciones armadas; en consecuencia, las labores o misiones que a estos últimos se les encomienden, deben ser proporcionales a ese grado básico de instrucción, además de representar un mínimo riesgo para su vida e integridad personal, salvo que la situación específica de necesidad de defensa del Estado exija algo distinto"[331].

23.37.- En cierto precedente de la Sala se llega a considerar que podría haber falla del servicio cuando no se cumple con la obligación según la cual los "soldados reclutados en calidad de conscriptos deben recibir instrucción para realizar actividades de bienestar social en beneficio de la comunidad y tareas para la preservación del medio ambiente y la conservación ecológica, de suerte que a estas actividades deben ser destinados los jóvenes que prestan el servicio militar obligatorio en cualquiera de sus modalidades"[332].

23.38.- Se trata de un supuesto en el que la administración pública, además de incumplir con una obligación legal, expone a quien presta el servicio militar obligatorio al fuego adversario.

23.39.- En este supuesto, tampoco cabe afirmar el hecho de un tercero como eximente porque, siguiendo el precedente, carece de "virtualidad suficiente para enervar la relación etiológica entre el hecho imputable jurídicamente" y el daño causado. Se concluye, por lo tanto, que la administración pública debió haberlo evitado, "absteniéndose de exponer al soldado al fuego adversario"[333].

23.40.- En cualquiera de los anteriores eventos, la jurisprudencia de la Sección Tercera del Consejo de Estado ha sostenido que la invocación de la falla no impide estudiar la responsabilidad bajo el régimen objetivo del riesgo excepcional, aplicando por tanto la máxima o principio *iura novit curia*[334].

23.41.- Cuando la administración pública impone el deber de prestar el servicio militar, esa persona que presta el servicio militar obligatorio "se encuentra sometida a su custodia y cuidado", situándose en una posición de riesgo, "lo que en términos

---

[330]   COLOMBIA, Consejo de Estado, Sección Tercera, sentencia de 26 de mayo de 2010, exp. 19158, C.P.: Ruth Stella Correa Palacio.

[331]   COLOMBIA, Consejo de Estado, Sección Tercera, sentencias de 14 de diciembre de 2004, exp. 14422, C.P.: Ramiro Saavedra Becerra, y 3 de mayo de 2007, exp. 16200, C.P.: Ramiro Saavedra Becerra.

[332]   COLOMBIA, Consejo de Estado, Sección Tercera, sentencia de 25 de febrero de 2009, exp. 15793, C.P.: Miriam Guerrero de Escobar.

[333]   COLOMBIA, Consejo de Estado, Sección Tercera, sentencia de 25 de febrero de 2009, exp. 15793, C.P.: Miriam Guerrero de Escobar.

[334]   COLOMBIA, Consejo de Estado, Sección Tercera, sentencias de 27 de noviembre de 2002, exp. 13090, C.P.: María Elena Giraldo Gómez, 18 de mayo de 2004, exp. 14338, y 15 de octubre de 2008, exp. 18586, C.P.: Enrique Gil Botero.

de imputabilidad significa que [aquella] debe responder por los daños que le sean irrogados [a esta] relacionados con la ejecución de la carga pública"[335].

23.42.- El Estado se encontraría frente a la persona que presta el servicio militar obligatorio en una posición de garante, representada por la existencia de una relación de especial sujeción. Lo anterior indica que en ciertos casos el Estado puede contribuir co-causalmente, pese a que haya intervenido el hecho de un tercero. Este argumento se depura, afirmándose que el Estado pone a quien presta el servicio militar obligatorio en una situación de riesgo, lo que lleva a concluir que la simple constatación de la existencia de una causa extraña, como la del hecho de un tercero, no es suficiente para que los daños no sean le atribuibles, centrándose la atención en que el resultado perjudicial tiene relación mediata con el servicio.

En los anteriores términos, al Estado solo le queda acreditar que le resultaba absolutamente imprevisible e irresistible asumir los riesgos a los que estuvo expuesto quien presta el servicio militar obligatorio[336].

c. La ruptura del equilibrio de las cargas públicas de los miembros de la población civil afectados, y derivados del ataque armado y enfrentamiento entre el Estado y un grupo armado insurgente

24.- La jurisprudencia de la Sala Plena de la Sección Tercera[337] considera que tratándose de daños antijurídicos derivados de un ataque armado o del enfrentamiento del Estado y un grupo armado insurgente, cabe afirmar varios argumentos: 1) debe tenerse en cuenta "la especial naturaleza de este tipo de ataques que son de suyo sorpresivos y pocas veces predecibles"; 2) así mismo, es necesario observar si se desplegaron "actividades de control y vigilancia permanentes sobre los distintos sectores de la población", reconociendo el "alto grado de presencia subversiva" en un área concreta; 3) hay que determinar si los "ataques llegaban a producirse por efecto mismo de la naturaleza y dimensión del conflicto armado"; 4) se debe afirmar que "es al Estado a quien corresponde la búsqueda de soluciones que conlleven a [*sic*] la terminación de la guerra, de ahí que debe convenirse en que se aparta de los más elementales criterios de justicia y equidad que al producirse estos ataques subversivos, el Estado no acuda a socorrer a sus víctimas"; 5) es preciso considerar que no pueda atribuirse el daño antijurídico a alguna falla en el servicio, ya que se "actuó dentro del marco de sus posibilidades"; 6) se debe constatar que tampoco se pueda "reprochar la conducta" de los actores como miembros de la población civil del municipio de San José de Albán (Nariño), para la época de los hechos, y 7) se debe tratar de un ataque "dirigido contra el Estado, cuyo radio de acción no se limitó a objetivos estrictamente militares, sino que comprendió también a la población civil".

24.1.- Luego, con base en los anteriores criterios, el juez puede indagar si para un caso en concreto, siguiendo la jurisprudencia de la Sala Plena de la Sección Tercera, el daño antijurídico es atribuible (fáctica y jurídicamente) al Estado al demostrarse

---

[335]   COLOMBIA, Consejo de Estado, Sección Tercera, sentencia de 15 de octubre de 2008, exp. 18586, C.P.: Enrique Gil Botero.

[336]   COLOMBIA, Consejo de Estado, Sección Tercera, sentencia de 15 de octubre de 2008, exp. 18586, C.P.: Enrique Gil Botero.

[337]   COLOMBIA, Consejo de Estado, Sección Tercera, sentencias de 19 de abril de 2012, exp. 21515, C.P.: Hernán Andrade Rincón, y 23 de agosto de 2012, exp. 23492, C.P.: Hernán Andrade Rincón.

la ruptura en el equilibrio de las cargas públicas, por tanto a encuadrar la imputación en el criterio de imputación del daño especial[338], y fundamentarse en "el deber de acompañamiento a las víctimas del conflicto"[339], concretada en la muerte o lesiones de miembros de la población civil, o en la pérdida, destrucción o deterioro de los bienes civiles.

24.2.- En la sentencia de 22 de octubre de 2012 (exp. 24070) la Subsección C de la Sección Tercera del Consejo de Estado se estableció la responsabilidad administrativa y patrimonial del Estado por los daños antijurídicos (perjuicios ocasionados en la esfera inmaterial y material de las víctimas) ocasionados como consecuencia del ataque perpetrado el 27 de agosto de 1999 por un grupo armado insurgente al municipio de San José de Albán (Nariño), para cuya imputación se argumentó:

"[…] todo indica [de manera] necesaria, convergente y con certeza que se configuró la falla en el servicio por la omisión e inactividad concurrente de las entidades demandadas en el cumplimiento de los deberes positivos de protección de la dignidad humana, vida e integridad personal de las víctimas (fallecidas y lesionados), cuya primera manifestación se concreta en la garantía de protección y seguridad de las mismas como miembros de la población civil, especialmente por parte de la Policía Nacional y del Ejército Nacional, al no haber atendido los requerimientos planteados por la población por medio de sus representantes (Alcalde y Juez Promiscuo Municipal) de refuerzo, prevención y protección de la población ante la amenaza inminente que se cernía sobre la población de San José de Albán (Nariño) de un ataque armado por parte del grupo armado insurgente FARC.

En segundo lugar, a la inactividad frente a la atención de la amenaza inminente de un ataque puesto en conocimiento de las autoridades políticas, policiales y militares, tampoco se consideró la amenaza (sic) inminente representada en las sistemáticas situaciones de hostigamiento, ataques e incursiones que en el mismo municipio, y en aquellos circunvecinos se venía produciendo para la época de los hechos, lo que permitió que se desencadenaran los daños antijurídicos atribuibles (fáctica y jurídicamente) a las entidades demandadas.

En tercer lugar, cabe afirmar, como agravante, que pese a haberse dado aviso el 27 de agosto de 1999 del ataque armado que inició a las 8:15 de la mañana, el apoyo por parte de unidades policiales sólo se produjo a las 10:30, esto es, dos horas y quince minutos (2:15) después de iniciarse, y el de la contraguerrilla sólo se produjo hasta las 11:45 de la mañana, esto es, tres horas y treinta minutos (3:30) después de

---

[338] COLOMBIA, Consejo de Estado, Sección Tercera, sentencias de 19 de abril de 2012, exp. 21515, C.P.: Hernán Andrade Rincón, y 23 de agosto de 2012, exp. 23492, C.P.: Hernán Andrade Rincón: "En conclusión, la Sección considera que en este caso resulta aplicable la teoría del daño especial, habida cuenta [de] que el daño, pese a que se causó por un tercero, lo cierto es que ocurrió dentro de la ya larga confrontación que el Estado ha venido sosteniendo con grupos subversivos, óptica bajo la cual, no resulta constitucionalmente aceptable que el Estado deje abandonadas a las víctimas y, que explica que la imputación de responsabilidad no obedezca a la existencia de conducta alguna que configure falla en el servicio, sino que se concreta como una forma de materializar los postulados que precisamente justifican esa lucha contra la subversión y representan y hacen visible y palpable, la legitimidad del Estado".

[339] COLOMBIA, Consejo de Estado, Sección Tercera, sentencias de 19 de abril de 2012, exp. 21515, C.P.: Hernán Andrade Rincón, y 23 de agosto de 2012, exp. 23492, C.P.: Hernán Andrade Rincón.

iniciado el mismo, lo que pone en evidencia que la respuesta del Estado no fue oportuna, rápida, celera (*sic*), pese a que las consecuencias sobre la población civil se manifestaron con su mayor crudeza, y ante una débil defensa de escasos doce (12) uniformados en la Estación y la poca munición que tenían, lo que permite establecer la falla en el servicio por la omisión en el deber de prestar la seguridad y protección a los administrados afectados con la mayor prontitud y eficacia, que hubiera permitido evitar, o por lo menos reducir el alcance de los daños antijurídicos atribuibles a las entidades demandadas.

Con relación a lo anterior, la Sala de Sub-sección C debe reiterar que el alcance de la obligación de seguridad y protección de la población civil dentro del contexto constitucional, tiene su concreción en las expresas obligaciones positivas emanadas de los artículos 1 (protección de la dignidad humana), 2 (las autoridades están instituidas "para proteger a todas las personas residentes en Colombia, en su vida, honra, bienes, creencias, y demás derechos y libertades), 217, inciso 2° ("Las Fuerzas Militares tendrán como finalidad primordial la defensa de la soberanía, la independencia, la integridad del territorio nacional y del orden constitucional"), 218 ("La Policía Nacional es un cuerpo armado permanente de naturaleza civil, a cargo de la Nación, cuyo fin primordial es el mantenimiento de las condiciones necesarias para el ejercicio de los derechos y libertades públicas, y para asegurar que los habitantes de Colombia convivan en paz") de la Carta Política de 1991. Las que no se agotan, sino que se amplían por virtud del artículo 93 constitucional, de tal manera que cabe exigir como deberes positivos aquellos emanados del derecho internacional humanitario y del derecho internacional de los derechos humanos.

Se trata de afirmar la responsabilidad del Estado pese a que los hechos son causados por terceros, en la medida en que a la administración pública le es imputable al tener una "posición de garante institucional", del que derivan los deberes jurídicos de protección consistentes en la precaución y prevención de los riesgos en los que se vean comprometidos los derechos humanos de los ciudadanos que se encuentran bajo su cuidado, tal como se consagra en las cláusulas constitucionales, y en las normas de derecho internacional humanitario y de los derechos humanos. Luego, sustancial para endilgar la responsabilidad es que se deduzca a quién competía el deber de evitar las amenazas y riesgos para los derechos humanos de las personas afectadas, u ofrecer la oportuna respuesta frente al ataque perpetrado por el grupo armado insurgente FARC. De acuerdo con la doctrina, la "otra fuente de la posición de garantía tiene lugar cuando el sujeto pertenece a una institución que lo obliga a prestar ciertos deberes de protección a personas que se encuentran dentro de su ámbito de responsabilidad. La característica de esta fuente, es que la posición de garante surge aunque el sujeto no haya creado los riesgos para los bienes jurídicos. Por ejemplo: la fuerza pública tiene dentro de su ámbito de responsabilidad la protección de la vida de los ciudadanos, y, si un miembro de ella que tiene dentro de su ámbito específico la salvaguarda de la población civil no evita la producción de hechos lesivos por parte de terceros, la vulneración de los derechos humanos realizados por un grupo al margen de la ley le son imputables. Al serles atribuidos al servidor público por omisión de sus deberes de garante, surge inmediatamente la responsabilidad internacional del Estado.

Debemos anotar, que la posición de garante institucional no sólo genera deberes de protección frente a peligros originados en terceros (seres humanos), sino también con respecto a fuerzas de la naturaleza"[340-341].

24.3.- Examinados los dos primeros elementos para estructurar la responsabilidad del Estado, debe emprenderse la revisión del tercer elemento, esto es, la reparación del daño antijurídico imputable a la administración pública, con énfasis en el debate que existe acerca de la reparación de los perjuicios morales y de la determinación de medidas de reparación no pecuniarias, en virtud del derecho a la reparación integral.

III. DE LA REPARACIÓN COMO DERECHO DE LAS VÍCTIMAS A RECONOCER, TASAR Y LIQUIDAR INTEGRALMENTE Y CON GARANTÍA PLENA DE LOS DERECHOS

1. *De la indemnización a la afirmación del derecho a la reparación integral*

   A. *De la consolidación de la reparación integral bajo el contexto del Estado Social de Derecho*

25.- La reparación es un concepto allende lo jurídico, de profundo carácter político y sociológico, consecuencia de la consolidación de la verdad y la justicia en relación con las víctimas de violaciones a los derechos humanos (cuyo reconocimiento no solo es constitucional [artículo 90 C.P.], sino también convencional [artículo 63.1 de la Convención Americana de Derechos Humanos]. En este sentido es mucho y materialmente más que un simple concepto indemnizatorio, al involucrar ideas de reconstrucción y reivindicación del ser humano en la sociedad. Luego, el concepto de reparación conlleva cargas de individualismo pero también de responsabilidad colectiva. Desde una perspectiva estrictamente jurídica, es un derecho de toda víctima sustentado en las ideas de verdad y de justicia.

25.1.- Si se examina desde la perspectiva de la responsabilidad internacional del Estado, y su influjo por vía de la jurisprudencia interamericana de derechos humanos, se encuentra que la "consecuencia esencial de la responsabilidad internacional es la obligación de reparar, lo que está a cargo del Estado responsable"[342]. La doctrina y la jurisprudencia consideran que esta obligación constituye un principio general del derecho internacional público, que trasciende y se reconoce como derecho en los ordenamientos jurídicos de cada Estado, en correspondencia con la cláusula del Estado Social de Derecho, y que ha tenido su desarrollo legal en el ordenamiento jurídico colombiano[343].

---

[340]   Eduardo Montealegre Lynett. "La responsabilidad del Estado por el hecho de terceros", trabajo de investigación suministrado por el autor.

[341]   COLOMBIA, Consejo de Estado, Sección Tercera, Subsección C, sentencia de 22 de octubre de 2012, exp. 24070, C.P.: Jaime Orlando Santofimio Gamboa.

[342]   Charles Rousseau, *Droit international public*, 11ª ed., Dalloz, Paris, 1987, p. 129.

[343]   Ley 446 de 1998: "Artículo 16. Valoración de los daños. Dentro de cualquier proceso que se surta ante la Administración de Justicia, la valoración de daños irrogados a las personas y a las cosas, atenderá los principios de reparación integral y equidad y observará los criterios técnicos actuariales". *Cfr.* Ley 975 de 2005 y Decreto 1290 de 2008. Ley 1448 de 2011:

25.2.- Con sorpresa, en la actualidad la afirmación del derecho a la reparación integral ha sido deformada de tal modo que se considera que su ejercicio se reduce solo a la indemnización o compensación económica, desestimando cualquier otro medio que permite cumplir con la obligación de reparar. Dicha obligación exige, sin duda, eliminar [desde que sea materialmente posible] o compensar [no solo económicamente] el daño provocado de una manera completa, integral, lo que puede lograrse no con una sola medida o instrumento, sino aplicando y conjugando diversas herramientas, para así alcanzar la reparación integral[344]. En el derecho de la responsabilidad internacional del Estado el caso *Usine Chorzow* fija las líneas fundamentales en esta materia, al afirmar:

"[…] el principio esencial que deriva de la propia noción de acto ilícito y que parece desprenderse de la práctica internacional, particularmente de la jurisprudencia de los tribunales arbitrales, es que la reparación debe, en la medida de lo posible, suprimir todas las consecuencias del acto ilícito y restablecer el estado que razonablemente hubiera existido si dicho acto no se hubiera cometido. Restitución en especie, o, si ello no es posible, pago de una suma correspondiente al valor atribuido a la reparación en especie; asignación, si procede, de daños y perjuicios por las pérdidas sufridas no cubiertas por la restitución en especie o por el pago sustitutorio; éstos son los principios en los que debe inspirarse la determinación de la cuantía de la indemnización debida por un acto contrario al derecho internacional".

"Artículo 25. Derecho a la reparación integral. Las víctimas tienen derecho a ser reparadas de manera adecuada, diferenciada, transformadora y efectiva por el daño que han sufrido como consecuencia de las violaciones de que trata el artículo 3º de la presente Ley. La reparación comprende las medidas de restitución, indemnización, rehabilitación, satisfacción y garantías de no repetición, en sus dimensiones individual, colectiva, material, moral y simbólica. Cada una de estas medidas será implementada a favor de la víctima dependiendo de la vulneración en sus derechos y las características del hecho victimizante. Parágrafo 1º. Las medidas de asistencia adicionales consagradas en la presente ley propenden por la reparación integral de las víctimas y se consideran complementarias a las medidas de reparación al aumentar su impacto en la población beneficiaria. Por lo tanto, se reconoce el efecto reparador de las medidas de asistencia establecidas en la presente ley, en la medida en que consagren acciones adicionales a las desarrolladas en el marco de la política social del Gobierno Nacional para la población vulnerable, incluyan criterios de priorización, así como características y elementos particulares que responden a las necesidades específicas de las víctimas. No obstante este efecto reparador de las medidas de asistencia, estas no sustituyen o reemplazan a las medidas de reparación. Por lo tanto, el costo o las erogaciones en las que incurra el Estado en la prestación de los servicios de asistencia, en ningún caso serán descontados de la indemnización administrativa o judicial a que tienen derecho las víctimas. Parágrafo 2º. La ayuda humanitaria definida en los términos de la presente ley no constituye reparación y en consecuencia tampoco será descontada de la indemnización administrativa o judicial a que tienen derecho las víctimas".

[344] La Comisión de Derecho Internacional, por su parte, llegó a señalar (en su informe de 1993) que el "término 'reparación', empleado en su sentido genérico, designa los distintos métodos de que dispone el Estado para saldar […] la responsabilidad que le cabe por el incumplimiento de una obligación internacional", afirmando luego que "esas formas de reparación pueden aplicarse de manera combinada" si resulta necesario para procurar una reparación verdaderamente íntegra de los daños causados. La última versión del Proyecto de la Comisión de Derecho Internacional reconoce la tríada de modalidades en su artículo 35, que dispone: "La reparación íntegra del perjuicio causado por el hecho internacionalmente ilícito adoptará la forma de restitución, indemnización y satisfacción, ya sea de manera única o combinada".

25.3.- De acuerdo con Pierre Marie Dupuy, la reparación ("restauration") puede comprenderse desde dos planos: "objetivo y abstracto, de una parte, subjetivo y sobre todo material de otra. Ella engloba tanto el restablecimiento del ordenamiento jurídico anterior a los hechos, así como garantizar la integridad del derecho, y la reparación de los perjuicios sufridos, en pro de salvaguardar el interés de la víctima"[345]. Derivado de lo anterior, se afirma que la consolidación de la reparación integral dentro del Estado Social de Derecho representa, a su vez, la concreción de las diferentes modalidades en que puede expresarse: restitución en especie, indemnización, satisfacción [dentro de las que cabe afirmar: rehabilitación, garantía de no repetición, reconocimiento público del suceso].

25.4.- En cuanto a la restitución en especie, la misma consiste en la "restauración" o restablecimiento de la situación existente antes del hecho, reponiendo las cosas a su estado primitivo o statu quo ante. Existen dos clases de restitución en especie, atendiendo a la índole del perjuicio que se repara: i) material y ii) legal o jurídica. La primera requiere o involucra actos puramente materiales, como por ejemplo "la liberación de una persona detenida [...], la restitución de buques u otro tipo de bienes" [doctrina de la Comisión de Derecho Internacional]. En tanto que la restitución jurídica requiere o involucra la modificación de una situación legal.

25.5.- La indemnización consiste en "una suma de dinero correspondiente al valor que tendría el restablecimiento [total o parcial] de la situación que existía antes de la violación"[346].

25.6.- Finalmente, la satisfacción "constituye en realidad una modalidad específica de reparación lato sensu, apropiada para las consecuencias de hechos ilícitos que afectan a valores como la dignidad o el honor de los Estados o, en general, causan al lesionado un daño jurídico o moral que no es susceptible de reparación por medio de la *restitutio in integrum* o una indemnización pecuniaria"[347].

25.7.- La anterior aproximación lleva a comprender que la reparación integral bajo el contexto del Estado Social se consolida no solo como derecho, sino como instituto que permite ampliar la dimensión de la reparación y no reducirla a un simple efecto, o connotación económica, ya que se trata no únicamente de compensar, sino de restablecer los derechos, libertades e intereses vulnerados con ocasión del daño antijurídico imputado a la administración pública, pasando a examinar la misma desde un contexto convencional.

---

[345]   Pierre-Marie Dupuy, *Droit International Public*, Dalloz, Paris, 1992, p. 349.

[346]   Max Sorensen, *Manual de derecho internacional*, en Eduardo Jiménez De Arechaga, *Derecho internacional público*, Marcial Pons, Madrid, 1999, p. 340.

[347]   Manuel Díez De Velasco, *Instituciones de derecho público internacional*, Tecnos, Madrid, 2009: "la noción de satisfacción incluye una serie de prestaciones como la adopción por el Estado culpable de medidas tendientes a evitar la repetición de la violación, la presentación de excusas, el castigo de los culpables, el pago de una suma simbólica, etc.; e incluso se ha considerado un medio idóneo de satisfacción la verificación, por una instancia imparcial internacional, del carácter ilícito del hecho".

B. *La vigencia del control de convencionalidad por el juez interno cuando se trata del derecho a la reparación integral*

26.- La vigencia del control de convencionalidad por parte del juez interno [colombiano] se afirma, precisamente, cuando tiene lugar el reconocimiento del derecho a la reparación integral en toda su extensión. El influjo que la Convención Americana de Derechos Humanos [incorporada a la legislación colombiana por la Ley 16 de 1972], de los tratados y convenciones de derecho internacional humanitario y de las normas de protección de los derechos ha llevado a que el juez nacional incorpore la modulación de la reparación, no limitándose a la indemnización como única herramienta, sino procurando aplicar la restauración y la satisfacción. En especial, se evidencia el influjo del artículo 63.1 de la Convención Americana de Derechos Humanos, según el cual cuando "decida que hubo violación de un derecho o libertad protegidos en esta Convención, la Corte dispondrá que se garantice al lesionado en el goce de su derecho o libertad conculcados. Dispondrá asimismo, si ello fuera procedente, que se reparen las consecuencias de la medida o situación que ha configurado la vulneración de esos derechos y el pago de una justa indemnización a la parte lesionada"[348]. En este sentido, la jurisprudencia de la Corte Interamericana de Derechos Humanos establece que la obligación de "resarcimiento […] no deriva del derecho interno sino de la violación de la Convención Americana. Es decir, es el resultado de una obligación de carácter internacional"[349]. A lo que se agrega por el juez interamericano que la "obligación contenida en el artículo 63.1 de la Convención es de derecho internacional y éste rige todos sus aspectos como, por ejemplo, su extensión, sus modalidades, sus beneficiarios, etc."[350].

26.1.- Por lo general se ordena una reparación integral y adecuada en el marco de la Convención, que contiene todas y cada una de las medidas que de acuerdo al caso sean las necesarias con el fin garantizar la rehabilitación, la satisfacción y la no repetición. La Corte Interamericana señala que las reparaciones consisten en las medidas que tienden a hacer desaparecer los efectos de las violaciones cometidas. Su naturaleza y su monto dependen del daño ocasionado en los planos material e inmaterial y, por consiguiente, las mismas no pueden implicar ni enriquecimiento ni empobrecimiento para la víctima o sus sucesores[351].

26.2.- De acuerdo con la jurisprudencia del Consejo de Estado, toda "violación a un derecho humano genera la obligación ineludible de reparar integralmente los

---

[348] Para Viviana Krsticevic, "Líneas de trabajo para mejorar la eficacia del sistema", en Juan E. Menéndez, y Francisco Cox, (eds.), *El futuro del sistema interamericano de protección de los derechos humanos*, Instituto Interamericano de Derechos Humanos, San José de Costa Rica, 1999, p. 418, este artículo comprende tres extremos: "la obligación de garantía respecto del goce del derecho conculcado, la obligación de reparar las consecuencias de la medida o situación en cuestión y –por último– el pago de una indemnización".

[349] Corte Interamericana de Derechos Humanos, caso *Velásquez Rodríguez vs. Honduras*, sentencia de 29 de julio de 1988.

[350] Corte Interamericana de Derechos Humanos, caso *Aleboetoe y otros vs. Suriname*, sentencia de 10 de septiembre de 1993, y caso *Loayza Tamayo*, sentencia de 27 de noviembre de 1998.

[351] Corte Interamericana de Derechos Humanos, sentencias en los casos *Masacre de Ituango*, párrs. 341 y 342, y Masacre de Ituango, párr. 238; Baldeón García, párr. 174; Comunidad Indígena Sawhoyamaxa, párr. 195; y Acevedo Jaramillo y otros, párr. 294.

daños derivados de dicho quebrantamiento. No todo daño antijurídico reparable (resarcible) tiene fundamento en una violación o desconocimiento a un derecho humano y, por lo tanto, si bien el perjuicio padecido deber ser reparado íntegramente, dicha situación no supone la adopción de medidas de justicia restaurativa. Como se aprecia, en la primera hipótesis nos enfrentamos a una situación en la cual el operador judicial interno, dentro del marco de sus competencias, debe establecer en qué proporción puede contribuir a la reparación integral del daño sufrido; ello en tanto en estos eventos, según los estándares normativos vigentes (leyes 446 de 1998 y 975 de 2005), se debe procurar inicialmente la *restitutio in integrum* (restablecimiento integral) del perjuicio y de la estructura del derecho transgredido, para, en el evento de constatarse la imposibilidad de efectuar la misma, abordar los medios adicionales de reparación, como son la indemnización, rehabilitación, satisfacción, medidas de no repetición y, adicionalmente, el restablecimiento simbólico, entre otros aspectos. Debe colegirse, por lo tanto, que el principio de reparación integral, entendido este como aquel precepto que orienta el resarcimiento de un daño, con el fin de que la persona que lo padezca sea llevada, al menos, a un punto cercano al que se encontraba antes de la ocurrencia del mismo, ha de ser interpretado y aplicado de conformidad al tipo de daño producido, es decir, ya sea que se trate de uno derivado de la violación a un derecho humano, según el reconocimiento positivo del orden nacional e internacional, o que se refiera a la lesión de un bien o interés jurídico que no se relaciona con el sistema de derechos humanos. En esa perspectiva, la reparación integral en el ámbito de los derechos humanos no solo supone el resarcimiento de los daños y perjuicios que se derivan, naturalmente, de una violación a las garantías de la persona reconocidas internacionalmente, sino que también implica la búsqueda del restablecimiento del derecho vulnerado, motivo por el cual se adoptan una serie de medidas simbólicas y conmemorativas, que no abogan por la reparación de un daño (stricto sensu) sino por la restitución del núcleo esencial del derecho o derechos infringidos. Por el contrario, la reparación integral que opera en relación con los daños derivados de la lesión a un bien jurídico tutelado, diferente a un derecho humano, se relaciona, específicamente, con la posibilidad de indemnizar plenamente todos los perjuicios que la conducta vulnerante ha generado, sean estos del orden material o inmaterial. Entonces, si bien no se adopta medidas simbólicas, conmemorativas, de rehabilitación, o de no repetición, dicha circunstancia, per se, no supone que no se repare íntegramente el perjuicio[352].

26.3.- Como puede observarse, la vigencia del control de convencionalidad tiene abonado un amplio espacio al momento de reparar el daño antijurídico imputado al Estado, no solo por lo que se refiere al espectro de las medidas, sino por la vocación que representan la tutela efectiva y eficaz y la realización de la justicia como principio sustancial a la hora de establecer la reparación integral de los perjuicios ocasionados.

---

[352] COLOMBIA, Consejo de Estado, Sección Tercera, sentencia de 19 de octubre 2007, exp. 29273, C.P.: Enrique Gil Botero.

2. *La reparación de los perjuicios en el modelo de responsabilidad patrimonial del Estado bajo presupuestos convencionales y constitucionales*

A. *La reparación en su construcción clásica*

27.- En su construcción clásica la reparación de los perjuicios derivados de la producción de daños antijurídicos imputables al Estado siempre tiene como objeto el resarcimiento o indemnización de los perjuicios materiales, como el daño emergente y el lucro cesante. El primero de ellos entendido como los recursos económicos que la víctima se ve llamada a desplazar de su patrimonio para sufragar los gastos necesarios para una atención médica, de sepelio, de arreglo de bienes, etc. En tanto que el segundo es entendido como la ganancia que se deja de percibir, o la expectativa cierta económica de beneficio o provecho que deja de materializarse como consecuencia del daño antijurídico imputado.

B. *La evolución en la concepción de la reparación*

28.- La reparación de las víctimas no es una construcción reciente. Su configuración temprana invitaba al restablecimiento de las cosas al estado anterior a la producción del daño. La lógica que imperaba se centraba en dejar indemne en función de las propiedades, características y condiciones de los bienes objeto del daño antijurídico producido. Dicha formulación en el curso del tiempo se orientó, jurisprudencial y doctrinariamente, hacia el reconocimiento de la compensación económica por la afectación en el patrimonio[353], desde una perspectiva simplemente económica, desprovisto de cualquier otra dimensión.

28.1.- Un concepto allende lo jurídico de profundo carácter político y sociológico, consecuencia de la consolidación de la verdad y la justicia en relación con las victimas de violaciones a los derechos humanos. En este sentido es mucho y materialmente más que un simple concepto indemnizatorio, involucra ideas de reconstrucción y reivindicación del ser humano en la sociedad. Luego el concepto de reparación conlleva cargas de individualismo pero también de responsabilidades colectivas. Desde una perspectiva estrictamente jurídica, *ES UN DERECHO DE TODA VICTIMA* sustentado en las ideas de verdad y de justicia.

28.2.- La anterior configuración encuentra, en la actualidad, que debe ajustarse no sólo a las realidades sociales, sino que está llamada a responder por la doble naturaleza de la reparación como principio y como derecho. Como principio, de manera tal que oriente al sistema jurídico hacia la protección no sólo de la esencia individualista de cada sujeto[354], sino que se proyecte a la defensa eficaz de sus derechos, donde no sea suficiente sólo reparar la esfera personal de la víctima, sino que deba

---

[353] "Toda la cuestión de la reparación del daño, es decir de la concesión a la víctima de una compensación del perjuicio que ha sufrido, está dominado por la regla que esta compensación debe ser equivalente al daño, que por ella el perjuicio, tal como ha sido reconocido, debe ser enteramente reparado". René Chapus, *Responsabilité publique et responsabilité privée. Les influences des jurisprudences administrative et judiciare*, LGDJ, Paris, 1954, pp.491 y 492.

[354] Visión individualista que queda comprendida en la jurisprudencia: Corte Constitucional, sentencia C-163 de 2000: considera: "[…] el operador jurídico deberá propender porque la reparación sea integral, es decir que cubra los daños materiales y morales causados", especialmente cuando se trata de los daños ocasionados por la comisión de un hecho punible.

operarse en los contornos de su comunidad[355], de sociedad y del tejido que cabe restablecer para lograr una justicia distributiva[356]. De ahí, pues, que se afirme que la reparación como principio constitucional debe buscar la integralidad[357], lo que no se aleja de los postulados originarios [derecho romano y civil clásico] en los que se afirmaba la exigencia de "dejar indemne" a la víctima, pero dentro del contexto del Estado Social de Derecho, y atendiendo a las particularidades que debe ofrecer dicho principio en un ámbito de conflicto armado, o de perturbación permanente de derechos, libertades e intereses, como en el que se encuentra la Colombia desde hace décadas.

28.3.- Ahora bien, como derecho, la reparación se construye reconociendo que en su contenido se ven implicados otros derechos de esencia fundamental: vida, integridad personal, libre desarrollo de la personalidad, información, expresión, al acceso a la administración de justicia, etc. Sin embargo, su consideración como derecho es ambigua, y en ocasiones se reduce a determinados casos. La Corte Constitucional en la sentencia T-821 de 2007[358] afirma la existencia del "derecho a la reparación integral del daño causado", siempre que el sujeto [o sujetos] haya [n] sido objeto o sometidos a violaciones de los derechos humanos[359] [para el caso en concreto al desplazamiento forzado]. A lo que agrega, que la "indemnización de daños es sólo uno de los elementos de la reparación a la víctima y que el restablecimiento de sus derechos supone más que la mera indemnización"[360], por lo que la lectura de la repa-

---

355 COLOMBIA, Corte Constitucional, sentencia T-853 de 2011: "[...] En el plano comunitario, también las víctimas colectivas de violaciones de sus derechos humanos o de delitos por parte de grupos armados al margen de la ley, tienen derecho a una reparación colectiva que exige por parte del estado la implementación de medidas económicas y simbólicas de "*satisfacción colectiva*", "*garantías de no repetición*", y acciones orientadas a la "*reconstrucción psicosocial*" de las poblaciones afectadas por la violencia". Puede verse también: Corte Constitucional, sentencias C-575 de 2006; C-1199 de 2008.

356 COLOMBIA, Corte Constitucional, sentencia C-454 de 2006: "[...] El derecho de reparación, conforme al derecho internacional contemporáneo también presenta una dimensión individual y otra colectiva. Desde su dimensión individual abarca todos los daños y perjuicios sufridos por la víctima, y comprende la adopción de medidas individuales relativas al derecho de (i) restitución, (ii) indemnización, (iii) rehabilitación, (iv) satisfacción y (v) garantía de no repetición. En su dimensión colectiva, involucra medidas de satisfacción de alcance general como la adopción de medidas encaminadas a restaurar; indemnizar o readaptar los derechos de las colectividades o comunidades directamente afectadas por las violaciones ocurridas".

357 COLOMBIA, Corte Constitucional, sentencia C-454 de 2006: "[...] La integralidad de la reparación comporta la adopción de todas las medidas necesarias tendientes a hacer desaparecer los efectos de las violaciones cometidas, y a devolver a la víctima al estado en que se encontraba antes de la violación". Puede verse también: Corte Constitucional, sentencia C-775 de 2003.

358 COLOMBIA, Corte Constitucional, sentencia T-821 de 2007; T-085 de 2009; Salvamento de voto del Dr. Juan Carlos Henao a la sentencia C-931 de 2009.

359 COLOMBIA, Corte Constitucional, sentencia T-853 de 2011: "[...] *toda violación de un derecho humano da lugar a un derecho de la víctima o sus derechohabientes a obtener reparación, el cual implica el deber del estado de reparar y el derecho de dirigirse contra el autor*".

360 COLOMBIA, Corte Constitucional, sentencia C-916 de 2002].

ración como derecho no puede quedar limitada al sistema jurídico colombiano, sino que exige que se tenga en cuenta los instrumentos convencionales de los que se desprende profundos elementos que completan las dos dimensiones del contenido de este derecho: material e integral.

28.4.- De acuerdo con la jurisprudencia contencioso administrativa toda "violación a un derecho humano genera la obligación ineludible de reparar integralmente los daños derivados de dicho quebrantamiento. No todo daño antijurídico reparable (resarcible), tiene fundamento en una violación o desconocimiento a un derecho humano y, por lo tanto, si bien el perjuicio padecido deber ser reparado íntegramente, dicha situación no supone la adopción de medidas de justicia restaurativa. Como se aprecia, en la primera hipótesis, nos enfrentamos a una situación en la cual el operador judicial interno, dentro del marco de sus competencias, debe establecer en qué proporción puede contribuir a la reparación integral del daño sufrido, en tanto, en estos eventos, según los estándares normativos vigentes (ley 446 de 1998 y 975 de 2005), se debe procurar inicialmente por la *restitutio in integrum* (restablecimiento integral) del perjuicio y de la estructura del derecho trasgredido, para constatada la imposibilidad de efectuar la misma, abordar los medios adicionales de reparación como la indemnización, rehabilitación, satisfacción, medidas de no repetición y, adicionalmente el restablecimiento simbólico, entre otros aspectos. Debe colegirse, por lo tanto, que el principio de reparación integral, entendido éste como aquel precepto que orienta el resarcimiento de un daño, con el fin de que la persona que lo padezca sea llevada, al menos, a un punto cercano al que se encontraba antes de la ocurrencia del mismo, debe ser interpretado y aplicado de conformidad al tipo de daño producido, es decir, bien que se trate de uno derivado de la violación a un derecho humano, según el reconocimiento positivo del orden nacional e internacional, o que se refiera a la lesión de un bien o interés jurídico que no se relaciona con el sistema de derechos humanos (DDHH). En esa perspectiva, la reparación integral en el ámbito de los derechos humanos supone, no sólo el resarcimiento de los daños y perjuicios que se derivan, naturalmente, de una violación a las garantías de la persona reconocidas internacionalmente, sino que también implica la búsqueda del restablecimiento del derecho vulnerado, motivo por el cual se adoptan una serie de medidas simbólicas y conmemorativas, que no propenden por la reparación de un daño (*strictu sensu*), sino por la restitución del núcleo esencial del derecho o derechos infringidos. Por el contrario, la reparación integral que opera en relación con los daños derivados de la lesión a un bien jurídico tutelado, diferente a un derecho humano, se relaciona, específicamente, con la posibilidad de indemnizar plenamente todos los perjuicios que la conducta vulnerante ha generado, sean éstos del orden material o inmaterial. Entonces, si bien en esta sede el juez no adopta medidas simbólicas, conmemorativas, de rehabilitación, o de no repetición, dicha circunstancia, per se, no supone que no se repare íntegramente el perjuicio"[361].

28.5.- La jurisprudencia de la Corte Interamericana de los Derechos Humanos, por lo general "ordena una reparación integral y adecuada en el marco de la Convención, que contiene todas y cada una de las medidas que de acuerdo al caso sean las necesarias con el fin garantizar la rehabilitación, la satisfacción, y la no repetición. La

---

[361]   COLOMBIA, Consejo de Estado, Sección Tercera, sentencia de 19 de octubre de 2007, expediente 29273.

Corte Interamericana señala que las reparaciones consisten en las medidas que tienden a hacer desaparecer los efectos de las violaciones cometidas. Su naturaleza y su monto dependen del daño ocasionado en los planos material e inmaterial y, por consiguiente, las mismas no pueden implicar ni enriquecimiento ni empobrecimiento para la víctima o sus sucesores"[362].

28.6.- En ese contexto, para determinar el contenido "integral" de la reparación de las víctimas debe tenerse en cuenta: i) el artículo XVIII de la Declaración Americana de los Derechos del Hombre[363], según el cual *"Toda persona puede ocurrir a los tribunales para hacer valer sus derechos. Asimismo debe disponer de un procedimiento sencillo y breve por el cual la justicia lo ampare contra actos de la autoridad que violen, en perjuicio suyo, alguno de los derechos fundamentales consagrados constitucionalmente"*; ii) el artículo 8 de la Declaración Universal de Derechos Humanos[364], según el cual *"Toda persona tiene derecho a un recurso efectivo, ante los tribunales nacionales competentes, que la ampare contra actos que violen sus derechos fundamentales reconocidos por la constitución o por la ley"*; iii) el artículo 14 de la Convención contra la Tortura y otros tratos o penas, crueles, inhumanas y degradantes[365] estableció como obligación de los Estados que en su legislación debe garantizar a la víctima la reparación de todos los daños ocasionados; y, iv) la Resolución[366] de la Asamblea General de Naciones Unidas 60/147, de 16 de diciembre de 2005 con la que se establecieron los "Principios y directrices básicos sobre el derecho de las víctimas de violaciones manifiestas de las normas internacionales de derechos humanos y de violaciones graves del derecho internacional humanitario a interponer recurso y obtener reparaciones", en su IX principio consagra variados criterios: a) con la "reparación adecuada, efectiva y rápida" se promueve "la justicia, remediando las violaciones manifiestas de las normas internacionales de derechos humanos o las violaciones graves del derecho internacional humanitario" [15]; b) la reparación "ha de ser proporcional a la gravedad de las violaciones y al daño sufrido" [15]; c) la reparación por acciones u omisiones atribuibles al Estado constitutivas de violaciones a los derechos humanos y al derecho internacional humanitario tiene como fundamento normativo el derecho interno y las "obligaciones jurídicas internacionales" [15]; d) además de la reparación en el contexto de la responsabili-

---

362 Corte Interamericana de los Derechos Humanos, Sentencias, Caso de las *Masacres de Ituango*, párrs. 341 y 342; Corte Interamericana de Derechos humanos. Caso de la *Masacre de Ituangó*. Párr 238, Caso *Baldeón García*, párr. 174; Caso *Comunidad Indígena Sawhoyamaxa*, párr. 195; y Caso *Acevedo Jaramillo y otros*, párr. 294.

363 OAS, Resolución XXX, aprobada en la Novena Conferencia Internacional Americana en 1948, OEA/Ser.I.V/IL82.doc.6 rev 1, 1992, p. 17.

364 Asamblea General de Naciones Unidas, Resolución AG. 217 A (III). ONU. Doc. A/810, 1948, p. 71.

365 Asamblea de las Naciones Unidas, Resolución 39/46, de 10 de diciembre de 1984.

366 COLOMBIA, Corte Constitucional, salvamento de voto de los magistrados Juan Carlos Henao y Luis Ernesto Vargas a la sentencia C-931 de 2009: "[...] Aunque este tipo de Resoluciones, en principio, no tienen un carácter estrictamente vinculante, de acuerdo a la jurisprudencia de esta Corporación, constituyen un criterio hermenéutico relevante a la hora de adoptar decisiones". En cuanto al carácter normativo, o la vocación de integración de este tipo de fuentes del derecho internacional puede verse: Corte Constitucional, C-010 de 2000; T-1391 de 2001; C-004 de 2003; C-067 de 2003; T-453 de 2005; C-355 de 2006.

dad, todo Estado se compromete a "establecer programas naciones de reparación" y de asistencia a las víctimas [16]; e) debe existir en cada derecho interno mecanismos eficaces para la ejecución de las sentencias que imponen reparaciones de daños [17]; la reparación cuando están comprometida la violación de derechos humanos y del derecho internacional humanitario debe ser "plena y efectiva", para lo que se debe contar con todas y cada una de las siguientes modalidades: restitución[367], indemnización[368], rehabilitación[369], satisfacción[370] y garantías de no repetición[371] [18].

---

[367]   "[…] 19. La restitución, siempre que se sea posible, ha de devolver a la víctima a la situación anterior a la violación manifiesta de las normas internacionales de derechos humanos o la violación grave del derecho internacional humanitario. La restitución comprende, según corresponda, el restablecimiento de la libertad, el disfrute de los derechos humanos, la identidad, la vida familiar y la ciudadanía, el regreso a su lugar de residencia, la reintegración en su empleo y la devolución de sus bienes".

[368]   "[…] 20. La indemnización ha de concederse, de forma apropiada y proporcional a la gravedad de la violación y a las circunstancias de cada caso, por todos los perjuicios económicamente evaluables que sean consecuencia de violaciones manifiestas de las normas internacionales de derechos humanos o de violaciones del derecho internacional humanitario, tales como los siguientes: a) el daño físico o mental, b) La pérdida de oportunidades, en particular las de empleo, educación y prestaciones sociales; c) Los daños materiales y la pérdida de ingresos, incluido el lucro cesante; d) Los perjuicios morales; e) Los gastos de asistencia jurídica o de expertos, medicamentos y servicios médicos y servicios psicológicos y sociales".

[369]   "[…] 21. La rehabilitación ha de incluir la atención médica y psicológica, así como servicios jurídicos y sociales". Corte Constitucional, sentencia C-1199 de 2008: Las medidas de rehabilitación definidas como "acciones tendientes a la recuperación de las víctimas que sufren traumas físicos y sicológicos como consecuencia del delito".

[370]   "[…] 22 La satisfacción ha de incluir, cuando sea pertinente y procedente, la totalidad o parte de las medidas siguientes: a) Medidas eficaces para conseguir que no continúen las violaciones; b) La verificación de los hechos y la revelación pública y completa de la verdad, en la medida en que esa revelación no provoque más daños o amenace la seguridad y los intereses de la víctima, de sus familiares, de los testigos o de personas que han intervenido para ayudar a la víctima o impedir que se produzcan nuevas violaciones; c) La búsqueda de las personas desaparecidas, de las identidades de los niños secuestrados y de los cadáveres de las personas asesinadas, y la ayuda para recuperarlos, identificarlos y volver a inhumarlos según el deseo explícito o presunto de la víctima o las prácticas culturales de su familia y comunidad; d) Una declaración oficial o decisión judicial que restablezca la dignidad, la reputación y los derechos de la víctima y de las personas estrechamente vinculadas a ella; e) Una disculpa pública que incluya el reconocimiento de los hechos y la aceptación de responsabilidades; f) La aplicación de sanciones judiciales o administrativas a los responsables de las violaciones; g) Conmemoraciones y homenajes a las víctimas; h) La inclusión de una exposición precisa de las violaciones ocurridas en la enseñanza de las normas internacionales de derechos humanos y del derecho internacional humanitario, así como en el material didáctico a todos los niveles".

[371]   "[…] 23. Las garantías de no repetición han de incluir, según proceda, la totalidad o parte de las medidas siguientes, que también contribuirán a la prevención: a) El ejercicio de un control efectivo por las autoridades civiles sobre las fuerzas armadas y de seguridad; b) La garantía de que todos los procedimientos civiles y militares se ajustan a las normas internacionales relativas a las garantías procesales, la equidad y la imparcialidad; c) El fortalecimiento de la independencia del poder judicial; d) La protección de los profesionales del derecho, la salud y la asistencia sanitaria, la información y otros sectores conexos, así como de los defensores de los derechos humanos; e) La educación, de modo prioritario y permanente, de to-

28.7.- Luego, cuando la reparación se analiza como principio, o como derecho, en el contexto del conflicto armado interno en el que se encuentra inmerso Colombia, debe tener en cuenta no sólo su contenido económico, tradicional al esquema ordinario del régimen de responsabilidad extracontractual, sino que al establecerse la atribución a las acciones, omisiones o inactividad del Estado trasciende más allá de lo pecuniario, ya que se producen violaciones, vulneraciones o afectaciones a los derechos humanos y al derecho internacional humanitario no sólo de víctimas determinadas o determinables, sino de comunidades enteras que abogan ya abogan por el restablecimiento de sus derechos, con lo que el concepto de indemnidad se proyecta en una dimensión donde es la dignidad humana y la eficacia de los derechos lo que orienta la integralidad, abriéndose paso a una vocación de la reparación que promueve no sólo el "resarcimiento", sino también, la verdad [acceso al conocimiento de los hechos que dieron origen a las vulneraciones, sus responsables, los factores que las desencadenaron], la justicia [de manera que todos los responsables sean puestos a disposición de las autoridades para su juzgamiento] y de reparación [que no sea sólo individual, sino colectiva también].

28.8.- En el marco del conflicto armado interno, la reparación debe tener en cuenta que puede proceder no sólo por las acciones directas, las omisiones o la inactividad del Estado, sino también de aquellas desplegadas por sujetos privados que hacen parte del conflicto e intervienen[372], y pueden vulnerar los derechos humanos y el derecho internacional humanitario, razón suficiente para que en virtud de la verdad y la justicia el juez contencioso no se contente con la simple condena al Estado,

---

dos los sectores de la sociedad respecto de los derechos humanos y del derecho internacional humanitario y la capacitación en esta materia de los funcionarios encargados de hacer cumplir la ley, así como de las fuerzas armadas y de seguridad; f) La promoción de la observancia de los código de conducta y de las normas éticas, en particular las normas internacionales, por los funcionarios públicos, inclusive el personal de las fuerzas de seguridad, los establecimientos penitenciarios, los medios de información, el personal de servicios médicos, psicológicos, sociales y de las fuerzas armadas, además del personal de empresas comerciales; g) La promoción de mecanismos destinados a prevenir, vigilar y resolver los conflictos sociales; h) La revisión y reforma de las leyes que contribuyan a las violaciones manifiestas de las normas internacionales de derechos humanos y a las violaciones graves del derecho humanitario o las permitan".

[372] La Corte Interamericana ha establecido que no sólo los actos u omisiones del Estado o de sus agentes, que lesionen uno o más de los derechos consagrados por la Convención Americana comprometen la responsabilidad del Estado, puesto que también puede derivarse responsabilidad por actos presumiblemente cometidos por particulares. Caso la *Masacre de Pueblo Bello (vs) Colombia*, Corte interamericana de Derechos Humanos. Caso la Masacre *de Pueblo Bello vs. Colombia*, párrs 123 y ss; Corte Europea de Derechos Humanos. Caso *Rights, Kilic v. Turkey*, judgment of 28 March 2000, Application No. 22492/93, par. 62 y 63; *Osman v. the United Kingdom* judgment of 28 October 1998, Reports of Judgments and Decisions 1998-VIII , par. 115 y 116; Corte Interamericana de Derechos Humanos. Voto Razonado del Juez Cançado Trinidade. Sentencia Caso de la *Masacre del Plan de Sanches*; Corte Interamericana de Derechos Humanos. Caso de la *Masacre de Mapiripan*, párr 110, Caso de los 19 comerciantes párr 141y Caso *Maritza Urrutia* párr. 41; Corte Interamericana. Caso masacre de la Rochela. párr 78. Caso 19 Comerciantes, párrs. 115 a 124. Caso de las *Masacres de Ituango*, párrs. 134 y 135; y Caso de la *Masacre de Pueblo Bello*, párrs. 125 a 127, 139 y 140; Corte Interamericana de Derechos Humanos. Caso de la *Masacre de Pueblo Bello contra Colombia*. Sentencia de 31 de enero de 2006. párr. 116.

sino que se ve impelido a exigir de las autoridades judiciales competentes, del orden nacional e internacional, la investigación y juzgamiento de aquellos que haciendo parte de grupos armado insurgentes y de grupos ilegales han podido estar incursos en la comisión de actos vulneratorios.

28.9.- Sin embargo, aun defendiendo este cambio de modelo, la jurisprudencia contencioso administrativa se viene orientando con base en un esquema de reparación que combina presupuestos clásicos, con vocación económica o pecuniaria, y aquellos en los empieza a aflorar la concepción de la reparación integral tal como ha sido formulada. En el siguiente apartado, se expone la aproximación a los de carácter clásico, planteando la necesidad de comprender que la reparación busca el restablecimiento, el resarcimiento justo, pero no un enriquecimiento de la víctima o de sus familiares, por lo que ha sido propuesto, entre otros, la aplicación del principio de proporcionalidad, y la consideración de los perjuicios inmateriales en contexto global [perjuicio moral, daño a la salud y afectaciones a bienes constitucionales].

C.   *La víctima y su reconocimiento como elemento esencial para la reparación*

29.- De acuerdo con la jurisprudencia de la Sub-sección C de la Sección Tercera del Consejo de Estado de Colombia de 3 de diciembre de 2014, exp. 35413[373], la víctima es un elemento esencial para delimitar el alcance de la reparación, argumentando:

"[…] En el moderno derecho administrativo, y en la construcción de la responsabilidad extracontractual del Estado lo relevante es la "víctima" y no la actividad del Estado, ya que prima la tutela de la dignidad humana, el respeto de los derechos constitucionalmente reconocidos, y de los derechos humanos. Su fundamento se encuentra en la interpretación sistemática del preámbulo, de los artículos 1, 2, 4, 13 a 29, 90, 93 y 94 de la Carta Política, y en el ejercicio de un control de convencionalidad de las normas, que por virtud del bloque ampliado de constitucionalidad, exige del juez contencioso observar y sustentar el juicio de responsabilidad en los instrumentos jurídicos internacionales [Tratados, Convenios, Acuerdos, etc.] de protección de los derechos humanos[374] y del derecho internacional humanitario,

---

[373]   COLOMBIA, Consejo de Estado, Sección Tercera, Sub-sección C, sentencia de 3 de diciembre de 2014, exp. 35413, C.P.: Jaime Orlando Santofimio Gamboa.

[374]   Al analizar el caso *Cabrera García y Montiel contra México de la Corte Interamericana de Derechos Humanos*, Ferrer Mac-Gregor consideró: "La actuación de los órganos nacionales (incluidos los jueces), además de aplicar la normatividad que los rige en sede doméstica, tienen la obligación de seguir los lineamientos y pautas de aquellos pactos internacionales que el Estado, en uso de su soberanía, reconoció expresamente y cuyo compromiso internacional asumió. A su vez, la jurisdicción internacional debe valorar la legalidad de la detención a la luz de la normatividad interna, debido a que la propia Convención Americana remite a la legislación nacional para poder examinar la convencionalidad de los actos de las autoridades nacionales, ya que el artículo 7.2 del Pacto de San José remite a las "Constituciones Políticas de los Estados partes o por las leyes dictadas conforme a ellas" para poder resolver sobre la legalidad de la detención como parámetro de convencionalidad. Los jueces nacionales, por otra parte, deben cumplir con los demás supuestos previstos en el propio artículo 7 para no violentar el derecho convencional a la libertad personal, debiendo atender de igual forma a la interpretación que la Corte IDH ha realizado de los supuestos previstos en dicho numeral". Eduardo Ferrer Mac-Gregor. "Reflexiones sobre el control difuso de convencionalidad a la

bien sea que se encuentren incorporados por ley al ordenamiento jurídico nacional, o que su aplicación proceda con efecto directo atendiendo a su carácter de "*ius cogens*".

12.3.- Esta visión, en la que el ordenamiento jurídico colombiano [y su jurisprudencia contencioso administrativa] está en el camino de consolidarse, responde al respeto de la cláusula del Estado Social y Democrático de Derecho y al principio "*pro homine*"[375], que tanto se promueve en los sistemas internacionales de protección de los derechos humanos[376].

---

luz del caso *Cabrera García y Montiel Flores vs. México*", en *Boletín Mexicano de Derecho Comparado*. No. 131, 2011, p. 920. La Corte Interamericana de Derechos Humanos en el caso Almonacid Arellano contra Chile argumentó: "124. La Corte es consciente que los jueces y tribunales internos están sujetos al imperio de la ley y, por ello, están obligados a aplicar las disposiciones vigentes en el ordenamiento jurídico. Pero cuando un Estado ha ratificado un tratado internacional como la Convención Americana, sus jueces, como parte del aparato del Estado, también están sometidos a ella, lo que les obliga a velar porque los efectos de las disposiciones de la Convención no se vean mermadas por la aplicación de leyes contrarias a su objeto y fin, y que desde un inicio carecen de efectos jurídicos. En otras palabras, el Poder Judicial debe ejercer una especie de "control de convencionalidad" entre las normas jurídicas internas que aplican en los casos concretos y la Convención Americana sobre Derechos Humanos. En esta tarea, el Poder Judicial debe tener en cuenta no solamente el tratado, sino también la interpretación que del mismo ha hecho la Corte Interamericana, intérprete última de la Convención Americana". Caso *Almonacid Arellano vs. Chile. Excepciones Preliminares, Fondo, Reparaciones y Costas*. Sentencia de 26 de septiembre de 2006, serie C, núm. 154, párrs. 123 a 125. En tanto que en el caso Cabrera García y Montiel contra México la Corte Interamericana de Derechos Humanos consideró: "Este Tribunal ha establecido en su jurisprudencia que es consciente que las autoridades internas están sujetas al imperio de la ley y, por ello, están obligadas a aplicar las disposiciones vigentes en el ordenamiento jurídico. Pero cuando un Estado es parte de un tratado internacional como la Convención Americana, todos sus órganos, incluidos sus jueces, también están sometidos a aquél, lo cual les obliga a velar por que los efectos de las disposiciones de la Convención no se vean mermados por la aplicación de normas contrarias a su objeto y fin. Los jueces y órganos vinculados a la administración de justicia en todos los niveles están en la obligación de ejercer ex officio un "control de convencionalidad" entre las normas internas y la Convención Americana, evidentemente en el marco de sus respectivas competencias y de las regulaciones procesales correspondientes. En esta tarea, los jueces y órganos judiciales vinculados a la administración de justicia deben tener en cuenta no solamente el tratado, sino también la interpretación que del mismo ha hecho la Corte Interamericana, intérprete última de la Convención Americana". Corte Interamericana de Derechos Humanos, caso *Cabrera García y Montiel Flores vs. México. Excepciones Preliminares, Fondo, Reparaciones y Costas*. Sentencia de 26 de noviembre de 2010, párrs. 12 a 22.

[375] En la jurisprudencia constitucional colombiana dicho principio se entiende como aquel que "impone aquella interpretación de las normas jurídicas que sea más favorable al hombre y sus derechos, esto es, la prevalencia de aquella interpretación que propenda por el respeto de la dignidad humana y consecuentemente por la protección, garantía y promoción de los derechos humanos y de los derechos fundamentales consagrados a nivel constitucional. Este principio se deriva de los artículos 1° y 2° Superiores, en cuanto en ellos se consagra el respeto por la dignidad humana como fundamento del Estado social de Derecho, y como fin esencial del Estado la garantía de los principios, derechos y deberes consagrados en la Constitución, así como la finalidad de las autoridades de la República en la protección de todas las personas en su vida, honra, bienes y demás derechos y libertades". Corte Constitucional, sen-

12.4.- Pero el concepto de víctima en el marco de los conflictos armados o guerras no es reciente, su construcción se puede establecer en el primer tratado relacionado con *"la protección de las víctimas militares de la guerra"*, que se elaboró y firmó en Ginebra en 1864. Dicha definición inicial fue ampliada en la Haya en 1899, extendiéndose la protección como víctima a los miembros de las fuerzas armadas en el mar, los enfermos y las náufragos. Ya en 1929, el derecho de Ginebra hizo incorporar como víctimas a los prisioneros de guerra, que luego se consolidará con los Convenios de Ginebra de 1949. Sin duda, se trata de la configuración de todo un ámbito de protección jurídica para las víctimas de las guerras, sin distinción de su envergadura, y que se proyecta en la actualidad como una sistemática normativa que extiende su influencia no sólo en los ordenamientos internos, sino en el modelo de reconocimiento democrático del papel de ciudadanos que como los miembros de las fuerzas y cuerpos de seguridad militar y policial de los Estados nunca han renunciado a sus derechos y libertades, por lo que también son objeto de protección como víctimas de las agresiones, ofensas o violaciones de las que sean objeto en desarrollo de un conflicto armado, para nuestro caso interno.

12.5.- A la anterior configuración se debe agregar la delimitación de los titulares de los derechos en el derecho internacional de los derechos humanos, donde lejos de ser afirmada una tesis reduccionista, desde la Declaración Universal de los Derechos Humanos de las Naciones Unidas de 1948, se promueve que todo ser humano es titular de derechos, como sujeto e individuo reconocido democráticamente con una posición en la sociedad y el Estado.

12.6.- Es preciso advertir que el de víctima no es un concepto que se agota sólo en el ordenamiento interno, por el contrario, sino que su pleno e integrador dimensionamiento se encuentra en el derecho convencional [en los sistemas universal y regional de protección de derechos humanos[377]] construyéndose, consolidándose y defendiéndose como afirmación del principio democrático y la consolidación de la justicia distributiva, como la jurisprudencia constitucional lo reconoce en la sentencia C-253A de 2012 según la cual "[…] también son víctimas aquellas personas que

---

tencia T-191 de 2009. Puede verse también: Corte Constitucional, sentencias C-177 de 2001; C-148 de 2005; C-376 de 2010.

[376]   Principio que "impone que siempre habrá de preferirse la hermenéutica que resulte menos restrictiva de los derechos establecidos en ellos". Corte Interamericana de Derechos Humanos. Opinión Consultiva OC-5/85 "La colegiación obligatoria de periodistas (artículos 13 y 29, Convención Americana de Derechos Humanos", del 13 de noviembre de 1985. Serie A. No. 5, párrafo 46.

[377]   Como lo anota Yasemin Soysal. "En el periodo de posguerra el Estado-nación, como estructura de organización formal, se desvincula cada vez más del locus de legitimidad, el cual se ha trasladado al nivel global trascendiendo las identidades y las estructuras territorializadas. En este nuevo orden de la soberanía, el sistema principal asume la labor de definir las reglas y los principios, otorgando a los Estados-nación la responsabilidad de garantizar su respeto y aplicación (Meyer, 1980, 1994). Los Estados-nación siguen siendo los principales agentes de las funciones públicas, aunque la naturaleza y los parámetros de estas funciones son determinadas cada vez más en el nivel global.". Yasemin Soysal. *Hacia un modelo de pertenencia posnacional, en Ciudadanía Sin Nación.* (Yasemin Soysal, Rainer Bauböck y Linda Bosniak) Siglo del hombre editores, Universidad de los Andes, Pontificia Universidad Javeriana, Instituto Pensar. Bogotá, 2010, pp. 138-139.

hubieran sufrido un daño por hechos ocurridos a partir del 1 de enero de 1985, como consecuencia de infracciones al Derecho Internacional Humanitario o de violaciones graves y manifiestas a las normas internacionales de Derechos Humanos, sucedidas con ocasión del conflicto armado interno".

12.7.- No hay duda que el derecho internacional de los Derechos Humanos con su influjo integrador permite que la víctima logre una posición central, en tanto protagonista de un conjunto de disposiciones jurídicas que le protegen de diversas maneras[378]-[379].

12.8.- En este orden de ideas, en criterio de la Sala la determinación de lo que constituye víctima, así como los derechos que de tal conceptualización se derivan, se comprende a partir de la convencionalidad subjetiva y objetiva [esto es por la entidad material de los mandatos de protección, y por control que sobre los ordenamientos se puede realizar frente a estándares de protección de los derechos humanos], esto es, de valoración de esta figura jurídica a la luz de los derechos humanos reconocidos por la Convención Americana sobre Derechos Humanos, los criterios jurisprudenciales que al respecto ha decantado la Corte Interamericana de Derechos Humanos, así como la normativa jurídica constitutiva del sistema universal de protección de Derechos Humanos, como lo es, entre otros, el Pacto Internacional de Derechos Civiles y Políticos[380].

---

[378]   *Cf.* A.A. Cançado Trindade, *Tratado de Direito Internacional dos Direitos Humanos*, vol. III, Porto Alegre/Brazil, S.A. Fabris Ed., 2003, pp. 447-497. Sobre este punto anota Cançado Trindade que "la notable evolución del Derecho Internacional de los Derechos Humanos a lo largo de la segunda mitad del siglo XX y hasta el presente, que proporcionó la realización de aquella meta, por configurarse entera y debidamente *orientado hacia las víctimas*. El advenimiento y la consolidación del *corpus juris* del Derecho Internacional de los Derechos Humanos restituyó a las víctimas su posición *central* en el orden normativo". Además, la víctima ha recuperado espacio, más recientemente, también en el dominio del derecho penal contemporáneo, –tanto interno como internacional,– como indicado, *v.g.,* por la adopción de la Declaración de las Naciones Unidas de 1985 sobre Principios Básicos de Justicia para Víctimas de Crimen y Abuso de Poder (atinentes a crímenes en el derecho interno), y los Principios Básicos y Directrices de las Naciones Unidas de 2006 sobre el Derecho a un Recurso y Reparación para Víctimas de Violaciones Graves del Derecho Internacional de los Derechos Humanos y Violaciones Serias del Derecho Internacional Humanitario (atinentes a crímenes internacionales). *Cf., v.g.,* M.C. Bassiouni, "International Recognition of Victims Rights", 6 *Human Rights Law Review* (2006) pp. 221-279; and *cf.*: I. Melup, "The United Nations Declaration on [Basic] Principles of Justice for Victims of Crime and Abuse of Power", in *The Universal Declaration of Human Rights: Fifty Years and Beyond* (eds. Y. Danieli, E. Stamatopoulou y C.J. Dias), N.Y., U.N./Baywood Publ. Co., 1999, pp. 53-65; Th. van Boven, "The Perspective of the Victim", *in ibid.,* pp. 13-26; B.G. Ramcharan, "A Victims Perspective on the International Human Rights Treaty Regime", *in ibid.,* pp. 27-35; G. Alfredsson, "Human Rights and Victims Rights in Europe", *in ibid.,* 309-317.

[379]   Voto Razonado del Juez Antonio Augusto Cançado Trindade a la decisión de la Corte Interamericana de Derechos Humanos de 30 de noviembre de 2007 (Interpretación de la sentencia, reparaciones y costas) dictada dentro del caso *La Cantuta c. Perú.*

[380]   Por consiguiente, en la labor de construcción de los derechos de las víctimas es preciso destacar, en el derecho internacional, la existencia de normas jurídicas que disponen i) el reconocimiento a toda persona a la personalidad jurídica [artículo 3 de la CADH y 17 del PIDCP], ii) el reconocimiento de los derechos que tiene todo afectado por una violación de estos derechos a un recurso judicial efectivo [artículos 8 y 25 de la CADH y 14 del PIDCP] y

12.9.- Así mismo, es preciso destacar que existe es un concepto amplio y universal de víctima el cual, conforme a los trabajos de las Naciones Unidas [cristalizado en la Resolución de 16 de diciembre de 2005 A/Res/60/147], comprende a "toda persona que haya sufrido daños, individual o colectivamente, incluidas lesiones físicas o mentales, sufrimiento emocional, pérdidas económicas o menoscabo sustancial de sus derechos fundamentales, como consecuencia de acciones u omisiones que constituyan una violación manifiesta de las normas internacionales de derechos humanos o una violación grave del derecho internacional humanitario. Cuando corresponda, y en conformidad con el derecho interno, el término "víctima" también comprenderá a la familia inmediata o las personas a cargo de la víctima directa y a las personas que hayan sufrido daños al intervenir para prestar asistencia a víctimas en peligro o para impedir la victimización".

12.10.- Una disgregación de este concepto de víctima permite extraer las siguientes conclusiones elementales: (1) indiferencia de las calidades personales y/o subjetivas de la víctima. A los ojos de esta definición universal, el concepto de víctima no requiere, para su estructuración, que se cuenten con ciertas calidades particulares por parte del sujeto afectado o dañado con la actuación, así mismo, también es claro que si concurren ciertas condiciones particulares de cualquier índole (miembro de población civil, miembro de la fuerza pública, etc.) ello no tiene ninguna virtud de afectar la calidad de víctima; (2) indiferencia de las calidades personales y/o subjetivas del victimario. Igualmente, la estructuración del concepto de víctima no pende, en modo alguno, de las calidades del perpetrador y/o responsables de los actos dañosos, en este sentido; (3) cualificación de los actos constitutivos del daño. A diferencia de los dos criterios expuestos, el concepto de víctima descansa, en esencia, sobre el tipo de acciones u omisiones llevadas a cabo. Sobre este punto, es preciso señalar que las acciones ejecutadas en contra de la víctima demandan una cualificación jurídica (normativa) particular, deben corresponderse con violaciones manifiestas o graves del cuerpo normativo que reconoce el derecho internacional de los Derechos Humanos, el Derecho Internacional Humanitario, y el derecho de gentes[381].

12.11.- De acuerdo con estos elementos, la Sala comprende como víctima a todo sujeto, individuo o persona que sufre un menoscabo, violación o vulneración en el goce o disfrute de los derechos humanos consagrados en las normas convencionales y constitucionales, o que se afecta en sus garantías del derecho internacional humanitario[382]. No se trata de una definición cerrada, sino que es progresiva, evolutiva y que debe armonizarse en atención al desdoblamiento de los derechos y

---

iii) el deber que tiene todo Estado de respetar los derechos reconocidos así como el deber de adoptar disposiciones de derecho interno en orden a ello [artículos 1° y 2° de la CADH y 2° del PIDCP].

[381] *Cfr.* Consejo de Estado, Sala de lo Contencioso Administrativo, Sección Tercera, Subsección C, Auto de 17 de septiembre de 2014, exp. 45092.

[382] Fabián Omar Salvioli, "Derecho, acceso, y rol de las víctimas, en el sistema interamericano de protección a los derechos humanos", en VVAA, *El futuro del sistema interamericano de protección de los derechos humanos*", San José de Costa Rica, Instituto Interamericano de Derechos Humanos, 1997, pp. 293 a 342. "[…] En el Derecho Internacional Contemporáneo, puede definirse, en principio, como víctima de una violación a los derechos humanos, a aquella que ha sufrido un menoscabo en el goce o disfrute de alguno de los derechos consagrados en los instrumentos internacionales de derechos humanos, debido a una acción u omisión imputable al Estado".

garantías. Y guarda relación con la postura fijada por la jurisprudencia constitucional en la sentencia C-781 de 2012, que procura precisar el concepto desde el contexto del conflicto armado, considerando que se *"se trata de víctimas del conflicto armado cuando los hechos acaecidos* guardan una relación de conexidad suficiente con este. Desde esa perspectiva ha reconocido como hechos acaecidos en el marco del conflicto armado (i) los desplazamientos intraurbanos, (ii) el confinamiento de la población; (iii) la violencia sexual contra las mujeres; (iv) la violencia generalizada; (v) las amenazas provenientes de actores armados desmovilizados; (vi) las acciones legitimas del Estado; (vi) las actuaciones atípicas del Estado; (viii) los hechos atribuibles a bandas criminales; (ix) los hechos atribuibles a grupos armados no identificados, y (x) por grupos de seguridad privados, entre otros ejemplos.

Si bien algunos de estos hechos también pueden ocurrir sin relación alguna con el conflicto armado, para determinar quienes son víctimas por hechos ocurridos en el contexto del conflicto armado interno, la jurisprudencia ha señalado que es necesario examinar en cada caso concreto si existe una relación cercana y suficiente con el conflicto armado interno"[383].

12.12.- En este orden de ideas, es el tipo de acto, acción, actividad, omisión o inactividad vulnerante lo que determina que una víctima esté cobijada bajo el cuerpo normativo de protección a sus derechos, conforme a los criterios elaborados por la jurisprudencia y los organismos de protección de Derechos Humanos, del Derecho Internacional Humanitario, y del derecho de gentes.

12.13.- En todo caso, la víctima materialmente comprendida, no queda reducida a aquella que es objeto de la simple violación o vulneración de los derechos humanos, del derecho internacional humanitario y del derecho de gentes, sino que esta sigue teniendo toda su entidad jurídica y reconocimiento así no se produzca tal violación a estos derechos, ya que de la producción de un daño antijurídico que sea imputado al Estado siempre deviene la determinación de un sujeto [o sujetos] víctima [s] de una afectación en sus derechos, intereses o bienes jurídicos protegidos constitucional y legalmente en el sistema jurídico interno.

De igual manera, la concepción convencional no propende por estratificar o discriminar la naturaleza jurídica de la víctima, sino de establecer estándares que deben operar tanto para la protección de los derechos, como para procurar su reparación integral, o plena indemnidad, de manera tal que a toda víctima le es aplicable como máxima sin distinción alguna[384].

12.14.- Por tanto, la Sala considera que el concepto de víctima descansa sobre la base de la universalidad lo que, por consiguiente, impone la proscripción de distinciones o discriminaciones odiosas por causa de sexo, raza, condición social, religiosa, política o por la posición social o funcional de una persona; de modo que vislumbra que cualquier sujeto de derecho puede ser considerado como una potencial víctima –a la luz del derecho internacional de los derechos humanos, del derecho

---

[383] Corte Constitucional, sentencia C-781 de 10 de octubre de 2012.

[384] Al entender que los derechos de las víctimas hacen parte del núcleo de los derechos humanos comprende que éstos deben ser reconocidos y garantizados a plenitud por el Estado tanto a nivel normativo (adopción de disposiciones de derecho interno, las que incluso ceden convencionalmente ante contradicciones entre mandatos de principios, normal y reglas internacionales de protección –control objetivo de convencionalidad–) como fáctico.

internacional humanitario y derecho gentes– siempre que se concreten en él o sus familiares una conducta activa u omisiva constitutiva de una grave violación de Derechos Humanos o de Derecho Internacional Humanitario.

12.15.- Conforme a estas consideraciones, la Sala verifica que en el marco del conflicto armado interno tiene plena aplicabilidad y vigencia el concepto universal de víctima, pues como producto de esta situación se pueden derivar graves violaciones a los Derechos Humanos, al Derecho Internacional Humanitario y al derecho de gentes, bien sea de quienes hacen parte del conflicto armado de manera activa [los combatientes], o de la población civil que, por principio, está excluida de este tipo de confrontaciones".

30.- Examinados los anteriores extremos, y conociendo el carácter esencial de la víctima en la reparación, debo presentar un breve estudio de los criterios de reparación de los diferentes rubros que se reconocen en la jurisprudencia de la Sección Tercera del Consejo de Estado de Colombia.

3.   *La reparación de los perjuicios inmateriales*

    A.   *La reparación de los perjuicios morales bajo el modelo de unificación jurisprudencial de la Sección Tercera del Consejo de Estado de Colombia*

31.- En la actualidad y fruto de la unificación jurisprudencial operada con las sentencias de 28 de agosto de 2014, la determinación del reconocimiento y liquidación de los perjuicios morales tiene en cuenta una serie de tablas [sentencias de los expedientes 26251, 27709, 28804, 28832, 31170, 31172, 32988 y 36149], con base en criterios y bajo los límites cuantitativos fijados allí, determinando las condiciones que proceden para los eventos de muerte, de lesiones y de privación injusta de la libertad.

32.- Para el caso de muerte la tabla fijada por esta unificación es la siguiente[385]:

---

[385]   "Para la reparación del daño moral, en caso de muerte, se han diseñado cinco niveles de cercanía afectiva entre la víctima directa y aquellos que acuden a la justicia en calidad de perjudicados o víctimas indirectas. Nivel No. 1. Comprende la relación afectiva, propia de las relaciones conyugales y paterno-filiales o, en general, de los miembros de un mismo núcleo familiar (1er. Grado de consanguinidad, cónyuges o compañeros permanentes o estables). A este nivel corresponde el tope indemnizatorio (100 smlmv). Nivel No. 2. Donde se ubica la relación afectiva propia del segundo grado de consanguinidad o civil (abuelos, hermanos y nietos). A este nivel corresponde una indemnización equivalente al 50% del tope indemnizatorio. Nivel No. 3. Está comprendido por la relación afectiva propia del tercer grado de consanguinidad o civil. A este nivel corresponde una indemnización equivalente al 35% del tope indemnizatorio. Nivel No. 4. Aquí se ubica la relación afectiva propia del cuarto grado de consanguinidad o civil. A este nivel corresponde una indemnización equivalente al 25% del tope indemnizatorio. Nivel No. 5. Comprende las relaciones afectivas no familiares (terceros damnificados). A este nivel corresponde una indemnización equivalente al 15% del tope indemnizatorio".

REPARACIÓN DEL DAÑO MORAL EN CASO DE MUERTE REGLA GENERAL					
	NIVEL 1	NIVEL 2	NIVEL 3	NIVEL 4	NIVEL 5
	Relaciones afectivas conyugales y paterno filiales	Relación afectiva del 2° de consanguinidad o civil (abuelos, hermanos y nietos)	Relación afectiva del 3° de consanguinidad o civil	Relación afectiva del 4° de consanguinidad o civil	Relaciones afectivas no familiares - terceros damnificados
Porcentaje	100%	50%	35%	25%	15%
Equivalencia en salarios mínimos	100	50	35	25	15

Gráfica 1. Tomada del documento adoptado por la Sala Plena de la Sección Tercera del Consejo de Estado de Colombia.

33.- Para los eventos de lesiones personales la tabla fijada por la unificación es la siguiente[386]:

---

[386] "Deberá verificarse la gravedad o levedad de la lesión causada a la víctima directa, la que determinará el monto indemnizatorio en salarios mínimos. Para las víctimas indirectas se asignará un porcentaje de acuerdo con el nivel de relación en que éstas se hallen respecto del lesionado, conforme al cuadro. La gravedad o levedad de la lesión y los correspondientes niveles se determinarán y motivarán de conformidad con lo probado en el proceso. Nivel No. 1. Comprende la relación afectiva, propia de las relaciones conyugales y paterno-filiales o, en general, de los miembros de un mismo núcleo familiar (1er. Grado de consanguinidad, cónyuges o compañeros permanentes). Tendrán derecho al reconocimiento de 100 SMLMV cuando la gravedad de la lesión sea igual o superior al 50%; a 80 SMLMV en los eventos en que la gravedad de la lesión sea igual o superior al 40% e inferior al 50%; a 60 SMLMV cuando la gravedad de la lesión sea igual o superior al 30% e inferior al 40%; a 40 SMLMV si la gravedad de la lesión es igual o superior al 20% e inferior al 30%; a 20 SMLMV cuando la gravedad de la lesión sea igual o superior al 10% e inferior al 20% y, por último, a 10 SMLMV en los eventos en que la gravedad de la lesión sea igual o superior a 1% e inferior al 10%. Nivel No. 2. Donde se ubica la relación afectiva, propia del segundo grado de consanguinidad o civil (abuelos, hermanos y nietos). obtendrán el 50% del valor adjudicado al lesionado o víctima directa, de acuerdo con el porcentaje de gravedad de la lesión, como se describe: tendrán derecho al reconocimiento de 50 SMLMV cuando la gravedad de la lesión sea igual o superior al 50%; a 40 SMLMV en los eventos en que la gravedad de la lesión sea igual o superior al 40% e inferior al 50%; a 30 SMLMV cuando la gravedad de la lesión sea igual o superior al 30% e inferior al 40%; a 20 SMLMV si la gravedad de la lesión es igual o superior al 20% e inferior al 30%; a 10 SMLMV cuando la gravedad de la lesión sea igual o superior al 10% e inferior al 20% y, por último, a 5 SMLMV en los eventos en que la gravedad de la lesión sea igual o superior a 1% e inferior al 10%. Nivel No. 3. Está comprendido por la relación afectiva propia del tercer grado de consanguinidad o civil. Adquirirán el 35% de lo correspondiente a la víctima, de acuerdo con el porcentaje de gravedad de la lesión, como se indica: tendrán derecho al reconocimiento de 35 SMLMV cuando la gravedad de la lesión sea igual o superior al 50%; a 28 SMLMV en los eventos en que la gravedad de la le-

REPARACION DEL DAÑO MORAL EN CASO DE LESIONES				
	NIVEL 1	NIVEL 2	NIVEL 3	NIVEL 4	NIVEL 5
GRAVEDAD DE LA LESIÓN	Víctima directa y relaciones afectivas conyugales y paterno-filiales	Relación afectiva del 2° de consanguinidad o civil (abuelos, hermanos y nietos)	Relación afectiva del 3° de consanguinidad o civil	Relación afectiva del 4° de consanguinidad o civil.	Relaciones afectivas no familiares - terceros damnificados
	S.M.L.M.V.	S.M.L.M.V.	S.M.L.M.V.	S.M.L.M.V.	S.M.L.M.V.
Igual o superior al 50%	100	50	35	25	15
Igual o superior al 40% e inferior al 50%	80	40	28	20	12
Igual o superior al 30% e inferior al 40%	60	30	21	15	9
Igual o superior al 20% e inferior al 30%	40	20	14	10	6
Igual o superior al 10% e inferior al 20%	20	10	7	5	3
Igual o superior al 1% e inferior al 10%	10	5	3,5	2,5	1,5

Gráfica 2. Tomada del documento adoptado por la Sala Plena de la Sección Tercera del Consejo de Estado de Colombia

34.- Finalmente, para los casos de privación injusta de la libertad la tabla fijada por la unificación es la siguiente:

sión sea igual o superior al 40% e inferior al 50%; a 21 SMLMV cuando la gravedad de la lesión sea igual o superior al 30% e inferior al 40%; a 14 SMLMV si la gravedad de la lesión es igual o superior al 20% e inferior al 30%; a 7 SMLMV cuando la gravedad de la lesión sea igual o superior al 10% e inferior al 20% y, por último, a 3,5 SMLMV en los eventos en que la gravedad de la lesión sea igual o superior a 1% e inferior al 10%. Nivel No. 4. Aquí se ubica la relación afectiva propia del cuarto grado de consanguinidad o civil. Se reconocerá el 25% de la indemnización tasada para el lesionado, de acuerdo con el porcentaje de gravedad de la lesión, como se señala: tendrán derecho al reconocimiento de 25 SMLMV cuando la gravedad de la lesión sea igual o superior al 50%; a 20 SMLMV en los eventos en que la gravedad de la lesión sea igual o superior al 40% e inferior al 50%; a 15 SMLMV cuando la gravedad de la lesión sea igual o superior al 30% e inferior al 40%; a 10 SMLMV si la gravedad de la lesión es igual o superior al 20% e inferior al 30%; a 5 SMLMV cuando la gravedad de la lesión sea igual o superior al 10% e inferior al 20% y, por último, a 2,5 SMLMV en los eventos en que la gravedad de la lesión sea igual o superior a 1% e inferior al 10%. Nivel No. 5. Comprende las relaciones afectivas no familiares (terceros damnificados). Se concederá el 15% del valor adjudicado al lesionado, de acuerdo con el porcentaje de gravedad de la lesión, como se presenta: tendrán derecho al reconocimiento de 15 SMLMV cuando la gravedad de la lesión sea igual o superior al 50%; a 12 SMLMV en los eventos en que la gravedad de la lesión sea igual o superior al 40% e inferior al 50%; a 9 SMLMV cuando la gravedad de la lesión sea igual o superior al 30% e inferior al 40%; a 6 SMLMV si la gravedad de la lesión es igual o superior al 20% e inferior al 30%; a 3 SMLMV cuando la gravedad de la lesión sea igual o superior al 10% e inferior al 20% y, por último, a 1,5 SMLMV en los eventos en que la gravedad de la lesión sea igual o superior al 1% e inferior al 10%".

	NIVEL 1	NIVEL 2	NIVEL 3	NIVEL 4	NIVEL 5
Reglas para liquidar el perjuicio moral derivado de la privación injusta de la libertad	Víctima directa, cónyuge o compañero (a) permanente y parientes en el 1° de consanguinidad	Parientes en el 2° de consanguinidad	Parientes en el 3° de consanguinidad	Parientes en el 4° de consanguinidad y afines hasta el 2°	Terceros damnificados
Término de privación injusta en meses		50% del Porcentaje de la Víctima directa	35% del Porcentaje de la Víctima directa	25% del Porcentaje de la Víctima directa	15% del Porcentaje de la Víctima directa
	SMLMV	SMLMV	SMLMV	SMLMV	SMLMV
Superior a 18 meses	100	50	35	25	15
Superior a 12 e inferior a 18	90	45	31,5	22,5	13,5
Superior a 9 e inferior a 12	80	40	28	20	12
Superior a 6 e inferior a 9	70	35	24,5	17,5	10,5
Superior a 3 e inferior a 6	50	25	17,5	12,5	7,5
Superior a 1 e inferior a 3	35	17,5	12,25	8,75	5,25
Igual e inferior a 1	15	7,5	5,25	3,75	2,25

Gráfica 3. Tomada del documento adoptado por la Sala Plena de la Sección Tercera del Consejo de Estado de Colombia

35.- A las anteriores reglas generales, se fijó como reglas de excepción para todos los casos de los perjuicios morales, y cuando se trata de graves violaciones a los derechos humanos, siguiendo la unificación jurisprudencial, "podrá otorgarse una indemnización mayor de la señalada en todos los eventos anteriores, cuando existan circunstancias debidamente probadas de una mayor intensidad y gravedad del daño moral sin que en tales casos el monto total de la indemnización pueda superar el triple de los montos indemnizatorios antes señalados. Este quantum deberá motivarse por el juez y ser proporcional a la intensidad del daño".

36.- No obstante, debe plantearse como doctrina contrastante el modelo de reconocimiento y liquidación de los perjuicios morales que he venido proponiendo desde junio de 2011.

B. *El reconocimiento de los perjuicios morales (fundamento de la presunción de aflicción y la prueba del parentesco) bajo un modelo alternativo*

37.- La sentencia de la Sala Plena de la Sección Tercera de 23 de agosto de 2012[387] señaló que en "cuanto se refiere a la forma de probar los perjuicios morales, debe advertirse que, en principio, su reconocimiento por parte del juez se encuentra condicionado –al igual que [*sic*] demás perjuicios– a la prueba de su causación, la cual debe obrar dentro del proceso". En la misma providencia se agrega que "la Sala reitera la necesidad de acreditación probatoria del perjuicio moral que se pretende reclamar, sin perjuicio de que, en ausencia de otro tipo de pruebas, pueda reconocer-

---

[387] COLOMBIA, Consejo de Estado, Sección Tercera, sentencia de 23 de agosto de 2012, exp. 24392, C.P.: Hernán Andrade Rincón.

se con base en las presunciones derivadas del parentesco, las cuales podrán ser desvirtuadas total o parcialmente por las entidades demandadas, demostrando la inexistencia o debilidad de la relación familiar en que se sustentan".

37.1.- Sin duda, en los eventos en que el daño antijurídico produce como perjuicios la afectación a las personas (por muerte o lesiones), no puede reducirse su materialidad a la simple constatación desde la perspectiva ordinaria, sino que cabe adelantar su consideración en el marco del respeto al ordenamiento jurídico y a los derechos humanos, intereses y bienes que se vean vulnerados, socavados y lesionados, y que se radican en cabeza de las víctimas[388].

37.2.- La premisa inicial para fundamentar esta postura se radica en la afirmación del principio de la dignidad humana, cuyo despliegue no se agota en la esfera interior, íntima y personal del sujeto, sino que se desdobla a los sentimientos que se producen de aflicción, desesperación, congoja, desasosiego, temor, etc., que afloran cuando se produce la afectación, por ejemplo, a su lugar de vivienda o habitación. Se trata, por lo tanto, de reconocer por conexidad la íntima relación que en este tipo de eventos se produce entre la esfera moral de cada individuo.

37.3.- Sostener lo anterior, sin duda alguna, representa el respeto al derecho a la reparación integral consagrada en el artículo 16 de la Ley 446 de 1996, y se aproxima a la regla de la *restitutio in integrum*, que se reconoce en el artículo 63.1 de la Convención Americana de Derechos Humanos[389].

37.4.- Precisamente, en la sentencia de la Corte Interamericana de Derechos Humanos de 11 de mayo de 2007, relativa a la masacre de "La Rochela", se sostuvo "que en el ámbito interno no se dispuso una indemnización por el sufrimiento propio de las víctimas fallecidas, por lo que corresponde determinar la indemnización pertinente". Se trata, por lo tanto, de reconocer que con ocasión de la afectación de la lesión a la vida, a la integridad personal, o al ejercicio de la libertad, por ejemplo, de las víctimas y sus familiares se produjo, como se puede constatar con los medios probatorios que obran en el expediente (en especial la prueba testimonial), toda una serie de padecimientos, sufrimientos y temores que se reflejan en lo más íntimo y personal de cada uno, esto ponderado en función de su posterior tasación y liquidación, que de no reconocerse, para este tipo de casos específicamente sin el respaldo probatorio suficiente llevaría a deformar el reconocimiento del derecho a la reparación integral.

37.5.- Debe, además, como parte de la motivación, examinarse si se acreditó el parentesco debida y legalmente, con los registros civiles, para reconocer los perjuicios morales en cabeza de la víctima y de sus familiares, para lo que procede la aplicación de las reglas de la experiencia, según las cuales se presume que la muerte, lesión, etc. afecta a la víctima y a sus familiares más cercanos (esto es, los que conforman su núcleo familiar), y se expresa en un profundo dolor, angustia y aflicción,

---

[388] Ángel Yagüez, *Tratado de responsabilidad civil, cit.*, p. 675: "Los llamados 'daños morales' son los infligidos a las creencias, los sentimientos, la dignidad, la estima social o la salud física o psíquica; en suma, a los que se suelen denominar derechos de la personalidad o extrapatrimoniales".

[389] Mónica Pinto, "La réparation dans le système interaméricain des droits de l'homme. A propos de l'arrêt Aloeboetoe", en *Annuaire Français de Droit International*, T. XLII, 1996, pp. 733-747.

teniendo en cuenta que dentro del desarrollo de la personalidad y del individuo está el hacer parte de una familia[390] como espacio básico de toda sociedad[391] (el segundo

---

[390] COLOMBIA, Consejo de Estado, Sección Tercera, sentencia de 15 de octubre de 2008, exp. 18586, C.P.: Enrique Gil Botero: "Las reglas de la experiencia y la práctica científica han determinado que en la generalidad, cuando se está ante la pérdida de un ser querido, se siente aflicción, lo que genera el proceso de duelo. Razón por la cual la Sala reitera la posición asumida por la Corporación en la sentencia de 17 de julio de 1992 donde sobre el particular, y con fundamento en la Constitución, se analizó el tópico, así: 'En punto tocante con perjuicios morales, hasta ahora se venía aceptando que estos se presumen para los padres, para los hijos y los cónyuges entre sí, mientras que para los hermanos era necesario acreditar la existencia de especiales relaciones de fraternidad, o sea, de afecto, convivencia, colaboración y auxilio mutuo, encaminados a llevar al fallador la convicción de que se les causaron esos perjuicios resarcibles. Ocurre sin embargo, que la Constitución Nacional que rige en el país actualmente, en su artículo 2º, señala que Colombia como Estado Social de derecho que es, tiene como fines esenciales el de servir a la comunidad, promover la prosperidad general y garantizar la efectividad de los principios, derechos y deberes consagrados en la misma; también el de facilitar la participación de todos en las decisiones que los afecten y en la vida económica, política, administrativa y cultural de la Nación; al igual que defender la independencia nacional, mantener la integridad territorial y asegurar la convivencia pacífica y la vigencia de un orden justo. Por su parte el artículo 42 de la Carta Política, establece que el Estado y la sociedad tienen como deber ineludible el de garantizar la protección integral de la familia, núcleo fundamental de la sociedad, que 'se constituye por vínculos naturales y jurídicos, por la decisión libre de un hombre y una mujer de contraer matrimonio o por la voluntad responsable de conformarla'. Y agrega que 'Cualquier forma de violencia en la familia se considera destructiva de su armonía y unidad, y será sancionada conforme a la ley. Los hijos habidos en el matrimonio o fuera de él, adoptados o procreados naturalmente o con asistencia científica tienen iguales derechos y deberes'. La ley no ha definido taxativamente las personas que integran la familia que goza de la especial protección del Estado y de la sociedad en general. Así las cosas, podría adoptarse como criterio interpretativo el concepto amplio de la familia, como aquellos parientes próximos de una persona a los que se refiere el artículo 61 del C.C., que es del siguiente tenor: 'En los casos en que la Ley dispone que se oiga a los parientes de una persona, se entenderá que debe oírse a las personas que van a expresarse y en el orden que sigue: 1º. Los descendientes legítimos; 2º. Los ascendientes legítimos; 3º. El padre y la madre naturales que hayan reconocido voluntariamente al hijo, o este a falta de descendientes o ascendientes legítimos; 4º. El padre y la madre adoptantes, o el hijo adoptivo, a falta de parientes de los números 1º, 2º y 3º; 5º. Los colaterales legítimos hasta el sexto grado, a falta de parientes de los números 1º, 2º, y 4º; 6º. Los hermanos naturales, a falta de los parientes expresados en los números anteriores; 7º. Los afines legítimos que se hallen dentro del segundo grado, a falta de los consanguíneos anteriormente expresados. Si la persona fuera casada, se oirá también, en cualquiera de los casos de este artículo a su cónyuge; y si alguno o algunos de los que deben oírse, no fueren mayores de edad o estuvieren sujetos a la potestad ajena, se oirá en su representación a los respectivos guardadores, o a las personas bajo cuyo poder y dependencia estén constituidos'. También resulta procedente tomar como familia lo que los tratadistas definen como familia nuclear, esto es, la integrada por los parientes en primer grado a que alude el artículo 874, ordinal 3º *ibídem*, que reza: 'La familia comprende (además del habitador cabeza de ella) a la mujer y a los hijos; tanto los que existen al momento de la constitución, como los que sobrevienen después, y esto aún cuando el usuario o habitador no esté casado, ni haya reconocido hijo alguno a la fecha de la constitución'. La familia para fines de las controversias indemnizatorias, está constituida por un grupo de personas naturales, unidas por vínculos de parentesco natural o jurídico, por lazos de consanguinidad, o factores civiles, dentro de los tradicionales segundo y primer grados señalados en varias disposiciones legales en nuestro medio. Así las cosas, la Corporación varía su

anterior posición jurisprudencial, pues ninguna razón [hay] para que en un orden justo se continúe discriminando a los hermanos, víctimas de daños morales, por el hecho de que no obstante ser parientes en segundo grado, no demuestran la solidaridad o afecto hasta hoy requeridos, para indemnizarlos. Hecha la corrección jurisprudencial, se presume que el daño antijurídico inferido a una persona, causado por la acción u omisión de las autoridades públicas genera dolor y aflicción entre sus parientes hasta el segundo grado de consanguinidad y primero civil, ya sean ascendientes, descendientes o colaterales. Como presunción de hombre que es, la administración está habilitada para probar en contrario, es decir, que a su favor cabe la posibilidad de demostrar que las relaciones filiales y fraternales se han debilitado notoriamente, se han tornado inamistosas o, incluso que se han deteriorado totalmente. En síntesis, la Sala tan solo aplica el criterio lógico y elemental de tener por establecido lo normal y de requerir la prueba de lo anormal. Dicho de otra manera, lo razonable es concluir que entre hermanos, como miembros de la célula primaria de toda sociedad (la familia), exista cariño, fraternidad, vocación de ayuda y solidaridad, por lo que la lesión o muerte de algunos de ellos afectan moral y sentimentalmente al otro u otros. La conclusión contraria, por excepcional y por opuesta a la lógica de lo razonable, no se puede tener por establecida sino en tanto y [en] cuanto existan medios probatorios legal y oportunamente aportados a los autos que así la evidencien'".

391　COLOMBIA, Corte Constitucional, sentencia C-821 de 9 de agosto de 2005: "4.2. Amparada en la doctrina especializada, también la jurisprudencia constitucional ha señalado que el surgimiento de la familia se remonta a la propia existencia de la especie humana, razón por la cual se constituye en 'la expresión primera y fundamental de la naturaleza social del hombre'. Bajo esta concepción, la familia es considerada un 'presupuesto de existencia y legitimidad de la organización socio-política del Estado', lo que entraña para éste la responsabilidad prioritaria de prestarle su mayor atención y cuidado en aras de preservar la estructura familiar, ya que '[e]s la comunidad entera la que se beneficia de las virtudes que se cultivan y afirman en el interior de la célula familiar y es también la que sufre grave daño a raíz de los vicios y desórdenes que allí tengan origen'. 4.3. En Colombia, la Asamblea Nacional Constituyente de 1991 no acogió la propuesta formulada por el Gobierno de asignarle a la familia un alcance puramente asistencial y se decidió, en cambio, por reconocerle el carácter de pilar fundamental dentro de la organización estatal, asociándola con la primacía de los derechos inalienables de la persona humana y elevando a canon constitucional aquellos mandatos que propugnan por su preservación, respeto y amparo. De este modo, la actual Carta Política quedó alineada con la concepción universal que define la familia como una institución básica e imprescindible de toda organización social, la cual debe ser objeto de protección especial. 4.4. En efecto, el derecho internacional, en las declaraciones, pactos y convenciones sobre derechos humanos, civiles, sociales y culturales, se refiere a la familia como 'el elemento natural y fundamental de la sociedad' y le asigna a los estados y a la sociedad la responsabilidad de protegerla y asistirla. Tal consideración aparece contenida, entre otros instrumentos internacionales, en la Declaración Universal de Derechos Humanos (art. 16), en el Pacto Internacional de los Derechos Civiles y políticos (art. 23), en el Pacto Internacional de los Derechos Económicos, Sociales y Culturales (art. 10°) y en la Convención Americana sobre Derechos Humanos –acto de San José de Costa Rica– (art. 17); los cuales se encuentran incorporados a nuestro derecho interno por haber sido suscritos, aprobados y ratificados por el Estado colombiano. 4.5. Bajo ese entendido, en nuestro país el régimen constitucional de la familia quedó definido: (i) en el artículo 5° de la Carta, que eleva a la categoría de principio fundamental del Estado la protección de la familia como institución básica de la sociedad; (ii) en el artículo 13, en cuanto dispone que todas las personas nacen libres e iguales y que el origen familiar no puede ser factor de discriminación; (iii) en el artículo 15, al reconocer el derecho de las personas a su intimidad familiar e imponerle al Estado el deber de respetarlo y hacerlo respetar; (iv) en el artículo 28, que garantiza el derecho de la familia a no ser moles-

criterio con el que ya cuenta el juez en el momento de reconocer los perjuicios morales tiene que ver con el concepto de familia, que será importante para determinar la tasación y liquidación de los mismos perjuicios, ya que puede apreciarse, de la prueba testimonial: cómo estaba conformada la familia; qué rol desempeñaba la víctima al interior de su familia; cómo estaban definidas las relaciones entre la víctima y los demás miembros de la familia; si se trataba de una familia que convivía o no en un mismo espacio; si se trataba de una familia que estaba disgregada, o de una familia fruto de diferentes relaciones de los padres –hermanastros, hermanos

---

tada, salvo que medie mandamiento escrito de autoridad competente con las formalidades legales y por motivo previamente definido en la ley; (v) en el artículo 33, en cuanto consagra la garantía fundamental de la no incriminación familiar, al señalar que nadie podrá ser obligado a declarar contra sí mismo o contra su cónyuge, compañero permanente o parientes dentro del cuarto grado de consanguinidad, segundo de afinidad o primero civil; (vi) en el artículo 43, al imponerle al Estado la obligación de apoyar de manera especial a la mujer cabeza de familia; (vii) en el artículo 44, que eleva a la categoría de derecho fundamental de los niños el tener una familia y no ser separado de ella; y (viii) en el artículo 45, en la medida en que reconoce a los adolescentes el derecho a la protección y a la formación integral. 4.6. En concordancia con ello, el artículo 42 de la Constitución consagró a la familia como el 'núcleo fundamental de la sociedad', precisando que la misma puede constituirse por vínculos naturales o jurídicos, esto es, 'por la decisión libre de un hombre y una mujer de contraer matrimonio o por la voluntad responsable de conformarla'. Ello permite advertir que en el orden constitucional vigente, no se reconocen privilegios en favor de un tipo determinado de familia, sino que se legitima la diversidad de vínculos o de formas que puedan darle origen. Así, tanto la familia constituida por vínculos jurídicos, es decir, la que procede del matrimonio, como la familia que se constituye por vínculos naturales, es decir, la que se forma por fuera del matrimonio o en unión libre, se encuentran en el mismo plano de igualdad y son objeto de reconocimiento jurídico y político, de manera que las personas tienen plena libertad para optar por una u otra forma de constitución de la institución familiar. 4.7. Conforme con el alcance reconocido a la familia, el propio artículo 42 le asigna a la sociedad y al Estado el deber de garantizar su protección integral, al tiempo que le asigna a la ley la función de regular, por una parte, las formas del matrimonio, la edad y capacidad para contraerlo, los deberes y derechos de los cónyuges, su separación y la disolución del vínculo; y por la otra, lo referente a los efectos civiles de los matrimonios religiosos y de las sentencias dictadas por las autoridades religiosas que declaren su nulidad, así como también lo relacionado con la cesación de los efectos civiles de todos los matrimonios a través del divorcio. 4.8. La protección integral de que es objeto la institución familiar, cualquiera que sea la forma que ella adopte, es recogida y prodigada por la propia Constitución mediante la implementación de un sistema de garantías, cuyo propósito es reconocer su importancia en el contexto del actual Estado Social de Derecho y hacer realidad los fines esenciales de la institución familiar, entre los que se destacan: la vida en común, la ayuda mutua, la procreación y el sostenimiento y educación de los hijos. Tal como lo ha destacado esta Corporación [...], ese ámbito de protección especial se manifiesta, entre otros aspectos, (i) en el reconocimiento a la inviolabilidad de la honra, dignidad e intimidad de la familia; (ii) en el imperativo de fundar las relaciones familiares en la igualdad de derechos y obligaciones de la pareja y en el respeto entre todos sus integrantes; (iii) en la necesidad de preservar la armonía y unidad de la familia, sancionando cualquier forma de violencia que se considere destructiva de la misma; (iv) en el reconocimiento de iguales derechos y obligaciones para los hijos, independientemente de cuál sea su origen familiar; (v) en el derecho de la pareja a decidir libre y responsablemente el número de hijos que desea tener; y (vi) en la asistencia y protección que en el seno familiar se debe a los hijos para garantizar su desarrollo integral y el goce pleno de sus derechos".

de crianza, p. ej.–), y de reconocer su existencia bien sea como un derecho prestacional, o fundamental[392].

37.6 Ahora bien, respecto de los perjuicios morales en cabeza de los familiares de las víctimas que fallecen o resultan lesionadas, por ejemplo, el juez contencioso administrativo viene sustentándose en la presunción de aflicción que puede padecer un miembro de la familia de la víctima, teniendo en cuenta que dentro del desarrollo de la personalidad y del individuo está el hacer parte de una familia como espacio básico de toda sociedad[393]. Y se afirma que ha de tratarse de parientes cercanos, ya que dicha presunción, al no existir otro medio probatorio en el expediente, reviste sustento jurídico solo respecto del núcleo familiar vital, esto es, aquel que se comprende dentro del mandato constitucional del artículo 42[394].

---

[392] COLOMBIA, Corte Constitucional, sentencia T-572 de 26 de agosto de 2009: "Se discute igualmente en relación con el contenido y alcance de las medidas constitucionales de protección de la familia. En efecto, aquéllas se manifiestan en la necesaria adopción de normas legales, de actos administrativos, así como de decisiones judiciales, medidas todas ellas encaminadas a lograr y preservar la unidad familiar existente, al igual que brindar una protección económica, social y jurídica adecuada para el núcleo familiar. Estos son los propósitos, o la razón de ser de las normas jurídicas y demás medidas de protección previstas por el ordenamiento jurídico. Así mismo, se presenta una controversia acerca de si la familia puede ser considerada, en sí misma, un derecho fundamental o uno de carácter prestacional. De tal suerte que las medidas de protección de aquélla pueden ser comprendidas de manera diferente, dependiendo de si se entiende que familia es un derecho fundamental (de primera generación), o si, por el contrario, se ubica como un derecho de contenido prestacional. En efecto, si se entiende que 'familia' es un derecho prestacional, entonces el Estado, según las condiciones económicas podrá establecer mayores o menores beneficios que proporcionen las condiciones para que las familias puedan lograr su unidad, encontrándose protegidas económica y socialmente. De igual manera, entraría a aplicarse el principio de no regresión, pudiéndose, en algunos casos, excepcionarse. Por el contrario, si se comprende a la familia en términos de derecho fundamental, entonces las medidas estatales relacionadas con aquélla serán obligatorias, no pudiendo alegarse argumentos de contenido económico para incumplirlas, pudiéndose además instaurar la acción de tutela para su protección. Finalmente, la tesis intermedia apunta a señalar que la familia como institución debe ser protegida por el Estado, en cuanto a la preservación de su unidad y existencia, presentando en estos casos una dimensión de derecho fundamental; al mismo tiempo, otros elementos, de contenido económico y asistencial, se orientan por la lógica de implementación y protección propia de los derechos prestacionales. En suma, de la comprensión que se tenga del término 'familia' dependerá el sentido y alcance de los mecanismos constitucionales de protección".

[393] COLOMBIA, Consejo de Estado, Sección Tercera, sentencias de 18 de marzo de 2010, exp. 32651, C.P.: Enrique Gil Botero, y 18 de marzo de 2010, exp. 18569, C.P.: Enrique Gil Botero.

[394] COLOMBIA, Consejo de Estado, Sección Tercera, sentencia de 26 de febrero de 2009, exp. 16727, C.P.: Enrique Gil Botero, dando continuidad al precedente de la Sala según el cual: "En relación con el perjuicio moral, debe precisarse que la Sala en recientes pronunciamientos ha señalado que éste se presume en los grados de parentesco cercanos, puesto que la familia constituye el eje central de la sociedad en los términos definidos en el artículo 42 de la Carta Política. En tal sentido, el juez no puede desconocer la regla de la experiencia que pone de manifiesto que el núcleo familiar cercano se aflige o acongoja con el daño irrogado a uno de sus miembros".

a. *La indiscutible motivación del juez al momento de tasar y liquidar los perjuicios morales (exigencia constitucional)*

38.- En la actualidad el debate central en la jurisprudencia del Consejo de Estado, y también en la de la Corte Constitucional, se centra en la necesaria motivación de la sentencia en que se reconoce la indemnización de los perjuicios morales reclamados por las víctimas como consecuencia de los daños antijurídicos imputados al Estado. En su obra Cómo deciden los jueces, Richard A. POSNER recoge

"[…] [un] artículo del magistrado HUTCHENSON acerca de la toma de decisiones mediante corazonadas, del cual tomé el epígrafe de la introducción, repetido de forma sorprendente por parte del magistrado Anthony KENNEDY del Tribunal Supremo en una entrevista reciente:

"Sabe, todos nosotros formulamos juicios instintivos. Conocemos a una persona, y nos decimos: 'Confío en ella. No confío en esta otra. Esta mujer me parece interesante. Este hombre no me lo parece'. Lo que sea. Uno hace este tipo de juicios rápidos. Así es como nos desenvolvemos en la vida. Y los jueces hacen lo mismo. Y creo que nada hay de malo si esto es sólo un punto de arranque. Pero, tras emitir un juicio, uno ha de formular razones que lo fundamentan mediante un enunciado verbal, una fórmula verbal. Y entonces es preciso ver si tiene sentido, si es algo lógico, si es justo, si es en conformidad con el derecho, si lo es en relación con la Constitución, si es conforme con nuestro propio sentido de la ética y de la moral. Y si en alguna fase de este proceso uno piensa que está en un error, uno ha de dar marcha atrás y volver a comenzar desde el principio. Y esto, creo, no es algo que se dé únicamente en el derecho, sino que toda persona prudente se comporta de esta manera".

38.1.- El primer aspecto a examinar tiene que ver con la aproximación que se hizo a dicha motivación en la jurisprudencia del Consejo de Estado, para luego abordar la jurisprudencia de la Corte Constitucional que viene exigiendo la motivación de las decisiones judiciales que ordenan la indemnización de los perjuicios morales, y finalizar con una breve explicación acerca del alcance de dicha motivación para la tasación y liquidación de los mencionados perjuicios inmateriales.

b. *Lectura, interpretación y aplicación correcta de la sentencia de la Sección Tercera del Consejo de Estado de 6 de septiembre de 2001. Desde la sentencia de 6 de septiembre de 2001 (exps. 13232-15646, C.P.: Alier Eduardo Hernández Enríquez)*

39.- La jurisprudencia de la Sección Tercera del Consejo de Estado dejó planteado que la valoración de los perjuicios morales debe hacerse con base en el salario mínimo mensual legal vigente (en una suerte de equivalencia con los gramos oro reconocidos en la primera instancia), de acuerdo con un ejercicio que, afirmado como discrecional (*arbitrium iudicis*) del juez, ha de tener en cuenta los principios de proporcionalidad y razonabilidad con base en los cuales debe decidir el juez, y no simplemente sustentarse en una "cierta discrecionalidad"[395]. La sentencia en mención expresamente sostuvo:

---

[395] Juan Antonio García Amado, *El derecho y sus circunstancias. Nuevos ensayos de filosofía jurídica*, Universidad Externado de Colombia, Bogotá, 2010, p. 81: "cuando afirmamos que tal discrecionalidad existe en algún grado, queremos decir que el propio derecho le deja al juez márgenes para que elija entre distintas soluciones o entre diferentes alcances de una so-

"Por otra parte, no puede perderse de vista el principio de equidad, también previsto en la norma transcrita para ser tenido en cuenta en la labor de valoración del daño. Su importancia resulta mayor cuando se trata de la indemnización de un perjuicio que, por la naturaleza de éste, no puede ser restitutoria ni reparadora, sino simplemente compensatoria. En efecto, la suma establecida no se ajustará nunca al monto exacto del perjuicio, pero buscará, de alguna manera, restablecer el equilibrio roto con su ocurrencia. Se impone al juez, entonces, el ejercicio de una cierta discrecionalidad, que, sin embargo, debe encontrarse suficientemente razonada y fundada en las probanzas que, en el proceso, obren sobre la existencia del perjuicio y su intensidad".

39.1.- No se trata, en efecto, de una facultad arbitraria; por ello, en su desarrollo, debe buscarse también la garantía del principio de igualdad, lo que hace necesaria la comparación de la situación debatida con otras ya decididas, con fundamento en el análisis de los diferentes aspectos que determinan aquélla y éstas, dentro de los cuales deberá tomarse en cuenta, por supuesto, el valor real de la indemnización.

39.2.- Puede decirse, sin dubitación alguna, que la lectura y comprensión de la sentencia de 6 de septiembre de 2001 no se ha ajustado a los principios de razonabilidad, equidad y proporcionalidad argumentados en la misma, y de la que se desprenden los siguientes presupuestos: a) la indemnización de los perjuicios morales es compensatoria[396], por lo que no puede entenderse que pueda ser "vindicativa" (o "punitiva"); b) la suma que se fije como quantum "no se ajustará nunca al monto exacto del perjuicio", por lo que no cabe exigir que el juez siempre determine un máximo o un mínimo estático; c) el objetivo es "restablecer el equilibrio roto" con la ocurrencia del daño antijurídico que produce como consecuencia este tipo de perjuicios; d) en el ejercicio de la "cierta discrecionalidad" esta debe ser "suficientemente razonada" y fundada en las pruebas que permitan determinar la existencia e intensi-

---

lución del caso. Así pues, si hay discrecionalidad significa que al juez las soluciones de los asuntos que decide no le vienen dadas y predeterminadas enteramente, al cien por cien, por el sistema jurídico, sino que éste, en medida mayor o menor, le deja espacios para [que] escoja entre alternativas diversas, pero compatibles todas ellas con el sistema jurídico".

[396]   Ángel Yagüez, *Tratado de responsabilidad civil, cit.*, p. 675: "La reparación del daño moral ha experimentado un curioso proceso. En otro tiempo eran muchos los juristas que la rechazaban, por entender que los bienes morales no admiten una valoración pecuniaria, o que ésta habría de ser siempre insuficiente o arbitraria. Más aún, no pocos consideraban que los bienes de la personalidad son tan dignos que repugna la simple idea de traducirlos a términos materiales. Paradójicamente, este pensamiento ha tenido gran arraigo en los países anglosajones, tan respetuosos con los valores y dignidad del individuo. Es muy significativo el razonamiento de una sentencia norteamericana de principios de siglo, que, para desestimar la reclamación formulada por una joven por la publicación inconsentida de su fotografía en un folleto publicitario de una empresa, dijo: 'Hay muchas obligaciones que son demasiado delicadas y sutiles para ser puestas en vigor mediante el rudo método de indemnizarlas en caso de violación. Acaso los sentimientos ofendidos encuentren la mejor protección posible en el derecho moral y en una opinión pública favorable'. Algunas legislaciones siguen una vía intermedia entre la negación y el pleno reconocimiento. Así, el Código civil alemán admite la indemnizabilidad del daño no patrimonial sólo en los supuestos taxativamente establecidos en la propia ley [...] Pero hoy parece universal e indiscutiblemente aceptada la indemnización del daño moral, cuyo significado jurídico y sociológico se inserta cada día más en el terreno de la protección de los derechos o bienes de la personalidad por parte del Derecho privado" (resaltado fuera de texto).

dad del perjuicio; e) luego, no se trata de una facultad arbitraria[397], sino que debe atenderse a la realización de la justicia material[398]; f) se ha de buscar la "garantía del principio de igualdad"; g) como consecuencia de lo cual se establecen ciertos criterios objetivos: i) la necesidad de comparar la situación debatida con otras ya decididas; ii) de analizar los diferentes aspectos y circunstancias de la situación de la que derivan los perjuicios, y iii) de tener en cuenta el valor real de la indemnización.

39.3.- Precisamente, y teniendo en cuenta en todo su contexto la sentencia de 6 de septiembre de 2001, la consideración del juez contencioso administrativo deber razonada y ponderada, ya que, como expresamente lo sostuvo dicha providencia:

"Sin duda, la afirmación de la independencia del juez implica la asunción, por parte de éste, de una responsabilidad mayor. Deberá ponerse especial esmero en el cumplimiento del deber de evaluar los diferentes elementos que, en cada proceso, permitan establecer no sólo la existencia del perjuicio moral, sino su intensidad, e imponer las máximas condenas únicamente en aquellos eventos en que, de las pruebas practicadas, resulte claramente establecido un sufrimiento de gran profundidad e intensidad, superior a muchos de los pesares imaginables"[399].

39.4.- Es necesario, por lo tanto, que en la jurisdicción contencioso administrativa se cuestione el verdadero alcance que se ha dado a la sentencia en comento, en la que además se señaló:

"Lo anterior se expresa sin perjuicio de que, con el fin de garantizar el desarrollo uniforme de la jurisprudencia en este aspecto, esta Corporación establezca pautas que sirvan de referencia a los juzgadores de inferior jerarquía, cuyos fallos, sin embargo, en cuanto tasen la indemnización del perjuicio aludido, sólo podrán ser revisados por la instancia superior dentro del marco de sus competencias, dada la inexistencia de una norma prevista en ley o reglamento que pueda considerarse de obligatoria aplicación en la materia"[400].

39.5.- De acuerdo con lo anterior, cabe sostener que la exigencia de la valoración en salarios mínimos legales mensuales vigentes y la consideración de los presupuestos y criterios objetivos determinados en la sentencia en estudio no cercenó la posibilidad para que se pudieran establecer "pautas que sirvan de referencia a los juzgadores de inferior jerarquía", teniendo en cuenta que en materia de tasación y liquidación de los perjuicios morales no hay norma o reglamento de obligatoria aplicación.

---

[397] García Amado, *El derecho y sus circunstancias*, *cit.*, p. 82, para quien una decisión judicial es arbitraria: "c. Cuando el juez no da razón ninguna de su fallo o cuando su motivación de éste contiene razones puramente inadmisibles, ya sea por absurdas, antijurídicas o incompatibles con los requerimientos funcionales del sistema jurídico. Un juez que, por ejemplo, fundamentara expresamente su fallo en cosas tales como una revelación divina, los contenidos de una determinada religión, los postulados de un determinado partido político, sus gustos particulares o su personal sentido de la justicia estaría incurriendo en arbitrariedad en este sentido, tanto o más que el que se abstiene de motivar su fallo" (resaltado fuera de texto).

[398] Ángel Yagüez, *Tratado de responsabilidad civil*, *cit.*, p. 701: "Desde el punto de vista de la justicia material o, si se quiere, de la justicia del caso concreto, es inexcusable la contemplación y adecuada valoración (aunque lo de adecuada tenga que entenderse siempre de modo convencional, estimativo y en términos de oportunidad social) de las circunstancias, muchas veces irrepetibles, que concurren en cada caso por resolver" (resaltado fuera de texto).

[399] COLOMBIA, Consejo de Estado, Sección Tercera, sentencia de 6 de septiembre de 2001.

[400] COLOMBIA, Consejo de Estado, Sección Tercera, sentencia de 6 de septiembre de 2001.

39.6.- Es necesario desagregar los fundamentos que en la citada sentencia de 6 de septiembre de 2001 se tuvieron en cuenta, con el objetivo de exponer cómo la argumentación, que no la *ratio decidendi*, de la providencia se viene constituyendo indebidamente en precedente horizontal, para lo cual debe leerse y aplicarse correctamente, lo que no ha sido posible en más de diez años de jurisprudencia (acerca de lo cual me pronunciaré más adelante).

39.7.- Estudiada, analizada y leída juiciosamente la sentencia de 6 de septiembre de 2001, cabe extraer los siguientes argumentos que pueden servir de sustento al sentido correcto de dicha providencia (sin olvidar que en la misma, la Sala Plena de la Sección Tercera resolvió un caso en materia de accidente de tránsito): (a) El planteamiento inicial es que demostradas "las relaciones de parentesco cercanas alegadas en la demanda, puede inferirse, aplicando las reglas de la experiencia, que los actores tenían un nexo afectivo importante [...] que determinó la existencia de lazos de alianza y solidaridad entre ellos, y que, por lo tanto, aquéllos sufrieron un profundo pesar con la muerte"; b) "puede inferirse, igualmente, que la persona más afectada fue su madre, dada la naturaleza de la relación que normalmente se establece entre un hijo y su progenitora"; c) luego, bastarían, "entonces, las pruebas del parentesco aportadas al proceso, para que esta Sala considerara demostrado, mediante indicios, el daño moral reclamado por los demandantes"; d) de acuerdo con la sentencia de 21 de julio de 1922, de la Corte Suprema de Justicia, el quantum indemnizatorio del perjuicio moral cabe "fijarlo, aunque sea aproximadamente, ya que de otro modo habría que concluir que derechos de alta importancia quedan desamparados por las leyes civiles, cuandoquiera que su infracción escapa a la acción de las leyes [...] [P]odrá fijar el juez prudencialmente la indemnización que corresponda al ofendido hasta dos mil pesos"; e) a su vez, la Corte Suprema de Justicia, Sala Civil, en sentencia de 27 de septiembre de 1974, consideró que, "teniendo de presente la desvalorización de la moneda y el fin perseguido en una condena de satisfacción y no de compensación, es por ahora la [suma] indicada para mitigar o satisfacer un perjuicio de aquella naturaleza padecido en su mayor intensidad", de tal manera que "cuando el perjuicio pudiera ser de grado inferior, por cualquier causa, como cuando es más lejano el vínculo de parentesco que liga a los protagonistas, debía fijarse una suma prudencialmente menor"; f) la jurisprudencia de la Corte Suprema de Justicia hasta 2001 argumentó que "las sumas fijadas no tienen el carácter de topes obligatorios para los falladores de las instancias, dado que a los jueces les está vedado proveer por vía de disposición general o reglamentaria, conforme a lo dispuesto en el artículo 17 del Código Civil; constituyen, simplemente, una guía para los jueces inferiores, que deben ceñirse a su prudente juicio, al tasar los perjuicios morales"; g) de acuerdo con la aclaración de voto de Fernando Hinestrosa a la sentencia del Consejo de Estado de 25 de febrero de 1982: "Conviene pues la afirmación de la discrecionalidad de la jurisdicción contencioso administrativa, igual que la civil, para aceptar la presencia de un daño moral y graduar la magnitud individual de su reparación, con fundamento en el buen sentido y en hechos ciertos sobre las circunstancias de víctimas directa e indirecta de la agresión, derechamente en moneda corriente, muy sobre el caso y su prueba, de donde podrá surgir para examen retrospectivo, una visión estadística, y no a la inversa, sobre tablas arbitrarias en cuanto abstractas, o por cauces de sentimentalismo"; h) así mismo, "no puede perderse de vista el principio de equidad, también previsto en la norma transcrita para ser tenido en cuenta en la labor de valoración del daño"; i) su "importancia resulta mayor cuando se trata de la indemnización de un perjuicio que, por la naturaleza de éste, no puede ser restitutoria ni reparadora, sino simplemente compensatoria"; j) "la suma establecida no se ajustará nunca al monto exacto del perjuicio, pero buscará, de alguna manera, restablecer el equilibrio roto con su ocurrencia"; k) se "impone al juez, entonces, el ejercicio de una cierta discrecionalidad, que, sin embargo, debe encontrarse suficientemente razonada y fundada en las probanzas que, en el proceso, obren sobre la existencia del perjuicio y su intensidad"; l) no "se trata, en efecto, de una facultad arbitraria; por ello, en su desarrollo, debe buscarse también la garantía del principio de igualdad, lo que hace necesaria la comparación de la situación debatida con otras ya decididas, con fundamento en el análisis de los diferentes aspectos que determinan aquélla y éstas, dentro de los cuales deberá tomarse en cuenta, por supuesto, el valor real de la indemnización"; ll) la jurisdicción contencioso administrativa debe sujetarse a lo consagrado en el artículo 16 de la Ley 446 de 1998; y m) se "afirma, entonces, la independencia del juez contencioso administrativo para fijar, en cada caso, con sustento en las pruebas del proceso y según su prudente juicio, el valor de la indemnización del perjuicio moral".

39.8.- De los anteriores argumentos no cabe la menor duda que la sentencia de la Sala Plena de la Sección Tercera de 6 de septiembre de 2001 ha venido siendo deformada, de tal manera que en la actualidad solo interesa citar aquellos apartes en los que el sustento del arbitrio del juez [*arbitrium judicis*] aparece descontextualizado de todo el elemento argumentativo completo que utilizó la Sala en dicha providencia, lo que plantea una seria preocupación no solo frente al respeto del principio de igualdad, sino del debido proceso y del efectivo acceso a la administración de justicia.

39.9.- Cabe resaltar que la sentencia en comento establece como obligación del juez contencioso administrativo la necesidad de motivar razonada, proporcional y ponderadamente la tasación y liquidación de los perjuicios morales, sin fijar límite alguno en cuanto al método a utilizar. En ese sentido, y ya valorada correctamente dicha providencia, se puede considerar: a) la distinción que hace entre reconocer, tasar y liquidar el perjuicio moral; b) ciertos criterios en los que el juez puede apoyarse al momento de tasar y liquidarlo: reglas de la experiencia; nexo afectivo importante; relación entre hijo y progenitora; cercanía o lejanía del vínculo de parentesco; circunstancias de las víctimas directas e indirectas frente al padecimiento [por muerte o lesiones]; discrecionalidad razonada y fundada en las pruebas allegadas al proceso; debe compararse la situación debatida con otras ya decididas [afirmación jurídicamente correcta del precedente horizontal]; analizar los diferentes aspectos que comparativamente determinen cada una de las situaciones, tener en cuenta el "valor real de la indemnización"; y, determinar la intensidad y sufrimiento de gran profundidad "superior a muchos de los pesares imaginables"; c) además, la sentencia, si bien no fija método o forma de tasar y liquidar el perjuicio moral, señala claramente la oportunidad de que "con el fin de garantizar el desarrollo uniforme de la jurisprudencia en este aspecto, esta Corporación establezca pautas que sirvan de referencia a los juzgadores de inferior jerarquía, cuyos fallos, sin embargo, en cuanto tasen la indemnización del perjuicio aludido, sólo podrán ser revisados por la instancia superior dentro del marco de sus competencias", con lo que una alternativa puede ser la metodología del "test de proporcionalidad", o cualquier otra que se elabore ya sea por cada subsección o por la Sala Plena de la Sección Tercera.

39.10.- Por este motivo, es necesario que el juez contencioso administrativo atienda la observación coincidente de examinar el alcance que se le ha dado a la sentencia de 6 de septiembre de 2001, y su ajuste a la más reciente jurisprudencia constitucional e interamericana de derechos humanos, en aras de preservar las garantías fundamentales a la igualdad, al debido proceso, a la tutela judicial efectiva, y el derecho a la reparación integral. Lo anterior, dando continuidad a la argumentación de la mencionada sentencia, para que se entienda que "la afirmación de la independencia del juez implica la asunción, por parte de éste, de una responsabilidad mayor. Deberá ponerse especial esmero en el cumplimiento del deber de evaluar los diferentes elementos que, en cada proceso, permitan establecer no sólo la existencia del perjuicio moral, sino su intensidad, e imponer las máximas condenas únicamente en aquellos eventos en que, de las pruebas practicadas, resulte claramente establecido un sufrimiento de gran profundidad e intensidad, superior a muchos de los pesares imaginables".

39.11.- Cabe concluir que la lectura, interpretación y aplicación correcta de la sentencia de 6 de septiembre de 2001, de la Sección Tercera del Consejo de Estado, es el primer paso para poder ofrecer un debate argumentativo que permita orientar constitucional y convencionalmente el reconocimiento de la reparación [integral] de los perjuicios morales a favor de cada una de las víctimas en función de las condiciones, circunstancias y especificidades de cada caso en concreto. Para poder establecer esto, la jurisprudencia constitucional viene estableciendo la necesidad de motivar las sentencias en las que se ordena la indemnización de los perjuicios morales, como pasa a examinarse.

    c.   *La exigencia de motivación de las sentencias de lo contencioso administrativo que ordenan la indemnización de los perjuicios morales según la jurisprudencia constitucional*

40.- Precisamente, y en el contexto de lo planteado anteriormente desde el análisis económico del derecho, la jurisprudencia constitucional reciente exige como presupuesto sustancial para la tasación y liquidación de los perjuicios morales la valoración fundada en motivaciones razonadas, con las que se delimite ese extremo del *arbitrium iudicis* que es excesivo y que se confunde con una apreciación más instintiva que razonada del juez [especialmente contencioso administrativo].

40.1.- De acuerdo con lo argumentado por la Corte Constitucional en la sentencia T-351, de 5 de mayo de 2011 [acción de tutela del ICFES contra el Juzgado Quinto Administrativo del Circuito de Popayán y el Tribunal Administrativo del Cauca], cabe decir que, siguiendo la sentencia de 6 de septiembre de 2001 de la Sala Plena de la Sección Tercera del Consejo de Estado, la Corte Constitucional considera que: a) "el daño moral puede probarse por cualquier medio probatorio"; b) "la prueba solo atañe a la existencia del mismo, pero no permite determinar de manera precisa el monto en que deben reconocerse los perjuicios morales que, por su naturaleza (no puede intercambiarse la aflicción por un valor material) no tienen un carácter indemnizatorio sino compensatorio (en alguna manera intentan recomponer un equilibrio afectado)"; c) para "la tasación del daño, el juez se debe guiar por su prudente arbitrio, pero está obligado a observar, por expreso mandato legal los principios de equidad y reparación integral"; d) el "Consejo de Estado ha decidido establecer las condenas por perjuicios morales en términos de salarios mínimos, considerando que es un parámetro útil en tanto el salario mínimo se fija de acuerdo con el IPC, y de esa forma mantiene un poder adquisitivo constante (o al menos se acerca a ese ideal). Para la alta Corporación es útil establecer el máximo de 100 smlmv como tope, con el fin de que exista un parámetro que evite el desconocimiento al principio de igualdad. Sin embargo, esa suma no vincula de forma absoluta a los jueces quienes, como ya se explicó, deben tomar en cuenta consideraciones de equidad al tasar ese tipo de condenas"; e) "la jurisprudencia del Consejo de Estado en materia de daño y perjuicios morales sí establece parámetros vinculantes para los jueces administrativos. En efecto, estos deben seguir la libertad probatoria y utilizar su prudente arbitrio en el marco de la equidad y la reparación integral para tasar los perjuicios morales. Además, al establecer un tope –al menos indicativo– de 100 smlmv, el Consejo de Estado hizo referencia al principio de igualdad, lo que significa que ese tope, unido al análisis de equidad, debe permitir que cada juez no falle de forma caprichosa sino a partir de criterios de razonabilidad, a partir del análisis de casos previos, y de sus similitudes y diferencias con el evento estudiado. El límite, sin embargo, es indicativo porque si, a partir de los criterios y parámetros indicados, el juez encuentra razones que justifiquen separarse de ese tope y las hacen explícitas en la sentencia de manera transparente y suficiente, su decisión no se apartaría de la jurisprudencia del Consejo de Estado, ni sería ajena a la obligación constitucional de motivar los pronunciamientos judiciales"; y f) lo "que la alta Corporación ha sentado es una presunción (por cierto desvirtuable), de que la muerte de un ser querido causa profunda aflicción y, en consecuencia, procede el pago del monto más alto de perjuicios morales como compensación por la intensidad de la aflicción. Lo que indica esta aclaración es que el monto máximo no está ligado inescindiblemente a la muerte de un ser querido, pues por las razones expuestas, no se 'paga' a ese ser humano. Ese monto está ligado a la consideración de que, en el caso concreto, se presenta una grave aflicción, conclusión a la que puede llegar el juez mediante cualquier tipo de argumento práctico racional que se enmarque en parámetros de equidad y razonabilidad, como presupuesto de la vigencia del principio de igualdad de trato a los ciudadanos por parte de las autoridades judiciales".

40.2.- Ahora bien, en la sentencia T-464 de 9 de junio de 2011 [acción de tutela del ICFES contra el Juzgado Sexto Administrativo del Circuito de Popayán y el Tribunal Administrativo del Cauca], la Corte Constitucional consideró que: a) "ante tal valoración, no se haya justificado por qué el incremento de los perjuicios causados se estimó en el máximo que ha definido la jurisprudencia[401]. De hecho, la Sala echa de menos que a pesar de que explícitamente se consideró el daño ocasionado por la muerte de un ser querido, estimándolo como más intenso, no se haya justifi-

---

[401] La Sección Tercera del Consejo de Estado, en fallo del 6 de septiembre de 2001, argumentó: "Considera esta Sala que debe abandonarse el criterio adoptado por ella desde 1978, conforme al cual, para efectos de la indemnización del perjuicio moral, se daba aplicación extensiva a las normas que, al respecto, traía el Código Penal. [...] Se afirma, entonces, la independencia del juez contencioso administrativo para fijar, en cada caso, con sustento en las pruebas del proceso y según su prudente juicio, el valor de la indemnización del perjuicio moral. [...] Considerando que el salario mínimo mensual en Colombia se fija atendiendo fundamentalmente la variación del índice de precios al consumidor, se considera que el valor del perjuicio moral, en los casos en que éste cobre su mayor intensidad, puede fijarse en la suma equivalente a cien (100) salarios mínimos legales mensuales [...] cantidad que servirá de directriz a los jueces y tribunales de la misma jurisdicción".

cado por qué la cuantificación de la frustración por no obtener el título de abogado por tres años iguala tal situación"; b) sin "perjuicio del arbitrio citado, para cuantificar el daño el Tribunal se encontraba obligado a atender los parámetros establecidos por la jurisprudencia del Consejo de Estado y los criterios adscritos a los conceptos de 'reparación integral' y de 'equidad' consignados en el artículo 16 de la Ley 446 de 1998. Como se advirtió, la amplitud de la citada disposición, no constituye carta abierta para que se definan cantidades dinerarias arbitrarias. Por el contrario, es absolutamente necesario atender las particularidades del caso y definir, por lo menos, qué aspectos hacen equiparable el caso con la pérdida definitiva de un ser querido"; y c) "la ausencia de argumentos que expliquen por qué a la acción de reparación directa invocada [...] le es aplicable el monto máximo del perjuicio moral, llevan a que la Sala considere tal determinación como arbitraria y, por tanto, vulneradora de los derechos a la igualdad y al debido proceso" (resaltado fuera de texto).

40.3.- Finalmente, en la más reciente sentencia T-212 de 15 de marzo de 2012 [acción de tutela del ICFES contra las sentencias del Juzgado Tercero Administrativo del Circuito de Popayán y el Tribunal Administrativo del Cauca] la Corte Constitucional planteó la siguiente argumentación que debe observar el juez contencioso administrativo, desde la perspectiva de las garantías a la igualdad y al debido proceso: a) de acuerdo con la jurisprudencia "sobre perjuicios morales del Consejo de Estado, para que haya lugar a la reparación (i) basta que el padecimiento sea fundado, sin que se requiera acreditar ningún requisito adicional. En segundo lugar se indica que (ii) corresponde al juez 'tasar discrecionalmente' la cuantía de su reparación"[402]; b) a su vez, dicha jurisprudencia "da tres elementos de juicio para poder esclarecer qué implica el término "discrecionalmente", a saber: (1) la manera como el criterio fue aplicado al caso concreto; (2) los criterios que añade el Consejo de Estado y, finalmente (3) la cita al pie de página que fundamenta la posición de la sentencia"[403]; c) los "criterios adicionales que se advierten en la sentencia del Conse-

402   COLOMBIA, Consejo de Estado, Sección Tercera, sentencia de 13 de abril de 2000, exp. 11892, C.P.: Ricardo Hoyos Duque.

403   COLOMBIA, Consejo de Estado, Sección Tercera, sentencia de 13 de abril de 2000, exp. 11892, C.P.: Ricardo Hoyos Duque: "En el caso concreto considera la Sala que no hay lugar a condenar a la Nación por los perjuicios morales reclamados por el actor porque las molestias aducidas no alcanzan la connotación de daño moral, entendido este concepto en sentido amplio para abarcar no sólo el dolor moral sino otra serie de perjuicios no afectivos que inciden en el ámbito de la esfera espiritual. No hay duda de que el actor padeció las molestias e incomodidades inherentes al racionamiento de energía y al cambio de la hora legal, pues las mismas fueron sufridas por toda la población, como consecuencia de una medida que hubo necesidad de adoptar con el fin de conjurar una crisis que de prolongarse habría tenido consecuencias muy graves para la economía del país. Sin embargo, tales molestias no alcanzaron a juicio de la Sala y según la prueba que obra en el proceso a producirle al demandante un grave sufrimiento, susceptible de reparación, de la naturaleza de aquel que se padece por la pérdida de un ser querido o el agravio que se infiere al cuerpo o a los sentimientos o a los derechos fundamentales de las personas con una lesión o una injuria, sino tan solo incomodidades menores que si bien afectaron su vida cotidiana no incidieron seriamente en su espiritualidad. El demandante afirma que las limitaciones a que se vio sometido durante las horas de racionamiento le causaron aflicción, frustración, desesperación, desolación. Sin embargo, no demostró haber padecido realmente trastorno emocional significativo durante esa época. Si bien el sufrimiento moral se padece interiormente, son sus manifestaciones externas las que

jo de Estado para determinar la discrecionalidad judicial en materia de perjuicios morales son dos, a saber: (a) tener en cuenta 'las condiciones particulares de la víctima' y (b) tener en cuenta 'la gravedad objetiva de la lesión'. Da pues la jurisprudencia parámetros y factores de análisis mínimos a considerar por los jueces administrativos para identificar los perjuicios morales y el monto de los mismos"[404]; d) "el Consejo de Estado advierte que existe un parámetro constitucional mínimo para el ejercicio de la discrecionalidad judicial. Para hacerlo explícito, reitera la distinción que existe entre discrecionalidad y arbitrariedad presentada por la Corte Constitucional en la sentencia C-031 de 1995"[405]; e) la "jurisprudencia del Consejo de Estado, como se evidencia, ha sostenido que no basta con demostrar algún tipo de dolor o de afectación, se ha indicado que la misma ha de ser intensa, no puede ser cualquier tipo de contratiempo[406]. En tal medida, por ejemplo, demostrar detrimentos patrimoniales, incluso deterioro en la casa de habitación, no implica comprobar la existencia de perjuicios morales[407]. Pueden probar también situaciones contextua-

---

permiten su afirmación. Por lo tanto, no basta con asignar calificativos a los hechos, es necesario demostrar su existencia. En consecuencia, no hay lugar a declarar la responsabilidad del Estado en el caso concreto porque el demandante no acreditó el primer elemento de la reparación cual es el daño".

[404]   COLOMBIA, Consejo de Estado, Sección Tercera, sentencia de 13 de abril de 2000, exp. 11892, C.P.: Ricardo Hoyos Duque.

[405]   COLOMBIA, Corte Constitucional, sentencia C-031 de 1995: "Así, la discrecionalidad en cabeza de la administración no faculta al funcionario para imponer sus caprichos ni para incurrir en arbitrariedades: ella estriba en la posibilidad de apreciar libremente la oportunidad o conveniencia de la acción dentro de los límites fijados por la ley, uno de los cuales surge del fin que debe presidir toda actividad administrativa, cual es la prevalencia del interés público. En consecuencia, un fin extraño a él es ilícito y susceptible de ser anulado y controvertido judicialmente, como se anotó. No debe confundirse lo arbitrario con lo discrecional. En lo arbitrario se expresa el capricho individual de quien ejerce el poder sin sujeción a la ley. El poder discrecional por el contrario, está sometido a normas inviolables como las reglas de derecho preexistentes en cabeza del órgano o funcionario competente para adoptar la decisión en cumplimiento de los deberes sociales del Estado y de los particulares, a fin de proteger la vida, honra y bienes de los asociados, así como sus derechos y libertades. Dentro de la facultad discrecional, el poder o la competencia no tiene prefijada su decisión de una manera rígida, sino que en atención a la complejidad y variación de los factores de los asuntos sometidos a su jurisdicción, debe aplicar el precepto más adecuado y justo a la situación concreta, ateniéndose a los objetivos fijados por la Constitución y la ley, ajenos a su libre capricho".

[406]   COLOMBIA, Consejo de Estado, Sección Tercera, sentencia de 22 de abril de 2009, exp. 17000, C.P.: Ramiro Saavedra Becerra: "a pesar de que los demandantes lograron demostrar la incomodad que padecieron con ocasión del daño, lo cierto es que ese sentimiento no es de tal envergadura que justifique su reparación. En efecto, el daño moral es un perjuicio inmaterial que comprende el aspecto interno del individuo, la afección directa a los sentimientos del ser humano, como la congoja, la tristeza, etc., y para que haya lugar a su indemnización, es necesario que la afectación sea intensa, pues no cualquier contratiempo o contrariedad puede ser moralmente compensado, máxime si se tiene en cuenta que el único patrimonio de los demandantes no se destruyó ni se perdió, sino que, por el contrario, los daños generados al inmueble se repararon".

[407]   COLOMBIA, Consejo de Estado, Sección Tercera, sentencia de marzo 10 de 2011, exp. 20109, C.P.: Hernán Andrade Rincón: "Para probar el reclamado dolor moral por el deterioro de su casa de habitación, la parte actora pidió del ingeniero Juan José Arias Loaiza, único

les del caso, que evidencien los problemas vividos, pero ello no exime a la autoridad de contar con alguna prueba de los perjuicios morales en sí mismos considerados"[408]; f) "cuando la jurisprudencia contencioso administrativa reconoce al juez un espacio para el uso de su arbitrio y discrecionalidad para la definición de los perjuicios morales, está buscando considerar las condiciones especiales y particulares de cada asunto. Son tan especiales y particulares las condiciones del sufrimiento moral de cada persona, que corresponde al juez administrativo en cada caso concreto valorar la existencia del mismo y su magnitud, no ex ante y de forma general"; y g) "no implica que con el tiempo, poco a poco, la jurisprudencia no tenga la capacidad de identificar patrones fácticos similares en varios casos, que, en virtud del principio de igualdad, reclamen soluciones iguales[409]. Como lo ha reconocido esta Corporación

---

testigo que se refirió al tema en los siguientes términos: 'En realidad yo conocía a Reinel como una persona jovial, pero luego cuando me pidió el favor de mirar lo que estaba sucediendo en la casa, lo vi bastante preocupado, una de las niñas me comentó que estaba enfermo, que tenía inicios de asma, entonces dijo que iba a buscar una casa donde poderse pasar mientras le solucionaban el problema' (fl. 48 C. 2). Como bien puede observarse, de la declaración testimonial antes trascrita no resulta establecido que los demandantes estuviesen pasando por unas circunstancias especiales y fuera de lo común que justifiquen entender que padecían un dolor moral como el reclamado en la demanda, por manera que imperioso resulta para la Sala despachar negativamente su pedimento indemnizatorio por este concepto".

[408] COLOMBIA, Consejo de Estado, Sección Tercera, sentencia de 26 de 2008, exp. 15535, C.P.: Myriam Guerrero de Escobar: "Como bien puede observarse, los testigos no refieren la ocurrencia de especiales circunstancias que le permitan a la Sala siquiera suponer que la ocupación permanente de una parte de los predios de los accionantes les hubiere ocasionado una aflicción distinta al hecho de saber que no podrían ya ejercer sobre la franja de terreno ocupada los derechos derivados de la propiedad, asunto sobre el cual, por demás, tan solo da cuenta uno de los testigos. De otra parte, se evidencia que la situación de intranquilidad del señor Valencia y la señora Valencia de Castro, a la cual hacen referencia los testigos, deriva de otra causa distinta a la ocupación de sus predios, pues atañe propiamente a las consecuencias propias de las relaciones de vecindad que no únicamente ellos, sino todos quienes colindan o viven en cercanías a la base militar, pueden eventualmente llegar a soportar, máxime si se tiene en cuenta que el conocimiento que los testigos tienen sobre esos hechos es de oídas, pues proviene de lo que sus vecinos les han comentado; pero los testigos no afirman haber presenciado esos entrenamientos, como tampoco los hostigamientos, ni los maltratos que según dicen les infieren los soldados a los demandantes, como tampoco en el expediente se encuentran pruebas que soporten la ocurrencia de tales hechos. De allí que la Sala se deba abstener de reconocer la existencia de los perjuicios morales que dicen haber sufrido los demandantes, pero no por la razón que sirvió de fundamento al a quo para negar dicha pretensión, sino porque, como acaba de verse, su existencia no está acreditada en el proceso".

[409] COLOMBIA, Consejo de Estado, Sección Tercera, sentencia de 7 de marzo de 2002, exp. 20807, C.P.: Jesús María Carrillo Ballesteros: "Tiene establecido de tiempo atrás la jurisprudencia de esta Sala que la naturaleza de la indemnización del perjuicio moral no es reparadora ni restitutoria, sino compensatoria. En este sentido, asiste razón al apelante cuando afirma que todo el oro del mundo es insuficiente para compensar la pérdida que causa la muerte de un inocente niño. Y es, precisamente, sobre la anterior premisa que la jurisprudencia ha construido su criterio para la valoración e indemnización del perjuicio, en el que reconoce discrecionalidad al juzgador y apela a su buen juicio, pero que exige del mismo la observancia de principios tales como la equidad y la igualdad, en aras de los cuales, y sin que ello implique desconocer las circunstancias propias de cada caso, al entrar a fijar la indemnización debe concederla en un monto similar al reconocido frente a hechos similares. Aunque por mandato

(ver sentencia T-351 de 2011), la jurisprudencia contencioso administrativa ha encontrado tres principios básicos que han de orientar el cumplimiento de las funciones judiciales fundadas en la discreción judicial, a saber: equidad, razonabilidad y reparación integral. Estos principios, en especial la equidad, demandan al juez algún grado de comparación entre la situación evaluada y otras reconocidas previamente. De lo contrario puede llegarse a decisiones inequitativas, desproporcionas o discriminadoras".

40.4.- Desde la jurisprudencia de la Corte Suprema de Justicia, Sala de Casación Civil, no puede llamarse a lecturas parciales, acomodadas y dirigidas a justificar forzadamente el arbitrio del juez [*arbitrium judicis*], sino a ejercer con plena objetividad la labor de análisis que demanda el respeto por las garantías constitucionales que merecen respeto según la jurisprudencia de la Corte Constitucional. En ese sentido, considero, después de un estudio y análisis objetivo e imparcial de la sentencia de la Corte Suprema de Justicia, Sala de Casación Civil, de 18 de septiembre de 2009 [exp. 20001-3103-005-2005-00406-01, caso de muerte por electrocución], que en sede de la jurisdicción civil ordinaria la tasación y liquidación de los perjuicios morales atiende a los siguientes criterios: a) la "cuestión es que la lesión inferida a la interioridad del sujeto, es inasible e inconmensurable, concierne a las condiciones singulares de la persona, a su sensibilidad, sensaciones, sentimientos, capacidad de sufrimiento y no admite medición exacta e inflexible, desde luego que el sujeto experimenta un menoscabo no retrotraible y el dolor deviene irreversible, cuya existencia se considera en ciertas hipótesis señaladas por la jurisprudencia *in re ipsa* y cuya valoración se efectúa ex post sin permitir la absoluta reconstrucción del status quo ante"; b) de acuerdo con la dilatada jurisprudencia de la Corte Suprema de Justicia (sentencias de 10 de marzo de 1994, 5 de mayo de 1999 –exp. 4978–, 25 de noviembre de 1999 –exp. 3382–, 13 de diciembre de 2002 –exp. 7692– y 15 de octubre de 2004 –exp. 6199–), "es dable establecer su quantum a través del llamado arbitrium judicis", "tarea que, por lo demás, deberá desplegarse teniendo en cuenta que las vivencias internas causadas por el daño, varían de la misma forma como cambia la individualidad espiritual del hombre, de modo que ciertos incidentes que a una determinada persona pueden conllevar hondo sufrimiento, hasta el extremo de ocasionarle severos trastornos emocionales, a otras personas, en cambio, puede afectarlas en menor grado. Aparte de estos factores de índole interna, dice la Corte, que pertenecen por completo al dominio de la psicología, y cuya comprobación exacta escapa a las reglas procesales, existen otros elementos de carácter externo, como son los que integran el hecho antijurídico que provoca la obligación de indemnizar, las circunstancias y el medio en que el acontecimiento se manifiesta, las condiciones sociales y económicas de los protagonistas y, en fin, todos los demás que se conjugan para darle una individualidad propia a la relación procesal y hacer más compleja y difícil la tarea de estimar con la exactitud que fuera de desearse la equivalencia

---

constitucional los jueces en sus providencias sólo están sometidos al imperio de la ley, la misma Carta reconoce los criterios auxiliares que para la actividad judicial representan los principios generales del derecho, la equidad, la jurisprudencia y la doctrina. Bajo este universo, para la Sala es claro que, en tanto no contravengan ni el texto ni el espíritu de la ley, las directrices jurisprudenciales constituyen un importante instrumento para quien administra Justicia, además de brindar seguridad a los asociados sobre las pautas que regirán la resolución de sus conflictos".

entre el daño sufrido y la indemnización reclamada"; c) "admitida por esta Corte la reparación del daño moral sin más restricciones para fijar su cuantía que las impuestas por la equidad (ex bono et aequo) conforme al marco concreto de circunstancias fácticas (cas. civ. sentencias de 21 de julio de 1922, XXIX, 220; 22 de agosto de 1924, XXXI, 83), a partir de la sentencia de 27 de septiembre de 1974, es su criterio inalterado, la inaplicabilidad de las normas penales para su tasación, remitiéndose al *arbitrium iudicis*, naturalmente, ponderado, razonado y coherente según la singularidad, especificación, individuación y magnitud del impacto, por supuesto que las características del daño, su gravedad, incidencia en la persona, el grado de intensidad del golpe y dolor, la sensibilidad y capacidad de sufrir de cada sujeto, son variables y el *quantum debeatur* se remite a la valoración del juez"; d) para la valoración del quantum (tasación y liquidación) de los perjuicios morales fija una serie de criterios: "estima apropiada la determinación de su cuantía en el marco fáctico de circunstancias, condiciones de modo, tiempo y lugar de los hechos, situación o posición de la víctima y de los perjudicados, intensidad de la lesión a los sentimientos, dolor, aflicción o pesadumbre y demás factores incidentes conforme al arbitrio judicial ponderado del fallador"; e) contrario a la regla general a la que propone la Sala dar continuidad, la misma sentencia de la Corte Suprema de Justicia citada considera que la valoración del quantum "es cuestión deferida al prudente arbitrio del juzgador según las circunstancias propias del caso concreto y los elementos de convicción", esto es, que debe atender a cada caso, y no como resultado de la aplicación de reglas generales convertidas en "tabla de punto" o en criterio objetivo encubierto; f) "se consagra el resarcimiento de todos los daños causados, sean patrimoniales, ora extrapatrimoniales, aplicando la equidad que no equivale a arbitrariedad ni permite valoraciones manifiestamente exorbitantes o, al contrario inicuas y desproporcionadas en relación con los perjuicios sufridos"; y, finalmente, g) "en preservación de la integridad del sujeto de derecho, el resarcimiento del daño moral no es un regalo u obsequio gracioso, tiene por causa el quebranto de intereses protegidos por el ordenamiento, debe repararse *in casu* con sujeción a los elementos de convicción y las particularidades de la situación litigiosa según el ponderado *arbitrio iudicis*, sin perjuicio de los criterios orientadores de la jurisprudencia, en procura de una verdadera, justa, recta y eficiente impartición de justicia, derrotero y compromiso ineludible de todo juzgador".

40.5.- En tanto que estudiada objetiva e imparcialmente la jurisprudencia de la Corte Interamericana de Derechos Humanos, considero relevante destacar los siguientes criterios para la tasación y liquidación de los perjuicios morales: a) "la Corte ha asociado el daño moral con el padecimiento de miedo, sufrimiento, ansiedad[410], humillación, degradación, y la inculcación de sentimientos de inferioridad[411], inseguridad, frustración, e impotencia"[412-413;] b) en "Mack Chang v. Guatemala, por

---

410   Corte Interamericana de Derechos Humanos, caso *Blake c. Guatemala*, sentencia de 22 de enero de 1999, en la que se consideró para tasar el perjuicio moral el impacto que causó en la familia la desaparición de la víctima.

411   Corte Interamericana de Derechos Humanos, caso *Loayza Tamayo c. Perú*, sentencia de 17 de septiembre de 1997.

412   Corte Interamericana de Derechos Humanos, caso *Blake c. Guatemala*, sentencia de 22 de enero de 1999, en la que se consideró también la frustración e impotencia como factores a

ejemplo, la Corte ponderó las graves circunstancias del caso, así como el agudo sufrimiento de la víctima y sus familiares"[414]; c) en el caso Hermanas Serrano Cruz contra El Salvador, la Corte consideró que "es propio de la naturaleza humana que toda persona experimente dolor ante el desconocimiento de lo sucedido a un hijo o hermano, máxime cuando se ve agravado por la impotencia de las autoridades estatales de emprender una investigación diligente sobre lo sucedido"[415]; finalmente, en los caso *Velásquez Rodríguez contra Honduras*, y *Aleboetoe contra Suriname*, la Corte se apoyó en pruebas psicológicas para poder liquidar el perjuicio moral.

40.6.- Como puede verse, la posición que pretende defenderse no solo desconoce la necesaria motivación y prueba para la tasación y liquidación de los perjuicios morales, provocando que pueda incurrirse en la vulneración de las garantías constitucionales a la igualdad, al debido proceso y a la tutela judicial efectiva, que se ponga en cuestión el debido ejercicio del derecho a la reparación integral, y se prime la posición ilimitada de la víctima sin tener en cuenta las mínimas exigencias que para la tasación y liquidación de tales perjuicios existen, ni la verdadera aplicación del precedente horizontal. Luego, se comprende equivocadamente que la sentencia de 6 de septiembre de 2001 relativa a un accidente de tránsito cabe afirmarla como tal precedente pese a que sus supuestos fácticos, las situaciones que comprende y las singularidades de las víctimas no son similares a las de la sentencia de 29 de agosto de 2012.

40.7.- La sentencia de la Sala Plena de la Sección Tercera de 23 de agosto de 2012[416] sostiene claramente que el "Juez Contencioso al momento de decidir se encuentra en la obligación de hacer explícitos los razonamientos que lo llevan a tomar dicha decisión, en el entendido [de] que la ausencia de tales argumentaciones conlleva una violación al derecho fundamental del debido proceso" [citando la sentencia T-212 de 2012 de la Corte Constitucional]. A lo que se agregó, en la misma sentencia, una serie de criterios o motivaciones razonadas que debían tenerse en cuenta para tasar el perjuicio moral, sobre la base de la afirmación según la cual, "teniendo en cuenta las particularidades subjetivas que comporta este tipo de padecimiento que gravitan en la órbita interna de cada individuo, sin que necesariamente su existencia corresponda con la exteriorización de su presencia, ha entendido esta Corporación que es posible presumirlos para el caso de los familiares más cercanos, dada la naturaleza misma afincada en el amor, la solidaridad y el afecto que es in-

---

tener en cuenta en la tasación del perjuicio moral, consecuencia de la abstención de las autoridades de investigar los hechos.

[413] Julio José Rojas Báez, "La jurisprudencia de la Corte Interamericana de Derechos Humanos en materia de reparaciones y los criterios del proyecto de artículos sobre responsabilidad del Estado por hechos internacionales ilícitos", en [www.corteidh.org.cr/tablas/R22050.pdf].

[414] Corte Interamericana de Derechos Humanos, caso *Mack Chang c. Guatemala*, sentencia de 25 de noviembre de 2003: "resulta evidente que [la víctima] experimentó dolores corporales y sufrimiento antes de su muerte, lo que se vio agravado por el ambiente de hostigamiento que vivía en esa época".

[415] Corte Interamericana de Derechos Humanos, caso *Hermanas Serrano Cruz c. El Salvador*, sentencia de 1º de marzo de 2005.

[416] COLOMBIA, Consejo de Estado, Sección Tercera, sentencia de 23 de agosto de 2012, exp. 24392, C.P.: Hernán Andrade Rincón.

herente al común de las relaciones familiares, presunción de hombre que, desde luego, es susceptible de ser desvirtuada dentro del proceso". Y se concluyó, en la citada sentencia:

"[…] no puede perderse de vista que de tiempo atrás la jurisprudencia de esta Sala – y de la Corte Suprema de Justicia también–, ha soportado la procedencia de reconocimiento de este tipo de perjuicios y su valoración no solamente con fundamento en la presunción de afecto y solidaridad que surge del mero parentesco, sino que, acudiendo al *arbitrium judicis*, ha utilizado como criterios o referentes objetivos para su cuantificación las características mismas del daño, su gravedad y extensión, el grado de afectación en el caso a cada persona, vale decir el conjunto de elementos o circunstancias de hecho que enmarcan la situación del demandante afectado, para, por vía del análisis de conjunto, debidamente razonado, llegar a concretar un monto indemnizatorio determinado que de ninguna manera puede asumirse como algo gracioso, nacido de la mera liberalidad del juez".

40.8.- En correspondencia con los presupuestos fijados por la jurisprudencia constitucional, la Subsección C de la Sección Tercera del Consejo de Estado viene aportando al debate la postura de motivar los montos reconocidos por concepto de perjuicios morales, distinguiendo lo que es el simple reconocimiento, de la tasación y liquidación de los mismo, y proponiendo una metodología (en virtud de la autonomía e independencia del juez) fundada en el "test de proporcionalidad".

d. *La motivación de la tasación y liquidación de los perjuicios morales propuesta por la Subsección C de la Sección Tercera del Consejo de Estado*

41.- En la misma línea la Subsección C de la Sección Tercera del Consejo de Estado desde junio de 2011 viene afirmando la necesidad de motivar razonadamente la tasación de los perjuicios morales, con fundamento no solamente en la presunción de aflicción derivada de la mera constatación del parentesco, sino considerando respecto de las pruebas allegadas una serie de criterios o referentes objetivos que permitan la cuantificación del perjuicio moral de una manera razonada, proporcional y, especialmente, ponderadamente en consideración a cada caso, y no como una regla en abstracto.

41.1.- La motivación de la decisión judicial que ordena tasar y liquidar los perjuicios morales puede encontrar sustento en la teoría de la argumentación jurídica entre cuyos postulados se encuentran los siguientes:

"1. Toda valoración que el juez realice y que sea relevante para su decisión final del caso debe estar expresamente justificada mediante argumentos[417.]

---

[417] García Amado, *El derecho y sus circunstancias, cit.*, p. 52: "a la teoría de la argumentación le compete poner de manifiesto que las cosas de los jueces no son ni tan claras ni tan oscuras, que, entre el noble sueño y la pesadilla, en términos de Hart, cabe el camino intermedio de una posible racionalidad argumentativa, de un concepto débil, pero no inútil, de racionalidad. Ni es la práctica del derecho conocimiento puro, sin margen para la discrecionalidad judicial, ni es, por necesidad, extrema la discrecionalidad, transmutada en arbitrariedad irremediable. Los jueces deciden porque valoran, pero esas valoraciones son susceptibles de análisis y calificación en términos de su mayor o menor razonabilidad: en términos de la calidad y fuerza de convicción de los argumentos con que en la motivación de las sentencias vengan justificadas".

2. Estos argumentos han de tener tres propiedades que podemos denominar formales: no deben contener inferencias erróneas, no deben ser incompletos, en el sentido de que todas sus premisas no evidentes deben ser explicitadas, y han de ser pertinentes, es decir, tienen que versar sobre el verdadero contenido de las premisas del juicio que se quiere fundamentar[418].

3. Estos argumentos deben ser convincentes o, si se quiere utilizar una expresión menos rotunda, han de poder ser juzgados como razonables por cualquier observador imparcial, en el marco de la correspondiente cultura jurídica. Este requisito plantea la necesidad de que, como mínimo, dichos argumentos sean admisibles, y que lo sean por estar anclados en o ser reconducibles a algún valor esencial y definitorio del sistema jurídico propio de un Estado constitucional de derecho"[419].

41.2.- La satisfacción de esas exigencias es condición de que la decisión judicial merezca el calificativo de racional conforme a los parámetros mínimos de la teoría de la argumentación.

---

[418]   García Amado, *El derecho y sus circunstancias*, *cit.*, p. 63: "Las teorías de la argumentación jurídica acostumbran a diferenciar la justificación externa y la justificación interna de las decisiones. La justificación externa se refiere a la razonabilidad o aceptabilidad de las premisas, a las razones que amparan la elección de las premisas de las que la decisión se deriva. La justificación interna alude a la corrección de tal derivación, a la validez, lógica en mano, de la inferencia mediante la que de aquellas premisas se saca la resolución a modo de conclusión […] La decisión final, la que se contiene en el fallo de la sentencia, es el producto lógicamente resultante de una serie de decisiones previas, las decisiones que configuran las premisas, que les dan su contenido. Esas previas decisiones son propiamente tales, lo que quiere decir que encierran la opción entre distintas alternativas posibles. Y por ser, así, decisiones, elecciones que el juez hace, han de estar justificadas. La justificación externa es justificación de la elección de las premisas. Son las premisas las que sostienen directamente el fallo, pues éste, por así decir, se justifica solo, en cuanto que es o pretende ser mera conclusión inferida con necesidad lógica de esas premisas. Aquí viene ahora a cuento lo que podríamos denominar la regla de exhaustividad de la argumentación, regla argumentativa que se puede enunciar así: toda afirmación relevante para la configuración de una premisa de la decisión final y cuyo contenido no sea perfectamente evidente debe estar basada en razones explícitas, tantas y tan convincentes como sea posible. En otros términos, el razonamiento judicial mostrado en la motivación no debe ser entimemático en nada que no sea evidente, no puede haber premisas o subpremisas ocultas".

[419]   García Amado, *El derecho y sus circunstancias*, *cit.*, pp. 69 y 70, en donde de manera crítica se argumenta: "En su estado actual, la llamada teoría de la argumentación jurídica tiene dos carencias principales. Una, que no ha sido capaz de proporcionar apenas herramientas manejables y suficientemente precisas para el análisis de los argumentos en las sentencias. Falta una buena taxonomía de los argumentos habituales y falta desarrollar las reglas del correcto uso de esos argumentos. Esto parece consecuencia de la deriva que la teoría de la argumentación ha tomado hacia las cuestiones de justicia material y de la síntesis dominante entre teoría de la argumentación y iusmoralismo. Por esa vía acaba importando más el contenido del fallo y el modo en que se discute su justicia o injusticia, su coherencia mayor o menor con los valores morales que se dicen constitucionalizados y que se piensa que son el auténtico sustrato material del derecho, que el modo mejor o peor como se argumente la interpretación de la norma aplicable o la valoración de las pruebas. La teoría de la argumentación ha ido abandonando la racionalidad argumentativa para echarse cada vez más en brazos de las viejas doctrinas que opinan que hablar es perder el tiempo cuando no sirve para llegar a la conclusión a la que se tiene que llegar".

Con ello se comprueba que la racionalidad argumentativa de una sentencia no depende del contenido del fallo, sino de la adecuada justificación de sus premisas[420].

41.3.- La garantía constitucional de acceso a la administración de justicia se concreta, sin lugar a dudas, en la motivación que el juez como representante del Estado debe dar a sus providencias, no solo como forma de respetar los expresos mandatos constitucionales de los artículos 228 y 230, sino como expresión del acceso a la justicia en igualdad para todas las partes [arts. 229 y 29 C.P.] y de respeto a los derechos al debido proceso y a la defensa. En la doctrina más reciente se afirma:

"[…] la garantía constitucional de motivación de las sentencias supone que el Estado, partiendo de la prohibición de la autodefensa de los particulares en virtud del principio de reserva de jurisdicción, ofrece a estos a cambio la acción, entendida como invocación de la garantía por parte del Estado de observancia del Derecho[421], y ofrece la acción a través del proceso, del *processus iudicii*, siendo, precisamente ese juicio, el núcleo fundamental que da sentido no sólo al proceso, como magistralmente lo entendió CARNELUTTI en su célebre trabajo Torniamo al giudizio[422], sino también a la propia garantía de motivación judicial, porque será mediante la motivación de la decisión en la fase de juicio, primero coram *proprio iudice* y, luego, coram partibus, cuando efectivamente se cumpla con lo estipulado en sede constitucional, haciendo visible en la fundamentación de la resolución esa sujeción que el propio Estado se ha impuesto a su poder soberano a través de la garantía de observancia de su propio Derecho"[423].

41.4.- Como puede observarse, la motivación de las decisiones, resoluciones o sentencias judiciales no obedece a un capricho, ni puede quedar reducida a fórmulas mecánicas de redacción con las que simplemente se estará incumpliendo con los mandatos constitucionales señalados al principio, "porque el reconocimiento en sede constitucional de la garantía de motivación de las sentencias, implica que, al menos, en el plano formal, los ciudadanos tengan una razonable expectativa de seguridad y confianza en la jurisdicción, cuando ejerciten la acción en un concreto proceso. El recono-

---

[420]   García Amado, *El derecho y sus circunstancias, cit.*, p. 49: "Podría añadirse un cuarto requisito: que ni las premisas empleadas y justificadas ni el fallo vulneren los contenidos de las normas jurídicas, al menos en lo que tales contenidos sean claros. Esta exigencia se desdobla, a su vez, en dos: a. que los elementos con que el juez compone su razonamiento decisorio no rebasen los límites marcados por las normas procesales; b. que el fallo no contradiga el derecho sustantivo".

[421]   *Cfr.* O. Calamandrei, *Instituciones de Derecho Procesal Civil*, vol. I, trad. Sentís Melendo, S., Buenos Aires, 1962, pp. 221 y ss.: "Muy bien expresa este pensamiento el gran procesalista Piero Calamandrei, cuando dice que "el individuo, privado por el Estado del poder de hacerse justicia a sí mismo tiene, en contrapartida, la facultad de dirigirse al Estado para obtener justicia contra el obligado, porque al faltar el voluntario cumplimiento del obligado, el titular del derecho se dirige al Estado a fin de que, como garante de la observancia del Derecho, convierta la obligación en sujeción, entendiéndose así la acción como *iure conditio* de la jusridicción".

[422]   *Cfr.* F. Carnelutti, "Torniamo al giudizio", en *Rivista di Diritto Proccesale*, 1949, pp. 165 y ss.

[423]   Tomás-Javier Aliste Santos, *La motivación de las resoluciones judiciales*, Marcial Pons, Madrid, 2011, pp. 138 y 139.

cimiento de esta garantía en sede constitucional subraya especialmente el compromiso de limitación y sujeción del Estado a su propio Derecho en las sentencias"[424].

41.5.- La motivación de las sentencias como limitación y sujeción del Estado "a su propio Derecho" no opera solamente en uno de los extremos del proceso, demandante (ciudadano-administrado), sino que puede invocarse en el contencioso administrativo por la administración pública, como demandada. Lo anterior procede en atención a la aplicación del principio de legitimación democrática, cuya articulación con la sumisión del juez a la ley nadie duda[425].

41.6.- Así mismo, la motivación de las sentencias debe permitir distinguir entre aquella que es suficiente, y la que es completa. RAFAEL DE ASÍS entiende que "el concepto de motivación suficiente se refiere al conjunto de elementos necesariamente presentes en la decisión judicial para que ésta sea válida, mientras que la motivación completa se distinguiría del concepto anterior por referirse ante todo a la corrección de la decisión y no sólo a la validez de la misma. Es decir, al conjunto de elementos que hacen que una decisión válidamente elegida sea también racionalmente correcta"[426]. Desde la perspectiva procesal la "motivación completa alude a una justificación plena de la *facti* como en aquellos otros que integran la *quaestio iuris*. Por el contrario, la motivación suficiente alude a un mínimo de razonamiento justificativo ineludible para que la resolución judicial sea conforme a las funciones propias de la exigencia constitucional y legalmente garantizada de motivación"[427].

41.7.- En las dos perspectivas, filosófica y procesal, la motivación de las sentencias [de las decisiones judiciales] tiene unos criterios fundamentadores reconocibles: a. cuando se invoca la motivación suficiente se está exigiendo del juez [contencioso administrativo], que tenga en cuenta en la construcción de su decisión los elementos imprescindibles y necesarios para dotar de validez a la misma; b. cuando se invoca la motivación completa, el juez debe ajustar su decisión a unos mínimos de corrección, y no solo a la simple validez, que se sustenta en la racionalidad como principio básico; c. la motivación es completa, también, cuando se comprende la justificación de todos los aspectos fácticos y jurídicos integrados en la litis; d. finalmente, la motivación será suficiente, también, cuando el juez realiza un razonamiento justificativo, y no simplemente inductivo, presuntivo o especulativo.

41.8.- En la jurisprudencia constitucional la motivación de las sentencias judiciales

"[…] tiene sentido no solo por que [sic] la misma es presupuesto de la garantía de la doble instancia, dado que en la práctica, si el juez no expresa suficientemente las razones de su fallo, se privaría a la parte afectada por el mismo, del ejercicio efectivo de los recursos que pueda haber previsto el ordenamiento jurídico, sino también como elemento de legitimación de la actividad jurisdiccional, puesto que los destinatarios de la misma deben recibir de manera clara el mensaje según el cual la decisión no es el fruto del arbitrio del funcionario judicial sino el producto de la aplica-

---

[424] *Ibíd.*, p. 139.

[425] Javier Pérez Royo, *Curso de derecho constitucional*, 11ª ed., Madrid, 2007, p. 760.

[426] Rafael De Asís Roig, *El juez y la motivación en el Derecho*, Dykinson, Madrid, 2005, pp. 31-32.

[427] Aliste Santos, *La motivación de las resoluciones judiciales*, *cit.*, p. 164: "Estamos, en este último caso, ante un concepto jurídicamente indeterminado, que no responde a ningún apriorismo y su formulación exige analizar cada caso en concreto".

ción razonada del derecho a los hechos relevantes y debidamente acreditados en el proceso. De este modo, los jueces deben exponer suficientemente la manera como su decisión se deriva del derecho aplicable y corresponde a una adecuada valoración de los hechos que fueron sometidos a su consideración. Esa exigencia tiene un elemento adicional cuando se trata de decisiones de segunda instancia, pues en tales eventos el juez debe no solo justificar el sentido de su propia providencia, sino mostrar, además, las razones por las cuales, cuando ese sea el caso, se ha revocado la decisión del inferior"[428].

41.9.- Dicho sentido, siguiendo a la jurisprudencia constitucional, debe tener en cuenta, además:

"[...] [en un] Estado democrático de derecho, en tanto garantía ciudadana, la obligación de sustentar y motivar las decisiones judiciales, resulta vital en el ejercicio de la función jurisdiccional. La necesidad de justificar las decisiones judiciales, salvo aquellas en las cuales expresamente la ley ha prescindido de este deber, garantiza que sea la voluntad de la ley y no la del juez la que defina el conflicto jurídico. En este sentido, la motivación de los actos jurisdiccionales, puede ser vista como un componente que refuerza el contenido mínimo del debido proceso, dado que constituye una barrera a la arbitrariedad judicial y contribuye a garantizar la sujeción del juez al ordenamiento jurídico y el posterior control sobre la razonabilidad de la providencia"[429].

41.10.- Lo anterior implica que la motivación, más allá del debate dicotómico entre suficiente y completa, se exige como garantía de materialidad del ejercicio del debido proceso, "barrera a la arbitrariedad judicial", plena sujeción del juez al ordenamiento jurídico y ejercicio de un verdadero juicio de razonabilidad en la decisión judicial.

41.11.- De acuerdo con TARUFFO, "la motivación exige como requisito fundamental una adecuación plena al principio de completitud del discurso justificativo que la desarrolla"[430], lo que supone que

"[...] el principio de completitud de la motivación garantiza que la cognición judicial se ha desarrollado atendiendo a la ineludible exigencia de juzgar conforme a lo alegado por las partes, que delimitan el objeto procesal, atendiendo al viejo *brocardo iudex debet iudicare secundum allegata et probata partium*[431]. Por eso, bien puede compartirse que la exigencia de completitud de la motivación sea regla general, modulándose su validez en cada caso concreto a tenor de la vieja máxima *exceptio firmat regulam in contrario in casibus non exceptis*"[432].

41.12 Con fundamento en lo anterior, la motivación (o argumentación) de los perjuicios morales exige que el juez contencioso administrativo pueda distinguir: 1) el reconocimiento de los perjuicios, para cuya motivación cabe sustentarse en la presunción de aflicción cuando se trata de dosificarlos en el caso de la muerte o

---

[428] COLOMBIA, Corte Constitucional, sentencia T-249, de 28 de marzo de 2006.

[429] COLOMBIA, Corte Constitucional, sentencia T-302, de 3 de abril de 2008.

[430] Michele Taruffo, *La motivazione della sentenza civile*, Padova, 1975, pp. 450 ss.

[431] E. Fazzalari, "La sentenza in rapporto alla struttura e all'oggetto del processo", en *Rivista Trimestrale di Diritto e procedura civile*, 1986, p. 433.

[432] Aliste Santos, *La motivación de las resoluciones judiciales*, cit., p. 169.

lesión de una persona; o, en la vulneración de los derechos inherentes a los bienes muebles o inmuebles que resulten afectados; 2) la tasación y liquidación de los perjuicios, en cuya motivación puede el juez aplicar diferentes metodologías para, con fundamento en los principios de razonabilidad, proporcionalidad y justicia dosificar el quantum indemnizatorio.

41.13 Con base en las anteriores premisas, el juez (contencioso administrativo) está llamado a considerar, dentro de su discrecionalidad judicial, en su apreciación, criterios como: i) el dolor sufrido, ii) la intensidad de la congoja; iii) la cercanía con el ser perdido, iv) el (los) derecho(s) vulnerado(s) –considerar, en especial, la vulneración de derechos humanos, o del derecho internacional humanitario–, v) la conformación del núcleo familiar, vi) las diversas relaciones y vii) la valoración ponderada de lo que representa moralmente la angustia, la tristeza y la aflicción [de enfrentarse con el fallecimiento de sus familiares; o por la pérdida de bienes muebles o inmuebles]. Se trata de criterios objetivos fundados en los principios de equidad, razonabilidad, reparación integral y proporcionalidad, que deben permitir al juez determinar con justicia [distributiva] la tasación del quantum indemnizatorio de los perjuicios morales reclamados en cada caso en concreto, y que no pueden generalizarse aplicando las reglas de la experiencia como si se tratara de variables unívocas y uniformes433, debiendo por el contrario considerarse las circunstancias de cada caso en concreto, las singularidades de los sujetos, de los grupos familiares y la aplicación de los anteriores criterios. Sin embargo, una vez definidos los criterios o referentes objetivos [como lo señala la sentencia de Sala Plena de la Sección Tercera de 23 de agosto de 2012, exp. 23492], cabe determinar el quantum indemnizatorio, para lo que cada juez en el ejercicio de su razonado arbitrio puede emplear el método, o metodología, que permita una ponderada dosificación, siendo para este caso procedente la aplicación de la metodología del "test de proporcionalidad", como expresión de la debida continuidad de las sentencias de Sala Plena de Sección Tercera de 6 de septiembre de 2001 y de 23 de agosto de 2012.

e. *El test de proporcionalidad como metodología para la tasación y liquidación de los perjuicios morales*

42.- Ahora bien, examinados los presupuestos de motivación para la indemnización de los perjuicios morales, para su desdoblamiento se propone emplear el "test de proporcionalidad" como metodología para la tasación y liquidación de los perjuicios morales, sustentada en una serie de criterios que intentaré presentar.

42.1.- Es necesario advertir que el principio de proporcionalidad no aparece solo en la jurisprudencia constitucional reciente, sino que tiene aplicación originaria en el "derecho de policía prusiano" donde

---

433 Agnes Heller, *Teoría de los sentimientos*, 1ª reimpr., Coyoacán, México, D.F., 2004, p. 15: "¿Es posible, o mejor dicho, tiene sentido definir o analizar lo que llamamos 'sentimientos' en toda su generalidad? Al fin y al cabo, nunca nos encontramos ante el 'sentimiento' ni en nuestra existencia cotidiana ni en las actividades y objetivaciones que se elevan por encima de la vida diaria. Nos vemos confrontados a una diversidad de sentimientos cuyas funciones concretas no parecen tener nada en común. El sentimiento de ser descubierto, de gozar del sol, de hambre, de desprecio por algo o alguien, todos esos sentimientos juegan en mi vida papeles tan distintos que hacen por lo menos dudoso el que tenga derecho metodológicamente a empezar mi análisis antropológico partiendo del 'sentimiento general'".

"[…] resultó decisiva la doctrina de Carl Glottlieb Svarez, quien esbozó los sub-principios de necesidad y proporcionalidad en sentido estricto. Asimismo, Svarez señaló que la posibilidad de que las intervenciones estatales en la libertad pudieran considerarse legítimas dependía de su intensidad y de los objetivos que pretendiesen alcanzar. No todos los propósitos habilitan al poder político para intervenir en la libertad individual con igual contundencia. Según Svarez, el Estado tiene competencia para intervenir en la libertad con mayor intensidad cuando persigue evitar daños comunitarios o disminuir el riesgo frente a peligros apremiantes –es decir, cuando cumple una función de defensa–, que cuando pretende "promover el bienestar de la comunidad, la belleza o patrocinar otros fines secundarios similares"[434].

42.2.- El principio de proporcionalidad, pues, que se convirtió en principio del derecho de policía, y hoy se ha proyectado constitucionalmente, ahora se pretende emplear para la tasación y liquidación de los perjuicios morales.

42.3.- Debe partirse de concebir el carácter inconmensurable del perjuicio moral, siguiendo la jurisprudencia de la Corte Suprema de Justicia, de tal manera que su tasación no obedezca a criterio alguno de compensación. En ese sentido, la Corte Suprema en su jurisprudencia señala:

"En torno al perjuicio moral es de recordar que su indemnización no obedece a un criterio compensatorio, desde luego que la vida humana es inconmensurable, sino a uno satisfactorio, destinado a mitigar en lo posible la enorme pena que en el fondo queda ante la ausencia de un ser amado, razón por la cual en su apreciación han de considerarse el dolor de quien lo sufre, la intensidad de su congoja, la cercanía con el ser perdido, entre otras cosas, para con cimiento en la equidad arribar al más justo valor, distante por lo general de la matemática exactitud con que se escruta el daño material"[435].

42.4.- En tanto que la más reciente sentencia de la Sala Plena de Sección Tercera del Consejo de Estado, de 23 de agosto de 2012 [exp. 23492, C.P.: Hernán Andrade Rincón], no limitó, ni negó, ni se opuso a que cada juez en ejercicio de su *arbitrium iudicis* determinara el *quantum* indemnizatorio, o liquidara los perjuicios morales empleando un método o metodología como la del "test de proporcionalidad", reiterándose la argumentación de la mencionada sentencia,

"[…] [se] ha soportado la procedencia de reconocimiento de este tipo de perjuicios y su valoración no solamente con fundamento en la presunción de afecto y solidaridad que surge del mero parentesco, sino que, acudiendo al *arbitrium judicis*, ha utilizado como criterios o referentes objetivos para su cuantificación las características mismas del daño, su gravedad y extensión, el grado de afectación en el caso a cada persona, vale decir el conjunto de elementos o circunstancias de hecho que enmarcan la situación del demandante afectado, para, por vía del análisis de conjunto, debidamente razonado, llegar a concretar un monto indemnizato-

434 Bernal Pulido, *El principio de proporcionalidad y los derechos fundamentales*, *cit.*, p. 47.

435 COLOMBIA, Corte Suprema de Justicia, Sala de Casación Civil, sentencia de 15 de abril de 2009, exp. 1995-10351.

rio determinado que de ninguna manera puede asumirse como algo gracioso, naci-do de la mera liberalidad del juez"[436].

42.5.- La premisa inicial que plantea la Sala es que la discrecionalidad que el le-gislador le otorgó al juez, en el marco del artículo 16 de la Ley 446 de 1998, en materia de tasación y liquidación de los perjuicios morales no está sujeta a imposi-ciones jurisprudenciales, ni a limitaciones conceptuales, menos a aquellas con las que no solo pueda socavarse su libre ejercicio por el juez, sino que lo condicione tanto que se convierta una construcción jurisprudencial en precedente cuando no tiene dicho alcance, implicando, además, en el fondo, la generación de desigualda-des e, incluso, de discriminaciones.

42.6.- De ahí, pues, que como manifestación de la discrecionalidad, de la que está dotado el juez por el legislador, se emplea [sin convertirse en regla normativa, ni en tabla de punto, al ser aplicable solo al caso en concreto] la metodología del test de proporcionalidad[437], que busca como objetivos: i) que haya una acreditación o prueba mínima del perjuicio moral en cabeza de los demandantes, sin que sea supli-da por la simple presunción jurisprudencial de aflicción o por las reglas de la expe-riencia del juzgador (suficientes para el reconocimiento del perjuicio, pero no para la tasación y liquidación), debiendo por el contrario reunir la mayor cantidad de ele-mentos posibles a valorar, con la advertencia de las limitaciones que tiene el juez para tasar en cabeza de qué personas cabe afirmar una mayor intensidad del dolor moral o aflicción que en otras; así mismo, ii) se busca la aplicación, en sede del contencioso administrativo, del principio de proporcionalidad[438], el cual no está

---

[436] COLOMBIA, Consejo de Estado, Sección Tercera, sentencia de 23 de agosto de 2012, exp. 23492, C.P.: Hernán Andrade Rincón.

[437] Bernal Pulido, *El principio de proporcionalidad y los derechos fundamentales*, cit., p. 49: "a pesar de que el principio de proporcionalidad no esté tipificado en ninguna disposición posi-tiva del Derecho administrativo francés, y de que tampoco suela ser mencionado ex profeso en los fundamentos jurídicos de las sentencias, la Jurisdicción Contencioso-Administrativa lo aplica de manera implícita con bastante frecuencia (sobre la aplicación implícita del principio de proporcionalidad en el derecho administrativo francés, X. Philippe aclara que 'el juez francés –administrativo u ordinario– ha preferido siempre esquivar el término [proporciona-lidad] y aplicar su contenido o su esencia, recurriendo a nociones cercanas, paráfrasis o sinó-nimos'. No obstante, este mismo autor sostiene que a partir de la última década del siglo XX se ha comenzado a vislumbrar un cambio de tendencia, por efecto de la influencia sobre los jueces franceses de las decisiones de los tribunales de Estrasburgo y Luxemburgo, en las cua-les se hace una alusión explícita y directa al principio de proporcionalidad. (*Vid.* ÍD., "El principio de proporcionalidad en el derecho público francés"). Para tal efecto, el principio de proporcionalidad se integra al control que se surte mediante las técnicas de desvío de poder, calificación jurídica de los hechos, error manifiesto, necesidad del acto y balance entre los costos y los beneficios de las actuaciones del Estado. En el Derecho administrativo italiano, en cambio, este principio ha comenzado a aplicarse por parte de los tribunales como criterio autónomo. No obstante, en ocasiones continúa siendo considerado como un componente de los criterios de razonabilidad, congruencia, adecuación, igualdad y exceso de poder, que se utilizan para evaluar la legalidad de los actos administrativos".

[438] "La proporcionalidad en el derecho refiere a una máxima general y parámetro de acción para la totalidad de la actividad estatal, aunque no exclusivamente, ya que el principio de propor-cionalidad puede llegar a aplicarse también en el ámbito de las relaciones particulares regidas por el derecho privado. En sentido constitucional, la proporcionalidad es un principio de co-

vedado o prohibido en su aplicación, ni se puede considerar solamente como una herramienta para resolver las tensiones constitucionales entre derechos, intereses y principios[439], sino que cabe afirmarlo, a partir del subprincipio de ponderación y del principio de la razonabilidad, en sede de la liquidación de los perjuicios morales; ello, de tal manera que el juez oriente su raciocinio desde una perspectiva jurídica, teniendo en cuenta los mínimos criterios objetivos empleados para la tasación (una "crítica frecuente a la ponderación es que la Corte [americana] no cuenta con un criterio objetivo para valorar o comparar los intereses en juego [...] Por tanto, la ponderación demanda el desarrollo de una balanza de valores externos a las preferencias personales de los jueces"[440]); lo anterior, de tal manera que al indemnizar los perjuicios morales como materialización del derecho a la reparación integral, esta no sea absoluta, sino que ponderadamente se corresponda con la afectación en la esfera moral, atendiendo a las circunstancias de cada caso y a la verificación de los criterios objetivos[441], permitiéndose hacer compatible la exigencia de reparar integralmente con la equidad y justicia distributiva exigible[442], sin necesidad de acudir a

---

rrección funcional de toda la actividad estatal que, junto con otros principios de interpretación constitucional –unidad de la Constitución, fuerza normativa, fuerza integradora, concordancia práctica, armonización concreta, inmunidad de los derechos constitucionales e interpretación conforme a la Constitución–, busca asegurar que el poder público actúe dentro del marco del Estado de Derecho, sin excederse en el ejercicio de sus funciones. Su fundamento normativo último está dado por los principios fundamentales de Estado de Derecho (artículo 1 C.P.), fuerza normativa de la Constitución (artículo 4 C.P.) y carácter inalienable de los derechos de la persona humana (artículo 5 C.P.). En el derecho penal, la proporcionalidad regula las relaciones entre diversas instituciones, como entre la gravedad de la conducta punible y la sanción penal a imponer por su comisión, entre las causales de justificación y la posible eximente de punibilidad, entre las causales de agravación o atenuación y la graduación de la pena, o entre la magnitud del daño antijurídico causado y la sanción pecuniaria correspondiente a fijar por el juez, como se analiza en la presente providencia".

[439]   Maurer, *Derecho administrativo, cit.,* p. 274: "El principio de proporcionalidad en sentido amplio se deduce del Estado de Derecho y ha de ser observado en todo momento. No rige únicamente para la Administración sino también para el Legislativo [...] y contribuye, en general, a la determinación de los límites de los derechos fundamentales en cuanto mandato de ponderación entre la acción de libertad de los particulares y el interés público limitador de esa libertad".

[440]   Aleinikoff, *El derecho constitucional en la era de la ponderación, cit.,* pp. 74 y 75.

[441]   Bernal Pulido, *El principio de proporcionalidad y los derechos fundamentales, cit.,* cita 16, p. 46, en donde se recuerda que la aplicación de la ponderación como subprincipio de la proporcionalidad ha sido modulada en los siguientes términos: "El primer principio de Derecho Público señala que el Estado tiene derecho a restringir la libertad de los particulares en cuanto sea necesario para poder hacer compatibles la libertad y la seguridad. De esta consideración se desprende el primer principio del Derecho de policía: que sólo para evitar un daño temido con gran peso moral para la sociedad burguesa y sólo bajo la esperanza de alcanzar una ventaja para el Estado entero puede ser restringida la libertad natural de los ciudadanos individuales mediante la ley de policía [...] Los daños que mediante la restricción de la libertad deben ser evitados, deben tener una importancia mucho mayor que la desventaja que la comunidad y los particulares sufren a causa de una restricción semejante".

[442]   Aleinikoff, *El derecho constitucional en la era de la ponderación, cit.,* pp. 66 y 67, en donde se dice que ello ha sido reconocido en el derecho constitucional anglosajón de la siguiente manera: "La protección igualitaria ha sido testigo del desarrollo de un nivel intermedio de

discursos sociológicos, psicológicos o de otro orden[443], discursos que solo contribu-
yen a distorsionar el papel del juez al momento de la tasación y liquidación de los
perjuicios morales, y a crear desigualdades propias de la visión subjetiva que desde
la posición del juzgador intenta establecer in abstracto un valor genérico del perjuicio moral (porque así como la "intensidad de las penas no deberá ser desproporcionada en relación con la infracción"[444], cabe afirmar otro tanto del perjuicio moral
indemnizable, que no puede ser desproporcionado en relación con la afectación que
se produce en cada caso y atendiendo a los criterios objetivos) que cabe indemnizar
en los diferentes eventos en los que queda acreditado el daño antijurídico y su imputación.

42.7.- La aplicación del "test de proporcionalidad", como metodología para liquidar los perjuicios morales, dentro de la discrecionalidad o arbitrio del juez (reconocido por el legislador), tiene sustento constitucional y permite afrontar la crítica
según la cual en el "Estado de Bienestar (estadio en el que se encuentra implicado el
Estado Social de Derecho como modelo de nuestra Nación) provocó en un primer
momento dos cambios esenciales.

42.8.- Se pidió progresivamente a los jueces que aplicaran estándares abiertos
como equidad, buena fe, razonabilidad y negación del enriquecimiento injusto[445].
Sin duda, dicha formulación se aparta de la función judicial tradicional de la aplicación formal de las normas, al igual que de la idea de un conjunto de normas poseedor de las cualidades de generalidad, igualdad y certeza[446].

---

escrutinio que exige que una ley esté 'sustancialmente relacionada' con 'intereses gubernamentales importantes'. Este examen se ha aplicado a demandas de discriminación por género
y legitimidad, y, por cuatro jueces, a casos de clasificaciones sociales con el propósito de
ayudar a los afroamericanos".

[443]   Brian Tamahana, *En torno al Estado de derecho. Historia, política y teoría*, Universidad
Externado, Bogotá, 2011, p. 177, según el cual lo anterior conduce desde cierta perspectiva a
pensar que el "estilo del discurso jurídico se acercó al de los lugares comunes de la argumentación política o económica cuando el razonamiento jurídico intencionado y las preocupacio-
nes por la justicia sustantiva empezaron a prevalecer. Surgen serias dudas sobre la legitimidad de esa manera de tomar las decisiones judiciales. Ofende la libertad política que los jueces no elegidos tengan que tomar decisiones cuya índole no difiere de las que toman las legislaturas".

[444]   Lo que normativamente se encuentra consagrado en la actual Constitución Europea, artículo
II.109.3.

[445]   Tamahana, *En torno al Estado de derecho*, cit., p. 175.

[446]   Luigi Ferrajoli, *Derechos y garantías. La ley del más débil*, 7ª ed., Trotta, Madrid, 2010, p.
22: "El paradigma del Estado constitucional de derecho —o sea, el modelo garantista— no es
otra cosa que esta doble sujeción del derecho al derecho, que afecta a ambas dimensiones de
todo fenómeno normativo: la vigencia y la validez, la forma y la sustancia, los signos y los
significados, la legitimación formal y la legitimación sustancial o, si se quiere, la 'racionalidad formal' y la 'racionalidad material' weberianas. Gracias a la disociación y a la sujeción
de ambas dimensiones a dos tipos de reglas diferentes, ha dejado de ser cierto que la validez
del derecho dependa, como lo entendía Kelsen, únicamente de requisitos formales, y que la
razón jurídica moderna sea, como creía Weber, sólo una 'racionalidad formal'; y también
que la misma esté amenazada, como temen muchos teóricos actuales de la crisis, por la in-
serción en ella de una 'racionalidad material' orientada a fines, como lo sería la propia del
moderno Estado social".

De ahí, pues, que las cláusulas abiertas y los estándares generales lleven a que las cortes y los departamentos administrativos se dediquen a una ponderación ad hoc de intereses reacios a ser reducidos a reglas generales.

42.9.- El razonamiento intencionado y la justicia no formal también causan problemas al ideal de generalidad. El abogado orientado a la política sostiene que parte de la interpretación de una norma es elegir los medios más eficientes para lograr los fines que se le asignan a ella.

Pero como las circunstancias a las que se refieren las decisiones cambian y como la interpretación de quien toma la decisión varía, así también debe suceder con la forma en que él interpreta las normas "[…] Por tanto, la noción de áreas estables de derechos y obligaciones individuales, una noción inseparable del ideal del Estado de derecho, se erosionará. La búsqueda de la justicia sustantiva corrompe la generalidad jurídica en un grado aún mayor.

Cuando la gama de desigualdades inadmisibles entre situaciones sociales se amplía, la necesidad de tratamiento individualizado aumenta correspondientemente. Sin importar cómo se defina la justicia sustantiva, ésta solo se puede lograr tratando de manera diferente las diferentes situaciones"[447].

42.10.- Todo lo cual lleva a concluir, que "el problema no consiste en indagar si la aplicación del principio de proporcionalidad puede sustentarse en argumentaciones que la hagan objetiva, sino, si mediante la aplicación de dicho principio puede alcanzarse una mayor racionalidad relativa, en comparación con aquélla que se logra cuando se aplican los criterios alternativos"[448].

42.11.- Con base en lo anterior, para aproximarse a la liquidación de los perjuicios morales debe sujetarse al criterio determinante de la intensidad del daño, que usualmente se demuestra con base en las pruebas testimoniales, las cuales arrojan una descripción subjetiva de quienes, por las relaciones familiares, afectivas, de cercanía, conocimiento o amistad deponen en la causa, restando objetividad a la determinación de dicha variable, cuya complejidad en una sociedad articulada, plural y heterogénea exige la consideración de mínimos objetivos para la tasación proporcional, ponderada y adecuada de los perjuicios morales, sin que se constituya en tarifa judicial o se pretenda el establecimiento de una tarifa legal.

42.12.- En cuanto al fundamento de este test, se encuentra en la aplicación de la proporcionalidad[449] desde la perspectiva del juicio de igualdad[450], y de la necesidad

---

[447] Tamahana, *En torno al Estado de derecho*, cit., p. 176.

[448] Bernal Pulido, *El principio de proporcionalidad y los derechos fundamentales*, cit., p. 172.

[449] COLOMBIA, Corte Constitucional, sentencia C-916 de 2002: "De las funciones que cumple el principio de proporcionalidad en el control constitucional de la legislación y en la tutela de los derechos fundamentales depende en gran parte la efectividad del Estado Social de Derecho, el respeto de la dignidad humana y la inalienabilidad de los derechos de la persona. Es por ello que se hace necesario un manejo adecuado del principio de proporcionalidad, diferenciando su sentido general –como máxima de interpretación que evita el desequilibrio, la desmesura o el exceso en el ejercicio del poder público– de su sentido específico como parte constitutiva del juicio de igualdad. Tal distinción entre un sentido genérico y uno específico con que se usa el concepto de proporcionalidad conduce al problema de los métodos para su aplicación. 8.2. Un uso general, no técnico, del concepto de proporcionalidad en el control de constitucionalidad, prescinde de un método para su aplicación. La relación de equilibrio entre

de ponderar y de resolver la tensión que pueda representar la tasación y liquidación de los perjuicios morales entre el principio de la reparación integral y los principios de solidaridad y justicia retributiva.

Se trata se establecer razonadamente el "quantum indemnizatorio", atendiendo a las condiciones, características y especificidades de cada caso, advirtiendo que la reparación integral no puede ser absoluta, y debe alejarse de la lógica de la subsun-

---

dos magnitudes, instituciones, conductas, etc., se establece en forma intuitiva, conectada muchas veces a un juicio de grado. Se afirma, por ejemplo, que un acto es proporcionado, desproporcionado, leve o manifiestamente desproporcionado. La inexistencia de método para establecer el grado a partir del cual dicho acto pierde la proporción hasta el punto de verse afectada su constitucionalidad, conlleva la concentración en el juez de la facultad de decidir discrecionalmente sobre la juridicidad de las actuaciones de otros órganos del poder público. Tal consecuencia no es compatible en un Estado democrático de derecho donde los órganos del Estado cumplen funciones separadas. Es por ello que el uso coloquial de la proporcionalidad o desproporcionalidad, en el sentido de exceso o desmesura, requiere ser sustituido por métodos objetivos y controlables que permitan al juez constitucional ejercer su misión de salvaguarda de la Constitución y de los derechos constitucionales, dentro de un marco jurídico respetuoso de las competencias de las demás autoridades públicas, en especial del legislador democrático. La proporcionalidad concebida como principio de interpretación constitucional puede adoptar la forma de dos mandatos: la prohibición de exceso y la prohibición de defecto. El primero tiene que ver principalmente con la limitación del uso del poder público de cara a las libertades fundamentales. El segundo se aplica por lo general respecto de los deberes positivos del Estado y la protección de los derechos que comprometen la actuación de las autoridades para el cumplimiento de los fines esenciales del Estado. El método de aplicación del principio de proporcionalidad es la ponderación. Generalmente, el objeto de la ponderación son intereses enfrentados que han recibido alguna protección constitucional, la cual es mayor en el caso de intereses cobijados por derechos fundamentales. Los intereses ponderados también se concretan en medidas y fines estatales. Se pondera, por una parte, las medidas y los fines estatales y, por otra parte, la afectación de parámetros formales o materiales consagrados en la Constitución. Existe, por lo tanto, una clara relación conceptual entre la proporcionalidad y la ponderación. La primera es establecida mediante la segunda, puesto que siendo la primera un concepto relacional, los extremos de dicha relación han de ser comparados y sopesados, esto es, ponderados con el fin de establecer si ellos mantienen el equilibrio, el balance o la medida debida o, por el contrario, se desconocen las prohibiciones de exceso o defecto. No existe un solo método de ponderación. Se pueden aplicar diferentes formas de ponderar según la materia de que se trate. Por ejemplo, cuando se analiza si una medida policiva es desproporcionada, la comparación se efectúa, generalmente, entre la gravedad de las circunstancias, de un lado, y la magnitud con la cual la medida afecta intereses constitucionalmente protegidos. En el juicio de razonabilidad, cuando éste incluye un análisis de proporcionalidad en sentido estricto, la comparación se realiza, usualmente, entre los fines y las medidas estatales, de un lado, y la afectación de intereses protegidos por derechos constitucionales. Los métodos de ponderación se distinguen no solo según qué es lo que se sopesa, sino también por los criterios para decidir cuándo la desproporción es de tal grado que procede una declaración de inexequibilidad. No se exige una proporcionalidad perfecta puesto que el legislador no tiene que adecuarse a parámetros ideales de lo que es correcto por no ser excesivo".

450   Sobre la proporcionalidad como elemento del juicio de igualdad únicamente cuando el test es estricto, ver la sentencia C-673 de 2001, M.P.: Manuel José Cepeda Espinosa, con aclaración de voto de Jaime Araújo Rentería.

ción[451], o de la creación de reglas jurisprudenciales abstractas [como la que se pretende deducir de la sentencia de la Sección Tercera de 6 de septiembre de 2001].

42.13.- La aplicación del principio de proporcionalidad para la tasación y liquidación de los perjuicios morales en sede contencioso administrativa sigue como presupuestos: a) el sopesamiento de los derechos (derecho a la reparación integral-derecho a la igualdad), principios (principio de igualdad-principio de solidaridad-principio de reparación integral), e intereses (interés individual-interés general) que pueden resultar en tensión; b) el establecimiento en cada caso en concreto de los criterios "mediante los cuales debe decidirse la ponderación"[452]; para, c) finalmente, determinar si el "quantum indemnizatorio" se ajusta a lo probado, sin desbordar la reparación reconocida constitucional y convencionalmente.

42.14.- Luego, ante la potencial desproporción que pueda representarse en la liquidación de los perjuicios morales, atendiendo solo al salario mínimo legal mensual vigente, desprovisto de argumentación jurídica y propiciando un ejercicio exagerado de la mera liberalidad del juez, que derive en el quebrantamiento de la igualdad y la justicia[453], procede, dentro del arbitrio judicial y en los términos de la sentencia de la Sala Plena de la Sección Tercera de 23 de agosto de 2012, el "test de proporcionalidad" para que obre la decisión judicial con la suficiente motivación y ponderación. En cuanto a esto, en la jurisprudencia constitucional se sostiene:

> "[...] el análisis de proporcionalidad del límite de mil salarios mínimos legales, se hará de conformidad con el siguiente método: (i) identificar y clarificar cuáles son los intereses enfrentados regulados por la norma; (ii) sopesar el grado de afectación que sufre cada uno de esos intereses por la aplicación del límite fijado en la norma; (iii) comparar dichas afectaciones; (iv) apreciar si la medida grava de manera mani-

---

[451]   David Sobrevilla, "La teoría de la argumentación jurídica de Robert Alexy", en *La filosofía del derecho alemana actual de orientación racionalista* (Estudios sobre R. Alexy, K. Günther, J. Habermas y O. Höffe), Fontamara, México, D.F., 2008, p. 28. Rogelio López Sánchez, "El principio de proporcionalidad como derecho hermenéutico en la justicia constitucional", en *Cuadernos Electrónicos de Filosofía del Derecho*, N° 23, 2011, p. 327, según el cual Alexy tiene como principal postulado al darle tratamiento a las decisiones judiciales el de que "una resolución o sentencia emitida por un juez no se refiere únicamente a simples operaciones mecánicas lógicas de subsunción, sino que en los casos difíciles implica valoraciones, sacrificios de principios, una necesidad de ponderación de los valores en conflicto".

[452]   Bernal Pulido, *El principio de proporcionalidad y los derechos fundamentales.*, *ob. cit.*, p. 169. Robert Alexy, *Teoría de la argumentación jurídica (La teoría del discurso racional como teoría de la fundamentación jurídica)*, trad. de Manuel Atienza e Isabel Espejo, Centro de Estudios Constitucionales, Madrid, 1997, p. 23: "La ponderación es necesaria debido a cuatro razones fundamentales: a) la vaguedad del lenguaje jurídico; b) la posibilidad de conflictos de normas; c) el hecho de que sean posibles casos que necesitan una regulación jurídica, pero para cuya regulación no existe ya una norma vigente, y d) la posibilidad de decidir incluso contra el tenor literal de una norma en casos especiales".

[453]   Karl Larenz, *Metodología de la ciencia del derecho*, trad. de Marcelino Rodríguez Molinero, Ariel, Barcelona, 1994, p. 400. Bernal Pulido, *El principio de proporcionalidad y los derechos fundamentales.*, *ob., cit.*, p. 171: "La carencia de objetividad o de racionalidad absoluta no se presenta sólo cuando se practica la ponderación, o de manera más amplia, cuando se aplica el principio de proporcionalidad, sino siempre que debe llevarse a cabo un razonamiento jurídico mediante el cual deban resolverse cuestiones normativas".

fiestamente desproporcionada[454] uno de los intereses sopesados protegidos por la Constitución, y, en caso afirmativo, (v) concluir que resulta contraria a la Constitución"[455].

42.15.- Dicho principio de proporcionalidad debe, por lo tanto, convertirse en el sustento adecuado para la tasación y liquidación ponderada del quantum indemnizatorio del perjuicio moral[456], respecto de lo cual la jurisprudencia constitucional señala:

"[…] [frente] a los llamados perjuicios morales objetivables, la jurisprudencia de la Corte Suprema de Justicia y del Consejo de Estado, ha estimado que en algunos casos pueden ser valorados pecuniariamente[457], con base en criterios como el dolor infligido a las víctimas[458], el perjuicio estético causado[459] o el daño a la reputación[460]. Si de la aplicación de tales criterios surge que dichos perjuicios superan el límite fijado por el legislador, habría una afectación grave del interés de las víctimas por lograr una indemnización integral de los perjuicios que se les han ocasionado y cuyo quantum ha sido probado. Al igual que con los perjuicios materiales, el límite resultaría manifiestamente desproporcionado frente al derecho de las víctimas a la reparación integral, comoquiera que el riesgo de arbitrariedad del juez es menor cuando el valor de los perjuicios ha sido acreditado en el juicio por factores que no dependen de su apreciación subjetiva. Esta desproporción resulta más evidente si se tiene en cuenta que ni en la jurisdicción civil ni en la jurisdicción contencioso administrativa existe una disposición legal que restrinja la discrecionalidad del juez para decidir la reparación de perjuicios morales. En dichas jurisdicciones se ha fijado una ci-

---

[454] Ver, entre otras, la sentencia C-758 de 2002, C.P.: Álvaro Tafur Galvis. Allí la Corte justifica que en materia de sanciones el límite entre lo constitucionalmente inadmisible y lo permitido se traza con el criterio de la desproporción manifiesta.

[455] COLOMBIA, Corte Constitucional, sentencia C-916 de 2002.

[456] Bernal Pulido, *El principio de proporcionalidad y los derechos fundamentales., ob., cit.,* p. 172: "el problema no consiste en indagar si la aplicación del principio de proporcionalidad puede sustentarse en argumentaciones que la hagan objetiva, sino, si mediante la aplicación de dicho principio puede alcanzarse una mayor racionalidad relativa, en comparación con aquélla que se logra cuando se aplican los criterios alternativos".

[457] Ver, entre otras, las sentencias del Consejo de Estado, Sala de lo Contencioso Administrativo, Sección Tercera, de 13 de abril de 2000, C.P.: Ricardo Hoyos Duque, exp. 11892; 19 de julio de 2001, C.P.: Alier Eduardo Hernández Enríquez, exp. 13086; 10 de mayo de 2001, C.P.: Ricardo Hoyos Duque, exp. 13475, y 6 de abril de 2000, C.P.: Alier Eduardo Hernández Enríquez, exp. 11874. Ver también, por ejemplo, Corte Suprema de Justicia, Sala de Casación Penal, sentencia de 29 de mayo de 1997, M.P.: Juan Manuel Torres Fresneda, exp. 9536.

[458] COLOMBIA, Consejo de Estado, Sección Tercera, sentencia 6 de agosto de 1982, C.P.: Carlos Betancur Jaramillo, exp. 3139, donde se reconoció como perjuicio moral el "malestar psíquico" sufrido a raíz del accidente. Y cfr. Sección Tercera, sentencia de 4 de abril de 1997, C.P.: Jesús María Carrillo Ballesteros, exp. 12007, que reconoció perjuicio moral por el hecho de que la víctima "estuvo sometida al miedo, la desolación, a la zozobra, a la tristeza, mientras se produjo su liberación".

[459] COLOMBIA, Consejo de Estado, Sección Tercera, sentencias de 31 de julio de 1989, C.P.: Antonio José de Irisarri Restrepo, exp. 2852, y 6 de mayo de 1993, C.P.: Julio César Uribe Acosta, exp. 7428.

[460] COLOMBIA, Consejo de Estado Sección Tercera, sentencia de 30 de marzo de 1990, C.P.: Antonio José de Irisarri Restrepo, exp. 3510.

fra para la valoración de ciertos perjuicios que depende de consideraciones puramente subjetivas y cuyo quantum ha sido reconocido tradicionalmente hasta por 1.000 gramos oro, o más recientemente hasta por 2.000 y 4.000 gramos oro"[461-462].

42.16.- Ahora bien, en cuanto a la modulación del test de proporcionalidad para la liquidación de los perjuicios morales, la Sala explica que este comprende la consideración de tres subprincipios: idoneidad, necesidad y proporcionalidad en sentido estricto[463]. La doctrina señala que "la propia estructura del principio de proporcionalidad consiste, en efecto, en la aplicación del conocido test tripartito sobre una medida determinada, adoptada de ordinario por un sujeto distinto a aquel que desarrolla el juicio de control"[464].

42.17.- En cuanto al primero, esto es, la idoneidad, el monto a cuantificar debe ser adecuado para contribuir a compensar, como mínimo (y no a dejar indemne plenamente), adecuadamente el perjuicio que se produce en la víctima y en sus familiares, atendiendo a las circunstancias de cada caso. En cuanto al segundo, esto es, la necesidad, la compensación de los perjuicios morales debe ser consecuente con el objetivo de reparar lo más integralmente posible, pero sin desbordar la razonabilidad de la medida, teniendo en cuenta la inconmensurabilidad y la imposibilidad de encontrar un valor económico que permita dejar plenamente indemne a la víctima y los familiares que padecen un sufrimiento o aflicción[465].

---

[461] COLOMBIA, Consejo de Estado, Sección Tercera, sentencias de 25 de septiembre de 1997, exp. 10421, C.P.: Ricardo Hoyos Duque, que fijó una indemnización por perjuicios morales de 2.000 gramos oro, y 19 de julio de 2000, exp. 11842, C.P.: Alier Eduardo Hernández Enríquez, que fijó una indemnización por perjuicios morales de 4.000 gramos oro.

[462] COLOMBIA, Corte Constitucional, sentencia C-916 de 2002.

[463] MAURER, *Derecho administrativo*, *cit.*, p. 273: "1) La medida es adecuada sólo si permite alcanzar la consecuencia querida. 2) La medida adecuada es necesaria sólo cuando no está al alcance ningún otro medio adecuado que resulte menos perjudicial para los afectados y la generalidad. 3) La medida necesaria es proporcionada en sentido estricto sólo si se adecúa al fin pretendido" (resaltado fuera de texto).

[464] Luis Arroyo Jiménez, "Ponderación, proporcionalidad y derecho administrativo", en Luis Ortega, y Susana De La Sierra, (coords.), *Ponderación y derecho administrativo*, Marcial Pons, Madrid, 2009, p. 33, según el cual la doctrina señala que "la propia estructura del principio de proporcionalidad consiste, en efecto, en la aplicación del conocido test tripartito sobre una medida determinada, adoptada de ordinario por un sujeto distinto a aquel que desarrolla el juicio de control".

[465] Robert Alexy, "La fórmula del peso", en Miguel Carbonell, (coord.), *El principio de proporcionalidad en el Estado constitucional*, 1ª reimpr., Universidad Externado de Colombia, Bogotá, 2010, p. 17, para quien, en la formulación de Alexy, los "subprincipios de idoneidad y de necesidad expresan el mandato de optimización relativo a las posibilidades fácticas. En ellos la ponderación no juega ningún papel. Se trata de impedir ciertas intervenciones en los derechos fundamentales, que sean evitables sin costo para otros principios, es decir, se trata del óptimo de Pareto". Para el caso de la tasación y liquidación de los perjuicios morales se busca impedir que el reconocimiento del derecho a la reparación represente una intervención, o alteración sustantiva del interés general representado en el patrimonio público del que proceden los recursos para cubrir el quantum indemnizatorio que por perjuicios morales deba existir.

Finalmente, en cuanto al tercero, esto es, la proporcionalidad en estricto sentido (ponderación), con el test se busca que se compensen razonable y ponderadamente los sufrimientos y sacrificios que implica para la víctima (víctimas) la ocurrencia del dolor, sin que se produzca una ruptura de los mandatos de prohibición de exceso y prohibición de defecto[466]. Sin duda, este subprincipio exige que se dosifique conforme a la intensidad que se revele de acuerdo: a) con las circunstancias de cada caso (cuando se trata de muerte: violenta, debida a la actividad médica, en accidente de tránsito, en actividad riesgosa –electrocución, p. ej.–, de infante, de menor de edad, de mujer –cabeza de familia, p. e.–, de padre soltero, de persona de la tercera edad, de persona discapacitada, de miembro de una comunidad étnica, de miembro de comunidad LGBT, etc.; cuando se trata de lesiones: de acto violento, debida a actividad médica, en accidente de tránsito, en actividad riesgosa –electrocución, p. ej.–, de infante, de menor de edad, de mujer –cabeza de familia, p. ej.–, de padre soltero, de persona de la tercera edad, de persona discapacitada, de miembro de una comunidad étnica, de miembro de comunidad LGBT, etc.; cuando se trata de tortura; cuando se trata de desplazamiento forzado: donde cabe tener en cuenta la pertenencia a una comunidad étnica, campesina o de especial protección; cuando se trata de acto sexual; cuando se trata de la privación de la libertad; cuando afecta el honor y la honra; cuando afecta bienes –muebles o inmuebles– fruto de actos violentos, etc.); b) con la consideración según la cual la medida de la compensación debe estar orientada a contribuir a la obtención de una indemnización que se corresponda con criterios como dolor, aflicción, pesar, apego, ansiedad, desasosiego, tristeza, respeto a la dignidad y valoración de las relaciones propias del núcleo familiar de la víctima, como convivencia, cercanía sentimental, apego, capacidad de discernimiento del dolor (en función de la edad, formación y condiciones personales), y los que se citan en la sentencia de la Sala Plena de la Sección Tercera de 23 de agosto de 2012, amor y solidaridad; c) finalmente, con la exigencia según la cual quien afirma la existencia del perjuicio moral tiene una mínima carga para su cuantificación, ya que de solo contarse con la presunción de aflicción como criterio, la determinación de su quantum obedecerá a los mínimos a reconocer en atención a las circunstancias de cada caso y a los mencionados criterios mínimos objetivos que generalmente sean aplicables, teniendo en cuenta, además, la estructura de la relación familiar (teniendo en cuenta la heterogeneidad de la familia colombiana); lo anterior debe llevar a proyectar un mayor quantum cuando se produce la muerte que cuando se trata de lesiones

---

[466] Jestaedt, Mathias, "La teoría de la ponderación: sus fortalezas y debilidades", en Eduardo Montealegre Lynett, (coord.), *La ponderación en el derecho*, Universidad Externado de Colombia, Bogotá, 2008, pp. 84-86: "la teoría de la ponderación funciona, por así decirlo, como trasfondo teórico para dar una interpretación jurídica al principio de proporcionalidad que aparece en el derecho positivo". Así mismo, "debido a que ya no es necesario considerar la ponderación exigida por la prohibición de exceso en el caso individual como una caja negra teórica, metodológica y dogmática, las cargas de argumentación pueden ser adjudicadas de forma más racional y consciente, más exacta y sencilla. La así llamada fórmula del peso permite decir con exactitud casi matemática qué valores asignados deben ser puestos en relación mutua para lograr un resultado determinado. Con ello se puede hacer a un lado de forma considerable el momento aleatorio de la ponderación de bienes". Finalmente, "la ventaja tal vez más importante de la teoría de la ponderación la encontramos en el hecho de que ella no sitúa a los principios en un nivel elevado de valores, lejano e inalcanzable, sino que los baja de su nivel abstracto [...] para permitirles dar frutos en un proceso racional y argumentativo para y en el caso individual".

(e incluso si se debe discernir la intensidad del dolor que se padece por las condiciones en las que se encuentra la víctima lesionada), o de la limitación al ejercicio del derecho a la libertad o al honor, o cuando se trata de la pérdida de muebles o inmuebles.

42.18.- De los anteriores subprincipios, el que adquiere relevancia es el de "proporcionalidad en sentido estricto", ya que es en él donde la necesaria ponderación de los perjuicios morales opera para tasarlos y liquidarlos razonable y racionalmente. Pero, se advierte, la ponderación se sujetará a un doble nivel: a) a criterios mínimos objetivos, que son de general aplicación, y b) a la tasación teniendo en cuenta las circunstancias de cada caso en concreto[467].

42.19.- Cuanto antecede ha de hacer posible concretar un quantum indemnizatorio cuando se reúnan algunos de los criterios dinámicos de delimitación de la intensidad del perjuicio moral: porque se demuestra el dolor, el apego, la aflicción, el desasosiego, la tristeza en función de: a) la naturaleza del hecho dañoso, b) las relaciones de convivencia, cercanía y afecto sentimental (lo que se ofrece ordinariamente por medio de la prueba testimonial), c) la edad, d) la conformación de la familia y e) la participación emocional. Se trata de criterios dinámicos que exigen la valoración estricta de los medios probatorios, y no una simple afirmación de un principio de equidad desbordado que convierta la decisión del juez contencioso administrativo en meras inferencias hipotéticas y abstractas, sin vinculación con cada caso en concreto, y sin la ponderación[468] debida.

42.20.- Así mismo, deben reunirse una serie de criterios objetivos (estáticos) de delimitación de la intensidad (sin duda el mayor reto para el juez) tales como: a) el grado de responsabilidad de la Administración pública, b) el (los) derecho(s) vulnerado(s) con ocasión del daño antijurídico; c) baremos de delimitación que se determinan dentro de un límite máximo de 100 salarios mínimos legales mensuales vigentes, y mínimos de 1 salario mínimo salario legal mensual vigente, que atienden a

---

[467] Carlos Bernal Pulido, "La racionalidad de la ponderación", en Miguel Carbonell, (coord.), *El principio de proporcionalidad en el Estado constitucional*, 1ª reimpr., Universidad Externado de Colombia, Bogotá, 2010, pp. 56 y 57. Cabe advertir, como lo sostiene Bernal Pulido, en la dimensión iusfilosófica y constitucional de la ponderación: "Es meridiano que la ponderación no garantiza una perfecta objetividad. Ello se debe, sobre todo, al hecho de que la perfecta objetividad es un ideal que no puede alcanzarse en ningún ámbito normativo, y mucho menos en un ámbito tan controversial como el de los principios [y mucho menos en la tasación y liquidación de perjuicios que como los morales comprometen esferas subjetivas e inmateriales de los sujetos], tan estrechamente vinculados con las ideologías. Una perfecta objetividad sólo podría alcanzarse en un sistema jurídico ideal, cuyas disposiciones determinasen por completo el contenido de los principios. En un sistema semejante, la Constitución y las demás fuentes jurídicas establecerían explícitamente normas individuales que prescribirían con exactitud qué está permitido, prohibido u ordenado para cada supuesto de hecho concebible y, como consecuencia, atribuirían a cada decisión judicial una justificación objetiva".

[468] Alexy, "La fórmula del peso", *cit.*, p. 18. La "ley de ponderación" en términos de Alexy se formula como sigue: "Cuanto mayor sea el grado de no satisfacción o restricción de uno de los principios, tanto mayor deberá ser el grado de la importancia de la satisfacción del otro". En términos de la tasación y liquidación de los perjuicios morales la fórmula a proponer sería: Cuanto mayor sea el grado de intensidad o de padecimientos de la esfera moral de cada familiar, tanto mayor deberá ser el quantum que deberá otorgarse, con base en unos mínimos criterios objetivos.

varios factores: i) familiares inmediatos; ii) situación fáctica (muerte o lesión); iii) demostración de uno o más criterios (dinámicos o estáticos) de la intensidad del perjuicio moral; iv) determinación de la vulneración de derechos humanos, y v) determinación de la violación del derecho internacional humanitario.

42.21.- Para ilustrar mejor puede proponerse como ejemplo cuando se trata de daños antijurídicos imputados al Estado con ocasión de un ataque armado de un grupo insurgente:

(1) Cuando se trata de la muerte violenta

Circunstancias del caso y sujetos a indemnizar	Criterios y cuantificación
Se trata de muerte violenta.	a) circunstancias de cada caso; b) "presunción de aflicción" (que no es de *iure*); c) se acreditó el dolor, aflicción, pesar, apego, ansiedad, desasosiego, tristeza, respeto a la dignidad, valoración de las relaciones propias del núcleo familiar (que comprende la convivencia, la cercanía sentimental y el apego), capacidad de discernimiento del dolor (en función de la edad, formación y condiciones personales), violación de derechos humanos, o de garantías propias del derecho internacional humanitario; d) se acreditó, mínimamente, el grado de afectación y la estructura de la relación familiar de las víctimas; y e) cabe ponderar la intensidad del daño por la vulneración, propiamente dicha, de los derechos humanos comprometidos y las garantías del derecho internacional humanitario con ocasión del ataque armado (sensación de zozobra, intimidación y miedo como miembro de la población civil).
	Excepcionalmente, y como en el presente caso, procede liquidar acumulativamente los perjuicios que respecto a un mismo grupo familiar se padecieron por la muerte y lesiones de uno de sus componentes.
Núcleo familiar inmediato[469] –esposo (a), compañero (a), hijos, padres–.	50-100 smlmv cuando opera la presunción de aflicción y se tiene acreditados por lo menos uno de los criterios (o se trata de circunstancias en las que se producen violaciones a derechos humanos o al derecho internacional humanitario).

---

[469]   La Resolución de la Asamblea General de las Naciones Unidas 4034 de 29 de noviembre de 1985 ("Principios fundamentales de justicia para las víctimas de delitos y del abuso de poder", en su momento, estableció que la categoría de víctima "se extiende hasta incluir a la familia inmediato, esto es, a las personas que tengan relación inmediata". Dicha Resolución fue tenida en cuenta por la Corte Constitucional en la sentencia T-1001 de 4 de octubre de 2008, y ha servido para examinar la constitucionalidad de la Ley 418 de 1997. De acuerdo con la sentencia de la Corte Constitucional C-052 de 8 de febrero de 2012 "la noción de daño comprende entonces incluso (*sic*) eventos en los que un determinado sujeto resulta de hechos o acciones que directamente hubieren recaído sobre otras personas, lo que claramente permite que a su abrigo se admita como víctimas a los familiares de los directamente lesionados siempre que por causa de esa agresión hubieren sufrido una situación desfavorable, jurídicamente relevante". En la más reciente jurisprudencia la Corte Constitucional (sentencia C-250 de 28 de marzo de 2012) se argumentó que el concepto de víctima debe tener en cuenta el artículo 63.1 de la Convención Americana de Derechos; la jurisprudencia de la Corte Interamericana de Derechos Humanos, en especial la sentencia de 10 de septiembre de 1993 (Caso *Aleboetoe c. Surinam*); la jurisprudencia de la Corte Internacional de Justicia (asunto del Sud-Oeste africano, 1966); la Resolución 60/147, de 16 de diciembre de 2005, de la Asamblea General de las Naciones Unidas ("Principios y directrices básicas sobre el derecho de las víctimas de violaciones manifiestas de las normas internacionales de derechos humanos y de violaciones graves del derecho internacional humanitario a interponer recursos y obtener reparaciones"; la Resolución 687, de 3 de abril de 1991, del Consejo de Seguridad de las Naciones Unidas (reconocimiento de la legitimación activa de la víctima en caso de conflicto armado internacional).

| Otros integrantes de la familia –hermanos, abuelos–. | 10-20 smlmv cuando opera la presunción de aflicción y se tiene acreditado por lo menos uno de los criterios (o se trata de circunstancias en las que se producen violaciones a derechos humanos o al derecho internacional humanitario). |

(2) Cuando se trata de lesiones derivadas de acto violento.

Circunstancias del caso y sujetos a indemnizar.	Criterios y cuantificación
Se trata de lesiones derivadas de acto violento.	a) circunstancias de cada caso; b) "presunción de aflicción" (que no es de *iure*); c) se acreditó el dolor, aflicción, pesar, apego, ansiedad, desasosiego, tristeza, respeto a la dignidad, valoración de las relaciones propias del núcleo familiar (que comprende la convivencia, la cercanía sentimental y el apego), capacidad de discernimiento del dolor (en función de la edad, formación y condiciones personales), violación de derechos humanos, o de garantías propias del derecho internacional humanitario; d) se acreditó, mínimamente, el grado de afectación y la estructura de la relación familiar de las víctimas; y e) cabe ponderar la intensidad del daño por la vulneración, propiamente dicha, de los derechos humanos comprometidos y las garantías del derecho internacional humanitario con ocasión del ataque armado (sensación de zozobra, intimidación y miedo como miembro de la población civil). Excepcionalmente, y como en el presente caso, procede liquidar acumulativamente los perjuicios que respecto a un mismo grupo familiar se padecieron por la muerte y lesiones de uno de sus componentes.
Núcleo familiar inmediato –esposo(a), compañero(a), hijos, padres–	50-80 smlmv cuando opera la presunción de aflicción y se tiene acreditado por lo menos uno de los criterios (o se trata de circunstancias en las que se producen violaciones a derechos humanos o al derecho internacional humanitario).
Otros integrantes de la familia –hermanos, abuelos–	5-10 smlmv cuando opera la presunción de aflicción y se tiene acreditado por lo menos uno de los criterios (o se trata de circunstancias en las que se producen violaciones a derechos humanos o al derecho internacional humanitario).

D. *La reparación del daño a la salud*

a. *La reparación del daño a la salud con base en la jurisprudencia de unificación de 28 de agosto de 2014 de la Sala Plena de la Sección Tercera del Consejo de Estado de Colombia*

43.- En la actual jurisprudencia unificada de la Sección Tercera del Consejo de Estado se ha determinado la fijación de una tabla y criterios para la liquidación de la reparación del daño a la salud [se hace referencia a las sentencias del 28 de agosto de 2014 que han sido mencionadas]. De acuerdo con esta jurisprudencia:

"En los casos de reparación del daño a la salud se reiteran los criterios contenidos en la sentencia de unificación del 14 de septiembre de 2011, exp. 19031, proferida por la Sección Tercera de la Sala de lo Contencioso Administrativo, y se complementan los términos de acuerdo con la evolución jurisprudencial de la Sección Tercera. La indemnización, en los términos del fallo referido está sujeta a lo probado en el proceso, única y exclusivamente para la víctima directa, en cuantía que no podrá exceder de 100 S.M.L.M.V, de acuerdo con la gravedad de la lesión, debidamente motivada y razonada, conforme a la siguiente tabla:

REPARACIÓN DEL DAÑO A LA SALUD REGLA GENERAL	
Gravedad de la lesion	Víctima directa
	S.M.L.M.V.
Igual o superior al 50%	100
Igual o superior al 40% e inferior al 50%	80
Igual o superior al 30% e inferior al 40%	60
Igual o superior al 20% e inferior al 30%	40
Igual o superior al 10% e inferior al 20%	20
Igual o superior al 1% e inferior al 10%	10

Bajo este propósito, el juez debe determinar el porcentaje de la gravedad o levedad de la afectación corporal o psicofísica, debidamente probada dentro del proceso, relativa a los aspectos o componentes funcionales, biológicos y psíquicos del ser humano.

Para lo anterior el juez deberá considerar las consecuencias de la enfermedad o accidente que reflejen alteraciones al nivel del comportamiento y desempeño de la persona dentro de su entorno social y cultural que agraven la condición de la víctima. Para estos efectos, de acuerdo con el caso, se considerarán las siguientes variables:

- La pérdida o anormalidad de la estructura o función psicológica, fisiológica o anatómica (temporal o permanente)

- La anomalía, defecto o pérdida producida en un miembro, órgano, tejido u otra estructura corporal o mental.

-La exteriorización de un estado patológico que refleje perturbaciones al nivel de un órgano.

- La reversibilidad o irreversibilidad de la patología.

- La restricción o ausencia de la capacidad para realizar una actividad normal o rutinaria.

- Excesos en el desempeño y comportamiento dentro de una actividad normal o rutinaria.

- Las limitaciones o impedimentos para el desempeño de un rol determinado.

- Los factores sociales, culturales u ocupacionales.

- La edad.

- El sexo.

- Las que tengan relación con la afectación de bienes placenteros, lúdicos y agradables de la víctima.

- Las demás que se acrediten dentro del proceso.

En casos excepcionales, esto es, cuando existan circunstancias debidamente probadas de una mayor intensidad y gravedad del daño a la salud, podrá otorgarse una indemnización mayor a la señalada en la tabla anterior, sin que en tales casos el monto total de la indemnización por este concepto pueda superar la cuantía equivalente a 400 S.M.L.M.V. Este quantum deberá motivarse por el juez y ser proporcional a la intensidad del daño, con aplicación de las mismas variables referidas. En conclusión, la liquidación del daño a la salud se efectuará conforme a la siguiente tabla:

REPARACIÓN DEL DAÑO A LA SALUD	
CONCEPTO	CUANTÍA MÁXIMA
REGLA GENERAL	100 S.M.L.M.V
REGLA DE EXCEPCIÓN	400 S.M.L.M.V.

Con relación a los parámetros anteriores, se aclara que ellos son excluyentes y no acumulativos, de manera que la indemnización reconocida no podrá superar el límite de 400 S.M.L.M.V".

b.   *Propuesta alternativa de valoración y liquidación de la reparación del perjuicio daño a la salud*

44.- Al abordar el daño a la salud se exige, sin duda, examinar dos cuestiones: que se trate de atentados o lesiones a la integridad psicofísica de la persona. Dicho daño, en su configuración inicial en el derecho comparado (en el derecho francés e italiano), impone, además, que su fundamento radique en principios constitucionales tales como i) la dignidad, ii) la igualdad, iii) la libertad y iv) la solidaridad, como daño no patrimonial.

44.1.- En segundo lugar, el daño a la salud se relaciona estrictamente con las manifestaciones de un bien jurídico reconocido constitucionalmente, aunque con alcance colectivo, como el de la "salud" (art. 49 C.P.), y tiene en cuenta que el fin último de dicho bien es el respeto por la "correcta expresión de la persona en la comunidad en donde vive y se desarrolla". En el fondo, es el principio de la dignidad humana el que da el sustento principal en la construcción de este tipo de daño, cuyo tratamiento lleva a que se hayan estudiado soluciones uniformes, independientes de la causa del daño y de los beneficios económicos y/o materiales que pueda alcanzar la persona. Esto conduce a una especie de socialización del daño y de los perjuicios, ya que permite la disminución de las desigualdades sociales.

44.2.- Así mismo, el daño a la salud pone en crisis la doctrina que pretende relacionar los perjuicios con las necesidades materiales de la víctima. Por lo tanto, se trata de un daño que se vincula al bien de la salud "en sí mismo".

44.3.- Dicho lo anterior, debe reiterarse que el daño a la salud, como "daño integrador y único", se encuentra representado por la lesión en la función vital y relacional del sujeto, lo que permite: i) la expresión de los principios de dignidad, de igualdad[470] y solidaridad (afirmación de la "justicia distributiva"[471], y ii) afirmar que, a idéntica lesión, idéntico resarcimiento, sin perjuicio de ajuste personalizado.

---

[470]   Milagros Koteich, "La indemnización del perjuicio extrapatrimonial (derivado del 'daño corporal') en el ordenamiento francés", en *Revista de Derecho Privado*, No. 18, 2010. Para

44.4.- De acuerdo con lo anterior y apoyados en la doctrina, se entiende el daño a la salud como "cualquier violación a la integridad psicofísica de la persona, susceptible de ser comprobada por parte del médico legal, que empeore el estado de bienestar de la persona lesionada, en cualquiera de las manifestaciones de su vida, y con independencia de su capacidad para producir réditos"[472] .

44.5.- Dicha definición exige considerar el alcance de la tutela del bien jurídico de la salud, respecto del cual, desde comienzos de los años noventa en el derecho comparado, especialmente, en el precedente jurisprudencial constitucional italiano, se dijo:

"[...] el bien salud es tutelable [n]o sólo como interés de la comunidad, sino también y sobre todo como derecho fundamental del individuo [...] [E]l menoscabo de la integridad psicofísica del sujeto lesionado constituye entonces un daño integralmente resarcible en sí mismo [...] La consideración de la salud como un bien y un valor personal, [i]mpone la necesidad de tomar en consideración el daño biológico, para los fines del resarcimiento, en relación con la totalidad de los reflejos perjudiciales respecto de todas las actividades, las situaciones y las relaciones por medio de las cuales la persona se explica a sí misma dentro de su propia vida"[473].

44.6.- Debe reconocerse que dentro del concepto de daño a la salud pueden encontrarse múltiples rubros indemnizatorios, lo que no puede considerarse como la afirmación de una potencial condena que permita la condena autónoma e independiente fundada en cada uno de tales rubros, sino que esta deberá reconocerse, tasarse y liquidarse de tal manera que tenga como límite la consideración como único del daño a la salud, y como condena la que se desprenda de lo que probatoriamente se acredite, sin perjuicio de singularizarlo en cada uno de los sub-perjuicios en los que puede hacerse consistir.

44.7.- Ahora bien, para la tasación y reconocimiento del daño a la salud, la jurisprudencia de la Subsección C de la Sección Tercera del Consejo de Estado puntualizó que "sí existe la forma de establecer criterios de valoración del daño a la salud, de manera concreta, de la siguiente forma:

(1) El ámbito o espectro objetivo o estático del daño a la salud se determinará a través del arbitrio iuris, para lo cual se tendrá en cuenta la edad de la víctima y la gravedad de la lesión, lo cual permitirá emplear la regla de tres[474], al tener en cuenta

---

una crítica *cfr.* M. Fabre-Magnan, *Droit des obligations. Responsabilité civile et quasi contrats*, PUF, Paris, 2007, p. 123: lo que hace que se preserve como tendencia un modelo de derecho de daños que favorece a la víctima, que busca la reparación de los "sinsabores de la existencia humana".

471   *Ibíd.*

472   Cortés, *Responsabilidad civil y daños a la persona. El daño a la salud en la experiencia italiana, ¿un modelo para América Latina?, cit.*, p. 132.

473   Italia, Corte costituzionale, sentenza 18 luglio 1991.

474   COLOMBIA, Consejo de Estado, Sección Tercera, Subsección C, sentencia de 29 de febrero de 2012, C.P.: Enrique Gil Botero: "Por lo anterior, y de conformidad con el acta de la junta médica laboral, en la que consta la amputación del brazo izquierdo a la altura del codo realizada a Sigifredo Salazar Ramírez, se hace evidente el daño a la salud, por el cual se le reconocerá por este concepto el valor de 264 salarios mínimos legales mensuales vigentes, de conformidad con los parámetros jurisprudenciales que han sido trazados sobre la materia, te-

que a la mayor incapacidad corresponde un valor máximo de cuatrocientos salarios mínimos mensuales vigentes, como o ha hecho la jurisprudencia de tiempo atrás de manera uniforme[475].

(2) En cuanto al contenido dinámico del daño a la salud, esto es, las particularidades o especificidades que ese perjuicio significa para cada víctima en particular [v.gr. no es lo mismo la pérdida de una mano para alguien que tiene como hobbie ir a cine, frente a alguien cuyo esparcimiento lo obtiene de tocar el piano o pintar cuadros]. En este tipo de eventos, en los que la persona logre acreditar unas consecuencias particulares que harían más gravosa su condición al resultar afectado en su integridad psicofísica, el juez podrá incrementar, con base en el arbitrio iuris, la indemnización correspondiente al factor objetivo del daño a la salud. No obstante, se itera, no se podrá reconocer una suma superior a 400 SMMLV, pues este es el tope –sumado el ámbito estático y dinámico– del daño a la salud[476].

44.8.- Por consiguiente, el daño a la salud reviste una connotación bifronte, una estática u objetiva que garantiza la máxima "a igual afectación a la integridad psicofísica debe corresponder una idéntica o similar compensación del perjuicio", y una perspectiva dinámica o subjetiva –que permite hacer realidad la igualdad material– debido a que en este componente se permite que el juez eleve en un preciso porcentaje la reparación por cuenta de las condiciones particulares de la víctima.

44.9.- No se trata de reparar la vida relacional o social de quien sufre el daño [en el espectro dinámico], sino de reconocer un porcentaje adicional debido a situacio-

---

niendo en cuenta la gravedad de la lesión y, por lo tanto, la magnitud del perjuicio que supone una significativa variación en el estado de salud del demandante principal, valor que resulta proporcional con la lesión sufrida, como quiera que en los casos en que las lesiones revisten mayor gravedad, como una incapacidad del 95 o 100%, se ha concedido el equivalente a 400 salarios mínimos mensuales vigentes".

[475] COLOMBIA, Consejo de Estado, Sección Tercera, sentencias de 14 de marzo de 2002, exp. 12054, C.P.: Germán Rodríguez Villamizar; 13 de diciembre de 2004, exp. 14722, C.P.: Germán Rodríguez Villamizar; 5 de junio de 1998, exp. 11545, C.P.: Juan de Dios Montes Hernández; 6 de mayo de 1993, exp. 7428, C.P.: Julio César Uribe Acosta; 19 de octubre de 2007, exp. 30871, C.P.: Enrique Gil Botero; 8 de julio de 2009, exp. 17960, C.P.: Enrique Gil Botero; 1° de octubre de 2008, exp. 27268, C.P.: Enrique Gil Botero; 14 de septiembre de 2011, exps. 38222 y 19031, C.P.: Enrique Gil Botero.

[476] CORTÉS, *Responsabilidad civil y daños a la persona*, cit., p. 184: según las recomendaciones del grupo de Tréveris que elaboró la recomendación a la Comisión, al Parlamento y al Consejo Europeo, nacido por iniciativa de la Comisión Jurídica del Parlamento Europeo, "toda persona que haya sufrido un atentado a la salud debe, en virtud de los principios fundamentales de dignidad de la persona humana y de tutela de la salud, recibir una reparación; esa reparación debe ser diferente de la que recibirá la víctima por las pérdidas económicas sufridas por los daños que sólo son susceptibles de una valoración subjetiva; el principio de igualdad, entonces, impone un tratamiento igualitario para las víctimas, que se logra con la valoración de carácter objetivo del daño, es decir con las bases que ofrece la ciencia médico legal, que puede crear tablas o baremos con grados de invalidez, a los que cada Estado podrá fijar un valor determinado; de todas formas, dice el documento, se insta a los Estados para que dejen al juez un campo de apreciación equitativo para ajustar la reparación a las circunstancias propias del caso".

nes particulares que hacen que para ese sujeto específico la afectación correspondiente sea más grave[477].

44.10.- En síntesis, la reparación del daño a la salud exige la concreción de un sistema que respete los principios constitucionales de igualdad y de dignidad humana, sin que sea viable trasladar a la víctima la consideración o la acreditación de que considere el derecho a la salud como un valor en sí mismo, puesto que esta posibilidad riñe con los principios del derecho de daños, ya que serían los propios demandantes quienes tendrían la opción de incrementar –sin justificación alguna o dependiendo de la visión capitalista del mundo– el *quantum* de la indemnización[478].

4.   *Las medidas de reparación no pecuniarias*

45.- La reparación integral como principio establecido en el artículo 16 de la Ley 446 de 1998, y como exigencia consagrada en el artículo 63.1 de la Convención Americana de Derechos Humanos, exige plantear varias cuestiones. En primer lugar, no puede reducirse la eficacia de la reparación integral solo a una de las medidas de reparación. Con otras palabras, no puede afirmarse que solo se logra el objetivo de dejar "indemne" a la(s) persona(s) si se logra la mayor compensación o indemnización pecuniaria, ya que de esta manera se vaciaría de contenido el propio concepto de integralidad. En segundo lugar, debe plantearse la necesidad de estudiar cómo pueden operar los diferentes medios para reparar el perjuicio, esto es, la restitución en especie[479], la compensación indemnización pecuniaria y la reparación por medidas no pecuniarias. En tercer lugar, debe establecerse si en todos los casos, o solo en aquellos donde se produzca la vulneración de derechos constitucional y convencionalmente reconocidos procede la determinación de medidas de reparación no pecuniarias. En cuarto lugar, debe establecerse si la procedencia de las medidas de reparación no pecuniarias como modalidad de reparación puede decidirse sin perjuicio de haber sido pedidas a instancia de los sujetos cuyos derechos resultan vulnerados

---

[477]   Koteich, "La indemnización del perjuicio extrapatrimonial", *cit.*, pp. 178 y ss.: "Sin embargo, como sucede también en otras experiencias europeas, jurisprudencia y doctrina buscan identificar un criterio de liquidación que salvaguarde las exigencias de uniformidad de base, adecuación equitativa al caso concreto y previsibilidad. El uso del criterio de cálculo por puntos diferencial brinda una herramienta muy importante en este sentido. Luego, una tabla indicativa de sus valores, elaborada sobre la base de los precedentes liquidaciones judiciales ofrece una base de uniformidad indispensable para satisfacer el principio de paridad de tratamiento".

[478]   COLOMBIA, Consejo de Estado, Sección Tercera, Subsección C, sentencia de 28 de marzo de 2012, exp. 22163, C.P.: Enrique Gil Botero.

[479]   En el derecho internacional público de la responsabilidad del Estado la restitución en especie consistiría en restablecer el statu quo ante, a saber, la situación que existía con anterioridad a la ocurrencia del hecho ilícito, a fin de restaurar la relación entre las partes a su estado original. De acuerdo con otra definición, la restitución en especie es el establecimiento o restablecimiento de la situación que existiría, o habría existido, de no haberse cometido el hecho ilícito". Eduardo Jiménez De Arechága, "International responsability", en Max Sorensen, *Manual of Public International Law*, Macmillan, Londres, 1968, pp. 565 ss. "Un ejemplo de restitución material de objetos es el asunto del Templo de Preah Vihear, en su fallo de 15 de junio de 1962 [...] La Corte Internacional de Justicia decidió a favor de la demanda de Camboya, que incluía la restitución de ciertos objetos que habían sido retirados del templo y de la zona vecina por las autoridades tailandesas".

(resolver dos problemáticas: correspondencia con la *causa petendi*, y principio de congruencia de la sentencia). Finalmente, debe formularse una tipología de medidas de reparación no pecuniaria, teniendo en cuenta si se trata de a) medidas de satisfacción, b) garantías de no repetición, c) medidas destinadas a lograr verdad, justicia y reparación.

45.1.- De acuerdo con la jurisprudencia de la Sección Tercera:

"[…] [toda] reparación, parte de la necesidad de verificar la materialización de una lesión a un bien jurídico tutelado (daño antijurídico), o una violación a un derecho que, consecuencialmente, implica la concreción de un daño que, igualmente, debe ser valorado como antijurídico dado el origen del mismo (una violación a un postulado normativo preponderante). Así las cosas, según lo expuesto, es posible arribar a las siguientes conclusiones lógicas: Toda violación a un derecho humano genera la obligación ineludible de reparar integralmente los daños derivados de dicho quebrantamiento. No todo daño antijurídico reparable (resarcible), tiene fundamento en una violación o desconocimiento a un derecho humano y, por lo tanto, si bien el perjuicio padecido deber ser reparado íntegramente, dicha situación no supone la adopción de medidas de justicia restaurativa. Como se aprecia, en la primera hipótesis, nos enfrentamos a una situación en la cual el operador judicial interno, dentro del marco de sus competencias, debe establecer en qué proporción puede contribuir a la reparación integral del daño sufrido, en tanto, en estos eventos, según los estándares normativos vigentes (ley 446 de 1998 y 975 de 2005), se debe procurar inicialmente por la *restitutio in integrum* (restablecimiento integral) del perjuicio y de la estructura del derecho trasgredido, para constatada la imposibilidad de efectuar la misma, abordar los medios adicionales de reparación como la indemnización, rehabilitación, satisfacción, medidas de no repetición y, adicionalmente el restablecimiento simbólico, entre otros aspectos. Debe colegirse, por lo tanto, que el principio de reparación integral, entendido éste como aquel precepto que orienta el resarcimiento de un daño, con el fin de que la persona que lo padezca sea llevada, al menos, a un punto cercano al que se encontraba antes de la ocurrencia del mismo, debe ser interpretado y aplicado de conformidad al tipo de daño producido, es decir, bien que se trate de uno derivado de la violación a un derecho humano, según el reconocimiento positivo del orden nacional e internacional, o que se refiera a la lesión de un bien o interés jurídico que no se relaciona con el sistema de derechos humanos (DDHH). En esa perspectiva, la reparación integral en el ámbito de los derechos humanos supone, no sólo el resarcimiento de los daños y perjuicios que se derivan, naturalmente, de una violación a las garantías de la persona reconocidas internacionalmente, sino que también implica la búsqueda del restablecimiento del derecho vulnerado, motivo por el cual se adoptan una serie de medidas simbólicas y conmemorativas, que no propenden por la reparación de un daño (*stricto sensu*), sino por la restitución del núcleo esencial del derecho o derechos infringidos. Por el contrario, la reparación integral que opera en relación con los daños derivados de la lesión a un bien jurídico tutelado, diferente a un derecho humano, se relaciona, específicamente, con la posibilidad de indemnizar plenamente todos los perjuicios que la conducta vulnerante ha generado, sean éstos del orden material o inmaterial. Entonces, si bien en esta sede el juez no adopta medidas simbólicas, conmemorativas, de rehabilitación, o de no repetición, dicha circunstancia, per se, no supone que no se repare íntegramente el perjuicio. Como corolario de lo anterior, para la Sala, la reparación integral propende por el restablecimiento efectivo de un daño a un determinado derecho, bien o interés jurídico y, por lo tanto, en cada caso concreto, el operador judicial de la órbita nacional deberá verificar con qué potestades y facultades cuenta para obtener el resarcimiento del perjuicio, bien a través de medidas netamente indemnizatorias o, si los supuestos fácticos lo permiten (trasgresión de derechos humanos en sus diversas categorías), a través de la adopción de diferentes medidas o disposiciones"[480].

45.2.- En su momento la jurisprudencia de la Sección Tercera consideró:

"[...] la reparación integral en el ámbito de los derechos humanos implica no sólo el resarcimiento de los daños y perjuicios que se derivan de una violación a las garantías de la persona reconocidas internacionalmente, sino que también supone la búsqueda del restablecimiento del derecho vulnerado, motivo por el cual era posible la implementación de una serie de medidas simbólicas y conmemorativas, que no propenden por la reparación de un daño (stricto sensu), sino por la restitución del núcleo esencial del derecho o derechos vulnerados. Por el contrario, la reparación integral que opera en relación con los daños derivados de la lesión a un bien jurídico tutelado, diferente a un derecho humano, se relaciona específicamente con la posibilidad de indemnizar plenamente todos los perjuicios que la conducta vulnerante ha generado, sean éstos del orden material o inmaterial. Entonces, si bien en esta sede el juez no adopta medidas simbólicas, conmemorativas de rehabilitación, o de no repetición, ello no implica en manera alguna que no se repare íntegramente el perjuicio"[481].

45.3.- La jurisprudencia del Consejo de Estado ha venido elaborando una tipología de las medidas de reparación no pecuniarias, orientadas a cumplir ciertos criterios: a) la plenitud del derecho a la reparación integral; b) la consideración del efecto colectivo de la reparación cuando se trata de la vulneración de los derechos humanos y del derecho internacional humanitario, y c) la afirmación del "efecto preventivo" o de "optimización" que puede revestir la condena que por responsabilidad patrimonial se impone a la administración pública.

45.4.- En cuanto a la tipología (o taxonomía) de las medidas de reparación no pecuniaria cabe examinar las siguientes providencias.

(1) Sentencia de 26 de enero de 2006 la Sección Tercera (caso del desplazamiento forzado en "La Gabarra") consideró que:

"[...] [en] efecto, constituye un hecho notorio que el desplazamiento forzado produce daño moral a quienes lo padecen. No es necesario acreditar el dolor, la angustia y la desolación que sufren quienes se ven obligados a emigrar del sitio que han

---

480 COLOMBIA, Consejo de Estado, Sección Tercera, sentencia de 19 de octubre de 2007, exp. 29273A, C.P.: Enrique Gil Botero. Ver, de la Corte Permanente de Justicia Internacional, caso Factory of Chorzów, Merits, 1928, Serie A, No. 17, p. 47, citada por James Crawford, *Los artículos de la Comisión de Derecho Internacional sobre Responsabilidad Internacional del Estado*, Edit. Dykinson, p. 245; de la Corte Interamericana de Derechos Humanos, caso *Masacre de Puerto Bello vs. Colombia*, sentencia de 31 de enero de 2006; de la Corte Constitucional, sentencia T-563 de 2005, M.P.: Marco Gerardo Monroy Cabra. En igual sentido, Corte Constitucional, sentencias T-227 de 1997, M.P.: Alejandro Martínez Caballero; T-1094 de 2004, M.P.: Manuel José Cepeda Espinosa, y T-175 de 2005, M.P.: Jaime Araújo Rentería. Además, Corte Constitucional, sentencia T-188 de 2007, M.P.: Álvaro Tafur Galvis.

481 COLOMBIA, Consejo de Estado, Sección Tercera, Subsección C, sentencias de 8 de junio de 2011, exp. 19972. CP: Jaime Orlando Santofimio Gamboa; y 8 de junio de 2011, exp. 19973. CP: Jaime Orlando Santofimio Gamboa.

elegido como residencia o asiento de su actividad económica, abandonando todo cuanto poseen, como única alternativa para salvar sus vidas, conservar su integridad física o su libertad, sufriendo todo tipo de carencias y sin la certeza del retorno, pero sí de ver aún más menguada su precaria condición económica, social y cultural. Quienes se desplazan forzadamente experimentan, sin ninguna duda, un gran sufrimiento, por la vulneración múltiple, masiva y continua de los derechos fundamentales, como lo ha señalado reiteradamente la Corte Constitucional[482].

(2) Sentencia de 16 de julio de 2009 la Sección Segunda del Consejo de Estado argumentó (caso de desplazamiento forzado):

"[...] [lo] anterior indica que la efectividad del derecho de reparación por esta vía se encuentra dilatada en el tiempo, en el que han trascurrido un promedio de 7 años, para que el Estado, a través de la Fiscalía General de la Nación, concurra a establecer la responsabilidad penal de los presuntos victimarios en la conducta dañosa del señor [L.F.T.N.], de lo que se infiere, que el supuesto de exigibilidad del derecho a la reparación en su componente de –indemnización–, a la fecha de presentación de la acción en referencia, no es viable, toda que vez que la Ley impone para la iniciación del incidente de reparación la declaración de legalidad de la aceptación de cargos por parte del victimario (artículo 23, Ley 975 de 2005). Así las cosas, es claro que en el caso que se revisa, el derecho a la reparación, no ha contado con la celeridad y eficacia que se exige de la tutela de esta prerrogativa iusfundamental, por lo que es viable invocar su protección a través del recurso de amparo, como medio principal"[483].

(3) Sentencia de 14 de abril de 2010, exp. 18960, C.P.: Enrique Gil Botero, caso de privación injusta de la libertad de personas señaladas como miembros de grupos terroristas en la Comuna Nororiental de Medellín. En la sentencia se ordenaron las siguientes medidas:

"En el caso concreto como medida de satisfacción se dispondrá que el Director Seccional de Fiscalías de Medellín, en una ceremonia que se llevará a cabo en las instalaciones administrativas de esa entidad en esa ciudad, pida excusas públicas a Rogelio Aguirre López y a sus hijos por haber trasgredido los derechos a la dignidad, la libertad personal, y la honra del primero. La ceremonia pública se deberá realizar dentro de los 6 meses siguientes a la fecha de ejecutoria de esta providencia, y una vez llevada a cabo se enviará constancia de su realización al Tribunal Administrativo de Antioquia, para que anexe el correspondiente oficio o certificado al proceso. ii) La misma Fiscalía General de la Nación, sin perjuicio de su autonomía institucional y funcional, iniciará las respectivas investigaciones dirigidas a esclarecer la responsabilidad penal de los presuntos responsables de los hechos que terminaron con la muerte de la señora María Antonia Castaño, ocurrida el 6 de octubre de 1994, en la ciudad de Medellín. Lo anterior, como quiera que la verdad hace parte inescindible del principio de reparación integral, máxime en aquellas situaciones en que la violación de derechos humanos lleva aparejado un desconocimiento de la realidad de los acontecimientos y de los responsables. De abrirse investigación, los familiares de la señora Castaño deberán ser citados al proceso. iii)

---

[482]   COLOMBIA, Consejo de Estado, Sección Tercera, sentencia de 26 de enero de 2006, exp. 2001-00213 (AG), C.P.: Ruth Stella Correa Palacio.

[483]   COLOMBIA, Consejo de Estado, Sección Segunda, Subsección A, sentencia de 16 de julio de 2009, exp. 2009-00731 (AC), C.P.: Gustavo Gómez Aranguren.

La Fiscalía General de la Nación establecerá un link con un encabezado apropiado en el que se pueda acceder al contenido magnético de esta providencia. Por lo tanto, la entidad demandada, en el término de 3 meses contados a partir de la ejecutoria de este fallo subirá a la red el archivo que contenga esta decisión, y mantendrá el acceso al público del respectivo link durante un lapso de 6 meses que se contarán desde la fecha en que se realice la respectiva carga de la información en la página web.

[…]

La Fiscalía General de la Nación, por intermedio del Director Nacional de Fiscalías, remitirá a todas y cada una de las Unidades de Fiscalías Especializadas del país, copia íntegra de esta providencia, con miras a que sirva como medio de capacitación y prevención de este tipo de circunstancias, para lo cual tendrá como plazo el término de 6 meses contados a partir de la fecha de ejecutoria de este proveído, y en aras de verificar el cumplimiento el mencionado funcionario certificará lo pertinente ante el Tribunal Administrativo de Antioquia, documento que se anexará a este proceso".

(4) De otra parte, la jurisprudencia del Consejo de Estado ha considerado la aplicación de medidas de satisfacción en diferentes sentencias, especialmente cuando se trata de la afectación de derechos humanos, del derecho internacional humanitario y de los derechos de los niños. Cuando se trata de medidas de satisfacción por la vulneración de derechos de los niños, se tiene que en sentencia de 18 de enero de 2011 se ordenó "que en un medio de publicación local se ofrezca una excusa pública a los padres y familia del menor"[484], en un caso de falla médica por indebida atención y tratamiento de un niño.

(5) En otro caso, sobre afectación de una menor con gancho de cosedora, se ordenó:

"[…] 1) la realización de un acto público conjunto, por parte de las demandadas, en el que se ofrezca disculpas a [J.] y a su familiares, con la asistencia del cuerpo docente y escolar de la institución educativa, en la plaza central de la misma; 2) se deberá publicar la parte resolutiva de esta sentencia en un medio de circulación departamental; 3) en un término de seis (6) meses el Departamento […] deberá cumplir con la publicación de los manuales y reglamentos de convivencia educativa y ciudadana en la institución educativa objeto del proceso; 4) se ordenará que se compulse copias ante las autoridades competentes para que estudien si hay lugar o no a iniciar las investigaciones tanto disciplinarias, como penales en contra de las directivas y profesores del Colegio […] que laboraban en dicha institución para la época de los hechos, así como al médico tratante"[485].

(6) Sentencia de 21 de febrero de 2011, exp. 20046, C.P.: Mauricio Fajardo Gómez, caso desaparición, tortura y muerte de tres personas. En la sentencia se ordenaron las siguientes medidas:

"3.1. Tanto la parte resolutiva, como el acápite de esta sentencia denominado "La imputación del hecho dañoso demandado al Estado", serán publicados en una cartelera ubicada en un lugar de acceso al público y visible de la sede principal del De-

---

[484]   COLOMBIA, Consejo de Estado, Sección Tercera, Subsección C, sentencia de 18 de enero de 2011, exp. 17547, C.P.: Jaime Orlando Santofimio Gamboa.

[485]   COLOMBIA, Consejo de Estado, Sección Tercera, Subsección C, sentencia de 19 de agosto de 2011, exp. 20144, C.P.: Jaime Orlando Santofimio Gamboa.

partamento Administrativo de Seguridad DAS en la ciudad de Bogotá D.C., así como en la página web de esa entidad, por el término de seis (6) meses, de tal forma que los servidores públicos y todas las personas que visiten esas instalaciones y la pagina web del DAS, tengan la posibilidad de acceder al contenido de la misma.

3.2. El Director del Departamento Administrativo de Seguridad DAS realizará un acto solemne de presentación de excusas públicas a los familiares de las víctimas directas del presente caso, el cual deberá contener, además, un reconocimiento expreso de responsabilidad administrativa por los hechos que dieron origen a la presente acción; para la realización de dicho acto solemne se deberá citar con prudente anticipación a distintos medios de comunicación nacional (radio, prensa, televisión, etc.). La programación del aludido acto solemne (fecha, lugar y hora) también deberá ser informada al Consejo de Estado con al menos (20) días de anticipación, con el propósito de que el Tribunal Supremo de lo Contencioso Administrativo decida, si a bien lo tiene, hacer presencia en esa diligencia a través de uno o varios de los integrantes de la Jurisdicción de lo Contencioso Administrativo.

3.3. Como garantía de no repetición, se ordenará a la entidad demandada Nación-Departamento Administrativo de Seguridad DAS que con el contenido de la parte resolutiva y del acápite de esta sentencia denominado "La imputación del hecho dañoso demandado al Estado", elabore una circular que debe llevar la firma del Director del DAS, para que sea enviada y entregada a cada uno de los funcionarios que laboran en la entidad y que operan en las diferentes sedes que integran esa entidad en el país, con el propósito de que se instruya acerca de las consecuencias, responsabilidades y sanciones que para el Estado Colombiano representan y/o generan conductas o actuaciones como las que dieron lugar a la formulación de la demanda con que se inició el proceso citado en la referencia, para evitar que esa clase de acciones vuelvan a repetirse. El valor de la impresión, sus copias, su distribución y divulgación será asumido por el Departamento Administrativo de Seguridad DAS.

3.4. El Director del Departamento Administrativo de Seguridad DAS deberá remitir dentro de los dos (2) meses siguientes a la ejecutoria de esta sentencia, un informe detallado sobre el cumplimiento de las condenas extrapatrimoniales aquí impuestas, en el cual se deberá adjuntar copia de cada uno de los textos que fueron insertados y publicados en las carteleras y en la página web del DAS, así como un registro fílmico y/o fotográfico donde se de e constancia del lugar donde se ubicaron los mismos. Igualmente, se deberá adjuntar copia de la circular enviada por el Director del DAS a los funcionarios de las diferentes dependencias de esa entidad que operan en el país, con copia de la guía de envío y constancia de recibo del director de cada una de las sedes correspondientes".

(7) Sentencia de 25 de mayo de 2011, exps. 15838-18075-25212, C.P.: Jaime Orlando Santofimio Gamboa, caso de la toma de la Base Militar de "Las Delicias". En la sentencia se ordenaron las siguientes medidas:

"i) la publicación de la presente sentencia, en un término de seis (6) meses, contados a partir de la notificación de la misma, en el Diario Oficial y de la parte resolutiva de la misma en un diario de circulación nacional; ii) la realización de un acto público de reconocimiento de responsabilidad por parte de las entidades demandadas, que deberá ser transmitido por el canal institucional, y la declaración del Ministro de la Defensa de una política dirigida a corregir los fallos cometidos en esta base militar; iii) proveer a las víctimas y a sus familias de un tratamiento psicológico, que permita su reinserción social y la superación de las huellas de la guerra; iv) solicitar, en virtud de las normas de la Convención Americana de Derechos Humanos, de los reglamentos de la Comisión Interamericana de Derechos Humanos, la realización de un informe especial relativo a las violaciones de derechos humanos que se haya producido en los hechos del 30 de agosto de 1996 en la Base Militar de Las Delicias, como consecuencia de las acciones tanto de la fuerza militar estatal, como del grupo armado insurgente que llevó a cabo el ataque, y v) compulsar copias a la Procuraduría General de la Nación y a la Fiscalía General de la Nación para se investigue disciplinaria y penalmente los actos u omisiones de los altos mandos militares para la época de los hechos, en atención a la vulneración de los derechos humanos de los aquí víctimas".

(8) Sentencia de 31 de agosto de 2011, exp. 19195, C.P.: Jaime Orlando Santofimio Gamboa, caso ataque de grupo armado insurgente FARC a la estación de la Policía Nacional de Barbacoas (Nariño). En la sentencia se ordenaron las siguientes medidas:

"[…] que el Estado, por los canales adecuados, solicite la opinión consultiva a la Corte Interamericana de Derechos Humanos acerca de la(s) violación(es) a los derechos humanos que se hayan producido en el caso en concreto por parte del grupo armado insurgente FARC, y que una vez rendida sea puesta en conocimiento de la opinión pública por los medios de comunicación de circulación nacional".

(9) Sentencia de 19 de agosto de 2011, exp. 20227, C.P.: Jaime Orlando Santofimio Gamboa, caso lesiones a civil que se encontraba al interior de la estación de la Policía Nacional del municipio de Belén (Nariño), como consecuencia del ataque perpetrado por el grupo armado insurgente FARC. En la sentencia se ordenaron las siguientes medidas:

"[…] que el Estado, por los canales adecuados, solicite la opinión consultiva a la Corte Interamericana de Derechos Humanos acerca de la(s) violación(es) a los derechos humanos que se hayan producido en el caso en concreto por parte del grupo armado insurgente FARC, y que una vez rendida sea puesta en conocimiento de la opinión pública por los medios de comunicación de circulación nacional".

(10) Sentencia de 19 de octubre de 2011, exp. 20861, C.P.: Jaime Orlando Santofimio Gamboa, caso de la muerte de periodista y activista de programa de resocialización cometido por sujeto que irregularmente fue dejado en libertad por el INPEC, cuando existía condena pendiente. En la sentencia se ordenaron las siguientes medidas:

"1) la realización de un acto público encabezado por el Director del INPEC o quien haga sus veces en el que se ofrezca disculpas a los familiares de Amparo Leonor Jiménez Pallares; 2) se deberá publicar la parte resolutiva de esta sentencia en todos los establecimientos carcelarios y penitenciarios del país y, darse difusión en un medio de comunicación departamental de la misma; 3) se ordenará que se compulse copias ante las autoridades competentes para que se determine si hay lugar o no a iniciar las investigaciones disciplinarias en contra de los funcionarios que tenían a su cargo el cumplimiento de las obligaciones de vigilancia y revisión del prontuario o cartilla biográfica de las personas que se encuentran recluidas en el centro penitenciario del Distrito de Santa Marta, conforme a lo establecido en la Ley 65 de 1993; 4) se ordenará que se compulse copias ante las autoridades competentes para que se determine si hay lugar o no a iniciar las investigaciones disciplinarias por la falta de defensa técnica que tuvo el INPEC a lo largo de todo el proceso que finaliza con esta providencia, contra todos aquellos que hasta la fecha de la sentencia tenían a su cargo delegar y vigilar que se ofreciera dicha defensa".

(11) Sentencia de 18 de enero de 2012, exp. 19959, C.P.: Jaime Orlando Santofimio Gamboa, caso de la muerte del abogado y activista de defensa de presos políticos Javier Alberto Barriga Vergel. En la sentencia se ordenaron las siguientes medidas:

"1) la realización de un acto público en el que el Director del Departamento de la Policía de Norte de Santander ofrezca disculpas a los familiares de Javier Alberto Barriga Vergel; 2) se deberá publicar la parte resolutiva de esta sentencia en todas las Estaciones de la Policía Nacional en el Departamento de Norte de Santander por un período de seis (6) meses, y darse difusión en los diferentes medios de comunicación de circulación departamental; 3) se ordenará que se compulse copias ante las autoridades competentes para que se estudie si hay lugar o no a iniciar las investigaciones tanto disciplinarias, como penales en contra de aquellos funcionarios de la Policía Nacional, o del Ejército Nacional que en la época de los hechos no contribuyeron a la protección de la seguridad personal de la víctima; 4) con el fin de evitar una potencial condena en contra del Estado por parte de la instancia judicial interamericana de Derechos Humanos, se ordenará que la Fiscalía General de la Nación informe al país, en un término improrrogable de 30 días calendario, acerca de los resultados de las investigaciones adelantadas por el homicidio del abogado Javier Alberto Barriga Vergel, y especialmente se ofrezca verdad y justicia como medio para la reconciliación".

(12) Sentencia de 9 de mayo de 2012, exp. 20334, C.P.: Jaime Orlando Santofimio Gamboa, caso de la masacre ocurrida en el corregimiento "El Siete", del municipio de El Carmen de Atrato (Chocó). En la sentencia se ordenaron las siguientes medidas:

"1) la realización de un acto público donde el Comandante de la Cuarta Brigada del Ejército Nacional ofrezca disculpas públicas a los familiares de Guillermo de Jesús Barrera Henao, Francisco Javier Taborda Taborda y de Álvaro de Jesús Vásquez Giraldo; 2) se deberá publicar la parte resolutiva de esta sentencia en todas las dependencias, en lugar visible de las instalaciones, de todas los Comandos, Brigadas, Batallones, Divisiones y Compañías del Ejército Nacional en todo el territorio nacional, especialmente en aquellas que tengan jurisdicción en el Departamento del Chocó por un período de seis (6) meses, y darse difusión a la parte resolutiva de la misma en los diferentes medios de comunicación de las fuerzas militares, civiles e institucionales del Estado, especialmente su difusión en el Canal Institucional del Estado; 3) se ordenará que se compulse copias ante las autoridades competentes para que se estudie si hay lugar o no a continuar las investigaciones tanto disciplinarias, como penales que en 1996 se adelantaron con ocasión de los hechos del 13 de junio de 1996, en contra de aquellos funcionarios de la Policía Nacional, o del Ejército Nacional que no contribuyeron a la protección de la ciudadanía habitante del corregimiento El Siete y del municipio de El Carmen de Atrato (Departamento del Chocó); 4) con el fin de dar cumplimiento al artículo 7.1 de la Convención Americana de Derechos Humanos, se ordenará que la Fiscalía General de la Nación informe al país, en un término improrrogable de 30 días calendario, acerca de los resultados de las investigaciones adelantadas por los homicidios de Guillermo León Barrera Henao, Francisco Javier Taborda Taborda y de Álvaro de Jesús Vásquez Giraldo, y especialmente se ofrezca verdad y justicia como medio para la reconciliación; 5) en atención a las violaciones al derecho internacional humanitario y al derecho internacional de los derechos humanos se recomendará, si lo considera pertinente, que el Estado solicite ante las instancias internacionales la realización de una relatoría o informe acerca de los hechos ocurridos el 13 de junio de 1996 en el corregimiento El Siete del municipio de El Carmen de Atrato (Chocó), y una vez sea rendido poner a disposición de la opinión pública por todos los canales institucionales y de medios comunicación sus resultados".

(13) Sentencia de 29 de agosto de 2012, exp. 24799, C.P.: Jaime Orlando Santofimio Gamboa, caso de las quemaduras padecidas por un menor de 17 años en el laboratorio químico de un colegio. En la sentencia se ordenaron las siguientes medidas:

"1) la realización de un acto público conjunto, por parte de las demandadas, en el que se ofrezca disculpas a Mauricio Andrés López Giraldo, con la asistencia del cuerpo docente y escolar de la institución educativa, en la plaza central de la misma; 2) se deberá publicar la parte resolutiva de esta sentencia en un medio de circulación departamental y socializar la misma en el establecimiento educativo "Colegio Nacional San Simón" por un medio escrito y con fijación de la parte resolutiva en todos los tablones de anuncios que existan en dicha institución; 3) en un término de un (1) mes el Departamento del Tolima deberá verificar que el establecimiento educativo "Colegio Nacional San Simón" cumple con lo exigido por la ley 115 de 1994, el decreto 1860 de 1994 respecto al reglamento y manual de convivencia; 4) las autoridades nacionales, departamentales y locales competentes deberán verificar el cumplimiento de todas las normas sanitarias, de seguridad industrial y de salud ocupacional a que hace mención esta providencia, sin perjuicio de aquellas que las sustituyan, modifiquen o adicionen en la actualidad, en todas las instituciones académicas del país; 5) se deberá informar por conducto del Tribunal Administrativo del Tolima las medidas incorporadas en materia de prohibición de disposición, uso y manipulación de sustancias explosivas y pirotécnicas en los laboratorios y demás instalaciones de todas las instituciones educativas del país; 6) se compulse copias ante las autoridades competentes para que se estudie si hay lugar o no a iniciar las investigaciones tanto disciplinarias, como penales en contra de las directivas y profesores del Colegio Nacional San Simón que laboraban en dicha institución para la época de los hechos; 7) el Departamento del Tolima deberá proceder a la revisión especial de todos los laboratorios de los Colegios públicos y privados de su jurisdicción, tanto el cumplimiento de las normas de seguridad como de infraestructura y dotación de los laboratorios; 8) la expedición, por parte del Ministerio de Educación Nacional, de un manual de utilización de laboratorios (de física o química) haciendo énfasis en las medidas de seguridad que deben observarse y de las sanciones disciplinarias por su incumplimiento; 9) el Ministerio de Educación, las Secretarías Departamentales (o Seccionales) de Educación) y a todas las instituciones educativas del país procederá a la adecuación a normas técnicas de uso de los laboratorios, normas de seguridad industrial, implementos de protección (batas, calzado adecuado, guantes, etc.) de los laboratorios que existen al interior de los centros educativos; 10) se recomienda como medida preventiva la verificación de las condiciones sanitarias, técnicas y de seguridad en las que se encuentren todos los laboratorios del país; y, 11) finalmente, el Ministerio de Educación y al Departamento del Tolima realizará campañas preventivas en instituciones educativas del mismo orden del "Colegio Nacional San Simón", respecto a la no utilización de pólvora, sustancias pirotécnicas o explosivas por los menores de edad en todos los establecimientos educativos (sin perjuicio de lo establecido en la ley 670 de 2001)".

(14) Sentencia de 16 de marzo de 2012, exp. 19807, C.P.: Stella Conto Díaz del Castillo, caso privación injusta de la libertad de agente de la fuerza pública por

muerte de menor al interior de una estación de la Policía Nacional. En la sentencia se ordenaron las siguientes medidas:

"1. A fin de resarcir el buen nombre del señor Pedro Gustavo Vásquez González, la parte resolutiva de esta sentencia será publicada, en un lugar visible, en las instalaciones de la estación de policía en que ocurrieron los hechos del 23 de febrero de 1993 o en el lugar que haga sus veces en la actualidad y en la página web de la Policía Nacional, por el término de seis (6) meses, de tal forma que toda persona que las visite, tenga la posibilidad de acceder al contenido de la misma[486].

2. En las instalaciones de la estación de policía en que ocurrieron los hechos del 23 de febrero de 1993 o en el lugar que haga sus veces en la actualidad, el señor Director General de la Policía Nacional informará directa y personalmente, al señor Vásquez González y a sus familiares, sobre la publicación que se ordena en el numeral anterior[487].

3. La Policía Nacional brindará gratuitamente, a través de sus instituciones de salud especializadas, el tratamiento médico y psicológico requerido por el señor Pedro Gustavo Vásquez González, incluyendo los medicamentos que prescriba el médico tratante, hasta que recupere su estado de salud mental".

(15) Sentencia de 22 de octubre de 2012, C.P.: Jaime Orlando Santofimio Gamboa, caso del ataque armado insurgente al municipio de San José de Albán –Nariño– donde resultaron muertos y lesiones miembros de la población civil. En la sentencia se ordenaron las siguientes medidas:

"1) en atención a las violaciones al derecho internacional humanitario y del derecho internacional de los derechos humanos se recomendará, si lo considera pertinente, que el Estado solicite ante la Comisión de Derechos Humanos de las Naciones Unidas, la realización de una relatoría o informe acerca de los hechos ocurridos el 27 de agosto de 1999 en el municipio de San José de Albán (Nariño), y una vez sea rendido poner a disposición de la opinión pública por todos los canales institucionales y medios comunicación sus resultados, especialmente por el ataque armado desplegado contra miembros de la población civil por el grupo armado insurgente FARC; 2) se ordenará a la Alcaldía del municipio de San José de Albán (Nariño) y al Departamento de Policía de Nariño que estudie y valore la posibilidad de trasladar las instalaciones de la estación de policía de dicha localidad; 3) se solicitará que en el término, improrrogable, de treinta (30) días la Fiscalía General de la Nación, la Procuraduría y la Defensoría del Pueblo informen de las investigaciones penales, disciplinarias y por la violación del derecho internacional humanitario y de los derechos humanos que se hayan adelantado por los hechos, y se ponga a disposición un informe conjunto por los medios de comunicación y circulación nacional; 4) la presente sentencia en su parte resolutiva deberá ser puesta a disposición de los miembros de las entidades demandadas por todos los canales de información (página web, redes sociales e instrumentos físicos), por un período de un año (1) contado

---

486 Supra 19: "Se deberá publicar la parte resolutiva de esta providencia en todas las Estaciones de la Policía Nacional del país y darse d fusión en un medio de circulación informativa del mismo".

487 *Ibíd.* En la citada sentencia, de manera similar, se ordenó: "[l]a realización de un acto público en donde la Policía Nacional a través de medios de comunicación masivo ofrezca disculpas públicamente a los familiares de la menor Sandra Catalina Vásquez Guzmán".

desde la fecha de su ejecutoria; y, 5) se ordenará que por Secretaría de la Sección se remita la presente sentencia al Centro de Memoria Histórica para que repose dentro de los archivos que dicha entidad tenga respecto al conflicto armado interno. De todo lo ordenado, las entidades demandadas deberán entregar al despacho informes del cumplimiento dentro de los cuarenta y cinco días (45) siguientes a la ejecutoria de la sentencia".

(16) En los eventos de ejecuciones extrajudiciales, recuérdese la sentencia de 19 de octubre de 2011, exp. 20241 (caso de la muerte de un civil después de encontrarse retenido en los calabozos de la estación de la Policía Nacional en el municipio de Garzón –Huila–), en la que se ordenó:

"[…] 1) la realización de un acto público en el que se ofrezca disculpas a los familiares de [R.A.G.M.]; 2) se deberá publicar la parte resolutiva de esta sentencia en todas las Estaciones de la Policía Nacional en el departamento del Huila y darse difusión en un medio de circulación informativa del mismo departamento); 3) se ordenará que se compulse copias ante las autoridades competentes para que se estudie si hay lugar o no a iniciar las investigaciones tanto disciplinarias, como penales en contra de los agentes de policía que participaron en el operativo y en la detención preventiva, durante la cual se vino a producir la muerte del señor [R.A.G.M.]".

(17) Para el caso de la muerte del juez de Cumbal [Nariño], la sentencia de la Sub-sección C de la Sección Tercera, de 12 de agosto de 2013, exp. 27346, ordenó:

"[…] (1) poner la sentencia a disposición de los miembros de la entidad demandada por todos los canales de información por un período de un año; (2) enviar copia de la misma a la Comisión Interamericana y a la Corte Interamericana de Derechos Humanos por conducto del Ministerio de Relaciones Exteriores; (3) remitir la sentencia por conducto de la Secretaría de la Sección Tercera al Centro de Memoria Histórica; (4) a la Fiscalía General de la Nación que determine si hay lugar o no a continuar la investigación penal por los hechos; (5) a la Fiscalía para que en virtud del cumplimiento del artículo 7.1 de la Convención Americana de Derechos Humanos informe por escrito y anuncie en los medios de comunicación, dentro de los 30 días siguientes, los resultados, avances o decisiones adoptadas en la investigación penal por la muerte del juez Salas Rodríguez; (6) solicitar una relatoría o informe ante las instancias internacionales del sistema interamericano de los derechos humanos, de las Naciones Unidas por los hechos ocurridos, "especialmente para que se determine si hubo la participación de sujetos privados como grupos armados insurgentes; y, (7) como garantía de no repetición se solicita al Estado "determine si procede la protección cautelar de los jueces" que "se encuentran expuestos a riesgos para su seguridad e integridad personal".

(18) En tanto que en el caso de la muerte violenta de un agente de la Policía Nacional durante el ataque del grupo armado insurgente FARC a la estación del municipio de Barbacoas [Nariño], la sentencia de la Sub-sección C de la Sección Tercera, de 26 de septiembre de 2013, se reconoció la reparación por razón de la afectación a bienes constitucionales de la compañera permanente y de la hija de la víctima que se encontraron vulnerados por su muerte violenta.

(19) Cuando se trata de la afectación de bienes civiles, esto es, de bienes inmuebles o muebles de miembros de la población civil con ocasión de ataques de grupos armados insurgentes, en el marco del conflicto armado interno, por ejemplo la sen-

tencia de 12 de febrero de 2014, exp. 25813[488], se ordenó como medidas de reparación no pecuniarias:

"(2.1) publicar la sentencia en todos los medios de comunicación, redes sociales, medios electrónicos y página web de las entidades demandadas por seis meses; (2.2) remitir a la Fiscalía General de la Nación, Unidad de Derechos Humanos y de Derecho Internacional Humanitario para que determine "si hay lugar a reabrir y continuar la investigación contra la organización insurgente FARC y aquellos miembros que hayan participado en la comisión de presuntas violaciones de derechos humanos y de derecho internacional humanitario cometidas contra la víctima del presente asunto, y consistentes en: a) violación del derecho a la vivienda, b) violación del derecho a la inviolabilidad del domicilio en conexidad con el derecho a la vida, c) violaciones de las normas de los Convenios de Ginebra, d) uso de armas no convencionales, etc., y todas aquellas que se desprendan de los hechos ocurridos el 14 de diciembre de 1999 en el municipio de Piendamó [Cauca]"; (2.3) con el ánimo de cumplir con los mandatos de los artículos 93 de la Carta Política y 1.1 y 2 de la Convención Americana de Derechos Humanos, así como aquellos de la Convención IV de Ginebra, se exhorta respetuosamente al Gobierno Nacional para que acuda ante el Comité de Derechos Humanos de las Naciones Unidas, para que pronuncie acerca de las sistemáticas violaciones de los derechos humanos que han sido perpetradas por el grupo armado insurgente FARC durante el conflicto armado interno, y específicamente en el caso de la destrucción del inmueble de propiedad de Jhonson Agustín Abella Peña, ubicado en el municipio de Piendamó [Cauca]; (2.4) se exhorta para que en el término, improrrogable, de treinta (30) días la Defensoría del Pueblo informe de las investigaciones por la violación del derecho internacional humanitario y de los derechos humanos que se hayan adelantado por los hechos, y se ponga disposición por los medios de comunicación y circulación nacional; y, (2.5) se ordenará que por Secretaría de la Sección se remita la presente sentencia al Centro de Memoria Histórica"".

(20) De otra parte, por la muerte de una mujer durante un ataque armado de un grupo armado insurgente al municipio de Mesetas [Meta], la Sub-sección C de la Sección Tercera en la sentencia de 12 de febrero de 2014, exp. 26013[489] ordenó como medidas de reparación no pecuniarias:

"[...] (1) publicación de la sentencia; (2) remitir a la Fiscalía General de la Nación "para que revise en la Unidad de Derechos Humanos y de Derecho Internacional Humanitario si hay lugar a reabrir y continuar la investigación contra la organización insurgente FARC y aquellos miembros [Israel Ramírez –alias Rogelio Benavides, José Nader Lombana –alias Franklin–, Gabriel Restrepo –alias Nelson–, alias Dumar, alias Alexis, alias Roberto Suárez, alias Céspedes] que hayan participado en la comisión de presuntas violaciones de derechos humanos y de derecho internacional humanitario cometidas contra la víctima del presente asunto, y consistentes en: a) violación del derecho a la vida, b) violación del derecho a la integridad personal, c) violaciones de las normas de los Convenios de Ginebra, d) uso de armas no convencionales, etc., y todas aquellas que se desprendan de los hechos ocurridos

---

488   COLOMBIA, Consejo de Estado, Sección Tercera, Sub-sección C, sentencia de 12 de febrero de 2014, exp. 25813, C.P.: Jaime Orlando Santofimio Gamboa.

489   COLOMBIA, Consejo de Estado, Sección Tercera, Sub-sección C, sentencia de 12 de febrero de 2014, exp. 26013, C.P.: Jaime Orlando Santofimio Gamboa.

el 15 de diciembre de 1997 en el municipio de Mesetas [Meta]"; (3) remitir copia
de la sentencia a "la Fiscalía General de la Nación, Unidad de Derechos Humanos y
de Derecho Internacional Humanitario, para que investigue la comisión del delito
de toma de rehenes en contra de la mejor hija de la víctima en los hechos acaecidos
el 15 de diciembre de 1997"; (4) que se solicite la reapertura de la investigación penal "preliminar con número 4119, que fue suspendida y archivada provisionalmente
por la Fiscalía Novena Delegada ante el Juez Penal del Circuito Especializado mediante la Resolución de 10 de octubre de 2000. Así mismo, se compulsarán copias a
la Unidad de Derechos Humanos y de Derecho Internacional Humanitario de la
Fiscalía General de la Nación para el mismo fin, donde debe dilucidarse, por parte
de la jurisdicción penal ordinaria de Colombia la participación como autor intelec-
tual de alias Timochenko, y como autores directos de los alias Dumar, Alexis, Roberto Suárez, Céspedes, todos miembros del grupo armado insurgente FARC para
la época de los hechos, sustentada dicha medida en el derecho a la verdad, justicia y
reparación en la que se inspira el artículo de la Carta Política, el artículo 16 de la
Ley 446 de 1998 y el artículo 63.1 de la Convención Americana de Derechos
Humanos, y en la eficacia y plenitud de las garantías judiciales que exigen la investigación razonable e integral de los hechos en los que se produzcan violaciones a
los derechos humanos, como forma de aplicación a los artículos 29 y 93 de la Carta
Política y 1.1, 2 y 25 de la Convención Americana de Derechos Humanos"; (5) "se
exhorta respetuosamente al Gobierno Nacional para que acuda ante la Comisión Interamericana de Derechos Humanos, específicamente a la Relatoría sobre los Derechos de las Mujeres para que pronuncie acerca de las sistemáticas violaciones de los
derechos humanos que han sido perpetradas por el grupo armado insurgente FARC
durante el conflicto armado interno, y específicamente en el caso de Yaneth Pérez
García"; (6) "exhortar al Estado para que dentro del marco de la Ley 1448 de 2011,
y de sus decretos reglamentarios, estudie la situación de la familia de Yaneth Pérez
García, para establecer si puede recibir los beneficios relativos al restablecimiento
de la estructura familiar que resultó vulnerada por hechos acaecidos el 15 de diciembre de 1997 en el municipio de Mesetas [Meta]"; (7) que la Defensoría elabore
un informe; y, (8) remitir copia de la sentencia al Centro de memoria Histórica".

(21) Con las sentencias de unificación de la Sala Plena de la Sección Tercera de
28 de agosto de 2014, especialmente en el caso de la muerte de la hija de una mujer
que estaba por nacer, expediente 28804[490], se incorporó como rubro de reparación
con carácter compensatorio y de satisfacción el reconocimiento de la reparación a
los bienes constitucionales protegidos, relacionándolos con las medidas de reparación integral, argumentando:

"[…] Se trata de reconocer, aún de oficio, la afectación o vulneración relevante de
bienes o derechos convencional y constitucionalmente amparados. Procederá siempre y cuando, se encuentre acreditada dentro del proceso su concreción y se precise
su reparación integral. Se privilegia la compensación a través de medidas reparato-
rias no indemnizatorias a favor de la víctima directa y a su núcleo familiar más cercano, esto es, cónyuge o compañero(a) y los parientes hasta el 1° de consanguinidad
o civil, en atención a las relaciones de solidaridad y afecto que se da lugar a inferir
la relación de parentesco. Debe entenderse comprendida la relación familiar biológica, la civil derivada de la adopción y aquellas denominadas *de crianza*".

---

490   COLOMBIA, Consejo de Estado, Sección Tercera, sentencia de 28 de agosto de 2014, ex-
       p.28804, C.P.: Stella Conto Díaz del Castillo.

Las medidas de reparación integral operarán teniendo en cuenta la relevancia del caso y la gravedad de los hechos, todo con el propósito de reconocer la dignidad de las víctimas, reprobar las violaciones a los derechos humanos y concretar la garantía de verdad, justicia, reparación, no repetición y las demás definidas por el derecho internacional. Para el efecto el juez, de manera oficiosa o a solicitud de parte, decretará las medidas que considere necesarias o coherentes con la magnitud de los hechos probados (Artículo 8.1 y 63.1 de la Convención Interamericana de Derechos Humanos)".

Con fundamento en los anteriores argumentos, la Sala Plena de la Sección Tercera ordenó:

"[...] la Sala acoge jurisprudencia sobre la pertinencia de la aplicación de medidas de reparación integral en los casos en los que se echa de menos el trato que la mujer requiere por su propia condición, lo que evidencia la discriminación género y, por lo tanto, condenará a ofrecer excusas a los demandantes en una ceremonia privada que deberá efectuarse dentro de los tres (3) meses siguientes a la fecha de ejecutoria de este fallo, siempre que los mismos así lo consientan y a establecer un *link* en su página web con un encabezado apropiado en el que se pueda acceder al contenido magnético de esta providencia.

Adicionalmente, el Hospital San Vicente de Paúl de Lorica implementará políticas tendientes a crear conciencia sobre la necesidad de garantizar la atención médica especializada y oportuna a la mujer embarazada y a los niños recién nacidos. Además, se dispondrá el envío de la copia de esta providencia a Alta Consejería para la Equidad de la Mujer con el fin de que promueva políticas que optimicen la prestación de la atención en gineco-obstetricia y minimicen los eventos de muerte perinatal y a la Sala Administrativa del Consejo Superior de la Judicatura-Comisión Nacional de Género de la Rama Judicial, para la incluya en el observatorio de política de igualdad y no discriminación con enfoque diferencial y de género".

(22) En tanto que en la sentencia de unificación de 28 de agosto de 2014, exp. 32988[491], relacionada con la muerte violenta de dos civiles por miembros de la fuerza pública, se consideró los anteriores postulados en los siguientes términos:

"[...] 15.6.2. Conforme a lo dispuesto en los artículos 63 de la Convención Americana de Derechos Humanos de 1969 y 16 de la Ley 446 de 1998, se procederá a aplicar los criterios de unificación adoptados en esta sentencia cuando se trata de vulneraciones o afectaciones relevantes a bienes constitucional y convencionalmente amparados, en atención a que el juez administrativo, en aplicación directa del control de convencionalidad, deberá lograr el resarcimiento pleno del perjuicio y, principalmente, la *restitutio in integrum* de los derechos fundamentales conculcados.

15.6.3. Lo anterior, procede, entre otros supuestos, cuando se haya constatado en el juicio de responsabilidad del Estado la ocurrencia de vulneraciones o afectaciones relevantes a bienes constitucionales y convencionales constitutivas de daños; en estos casos, la obligación de reparar integralmente el daño surge en virtud de las obligaciones internacionales que tienen justificación jurídica en los diferentes ins-

---

[491] COLOMBIA, Consejo de Estado, Sección Tercera, sentencia de 28 de agosto de 2014, exp. 32988, C.P.: Ramiro Pazos.

trumentos del Derecho Internacional de Derechos Humanos ratificados por Colombia y que prevalecen en el orden interno[492], y también de otros instrumentos de derecho internacional[493] que, aunque no tienen carácter estrictamente vinculante –razón por la cual se los denomina *"derecho blando"* o *"softlaw"*–, gozan de cierta relevancia jurídica y práctica en el ámbito internacional y nacional en tanto exhiben *"una clara e inequívoca vocación axiológica o normativa general"*[494] y sirven como *"criterio[s] auxiliar[es] de interpretación de los tratados internacionales sobre derechos humanos"*[495].

Con base en lo anterior la Sala Plena de la Sección Tercera ordenó:

"[...] 15.6.5. **A título de garantías de no repetición**: En relación con la indemnización por daños a derechos constitucionales y convencionales, se comprueba que el hecho de la ejecución extrajudicial y desaparición forzada de los señores Heliodoro Zapata Montoya, Alberto Antonio Valle (occisos), José Elías Zapata Montoya y Félix Antonio Valle Ramírez (desaparecidos) no fue investigada por la jurisdicción ordinaria, y la justicia penal militar dictó auto inhibitorio, con lo que se aseguró total impunidad (*V.*, párr. 8.17) y los familiares no pudieron esclarecer las verdades circunstancias en las que se produjeron el fallecimiento y desaparición de sus familiares.

15.6.6. En atención a las claras orientaciones jurisprudenciales de la Corte Interamericana de Derechos Humanos, de la Corte Constitucional, de la Corte Suprema de Justicia y del Consejo Superior de la Judicatura (*V.*, párrs. 13.3, 13.6, 13.8), se ordenará, como **garantía de no repetición,** y con el fin de garantizar los derechos humanos a las garantías judiciales y el recurso judicial efectivo, cuya consecuencia

---

492 Entre ellos, la Convención Americana de Derechos Humanos (artículo 63), la Convención contra la Tortura y otros Tratos o Penas Crueles, Inhumanos o Degradantes (artículo 13), y la Convención Interamericana para Prevenir y Sancionar la Tortura (artículo 9). Se hace claridad en que, conforme a lo dispuesto en el inciso segundo del artículo 93 de la Constitución Política, para que un tratado de derechos humanos ratificado por el Congreso prevalezca en el orden interno –en resultado de integrarse al bloque de constitucionalidad como lo ha entendido la Corte Constitucional– es necesario que se refiera a derechos ya reconocidos en la propia Constitución. Siendo así, se entiende que los tratados mencionados prevalecen en el orden interno, debido a que el derecho de las víctimas de hechos delictivos a la reparación se encuentra expresamente en el artículo 250 del ordenamiento superior. En cuanto a infracciones al DIH se encuentra el Estatuto de Roma de la Corte Penal Internacional, adoptado por Colombia mediante la Ley 742 de 2002 y los Protocolos adicionales a los Convenios de Ginebra de 1949, relativos a la protección de las víctimas de los conflictos armados.

493 Entre ellos, el conjunto de principios para la protección y promoción de los derechos humanos mediante la lucha contra la impunidad; los Principios y directrices básicas sobre el derecho de las víctimas de violaciones manifiestas de las normas internacionales de derechos humanos y de violaciones graves del derecho internacional humanitario a interponer recursos y obtener reparaciones; la Declaración sobre los principios fundamentales de justicia para las víctimas de los delitos y de abuso de poder; y la Declaración sobre la protección de todas las personas contra las desapariciones forzadas.

494 Luis Manuel Castro. "Softlaw y reparaciones a víctimas de violaciones de derechos humanos: Reflexiones iniciales", en: Rodrigo Uprimny (coord.), *Reparaciones en Colombia: Análisis y propuestas*. Universidad Nacional de Colombia. Bogotá, 2009. p. 66.

495 COLOMBIA, Corte Constitucional, sentencia C-872 de 2003, M.P. Clara Inés Vargas Hernández.

lógica es cumplir con la obligación de investigar sería, eficaz, rápida, completa e imparcialmente, enviar copias auténticas de la totalidad del expediente en el que conste el presente trámite contencioso administrativo con destino a la Fiscalía General de la Nación para que estudie la posibilidad de avocar la competencia sobre los hechos de que trata esta sentencia, su declaratoria de estas violaciones como delito de lesa humanidad, si es del caso, a efectos de determinar no solo los responsables directos, sino también los autores intelectuales que favorecieron o incentivaron la comisión de esos actos materializados en la muerte de los señores Heliodoro Zapata Montoya y Alberto Antonio Valle y la desaparición de los señores Félix Antonio Valle Ramírez y José Elías Zapata Montoya, ocurrida el 27 y 28 de marzo de 1997 en la vereda Las Nieves del Corregimiento de San José de Apartadó, municipio de Apartadó (Antioquia)[496].

---

[496] Al respecto, la Subsección B de esta Sección en sentencia del 26 de junio del 2014 (rad. 21630) con ponencia del M.P. Danilo Rojas Betancourth, dispuso una medida similar en relación con los hechos ocurridos el 16 de diciembre de 1991, cuando fueron asesinados en la hacienda el Nilo, ubicada en el corregimiento El Palo, municipio de Caloto (Cauca), veinte indígenas de la comunidad Guataba, pertenecientes al resguardo de Huellas. La masacre fue ordenada por uno de los socios de la empresa que recientemente había adquirido la propiedad de la hacienda El Nilo y contó con la participación de civiles y miembros de la Policía Nacional acantonados en Santander de Quilichao. En esa oportunidad la sentencia hizo las siguientes consideraciones: *"el hecho de que en el caso concreto exista un fallo proferido por la justicia penal militar, favorable a los intereses de los llamados en garantía, no impide al juez de lo contencioso administrativo adelantar una nueva valoración probatoria y, eventualmente, condenar patrimonialmente a la entidad demandada por los mismos hechos que le fueron imputados a los agentes del Estado en aquél otro proceso (...). 47. En el caso concreto, se tiene que aunque la decisión adoptada por la justicia penal militar se fundamenta en una de las causales legalmente establecidas (el sindicado no cometió el hecho punible), fue adoptada por un órgano manifiestamente incompetente, lo cual conllevó a la violación del principio del juez natural y del derecho al debido proceso. En efecto, la Sala observa que el proceso fue trasladado de la justicia ordinaria a la justicia penal militar, contrariando el orden constitucional dado que la conducta investigada –dada su gravedad inusitada y las circunstancias en las que fue cometida (poniendo a las víctimas en estado de indefensión)– ciertamente no podía considerarse como un delito típicamente militar ni como un delito común adaptado a la función militar".* En lo concerniente a la medida de justicia restaurativa, la sentencia ordenó lo siguiente: *"OCTAVO: Compulsar copias del fallo a la Fiscalía General de Nación con el propósito de que, de ser el caso, esta entidad examine la posibilidad de presentar una acción de revisión contra la decisión a través de la cual el Tribunal Superior Militar decretó la cesación de procedimiento a favor de Jorge Enrique Durán Argüelles y de Fabio Alejandro Castañeda Mateus, de acuerdo con lo expuesto en la parte motiva de esta providencia".*

Recientemente, en relación con los hechos que suscitaron la masacre de Caloto, la Sala de Casación Penal de la Corte Suprema de Justicia en sentencia del 20 agosto del 2014, M.P. Eyder Patiño Cabrera, rad. 35773, al prosperar la causal tercera de revisión del artículo 220 de la Ley 600 de 2000 –cuarta de la Ley 906 de 2004– respecto al auto de cesación de procedimiento proferido por el Tribunal Superior Militar a favor de unos uniformados, decidió: *"DEJAR SIN EFECTO el auto del 21 de enero de 1997 por cuyo medio el Juzgado de Primera Instancia de la Inspección General de la Policía Nacional se declaró competente para conocer de la actuación y promovió colisión positiva de competencias ante la jurisdicción ordinaria (...)".*

15.6.7. Por otra parte, se remitirá copia del expediente a la Comisión Nacional de Búsqueda de Personas Desaparecidas para que se accionen los mecanismos de su competencia.

15.6.8. Igualmente, de conformidad con la Ley 1448 de 2011[497] –mediante la cual se dictaron medidas de atención, asistencia y reparación integral a las víctimas del conflicto armado interno-, y teniendo en consideración que en el presente caso se infringieron obligaciones convencionales de protección de los derechos humanos, se enviará al Director del Centro Nacional de Memoria Histórica y del Archivo General de la Nación, copia de la presente sentencia con el fin de que haga parte de su registro, y contribuya a la construcción documental del país que busca preservar la memoria de la violencia generada por el conflicto armado interno en Colombia.

15.6.9. Finalmente, teniendo en cuenta el evento suscitado en el sub judice, y en aras de garantizar el debido proceso por la investigación de conductas que surgen de una operación militar o procedimiento de policía, la Sala ordenará, con fines preven-

---

Igualmente, es pertinente mencionar en lo concerniente a la justicia penal militar la sentencia del 27 de marzo del 2014 de la Subsección B, M.P. Stella Conto Díaz del Castillo, rad. 28642, en la que se dijo: *"[E]n lo que tiene que ver con la obligación del Estado de investigar los hechos que generaron las violaciones e identificar y sancionar a los responsables, consideró la Corte IDH que el juzgamiento por parte de la Justicia Penal Militar de los mandos militares, posiblemente ejecutores de los hechos, vulnera el derecho a la verdad, por lo cual, ordenó que contra los militares absueltos en sede judicial por dicha jurisdicción especial, se adelanten nuevos procesos, esta vez ante la justicia ordinaria (...). En tal sentido, insiste la Sala en que, a la luz del derecho constitucional –el vigente en el momento de cometerse las conductas imputadas a los acá demandantes y el que nos rige actualmente– y del derecho convencional, llevar el conocimiento de graves violaciones de derechos humanos a la justicia penal militar trae consigo impunidad y hace nugatorio los derechos a la verdad, la justicia y la reparación integral de las víctimas, lo que rebasa el margen de apreciación que en todo ordenamiento jurídico se le reconoce a las autoridades judiciales al tratarse de actuaciones cuya incompatibilidad con las obligaciones internacionales colma los límites de lo tolerable. (...)Teniendo en cuenta los efectos que esa situación trajo consigo i) dejar sub judice a los afectados impidiéndoles ser juzgados por su juez natural y obstaculizar su acceso a la administración de justicia quebrantándoles gravemente su derecho fundamental a la garantía del debido proceso así como ii) abrir camino a la impunidad y al desconocimiento de los derechos a la verdad, la justicia y la reparación integral de las víctimas, cabe poner de presente que si la justicia penal ordinaria –su juez natural– absuelve en derecho a quienes fueron inicialmente denunciados como presuntos actores de graves violaciones de derechos humanos, pues no logra demostrar su culpabilidad o, de llegarse a materializar la preclusión, los afectados tengan derecho a que la acción de reparación les ofrezca un tratamiento diferenciado y preferente".*

[497]   Artículo 144. *"Dentro de los seis (6) meses siguientes a la promulgación de la presente Ley, el Centro de Memoria Histórica, diseñará, creará e implementará un Programa de Derechos Humanos y Memoria Histórica, el cual tendrá como principales funciones las de acopio, preservación y custodia de los materiales que recoja o de manera voluntaria sean entregados por personas naturales o jurídicas, que se refieran o documenten todos los temas relacionados con las violaciones contempladas en el artículo 3 de la presente Ley, así como con la respuesta estatal ante tales violaciones. // Los archivos judiciales estarán a cargo de la Rama Judicial, la cual en ejercicio de su autonomía podrá optar, cuando lo considere pertinente y oportuno a fin de fortalecer la memoria histórica en los términos de la presente ley, encomendar su custodia al Archivo General de la Nación o a los archivos de los entes territoriales [...]".*

tivos, al señor Ministro de la Defensa para que por conducto de la Dirección Ejecutiva de la Justicia Penal Militar, dé a conocer la presente sentencia a los asesores jurídicos operacionales de las unidades militares, por una parte, y a los jueces de instrucción y fiscales de la justicia castrense, por otra, con el objeto de garantizar de que estos últimos, al momento de avocar la competencia por conductas punibles de miembros activos de la fuerza pública que se susciten en el marco de una operación militar o procedimiento de policía, apliquen los preceptos del artículo 3° de la Ley 1407 de 2010 que precisa: *"[E]n ningún caso podrán relacionarse con el servicio: [a] los delitos de tortura, genocidio, desaparición forzada, de lesa humanidad o aquellos que atenten contra el Derecho Internacional Humanitario entendidos en los términos definidos en convenios y tratados internacionales ratificados por Colombia, [b] ni las conductas que sean abiertamente contrarias a la función constitucional de la Fuerza Pública y que por su sola comisión rompan el nexo funcional del agente con el servicio".*

15.6.10. **A título de garantías de satisfacción:** por otro lado, comoquiera que la Nación- Ministerio de Defensa- Ejército Nacional se le imputó la responsabilidad en el presente caso por la ejecución extrajudicial y desaparición forzada de ejecución extrajudicial de los señores Heliodoro Zapata Montoya y Alberto Antonio Valle y los señores José Elías Zapata Montoya y Félix Antonio Valle Ramírez, y los efectivos del Ejército Nacional trataron de justificar sus muertes como si se trataran de guerrilleros muertos en combate y alteraron la escena del crimen para asegurar la impunidad sobre estos hechos (V. párr. 8.9), se ordenará como una **medida de satisfacción** dirigida a restablecer la dignidad, la honra, el buen nombre y la reputación de las familias Zapata Montoya y Valle Ramírez, que el Ministerio de Defensa Nacional publique en un periódico de amplia circulación nacional y en uno de amplia circulación local en el departamento de Antioquia los apartes pertinentes de este fallo (*V.*, párr. 14) y rectifique la verdadera identidad de las víctimas.

15.6.11. Dicho escrito deberá informar que la muerte de los señores Heliodoro Zapata Montoya y Alberto Antonio Valle y la desaparición forzada de los señores Alberto Antonio Valle y Félix Antonio Valle Ramírez no ocurrió como consecuencia de un combate entre soldados del Ejército Nacional y las FARC, sino que fueron ejecutados extrajudicialmente y desaparecidos forzadamente por actos perpetrados por los efectivos militares destacados en la zona rural de San José de Apartadó con ocasión de la orden de operaciones fragmentaria impartida por el Comandante del Batallón de Infantería N° 47 "General Francisco de Paula Vélez", el 23 de marzo de 1997.

15.6.12. Copia de dicha publicación deberá ser allegada al proceso y a la Sala con la mención del número del expediente, número de radicación y nombre del demandante.

15.6.13. Igualmente, el Ministerio de Defensa Nacional divulgará las partes pertinentes de este fallo (*V.,* párrs. 14) por medios magnéticos a todos los batallones y brigadas del Ejército Nacional, así como en su página web.

15.6.14. Por último, el Comandante General del Ejército Nacional citará y costeará el traslado de las familias Zapata Montoya y Valle Ramírez, si las víctimas están de acuerdo, a la ciudad de Medellín, y en el seno de la plenaria de la Asamblea Departamental de Antioquia, pedirá una disculpa pública a nombre del Estado colombiano en la que se indique que la muerte de Heliodoro Zapata Montoya y Alberto Antonio Valle, y la desaparición de Félix Antonio Valle Ramírez y José Elías Zapata Montoya, no ocurrió en el marco de una confrontación armada con grupos armados al margen de la ley, sino que fue un acto perpetrado el día 28 de marzo de 1997 por los militares efectivos destacados en zona rural de la vereda de "Las Nieves", corregimiento de San José de Apartadó, municipio de Apartadó con ocasión de la operación fragmentaria "Neptuno" y, en consecuencia, reconocerá la responsabilidad del Estado en el presente caso".

(23) En la sentencia de unificación de 28 de agosto de 2014, exp. 26251[498], relacionada con la muerte de un menor que escapó de un centro de reeducación en Pereira [Risaralda], se consideró:

"[…] De acuerdo con la decisión de la Sección de unificar la jurisprudencia en materia de perjuicios inmateriales, se reconocerá de oficio o solicitud de parte, la afectación o vulneración relevante de bienes o derechos convencional y constitucionalmente amparados. La cual procederá siempre y cuando, se encuentre acreditada dentro del proceso su concreción y se precise su reparación integral. Se privilegia la compensación a través de medidas de reparación no pecuniarias a favor de la victima directa y a su núcleo familiar más cercano, esto es, cónyuge o compañero(a) permanente y los parientes hasta el 1° de consanguinidad, en atención a las relaciones de solidaridad y afecto que se presumen entre ellos. Debe entenderse comprendida la relación familiar biológica, la civil derivada de la adopción y aquellas denominadas "de crianza". (…) En casos excepcionales, cuando las medidas de satisfacción no sean suficientes o posibles para consolidar la reparación integral podrá otorgarse una indemnización, única y exclusivamente a la victima directa, mediante el establecimiento de una medida pecuniaria de hasta 100 SMLMV, si fuere el caso, siempre y cuando la indemnización no hubiere sido reconocido con fundamento en el daño a la salud. Este quantum deberá motivarse por el juez y ser proporcional a la intensidad del daño.

[…]

Al respecto, la Sala considera que en el sub examine se precisa la reparación integral mediante medidas de reparación no pecuniarias, teniendo en cuenta la relevancia del caso, por cuanto se trata de afectación al interés superior del menor, y ante la gravedad de los hechos debatidos, consistentes en la inobservancia de los deberes de custodia, vigilancia y cuidado por parte del municipio de Pereira a través del Centro de Reeducación "Marceliano Ossa", que trajo como consecuencia la muerte del menor Iván Ramiro Londoño Gutiérrez, desconociendo estándares convencionales, constitucionales, especialmente en lo que corresponde a la población menor de edad, al incurrir en inobservancia de los artículos 44 y 45 constitucionales y convencionales sobre protección de los derechos humanos especialmente la Convención sobre los Derechos de los Niños en sus artículos 3.3 y 25. La Sala estudia si procede en el presente caso ordenar medidas de reparación no pecuniarias, teniendo en cuenta las circunstancias específicas del caso y las afectaciones a las que fue sometida la víctima Iván Ramiro Londoño Gutiérrez, que generaron la violación de los artículos 1, 2, 8.1, 11, 16 y 42 de la Carta Política, 1.1, 2, 3, 4, 5, 19, y 25 de la Convención Americana de Derechos Humanos. Así mismo, se observa que para la consideración de este tipo de medidas la base constitucional se desprende los artículos 90 y 93 de la Carta Política, la base legal del artículo 16 de la Ley 446 de 1998 y

498   COLOMBIA, Consejo de Estado, Sección Tercera, sentencia de 28 de agosto de 2014, exp. 26251, C.P.: Jaime Orlando Santofimio Gamboa.

del artículo 63.1 de la Convención Americana de Derechos Humanos. Adicionalmente, y para garantizar el derecho a la reparación integral de la víctima, se tiene en cuenta que debe ceder el fundamento procesal del principio de congruencia ante la primacía del principio sustancial de la *"restitutio in integrum"*, máxime cuando existe la vulneración del derecho internacional de los derechos humanos, para el caso específico de un menor de edad"

Con base en los anteriores argumentos se ordenó por la Sala Plena de la Sección Tercera:

"[...] *(1) la realización, dentro de los 6 meses siguientes a la ejecutoria de esta providencia, por parte del Municipio de Pereira – Centro de Reeducación Marceliano Ossa, de un acto público de reconocimiento de responsabilidad dentro de los hechos en que resultó fallecido el Menor Iván Ramiro Londoño Gutiérrez y*[499]; *(2) la colocación de una placa en un lugar visible de las instalaciones de la institución, que permita recordar y conmemorar los hechos ocurridos".*

(24) En el caso de la muerte violenta de dos miembros del Ejército Nacional durante el ataque del grupo armado insurgente FARC a las instalaciones militares ubicadas en el cerro de Patascoy [Nariño], la Sala de Sub-sección C de la Sección Tercera en la sentencia de 20 de octubre de 2014, exp. 31250[500], ordenó como medidas de reparación no pecuniarias:

"[...] (1) por concepto de perjuicios morales a favor de los padres y hermanos del suboficial y soldados fallecidos; (2) por concepto de perjuicios materiales, en la modalidad de lucro cesante consolidado a favor de los padres de las víctimas; (3) se ordenaron medidas de reparación por violación de bienes o derechos convencional y constitucionalmente amparados: (3.1) la sentencia en sí misma hace parte de la reparación integral; (3.2) la realización de un acto público de reconocimiento de responsabilidad; (3.3) se ordena "a la Fiscalía General de la Nación – Unidad de Derechos Humanos y Derecho Internacional Humanitario, para que inicie, o reabra, y en dado caso, se pronuncie si procede su encuadramiento como un caso que merece la priorización en su trámite, en los términos de la Directiva N° 01, de 4 de octubre de 2012, de la Fiscalía General de la Nación la investigación contra el Grupo Armado Insurgente FARC y aquellos miembros que hayan participado en la comisión de presuntas violaciones de derechos humanos y de derecho internacional humanitario cometidas contra las víctimas del presente asunto, y consistentes en: a) violación del derecho a la vida y la integridad física, b) violación de las normas de

---

[499]   Corte Interamericana de Derechos Humanos, caso del *Instituto de Reeducación del menor vs Paraguay,* sentencia de 2 de septiembre de 2004. "[...] *b) Acto público de reconocimiento de responsabilidad internacional y de declaración de una política de Estado en materia de niños en conflicto con la ley consistente con los compromisos internacionales del Paraguay* 316. La Corte considera necesario que, en el plazo de seis meses, las instituciones pertinentes del Estado, en consulta con la sociedad civil, elaboren y definan una política de Estado de corto, mediano y largo plazo en materia de niños en conflicto con la ley que sea plenamente consistente con los compromisos internacionales del Paraguay. Dicha política de Estado debe ser presentada por altas autoridades del Estado en un acto público en el que, además, se reconozca la responsabilidad internacional del Paraguay en las carencias de las condiciones de detención imperantes en el Instituto entre el 14 de agosto de 1996 y 25 de julio de 2001".

[500]   COLOMBIA, Consejo de Estado, Sección Tercera, Sub-sección C, sentencia de 20 de octubre de 2014, exp. 31250, C.P.: Jaime Orlando Santofimio Gamboa.

los Convenios de Ginebra, c) el uso de armas no convencionales, etc., y todas aquellas que se desprendan de los hechos ocurridos el 21 de diciembre de 1997 en la Base Militar ubicada en el Cerro de Patascoy [Nariño]"; (3.4) la Defensoría del Pueblo debe realizar informe; (3.5) incorporación de los familiares de la víctimas a lo establecido en la ley 1448 de 2011; (3.6) publicación en la sentencia; (3.7) remitir copia de la sentencia al Centro de Memoria Histórica; (3.8) en "caso de no ser eficaces los recursos internos, anteriormente señalados como parte de la reparación integral, la Sub-sección respetuosamente exhorta al Estado colombiano, en cabeza de las entidades demandadas, para que eleve el caso ante las instancias internacionales de protección de los derechos humanos, de manera que se surta la plena aplicación del artículo 1 y 93 de la Carta Política, y 1.1 de la Convención Americana de Derechos Humanos, que establece la necesidad de contar con recursos efectivos para la protección de tales derechos".

(25) A su vez, en el caso de la desaparición y muerte violenta de dos hermanos en el municipio de Murillo [Tolima], la Sub-sección C de la Sección Tercera en la sentencia de 3 de diciembre de 2014, exp. 45433[501], ordenó como medidas de reparación no pecuniarias:

"[...] (1) por perjuicios morales se reconoció una liquidación acumulativa por la desaparición y muerte de cada uno de los hermanos Salinas Castellanos; (2) por la violación de bienes convencional y constitucionalmente amparados se ordenaron las siguientes medidas: (2.1) la sentencia en sí misma hace parte de la reparación integral, por lo que se remite copia al Centro de Memoria Histórica; (2.2) difusión y publicación de la sentencia; (2.3) realización de un acto público de reconocimiento de responsabilidad, petición de disculpas y rememoración de los hermanos Salinas Castellanos: (2.4) como garantía de no repetición "el Ministerio de Defensa, el Ejército Nacional y la Policía Nacional desde la ejecutoria de la presente sentencia, realizarán capacitaciones en todos los Comandos, Batallones, Unidades y patrullas militares en materia de procedimientos militares y policiales según los estándares convencionales y constitucionales, exigiéndose la difusión de ejemplares impresos de la Convención Americana de Derechos Humanos, de la Convención de Naciones Unidas sobre la desaparición forzada y delas Convenciones interamericanas sobre desaparición forzada y tortura, las cuales deben ser tenidas en cuenta en los manuales institucionales y operacionales, y su revisión periódica por los mandos militares, de manera que se pueda verificar que se está cumpliendo los estándares convencionales en todo el territorio nacional, y en especial en el Batallón "Patriotas"; (2.5) se remite copia del expediente a la Fiscalía General de la Nación- Unidad de Derechos Humanos y de Derecho Internacional Humanitario con el fin de que abra, reabra o continúe las investigaciones penales por los hechos ocurridos el 3 de octubre de 2002 en el municipio de Murillo-Tolima y en dado caso, se pronuncie si procede su encuadramiento como un caso que merece la priorización en su trámite, en los términos de la Directiva No. 01, de 4 de octubre de 2012 [de la Fiscalía General de la Nación], para investigar a aquellos miembros de la Fuerza Pública que hayan participado en la comisión de presuntas violaciones de derechos humanos y de derecho internacional humanitario cometidas contra las víctimas del presente asunto, y consistentes en: a) violación de la dignidad humana, b) violación del derecho a la familia, c) violación del derecho al trabajo, d) violaciones de las normas de los

---

[501] COLOMBIA, Consejo de Estado, Sección Tercera, Sub-sección C, sentencia de 3 de diciembre de 2014, exp. 31250, C.P.: Jaime Orlando Santofimio Gamboa.

Convenios de Ginebra, e) uso de armas no convencionales, etc., y todas aquellas que se desprendan de los hechos ocurridos el 3 de octubre de 2002 en jurisdicción del municipio de Murillo-Tolima"; (2.6) se remite copia del expediente "a la Justicia Penal Militar, para que abra, reabra o continúe la investigación penal militar que fue objeto de archivo, con el objeto de establecer si hay lugar a declarar la responsabilidad de los miembros del Ejército Nacional, por los hechos ocurridos el 3 de octubre de 2002, sin perjuicio que la justicia penal militar haya dado traslado de las diligencias a la justicia ordinaria en su momento"; (2.7) reconocer a los familiares de los hermanos Salinas Castellanos como víctimas del conflicto armado interno e incorporarlas a la ley 1448 de 2011".

(26) Así mismo, en el caso de la muerte de miembros del Ejército Nacional durante la emboscada al comboy militar que transitaba por la jurisdicción del municipio de Puerres [Nariño] y que afectó también bienes ambientales, la Sub-sección C de la Sección Tercera en las sentencias de 3 de diciembre de 2014, exp. 26737[502], y de 26 de junio de 2015, exp. 30385[503], ordenaron como medidas reparación no pecuniarias:

"[…] (1) La presente sentencia hace parte de la reparación integral, de modo que las partes en el proceso así deben entenderla. Como consecuencia de esto, copia auténtica de esta sentencia deberá ser remitida por la Secretaría de la Sección Tercera al Centro de Memoria Histórica, para así dar cumplimiento a lo consagrado en la ley 1424 de 2010, y se convierta en elemento configurador de la evidencia histórica del conflicto armado de Colombia.

(2) Como la presente sentencia hace parte de la reparación integral, es obligación de las entidades demandadas la difusión y publicación de la misma por todos los medios de comunicación, electrónicos, documentales, redes sociales y páginas web, tanto de su parte motiva, como de su resolutiva, por un período ininterrumpido de un (1) año, contado a partir de la ejecutoria de la presente sentencia.

(3) La realización, en cabeza del señor Ministro de la Defensa y el señor Comandante de las Fuerzas Militares, y del Comandante del Grupo de Caballería Mecanizado N° 3 "Cabal" en persona, de un acto público de reconocimiento de responsabilidad, petición de disculpas y exaltación de la memoria de […], por los hechos acaecidos el 15 de abril de 1996 en jurisdicción del municipio de Puerres, Nariño, en donde exalte su dignidad humana como miembros del cuerpo armado y de la sociedad; se reivindique el papel de los jóvenes en la sociedad en conflicto y después del mismo; se resalte el papel que juega la familia en la posición de todos los soldados que como los fallecidos dan su vida diariamente por el mantenimiento de las libertades y la democracia; y, destacar el potencial laboral que todo soldado tiene durante, y con posterioridad a la realización de sus servicios para la Nación.

(4) Así mismo, y como garantía de no repetición el Ministerio de Defensa y el Ejército Nacional desde la ejecutoria de la presente sentencia, realizarán capacitaciones en todos los Comandos, Batallones Unidades y Patrullas militares en materia de movimientos motorizados, exigiéndose la difusión de los manuales entre los miem-

---

502 COLOMBIA, Consejo de Estado, Sección Tercera, Sub-sección C, sentencia de 3 de diciembre de 2014, exp. 26737, C.P.: Jaime Orlando Santofimio Gamboa

503 COLOMBIA, Consejo de Estado, Sección Tercera, Sub-sección C, sentencia de 26 de junio de 2015, exp. 30385, C.P.: Jaime Orlando Santofimio Gamboa

bros de las tropas, y su revisión periódica por los mandos militares, de manera que se pueda verificar que se esta cumpliendo los reglamentos y procedimientos operacionales en todo el Grupo de Caballería Mecanizado N° 3 "Cabal", de Ipiales [Nariño].

(5) Con el ánimo de cumplir los mandatos de los artículos 93 de la Carta Política y 1.1., 2, 8.1 y 25 de la Convención Americana se remite copia del expediente y la presente providencia a la Fiscalía General de la Nación para que revise en la Unidad de Derechos Humanos y de Derecho Internacional Humanitario para que inicie, o reabra, y en dado caso, se pronuncie si procede su encuadramiento como un caso que merece la priorización en su trámite, en los términos de la Directiva No. 01, de 4 de octubre de 2012 [de la Fiscalía General de la Nación], para investigar a la organización insurgente FARC y aquellos miembros que hayan participado en la comisión de presuntas violaciones de derechos humanos y de derecho internacional humanitario cometidas contra las víctimas del presente asunto, y consistentes en: a) violación de la dignidad humana, b) violación del libre desarrollo de la personalidad, c) violación del derecho a la familia, d) violación del derecho al trabajo, e) violaciones de las normas de los Convenios de Ginebra, d) uso de armas no convencionales, etc., y todas aquellas que se desprendan de los hechos ocurridos el 15 de abril de 1996 en jurisdicción del municipio de Puerres [Nariño].

(6) Con el ánimo de cumplir los mandatos de los artículos 93 de la Carta Política y 1.1., 2, 8.1 y 25 de la Convención Americana se remite copia del expediente y la presente providencia a la Procuraduría General de la Nación, para que reabra la investigación disciplinaria que fue declarada nula en la instancia militar, y que fue objeto de archivo, con el objeto de establecer si hay lugar a declarar la responsabilidad de los aquí llamados en garantía, por los hechos ocurridos el 15 de abril de 1996, sin perjuicio que se haya producido la prescripción de la acción disciplinaria.

(7) El hijo del soldado Servio Tulio Ceballos Palma, Oscar Andrés Ceballos Taquez debe ser reconocido como víctima del conflicto armado, razón por la que se solicita a las instancias gubernamentales competentes incorporarlo y surtir los procedimientos consagrados en la ley 1448 de 2011.

(8) En caso de no ser eficaces los recursos internos, anteriormente señalados como parte de la reparación integral, la Sub-sección respetuosamente exhorta al Estado colombiano, en cabeza de las entidades demandadas para que acuda ante el Comité de Derechos Humanos de las Naciones Unidas, para que pronuncie acerca de las sistemáticas violaciones de los derechos humanos que han sido perpetradas por el grupo armado insurgente FARC durante el conflicto armado interno, y específicamente en el caso de la muerte de Servio Tulio Ceballos Palma durante la emboscada realizada a un convoy militar por el grupo armado insurgente FARC en la vereda El Rosal, del municipio de Puerres [Nariño].

(9) Se exhorta para que en el término, improrrogable, de treinta (30) días la Defensoría del Pueblo informe de las investigaciones por la violación del derecho internacional humanitario y de los derechos humanos que se hayan adelantado por los hechos, y se ponga disposición por los medios de comunicación y circulación nacional.

(10) En el marco de la reparación integral, al juez administrativo se remite copia del expediente y la presente providencia a la Fiscalía General de la Nación para que revise en la Unidad de Delitos Ecológicos o Ambientales para que inicie, o reabra, y

en dado caso, se pronuncie si procede investigar a la organización insurgente FARC y aquellos miembros que hayan participado en la comisión de presuntas violaciones a los bienes ambientales afectados por la explosión y vertido de hidrocarburos del oleoducto transandino ocurrido el 15 de abril de 1996 en jurisdicción del municipio de Puerres, Nariño, debiéndose solicitar a las autoridades ambientales y territoriales de la zona remitir todos los informes que por estos hechos se hayan elaborado y levantado".

(27) Finalmente, en el caso de la masacre ocurrida en el municipio de Frías [Tolima] por miembros de grupos ilegales de autodefensa, la Sub-sección C de la Sección Tercera en la sentencia de 3 de diciembre de 2014, exp. 35413[504], ordenó como medidas de reparación no pecuniarias:

"[...] (1) La presente sentencia hace parte de la reparación integral, de modo que las partes en el proceso así deben entenderla. Como consecuencia de esto, copia auténtica de esta sentencia deberá ser remitida por la Secretaría de la Sección Tercera al Centro de Memoria Histórica, para así dar cumplimiento a lo consagrado en la ley 1424 de 2010, y se convierta en elemento configurador de la evidencia histórica del conflicto armado de Colombia.

(2) Como la presente sentencia hace parte de la reparación integral, es obligación de las entidades demandadas la difusión y publicación de la misma por todos los medios de comunicación, electrónicos, documentales, redes sociales y páginas web, tanto de su parte motiva, como de su resolutiva, por un período ininterrumpido de un (1) año, contado a partir de la ejecutoria de la presente sentencia.

(3) La realización, en cabeza del señor Ministro de la Defensa y el señor Comandante de las Fuerzas Militares, de la Policía y el Comandante del Batallón No. 16 "Patriotas", en persona, de un acto público de reconocimiento de responsabilidad por lo sucedido el 15 de septiembre de 2001 en Frías, petición de disculpas y reconocimiento a la memoria de los civiles que fallecieron en dichos sucesos. En dicho acto se develará una placa de reconocimiento de los hechos con mención expresa de la proscripción de este tipo de conductas, como garantía de no repetición. El acto se celebrará con la presencia de los familiares de todos los fallecidos, si a bien lo tienen, en la plaza principal del Corregimiento.

(4) Así mismo, y como garantía de no repetición ordenará al Ministerio de Defensa adoptar en el marco de sus competencias los programas y planes de trabajo idóneos y necesarios a efectos de eliminar las situaciones de connivencia entre miembros de la Fuerza Pública y Policía Nacional con grupos delincuenciales, exigiéndose la difusión de los manuales respectivos entre los miembros de las tropas y su revisión periódica por los mandos militares.

(5) Con el ánimo de cumplir los mandatos de los artículos 93 de la Carta Política y 1.1., 2, 8.1 y 25 de la Convención Americana se remite copia del expediente y la presente providencia a la Fiscalía General de la Nación para que revise en la Unidad de Derechos Humanos y de Derecho Internacional Humanitario si los hechos del presente caso se encuadran como merecedor de priorización en su trámite, en los términos de la Directiva No. 01, de 4 de octubre de 2012 [de la Fiscalía General de la Nación], para que se investiguen y juzguen a todos los que hayan participado

---

[504] COLOMBIA, Consejo de Estado, Sección Tercera, Sub-sección C, sentencia de 3 de diciembre de 2014, exp. 35413, C.P.: Jaime Orlando Santofimio Gamboa.

en la comisión de violaciones de Derechos Humanos en el *sub judice*. Igualmente se ordenará que la misma Unidad informe los resultados de las investigaciones penales adelantadas por los hechos relacionados con la masacre de Frías. Dicha información deberá remitirse con destino a este expediente y, en lo posible, ser divulgada y dada a conocer *in situ* a los familiares de los fallecidos y a la población de Frías.

(6) Los familiares víctimas por los hechos sucedidos en la masacre de Frías serán reconocidos como víctimas del conflicto armado, razón por la que se solicita a las instancias gubernamentales competentes incorporarlas y surtir los procedimientos consagrados en la ley 1448 de 2011.

(7) En caso de no ser eficaces los recursos internos, anteriormente señalados como parte de la reparación integral, la Sub-sección respetuosamente exhorta al Estado colombiano, en cabeza de las entidades demandadas para que acuda ante el Comité de Derechos Humanos de las Naciones Unidas, para que se pronuncie sobre la violación de Derechos Humanos en el *sub judice*, recordando que los hechos sucedidos se enmarcan dentro del concepto de acto de lesa humanidad.

(8) Se exhorta para que en el término, improrrogable, de treinta (30) días la Defensoría del Pueblo informe de las investigaciones por la violación de los derechos humanos que se hayan adelantado por los hechos, y se ponga disposición por los medios de comunicación y circulación nacional".

45.- Como puede observarse, la creciente consideración de medidas de reparación no pecuniarias sirve a los criterios o presupuestos señalados, especialmente busca que del instituto de la responsabilidad extracontractual pueda extraerse un efecto preventivo, y no simplemente indemnizatorio.

IV.   LA ACCIÓN DE REPARACIÓN ANTE RECLAMACIONES COLECTIVAS

46.- Conforme a lo dispuesto en los artículos 88 inciso 2° y 89 C.P., desarrollados por las leyes 472 de 1998 y 1437 de 2011[505], y en contraposición a las acciones populares, las acciones de grupo o de clase constituyen el conjunto de pretensiones que por vía de acción impetra, a través de apoderado y en un solo escrito de demanda ante las autoridades judiciales, un número plural de personas determinado por la ley, unidas bajo el común denominador, o condición uniforme, de ser simple y llanamente todas ellas afectadas por un daño o daños comunes o colectivos. Acción que se intenta en conjunto con el exclusivo propósito de que se profiera una condena indemnizatoria con ocasión de los daños o perjuicios de que fue objeto el colecti-

---

[505]   Ley 1437 de 2011: "Artículo 145. Reparación de los perjuicios causados a un grupo. Cualquier persona perteneciente a un número plural o a un conjunto de personas que reúnan condiciones uniformes respecto de una misma causa que les originó perjuicios individuales, puede solicitar en nombre del conjunto la declaratoria de responsabilidad patrimonial del Estado y el reconocimiento y pago de indemnización de los perjuicios causados al grupo, en los términos preceptuados por la norma especial que regula la materia. Cuando un acto administrativo de carácter particular afecte a veinte (20) o más personas individualmente determinadas, podrá solicitarse su nulidad si es necesaria para determinar la responsabilidad, siempre que algún integrante del grupo hubiere agotado el recurso administrativo obligatorio".

vo[506], en los derechos e intereses individuales y subjetivos de sus miembros, a partir de la acción u omisión de autoridades o particulares, independientemente de la posibilidad de reclamar los mismos a través de acciones individuales.

46.1.- Bajo estas circunstancias, la acción se torna especial, desistible, subjetiva, directa, sujeta a caducidad, que no atiende a intereses o derechos colectivos, sino que, por el contrario, se funda en intereses exclusivamente personales relacionados con los derechos constitucionales o legales de cada uno de los interesados, vulnerados colectivamente por la acción u omisión común, y que originan reclamación conjunta a través de una misma demanda, por razones de economía, prontitud y eficacia, y en consonancia con la vida de relación de las sociedades modernas e industrializadas que reclaman tratamientos comunes para problemas colectivos. La acción, adicionalmente, se regula en materias complementarias por el Código de Procedimiento Civil, no obstante que las normas de la Ley 472 de 1998 que la regulan sirven adicionalmente para tramitar algunas acciones especiales de grupo establecidas por el legislador.

46.2.- En la realidad de las cosas, la acción de clase parte del supuesto de la ocurrencia de daños individuales, pero acaecidos bajo circunstancias de modo, tiempo y lugar comunes a muchas personas, y en el caso de Colombia a un grupo, a las cuales, por esta circunstancia de ser afectadas colectivamente en sus derechos, se les debe brindar, a la luz de nuestro ordenamiento constitucional, garantías suficientes y adecuadas para obtener las indemnizaciones que correspondan, en claro desarrollo del principio constitucional de solidaridad que identifica la esencia de nuestro Estado Social de Derecho. La acción de grupo corresponde en consecuencia a una nueva

---

[506] Recientemente se ha puesto a debate la decisión judicial que en su momento el Tribunal Administrativo del Valle profirió condenando al Estado en cabeza de la empresa EPSA y de la Corporación Autónoma Regional del Valle –CVC– al pago de una indemnización, en ejercicio de la acción de grupo, por valor de US$ 94.053.521, que representa para cada grupo familiar aproximadamente US$ 30.985. Según la revista Semana: "El río Anchicayá nace en la parte alta de la cordillera Occidental, en una zona boscosa conocida como Los Farallones en límites de Cauca y el Valle. Se descuelga a lo largo de 575 kilómetros hasta desembocar en el océano Pacífico, en la bahía de Buenaventura. Más de 3.000 personas asentadas en la ribera del río vivían de él hasta que sus aguas se convirtieron en un lodazal 'afectando cultivos de pan coger, la actividad de pesca, la economía doméstica y la salud de los habitantes del sector', según la sentencia del Tribunal Administrativo del Valle, que condena a la Empresa de Energía del Pacífico (Epsa) y a la Corporación Ambiental del Valle (CVC). El fallo, que data de 2009, confirma una sentencia de primera instancia y señala a dichas entidades como causantes de 'una catástrofe social y ambiental de grandes proporciones', por lo que las condena a pagar 166.945 millones de pesos a las víctimas. La comunidad se vio afectada por la contaminación del río Anchicayá al recibir, en 2001 y durante dos meses, 500.000 metros cúbicos de lodo acumulado en una represa de la hidroeléctrica Epsa, así como por la CVC, que no ejerció la vigilancia debida. Más allá del monto que sigue pendiente de ser pagado –y que en la práctica se traduce en 55 millones de pesos para cada familia–, lo trascendental de la sentencia es que si resulta ratificada por el Consejo de Estado, sentará jurisprudencia sobre las responsabilidades de las empresas encargadas de explotar recursos naturales en el país. En este sentido, el fallo del Tribunal enfatiza en la necesidad de realizar esa labor 'con el máximo cuidado, dada la peligrosidad de la misma y el impacto ambiental, ecológico, económico y social que se puede generar en su ejecución'": [http://www.semana.com/nacion/caso-del-rio-anchicaya-fallo-trascendente-para-medio-ambiente/175007-3.aspx Consultado el 28 de abril de 2012].

visión del derecho y de sus instrumentos procesales, que abandona las viejas bases individualistas, para ver a las personas como miembros activos y determinantes de la comunidad, por lo tanto objeto de tratamientos comunes.

46.3.- No obstante que frente al artículo 88 C.P. tanto la acción popular como la de clase son acciones colectivas, existen entre ellas diferencias sustanciales y profundas, sobre todo en el tipo de derechos involucrados en su dinámica. A diferencia de lo que ocurre en el caso de las acciones populares, en las acciones de grupo o de clase, como lo hemos expuesto, no se discuten exclusivamente derechos o intereses del colectivo o asuntos relativos al interés general. El motor de este tipo de instrumentos procesales no es otra cosa que los derechos subjetivos de clara estirpe individual de los cuales son titulares los sujetos que se consideran agraviados y perjudicados colectivamente con una acción u omisión de autoridades o particulares, y asimismo los derechos colectivos en cuanto a su incidencia en las situaciones particulares y concretas de los miembros del grupo.

46.4.- Para las acciones populares, como lo expusimos a propósito de esta acción, el concepto de derechos colectivos resulta imprescindible respecto de los efectos esperados en la sentencia correspondiente; en ese sentido se sostiene que los mismos están constituidos por los derechos del común, aquellos de los cuales somos todos titulares sin distinción alguna y cuyo disfrute pleno y normal nos corresponde. Se trata por lo tanto, como lo hemos sostenido, de un fenómeno colectivo, ligado al concepto de lo público, que conduce, desde la perspectiva de la titularidad, a entenderlo como propio de todos, de cada uno de los miembros de una colectividad, sin distinción alguna, por el solo hecho de estar en comunidad, reconduciéndose por lo tanto por los senderos de una especie de derecho subjetivo común.

46.5.- Planteamiento este que nos acerca, como lo admite la Corte Constitucional, al concepto de derechos e intereses difusos, que se caracterizan por el hecho de que se proyectan de manera unitaria a toda una colectividad, sin que una persona pueda ser excluida de su goce por otras personas. Los intereses o derechos difusos o colectivos son supraindividuales e indivisibles, y exigen un concepto y un tratamiento procesal unitario y común, pues la imposibilidad de la división de su objeto implica que la solución de un eventual litigio sea idéntica para todos. Diferencia que en nuestro derecho es reconducida al concepto genérico de derechos o intereses meramente colectivos, razón por la cual el concepto de difuso no ha sido objeto de pleno desarrollado en nuestro medio.

46.6.- La acción de grupo, en sentido contrario a la popular, recae sobre la afectación de todo tipo de derechos e intereses, sean estos colectivos o individuales, pero con efectos concretos y específicos en las personas integrantes del grupo. Se está, en el caso de la acción de clase, frente a un instrumento procesal colectivo, pero que busca reparar los daños producidos a individuos de manera concreta y específica.

46.7.- El daño objeto de la acción de grupo es el daño individual, pero observado desde la perspectiva del conjunto de personas en idénticas situaciones y respecto de las mismas causas, o sea aquel que afecta los bienes patrimoniales y extrapatrimoniales de personas determinadas, pero masificado. Es decir, se refiere al caso de que haya una multiplicidad de sujetos afectados individualmente, todos ellos identificados o identificables, caso en el cual por vía doctrinal se sostiene que estamos ante un daño masivo o grupal, que no es más que una manera de identificar la multiplicidad de daños individuales a raíz de causas comunes y que motivan la reclamación de indemnización conjunta. La Corte Constitucional ha edificado sobre esta idea de daño la base conceptual para el debido entendimiento del problema.

46.8.- Ahora bien, por vía doctrinal se sostiene la posibilidad de que el daño contingente también sea objeto de esta acción cuando se trata de prevenir o suprimir la amenaza a los bienes de los particulares, sin pretender pronunciamientos en torno al interés general, sino básicamente acerca de sus situaciones personales y particulares amenazadas.

46.9.- A diferencia de lo que ocurre en las acciones populares, la parte activa en las acciones de clase deben ser los titulares de derechos afectados por los mismos hechos vulnerantes y en procura de indemnización por la vía judicial. La parte activa está integrada por todas aquellas personas naturales o jurídicas que hubieren sufrido un perjuicio individual bajo condiciones uniformes y que, en vez de reclamar en procesos independientes, lo hacen en uno solo con el propósito de obtener el reconocimiento o pago de la indemnización de perjuicios.

46.10.- Para efectos procesales, el actor o quien actúe como demandante representa a las demás personas que hayan sido afectadas individualmente por los hechos vulnerantes, sin necesidad de que cada uno de los interesados ejerza por separado su propia acción, ni haya otorgado poder. Al fin y al cabo, lo que la acción de grupo configura es tan solo el sucedáneo de múltiples acciones individuales posibles que con el común denominador fáctico y jurídico se agrupan en aras de la economía procesal. En este sentido, el legislador prevé la figura de la conformación del grupo activo para el ejercicio válido de la acción.

46.11.- Finalmente, debe señalarse que un debate que no termina de evolucionar en el derecho colombiano, y a propósito de las reclamaciones colectivas de reparación por medio de la acción de grupo, tiene que ver con la reparación colectiva del daño moral. Dicha reparación, y se tiene como sustento, se apoya en la cláusula general del Estado Social de Derecho, y especialmente, en la necesidad de restablecer, resarcir o restituir la dimensión moral colectiva que resulta vulnerada en aquellos eventos en los que el daño antijurídico que es imputado a la responsabilidad del Estado proviene de violaciones a los derechos humanos, bien sea por situaciones tales como masacres, desapariciones forzadas, ejecuciones extrajudiciales, ataques armados de grupos insurgentes, etc.

46.12.- Con relación a este aspecto, es importante destacar cómo el juez interno está llamado a ejercer, también, un debido control de convencionalidad, ya que la Convención Americana de Derechos Humanos y las normas que hacen parte del sistema interamericano de derechos humanos garantizan no solo la protección singular, sino que alcanzan, en ciertos eventos, a la defensa, y consecuente reparación, a comunidades. Por ejemplo, puede verse la sentencia de la Corte Interamericana de Derechos Humanos en el caso *Aleboetoe y otros contra Suriname*, sentencia de 10 de septiembre de 1993, en la que se dijo:

> "La Corte considera, respecto del argumento que funda la reclamación de una indemnización por daño moral en la particular estructura social de los saramacas que se habrían perjudicado en general por los asesinatos, que todo individuo, además de ser miembro de su familia y ciudadano de un Estado, pertenece generalmente a comunidades intermedias. En la práctica, la obligación de pagar una indemnización moral no se extiende a favor de ellas ni a favor del Estado en que la víctima participaba, los cuales quedan satisfechos con la realización del orden jurídico. Si en algún caso excepcional se ha otorgado una indemnización en esta hipótesis, se ha tratado de una comunidad que ha sufrido un daño directo".

46.13.- La posición jurisprudencial anterior tuvo una nueva proyección en la sentencia de la Corte Interamericana de Derechos Humanos en el caso *Yakye Axa contra Paraguay* (sentencia de 17 de junio de 2005), en el que se cuestionó la falta de tierras, condiciones de salud y de protección de la comunidad indígena Yakye Axa[507], en los siguientes términos:

"188. En el presente caso, la Corte comparte el criterio de la Comisión y los representantes en el sentido de que las reparaciones adquieren una especial significación colectiva. Al respecto, este Tribunal consideró en un caso que involucraba pueblos indígenas que "la reparación individual tiene como un componente importante las reparaciones que esta Corte otorga más adelante a los miembros de las comunidades en su conjunto".

[…]

202. Este Tribunal observa que la falta de concreción del derecho a la propiedad comunal de los miembros de la Comunidad Yakye Axa, así como las graves condiciones de vida a las que se han visto sometidos como consecuencia de la demora estatal en la efectivización de sus derechos territoriales deben ser valoradas por la Corte al momento de fijar el daño inmaterial.

203. De igual forma, la Corte observa que la significación especial que la tierra tiene para los pueblos indígenas en general, y para la Comunidad Yakye Axa en particular (supra párr. 137 y 154), implica que toda denegación al goce o ejercicio de los derechos territoriales acarrea el menoscabo de valores muy representativos para los miembros de dichos pueblos, quienes corren el peligro de perder o sufrir daños irreparables en su vida e identidad cultural y en el patrimonio cultural a transmitirse a las futuras generaciones.

205. Teniendo en cuenta todo lo anterior, así como las distintas facetas del daño aducidas por la Comisión y por los representantes, la Corte, conforme a la equidad y basándose en una apreciación prudente del daño inmaterial, estima pertinente que el Estado deberá crear [*sic*] un programa y un fondo de desarrollo comunitario que serán implementados en las tierras que se entreguen a los miembros de la Comunidad, de conformidad con los párrafos 215 a 217 de esta Sentencia. El programa comunitario consistirá en el suministro de agua potable e infraestructura sanitaria.

---

[507] "En el capítulo sobre hechos probados […] se concluyó que los miembros de la Comunidad Yakye Axa viven en condiciones de miseria extrema como consecuencia de la falta de tierra y acceso a recursos naturales, producida por los hechos materia de este proceso, así como a la precariedad del asentamiento temporal en el cual se han visto obligados a permanecer y a la espera de la resolución de su solicitud de reivindicación de tierras. Este Tribunal observa que, conforme a lo manifestado por los señores Esteban López, Tomás Galeano e Inocencia Gómez durante la audiencia pública celebrada en el presente caso […], los miembros de la Comunidad Yakye Axa hubiesen podido abastecerse en parte de los bienes necesarios para su subsistencia de haber estado en posesión de sus tierras tradicionales. El desplazamiento de los miembros de la Comunidad de estas tierras ha ocasionado que tengan especiales y graves dificultades para obtener alimento, principalmente porque la zona que comprende su asentamiento temporal no cuenta con las condiciones adecuadas para el cultivo ni para la práctica de sus actividades tradicionales de subsistencia, tales como caza, pesca y recolección. Asimismo, en este asentamiento los miembros de la Comunidad Yakye Axa ven imposibilitado el acceso a una vivienda adecuada dotada de los servicios básicos mínimos, así como a agua limpia y servicios sanitarios".

Además del referido programa, el Estado deberá destinar la cantidad de US $950.000,00 (novecientos cincuenta mil dólares de los Estados Unidos de América), para un fondo de desarrollo comunitario, el cual consistirá en la implementación de proyectos educacionales, habitacionales, agrícolas y de salud en beneficio de los miembros de la Comunidad. Los elementos específicos de dichos proyectos deberán ser determinados por un comité de implementación, que se describe a continuación, y deberán ser completados en un plazo de dos años, contados a partir de la entrega de las tierras a los miembros de la Comunidad indígena.

46.14.- Analizada la jurisprudencia de la Corte Interamericana de Derechos Humanos, cabe pensar que es necesario debatir, decantar y promover la procedencia de la reparación colectiva del perjuicio moral, teniendo en cuenta cómo hay elementos en determinadas comunidades (indígenas, afrodescendientes, campesinas) que revisten tal entidad y representación, que su vulneración colectivamente implica la afectación de la dimensión moral de ese grupo, de ese colectivo, el cual merece ser objeto de reparación adecuada.

46.15.- En sentencia de la Sección Tercera del Consejo de Estado de 1 de noviembre de 2012[508] se decidió la acción de grupo que se presentó para establecer la responsabilidad patrimonial y administrativa del Distrito Capital de Bogotá por los hechos que empezaron a desencadenarse el 26 de septiembre de 1997 en el relleno (o vertedero) sanitario de "Doña Juana". En la decisión judicial se confirmó la sentencia que en primera instancia había declarado la responsabilidad y condenado a pagar una indemnización para los residentes, trabajadores o estudiantes de planteles oficiales o privados que resultaron afectados por los hechos. Así mismo, se encontró probado el daño moral argumentando que las afectaciones "tuvieron un impacto negativo sobre la interioridad de los habitantes de los barrios circunvecinos al relleno. Debe tenerse en cuenta que se trata de personas de bajos recursos, circunstancia que dificulta la posibilidad de desplazamiento y reubicación. Por este motivo, el daño moral se predicará de las personas que para la época del derrumbe del relleno residían, estudiaban o trabajaban en cualquiera de las zonas afectadas, de acuerdo con el mayor o menor impacto recibido según los criterios que determinarán en esta sentencia para el pago de la indemnización. Se excluye como criterio de pertenencia al grupo la prueba de la propiedad de los inmuebles, pues se insiste, lo relevante es el haber habitado efectivamente en los barrios sobre los que recayó el impacto ambiental negativo".

46.16.- Sin embargo, en la sentencia en comento no se decidió acerca de la reparación colectiva, lo que fue planteado en el salvamento de voto presentado por el C.P. Jaime Orlando Santofimio Gamboa en los siguientes términos:

"[…] A despecho de la negativa de la mayoría de la Sala a la pretensión de una indemnización colectiva, esta misma Corporación en ocasión anterior, siguiendo los principios que iluminan las acciones populares y de grupo, ha tomado decisiones propias de las acciones populares en desarrollo de las acciones populares en desarrollo de las acciones de grupo (sic). Así ocurrió en sentencia del 18 de octubre de 2007, en una acción de grupo en la que se pretendía la indemnización del mismo Distrito Capital de Bogotá y de una empresa constructora, por los daños que habían

508   COLOMBIA, Consejo de Estado, Sección Tercera, sentencia de 1 de noviembre de 2012, exp. 25000232600019990002 04 y 2000-00003-04. C.P.: Enrique Gil Botero.

(*sic*) sufrido un conjunto de casas, como consecuencia de haber sido levantadas en un terreno con riesgo geológicos que no se conjuraron con las medidas que la licencia de construcción había indicado (*sic*). En ese caso, además de condenar al pago de los perjuicios individuales, se protegió el interés colectivo...

[...] En el caso sub lite resultaba más fácil otorgar la protección al interés colectivo. En efecto, no era necesario pasar por alto el principio de la congruencia de la sentencia, pues el demandante había solicitado la reparación del daño colectivo y la pretensión era justamente indemnizatoria; se trataba simplemente de que, en coherencia con el fallo que se acaba de comentar, se extendiera la función de esta acción colectiva a la protección del interés al medio ambiente.

[...] Pero existe una razón de más, las reparaciones individuales nada hacen por la recuperación del medio ambiente, por ello, los dos tipos de indemnizaciones podrían haber concurrido, como ha sucedido en otras acciones de grupo, en las que junto con las indemnizaciones individuales se han impuesto obligaciones de hacer; en contravía de la norma técnica procedimental que establece esta acción como exclusivamente indemnizatoria, tal vez sí; pero en sincronía con los principios constitucionales que inspiran las dos acciones colectivas con que cuenta el ordenamiento colombiano: las populares y las de grupo.

[...] La propuesta de haber accedido a la reparación colectiva solicitada por los demandantes, y canalizarla mediante la utilización de un "Fondo" se encuentra dentro de la filosofía según la cual los "fondos colectivos de indemnización simbolizan" una tendencia marcada en el derecho internacional privado (con los Fondos (*sic*) de indemnización por contaminación con hidrocarburos, TOVALOP y CRYSTAL - Convención de París de 29 de julio de 1960, Convención de Bruselas de 31 de enero de 1963, por ejemplo), y cuyo objeto es permitir que se redistribuya eficazmente los recursos económicos que sean necesarios para atender medidas, que enmarcadas en la reparación, permitan en perspectiva colectiva reparar aquellos perjuicios que por su continuidad, complejidad, elevado costo y carácter difuso no pueden determinarse por la vía de la indemnización pecuniaria, o de las medidas de satisfacción simplemente".

46.17.- Después de examinado el extremo colectivo de la acción de reparación, queda por abordar la forma en la que la jurisprudencia contencioso administrativa del Consejo de Estado (la más reciente) ha venido aproximándose a un control de convencionalidad aplicado cuando se trata de establecer la responsabilidad patrimonial y administrativa del Estado.

V.   BREVE ESTUDIO DE LA RESPONSABILIDAD DEL ESTADO Y DE LA APLICACIÓN DEL CONTROL DE CONVENCIONALIDAD

47.- Después de elaborado el anterior contexto del régimen de responsabilidad del Estado, queda por abordar, brevemente, la manera como en la más reciente jurisprudencia del Consejo de Estado ha sido analizada la aplicación del control de convencionalidad, por medio de la observancia de las normas de derecho internacional de los derechos humanos (Convención Americana de Derechos Humanos), del derecho internacional humanitario, del derecho de los niños, etc. Para el estudio, se emplea como metodología la exposición directa de la argumentación empleada en diferentes sentencias de la Subsección C de la Sección Tercera del Consejo de Estado, de acuerdo con los siguientes ejes temáticos: 1) ataques de grupos armados insurgentes; 2) minas antipersonales y artefactos explosivos; 3) ejecuciones extrajudiciales; 4) masacres; 5) privación injusta de la libertad; 6) actividades de control y vigilancia educativa; 7) falla médica, 8) falla en el servicio de protección de funcionarios y actores sociales, y 9) actividades de protección y prestación.

1. *Ataques de grupos armados insurgentes*

48.- Se trata de supuestos en los que se produce el ataque por parte de grupos armados insurgentes en una población del país, bien sea contra las instalaciones de la fuerza pública o institucionales (o contra miembros de la fuerza pública), o contra la población civil o sus bienes, ataques de los que se deriva la vulneración del derecho internacional de los derechos humanos (Convención Americana de Derechos Humanos) y del derecho internacional humanitario (Primera Convención de Ginebra de 1864 "para el mejoramiento de la suerte que corren los militares heridos en los ejércitos en campaña" –actualizada por medio de las convenciones de 1906, 1929 y 1949–; Segunda Convención de Ginebra de 1906 "para el mejoramiento de la suerte de los militares heridos, enfermos o náufragos en las fuerzas armadas en el mar" –actualizada en las convenciones de 1929 y 1949–; Tercera Convención de Ginebra de 1929 que comprende: el "Convenio para mejorar la suerte de los heridos y enfermos de los ejércitos en campaña" y el "Convenio relativo al trato de los prisioneros de guerra" –actualizados por la Convención de 1949–; y Cuarta Convención de 1949 "relativa a la protección de personas civiles en tiempo de guerra"; Estatuto de Roma). Al respecto, pueden verse los siguientes casos:

(1) Caso del ataque armado insurgente a la "Base Militar de Las Delicias", sentencia de 25 de mayo de 2011, exps acumulados 15838-18075-25212, C.P.: Jaime Orlando Santofimio Gamboa:

"Es precisamente la salvaguardia del derecho a la vida y a la integridad personal un mandato positivo (objetivo) del Estado, que tiene su sustento no sólo en nuestra Carta Política, sino que encuentra fundamento (invocando la cláusula del bloque de constitucionalidad del artículo 93 de la Constitución) en el derecho internacional humanitario, donde la premisa indica que "el derecho a no ser arbitrariamente privado de la vida se aplica también durante las hostilidades", lo que comprende las situaciones de conflicto armado interno como en el que se encuentra el país. Precisamente, la situación de conflicto armado interno en la que se encuentra el país desde hace décadas, exige del Estado corresponderse con mayor rigor con su deber positivo de protección de los derechos de todos los ciudadanos, en especial de aquellos que participan en el mismo, ya que no sólo se debe responder a las garantías constitucionales y supraconstitucionales, s no corresponderse con el necesario reconocimiento del valor intrínseco del ser humano, sin importar su condición o posición, ya que en el fondo se procura la tutela efectiva de su dignidad, y no se puede simplemente asumir la pérdida de vidas humanas o las lesiones de los miembros de las fuerzas armadas, en especial de aquellos que prestan el servicio militar obligatorio, como un riesgo asumible por parte de nuestra sociedad para tratar de solucionar la problemática violenta de los grupos armados insurgentes.

[…]

Siendo esto así, no cabe duda que al ciudadano-soldado le es aplicable la exigencia de la Convención Americana de Derechos Humanos según la cual también puede generarse responsabilidad internacional del Estado por atribución a éste de actos violatorios de derechos humanos cometidos por terceros o particulares, en el marco de las obligaciones del Estado de garantizar el respeto de esos derechos entre individuos. En este sentido, la Corte Interamericana ha considerado que: "Dicha responsabilidad internacional puede generarse también por actos de particulares en principio no atribuibles al Estado. [Las obligaciones *erga omnes* de respetar y hacer respetar las normas de protección, a cargo de los Estados Partes en la Convención,] proyectan sus efectos más allá de la relación entre sus agentes y las personas sometidas a su jurisdicción, pues se manifiestan también en la obligación positiva del Estado de adoptar las medidas necesarias para asegurar la efectiva protección de los derechos humanos en las relaciones inter-individuales. La atribución de responsabilidad al Estado por actos de particulares puede darse en casos en que el Estado incumple, por acción u omisión de sus agentes cuando se encuentren en posición de garantes, esas obligaciones *erga omnes* contenidas en los artículos 1.1 y 2 de la Convención". [...] No se trata, no obstante, de hacer radicar en el Estado una responsabilidad ilimitada frente a cualquier acto o hecho de los particulares (hecho de un tercero), pues sus deberes de adoptar medidas de prevención y protección de los particulares en sus relaciones entre sí se encuentran condicionados al conocimiento de una situación de riesgo real e inmediato para un individuo o grupo de individuos determinado y a las posibilidades razonables de prevenir o evitar ese riesgo que es achacable directamente al Estado como garante principal. Es decir, aunque un acto u omisión de un particular tenga como consecuencia jurídica la violación de determinados derechos de otro particular, aquél no es automáticamente atribuible al Estado, pues debe atenderse a las circunstancias particulares del caso y a la concreción de dichas obligaciones de garantía.

[...]

Ahora bien, merece especial mención que el deber de prevención por parte del Estado, abarca todas aquellas medidas de carácter jurídico, político, administrativo y cultural que promuevan la salvaguarda de los derechos humanos y que aseguren que su eventual vulneración sea efectivamente considerada y tratada como un hecho ilícito susceptible de acarrear sanciones para quien las cometa, así como la obligación de indemnizar a las víctimas por sus consecuencias perjudiciales, que actuando puedan producir violaciones a los derechos humanos, sin que el Estado se haya correspondido con su ineludible obligación positiva. Dicha obligación comprende el deber de atender el conflicto armado interno aplicando medidas de precaución (anticipación del riesgo) y de prevención, especialmente respecto al despliegue de su propia fuerza militar y de los miembros que la componen, con especial énfasis para el caso de aquellos que prestan el servicio militar obligatorio, de tal manera que los derechos humanos que le[s] son inherentes sean efectiva, eficaz y adecuadamente protegidos. [...] Los derechos a la vida y a la integridad personal revisten un carácter esencial en la Convención Americana de Derechos Humanos y conforme al artículo 27.2 forman parte del núcleo inderogable de derechos que no pueden ser suspendidos en casos de guerra, peligro público u otras amenazas. No basta que los Estados se abstengan de violar estos derechos, sino que deben adoptar medidas positivas, determinables en función de las particulares necesidades de protección del sujeto de derecho, ya sea por su condición personal o por la situación específica en que se encuentre. Los Estados tienen la obligación de garantizar la creación de las condiciones necesarias para evitar la vulneración del derecho a la vida, lo que no se produjo con ocasión de la toma de la Base Militar de Las Delicias el 30 de agosto de 1996".

(2) Caso del ataque armado insurgente al municipio de Barbacoas (Nariño), sentencia de 31 de agosto de 2011, exp. 19195, C.P.: Jaime Orlando Santofimio Gamboa [que tuvo continuidad en la sentencia de 24 de octubre de 2013, exp. 25981].

"Los hechos ocurridos en la Estación de Policía de Barbacoas, en el Departamento de Nariño, son producto o resultado del conflicto armado interno que el país viene sufriendo desde hace décadas, lo que hace exigible al Estado un deber positivo de protección no sólo respecto a los ciudadanos o población civil, sino también en relación con los propios miembros de la fuerza pública. [...] [L]a invocación del artículo 3 común de los Convenios de Ginebra de 1949 no tiene otro objeto que la afirmación del principio de humanidad, que es inherente al respeto de la dignidad.

[...]

El deber positivo se concreta, a su vez, en la obligación de prevención por parte del Estado, que abarca todas aquellas medidas de carácter jurídico, político, administrativo y cultural que promuevan la salvaguarda de los derechos humanos y que aseguren que su eventual vulneración sea efectivamente considerada y tratada como un hecho ilícito susceptible de acarrear sanciones para quien las cometa, así como la obligación de indemnizar a las víctimas por sus consecuencias perjudiciales, que actuando puedan producir violaciones a los derechos humanos, sin que el Estado se haya correspondido con su ineludible obligación positiva. [...]. No basta que los Estados se abstengan de violar estos derechos, sino que deben adoptar medidas positivas, determinables en función de las particulares necesidades de protección del sujeto de derecho, ya sea por su condición personal o por la situación específica en que se encuentre, o por la propia naturaleza del conflicto armado interno que singulariza los medios y la necesidad de reforzar la eficacia en la protección de los mencionados derechos.

[...]

Las obligaciones asumidas por los Estados miembros de la Convención Americana de Derechos Humanos, en relación con la protección del derecho a la vida, pueden incumplirse especialmente en dos tipos de situaciones: (1) cuando el Estado no adopta las medidas de protección eficaces frente a las acciones de particulares que pueden amenazar o vulnerar el derecho a la vida de las personas que habitan en su territorio; y (2) cuando sus cuerpos de seguridad del Estado (Ejército, Policía, etc.) utilizan la fuerza letal fuera de los parámetros internacionalmente reconocidos (en el caso del ataque a la Estación de la Policía Nacional de Barbacoas, cabe encuadrar en el primer supuesto). En tanto que, dichas obligaciones comprenden: a) adoptar medidas jurídicas y administrativas apropiadas para prevenir las violaciones; b) investigar las violaciones, y cuando proceda, adoptar medidas contra los violadores de conformidad con el derecho interno e internacional; c) dar a las víctimas acceso imparcial y efectivo a la justicia con independencia de quien sea en definitiva el responsable de la violación; d) poner recursos apropiados a disposición de las víctimas y e) proporcionar o facilitar reparación a las víctimas.

[...]

Del análisis del acervo probatorio y del caso, la Sala encuentra que el ataque, perpetrado por el grupo armado insurgente FARC, pudo implicar el incumplimiento de mandatos de protección de los derechos humanos, que no pueden quedar desprovistos de mención, y que exigirán que el Estado solicite, por los canales y en ejercicio de las competencias del Ejecutivo, la elaboración de una Opinión Consultiva por parte de la Corte Interamericana de Derechos Humanos, conforme a lo exigido por el reglamento de dicha instancia internacional, y con el objetivo de determinar si se produjeron violaciones a la Convención Americana de Derechos Humanos, asociadas al accionar del mencionado grupo armado insurgente, y relacionadas con el incumplimiento, a su vez, del Derecho Internacional Humanitario, especialmente lo relacionado al uso de armamento, al trato al combatiente y al secuestro que pudo materializarse durante el tiempo que fueron sometidos, cuando los miembros del grupo armado insurgente ingresaron a las instalaciones de la Estación de la Policía Nacional de Barbacoas, Nariño. En ese sentido, y en aplicación del bloque ampliado de constitucionalidad para la tutela de los derechos humanos y el respeto del derecho internacional humanitario, se debe tener en cuenta que pudo producirse por parte del grupo armado insurgente FARC violaciones a los Convenios de Ginebra, especialmente el II y III, en sus artículos 43 y siguientes, debiéndose establecer si se produjo la comisión de conductas que vulneraran el trato digno y humano, la desatención de los heridos (artículo 8 y siguientes), la tortura psicológica a la que se sometió a los policiales durante el término en el que se encontraron plenamente sometidos a los insurgentes. En cuanto al armamento empleado, donde se mencionó el uso de "rockets", granadas, ametralladoras de alto calibre, el Protocolo Adicional a los Convenios de Ginebra de 1977, establece en su artículo 35, claramente que en "todo conflicto armado, el derecho de las partes en conflicto a elegir los métodos o medios de hacer la guerra no es ilimitado.

(3) Caso del ataque armado insurgente al municipio de San José de Albán (Nariño), sentencia de 18 de octubre de 2012, exp. 24070, C.P.: Jaime Orlando Santofimio Gamboa:

"La Sala, además, encuentra que la acción perpetrada por el grupo armado insurgente FARC pudo implicar el incumplimiento de mandatos de protección de los derechos humanos, que no pueden quedar desprovistos de mención, y que exigirán del Estado la obligación de medio de informar a los familiares y al país la situación de las investigaciones penales que se adelantaron, o adelanten, contra los miembros del mencionado grupo armado insurgente, y en dado caso compulsar copias a las autoridades nacionales o internacionales competentes, para que sea investigada la comisión de acciones delictivas violatorias de los derechos humanos, o de lesa humanidad que se configuraron[509] con ocasión de la muerte violenta de Tulia Pérez Erazo y María del Socorro del Carmen y las lesiones a las demás personas, en hechos ocurridos el 27 de agosto de 1999.

En ese sentido, y en aplicación del bloque ampliado de constitucionalidad para la tutela de los derechos humanos y el respeto del derecho internacional humanitario, se debe tener en cuenta que pudo producirse por parte del grupo paramilitar violaciones a los Convenios de Ginebra, especialmente el IV y a su Protocolo II, debiéndose solicitar a las autoridades competentes para que cumplan con la obligación positiva del Estado de investigar y establecer si se produjo la comisión de conductas que vulneraran el trato digno y humano, de tal forma que se cumpla con el mandato constitucional de la verdad, justicia y reparación"[510].

---

[509]   COLOMBIA, Consejo de Estado, Sección Tercera, Subsección C, sentencia de 9 de mayo de 2012, exp. 20334, C.P.: Jaime Orlando Santofimio Gamboa.

[510]   COLOMBIA, Consejo de Estado, Sección Tercera, Subsección C, sentencia de 9 de mayo de 2012, exp. 20334, C.P.: Jaime Orlando Santofimio Gamboa.

(4) Caso del ataque armado insurgente a la Base Militar de "Gamuez", sentencia de 8 de agosto de 2012, exps. acumulados 23942 y 24775 C.P.: Jaime Orlando Santofimio Gamboa:

"En ese sentido, también es imputable el resultado dañoso a la entidad demandada porque se quebró e incumplió la cláusula general de la "buena administración pública"[511], que se refuerza especialmente cuando el Estado está a cargo de las misiones militares, de salvaguarda de la seguridad y de enfrentar con suficientes y plenas garantías a la delincuencia. Porque en caso de producirse, la omisión del Estado puede desencadenar la producción de actos de genocidio o de violencia que como lo señala la Observación General N° 6 del Comité de Derechos Humanos de las Naciones Unidas, en su artículo 6, los "Estados tienen la suprema obligación de evitar las guerras, los actos de genocidio y demás actos de violencia de masas que causan la pérdida arbitraria de vidas humanas".

(5) Caso del ataque del grupo armado insurgente FARC al municipio de Piendamó [Cauca], sentencia de 12 de febrero de 2014, exp. 25813, C.P.: Jaime Orlando Santofimio Gamboa:

"55.3 Al precisar el fundamento de responsabilidad bajo el cual debe examinarse el asunto en estudio, observa la Sala que los mandatos constitucionales que rigen la actividad de la fuerza pública [Policía Nacional], fueron inspirados por la Asamblea Nacional Constituyente de 1991 con el fin primordial de asegurar la vida y la paz de los integrantes de la Nación [preámbulo constitucional], lo cual conllevó, dentro del diseño de la fuerza pública, la institucionalización de las autoridades de la República con el supremo propósito de proteger a todas la personas residentes en Colombia en su vida[512] [artículo 2° constitucional, y artículo 1.1 de la Convención Americana de Derechos Humanos], precepto que a su vez, justifica la exclusividad de la fuerza pública, prevista en el artículo 215 Superior, en las Fuerzas Militares, permanentemente constituidas por el Ejército, la Armada, la Fuerza Aérea [artículo 217 Constitucional], y la Policía Nacional, organizada como un cuerpo armado permanente de naturaleza civil [artículo 218 Constitucional].

[…]

63.1 Para el caso de ataques o incursiones de grupos armados insurgentes a poblaciones en el territorio nacional, que derivan en una confrontación o enfrentamiento con las fuerzas armadas o con la fuerza policial al interior de los cascos urbanos la atribución de la responsabilidad con fundamento en la falla del servicio hace que se examine no sólo el cumplimiento funcional de las entidades demandadas, sino que se hayan correspondido con los mandatos positivos derivados de la protección constitucional y convencional de los derechos humanos y del derecho internacional humanitario. Se trata de establecer un papel activo, garantista y de plena eficacia de los derechos del Estado, y no de un simple ejercicio de reconocimiento y promoción de prerrogativas. En el específico caso de los ataques o incursiones por grupos armados insurgentes a poblaciones en el territorio nacional cabe examinar, también, contextualmente la situación de orden público de la zona, la atención a las amenazas o eventos reiterados [o recurrentes], el despliegue de acciones anticipatorias, la

---

[511] MIR PUIGPELAT, *La responsabilidad patrimonial de la administración, cit.*, p. 201.

[512] *Cfr.* CORTE CONSTITUCIONAL, Sentencias C 013 de 1997, MP Hernández Galindo y C 239 de 1997, MP Gaviria. El derecho a la vida tienen una dimensión bifronte de derecho fundamental y principio superior.

adopción de medidas que impidan que la confrontación o enfrentamiento derivada del ataque o incursión involucre a la población civil al trasladar el escenario de guerra al caso urbano, y la garantía plena del principio de distinción que implique en todo momento adoptar las medidas suficientes y razonable que impidan la concreción de daños antijurídicos, o la vulneración de su dignidad y derechos humanos.

[…]

69.3 La Sub-sección C en la sentencia de 25 de abril de 2012 [expediente 22377] consideró la falla del servicio por vulneración del principio de distinción consagrado en el derecho internacional humanitario. Dentro del catálogo de principios reconocidos por los instrumentos de Derecho Internacional Humanitario está previsto el principio de distinción[513], según el cual "las partes dentro de un conflicto armado deberán distinguir entre población civil y combatientes y entre bienes civiles y objetivos militares"[514]. Dicho principio se justifica en la necesidad de que "las hostilidades se libren entre combatientes y contra objetivos militares para que en ninguna circunstancia afecten a los no combatientes y a los bienes civiles[515]".

[…]

81.1 La Sala encuentra que ante las acciones grupo armado insurgente FARC, se hace exigible por el Estado el pronunciamiento de las instituciones e instancias nacionales e internacionales de protección de los derechos humanos, y de respeto al derecho internacional humanitario, no sólo en razón de la afectación a la población civil [materializada en nuestro caso en el daño a la propiedad privada de Jhonson Agustín Abella Peña], sino también teniendo en cuenta el uso de medios bélicos no convencionales que produjeron serias y graves afectaciones en los ciudadanos, globalmente considerados, y que ameritan que el Estado exija un enérgico y concreto pronunciamiento tanto de las autoridades nacionales, como de la comunidad internacional, de rechazo a este tipo de acciones bélicas, como forma de responder al derecho a la verdad, justicia y reparación, y de cumplir con el mandato del artículo 2 de la Convención Americana de Derechos Humanos

---

[513]   Alejandro Ramelli Arteaga. "Jurisprudencia penal internacional aplicable en Colombia" Giz, 2011, p. 145. *Cfr.* Corte Constitucional. Sentencia C-291 de 2007.

[514]   Marco Sassoli. "*Legitimate targets of attacks under international humanitarian law*". Harvard Program on Humanitarian Policy and Conflict Research. 2003. Disponible en: http://www.hpcrresearch.org/sites/default/files/publications/Session1.pdf.

[515]   Valencia Villa, Alejandro. "Derecho Internacional Humanitario. Conceptos básicos, infracciones en el conflicto armado colombiano". USAID y Oficina en Colombia del Alto Comisionado de las Naciones Unidas para los Derechos Humanos, 2007, p. 121. *Cfr.* Corte Constitucional. Sentencia C-225 de 1995. "Uno de las reglas esenciales del derecho internacional humanitario es el principio de distinción, según el cual las partes en conflicto deben diferenciar entre combatientes y no combatientes, puesto que estos últimos no pueden ser nunca un objetivo de la acción bélica. Y esto tiene una razón elemental de ser: si la guerra busca debilitar militarmente al enemigo, no tiene por qué afectar a quienes no combaten, ya sea porque nunca han empuñado las armas (población civil), ya sea porque han dejado de combatir (enemigos desarmados), puesto que ellos no constituyen potencial militar. Por ello, el derecho de los conflictos armados considera que los ataques militares contra esas poblaciones son ilegítimos, tal y como lo señala el artículo 48 del protocolo I, aplicable en este aspecto a los conflictos internos, cuando establece que las partes "en conflicto harán distinción en todo momento entre población civil y combatientes, y entre bienes de carácter civil y objetivos militares y, en consecuencia, dirigirán sus operaciones únicamente contra objetivos militares".

(6) Caso del ataque del grupo armado insurgente FARC al municipio de Mesetas [Meta] en el que muere una mujer, sentencia de 12 de febrero de 2014, exp. 26013, C.P.: Jaime Orlando Santofimio Gamboa:

"109 El conflicto armado en Colombia genera múltiples impactos en la sociedad, tanto en hombres como en mujeres, pero es indiscutible que los efectos entre unos y otros tienen ciertas diferencias[516]. Pudiéndose casi afirmar que la violencia armada se vive de manera diferente cuando se trata de la mujer[517]. En efecto, la Corte Constitucional ha manifestado de manera reiterada que "las mujeres sufren un impacto diferencial de la violencia armada en la medida en que, cuando se materializan los distintos peligros generales y específicos que se ciernen sobre ellas, las sobrevivientes deben afrontar nuevas responsabilidades, serios obstáculos y graves implicaciones psicosociales que por lo general no están en condiciones materiales ni emocionales de afrontar. Así, por ejemplo, las mujeres que han sido víctimas del asesinato de sus familiares no sólo deben experimentar el dolor propio de la pérdida, sino también las incertidumbres por el futuro, habiendo dejado atrás sus pertenencias y su patrimonio, llegando a entornos desconocidos y con responsabilidades nuevas que a su turno les imponen serias cargas emocionales y anímicas"[518].

109.1 De lo anterior se concluye, que el impacto diferenciado de la violencia que experimentan las mujeres en razón de su género va ligado directamente a la vulnerabilidad a la que esta expuesta la mujer en medio del conflicto y con posterioridad a éste[519], ya que las obliga a asumir roles que antes no desempeñaban, imponiéndo-

---

[516] COMISIÓN INTERAMERICANA DE DERECHOS HUMANOS. *Las Mujeres Frente a la Violencia y la Discriminación Derivadas del Conflicto Armado en Colombia*, 2006. "La CIDH ha manifestado reiteradamente que tanto los hombres como las mujeres colombianas que hacen parte de la población civil, ven sus derechos menoscabados dentro del conflicto armado colombiano y sufren sus peores consecuencias. Sin embargo, a pesar que los dos sufren violaciones de sus derechos humanos y cargan con las consecuencias del conflicto, los efectos son diferentes para cada uno. La fuente de esta diferencia es que las mujeres colombianas han sufrido situaciones de discriminación y violencia por el hecho de ser mujeres desde su nacimiento y el conflicto armado se suma a esta historia ya vivida. Para las mujeres, el conflicto armado es un elemento que agrava y perpetúa esta historia. La violencia y discriminación contra las mujeres no surge sólo del conflicto armado; es un elemento fijo en la vida de las mujeres durante tiempos de paz que empeora y degenera durante el enfrentamiento interno".

[517] "[...] La violencia es un complejo fenómeno social que afecta a muchas mujeres en América Latina, y que guarda estrecha relación con los estereopitos sobre el rol que tradicionalmente se espera jueguen en la sociedad. En los últimos 20 años se ha instalado un discurso público que rechaza la violencia contra las mujeres, el cual ha conducido a la modificación de la legislación –tanto penal como civil, de muchos países del continente. Un ejemplo de ello es que América Latina es el único continente que cuenta con una convención que aborda exclusivamente la violencia contra las mujeres: la Convención Interamericana para Prevenir, Sancionar y Erradicar la Violencia contra la mujer, "Convención de Belém do Pará", de 1994". Claudio Nash Rojas; Claudia Sarmiento Ramírez, "Reseña de la jurisprudencia de la Corte Interamericana de Derechos Humanos (2009)", en *Anuario de Derechos Humanos*, 2010, pp. 79 y 80.

[518] Corte Constitucional, Sentencia T-496 de 2008 Magistrado Ponente Dr. Jaime Córdoba Triviño.

[519] Los actos de violencia, de vulneración y de degradación de los derechos de la mujer, sea en situación de conflicto armado o no, son protegidos por los artículos 1 y 2 de la Convención

seles cargas adicionales a las que normalmente asumían. Es importante destacar, cómo la mujer procura el progreso de sus hogares, a pesar del rompimiento de sus estructuras funcionales originales, donde muchas veces no solo esta ausente la figura del padre sino también de varios miembros de un mismo hogar. El carácter diferencial de la violencia viene dado no en razón del genero como tal, sino en razón de las diferencias en la forma de afrontar la violencia para cada cual y, en como las cargas que genera el conflicto sobre la mujer es mayor por cuanto en la mayoría de casos es la mujer quien se encarga de regenerar su tejido social[520].

109.2 Es necesario, por lo tanto, reconocer el impacto que la violencia ha causado en la vida de las mujeres dejándolas solas con la ausencia de sus familiares, cargando en ellas la desaparición, la muerte de sus compañeros, esposos. Lo cual ha conllevando a la desarticulación y desarraigo de los hogares por ellas constituidos, obligándolas ha asumir la posición de madres cabezas de familia proveedoras del hogar sumando a ello la obligación de exigir una reivindicación de sus derechos vulnerados, de reparación, Justicia y verdad ante los actos de violencia de los cuales fueron victimas directas o indirectas[521].

109.3 La jurisprudencia de la Corte Interamericana de Derechos Humanos ha tratado las problemática de la violencia contra las mujeres como en el caso del "Penal Miguel Castro Castro"[522] donde señaló que la violencia que se ejerce contra las mujeres es "la manifestación más brutal de la discriminación que padecen". Así mismo, en el caso "González y otras [Campo algodonero] contra México[523], en la que se considera que los Estados deben fijar estándares para erradicar, prevenir y sancionar la violencia contra las mujeres

109.5 Es necesario para la Sala, como juez contencioso administrativo y de convencionalidad, reivindicar el poder de la mujer en la historia del país[524] y reconocer

---

de Belém do Pará. A su vez, la Convención Americana de Derechos Humanos ha sido invocada por la Corte Interamericana para la protección de los derechos y garantías de las mujeres en los siguientes casos: Corte Interamericana de Derechos Humanos, caso *González y otras ("Campo algodonero")*; caso *Fernández Ortega y otros vs. México*, sentencia de 30 de agosto de 2010; caso *Rosendo Cantú vs. México*.

[520] Como es el caso de las *mujeres tejedoras de Mampujan* quienes a través del tejido han logrado una reivindicación de su comunidad frente a los actos de violencia. Convirtiendo las colchas en un tejido de memoria colectiva a través de los cuales exigen la reparación y se mantiene viva la historia de la comunidad.

[521] Aunque la mujer pueda no ser la víctima a causa del asesinato o de desaparición forzada, es una segunda víctima anónima ante la ausencia de sus familiares.

[522] Corte Interamericana de Derechos Humanos, caso del *Penal Miguel Castro*, sentencia de 25 de noviembre de 2006.

[523] Corte Interamericana de Derechos Humanos, caso *González y otras [campo algodonero] vs. México*, sentencia de 16 de noviembre de 2009.

[524] La mujer ha participado en múltiples escenarios donde ha existido conflicto, entre ellos el movimiento de independencia en donde la participación de la mujer cumplió un papel no solo de benefactora, sino cumpliendo diversos roles de asistencia, cabe destacar la función de las "juanas" y de las mujeres del socorro Santander quienes participaron activamente en el movimiento de independencia. De igual manera la mujer estuvo presente en la guerra de los mil días y en la época de violencia bipartidista donde fue testigo del rompimiento de su hogares de la forma mas violenta y victima directa de la crueldad.

que lejos de ser una victima "victimizada", la mujer, muy a pesar de las condiciones que le impone la sociedad y el conflicto armado, ha sido ejemplo de valentía y ha resistido con valor las diferentes condiciones a las que el conflicto la ha expuesto y como en muchos casos a través de su cotidianidad ha ayudado a garantizar las mínimas condiciones de vida digna de quienes le rodean sin importar el conflicto[525].

109.6 Para el caso en concreto, se tiene que Yaneth Pérez García era la compañera del miembro de la Policía Nacional Javier Silva Sabogal, asignado a la estación de Policía del municipio de Mesetas [Meta]. Así mismo, que residía en una vivienda cercana a la estación, encontrándose en ella el 15 de diciembre de 1997 cuando se produjo el ataque o incursión del grupo armado insurgente FARC, y que como consecuencia del mismo fue muerta violentamente, no sólo por los disparos y bombas utilizadas por el grupo armado mencionado, sino por la destrucción de su vivienda. Además se afirmó, por información de la Policía Nacional, que su hija menor fue desaparecida y luego hallada a las diez [10] de la mañana del día siguiente, ya que había sido raptada por miembros del multicitado grupo. Con base en estos elementos fácticos, que aparecen directa e indirectamente establecidos en la prueba, la Sala determina que la actuación desplegada por el grupo armado insurgente puede haber infringido o violado la Convención Americana de Derechos Humanos y la Convención Interamericana para prevenir, sancionar y erradicar la violencia contra las mujeres, o Convención de Belén do Pará de 1994.

109.7 Se reitera, que el papel de la mujer no puede permanecer invisible para el Estado cuando ejerce labores humanitarias en la guerra por considerarse "socialmente" tales labores como propias de la mujer en desarrollo de las funciones de ama de casa".

(7) Caso del ataque del grupo armado insurgente FARC a las instalaciones militares en el cerro de Patascoy [Nariño], sentencia de 20 de octubre de 2014, exp. 31250, C.P.: Jaime Orlando Santofimio Gamboa:

"es preciso advertir que el de víctima no es un concepto que se determina con referencia exclusiva a los materiales jurídicos fijados por el ordenamiento interno, por el contrario –y sin que ello suponga un demérito a la estructura normativa colombiana sobre reconocimiento y protección de los derechos de las víctimas-, convencionalmente [en los sistemas universal y regional de protección de derechos humanos[526]] se ha venido construyendo, consolidando y defendiendo dicho concepto

---

525 La mujer ha sido activista de los derechos, no solo de su propio genero (como lo fue el movimiento de sufragistas a través del cual se exigía el reconocimiento de los derechos civiles de las mujeres) sino también reivindicado derechos sociales como es el caso de María Cano en los años 20 y de la lucha que lidero en busca del reconocimiento de derechos laborales para los trabajadores.

526 Como lo anota Yasemin Soysal. "En el periodo de posguerra el Estado-nación, como estructura de organización formal, se desvincula cada vez más del locus de legitimidad, el cual se ha trasladado al nivel global trascendiendo las identidades y las estructuras territorializadas. En este nuevo orden de la soberanía, el sistema principal asume la labor de definir las reglas y los principios, otorgando a los Estados nación la responsabilidad de garantizar su respeto y aplicación (Meyer, 1980, 1994). Los Estados-nación siguen siendo los principales agentes de las funciones públicas, aunque la naturaleza y los parámetros de estas funciones son determinadas cada vez más en el nivel global". Yasemin Soysal. *Hacia un modelo de pertenencia posnacional, en Ciudadanía Sin Nación.* (Yasemin Soysal, Rainer Bauböck y Linda Bos-

como sucedáneo lógico de la existencia de un conjunto bien definido de Derechos Humanos (y de Derecho Internacional Humanitario) universalmente reconocidos y llamados a ser garantizados por todas las sociedades, como afirmación del principio democrático y la consolidación de la justicia distributiva.

7.5.4.- Por consiguiente, en la labor de construcción de los derechos de las víctimas es preciso destacar, en el derecho internacional, la existencia de normas jurídicas que disponen i) el reconocimiento a toda persona a la personalidad jurídica (artículo 3 de la CADH y 17 del PIDCP), ii) el reconocimiento de los derechos que tiene todo afectado por una violación de estos derechos a un recurso judicial efectivo (artículos 8 y 25 de la CADH y 14 del PIDCP) y iii) el deber que tiene todo Estado de respetar los derechos reconocidos así como el deber de adoptar disposiciones de derecho interno en orden a ello (artículos 1° y 2° de la CADH y 2° del PIDCP).

7.5.5.- Así, es preciso destacar que lo que existe es un concepto amplio y universal de víctima el cual, conforme a los trabajos de las Naciones Unidas [cristalizado en la Resolución de 16 de diciembre de 2005 A/Res/60/147], comprende a "toda persona que haya sufrido daños, individual o colectivamente, incluidas lesiones físicas o mentales, sufrimiento emocional, pérdidas económicas o menoscabo sustancial de sus derechos fundamentales, como consecuencia de acciones u omisiones que constituyan una violación manifiesta de las normas internacionales de derechos humanos o una violación grave del derecho internacional humanitario. Cuando corresponda, y en conformidad con el derecho interno, el término "víctima" también comprenderá a la familia inmediata o las personas a cargo de la víctima directa y a las personas que hayan sufrido daños al intervenir para prestar asistencia a víctimas en peligro o para impedir la victimización".

7.5.6.- Una disgregación de este concepto de víctima permite extraer las siguientes conclusiones elementales: **(1)** indiferencia de las calidades personales y/o subjetivas de la víctima. A los ojos de esta definición universal, el concepto de víctima no requiere, para su estructuración, que se cuenten con ciertas calidades particulares por parte del sujeto afectado o dañado con la actuación, así mismo, también es claro que si concurren ciertas condiciones particulares de cualquier índole (miembro de población civil, miembro de la fuerza pública, etc.) ello no tiene ninguna virtud de afectar la calidad de víctima; **(2)** indiferencia de las calidades personales y/o subjetivas del victimario. Igualmente, la estructuración del concepto de víctima no pende, en modo alguno, de las calidades del perpetrador y/o responsables de los actos dañosos, en este sentido; **(3)** cualificación de los actos constitutivos del daño. A diferencia de los dos criterios expuestos, el concepto de víctima descansa, en esencia, sobre el tipo de acciones u omisiones llevadas a cabo. Sobre este punto, es preciso señalar que las acciones ejecutadas en contra de la víctima demandan una cualificación jurídica (normativa) particular, deben corresponderse con violaciones manifiestas o graves del cuerpo normativo que reconoce el derecho internacional de los Derechos Humanos, el Derecho Internacional Humanitario, y el derecho de gentes[527]".

---

niak) Siglo del hombre editores, Universidad de los Andes, Pontificia Universidad Javeriana, Instituto Pensar. Bogotá, 2010, pp. 138-139.

[527] *Cfr*. Consejo de Estado, Sala de lo Contencioso Administrativo, Sección Tercera, Subsección C, Auto de 17 de septiembre de 2014, exp. 45092.

2. *Minas antipersonales y artefactos explosivos*

49.- Se trata de casos en los que se produce la vulneración de derechos y la lesión de intereses como consecuencia de la activación de artefactos explosivos, o de minas antipersonales, bien sea por las propias fuerzas militares, como por los grupos armados insurgentes.

(1) Caso de la muerte de civil por artefacto explosivo dejado por un grupo armado insurgente después del ataque al municipio de Cabrera (Cundinamarca), sentencia de 25 de julio de 2011, exp. 19434, C.P.: Jaime Orlando Santofimio Gamboa:

"El Decreto 1355 de 1970[528] (Código Nacional de Policía, vigente para la época de los hechos), definía en su artículo 1° la función de la Policía Nacional consistente en la protección de todos los habitantes del territorio colombiano en su libertad y en los derechos derivados de ella, bajo los límites establecidos en la Constitución Nacional, en la ley, en las Convenciones y Tratados Internacionales, en el Reglamento de Policía y en los principios universales del derecho. Seguidamente, el artículo 2° determinaba que le compete a este cuerpo civil la conservación del orden público como resultado de la prevención y la eliminación de las perturbaciones de la seguridad, de la tranquilidad, de la salubridad y la moralidad públicas".

(2) Caso de la muerte de civil que trabajaba al interior de una instalación militar como consecuencia de pisar una mina antipersonal sembrada en una zona sin la demarcación debida, sentencia de 19 de agosto de 2011, exp. 20028, C.P.: Jaime Orlando Santofimio Gamboa:

"16 En el derecho internacional humanitario y en el marco del derecho internacional de los derechos humanos, el uso de las minas antipersonales ha sido regulado tanto para conflictos internacionales, como para aquellos que no lo son [en el lenguaje del artículo 3 común a los Convenios de Ginebra]. En ese sentido, cuando se revisó la Convención de 1980 en la materia, el Comité Internacional de la Cruz Roja (CICR) convocó a un grupo de expertos militares que concluyó en el año 1996: "Las aterradoras consecuencias humanitarias del empleo de minas antipersonal supera con creces la limitada ventaja militar. Sobre esta base, los gobiernos y toda la comunidad internacional deberían hacer todo lo posible para lograr, como una cuestión de vida o muerte, su prohibición y su eliminación"[529].

---

[528] [http://www.cntv.org.co/cntv_bop/basedoc/decreto/1970/decreto_1355_1970.html]. Bajo la misma orientación se establecen las funciones y demás elementos de la función de policía en el Decreto 1889 de 21 de julio de 1986, mediante el cual se expidió el Código de Policía de Cundinamarca.

[529] Gonzalo Jar Couselo, "Las minas antipersonal: ¿una cuestión resuelta?", en Consuelo Ramón Chornet, (ed.), *Los retos humanitarios del siglo XXI*, Tirant lo Blanch, Valencia, 2003, p. 75. La Resolución de la Asamblea General de las Naciones Unidas 32/152, de 19 de diciembre de 1977, en su preámbulo estableció un fundamento aplicable, desde aquella época, a las minas antipersonales: "los sufrimientos de la población civil y de los combatientes podrían reducirse si se lograra un acuerdo general sobre la prohibición o restricción del empleo, por razones humanitarias, de determinas armas convencionales, incluidas todas aquellas que puedan considerarse excesivamente dañinas o de efectos indiscriminados". Lucía Alonso Ollacarizqueta, "Las minas antipersonal", en CENTRO DE INVESTIGACIÓN PARA LA PAZ, *Guerras periféricas, derechos humanos y prevención de conflictos*, Icaria, Barcelona, 1998, p. 151.

[...]

18 De acuerdo con la Convención de Otawa "sobre la prohibición del empleo, almacenamiento, producción y transferencia de minas antipersonal y sobre su destrucción", de 1997, el sustento para que se prohíba o restrinja el uso de minas antipersonales se encuentra en la aplicación del principio del derecho internacional humanitario "según el cual el derecho de las partes en un conflicto armado a elegir los métodos o medios de combate no es ilimitado, en el principio que prohíbe el empleo, en los conflictos armados, de armas, proyectiles, materiales y métodos de combate de naturaleza tal que causen daños superfluos o sufrimientos innecesarios". En nuestro ordenamiento jurídico dicha Convención se incorporó mediante la ley 554 de 2000".

(3) Caso de las lesiones a joven que piso una mina antipersonal en el municipio de Ituango [Antioquia], sentencia de 12 de febrero de 2014, exp. 45818, C.P.: Jaime Orlando Santofimio Gamboa:

"Para la Sala, es inconcebible que el Estado a sabiendas de la situación descrita no haya adoptado acciones y medidas de protección, vigilancia y seguridad en este municipio, dejando a la población civil a la merced de los grupos armados subversivos, violando así el deber constitucional establecido en el artículo 2 C.N, que manifiesta inmerso dentro de los fines esenciales del Estado, entre otros, el deber de protección a las personas y a sus bienes, con miras a la convivencia pacífica fundamento de nuestro Estado Social de Derecho.

Adicionalmente, según lo estipulado en la Convención de Ottawa aprobada por el Estado Colombiano mediante la Ley 554 de 2000, este se comprometió a destruir las minas antipersonal que existan en su terrritorio o por lo menos a asegurarlas, como lo estipula el numeral 2 del art. 1 de la Convención:

"2. *Cada Estado Parte se compromete a destruir o a asegurar la destrucción de todas las minas antipersonal de conformidad con lo previsto en esta Convención*. (subrayado fuera de texto)

Posteriormente, el artículo 18 de la Ley 759 de 2002 por la cual se dictaron normas para dar cumplimiento a la Convención sobre la Prohibición del Empleo, Almacenamiento, Producción y Transferencia de minas antipersonal y sobre su destrucción y se fijan disposiciones con el fin de erradicar en Colombia el uso de las minas antipersonal, se asignaron unos compromisos al Ministerio de Defensa entre ellos detección, señalización, georreferenciación de áreas de peligro, limpieza y eliminación de las minas antipersonal, así:

"*COMPROMISOS DEL MINISTERIO DE DEFENSA NACIONAL. El Ministerio de Defensa Nacional designará al personal militar especializado en técnicas de desminado humanitario, para adelantar labores de detección, señalización, georreferenciación de áreas de peligro, limpieza y eliminación de las minas antipersonal. Igualmente, el Gobierno Nacional financiará los gastos ocasionados por la destrucción de las minas antipersonal que las Fuerzas Militares tengan almacenadas o identificará y gestionará los recursos de cooperación internacional para tal efecto, a través del Ministerio de Relaciones Exteriores y del Departamento Nacional de Planeación.*"

De lo antes expuesto, se observa que la entidad demandada en el caso en cuestión no aportó prueba alguna que demostrara el cumplimiento de los deberes normativos impuestos, atinentes a: la detección, señalización, georreferenciación de áreas de peligro, limpieza y eliminación de las minas antipersonal. Concluyendo entonces que al no demostrar las labores de erradicación las minas antipersonales, los procedimientos llevados a cabo para asegurar su destrucción, las campañas de concientización e información dirigidas a la comunidad, la demarcación respectivas de las minas, queda probada la falla del servicio por omisión".

3.   *Ejecuciones extrajudiciales*

50.- Se trata de casos en los que como consecuencia del despliegue de procedimientos policiales, o durante la custodia de personas que se encuentran provisionalmente privadas de la libertad, se produce la muerte del administrado, al que se somete a tratos crueles e inhumanos, en ocasiones.

(1) Caso de la ejecución extrajudicial de civil detenido en los calabozos de la Estación de la Policía Nacional del municipio de Garzón (Huila), sentencia de 19 de octubre de 2011, exp. 20241, C.P.: Jaime Orlando Santofimio Gamboa:

"No obstante, la Sala advierte que para casos como el presente donde está valorándose la ocurrencia de una "ejecución extrajudicial" no puede seguir aplicándose lo establecido en el Código de Procedimiento Civil ajeno al respeto de las garantías de los derechos humanos, dado que se estaría vulnerando la Convención Americana de Derechos Humanos al no garantizarse el acceso a la justicia en todo su contenido como derecho humano reconocido constitucional y supraconstitucionalmente, tal como se sostuvo en la sentencia del caso "Manuel Cepeda contra Colombia".

(2) Caso de la muerte de presunto delincuente por varios policías durante procedimiento que representó un exceso en el uso de la fuerza y posterior ejecución extrajudicial, sentencia de 19 de octubre de 2011, exp. 19803, C.P.: Jaime Orlando Santofimio Gamboa:

"Es así como la Asamblea General de las Naciones Unidas consagró el derecho a la vida en el artículo 3 de la Declaración Universal de Derechos Humanos, al establecer que "Todo individuo tiene derecho a la vida, a la libertad y a la seguridad de su persona". De esa manera la Declaración Universal es el pilar fundamental sobre el cual se edifica la protección de los derechos humanos en todo sistema democrático.

Dicho derecho se encuentra consagrado, también, en la Convención Americana de Derechos Humanos (artículos 1.1. y 4.1) y en el Pacto Internacional de Derechos Civiles y Políticos, en cuyo artículo 6 se reitera que "el derecho a la vida es inherente a la persona humana", por lo tanto "este derecho estará protegido por la ley" y "nadie podrá ser privado de la vida arbitrariamente".

La protección del derecho a la vida es el fundamento en virtud del cual se valorara el deber normativo o jurídico que el Estado tiene respecto a las acciones u omisiones que hayan podido concurrir para la producción del daño antijurídico en el caso concreto, especialmente cuando se trata de examinar el uso de la fuerza por mandato constitucional y legal, y sus límites en función de los derechos fundamentales y humanos de todo individuo. En ese sentido, sobre el uso de la fuerza, el artículo 3 de la Resolución 1989/65 de 24 de mayo de 1989 del Consejo Económico y Social de la ONU, dispone que "los funcionarios encargados de hacer cumplir la ley podrán usar la fuerza sólo cuando sea estrictamente necesario y en la medida que lo requiera el desempeño de sus tareas".

De esta norma de derecho internacional de los derechos humanos la propia Corte Interamericana de Derechos Humanos infiere que el uso de la fuerza por los funcionarios encargados de hacer cumplir la ley debe ser excepcional; su uso se enmarca en lo razonablemente necesario, sin exceder los límites que imponen los principios[530] de excepcionalidad, proporcionalidad, necesidad y humanidad.

[...]

---

[530] Principios Básicos sobre el Empleo de la Fuerza y de Armas de Fuego por los Funcionarios Encargados de Hacer Cumplir la Ley, adoptados por el Octavo Congreso de las Naciones Unidas sobre Prevención del Delito y Tratamiento del Delincuente, celebrado en La Habana (Cuba) del 27 de agosto al 7 de septiembre de 1990. Principio 4: "Los funcionarios encargados de hacer cumplir la ley, en el desempeño de sus funciones, utilizarán en la medida de lo posible medios no violentos antes de recurrir al empleo de la fuerza y de armas de fuego. Podrán utilizar la fuerza y armas de fuego solamente cuando otros medios resulten ineficaces o no garanticen de ninguna manera el logro del resultado previsto". Principio 5: "Cuando el empleo de las armas de fuego sea inevitable, los funcionarios encargados de hacer cumplir la ley: a) Ejercerán moderación y actuarán en proporción a la gravedad del delito y al objetivo legítimo que se persiga; b) Reducirán al mínimo los daños y lesiones y respetarán y protegerán la vida humana; c) Procederán de modo que se presten lo antes posible asistencia y servicios médicos a las personas heridas o afectadas; d) Procurarán notificar lo sucedido, a la menor brevedad posible, a los parientes o amigos íntimos de las personas heridas o afectadas". Principio 9: "Los funcionarios encargados de hacer cumplir la ley no emplearán armas de fuego contra las personas salvo en defensa propia o de otras personas, en caso de peligro inminente de muerte o lesiones graves, o con el propósito de evitar la comisión de un delito particularmente grave que entrañe una seria amenaza para la vida, o con el objeto de detener a una persona que represente ese peligro y oponga resistencia a su autoridad, o para impedir su fuga, y sólo en caso de que resulten insuficientes medidas menos extremas para lograr dichos objetivos. En cualquier caso, sólo se podrá hacer uso intencional de armas letales cuando sea estrictamente inevitable para proteger una vida". Principio 10: "En las circunstancias previstas en el principio 9, los funcionarios encargados de hacer cumplir la ley se identificarán como tales y darán una clara advertencia de su intención de emplear armas de fuego, con tiempo suficiente para que se tome en cuenta, salvo que al dar esa advertencia se pusiera indebidamente en peligro a los funcionarios encargados de hacer cumplir la ley, se creara un riesgo de muerte o daños graves a otras personas, o resultara evidentemente inadecuada o inútil dadas las circunstancias del caso". Principio 13: "Al dispersar reuniones ilícitas pero no violentas, los funcionarios encargados de hacer cumplir la ley evitarán el empleo de la fuerza o, si no es posible, lo limitarán al mínimo necesario". Principio 14: "Al dispersar reuniones violentas, los funcionarios encargados de hacer cumplir la ley podrán utilizar armas de fuego cuando no se puedan utilizar medios menos peligrosos y únicamente en la mínima medida necesaria. Los funcionarios encargados de hacer cumplir la ley se abstendrán de emplear las armas de fuego en esos casos, salvo en las circunstancias previstas en el principio 9". Principio 15: "Los funcionarios encargados de hacer cumplir la ley, en sus relaciones con las personas bajo custodia o detenidas, no emplearán la fuerza, salvo cuando sea estrictamente necesario para mantener la seguridad y el orden en los establecimientos o cuando corra peligro la integridad física de las personas". Principio 16: "Los funcionarios encargados de hacer cumplir la ley, en sus relaciones con las personas bajo custodia o detenidas, no emplearán armas de fuego, salvo en defensa propia o en defensa de terceros cuando haya peligro inminente de muerte o lesiones graves, o cuando sea estrictamente necesario para impedir la fuga de una persona sometida a custodia o detención que presente el peligro a que se refiere el principio 9".

En ese orden, la fuerza pública en el ejercicio de sus funciones, debe utilizar en la medida de lo posible mecanismos pacíficos antes de acudir al uso de armas de fuego, sin embargo, el uso de la fuerza estará acorde con los mandatos supraconstitucionales, constitucionales y legales siempre que otros medios se muestren infructuosos y se produzca una exposición un riesgo actual e inminente a quienes están en el cumplimiento de las funciones propias a la fuerza pública".

4.   *Masacres*

51.- Se trata del típico caso en el que se produce la muerte de personas de la población civil como consecuencia de acciones deliberadas y consentidas a grupos paramilitares, quienes actúan en ocasiones sin ser controlados, reducidos o limitados por la acción del Estado.

(1) Caso de la masacre ocurrida el 13 de junio de 1996 en el corregimiento "El Siete", del municipio de El Carmen de Atrato (Chocó), perpetrada por grupos paramilitares, y en la que se produjo la muerte de tres personas, C.P.: Jaime Orlando Santofimio Gamboa:

"23 Ahora bien, en el específico caso que se encuentra bajo examen de la Sala se hace necesario valorar la imputación en una doble perspectiva: en primer lugar, desde la producción del daño antijurídico como consecuencia de la omisión o inactividad de las entidades demandadas que representan, también, la vulneración de los derechos reconocidos a la vida e integridad, dentro del marco de la dignidad humana, y los derechos humanos que por el mismo bloque merecen ser objeto de protección en cabeza de Guillermo de Jesús Barrera Henao, Francisco Javier Taborda Taborda y de Álvaro Vásquez Giraldo como miembros de la población civil. De tal manera, cabe observar la atribución jurídica del daño antijurídico a las entidades demandadas por el incumplimiento e inobservancia de los deberes positivos derivados del derecho internacional humanitario y del derecho internacional de los derechos humanos.

En ese sentido, debe observarse lo establecido en el derecho internacional humanitario, específicamente lo consagrado en el Convenio IV de Ginebra del 12 de agosto de 1949, "relativo a la protección debida a las personas civiles en tiempo de guerra" (ratificado por Colombia el 8 de noviembre de 1961), y en el Protocolo adicional II a los Convenios de Ginebra del 12 de agosto de 1949, "relativo a la protección de las víctimas de los conflictos armados sin carácter internacional".

De acuerdo con el Convenio IV de Ginebra son aplicables en este tipo de eventos, y dentro del concepto de conflicto armado interno el artículo 3 común, ya que tratándose de conflictos no internacionales el Estado parte está llamado a aplicar "como mínimo" los siguientes criterios:

"... 1) Las personas que no participen directamente en las hostilidades [...] y las personas puestas fuera de combate por [...] detención o por cualquier otra causa, serán en todas las circunstancias, tratadas con humanidad, sin distinción alguna de índole desfavorable, basada en la raza, el color, la religión o la creencia, el sexo, el nacimiento o la fortuna, o cualquier otro criterio análogo.

"A este respecto, se prohíben, en cualquier tiempo y lugar, por lo que atañe a las personas arriba mencionadas:

"a) los atentados contra la vida y la integridad corporal, especialmente el homicidio en todas sus formas, las mutilaciones, los tratos crueles, la tortura y los suplicios.

"[...]

"d) las condenas dictadas y las ejecuciones sin previo juicio ante un tribunal legíti-mamente constituido, con garantías judiciales reconocidas como indispensables por los pueblos civilizados".

En tanto que son aplicables del Protocolo II a los Convenios de Ginebra las siguien-tes normas: i) de acuerdo con el artículo 1 es aplicable a los conflictos armados "que se desarrollen en el territorio de una Alta Parte contratante entre sus fuerzas armadas y fuerzas disidentes o grupos armados organizados que, bajo la dirección de un mando responsable, ejerzan sobre una parte de dicho territorio un control tal que les permita realizar operaciones militares sostenidas y concertadas y aplicar el presente Protocolo"; ii) el artículo 2 establece que será aplicable "a todas las perso-nas afectadas por un conflicto armado"; iii) la invocación de este Protocolo, en los términos del artículo 3.1, no puede hacerse con el objeto de "menoscabar la sobe-ranía de un Estado o la responsabilidad que incumbe al gobierno de mantener o res-tablecer la ley y el orden en el Estado o de defender la unidad nacional y la integri-dad territorial del Estado por todos los medios legítimos"; iv) como garantía fun-damental se establece, artículo 4.1, que todas "las personas que no participen direc-tamente en las hostilidades, o que hayan de participar en ellas, estén o no privadas de libertad, tienen derecho a que se respeten su persona, su honor [...] Serán trata-das con humanidad en toda circunstancia, sin ninguna distinción de carácter desfa-vorable. Queda prohibido ordenar que no haya supervivientes"; v) se prohíben los "atentados contra la vida, la salud y la integridad física o mental de las personas, en particular el homicidio [...] o toda forma de pena corporal" (artículo 4.2).

En este marco, cabe afirmar que "ante la inevitabilidad de los conflictos, se hace perentorio garantizar, por las vías que sean –internacionales o internas–, el respeto de las reglas básicas de humanidad aplicables en cualquiera situaciones de violencia bélica; situaciones que al día de hoy se presentan en su mayor parte como conflictos armados sin carácter internacional"[531].

De otra parte, singularmente considerados los derechos humanos de los miembros de la población civil en el marco del conflicto armado interno se tiene que cuando "un conflicto asume las dimensiones de una confrontación armada, la vida de la na-ción se considera inmediatamente en peligro, lo que lleva a invocar las cláusulas derogatorias. En tales casos, todas las normas de derechos humanos cuya deroga-ción está prohibida siguen en pleno vigor. Estas normas están confirmadas o com-plementadas por la normativa específica de los conflictos armados no internaciona-les, que forman parte de la normativa humanitaria"[532]. Dicha protección tiene su ba-

---

[531]   Manuel Pérez González, "Introducción. El derecho internacional humanitario frente a la violencia bélica: una apuesta por la humanidad en situaciones de conflicto", en Rodríguez–Villasante (coord.), *Derecho internacional humanitario, cit.*, p. 41: "Y es de resaltar el hecho de que en la mayoría de los conflictos actuales las principales víctimas son las personas civi-les, que corren el riesgo de perder la vida o de ser mutiladas en el curso de los combates, y a menudo se ven obligadas a abandonar sus lugares de origen, convirtiéndose en desarraiga-das".

[532]   Newman y Vasak, "Derechos civiles y políticos", *cit.*, pp. 285 y 286, ya citado: "Aunque la Declaración Universal tuvo influencia en los redactores de las convenciones de Ginebra, la normativa internacional sobre derechos humanos y las normas humanitarias afrontan el pro-blema de los conflictos armados internos de diferentes modos. La primera se encuadra en el

se en los derechos constitucionalmente reconocidos a la vida e integridad de las personas, y los derechos humanos consagrados en la Convención Americana de Derechos Humanos, artículos 1[533], 4.1 (que fue incorporada al ordenamiento jurídico colombiano mediante la ley 16 de 1972).

[...]

28 Con relación a lo anterior, la Sala de Sub-sección C debe reiterar que el alcance de la obligación de seguridad y protección de la población civil dentro del contexto constitucional, del derecho internacional humanitario y del derecho internacional de los derechos humanos, y su relación con la posición de garante, lleva a plantear que la omisión e inactividad del Estado como fundamento de la responsabilidad puede fundarse en la tesis de la posición de garante, con lo que se intenta sustentar la falla del servicio como criterio para establecer la responsabilidad del Estado, en la medida en "que cuando a la Administración Pública se le ha impuesto el deber jurídico de evitar un resultado dañoso, aquella asume la posición de garante en relación con la víctima, razón por la cual de llegarse a concretar el daño, éste resultará imputable a la Administración por el incumplimiento de dicho deber"[534].

[...]

31 Luego, no puede ofrecerse como única vía la aplicación de la posición de garante ya que cuando dicha violación se produce como consecuencia de la acción de "actores no-estatales", se exige determinar que la situación fáctica existió y que respecto a ella se concretaron tres elementos: "i) los instrumentos de prevención utilizados; ii) la calidad de la respuesta y iii) la reacción del Estado ante tal conduc-

---

marco del *ius ad bellum* según lo previsto en la Carta de las Naciones Unidas, de acuerdo con la cual queda prohibido el recurso a la fuerza y, en consecuencia, está dirigido a la conservación de la paz. La segunda, por su parte, forma parte del *ius in bello*: establece las normas que rigen el uso de la fuerza sin examinar las causas del conflicto de acuerdo a los principios de la Cruz Roja y, en especial, los principios humanitarios".

[533] COLOMBIA, Consejo de Estado, Sección Tercera, sentencia de 19 de octubre de 2007, exp. 29273, caso *Masacre El Aro*, C.P.: Enrique Gil Botero: "Como se puede observar, de la lectura de este artículo (artículo 1° de la Convención Americana) se desprenden dos obligaciones para los Estados parte, en relación con los derechos consagrados en el texto de la Convención, a saber: i) la obligación de respeto, que exige del Estado una conducta de abstención, denominada también obligación negativa y, por otro lado, ii) se impone una obligación de garantía, que exige a los Estados parte emprender las acciones necesarias tendientes a asegurar que todas las personas sujetas a su jurisdicción estén en condiciones de ejercerlos y garantizarlos. Sobre el alcance de esta disposición (artículo 2° de la Convención Americana) la Corte Interamericana ha precisado que este deber tiene dos implicaciones: 'Por una parte, la supresión de las normas y prácticas de cualquier naturaleza que entrañen violación a las garantías previstas en la Convención. Por la otra, la expedición de normas y el desarrollo de prácticas conducentes a la efectiva observancia de dichas garantías'".

[534] COLOMBIA, Consejo de Estado, Sección Tercera, sentencia de 18 de febrero de 2010, exp. 18436, C.P.: Mauricio Fajardo Gómez.

ta"[535], que en términos del Comité de Derechos Humanos de Naciones Unidas se entiende como el estándar de diligencia exigible al Estado[536]".

(2) Caso de la *masacre de Frías* [Tolima], perpetrada por grupos ilegales de paramilitares, sentencia de 3 de diciembre de 2014, exp. 35413, C.P.: Jaime Orlando Santofimio Gamboa:

"3.2.1.5.- Lo anterior indica claramente que el juez nacional no sólo está llamado a aplicar y respetar su propio ordenamiento jurídico, sino que también debe realizar una "interpretación convencional" para determinar si aquellas normas son "compatibles" con los mínimos previstos en la Convención Americana de Derechos Humanos y en los demás tratados y preceptos del derecho internacional de los derechos humanos y del derecho internacional humanitario[537].

[…]

3.2.2.3.- En consecuencia, tomando como punto de partida los hechos expuestos en la demanda debidamente acreditados y habiendo motivado suficientemente la razón por la cual el litigio que ocupa el conocimiento de la Sala se enmarca dentro del concepto de grave violación de Derechos Humanos y como acto de lesa humanidad, surge para el Juez de Convencionalidad la competencia para pronunciarse, oficiosamente, sobre el contexto amplio que involucra esta situación, lo que implica la declaratoria de responsabilidad del Estado respecto de aquellos daños antijurídicos que le sean atribuibles, siempre que guarden relación o vínculo con este contexto.

---

[535]   *Ibíd.*

[536]   Comité de Derechos Humanos, Comentario General 31: Nature of the General Legal Obligations Imposed on States Parties to the Covenant, P 11, U.N. Doc. CCPR/C/21/Rev.1/Add.13 (May 26, 2004). Corte Interamericana de Derechos Humanos, Resolución de 8 julio 2009, Medidas provisionales respecto de Guatemala, caso *Masacre Plan de Sánchez*: precisamente la Corte Interamericana de Derechos Humanos ha señalado: "Que el artículo 1.1 de la Convención establece las obligaciones generales que tienen los Estados Parte de respetar los derechos y libertades en ella consagrados y de garantizar su libre y pleno ejercicio a toda persona que esté sujeta a su jurisdicción. En consecuencia, independientemente de la existencia de medidas provisionales específicas, el Estado se encuentra especialmente obligado a garantizar los derechos de las personas en situación de riesgo y debe impulsar las investigaciones necesarias para esclarecer los hechos, seguidas de las consecuencias que la legislación pertinente establezca. Para tal investigación el Estado en cuestión debe realizar sus mejores esfuerzos para determinar todos los hechos que rodearon la amenaza y la forma o formas de expresión que tuvo; determinar si existe un patrón de amenazas en contra del beneficiario o del grupo o entidad a la que pertenece; determinar el objetivo o fin de la amenaza; determinar quién o quiénes están detrás de la amenaza, y de ser el caso sancionarlos".

[537]   "[…] Se trata de un estándar "mínimo" creado por dicho tribunal internacional, para que en todo caso sea aplicado el corpus iuris interamericano y su jurisprudencia en los Estados nacionales que han suscrito o se han adherido a la CADH y con mayor intensidad a los que han reconocido la competencia contenciosa de la Corte IDH; estándar que, como veremos más adelante, las propias Constituciones o la jurisprudencia nacional pueden válidamente ampliar, para que también forme parte del "bloque de constitucionalidad/convencionalidad" otros tratados, declaraciones e instrumentos internacionales, así como informes, recomendaciones, observaciones generales y demás resoluciones de los organismos y tribunales internacionales". Eduardo Ferrer Macgregor, "Interpretación conforme y control difuso de convencionalidad. El nuevo paradigma para el juez mexicano", en [http://biblio.juridicas. unam.mx /libros/7/3033/14.pdf; consultado el 9 de febrero de 2014].

Empero, ello no involucra el reconocimiento de indemnizaciones particulares respecto de quienes no han promovido la pretensión contenciosa de reparación directa, por tratarse de intereses privados de cada víctima.

3.2.2.4.- Precisa la Sala: Al encontrarse frente a un caso de tal magnitud, constitutivo de un acto de lesa humanidad, considerando que es la sociedad como un todo, la humanidad y no solo unos sujetos individualmente considerados quienes resultan ofendidos con este tipo de acciones, surge una competencia convencional oficiosa en virtud de la cual el Juez está llamado a abordar el juicio de responsabilidad del Estado en el marco de este contexto y, por contera, le corresponderá dictar las medidas generales no pecuniarias dirigidas a la sociedad y humanidad como un todo.

[...]

9.43.- Ahora bien, a partir del ejercicio del control de convencionalidad obligatorio[538] por parte de todos los funcionarios internos, particularmente los jueces, puede verificarse que los hechos que motivan el *sub lite* no obedecen a situaciones insulares o aisladas en la realidad institucional de Colombia. Como bien lo ha podido referenciar la Corte Interamericana de Derechos Humanos, en el marco de su competencia contenciosa, varios han sido los casos documentados en los cuales se ha acreditado los vínculos entre este tipo de grupos delincuenciales y los miembros de la fuerza pública".

5. *Privación injusta de la libertad*

52.- Comprende los típicos supuestos en los que un administrado es privado de la libertad injustamente, al ser imputado de la comisión de hechos punibles respecto de

---

[538] COLOMBIA, Consejo de Estado, Sala de lo Contencioso Administrativo, sentencia de 20 de octubre de 2014, exp. 28505. "2.1.- El control de convencionalidad es una manifestación de lo que se ha dado en denominar la constitucionalización del derecho internacional, también llamado con mayor precisión como el "control difuso de convencionalidad," e implica el deber de todo juez nacional de "realizar un examen de compatibilidad entre las disposiciones y actos internos que tiene que aplicar a un caso concreto, con los tratados internacionales y la jurisprudencia de la Corte Interamericana de Derechos Humanos." Si bien, como construcción jurídica, el control de convencionalidad parece tener su origen en la sentencia proferida en el "caso *Almonacid Arellano y otros vs. Chile*," lo cierto es que desde antes del 2002, e incluso en la jurisprudencia de los años noventa de la Corte Interamericana de Derechos, ya se vislumbraban ciertos elementos de este control de convencionalidad. 2.2.- Se trata, además, de un control que está dirigido a todos los poderes públicos del Estado, aunque en su formulación inicial se señalaba que eran los jueces los llamados a ejercerlo. Sin perjuicio de lo anterior, cabe destacar cómo en el "caso *Almonacid Arellano y otros vs. Chile*," la Corte Interamericana de Derechos Humanos proyecta el control de convencionalidad, pues allí se afirma que constituye una obligación en cabeza del poder judicial ya que "cuando el Legislativo falla en su tarea de suprimir y/o no adoptar leyes contrarias a la Convención Americana, el Judicial permanece vinculado al deber de garantía establecido en el artículo 1.1 de la misma y, consecuentemente, debe abstenerse de aplicar cualquier normativa contraria a ella." 2.3.- Lo anterior indica claramente que el juez nacional no sólo está llamado a aplicar y respetar su propio ordenamiento jurídico, sino que también debe realizar una "interpretación convencional" para determinar si aquellas normas son "compatibles" con los mínimos previstos en la Convención Americana de Derechos Humanos y en los demás tratados y preceptos del derecho internacional de los derechos humanos y del derecho internacional humanitario."

los cuales opera alguna de las causales del antiguo Código de Procedimiento Penal, Decreto 2700 de 1991, o cabe afirmar que opera el *in dubio pro reo*. Veamos los siguientes casos.

(1) Caso de la privación de la libertad de varias personas tras la imputación de un delito de lavado de activos y de concierto para delinquir, sentencia de 30 de marzo de 2011, exp. 33238, C.P.: Jaime Orlando Santofimio Gamboa:

"La Sala debe precisar que el elemento determinante de la responsabilidad está en la detención preventiva, ya a partir de ella se debe acreditar si se produjo o no un daño antijurídico que tendrá que indagarse si es imputable a la administración de justicia. Y, siendo la detención preventiva el elemento central, cabe observar las orientaciones de la jurisprudencia de la Corte Interamericana de Derechos Humanos en la materia, según la cual:

- De acuerdo con el artículo 7.1 de la Convención Americana "la protección de la libertad salvaguarda 'tanto la libertad física de los individuos como la seguridad personal en un contexto en el que la ausencia de garantías puede resultar en la subversión de la regla del derecho y en la privación a los detenidos de las formas mínimas de protección legal'"[539].

- "El Tribunal entiende que la prisión preventiva es la medida más severa que se puede aplicar al imputado de un delito, motivo por el cual su aplicación debe tener carácter excepcional, en virtud de que se encuentra limitada por los principios de legalidad, presunción de inocencia, necesidad y proporcionalidad, indispensables en una sociedad democrática"[540].

- La detención preventiva "es una medida cautelar, no punitiva"[541].

- En un "Estado de derecho corresponde al juzgador garantizar los derechos del detenido, autorizar la adopción de medidas cautelares o de coerción, cuando sea estrictamente necesario, y procurar, en general, que se trate al inculpado de manera consecuente con la presunción de inocencia"[542]".

(2) Caso de persona privada de libertad después de haberle sido imputado el delito de homicidio, sentencia de 19 de octubre de 2011, exp. 20361, C.P.: Jaime Orlando Santofimio Gamboa:

---

[539] Corte Interamericana de Derechos Humanos, caso *García Asto y Ramírez Rojas vs. Perú*, sentencia de 25 de noviembre de 2005, párr. 104. *Cfr.*, en similar sentido, caso Tibi, sentencia de 7 de septiembre de 2004, y caso *Hermanos Gómez Paquiyauri*, sentencia de 8 de julio de 2004.

[540] Corte Interamericana de Derechos Humanos, caso *García Asto y Ramírez Rojas vs. Perú*, sentencia de 25 de noviembre de 2005, párr. 106. *Cfr.*, en similar sentido, caso Instituto de Reeducación del Menor, sentencia de 2 de septiembre de 2004.

[541] Corte Interamericana de Derechos Humanos, caso *García Asto y Ramírez Rojas vs. Perú*, sentencia de 25 de noviembre de 2005, párr. 106. *Cfr.*, en similar sentido, caso Suárez Rosero, sentencia de 12 de noviembre de 1997.

[542] Corte Interamericana de Derechos Humanos, caso *García Asto y Ramírez Rojas vs. Perú*, sentencia de 25 de noviembre de 2005, párr. 109.

"La efectividad y alcance de este derecho se armoniza con lo dispuesto en los tratados internacionales de derechos humanos ratificados por Colombia, por medio de los cuales se estructura su reconocimiento y protección, a la vez que se admite una precisa y estricta limitación de acuerdo con el fin social del Estado".

6.   *Actividades de vigilancia y control en instituciones educativas*

53.- Se trata de hipótesis en que el daño antijurídico imputado al Estado comprende la vulneración de derechos de los niños, ya que se trata de supuestos en los cuales ocurren lesiones en menores de edad estudiantes de establecimientos.

(1) Caso de la pérdida del ojo de una menor cuando desplegaba actividades al interior de las instalaciones de un establecimiento educativo, sentencia de 19 de agosto de 2011, exp. 20144. C.P.: Jaime Orlando Santofimio Gamboa:

"En nuestro caso, está claro que el servicio médico prestado a Johanna Hernández Garzón no se agotaba en la atención que se prestó en las oportunidades en las que acudió a los servicios médicos, ni en aquella suministrada cuando fue internada a finales de octubre de 1996, sino que se extendía, teniendo en cuenta su lesión, desde la realización de todos los exámenes disponibles por la ciencia médica, tratamientos y/o procedimientos que la propia literatura científica establece como necesarios o indispensables a aplicar. Debe tenerse en cuenta que el servicio médico debe prestarse, en atención a la garantía constitucional del derecho a la salud, de manera diligente, lo que implica emplear todos los medios humanos, técnicos, científicos, diagnósticos, procedimentales, farmacéuticos, etc., que se correspondan con la atención que merece todo ciudadano, si se quiere que dicha prestación se corresponda con la tutela efectiva de la dignidad de la persona. Y se hace más sustancial, cuando el paciente, para la época de los hechos, era una menor de edad, respecto de la cual se debía considerarla como una persona en situación de dependencia y sumisión, que no tiene alternativa de elegir, ni de exigir, sino que está sujeta y debe confiar en las decisiones médicas que se tome por los especialistas y las instituciones encargadas de su atención médica. Así mismo, debe hacer más exigente la garantía de la prestación del servicio de salud, a tenor de la protección que, siguiendo el bloque ampliado de constitucionalidad del artículo 93 de la Carta Política, debe ofrecerse a todo menor de edad o niño conforme con lo establecido en la Convención sobre los derechos del niño de 20 de noviembre de 1989".

(2) Caso de la muerte de estudiante al recibir varias puñaladas de otro compañero al interior de las instalaciones de un establecimiento educativo, sentencia de 19 de octubre de 2011, exp. 20135, C.P.: Jaime Orlando Santofimio Gamboa:

"[…] el artículo 44 constitucional recogió los principios consagrados en la Convención sobre los Derechos del Niño, adoptada por la Asamblea General de las Naciones Unidas el 20 de noviembre de 1989, aprobada por el Congreso a través de la Ley 12 de 1991. Se reconocen por tanto, entre otros derechos, el de la vida, la libertad de pensamiento, expresión y asociación, la protección frente a abusos y la educación. Uno de los principios que establece la mencionada Convención –recogido en el artículo 44 constitucional– establece que un niño puede estar debidamente alimentado, pero sin educación, sin acceso a la cultura o abusado, está desprotegido, pues los derechos que le son propios conforman todo un conjunto que debe estar integrado. Se destaca igualmente que las necesidades de los niños evolucionan con la edad, por lo cual se debe equilibrar los deberes de los padres con tales necesidades".

(3) Caso de las lesiones o quemaduras padecidas por menor que manipulaba sustancias pirotécnicas y explosivas en el laboratorio de física de un establecimiento educativo, sentencia de 23 de agosto de 2012, exp. 24779, C.P.: Jaime Orlando Santofimio Gamboa:

"Con base en la prueba médico legal, se tiene que el daño antijurídico en el caso concreto consiste y se expresa en las lesiones o secuelas padecidas por Mauricio Andrés López Giraldo como consecuencia de las quemaduras ocurridas en el incendio producido el 29 de octubre de 1997, el cual reviste un carácter anormal, ya que excedió los inconvenientes propios o intrínsecos a la prestación del servicio de educación, y a los que cabe exigir como cargas ordinarias de soportabilidad a todo educando, y representó la vulneración de los derechos del menor (entendido por tal a tenor del artículo 1 de la Convención sobre los derechos del niño a "todo ser humano menor de 18 años de edad") a la vida e integridad personal, y por conexidad a la salud, como garantías que en el marco del artículo 93 de la Carta Política son las mínimas que deben ser tuteladas y protegidas en toda su extensión, sin que se afecte su núcleo, ejercicio y eficacia, tal como se consagra en la Convención sobre los Derechos del Niño[543] (norma internacional ratificada por el Estado Colombiano), especialmente el artículo 3.1 (todas las medidas concernientes a los niños tomadas por instituciones públicas atenderán al "interés superior del niño")".

7.   *Falla médica*

54.- Respecto de la falla médica se tiene el supuesto del daño antijurídico imputado al Estado por medio del cual se produce la vulneración de derechos del niño, no solo desde la perspectiva de la atención médica integral, sino teniendo en cuenta, también, la protección reforzada que cabe afirmar a partir del control de convencionalidad que procede cuando se trata de niños o menores de edad.

(1) Caso de la muerte de un niño como consecuencia de la indebida atención y tratamiento de una colitis ulcerativa que presentaba, sentencia de 24 de enero de 2011, exp. 17547, C.P.: Jaime Orlando Santofimio Gamboa:

"[…] es reprochable que la entidad demandada no haya desplegado todos los medios para buscar la mejoría y recuperación del menor, sino que simplemente asistió como un observador al empeoramiento y deterioro de la salud del menor Daniel Mauricio, lo que lleva a demostrar la falta de diligencia de la entidad demandada y la vulneración de la dignidad del menor Daniel Mauricio, y la vulneración de las garantías reforzadas que se debía observar en la época, y hoy, respecto de los niños conforme con lo establecido en la Convención sobre los derechos del niño de 20 de noviembre de 1989".

8.   *Falla en el servicio de protección (de funcionarios públicos, actores sociales y políticos)*

55.- Caso de la muerte del abogado Javier Alberto Barriga Vergel, ocurrida en Cúcuta como consecuencia de su actividad de defensor de presos políticos, sentencia de 18 de enero de 2012, exp. 19959, C.P.: Jaime Orlando Santofimio Gamboa:

---

543   Aprobada por la Resolución de la Asamblea General de las Naciones Unidas 44/25, de 20 de noviembre de 1989, la que entró en vigor el 2 de septiembre de 1990.

"[...] en cabeza del abogado Javier Alberto Barriga Vergel cabía la probabilidad de concretarse o materializarse de manera irreversible e irremediable la amenaza y el riesgo como consecuencia de su actividad profesional de defensa de presos políticos, y de su activismo por la defensa de los derechos humanos de individuos presuntamente señalados como integrantes de grupos armados insurgentes, lo que lleva a plantear que el Estado debía cumplir con su deber positivo, derivado de su posición de garante, de proteger, o por lo menos de ejercer alguna medida de protección encaminada a desarticular, o por lo menos a advertir al abogado Barriga Vergel de la amenaza y riesgo constante que existía para su vida, por la existencia de organizaciones y actividades por fuera de la ley que se orquestaban para cercenar el libre ejercicio de la actividad profesional, independientemente de la posición ideológica, o del destinatario de la prestación de los servicios profesionales. No debe olvidarse que, en este tipo eventos, se resalta como sustento del deber positivo de protección el respeto del Estado de Derecho como garantía, y de la vida, honra y bienes de los ciudadanos, como se desprende de lo consagrado en los artículos 1 y 2 de la Carta Política.

[...]

En su momento, la Corte Interamericana de Derechos Humanos en el caso "Velásquez Rodríguez", estableció que la aplicación del estándar de diligencia llevó a constatar que el "Estado permitió que el acto se realizara sin tomar las medidas para prevenirlo". Esto permite reconducir el régimen de responsabilidad del Estado hacia la inactividad como presupuesto sustancial, sustentado en la existencia de obligaciones positivas de prevención y protección, con las que se busca afirmar el concepto de "capacidad de actuar" del Estado ante la violación, amenaza o lesión de los derechos humanos, incumpliéndose de modo "omisivo puro" el deber de poner fin o impedir hechos o actos ajenos a su actuación que pueden provocar situaciones que como el desplazamiento forzado afecta los derechos de las personas.

Luego, no puede ofrecerse como única vía la aplicación de la posición de garante ya que cuando dicha violación se produce como consecuencia de la acción de "actores no-estatales", se exige determinar que la situación fáctica existió y que respecto a ella se concretaron tres elementos: "i) los instrumentos de prevención utilizados; ii) la calidad de la respuesta y iii) la reacción del Estado ante tal conducta"[544], que en términos del Comité de Derechos Humanos de Naciones Unidas se entiende como el estándar de diligencia exigible al Estado[545]".

---

[544] *Ibíd.*

[545] Comité de Derechos Humanos, Comentario General 31: Nature of the General Legal Obligations Imposed on States Parties to the Covenant, P 11, U.N. Doc. CCPR/C/21/Rev.1/Add.13 (May 26, 2004). Precisamente la Corte Interamericana de Derechos Humanos ha señalado: "Que el artículo 1.1 de la Convención establece las obligaciones generales que tienen los Estados Parte de respetar los derechos y libertades en ella consagrados y de garantizar su libre y pleno ejercicio a toda persona que esté sujeta a su jurisdicción. En consecuencia, independientemente de la existencia de medidas provisionales específicas, el Estado se encuentra especialmente obligado a garantizar los derechos de las personas en situación de riesgo y debe impulsar las investigaciones necesarias para esclarecer los hechos, seguidas de las consecuencias que la legislación pertinente establezca. Para tal investigación el Estado en cuestión debe realizar sus mejores esfuerzos para determinar todos los hechos que rodearon la amenaza y la forma o formas de expresión que tuvo; determinar si existe un patrón de amenazas en

56.- Caso de la muerte del político conservador Feisal Mustafá ocurrida cuando se encontraba en correría política al sur del Departamento de Santander, a manos de un grupo armado insurgente, sentencia de 18 de enero de 2012, exp. 21196, C.P.: Jaime Orlando Santofimio Gamboa:

"Teniendo en cuenta el alcance del derecho a la seguridad personal, cuyo sustento se encuentra en los artículos 93 y 94 de la Carta Política[546], en lo consagrado en el artículo 3 de la Declaración Universal de los Derechos Humanos de 1948[547], en el artículo 7.1 de la Convención Americana de Derechos Humanos[548] [Pacto de San José] y en el artículo 9.1 del Pacto Internacional de Derechos Civiles y Políticos[549], en el precedente jurisprudencial constitucional se plantea la necesidad de delimitar frente a qué tipo de riesgos se exige que las autoridades públicas ejerzan la protección debida.

[…]

En la actualidad, la tutela del derecho a la seguridad personal se encuentra positivado en lo consagrado en los artículos 81 de la ley 418 de 1997, de la ley 548 de 1999 y en la ley 782 de 2002, según las cuales "el Gobierno Nacional –Ministerio del Interior y de Justicia–, pondrá en funcionamiento un programa de protección a personas que se encuentren en situación de riesgo inminente contra su vida, integridad, seguridad o libertad, por causas relacionadas con la violencia política o ideológica o con el conflicto armado interno". Así mismo, en virtud del decreto 2816 de 2006 se "diseña y reglamenta el Programa de Protección de Derechos Humanos del Ministerio del Interior y de Justicia", se establece que la "población objeto del programa está constituida por los dirigentes o activistas de grupos políticos (especialmente de grupos de oposición), de organizaciones sociales, cívicas, comunales, gremiales, sindicales, campesinas, de grupos étnicos, de Derechos Humanos, de población en

---

contra del beneficiario o del grupo o entidad a la que pertenece; determinar el objetivo o fin de la amenaza; determinar quién o quiénes están detrás de la amenaza, y de ser el caso sancionarlos": Res. CIDH 8 julio 2009, Medidas provisionales respecto de Guatemala, caso *Masacre Plan de Sánchez*.

[546] *Cfr*. Corte Constitucional, sentencias T-713 de 2003 y T-496 de 2008.

[547] Aceptada como costumbre internacional desde la Proclamación de Teherán de 13 de mayo de 1968.

[548] Incorporada al ordenamiento jurídico colombiano por medio de la Ley 16 de 1972.

[549] Incorporada al ordenamiento jurídico colombiano por medio de la Ley 74 de 1968. En la perspectiva del precedente jurisprudencial constitucional se sostiene: "Al determinar el alcance del derecho a la seguridad personal en el orden constitucional colombiano, a la luz de los instrumentos internacionales reseñados, la Corte señaló: (i) El derecho a la seguridad personal está incorporado al ordenamiento jurídico colombiano en virtud de los artículos de la Constitución citados e interpretados a la luz de los instrumentos de derechos humanos ratificados por Colombia que crean obligaciones internacionales para el país (artículos 93 y 94 de la Constitución); (ii) Además de manifestarse como un derecho humano fundamental de todas las personas, el derecho a la seguridad personal adquiere especial importancia en el caso de ciertos sujetos que, dada su condición o su contexto, han recibido especial protección tanto por la Carta como por otras fuentes de derecho internacional vinculantes para Colombia; y (iii) El contenido específico del derecho a la seguridad personal es históricamente variable, y se ha de determinar de conformidad con el contexto socio-político y jurídico en el cual se vaya a aplicar": Corte Constitucional, sentencia T-496 de 16 de mayo de 2008, exp. 1783291.

situación de desplazamiento; miembros de la misión médica; testigos de casos de violación a los Derechos Humanos y de Infracción al Derecho Internacional Humanitario, independientemente de que no se hayan iniciado los respectivos procesos disciplinarios, penales y administrativos; periodistas y comunicadores sociales; Alcaldes, Diputados, Concejales, Personeros; funcionarios o ex funcionarios responsables del diseño, coordinación o ejecución de la política de Derechos Humanos o de Paz del Gobierno Nacional[550].

57.- Caso de la muerte del fiscal Carlos Arturo Pinto Bohórquez, ocurrida en la ciudad de Cúcuta, sentencia del 18 de Julio de 2012, exp. 41142, C.P.: Jaime Orlando Santofimio Gamboa:

"[…] la Sala debe reiterar que el alcance de la obligación de seguridad y su relación con la posición de garante en el precedente de la Sala lleva a plantear que la omisión del Estado como fundamento de la responsabilidad puede fundarse en la tesis de la posición de garante, con lo que se intenta superar la tesis de la falla del servicio, en la medida en "que cuando a la Administración Pública se le ha impuesto el deber jurídico de evitar un resultado dañoso, aquella asume la posición de garante en relación con la víctima, razón por la cual de llegarse a concretar el daño, éste resultará imputable a la Administración por el incumplimiento de dicho deber"[551].

En el mismo precedente se señaló que la posición de garante ya ha sido acogida en la jurisprudencia interamericana de derechos humanos, afirmándose,

"La atribución de responsabilidad al Estado por actos de particulares puede darse en casos en que el Estado incumple, por acción u omisión de sus agentes cuando se encuentren en posición de garantes, esas obligaciones *erga omnes* contenidas en los artículos 1.1 y 2 de la Convención.

"La responsabilidad internacional de los Estados Partes, en este sentido, objetiva o 'absoluta', teniendo presentes conjuntamente los dos deberes generales, estipulados en los artículos 1(1) y 2 de la Convención Americana".

5) Se trata de afirmar la responsabilidad del Estado pese a que los hechos son causados por terceros, en la medida en que a la administración pública le es imputable al tener una "posición de garante institucional", del que derivan los deberes jurídicos de protección consistentes en la precaución y prevención de los riesgos en los que se vean comprometidos los derechos humanos de los ciudadanos que se encuentran bajo su cuidado, tal como se consagra en el artículo 2 de la Carta Política. Luego, sustancial para endilgar la responsabilidad es que se deduzca a quién competía el deber de evitar las amenazas y riesgos para los derechos humanos de las personas afectadas. De acuerdo con la doctrina,

"La otra fuente de la posición de garantía tiene lugar cuando el sujeto pertenece a una institución que lo obliga a prestar ciertos deberes de protección a personas que se encuentran dentro de su ámbito de responsabilidad. La característica de esta fuente, es que la posición de garante surge aunque el sujeto no haya creado los riesgos para los bienes jurídicos. Por ejemplo: la fuerza pública tiene dentro de su ámbito de responsabilidad la protección de la vida de los ciudadanos, y, si un

---

550 COLOMBIA, Corte Constitucional, sentencia T-496 de 16 de mayo de 2008, exp. 1783291.

551 COLOMBIA, Consejo de Estado, Sección Tercera, sentencia de 18 de febrero de 2010, exp. 18436, C.P.: Mauricio Fajardo Gómez.

miembro de ella que tiene dentro de su ámbito específico la salvaguarda de la población civil no evita la producción de hechos lesivos por parte de terceros, la vulneración de los derechos humanos realizados por un grupo al margen de la ley le son imputables [sic]. Al serles atribuidos al servidor público por omisión de sus deberes de garante, surge inmediatamente la responsabilidad internacional del Estado. Debemos anotar, que la posición de garante institucional no sólo genera deberes de protección frente a peligros originados en terceros (seres humanos), sino también con respecto a fuerzas de la naturaleza"[552].

6) De acuerdo con la doctrina y el precedente jurisprudencial interamericano de Derechos Humanos, no puede construirse una cláusula general de responsabilidad en cabeza del Estado cuando se produce todo tipo de violaciones a los derechos humanos en su territorio, por lo tanto,

"… tratándose de hechos de terceros que no han actuado en connivencia con la fuerza pública, y, en los cuáles no hay un hecho imputable a un agente estatal, la jurisprudencia internacional estructura la responsabilidad sobre la base de que se reúnan dos elementos: i) que el Estado incumpla con los deberes de diligencia que le son exigibles en la evitación de graves violaciones a los derechos humanos, y ii) que se trate de riesgos inminentes y cognoscibles. Es decir, que en esta estructura el fundamento de la responsabilidad no es objetivo y está basado en la ausencia de una prevención razonable a las graves violaciones a los derechos humanos. Por ende, si se presenta la violación a pesar de que el Estado ha adoptado medidas adecuadas, orientadas a impedir la vulneración, el hecho no le es imputable al Estado"[553].

7) En su momento, la Corte Interamericana de Derechos Humanos en el caso "Velásquez Rodríguez", estableció que la aplicación del estándar de diligencia llevó a constatar que el "Estado permitió que el acto se realizara sin tomar las medidas para prevenirlo". Esto permite reconducir el régimen de responsabilidad del Estado hacia la inactividad como presupuesto sustancial, sustentado en la existencia de obligaciones positivas de prevención y protección, con las que se busca afirmar el concepto de "capacidad de actuar" del Estado ante la violación, amenaza o lesión de los derechos humanos, incumpliéndose de modo "omisivo puro" el deber de poner fin o impedir hechos o actos ajenos a su actuación que pueden provocar situaciones que como el desplazamiento forzado afecta los derechos de las personas.

8) Luego, no puede ofrecerse como única vía la aplicación de la posición de garante ya que cuando dicha violación se produce como consecuencia de la acción de "actores no-estatales", se exige determinar que la situación fáctica existió y que respecto a ella se concretaron tres elementos: "i) los instrumentos de prevención utilizados; ii) la calidad de la respuesta y iii) la reacción del Estado ante tal conducta" , que en términos del Comité de Derechos Humanos de Naciones Unidas se entiende como el estándar de diligencia exigible al Estado.

9) El Estado debe propiciar que el ejercicio de los derechos de los ciudadanos, genéricamente, o en sus especiales condiciones, no se considere riesgoso, de manera que tanto su actividad, su desplazamiento, como la defensa de los derechos de los grupos vulnerables se desarrollen en un estado de riesgo permanente.

---

[552]   Eduardo Montealegre Lynett. "La responsabilidad del Estado por el hecho de terceros", trabajo de investigación suministrado por el autor.

[553]   *Ibíd.*

10) Deber que tiene que interpretarse en aplicación del principio de proporcionalidad, de lo contrario podría suponer la exigencia ilimitada al Estado de salvaguardar la seguridad a toda costa, a cualquier coste y en todo momento, lo que excede la realidad material y la capacidad de los aparatos estatales.

58.- Caso de la muerte del juez de Cumbal [Nariño], sentencia de 12 de agosto de 2013, exp. 27346, C.P.: Jaime Orlando Santofimio Gamboa:

"Por tratarse el *sub lite* de un caso en el cual se violaron los derechos humanos fundamentales del Juez Álvaro Víctor Salas Rodríguez, se sentará un precedente para que hechos como estos no se repitan en un Estado Social de Derecho como el Colombiano. Por lo tanto, la Sub-sección C en aplicación de los mandatos constitucionales y convencionales (especialmente de lo consagrado en los artículos 93, 228 de la Carta Política y 1.1, 8.1 y 25 de la Convención Americana de Derechos Humanos), solicitará al Estado por conducto del Gobierno Nacional para que determine si procede la protección cautelar de los jueces que como Álvaro Víctor Salas Rodríguez, se encuentran expuestos a riesgos para su seguridad e integridad personal, y en caso de no procederse a ello, el Estado de Colombia debe solicitar a la Comisión Interamericana de Derechos Humanos, por los canales diplomáticos ordinarios, examinar y ordenar la aplicación de las medidas cautelares procedentes conforme a las normas interamericanas de protección de los derechos humanos, para garantizar la integridad y seguridad de los jueces que como la víctima se encuentran expuestos a los riesgos del conflicto armado interno, y en caso de concretarse la comisión de crímenes de lesa humanidad se adelanten las investigaciones ante las instancias nacionales e internacionales a las que haya lugar".

59.- Después de analizados los supuestos en los que se ha dado cumplimiento al control de convencionalidad material en la jurisprudencia en la que se declara la responsabilidad administrativa y patrimonial del Estado, se examinará dicho control cuando se trata de la *actio in rem verso*.

VI. LA *ACTIO IN REM VERSO* COMO DESDOBLAMIENTO DE LA PRETENSIÓN DE REPARACIÓN DIRECTA

60.- El enriquecimiento sin causa considerado dentro del ámbito de la ejecución de actividades en favor de una entidad estatal sin que medie un contrato entre esta y el ejecutor ha dado lugar a que la Sección Tercera del Consejo de Estado haya expuesto posiciones encontradas que van desde la admisión hasta el rechazo de aquel instituto, pasando, como podrá suponerse, por una tesis intermedia que se sustenta en el deber de proteger la buena fe del contratista que fue inducido o motivado por la administración a la ejecución de la actividad en esas circunstancias.

61.- En efecto, sobre la primera postura el pensamiento de la corporación queda reflejado como sigue: "ha dicho esta misma Sala que cuando debiéndose celebrar otro contrato o uno adicional no se celebra y pese a ello la obra se ejecuta a entera satisfacción de la entidad propietaria de la misma, el asunto puede manejarse con la tesis del enriquecimiento sin causa, sin violentar los principios que gobiernan las controversias contractuales".

62.- El entendimiento de la Sección Tercera sobre la segunda postura se mostró cuando dijo:

"[…] a manera de pedagogía jurídica y judicial, y para que las pautas jurisprudenciales puedan ser manejadas con todo su universo, la Sala desea recordar que la teoría del enriquecimiento sin causa no puede ser invocada como fuente de obligaciones, sin reflexionar a fondo sobre la realidad fáctica que le sirve de apoyo. Con
esto se quiere significar que la administración y el particular no pueden poner en
marcha, a cada momento, relaciones de hecho, para eludir la normatividad sobre
contratación administrativa, y con la mira puesta en que posteriormente se impetra-
ra de la justicia el reconocimiento económico correspondiente, gracias al ejercicio
de la *actio in rem verso*".

63.- Por último, la tesis intermedia la presenta la Sección Tercera del Consejo de
Estado al expresar:

"[…] si bien podría afirmarse que el particular en estos eventos cohonestó la situación irregular en materia de contratación pública, la cual generó de paso el empobrecimiento en el que se sitúa, no puede desconocerse que el primer obligado a acatar las disposiciones contractuales de selección objetiva, y de perfeccionamiento
contractual, es el propio Estado, motivo por el cual si éste a través de sus representantes impele el interés del particular a realizar o ejecutar una determinada prestación, sin que exista contrato de por medio, se impone correlativamente la obligación de recomponer el traslado abusivo e injustificado que se produjo, patrimonialmente hablando, de un sujeto a otro.

Ahora, otro aspecto que es materia de debate en la Sección Tercera es el atinente a
si en los casos en que resultaría procedente deprecar una pretensión con fundamento en el enriquecimiento sin causa, tal pretensión implicaría el ejercicio de una acción autónoma o por el contrario el de una de las previstas en el Código Contencioso Administrativo, en especial la de reparación directa.

El que sea una acción autónoma la soportan sus defensores en que la acción de enriquecimiento sin causa, amén de exigir la inexistencia de una causa, lo que descar-
ta la acción contractual, es de carácter compensatorio y no indemnizatorio y por ende no puede ejercerse para el caso la acción de reparación directa pues en esta se
persigue la declaración de la responsabilidad del Estado y la consecuente indemnización integral de los perjuicios.

Quienes sostienen que el enriquecimiento sin causa puede pretenderse al amparo de
la acción de reparación directa se han venido apoyado en que, de acuerdo con el
artículo 86 CCA (Ley 80 de 1993, Estatuto o Régimen de la Contratación Estatal),
mediante esta acción se puede demandar la reparación del daño cuando la causa
sea, entre otras, un hecho de la administración.

Nótese entonces que hasta ahora no existe en la Sección Tercera del Consejo de Estado una posición unificada en torno a los asuntos que se vienen comentando, razón
por la cual se hace necesaria la construcción del precedente jurisprudencial".

Por nuestra parte estamos convencidos de que el enriquecimiento sin causa no puede ser invocado para reclamar el pago de obras o servicios ejecutados sin la previa
celebración del contrato estatal que los justifique, y ello por la elemental pero con-
tundente razón de que ese mecanismo exige para su procedencia que con él no se
pretenda desconocer o contrariar una norma imperativa o cogente.

En efecto, de acuerdo con el artículo 41 de la Ley 80 de 1993, los contratos estatales son solemnes puesto que su perfeccionamiento exige la solemnidad del escrito,

excepción hecha de los eventos de urgencia manifiesta, y como es bien sabido las normas que piden solemnidades constitutivas son de orden público e imperativas y por lo tanto inmodificables e inderogables por el querer de sus destinatarios.

En consecuencia, sus destinatarios, es decir todos los que pretenden intervenir en la celebración de un contrato estatal, tienen el deber de acatar la exigencia legal del escrito para perfeccionar un negocio jurídico de esa estirpe sin que sea admisible la ignorancia del precepto como excusa para su inobservancia.

Y si se trae a cuento la buena fe para justificar la procedencia del enriquecimiento sin causa, como lo hace la tesis intermedia, tal justificación se derrumba si se tiene en cuenta que la buena fe que orienta y que debe campear en la etapa precontractual, contractual y postcontractual, esto es, antes, durante y después del contrato, es la buena fe objetiva y no la subjetiva.

En efecto, la buena fe subjetiva es un estado de convencimiento o creencia de estar actuando conforme a derecho, que es propia de las situaciones posesorias, y que resulta impropia en materia de las distintas fases negociales pues en estas lo relevante no es la creencia o el convencimiento del sujeto sino su efectivo y real comportamiento ajustado al ordenamiento y a los postulados de la lealtad y la corrección. Así que entonces la buena fe objetiva,

… que consiste fundamentalmente en respetar en su esencia lo pactado, en cumplir las obligaciones derivadas del acuerdo, en perseverar en la ejecución de lo convenido, en observar cabalmente el deber de informar a la otra parte, y, en fin, en desplegar un comportamiento que convenga a la realización y ejecución del contrato sin olvidar que el interés del otro contratante también debe cumplirse y cuya satisfacción depende en buena medida de la lealtad y corrección de la conducta propia.

Por lo tanto, en sede contractual no interesa la convicción o creencia de las partes de estar actuando conforme a derecho, esto es la buena fe subjetiva, sino, se repite, el comportamiento que propende por la pronta y plena ejecución del acuerdo contractual.

Y lo que se viene sosteniendo encuentra un mayor reforzamiento si además se tiene en cuenta que esa buena fe objetiva, o inherente a todas las fases negociales, supone la integración en cada una de ellas de las normas imperativas correspondientes, tal como claramente se desprende de lo preceptuado en el artículo 871 C.Co., con redacción similar al artículo 1603 C.C., al ordenar que los contratos deberán "celebrarse y ejecutarse de buena fe, y en consecuencia, obligarán no sólo a lo pactado expresamente en ellos, sino a todo lo que corresponda a la naturaleza de los mismos, según la ley, la costumbre o la equidad natural".

Por consiguiente la creencia o convicción de estar actuando conforme lo dispone el ordenamiento jurídico en manera alguna enerva los mandatos imperativos de la ley para edificar una justificación para su elusión y mucho menos cuando la misma ley 80 de 1993 dispone que el error en materia de derecho "constituye una presunción de mala fe que no admite prueba en contrario".

Pretender reconocer el enriquecimiento sin causa al amparo de la buena fe subjetiva y en detrimento de las normas imperativas, como lo quieren los defensores de la tesis intermedia, significa, nada más ni nada menos, sobreponer el interés individual al interés general, lo que resulta a todas luces inadmisible.

Finalmente, también estamos convencidos de que el enriquecimiento sin causa no constituye una acción sino una concreta pretensión, y por ende es antitécnico darle aquel calificativo y elucubrar sobre su supuesta autonomía en esa condición.

Así el asunto, y sin entrar a discurrir sobre la diferencia entre acción y pretensión para sostener lo que se acaba de decir, ya que la cuestión es de sobra conocida, resulta claro que mediante la llamada acción de reparación directa consagrada en el artículo 86 CCA (Dcto. 01 de 1984) puede pretenderse el reconocimiento del enriquecimiento sin causa en los casos en que resultaría procedente, pero, por supuesto, de manera limitada al monto en que se enriqueció sin causa el patrimonio del demandado, pues la naturaleza del fenómeno así lo impone; razón esta que por sí sola hace deleznable el argumento de la reparación integral que se aduce para sustentar la autonomía".

64.- La Sección Tercera del Consejo de Estado unificó la jurisprudencia relativa a la *actio in rem verso* mediante la sentencia de 9 de noviembre de 2012[554] en la que se argumentó:

"[…] Para este efecto la Sala empieza por precisar que, por regla general, el enriquecimiento sin causa, y en consecuencia la *actio de in rem verso*, que en nuestro derecho es un principio general, tal como lo dedujo la Corte Suprema de Justicia[555] a partir del artículo 8° de la ley 153 de 1887, y ahora consagrado de manera expresa en el artículo 831[556] del Código de Comercio, no pueden ser invocados para reclamar el pago de obras, entrega de bienes o servicios ejecutados sin la previa celebración de un contrato estatal que los justifique por la elemental pero suficiente razón consistente en que la *actio de in rem verso* requiere para su procedencia, entre otros requisitos, que con ella no se pretenda desconocer o contrariar una norma imperativa o cogente.

Pues bien, de acuerdo con lo dispuesto en los artículos 39 y 41 de la Ley 80 de 1993 los contratos estatales son solemnes puesto que su perfeccionamiento exige la solemnidad del escrito, excepción hecha de ciertos eventos de urgencia manifiesta en que el contrato se torna consensual ante la imposibilidad de cumplir con la exigencia de la solemnidad del escrito (Ley 80 de 1993 artículo 41 inciso 4°). En los demás casos de urgencia manifiesta, que no queden comprendidos en ésta hipótesis, la solemnidad del escrito se sujeta a la regla general expuesta.

No se olvide que las normas que exigen solemnidades constitutivas son de orden público e imperativas y por lo tanto inmodificables e inderogables por el querer de sus destinatarios.

En consecuencia, sus destinatarios, es decir todos los que pretendan intervenir en la celebración de un contrato estatal, tienen el deber de acatar la exigencia legal del escrito para perfeccionar un negocio jurídico de esa estirpe sin que sea admisible la ignorancia del precepto como excusa para su inobservancia.

---

554   COLOMBIA, Consejo de Estado, Sección Tercera, sentencia de 19 de noviembre de 2012, exp. 24897. C.P.: Jaime Orlando Santofimio Gamboa.

555   COLOMBIA, Sentencia de la Corte Suprema de Justicia – Sala de Casación Civil, de 12 de mayo de 1955. G.J. LXXX, 322.

556   Artículo 831: Nadie podrá enriquecerse sin justa causa a expensas de otro.

Y si se invoca la buena fe para justificar la procedencia de la *actio de in rem verso* en los casos en que se han ejecutado obras o prestado servicios al margen de una relación contractual, como lo hace la tesis intermedia, tal justificación se derrumba con sólo percatarse de que la buena fe que debe guiar y que debe campear en todo el iter contractual, es decir antes, durante y después del contrato, es la buena fe objetiva y no la subjetiva.

En efecto, la buena fe subjetiva es un estado de convencimiento o creencia de estar actuando conforme a derecho, que es propia de las situaciones posesorias, y que resulta impropia en materia de las distintas fases negociales pues en estas lo relevante no es la creencia o el convencimiento del sujeto sino su efectivo y real comportamiento ajustado al ordenamiento y a los postulados de la lealtad y la corrección, en lo que se conoce como buena fe objetiva.

Y es que esta buena fe objetiva que debe imperar en el contrato tiene sus fundamentos en un régimen jurídico que no es estrictamente positivo, sino que se funda también en los principios y valores que se derivan del ordenamiento jurídico superior ya que persiguen preservar el interés general, los recursos públicos, el sistema democrático y participativo, la libertad de empresa y la iniciativa privada mediante la observancia de los principios de planeación, transparencia y selección objetiva, entre otros, de tal manera que todo se traduzca en seguridad jurídica para los asociados.

Así que entonces, la buena fe objetiva "que consiste fundamentalmente en respetar en su esencia lo pactado, en cumplir las obligaciones derivadas del acuerdo, en perseverar en la ejecución de lo convenido, en observar cabalmente el deber de informar a la otra parte[557], y, en fin, en desplegar un comportamiento que convenga a la realización y ejecución del contrato sin olvidar que el interés del otro contratante también debe cumplirse y cuya satisfacción depende en buena medida de la lealtad y corrección de la conducta propia", es la fundamental y relevante en materia negocial y "por lo tanto, en sede contractual no interesa la convicción o creencia de las partes de estar actuando conforme a derecho, esto es la buena fe subjetiva, sino, se repite, el comportamiento que propende por la pronta y plena ejecución del acuerdo contractual",[558] cuestión esta que desde luego también depende del cumplimiento de las solemnidades que la ley exige para la formación del negocio.

Y esto que se viene sosteniendo encuentra un mayor reforzamiento si se tiene en cuenta además que esa buena fe objetiva, que es inherente a todas las fases negociales, supone la integración en cada una de ellas de las normas imperativas correspondientes, tal como claramente se desprende de lo preceptuado en el artículo 871 del Código de Comercio, con redacción similar al artículo 1603 del Código Civil, que prevé que los contratos deben "celebrarse y ejecutarse de buena fe, y en consecuencia, obligarán no sólo a lo pactado expresamente en ellos, sino a todo lo que corresponda a la naturaleza de los mismos, según la ley, la costumbre o la equidad natural".

Por consiguiente la creencia o convicción de estar actuando conforme lo dispone el ordenamiento jurídico en manera alguna enerva los mandatos imperativos de la ley para edificar una justificación para su elusión y mucho menos cuando la misma ley

---

[557] En este sentido *cfr.* M.L. Neme Villarreal. Buena fe subjetiva y buena fe objetiva. En *Revista de Derecho Privado* No. 17. Universidad Externado de Colombia, Bogotá 2009, p. 73.

[558] COLOMBIA, Consejo de Estado, Sala de lo Contencioso Administrativo, Sección Tercera, Subsección C, sentencia del 22 de junio de 2011, expediente 18836.

dispone que un error en materia de derecho "constituye una presunción de mala fe que, no admite prueba en contrario"[559].

Pero por supuesto en manera alguna se está afirmando que el enriquecimiento sin causa no proceda en otros eventos diferentes al aquí contemplado, lo que ahora se está sosteniendo es que la *actio de in rem verso* no puede ser utilizada para reclamar el pago de obras o servicios que se hayan ejecutado en favor de la administración sin contrato alguno o al margen de este, eludiendo así el mandato imperativo de la ley que prevé que el contrato estatal es solemne porque debe celebrarse por escrito, y por supuesto agotando previamente los procedimientos señalados por el legislador.

12.2. Con otras palabras, la Sala admite hipótesis en las que resultaría procedente la *actio de in rem verso* sin que medie contrato alguno pero, se insiste, estas posibilidades son de carácter excepcional y por consiguiente de interpretación y aplicación restrictiva, y de ninguna manera con la pretensión de encuadrar dentro de estos casos excepcionales, o al amparo de ellos, eventos que necesariamente quedan comprendidos dentro de la regla general que antes se mencionó.

Esos casos en donde, de manera excepcional y por razones de interés público o general, resultaría procedente la *actio de in rem verso* a juicio de la Sala, serían entre otros los siguientes:

Cuando se acredite de manera fehaciente y evidente en el proceso, que fue exclusivamente la entidad pública, sin participación y sin culpa del particular afectado, la que en virtud de su supremacía, de su autoridad o de su *imperium constriñó* o impuso al respectivo particular la ejecución de prestaciones o el suministro de bienes o servicios en su beneficio, por fuera del marco de un contrato estatal o con prescindencia del mismo.

En los que es urgente y necesario adquirir bienes, solicitar servicios, suministros, ordenar obras con el fin de prestar un servicio para evitar una amenaza o una lesión inminente e irreversible al derecho a la salud, derecho este que es fundamental por conexidad con los derechos a la vida y a la integridad personal, urgencia y necesidad que deben aparecer de manera objetiva y manifiesta como consecuencia de la imposibilidad absoluta de planificar y adelantar un proceso de selección de contratistas, así como de la celebración de los correspondientes contratos, circunstancias que deben estar plenamente acreditadas en el proceso contencioso administrativo, sin que el juzgador pierda de vista el derrotero general que se ha señalado en el numeral 12.1 de la presente providencia, es decir, verificando en todo caso que la decisión de la administración frente a estas circunstancias haya sido realmente urgente, útil, necesaria y la más razonablemente ajustada a las circunstancias que la llevaron a tomar tal determinación.

En los que debiéndose legalmente declarar una situación de urgencia manifiesta, la administración omite tal declaratoria y procede a solicitar la ejecución de obras, prestación de servicios y suministro de bienes, sin contrato escrito alguno, en los casos en que esta exigencia imperativa del legislador no esté excepcionada conforme a lo dispuesto en el artículo 41 inciso 4º de la Ley 80 de 1993.

12.3. El reconocimiento judicial del enriquecimiento sin causa y de la *actio de in rem verso*, en estos casos excepcionales deberá ir acompañada de la regla según la

---

[559] Inciso final del artículo 768 del Código Civil.

cual, el enriquecimiento sin causa es esencialmente compensatorio y por consiguiente el demandante, de prosperarle sus pretensions, sólo tendrá derecho al monto del enriquecimiento. Ahora, de advertirse la comisión de algún ilícito, falta disciplinaria o fiscal, el juzgador, en la misma providencia que resuelva el asunto, deberá cumplir con la obligación de compulsar copias para las respectivas investigaciones penales, disciplinarias y/o fiscales.

13. Ahora, en los casos en que resultaría admisible se cuestiona en sede de lo contencioso administrativo si la acción pertinente sería la de reparación directa.

Se recuerda que, de un lado, se prohija las tesis que niega la pertinencia de la vía de la reparación directa con fundamento en que se trata de una acción autónoma que es de carácter compensatoria y no indemnizatoria, aspecto este último que constituye la esencia la acción de reparación directa, y, de otro lado, se aduce que el camino procesal en lo contencioso administrativo es precisamente la de la reparación directa porque mediante esta se puede pedir la reparación de un daño cuando la causa sea, entre otras, un hecho de la administración.

Pues bien, si se tiene en cuenta que el enriquecimiento sin causa constituye básicamente una pretensión y que la autonomía de la *actio de in rem verso* se relaciona con la causa del enriquecimiento y no con la vía procesal adecuada para enrutarla, fácilmente se concluye que en materia de lo contencioso administrativo a la pretensión de enriquecimiento sin causa le corresponde la vía de la acción de reparación directa.

En efecto, recuérdese que en el derecho romano el enriquecimiento estaba vinculado a determinadas materias (donaciones entre cónyuges, petición de herencia frente al poseedor de buena fe, negocios celebrados por el pupilo sin la autorización del tutor, el provecho que una persona recibía por los delitos o por los actos de otro, etc.) y por consiguiente la restitución se perseguía mediante la *condictio* perteneciente a la respectiva materia, materia esta que entonces se constituía en la causa del enriquecimiento.

Ulteriormente, a partir de la construcción de la escolástica cristiana y de la escuela del derecho natural racionalista, se entendió que la prohibición de enriquecerse a expensas de otro era una regla general que derivaba del principio de la equidad y que por lo tanto resultaba aplicable también para todas aquellas otras hipótesis en que alguien se hubiera enriquecido en detrimento de otro, aunque tales casos no estuvieran previstos en la ley.

Este proceso culminó cuando Aubry y Rau entendieron y expresaron que la *actio de in rem verso* debía admitirse de manera general para todos aquellos casos en que el patrimonio de una persona, sin causa legítima, se enriquecía en detrimento del de otra y siempre y cuando el empobrecido no contara con ninguna otra acción derivada de un contrato, un cuasicontrato, un delito o un cuasidelito para poder obtener la restitución.

Así que entonces la autonomía de la *actio de in rem verso* se centra en que el enriquecimiento se produce sin una causa que lo justifique y que como quiera que no hay causa justificante se carece de la correspondiente acción que daría la justa causa si esta existiere.

Esta la razón por la que se exige que no haya contrato, cuasicontrato, delito o cuasidelito al amparo del cual pueda pretenderse la restitución.

Emerge por consiguiente que la *actio de in rem verso*, más que una propia y verdadera acción, es una pretensión restitutoria de un enriquecimiento incausado, enriquecimiento éste que a no dudarlo constituye un daño para el empobrecido y que por lo tanto es equitativo que aunque no exista causa al amparo de la cual pueda exigirse la restitución esta se conceda en aplicación de la regla que prohíbe enriquecerse a expensas de otro.

Luego es en ese ámbito y de esta manera como debe entenderse la autonomía de la *actio de in rem verso*, lo que en otras palabras significa que su autonomía es más de carácter sustancial que procedimental.

Así el asunto resulta claro que mediante la llamada acción de reparación directa que consagra el artículo 86 del Código Contencioso Administrativo puede pretenderse el reconocimiento del enriquecimiento sin causa y la consiguiente restitución en todos aquellos casos en que resultaría procedente, puesto que esta acción está prevista precisamente para poder demandar directamente la reparación del daño cuando provenga, entre otros eventos, de un hecho de la administración.

Y el argumento para negar la viabilidad de la reparación directa para las pretensiones de enriquecimiento sin causa, sosteniendo que aquella es indemnizatoria y esta compensatoria, también se derrumba con sólo considerar que quien se ve empobrecido sin una causa que lo justifique está padeciendo un daño y por ende puede pedir su reparación, pero como de la esencia de una pretensión edificada sobre un enriquecimiento incausado es que la restitución sólo va hasta el monto del enriquecimiento, es esto lo que en ese caso puede pedir y nada más.

Puestas así las cosas aparece obvio que la vía procesal en lo contencioso administrativo para recabar un enriquecimiento incausado es la de la reparación directa porque mediante ésta se puede demandar la reparación del daño y esto es precisamente lo que padece quien se ve empobrecido si quien correlativamente se enriquece sin una causa que lo justifique.

Pero, se reitera, lo único que podrá pedir mediante esa acción es el monto del enriquecimiento y nada más y esta circunstancia en manera alguna desfigura o enerva la acción de reparación directa puesto que lo sustantivo prevalece sobre lo adjetivo o procedimental.

VII. CONCLUSIONES

65.- El control de convencionalidad, entendido como principio, o como herramienta a disposición del juez interno de cada Estado, tiene una multiplicidad de escenarios de aplicación cuando se trata de establecer la responsabilidad estatal.

66.- Siendo lo anterior afirmativo, se comprende que en su estructuración el régimen de responsabilidad del Estado, en cada ordenamiento jurídico, no solo responde a la modulación legal o jurisprudencial, sino que en el ámbito y bajo el modelo del Estado Social de Derecho exige considerar la prevalencia de los derechos fundamentales (en sus diferentes dimensiones), la garantía de los principios del humanismo (afirmación del principio *pro homine*), la posición de la víctima, y la necesidad de alcanzar la verdadera legitimidad democrática, que solo se logra respetando la dignidad humana, la igualdad y la justicia material.

67.- A su vez, en la configuración de los elementos de la responsabilidad del Estado, el control de convencionalidad permite que el juez interno refuerce y amplíe la cobertura del concepto de daño antijurídico, especialmente hacia la protección de los derechos humanos y de las garantías derivadas del derecho internacional humanitario. En tanto que para el juicio de imputación es sustancial que, con efecto integrador, el juez interno incorpore la concepción de los deberes positivos del Estado derivados del respeto de las normas interamericanas de derechos humanos, como de las normas de protección internacional de los derechos y del derecho internacional humanitario, proceso en el que se encuentra la jurisprudencia del Consejo de Estado de Colombia.

68.- Finalmente, no hay duda que el ámbito en el que el control de convencionalidad encuentra el mayor espacio abonado es el de la reparación. Sin perjuicio de lo cual preocupa que, tal como se ha venido configurando el régimen de responsabilidad del Estado en Colombia, su orientación venga estando marcada por su reducción a una sola de las modalidades de reparación, a saber, la indemnización o compensación económica, sin tener en cuenta que en virtud del control de convencionalidad el juez interno está llamado a desplegar las diferentes alternativas de reparación, como puede ser la reparación in natura (de ser materialmente posible) o la satisfacción (en todas sus modulaciones).

69.- Como la realidad lo impone, el juez interno en Colombia está llamado a dotar de contenido integrador al postulado normativo del artículo 16 de la Ley 446 de 1998, permitiendo afirmar en toda su extensión el concepto de reparación integral, y procurando que no solo se limite a esferas individuales, sino que incluso trascienda (como se pudo ver en el breve análisis de los casos *Aleboetoe contra Suriname y Yakye Axa contra Paraguay*) a comunidades y colectivos que pueden reclamar la afectación a la dimensión moral colectiva, la cual no solo puede ser compensada, sino que debe ser reparada en términos del tejido social y del respeto de las mínimas condiciones de vida.

70.- A lo anterior cabe agregar que la valoración de los perjuicios es necesario hacerla desde la perspectiva de la justicia material que se precisa en el mismo control de convencionalidad, lo que lleva a concluir que la exigencia de motivación para la tasación y liquidación, por ejemplo, de los perjuicios morales, encuentra respaldo no solo en una construcción que limite al juez como actor del Estado, sino en una armonización de su posición frente a las garantías propias del sistema democrático que se encuentran reconocidas tanto en la Constitución como en las normas internacionales, especialmente la Convención Americana de Derechos Humanos.

Bogotá, D.C., 20 de enero de 2015

BIBLIOGRAFÍA

- ABREU BURELLI, Alirio, "La prueba en los procesos ante la Corte Interamericana de Derechos Humanos", en [http://www.bibliojuridica.org/libros/5/2454/8.pdf]; disponible así mismo en [www.juridicas.unam.mx], consultado el 20 de abril de 2012.

- ALBANESE, Susana (coord.), *El control de convencionalidad*, Ediar, Buenos Aires, 2008.

- ALESANDRI RODRÍGUEZ, Arturo, *De la responsabilidad extracontractual en el derecho civil*, Jurídica de Chile, Santiago de Chile, 2010.

- ALEXY, Robert, "Teoría del discurso y derechos constitucionales", en VÁSQUEZ, Rodolfo y ZIMMERLING, Ruth (coords.), *Cátedra Ernesto Garzón Valdés*, 1ª reimpr., Fontamara, México, 2007.

_____, *Teoría de la argumentación jurídica (La teoría del discurso racional como teoría de la fundamentación jurídica)*, trad. de Manuel Atienza e Isabel Espejo, Centro de Estudios Constitucionales, Madrid, 1997.

_____, "La fórmula del peso", en CARBONELL, Miguel (coord.), *El principio de proporcionalidad en el Estado constitucional*, 1ª reimpr., Universidad Externado de Colombia, Bogotá, 2010, p. 17.

- ALISTE SANTOS, Tomás-Javier, *La motivación de las resoluciones judiciales*, Marcial Pons, Madrid, 2011.

- ALONSO OLLACARIZQUETA, Lucía, "Las minas antipersonal", en CENTRO DE INVESTIGACIÓN PARA LA PAZ, *Guerras periféricas, derechos humanos y prevención de conflictos*, Icaria, Barcelona, 1998.

- ARAGÓN REYES, Manuel, *Constitución y control del poder. Introducción a una teoría constitucional del poder*, Universidad Externado de Colombia, Bogotá, 1999.

- ARROYO JIMÉNEZ, Luis, "Ponderación, proporcionalidad y derecho administrativo", en ORTEGA, Luis y DE LA SIERRA, Susana (coords.), *Ponderación y derecho administrativo*, Marcial Pons, Madrid, 2009.

- BAZÁN, Víctor y NASH, Claudio (eds.), *Justicia constitucional y derechos fundamentales. El control de convencionalidad 2011*, Centro de Derechos Humanos Universidad de Chile, Konrad Adenauer Stiftung, 2011.

- BAZÁN, Víctor, "Estimulando sinergias: de diálogos jurisprudenciales y control de convencionalidad", en Eduardo FERRER MAC-GREGOR (coord.), *El control difuso de convencionalidad. Diálogo entre la Corte Interamericana de Derechos Humanos y los jueces nacionales)*, FUNDAP, Querétaro, México, 2012.

_____, "El control de convencionalidad: incógnitas, desafíos y perspectivas", en BAZÁN, Víctor y NASH, Claudio (eds.), *Justicia constitucional y derechos fundamentales. El control de convencionalidad*, Fundación Konrad Adenauer, Bogotá, 2012.

- BECK, Ulrick, *La sociedad del riesgo. Hacia una nueva modernidad*, Barcelona, Paidós, 2002.

- BELADIEZ ROJO, Margarita, *Responsabilidad e imputación de daños por el funcionamiento de los servicios públicos. Con particular referencia a los daños que ocasiona la ejecución de un contrato administrativo*, Tecnos, Madrid, 1997.

- BENOIT, Francis-Paul, "Le régime et le fondement de la responsabilité de la puissance publique", en *JurisClasseur Administratif*, fasc., 700, 715, 716, 720, Nº 1178, 1954.

_____, "Essai sur les conditions de la responsabilité en droit public et privé (problèmes de causalité et d'imputabilité)", en *Juris-Classeur Public*, 1957. I, 1351, Nº 19.

- BERLIA. "Essai sur les fondements de la responsabilité en droit public francais", en *Revue de Droit Public*, 1951.

- BERNAL PULIDO, Carlos, "La racionalidad de la ponderación", en CARBONELL, Miguel (coord.), *El principio de proporcionalidad en el Estado constitucional*, 1ª reimpr., Universidad Externado de Colombia, Bogotá, 2010.

- BLANQUER, David, *La responsabilidad patrimonial de las Administraciones Públicas*, ponencia especial de Estudios del Consejo de Estado, Instituto Nacional de Administración Pública, Madrid, 1997.

- BOUTEILLER, Julien, *La détermination du patrimoine public responsable (Essai théorique)*, tesis doctoral, Université Paris Nord (Paris XIII), Paris, octubre de 2000.

- BOVEN, Theodor C. Van, "Criterios distintivos de los derechos humanos", en VASAK, Karel (ed.), *Las dimensiones internacionales de los derechos humanos,* vol. I, Barcelona, Del Serbal y UNESCO. 1984.

- BRICEÑO CHAVES, Andrés Mauricio, *La protección del ambiente como principio de responsabilidad de la administración pública por daños ecológicos. Tesis de la obligación positiva del Estado*, tesis doctoral, Universidad Carlos III de Madrid.

- CASAL H, Jesús María, *Los derechos humanos y su protección. Estudios sobre derechos humanos y derechos fundamentales*, 2ª ed., Universidad Católica Andrés Bello, Caracas, 2008.

- CASINO RUBIO, Miguel, "El derecho sancionador y la responsabilidad patrimonial de la administración", en *Documentación Administrativa*, N° 254-255, mayo-diciembre de 1999, pp. 348-355.

- CASTILLA JUÁREZ, Karlos A., "El control de convencionalidad. Un nuevo debate en México a partir de la sentencia del caso *Radilla Pacheco*", en Eduardo FERRER MAC-GREGOR (coord.), *El control difuso de convencionalidad. Diálogo entre la Corte Interamericana de Derechos Humanos y los jueces nacionales*, FUNDAP, Querétaro, México, 2012.

- CEPEDA ESPINOSA, Manuel José, *Derecho constitucional jurisprudencial. Las grandes decisiones de la Corte Constitucional*, Legis, Bogotá, 2001.

- COLEMAN, Jules L., *Riesgos y daños*, Marcial Pons, Madrid, 2010.

- DE ÁNGEL YAGÜEZ, Ricardo, *Tratado de responsabilidad civil*, Civitas y Universidad de Deusto, 1993.

- DE ASÍS ROIG, Rafael, *El juez y la motivación en el Derecho*, Dykinson, Madrid, 2005.

- DE CUPIS, Adriano, *El daño. Teoría general de la responsabilidad civil*, Bosch, Barcelona, 1975.

- DEGUERGE, Maryse, "Le contentieux de la responsabilité: politique jurisprudentielle ou jurisprudence politique", en *AJDA*, número especial, 1995.

_____, "Causalité et imputabilité", en *Juris-Classeur*, 31 de enero de 2000, N° 5, fasc. 830.

- DÍEZ DE VELASCO, Manuel, *Instituciones de derecho público internacional*, Tecnos, Madrid, 2009.

- DÍEZ PICAZO y PONCE DE LEON, Luis, *Derecho de daños*, Madrid, Civitas, 1999.

_____, *Fundamentos de derecho civil patrimonial. La responsabilidad civil extracontractual*, t. V, Thomson-Civitas, Navarra, 2011.

- DUPUY, Pierre-Marie, *Droit International Public*, Dalloz, Paris, 1992.

- ESGUERRA PORTOCARRERO, Juan Carlos, *La protección constitucional del ciudadano*, Lexis, Bogotá, 2005.

- FABRE-MAGNAN, M., *Droit des obligations. Responsabilité civile et quasi-contrats*, PUF, Paris, 2007.

- FAZZALARI, E., "La sentenza in rapporto alla struttura e all'oggetto del processo", en *Rivista Trimestrale di Diritto e Procedura Civile*, 1986.

- FERNÁNDEZ SEGADO, Francisco, "Los orígenes del control de la constitucionalidad y del juicio de amparo en el constitucionalismo mexicano de la primera mitad del siglo XIX. El impacto del Voto particular de don mariano Otero", en *Revista Iberoamericana de Derecho Procesal Constitucional* N° 5, Instituto Iberoamericano de Derecho Procesal Constitucional y Edit. Porrúa, México, 2006, pp. 67 ss.

- FERRAJOLI, Luigi, *Principia iuris. Teoría del derecho y de la democracia*, 2ª ed., Trotta, Madrid, 2011.

_____, *Derechos y garantías. La ley del más débil*, 7ª ed., Trotta, Madrid, 2010.

- FERRER MAC-GREGOR, Eduardo, "El control difuso de convencionalidad en el Estado constitucional", en FIX-ZAMUDIO, Héctor y VALADÉS, Diego (coords.), *Formación y perspectiva del Estado mexicano*, México, El Colegio Nacional y UNAM, 2010, pp. 151-188.

_____, "Interpretación conforme y control difuso de convencionalidad: el nuevo paradigma para el juez mexicano", en *Derechos Humanos: Un nuevo modelo constitucional*, México, UNAM-IIJ, 2011, pp. 339-429.

_____, "Reflexiones sobre el control difuso de convencionalidad a la luz del caso *Cabrera García y Montiel Flores vs. México*", en *Boletín Mexicano de Derecho Comparado*, N° 131, 2011.

- FORSTHOFF, Ernst, *Teoría de derecho administrativo*, Madrid, 1954.

- GAMERO CASADO, Eduardo, "El nuevo escenario de la responsabilidad administrativa extracontractual", en *Anuario de Jurisprudencia Administrativa*, N° 426, 17 de febrero de 2000.

- GARCÍA AMADO, Juan Antonio, *El derecho y sus circunstancias. Nuevos ensayos de filosofía jurídica*, Universidad Externado de Colombia, Bogotá, 2010.

- GARCÍA DE ENTERRÍA, Eduardo, *La lucha contra las inmunidades del poder en el derecho administrativo*, Civitas, Madrid, 1983.

_____, *Reflexiones sobre la ley y los principios generales del derecho*, Civitas, Madrid 1986.

_____, "Potestad expropiatoria y garantía patrimonial en la nueva ley de expropiación forzosa", en *Anuario de Derecho Civil*, t. III, fasc. IV, octubre-diciembre de 1955, pp. 1023-1166.

_____, *La Constitución Guatemalteca de 1985*, México, 1992.

- GARCÍA PELAYO, Manuel, *Derecho constitucional comparado*, Madrid, Alianza Editorial, 1984.

- GARCÍA RAMÍREZ, Sergio, "El control judicial interno de convencionalidad", en Eduardo FERRER MAC-GREGOR (coord.), *El control difuso de convencionalidad. Diálogo entre la Corte Interamericana de Derechos Humanos y los jueces nacionales*, FUNDAP, Querétaro, México, 2012, pp. 230 ss.

- GARRIDO FALLA, Fernando, "La constitucionalización de la responsabilidad patrimonial del Estado", en *Revista de Administración Pública*, N° 119, mayo-agosto de 1989, pp. 7-48.

_____, "El derecho a indemnización por limitaciones o vinculaciones impuestas a la propiedad privada", en *Revista de Administración Pública*, N° 81, septiembre-diciembre de 1976, pp. 7-33.

- GAZZANIGA, Jean-Louis, "Les métamorphoses historiques de la responsabilité", en 6ème Journées Rene Savatier, *Les métamorphoses de la responsabilité*, Poitiers, PUF, 1997.

- GIMBERNAT ORDEIG, E., *Delitos cualificados por el resultado y relación de causalidad*, Madrid, 1990.

- GOLDENBERG, Isidoro H., *La relación de causalidad en la responsabilidad civil*, 1ª reimpr., Buenos Aires, De Palma, 2011.

- GÓMEZ PUENTE, Marcos, *La inactividad de la administración*, Navarra, Aranzadi, 1997.

- GONZÁLEZ PÉREZ, Jesús, *Responsabilidad patrimonial de las Administraciones Públicas*, Civitas, Madrid, 1996.

- HABERMAS, Jürgen, *Between Facts and Norms*, trad. de William Rehg, Cambridge, 1999.

_____, "Reply to Symposium Participants", en ROSENFELD, Michel y ARATO, Andrew, *Habermas on Law and Democracy*, Los Angeles, Berkeley, 1998.

- HÄBERLE, Peter, "Derecho Constitucional Común Europeo", trad. de E. Mikunda, *Revista de Estudios Políticos* N° 79, 1993.

- HELLER, Ägnes, *Teoría de los sentimientos*, 1ª reimpr., México, Coyoacán, 2004.

- HENDERSON, Humberto, "Los tratados internacionales de derechos humanos en el orden interno: la importancia del principio *pro homine*", en *Revista IIDH*, Instituto Interamericano de Derechos Humanos N° 39, San José, 2004, pp. 71 y ss.

- HITTERS, Juan Carlos, "Control de constitucionalidad y control de convencionalidad. Comparación", en *Estudios Constitucionales*, Centro de Estudios Constitucionales de Chile, Universidad de Talca, año 7, N° 2, 2009, pp. 109-128.

- HÖFFE, Otfried, *Justiça política, Fundamentação de uma filosofia crítica do Direito e do Estado*, Martins Fontes, São Paulo.

- JAKOBS, G., *La imputación objetiva en el derecho penal*, Universidad Externado de Colombia, Bogotá, 1994.

- JAR COUSELO, Gonzalo, "Las minas antipersonal: ¿una cuestión resuelta?", en Ramón CHORNET, Consuelo (ed.), *Los retos humanitarios del siglo XXI*, Tirant lo Blanch, Valencia, 2003.

- JESTAEDT, Mathias, "La teoría de la ponderación: sus fortalezas y debilidades", en MONTEALEGRE LYNETT, Eduardo (coord.), *La ponderación en el derecho*, Universidad Externado de Colombia, Bogotá, 2008.

- JONAS, Hans, *El principio de responsabilidad. Ensayo de una ética para la civilización tecnológica*, Herder, Barcelona, 1995.

- JORDANO FRAGA, Jesús, "Responsabilidad civil por daños al medio ambiente en derecho público: última jurisprudencia y algunas reflexiones de *lege data* y contra *lege ferenda*", en *Revista Española de Derecho Administrativo*, N° 107, julio-septiembre de 2000.

- KANT, Immanuel, *La metafísica de las costumbres*, Alianza, Madrid, 1989.

- KELSEN, Hans, *Sociedad y naturaleza*, Madrid, 1948.

- KOTEICH, Milagros, "La indemnización del perjuicio extrapatrimonial (derivado del 'daño corporal') en el ordenamiento francés", en *Revista de Derecho Privado*, N° 18, 2010.

- KRSTICEVIC, Viviana, "Líneas de trabajo para mejorar la eficacia del sistema", en MENÉNDEZ, Juan E. y COX, Francisco (eds.), *El futuro del sistema interamericano de protección de los derechos humanos*, Instituto Interamericano de Derechos Humanos, 1999, San José de Costa Rica.

- LARENZ, Karl, *Derecho justo. Fundamentos de ética jurídica*, 1ª reimpr., Civitas, Madrid, 1990.

_____, *Metodología de la ciencia del derecho*, trad. de Marcelino RODRÍGUEZ MOLINERO, Ariel, Barcelona, 1994.

- LAUBADERE, André de, "Responsabilité administrative", en LAUBADERE, André de, VENEZIA, Jean Claude y GAUDEMET, Yves, *Traité de droit administratif*, t. I, Livre II, 15ª. ed., LGDJ, Paris.

- LAZZARINI, José Luis, *El juicio de amparo*, La Ley, Buenos Aires, 1987.

- LEGUINA VILLA, Jesús, *La responsabilidad civil de la Administración pública*, 2ª. ed., Tecnos, Madrid, 1983.

_____, "El fundamento de la responsabilidad de la administración", en *Revista Española de Derecho Administrativo*, N° 23, octubre-diciembre de 1979, pp. 523-536.

- LOMBAERT, Bruno, "Les fonctionnaries renoncent-ils aux droits fondamentaux?", en DUMONT, Hugues, OST, Francois y VAN DROOGHENBROECK, Sebastien (dirs.), *La responsabilité face cachée des droits de l'homme*, Bruylant, Bruxelles, 2005, pp. 483-500.

- LÓPEZ MENUDO, F., "El derecho a la protección del medio ambiente", en *Revista del Centro de Estudios Constitucionales*, N° 10, septiembre-diciembre de 1991.

- LÓPEZ SÁNCHEZ, Rogelio, "El principio de proporcionalidad como derecho hermenéutico en la justicia constitucional", en *Cuadernos Electrónicos de Filosofía del Derecho*, N° 23, 2011.

- LLERAS DE LA FUENTE, Carlos y TANGARIFE TORRES, Marcel, "Constitución Política de Colombia. Origen, evolución y vigencia", en NAVIA ARROYO, Felipe, "La responsabilidad extracontractual del Estado a la luz del artículo 90 de la Constitución Política", en *Revista de Derecho Privado*, Nº 6, julio/diciembre de 2000.

- MARTIN, Gilles, "Principe de précaution et responsabilité", en *Les transformations de la régulation juridique*, LGDJ, París.

- MARTÍN REBOLLO, Luis, *La responsabilidad patrimonial de las entidades locales*, IUSTEL, Madrid, 2005.

_____, "Nuevos planteamientos en materia de responsabilidad de las administraciones públicas", en MARTÍN-RETORTILLO BAQUER, Sebastián (coord.), *Estudios sobre la Constitución española. Homenaje al profesor Eduardo GARCÍA DE ENTERRÍA*, vol. III, Civitas, Madrid, 1991, pp. 2793 ss.

_____, "La responsabilidad patrimonial de las Administraciones Públicas en España: estado de la cuestión, balance general y reflexión crítica", en *Documentación Administrativa*, Nº 237-238, enero-junio de 1994, pp. 11-104.

_____, "La responsabilidad patrimonial de la administración pública en España: situación actual y nuevas perspectivas", en BADELL MADRID, Rafael (coord.), *Congreso Internacional de Derecho Administrativo (En homenaje al Prof. Luis H. FARÍAS MATA)*, Universidad Católica Andrés Bello, Caracas, 2006.

- MAURER, Hartmut, *Derecho administrativo. Parte general*, Marcial Pons, Madrid, 2011.

- MELÉNDEZ, Florentín, *Instrumentos internacionales sobre derechos humanos aplicables a la administración de justicia. Estudio constitucional comparado*, Cámara de Diputados, México, 2004.

- MERKL, Adolfo, *Teoría general del derecho administrativo*, Edinal, México, 1975.

- MIR PUIG, Santiago, "Significado y alcance de la imputación objetiva en el derecho penal", en *Revista Electrónica de Ciencia Penal y Criminología*, 5 de mayo de 2003, [http://criminet.urg.es/recpc].

- MIR PUIGPELAT, Oriol, *La responsabilidad patrimonial de la administración. Hacia un nuevo sistema*, Civitas, Madrid, 2001.

- MOLINA BETANCUR, Carlos Mario, "Antecedentes y fundamentos constitucional y legislativo de la responsabilidad patrimonial del Estado", en [www.juridicas.unam.mx].

- MOLINA GALICIA, René, *El Amparo a Rondalera, Síntesis Jurídica*, Caracas, 1984.

- MONTEALEGRE LYNETT, Eduardo, "La responsabilidad del Estado por el hecho de terceros", trabajo de investigación suministrado por el autor.

- MOREAU, Jacques, *La responsabilité administrative*, PUF, Paris, 1995.

- NASH ROJAS, Claudio, "Comentarios al trabajo de Víctor BAZÁN: 'El control de convencionalidad: incógnitas, desafíos y perspectivas'", en BAZÁN, Víctor y Nash, Claudio (eds.), *Justicia constitucional y derechos fundamentales. El control de convencionalidad*, Fundación Konrad Adenauer, Bogotá, 2012.

- NEWMAN, Frank C. y VASAK, Karel, "Derechos civiles y políticos", en VASAK, Karel (ed.), *Las dimensiones internacionales de los derechos humanos*, vol. I, Barcelona, Del Serbal y UNESCO, 1984.

- NIETO, Alejandro, "La relación de causalidad en la responsabilidad del Estado (Sala 3ª. del T.S s. 5-11-1974, Ponente: Arozamena)", en *Revista Española de Derecho Administrativo*, N° 4, 1975.

_____, "La relación de causalidad en la responsabilidad del Estado", en *Revista Española de Derecho Administrativo*, N° 4, enero-marzo de 1975.

- PANTALEÓN PRIETO, Fernando, "Los anteojos del civilista: Hacia una revisión del régimen de responsabilidad patrimonial de las administraciones públicas", en *Documentación Administrativa*, N° 237-238, enero-junio de 1994.

_____, "Cómo repensar la responsabilidad civil extracontractual (También de las administraciones públicas)", en MORENO MARTÍNEZ, Juan Antonio (coord.), *Perfiles de la responsabilidad civil en el nuevo milenio*, Dykinson, Madrid, 2000, pp. 453-465.

- PARADA VÁSQUEZ, Ramón, *Derecho administrativo. Parte general*, t. I, 12ª. ed., Marcial Pons, Madrid, 2000.

- PAREJO ALFONSO, Luciano, "El Estado social administrativo: Algunas reflexiones sobre la 'crisis' de las prestaciones y los servicios públicos", en *Revista de Administración Pública*, N° 153, septiembre-diciembre de 2000.

_____, *Derecho administrativo*, Ariel Derecho, Barcelona, 2003.

- PÉREZ LUÑO, Antonio Enrique, "El Derecho constitucional común europeo: apostillas en torno a la concepción de Peter HÄBERLE", en *Revista de Estudios Políticos*, nueva época, N° 88, abril-junio de 1995.

- PÉREZ ROYO, Javier, *Curso de derecho constitucional*, 11ª ed., Madrid, 2007.

- PINTO, Mónica, "La réparation dans le système interaméricain des droits de l'homme. A propos de l'arrêt Aloeboetoe", en *Annuaire Français de Droit International*, t. XLII, 1996, pp. 733-747.

- PIZA R, Rodolfo E., *Derecho internacional de los derechos humanos: La Convención Americana*, San José de Costa Rica, 1989.

- RASY, Douc, *Les frontières de la faute personnelle et de la faute de service en droit administratif français*, LGDJ, Paris, 1962.

- RIALS, Stéphane, *Le juge administratif français et la technique du standard*, LGDJ, Paris, 1980.

- RIVERO, Jean y WALINE, Jean, *Droit administrative*, 13ª. éd.

_____, *Derecho administrativo*, 9ª ed., Universidad Central de Venezuela, Caracas, 1984.

- ROJAS BÁEZ, Julio José, "La jurisprudencia de la Corte Interamericana de Derechos Humanos en materia de reparaciones y los criterios del proyecto de artículos sobre responsabilidad del Estado por hechos internacionalmente ilícitos", en [www.corteidh.org.cr/tablas/R22050.pdf].

- ROUSSEAU, Charles, *Droit international public*, 11ª ed., Dalloz, Paris, 1987.

- SAGÜES, Néstor Pedro, *Derecho procesal constitucional. Acción de amparo*, vol. 3, 2ª. ed., Astrea, Buenos Aires, 1988.

_____, "El 'control de convencionalidad' en el sistema interamericano y sus anticipos en el ámbito de los derechos económico-sociales. Concordancias y diferencias con el sistema europeo", en Eduardo FERRER MACGREGOR (coord.), *El control difuso de convencionalidad. Diálogo entre la Corte Interamericana de Derechos Humanos y los jueces nacionales*, FUNDAP, Querétaro, México, 2012.

- SÁINZ MORENO, Fernando. "El Tribunal Constitucional Alemán declara la nulidad de la Ley de Responsabilidad Patrimonial del Estado", en *Revista de Administración Pública*, Nº 98, 1982, pp. 381 y ss.

- SÁNCHEZ MORÓN, Miguel, *Derecho administrativo, Parte general*, Tecnos, Madrid, 2010.

- SANTAMARÍA PASTOR, Juan Alfonso, *Fundamentos de derecho administrativo*, Centro de Estudios Ramón Areces, Madrid, 1991.

_____, *Principios de derecho administrativo*, 2ª. ed., vol. II, Centro de Estudios Ramón Areces, Madrid, 2000.

- SASSOLI, Marco, "Legitimate targets of attacks under international humanitarian law", Harvard Program on Humanitarian Policy and Conflict Research, 2003, disponible en [http://www.hpcrresearch.org/sites/default/files/publications/Session.pd f].

- SCHAEGIS, Chrystelle, *Progrès scientifique et responsabilité administrative*, CNRS, Paris, 1998.

- SCHMIDT-ASSMANN, Eberhard, *La teoría general del derecho administrativo como sistema. Objeto y fundamentos de la construcción sistemática*, Marcial Pons, Madrid, 2003.

- SOBREVILLA, David, "La teoría de la argumentación jurídica de Robert Alexy", en *La filosofía del derecho alemana actual de orientación racionalista* (Estudios sobre R. ALEXY, K. GÜNTHER, J. HABERMAS y O. HÖFFE), México, Fontamara, 2008.

- STARCK, Boris, *Essai d'une théorie general de la responsabilité civile considerée en sa doublé fonction de garantie et de peine privée*, Paris, 1947.

- TAMAHANA, Brian, *En torno al Estado de derecho. Historia, política y teoría*, Universidad Externado de Colombia, Bogotá, 2011.

- TARUFFO, Michele, *La motivazione della sentenza civile*, Padova, 1975.

- TUCKER, Robert W., *The Law of War and Neutrality at Sea*, Washington, 1957.

- VALENCIA VILLA, Hernando, *Derecho Internacional Humanitario. Conceptos básicos, infracciones en el conflicto armado colombiano*, USAID y Oficina en Colombia del Alto Comisionado de las Naciones Unidas para los Derechos Humanos, 2007.

- VAN DROOGHENBROECK, S., *La proportionalité dans le droit de la Convention européenne des droits de l'homme - Prendre l'idée simple au sérieux*, Bruylant, Bruxelles, 2001.

- VENTURINI, Gabriella, *La responsabilità extracontrattuale delle Comunità europee*, Giuffrè, Milano, 1980.

- VIERA, Luis Alberto, *Ley de Amparo*, Idea, Montevideo 1993.

- WADE, E.C.S. y Godfrey Philips, G., *Constitutional and Administrative Law*, London, 1981.

- WALINE, Marcel, "Préface", en CHAPUS, René, *Responsabilité publique et responsabilite privée*, LGDJ, Paris, 1957.

- WALZER, Michael, *Guerras justas e injustas. Un razonamiento moral con ejemplos históricos*, Paidós, Barcelona, 2001.

- ZAGREBLESKY, Gustavo, *El derecho dúctil. Ley, derechos, justicia*, 9ª ed., Trotta, Madrid, 2009.

JURISPRUDENCIA CONSULTADA

Corte Constitucional de Colombia

Sentencia T-092 de 1992.

Sentencia T-409 de 1992.

Sentencia T-534 de 1992.

Sentencia SU-277 de 1993.

Sentencia C-088 de 1993.

Sentencia C-511 de 1994.

Sentencia C-031 de 1995.

Sentencia T-363 de 1995.

Sentencia C-225 de 1995.

Sentencia C-333 de 1996.

Sentencia SU-200 de 1997.

Sentencia T- 227 de 1997.

Sentencia T-376 de 1997.

Sentencia SU 747 de 1998.

Sentencia C-177 de 2001.

Sentencia C-673 de 2001.

Sentencia C-832 de 2001.

Sentencia C-892 de 2001.

Sentencia T-1337 de 2001.

Sentencia C-228 de 2002.

Sentencia C-285 de 2002.

Sentencia C-619 de 2002.

Sentencia C-758 de 2002.

Sentencia C-802 de 2002.

Sentencia C-918 de 2002.

Sentencia C-037 de 2003.

Sentencia C-067 de 2003.

Sentencia C-254 de 2003.

Sentencia C-254 de 2003.

Sentencia T-713 de 2003.

Sentencia C-043 de 2004.

Sentencia C-864 de 2004.

Sentencia T-1094 de 2004.

Sentencia C-148 de 2005.

Sentencia T-175 de 2005.

Sentencia T-563 de 2005.

Sentencia C-821 de 2005.

Sentencia T-249 de 2006.

Sentencia C-370 de 2006.

Sentencia T-188 de 2007.

Sentencia C-291 de 2007.

Auto 092 de 2008.

Sentencia T-302 de 2008.

Sentencia T-496 de 2008.

Sentencia T-191 de 2009.

Sentencia T-572 de 2009.

Sentencia T-699 de 2009.

Sentencia T-218 de 2010.

Sentencia C-376 de 2010.

Sentencia C-442 de 2011.

Consejo de Estado de Colombia

Sección Segunda, Subsección A, sentencia de 16 de julio de 2009, exp. 2009-00731 (AC), C.P.: Gustavo Gómez Aranguren.

Sección Tercera de 13 de abril de 2000, C.P.: Ricardo Hoyos Duque, exp. 11892.

Sección Tercera de la Sala de lo Contencioso Administrativo del Consejo de Estado, rad. 25000232600019961268C-01 (20.511), 20 de noviembre de 2008, fls. 4524- 4525.

Sección Tercera, auto de 7 de febrero de 2002, exp. 21645.

Sección Tercera, sentencia 10 de mayo de 2001, C.P.: Ricardo Hoyos Duque, exp. 13475.

Sección Tercera, sentencia 19 de julio de 2001, C.P.: Alier Eduardo Hernández Enríquez, exp. 13086.

Sección Tercera, sentencia 26 de mayo de 2010, exp. 19158, C.P.: Ruth Stella Correa Palacio.

Sección Tercera, sentencia 6 de agosto de 1982, C.P.: Carlos Betancur Jaramillo, exp. 3139.

Sección Tercera, sentencia de 10 marzo de 2011, exp. 20109, C.P.: Hernán Andrade Rincón.

Sección Tercera, sentencia de 12 de diciembre de 1996, exp. 10437.

Sección Tercera, sentencia de 12 de febrero de 2004, exp. 14636.

Sección Tercera, sentencia de 13 de abril de 2000, exp. 11892, C.P.: Ricardo Hoyos Duque.

Sección Tercera, sentencia de 13 de abril de 2000, exp. 11898, C.P.: Alier Eduardo Hernández Enríquez.

Sección Tercera, sentencia de 13 de diciembre de 2004, exp. 14722, C.P.: Germán Rodríguez Villamizar.

Sección Tercera, sentencia de 13 de julio de 1993.

Sección Tercera, sentencia de 13 de noviembre de 2008, exp. 16741.

Sección Tercera, sentencia de 14 de abril de 2004, exp. 15630, C.P.: Ramiro Saavedra Becerra.

Sección Tercera, sentencia de 14 de diciembre de 2004, exp. 14422, C.P.: Ramiro Saavedra Becerra.

Sección Tercera, sentencia de 14 de julio de 2005, exp. 15544.

Sección Tercera, sentencia de 14 de marzo de 2002, exp. 12054, C.P.: Germán Rodríguez Villamizar.

Sección Tercera, sentencia de 14 de septiembre de 2000, exp. 12166, C.P.: María Elena Giraldo Gómez.

Sección Tercera, sentencia de 14 de septiembre de 2011, exp. 38222 y 19031, C.P.: Enrique Gil Botero.

Sección Tercera, sentencia de 15 de febrero de 1996, exp. 10033.

Sección Tercera, sentencia de 15 de noviembre de 1995, exp. 10286.

Sección Tercera, sentencia de 15 de octubre de 2008, exp. 18586, C.P.: Enrique Gil Botero.

Sección Tercera, sentencia de 16 de noviembre de 1993, exp. 8059, C.P.: Carlos Betancur Jaramillo.

Sección Tercera, sentencia de 17 de marzo de 2010, exp. 17656, C.P.: Mauricio Fajardo Gómez.

Sección Tercera, sentencia de 18 de febrero de 2010, exp. 17127, C.P.: Mauricio Fajardo Gómez.

Sección Tercera, sentencia de 18 de febrero de 2010, exp. 18436, C.P.: Mauricio Fajardo Gómez.

Sección Tercera, sentencia de 18 de marzo de 2010, exp. 18569, C.P.: Enrique Gil Botero.

Sección Tercera, sentencia de 18 de marzo de 2010, exp. 32651, C.P.: Enrique Gil Botero.

Sección Tercera, sentencia de 19 de abril de 2012, exp. 21515, C.P.: Hernán Andrade Rincón.

Sección Tercera, sentencia de 19 de mayo de 2005, exp. 2001-01541 AG.

Sección Tercera, sentencia de 19 de noviembre de 1998, exp. 12124.

Sección Tercera, sentencia de 19 de octubre de 2007, exp. 29273, C.P.: Enrique Gil Botero.

Sección Tercera, sentencia de 19 de octubre de 2007, exp. 29273A, C.P.: Enrique Gil Botero.

Sección Tercera, sentencia de 19 de octubre de 2007, exp. 30871, C.P.: Enrique Gil Botero.

Sección Tercera, sentencia de 19 de octubre de 2011, exp. 19969, C.P.: Jaime Orlando Santofimio Gamboa.

Sección Tercera, sentencia de 1° de marzo de 2006, exp. 14002.

Sección Tercera, sentencia de 1° de marzo de 2006, exp. 15284, C.P.: María Elena Giraldo Gómez.

Sección Tercera, sentencia de 1° de octubre de 2008, exp. 27268, C.P.: Enrique Gil Botero.

Sección Tercera, sentencia de 2 de junio de 2005, exp. 1999-02382 AG.

Sección Tercera, sentencia de 20 de febrero de 1997, exp. 11756.

Sección Tercera, sentencia de 20 de mayo de 2004, exp. 15650, C.P.: Ramiro Saavedra Becerra.

Sección Tercera, sentencia de 20 de octubre de 2005, exp. 15854, C.P.: Ruth Stella Correa Palacio

Sección Tercera, sentencia de 21 de abril de 2004, exp. 13607, C.P.: Germán Rodríguez Villamizar.

Sección Tercera, sentencia de 21 de febrero de 2002, exp. 12799.

Sección Tercera, sentencia de 21 de octubre de 1999, exp. 10948-11643, C.P.: Alier Eduardo Hernández Enríquez.

Sección Tercera, sentencia de 21 de octubre de 1999, exps. 10948-11643.

Sección Tercera, sentencia de 22 de abril de 2004, exp. 14877, C.P.: María Elena Giraldo Gómez.

Sección Tercera, sentencia de 22 de abril de 2004, exp. 15088, C.P.: María Elena Giraldo Gómez.

Sección Tercera, sentencia de 22 de abril de 2009, exp. 17000, C.P.: Ramiro Saavedra Becerra.

Sección Tercera, sentencia de 23 de agosto de 2012, exp. 23492, C.P.: Hernán Andrade Rincón.

Sección Tercera, sentencia de 24 de enero de 2007, exp. 32216, C.P.: Ruth Stella Correa Palacios.

Sección Tercera, sentencia de 24 de febrero de 2005, exp. 14170, C.P.: Ramiro Saavedra Becerra.

Sección Tercera, sentencia de 24 de febrero de 2005, exp. 14681, C.P.: María Elena Giraldo Gómez.

Sección Tercera, sentencia de 24 de noviembre de 1989, exp. 5573.

Sección Tercera, sentencia de 25 de febrero de 2009, exp. 15793, C.P.: Miriam Guerrero de Escobar.

Sección Tercera, sentencia de 25 de febrero de 2009, exp. 15793, C.P.: Miriam Guerrero de Escobar.

Sección Tercera, sentencia de 25 de julio de 2002, exp. 13811, C.P.: María Elena Giraldo Gómez.

Sección Tercera, sentencia de 25 de octubre de 1991, exp. 6465, C.P.: Carlos Betancur Jaramillo.

Sección Tercera, sentencia de 25 de septiembre de 1997, exp. 10421, C.P.: Ricardo Hoyos Duque.

Sección Tercera, sentencia de 26 de 2008, exp. 15535, C.P.: Myriam Guerrero de Escobar.

Sección Tercera, sentencia de 26 de enero de 2006, exp. 2001-00213 (AG), C.P.: Ruth Stella Correa Palacio.

Sección Tercera, sentencia de 26 de enero de 2006, exp. AG-2001-213.

Sección Tercera, sentencia de 26 de febrero de 2009, exp. 16727, C.P.: Enrique Gil Botero.

Sección Tercera, sentencia de 26 de mayo de 2010, exp. 19158, C.P.: Ruth Stella Correa Palacio.

Sección Tercera, sentencia de 26 de mayo de 2010, exp. 19158, C.P.: Ruth Stella Correa Palacio.

Sección Tercera, sentencia de 27 de noviembre de 2002, exp. 13090, C.P.: María Elena Giraldo Gómez.

Sección Tercera, sentencia de 28 de abril de 2010, exp. 17992, C.P.: Mauricio Fajardo Gómez.

Sección Tercera, sentencia de 29 de enero de 2004, exp. 14951, C.P.: Alier Eduardo Hernández Enríquez.

Sección Tercera, sentencia de 3 de abril de 1997, exp. 11187.

Sección Tercera, sentencia de 3 de marzo de 1989, exp. 5290.

Sección Tercera, sentencia de 3 de mayo de 2001, exp. 12338, C.P.: Alier Eduardo Hernández Enríquez.

Sección Tercera, sentencia de 3 de mayo de 2007, exp. 16200, C.P.: Ramiro Saavedra Becerra.

Sección Tercera, sentencia de 30 de agosto de 2007, exp. 15724, C.P.: Ramiro Saavedra Becerra.

Sección Tercera, sentencia de 30 de marzo de 1990, C.P.: Antonio José de Irisarri Restrepo, exp. 3510.

Sección Tercera, sentencia de 30 de mayo de 2002, exp. 13476.

Sección Tercera, sentencia de 31 de julio de 1989, C.P.: Antonio José de Irisarri Restrepo, exp. 2852.

Sección Tercera, sentencia de 4 de abril de 1997, C.P.: Jesús María Carrillo Ballesteros, exp. 12007.

Sección Tercera, sentencia de 4 de febrero de 2010, exp. 18371, C.P.: Mauricio Fajardo Gómez.

Sección Tercera, sentencia de 5 de diciembre de 2005, exp. 15914, C.P.: Ruth Stella Correa Palacio.

Sección Tercera, sentencia de 5 de junio de 1998, exp. 11545 C.P.: Juan de Dios Montes.

Sección Tercera, sentencia de 5 de junio de 2008, exp. 16398, C.P.: Mauricio Fajardo Gómez.

Sección Tercera, sentencia de 6 de abril de 2000, C.P.: Alier Eduardo Hernández Enríquez, exp. 11874.

Sección Tercera, sentencia de 6 de julio de 2005, exp. 13969, C.P.: Alier Eduardo Hernández Enríquez.

Sección Tercera, sentencia de 6 de mayo de 1993, C.P.: Julio César Uribe Acosta, exp. 7428.

Sección Tercera, sentencia de 6 de mayo de 1993, exp. 7428, C.P.: Julio César Uribe Acosta.

Sección Tercera, sentencia de 7 de diciembre de 2005, exp. 14065, C.P.: Ramiro Saavedra Becerra.

Sección Tercera, sentencia de 8 de julio de 2009, exp. 17960, C.P.: Enrique Gil Botero.

Sección Tercera, sentencia de 8 de junio de 2011, exp. 19973.

Sección Tercera, sentencia de 8 de marzo de 2007, exp. 15459, C.P.: Mauricio Fajardo Gómez.

Sección Tercera, sentencia de 9 de diciembre de 2004, exp. 14174, C.P.: Germán Rodríguez Villamizar.

Sección Tercera, sentencia de 9 de febrero de 1995, exp. 9550, C.P.: Julio César Uribe Acosta.

Sección Tercera, sentencia de marzo 7 de 2002, exp. 20807, C.P.: Jesús María Carrillo Ballesteros.

Sección Tercera, sentencia del 19 de julio de 2000, exp. 11842, C.P.: Alier Eduardo Hernández Enríquez.

Sección Tercera, Subsección C, sentencia de 18 de enero de 2012, exp. 19920, C.P.: Jaime Orlando Santofimio Gamboa.

Sección Tercera, Subsección B, sentencia de 14 de abril de 2011, exp. 20587, C.P.: Danilo Rojas Betancourth.

Sección Tercera, Subsección B, sentencia de 27 de abril de 2011, exp. 20374, C.P.: Ruth Stella Correa Palacio.

Sección Tercera, Subsección C, exp. 20144, C.P.: Jaime Orlando Santofimio Gamboa.

Sección Tercera, Subsección C, sentencia de 18 de enero de 2011, exp. 17547, C.P.: Jaime Orlando Santofimio Gamboa.

Sección Tercera, Subsección C, sentencia de 25 de mayo de 2011, exp. 15838, 18075, 25212, Caso de la toma de Las Delicias.

Sección Tercera, Subsección C, sentencia de 28 de marzo de 2012, exp. 22163, C.P.: Enrique Gil Botero.

Sección Tercera, Subsección C, sentencia de 29 de febrero de 2012, C.P.: Enrique Gil Botero

Sección Tercera, Subsección C, sentencia de 9 de mayo de 2012, exp. 20334, C.P.: Jaime Orlando Santofimio Gamboa.

Sección Tercera, sentencia de 18 de mayo de 2004, exp. 14338; 15 de octubre de 2008, exp. 18586, C.P.: Enrique Gil Botero.

Sección Tercera, sentencia de 23 de agosto de 2012, exp. 23492, C.P.: Hernán Andrade Rincón.

Sección Tercera, Subsección C, sentencia de 8 de junio de 2011, exp. 19972. C.P.: Jaime Orlando Santofimio Gamboa.

Corte Suprema de Justicia de Colombia

Sala de Casación Civil, sentencia de 24 de junio de 2009, exp. 11001-3103-020-1999-01098-01, M.P.: William Namén Vargas.

Sala de Casación Civil, sentencia de 15 de abril de 2009, exp. 1995-10351.

Sala de Casación Penal del 29 de mayo de 1997, M.P.: Juan Manuel Torres Fresneda, exp. 9536.

Comisión Europea de Derechos Humanos

Asunto 1860/63 X c. República Federal de Alemania, de 15 de diciembre de 1965.

Asunto 1760/63, X c. Austria, de 23 de mayo de 1966.

Asunto 2375/64, X c. República Federal de Alemania, de 7 de febrero de 1967.

Asunto 2676/65, X c. Austria, de 3 de abril de 1967.

Asunto 2795/66, X c. República Federal de Alemania, de 22 de mayo de 1969.

Asunto 4517/70, Huber c. Austria, de 19 de diciembre de 1970.

Asunto 16728/90, Karaduman c. Turquía, de 3 de mayo de 1993.

Corte Europea de Derechos Humanos

Asunto De Wilde, Ooms y Versyp, de 18 de junio 1971.

Asunto Golder c. Reino Unido, de 21 de febrero de 1975.

Asunto Campbell y Fell c. Reino Unido, de 28 de junio de 1984.

Asunto Grigoriades c. Grecia, de 25 de noviembre de 1997.

Comisión Interamericana de Derechos Humanos

Caso "La Tablada" – Informe N° 55/97, caso N° 11.137 - Juan Carlos Abella vs. Argentina, 18 de noviembre de 1997.

Corte Interamericana de Derechos Humanos

Caso *Comunidad Moiwana vs. Surinam*, sentencia de 15 de junio de 2005, Serie C, N° 124.

- Caso *Trabajadores cesados del Congreso (Aguado Alfaro y otros) c. Perú*, sentencia de excepciones preliminares, fondo, reparaciones y costas, 24 de noviembre de 2006, serie C, N° 158, con voto razonado del juez Sergio García Ramírez.

- Caso *Cabrera García y Montiel Flores vs. México*, excepciones preliminares, fondo, reparaciones y costas, sentencia de 26 de noviembre de 2010.

Caso *Hermanos Gómez Paquiyauri vs. Perú*, sentencia de 8 de julio de 2004, Serie C, N° 109.

Caso *Maritza Urrutia vs. Guatemala*, sentencia de 27 de noviembre de 2003, Serie C, N° 103.

Caso *Bulacio vs. Argentina*, sentencia de 18 de septiembre de 2003, Serie C, N° 100.

Caso *Velásquez Rodríguez vs. Honduras*, sentencia de 29 de julio de 1988, Serie C, N° 4.

Caso *Perozo y otros vs. Venezuela, Excepciones Preliminares, Fondo, Reparaciones y Costas*, sentencia de 28 de enero de 2009, Serie C, N° 195.

Caso *Anzualdo Castro vs. Perú, Excepción Preliminar, Fondo, Reparaciones y Costas*, sentencia de 22 de septiembre de 2009, Serie C, N° 202.

Caso *González y otras ("Campo Algodonero") vs. México*, sentencia de 16 de noviembre de 2009, Serie C, N° 205.

Caso *Masacre de Pueblo Bello vs. Colombia*, sentencia de 31 de enero de 2006, Serie C, N° 140.

Caso *Comunidad Indígena Sawhoyamaxa vs. Paraguay*, sentencia de 29 de marzo de 2006, Serie C, N° 146.

Caso *Valle Jaramillo y otros vs. Colombia, Fondo, Reparaciones y Costas*, sentencia de 27 de noviembre de 2008, Serie C, N° 192.

Caso *Baldeón García vs. Perú*, sentencia de 6 de abril de 2006, Serie C, N° 147.

Caso *"Niños de la Calle" (Villagrán Morales y otros) vs. Guatemala*, sentencia de 19 de noviembre de 1999, Serie C, N° 63.

Caso *Penal Miguel Castro Castro vs. Perú*, sentencia de 25 de noviembre de 2006, Serie C, N° 160.

Caso *Vargas Areco vs. Paraguay*, sentencia de 26 de septiembre de 2006, Serie C, N° 155.

Caso *Velásquez Rodríguez vs. Honduras*, sentencia de 29 de julio de 1988.

Caso *Aleboetoe y otros vs. Surinarne*, sentencia de 10 de septiembre de 1993.

Caso *Loayza Tamayo*, sentencia de 27 de noviembre de 1998.

Caso *Blake c. Guatemala*, sentencia de 22 de enero de 1999.

Caso *Mack Chang c. Guatemala*, sentencia de 25 de noviembre de 2003.

Caso *Hermanas Serrano Cruz c. El Salvador*, sentencia de 1° de marzo de 2005.

Caso *Masacre Plan de Sánchez*, Resolución de 8 julio 2009, Medidas provisionales respecto de Guatemala.

Caso *García Asto y Ramírez Rojas vs. Perú*, sentencia de 25 de noviembre de 2005.

Caso *Tibi*, sentencia de 7 de septiembre de 2004.

Caso *Hermanos Gómez Paquiyauri*, sentencia de 8 de julio de 2004.

Caso *Instituto de Reeducación del Menor*, sentencia de 2 de septiembre de 2004.

Caso *Suárez Rosero*, sentencia de 12 de noviembre de 1997.

Opinión Consultiva OC-5/85, "La colegiación obligatoria de periodistas (artículos 13 y 29, Convención Americana de Derechos Humanos", de 13 de noviembre de 1985, Serie A, N° 5.

Opinión Consultiva OC-18/03, "Condición jurídica y derechos de los migrantes indocumentados", de 17 de septiembre de 2003.

Comité de Derechos Humanos de las Naciones Unidas

Comentario General 31: Nature of the General Legal Obligations Imposed on States Parties to the Covenant, P 11, U.N. Doc. CCPR/C/21/Rev.1/ Add.13 (May 26, 2004).

Corte Interamericana de Justicia

- Sentencia en el caso *Tibi vs. Ecuador* de 7 de septiembre de 2004, Serie C, N° 114.

- Sentencia en el caso *Cinco Pensionistas vs. Perú* de 28 de febrero de 2003. Serie C, N° 98.

- Sentencia en el caso *Tribunal Constitucional vs. Perú* de 31 de enero de 2001.

- Sentencia en el caso *Yatama vs. Nicaragua* de 23 de junio de 2005.

- Sentencia en el caso *Acosta Calderón vs. Ecuador* de 24 de junio de 2005, Serie C, N° 129.

Corte Internacional de Justicia

Opinión Consultiva sobre la Legalidad de la Amenaza o el Uso de Armas Nucleares, 1996.

Caso *Actividades Militares y Paramilitares en y contra Nicaragua*, 1986.

Corte Permanente de Justicia Internacional, caso *Factory of Chorzów*, Merits, 1928, Serie A, N° 17, p. 47.

Tribunal Penal para la Antigua Yugoslavia

Caso del *Fiscal vs. Sefer Halilovic*, sentencia del 16 de noviembre de 2005.

Caso del *Fiscal vs. Fatmir Limaj* y otros, sentencia del 30 de noviembre de 2005.

ÍNDICE

II

CONTROL DE CONVENCIONALIDAD DIFUSO EJERCIDO POR LAS JURISDICCIONES CONSTITUCIONAL Y CONTENCIOSO-ADMINISTRATIVA

ERNESTO JINESTA LOBO

III
EL CONTROL DE CONVENCIONALIDAD COMO EXPRESIÓN DEL CONTROL DE CONSTITUCIONALIDAD.
ORIGINALIDAD Y DESACIERTOS
VÍCTOR RAFAEL HERNÁNDEZ-MENDIBLE

IV
LA CLÁUSULA CONSTITUCIONAL DE LA RESPONSABILIDAD DEL ESTADO:
ESTRUCTURA, RÉGIMEN Y EL PRINCIPIO DE CONVENCIONALIDAD COMO PILAR DE SU CONSTRUCCIÓN DOGMÁTICA
JAIME ORLANDO SANTOFIMIO GAMBOA

www.ingramcontent.com/pod-product-compliance
Lightning Source LLC
Chambersburg PA
CBHW022345280326
41935CB00007B/82